Wie ticken Jugendliche 2016?

Marc Calmbach · Silke Borgstedt
Inga Borchard · Peter Martin Thomas
Berthold Bodo Flaig

Wie ticken Jugendliche 2016?

Lebenswelten von Jugendlichen im Alter von 14 bis 17 Jahren in Deutschland

Springer

Dr. Marc Calmbach
Direktor Sozialforschung SINUS-Institut
Berlin

Peter Martin Thomas
Leiter SINUS:akademie
Heidelberg

Dr. Silke Borgstedt
Direktorin Sozialforschung SINUS-Institut
Berlin

Berthold Bodo Flaig
Geschäftsführer SINUS-Institut
Heidelberg

Inga Borchard
Studienleiterin SINUS-Institut, Berlin

ISBN 978-3-658-12532-5 ISBN 978-3-658-12533-2 (eBook)
DOI 10.1007/978-3-658-12533-2

Die Deutsche Nationalbibliothek verzeichnet diese Publikation in der Deutschen Nationalbibliografie; detaillierte bibliografische Daten sind im Internet über http://dnb.d-nb.de abrufbar.

Springer

Lektorat: Katrin Emmerich, Katharina Gonsior

Gedruckt auf säurefreiem und chlorfrei gebleichtem Papier

Springer ist Teil von Springer Nature
Die eingetragene Gesellschaft ist Springer Fachmedien Wiesbaden GmbH

Das Werk und alle Kapitel wurden bei Erstveröffentlichung mit falscher bzw. ohne Creative Commons Lizenz veröffentlicht. Die korrekte Lizenz finden Sie am Ende jedes Kapitels und im Erratum am Ende des Werks.

SINUS-Jugendstudie u18

Wie ticken Jugendliche 2016?

Lebenswelten von Jugendlichen im Alter von 14 bis 17 Jahren in Deutschland

Eine SINUS-Studie im Auftrag von: Arbeitsstelle für Jugendseelsorge der Deutschen Bischofskonferenz, Bund der Deutschen Katholischen Jugend, Bundeszentrale für politische Bildung, Deutsche Kinder- und Jugendstiftung und VDV-Akademie (Verband Deutscher Verkehrsunternehmen-Akademie)

Berlin, Februar 2016

Impressum

Auftraggeber:

- Arbeitsstelle für Jugendseelsorge der Deutschen Bischofskonferenz
- Bund der Deutschen Katholischen Jugend
- Bundeszentrale für politische Bildung
- Deutsche Kinder- und Jugendstiftung
- VDV-Akademie (Verband Deutscher Verkehrsunternehmen-Akademie)

Durchführendes Institut:

SINUS Markt- und Sozialforschung GmbH, Heidelberg & Berlin

Projektleitung:

Dr. Marc Calmbach

Autorinnen und Autoren:

Dr. Marc Calmbach, Direktor Sozialforschung SINUS-Institut

Dr. Silke Borgstedt, Direktorin Sozialforschung SINUS-Institut

Inga Borchard , Studienleiterin SINUS-Institut

Peter Martin Thomas, Leiter SINUS-Akademie

Berthold Bodo Flaig, Geschäftsführer SINUS-Institut

Mitarbeiterinnen und Mitarbeiter:

Sebastian Ederle, Irina Janzen, Franziska Jurczok, Juliane Langer, Heide Möller-Slawinski, Christine Uhlmann

Projektbeirat:

Die Konzeption und Durchführung der Studie wurde seitens der Auftraggeber durch einen Beirat begleitet, dem folgende Personen angehörten:

Josephine Evens, Bundeszentrale für politische Bildung
Referentin Fachbereich Grundsatz

Dr. Annette Jantzen, Bund der Deutschen Katholischen Jugend
Referentin für Kirchenpolitik und Jugendpastoral

Eileen Kraußе, Arbeitsstelle für Jugendseelsorge der Deutschen Bischofskonferenz
Referentin für Jugendpastorale Bildung

Valeska Pannier, Deutsche Kinder- und Jugendstiftung
stellv. Leiterin Abteilung Evaluation & Entwicklung

Michael Weber-Wernz, VDV-Akademie (Verband Deutscher Verkehrsunternehmen-Akademie)
Geschäftsführer VDV-Akademie

Vorwort von Prof. Dr. Klaus Hurrelmann

Zum dritten Mal in Folge legt das SINUS-Institut seine Jugendstudie vor. Sie ist inzwischen zu einem Markenzeichen geworden und steht neben der Shell Jugendstudie, der McDonald's Ausbildungsstudie und den Kinder- und Jugendberichten für eine systematische und substantielle Erforschung der Lebenslagen junger Leute in Deutschland. Ein so dichtes, sich ergänzendes Feld von unabhängigen, regelmäßig wiederholten Untersuchungen zur Lage der jungen Generation gibt es in keinem anderen europäischen Land.

Im Unterschied zu vielen anderen Jugendstudien gewinnt die SINUS-Studie ihre Erkenntnisse nicht aus einer repräsentativen Erhebung, sondern aus der detaillierten qualitativen Nachzeichnung der Lebenssituation einzelner Jugendlicher, die insgesamt ein typisches Bild für die gesamte Generation abgeben. Sie ergänzt damit die statistischen Daten, die andere Untersuchungen generieren und sorgt auf diese Weise dafür, das Ideal der empirischen Sozialforschung zu verwirklichen, nämlich die „quantitative" mit der „qualitativen" Forschung zu verbinden. Nur diese Kombination von Übersicht liefernder Repräsentativbefragung und intensiver persönlicher Exploration ist in der Lage, eine umfassende und zugleich detaillierte, sensible und authentische Abbildung der Situation von Jugendlichen zu ermöglichen.

Das SINUS-Institut hat sich national und international seit Jahrzehnten durch seine „Milieuforschung" einen Namen gemacht, und diesen Ansatz überträgt es hier auf die Jugendforschung. Auf diese Weise wird die Vielfalt jugendlicher Lebenswelten besonders anschaulich, zumal die Studie auf eine breite Methoden-Palette zurückgreift und dabei nicht nur sprachliche, sondern auch schriftliche und fotografische Dokumentationen der Lebenssituation junger Leute erstellt. So entsteht ein alltagsnahes, breites und buntes Bild von der ungeheuren Vielfalt der Lebenslagen der jungen Generation in Deutschland, das deutlich macht, wie unterschiedlich die Einschätzung der persönlichen und gesellschaftlichen Situation ausfällt.

Es ist diese besondere Ausrichtung der Studie, die dazu geführt hat, dass sie sich in den letzten Jahren immer mehr in Praxiskreisen etabliert. Sie wird z. B. als Handbuch für die Zielgruppenarbeit eingesetzt, die sich auf bestimmte Teile der jugendlichen Bevölkerung ausrichtet. Die Studie wird aber zunehmend auch in der wissenschaftlichen Landschaft der Jugendforschung als wichtiges Referenzwerk herangezogen. Es ist vor allem die authentische Methodik der Studien und die detaillierte Aufbereitung der Untersuchungsergebnisse, die sie für wissenschaftliche Arbeiten zu einer Fundgrube macht. Das gilt umso mehr, als die vorliegende Studie sämtliche aktuellen Themen bis hin zu Migration, Asyl und Flucht aufgreift und somit hochaktuelle Bezüge zulässt.

Die SINUS-Jugendstudie erscheint im Auftrag von mehreren zivilgesellschaftlichen Organisationen. Es handelt sich um Institutionen und Verbände, die sich auf ihre Weise intensiv für die Entwicklung von jungen Leuten einsetzen. Diese Anlage ist eine ihrer ganz besonderen Stärken, denn sie bildet auf diese Weise schon durch die Auftragslage die breiten Interessen verschiedener gesellschaftlicher Gruppen an der Entwicklung der jungen Generation ab und verhindert jede einseitige oder parteiische Sichtweise. Die verschiedenen Themenschwerpunkte der Studie wurden in Zusammenarbeit mit den Auftraggebern entwickelt und spiegeln entsprechend die Vielfalt von Lebenswelten und Interessengebieten wider, die für die junge Generation heute typisch ist.

Das Team der Autorinnen und Autoren hat sich seit der ersten SINUS-Jugendstudie 2008 kaum verändert. Das sorgt für Kontinuität und lässt Trendaussagen zu. Mit ihrer dritten Ausgabe liegt deshalb eine theoretisch und methodisch außerordentlich gut abgesicherte und fundierte Untersuchung vor. Sie besticht durch Genauigkeit und Originalität und erlaubt einen tiefen Blick in die Gefühls- und Einstellungswelt der 14 bis 17 Jahre alten Jugendlichen in Deutschland.

Klaus Hurrelmann,
Professor an der Hertie School of Governance Berlin

Inhalt

1 Einführung

Dieses Kapitel wurde bei Erstveröffentlichung ohne die korrekte Creative Commons Lizenz veröffentlicht. Die korrekte Lizenz finden Sie am Ende des Kapitels. Ein Erratum zu diesem Kapitel ist verfügbar unter DOI 10.1007/978-3-658-12533-2_14

M. Calmbach et al., *Wie ticken Jugendliche 2016?*,
DOI 10.1007/978-3-658-12533-2_1

Die wichtigste Ressource in Deutschland wächst nach: die Jugend. Man kann ihr nicht zuletzt vor dem Hintergrund des demografischen Wandels gar nicht genug Bedeutung zuschreiben. Die deutsche Gesellschaft schrumpft bekanntermaßen und wird immer älter. Die Jugend ist v.a. auch deswegen Gegenstand vieler wissenschaftlicher Studien oder journalistischer Beiträge - insbesondere, wenn sie mal wieder „Ärger macht" oder Anlass zur Sorge gibt.

Die vorliegende Forschungsarbeit steht unter dem Titel „Wie ticken Jugendliche?". Damit ist aber nicht der sensationsheischende, problemzentrierte Blick auf exotische Jugendsubkulturen gemeint, sondern eine offene und alltagsnahe Bestandsaufnahme der soziokulturellen Verfassung der jungen Generation. Wie leben und erleben Jugendliche ihren Alltag? Wie nehmen sie die gegenwärtigen Verhältnisse in Deutschland und in der Welt wahr? Woran glauben sie? An welchen Werten orientieren sie sich? Welche Lebensentwürfe verfolgen sie? Welche Rolle spielen Mobilität, Diversität, Nachhaltigkeit und Digitalisierung in ihrem Leben? Diesen und weiteren Fragen geht die neue SINUS-Jugendstudie wissenschaftlich fundiert nach.

Die Untersuchung bildet dabei die Vielfalt der Perspektiven der verschiedenen jugendlichen Lebenswelten ab. Das gelingt ihr besonders anschaulich, indem sie 14- bis 17-Jährige in Form von zahlreichen Zitaten und kreativen Selbstzeugnissen zu Wort kommen lässt. Einzigartig ist auch, dass Jugendliche fotografische Einblicke in ihre Wohnwelten gewähren und erstmalig selbst als Interviewer ihre Fragen eingebracht haben. Die SINUS-Jugendstudie verleiht der jungen Generation somit eine Stimme, die es genau wahrzunehmen gilt. Denn der Blick auf die Jugend ist immer auch ein Blick auf die Zukunft eines Landes.

Es ist bereits die dritte Untersuchung der viel beachteten Reihe „Wie ticken Jugendliche?". In beiden Vorgängerstudien (2008 und 2012) konnte aufgezeigt werden, dass es DIE Jugend nicht gibt, sondern dass große soziokulturelle Unterschiede zwischen den verschiedenen Lebenswelten existieren. Das hat sich auch 2016 nicht geändert.

Was erwartet die Leserinnen und Leser?

Im vorliegenden Forschungsbericht werden zunächst die zentralen Forschungsfragen und das Erhebungsdesign der Studie vorgestellt. Daran anschließend wird ein detaillierter Einblick in die einzelnen Jugend-Lebenswelten gegeben – in Wort und Bild. Danach werden die Ergebnisse zu den in der aktuellen Erhebung speziell vertieften Fokusthemen berichtet:

- Digitale Medien und digitales Lernen
- Mobilität
- Umweltschutz, Klimawandel und kritischer Konsum
- Liebe und Partnerschaft
- Glaube und Religion
- Geschichtsbilder
- Nation und nationale Identität
- Flucht und Asyl

Der Bericht schließt mit einer kommentierenden Zusammenfassung der wichtigsten Befunde.

Die Jugendstudie 2016 wurde vom SINUS-Institut und der SINUS-Akademie initiiert. Realisiert werden konnte sie durch die Unterstützung durch ein breites Gremium von Studienpartnern bestehend aus der Akademie des Verbandes Deutscher Verkehrsunternehmen, der Arbeitsstelle für Jugendseelsorge der Deutschen Bischofskonferenz, dem Bund der Deutschen Katholischen Jugend, der Bundeszentrale für politische Bildung und der Deutschen Kinder- und Jugendstiftung.

Die vorliegende Publikation zur Studie richtet sich an die interessierte (Fach-)Öffentlichkeit ebenso wie an die Profis und PraktikerInnen der Jugendarbeit und Jugendbildung:

- AkteurInnen in Jugendarbeit, Bildung und Ausbildung
- Eltern, ErzieherInnen, PädagogInnen, LehrerInnen
- EntscheidungsträgerInnen in Politik und Wirtschaft
- Studierende und Dozierende

2 Untersuchungsanlage

Dieses Kapitel wurde bei Erstveröffentlichung ohne die korrekte Creative Commons Lizenz veröffentlicht. Die korrekte Lizenz finden Sie am Ende des Kapitels. Ein Erratum zu diesem Kapitel ist verfügbar unter DOI 10.1007/978-3-658-12533-2_14

M. Calmbach et al., *Wie ticken Jugendliche 2016?*,
DOI 10.1007/978-3-658-12533-2_2

2.1 Zentrale Forschungsfragen

Wie in den letzten beiden Studien der Reihe „Wie ticken Jugendliche?" (2008, 2012) ist auch das Ziel der Untersuchung 2016 wieder, die Altersgruppe der 14- bis 17-Jährigen in Deutschland möglichst dicht in ihrer Vielfalt zu beschreiben. Eine der Hauptaufgaben der Studie ist es daher, der Frage auf den Grund zu gehen, welche jugendlichen Lebenswelten es gibt und wie Jugendliche in diesen Welten ihren Alltag (er)leben. Die forschungsleitenden Fragen dazu lauten:

- Was ist Jugendlichen in den verschiedenen Lebenswelten wichtig im Leben? An welchen Werten orientieren sie sich?
- Wie blickt man in den einzelnen Lebenswelten in die Zukunft? Wie möchte man später leben? Welche Hoffnungen, Ängste und Sorgen hat man?
- Wie gestalten die verschiedenen Gruppen ihre Freizeit? Welche lebensweltspezifischen kulturellen Vorlieben und Hobbies zeigen sich?
- Welche Vorbilder hat man?
- Was sind typische Merkmale der Vergemeinschaftung und Abgrenzung in den jugendlichen Lebenswelten?

Wie in den Vorgängerstudien werden auch in der aktuellen Ausgabe neue inhaltliche Schwerpunkte gesetzt. Neben der Exploration der verschiedenen Lebenswelten rücken folgende Themen in den Fokus:

Digitale Medien und digitales Lernen

- Welche Bedeutung hat das Internet im Leben?
- Welche digitalen Medien nutzt man und warum?
- Wo bzw. wie lernt man den Umgang mit digitalen Medien, insbesondere mit dem Internet?
- Welche Rolle spielen digitale Medien in der Schule bzw. beim Lernen? Welche Wünsche hat man diesbezüglich an die Schule?

- Wie schätzen Jugendliche die Bedeutung des Internets bzw. digitaler Medien in der Zukunft ein?

Mobilität

- Welche Verkehrsmittel nutzen Jugendlichen im Alltag?
- Welche Perspektive haben Jugendliche auf Mobilität? Sind Jugendliche gerne unterwegs, und in welchem geografischen Radius spielt sich ihr Leben ab?
- Welches Image haben die öffentlichen Verkehrsmittel heute unter Jugendlichen?
- Welche Rolle spielen der Auto-Führerschein und ein eigenes Auto für junge Menschen heute?
- Was hält man von (Car-)Sharing-Angeboten?
- Wie stellt man sich die Zukunft der Mobilität und ganz konkret eine Zukunft mit selbstfahrenden Autos vor?

Umweltschutz, Klimawandel und kritischer Konsum

- Wie nehmen die Jugendlichen die Themen Umweltschutz und Klimawandel wahr?
- Zu welchem Engagement für Umwelt- und Klimaschutz sind sie bereit?
- Wie stehen sie zu „kritischem Konsum"?

Liebe und Partnerschaft

- Welche Erfahrungen haben Jugendliche mit Verliebtheit, Liebe und Partnerschaft gemacht?

- Welche Beziehungsideale haben sie und welche Beziehungen streben sie an?

Glaube und Religion

- Welche Rolle spielt (religiöser) Glaube im Leben? Wo bzw. wie zeigt er sich im Alltag? Hat der Glaube eine institutionelle Bindung?
- Was bekommen Jugendliche von religiös motivierten Konflikten auf der Welt mit und was denken sie darüber?
- Welche Rolle spielt die Religion im Freundeskreis?

Geschichtsbilder

- Was verbinden Jugendliche mit „Geschichte"? Für welche historischen Themen lassen sie sich begeistern?
- Wie schätzen junge Menschen ihr historisches Wissen ein? Sind sie der Meinung, dass man aus Geschichte lernen kann?
- Wie wird der Geschichtsunterricht bewertet und wie könnte er besser gestaltet werden?
- Welche Erfahrungen und Einstellungen haben Jugendliche zu Gedenkstättenbesuchen?
- Welche Gedenktage sind den Jugendlichen präsent?
- Exkurs: Gibt es mit Blick auf Deutschland noch ein Ost-West-Denken unter Teenagern?

Nation und Nationalität

- Welche Rolle spielt Herkunft bzw. Nationalität für Jugendliche?
- Inwiefern oder in welchen Situationen identifizieren sich die Jugendlichen mit ihrer Nation?

- Woran unterscheiden Jugendliche Menschen unterschiedlicher Nationalitäten?
- Wie nehmen die Jugendlichen Migration und Vielfalt wahr?
- Spielt die Herkunft bei der Vergemeinschaftung eine Rolle?

Flucht und Asyl

- Was weiß man über die Flüchtlingsthematik und wie steht man dazu? Wie sieht man diesbezüglich die Rolle Deutschlands?
- Wie kann aus Sicht der Jugendlichen Integration gelingen?

Die Auswahl dieser Vertiefungsthemen und Forschungsfragen erfolgte durch die Projektpartner. Folgende Übersicht zeigt die „Themenpatenschaften" der einzelnen Institutionen und die Verteilung der Befragungszeit auf die Untersuchungsaspekte. Dabei wird deutlich, dass die Studie nicht wenige Themen stark in die Tiefe behandelt, sondern im Rahmen der zur Verfügung stehenden Befragungszeit ein inhaltlich breites Spektrum an jugendlichen Positionen eröffnen möchte.

2.2 Methodische Vorgehensweise

Für die vorliegende qualitative Studie wurde mit Hilfe unterschiedlicher jugendgerechter methodischer Zugänge eine breite Vielfalt an Datenmaterial zusammengetragen. Bevor die einzelnen Methoden im Folgenden kurz erläutert werden, ein Hinweis zur Repräsentativität der Befunde.

Die Ergebnisse qualitativer Studien sind nicht im statistischen, wohl aber im psychologischen Sinne repräsentativ. Durch die Flexibilität des qualitativ-ethnologischen Forschungsansatzes mit non-direktiven Methoden und unbeschränkten Antwortmöglichkeiten der Gesprächspartner/innen wird eine hohe Inhaltsvalidität und Unverfälschtheit der Ergebnisse erreicht, ohne allerdings statistisch repräsentative Aussagen über Prozentverteilungen machen zu können. Ziel qualitativer Forschung ist es vielmehr, alle psychologisch wirksamen Einflussfaktoren bei einem Thema (z. B. Einstellungen, Erwartungen, Emotionen, Motive) offen zu legen und verstehend zu beschreiben. Im Unterschied zu quantifizierenden Methoden ist dafür bereits eine relativ kleine Stichprobe ausreichend.

2.2.1 Qualitative Lebensweltexplorationen

Professionell geschulte Interviewer - alle unter 30 Jahre - haben für die vorliegende Studie 72 narrative Interviews (Einzelexplorationen) mit Jugendlichen im Alter von 14 bis 17 Jahren durchgeführt (Dauer: ca. 120 Minuten inkl. Fotodokumentation).[1]

---

1 Für die Befragung von Minderjährigen bestehen spezielle Richtlinien von Seiten der Branchenverbände der Markt- und Sozialforschung, an die sich das SINUS-Institut auch bei der jetzt abgeschlossenen Untersuchung verbindlich gehalten hat. Unter forschungsethischem Aspekt gelten bei der Befragung von Kindern und Jugendlichen dieselben Grundsätze wie bei Erwachsenen. So ist zum Beispiel vor dem Interview in jedem Fall auf die Freiwilligkeit der Teilnahme hinzuweisen und die Zustimmung zur anonymisierten Nutzung der Angaben einzuholen. Die Einwilligung in ein Interview darf bei Jugendlichen ab 14 Jahren von ihnen selbst entschieden werden. Dennoch wurde bei diesem Projekt kein Jugendlicher bzw. keine Jugendliche ohne vorherige schriftliche Einverständniserklärung eines Erziehungsberechtigten befragt. Alle angefragten Erziehungsberechtigten haben zugestimmt, in der Interviewsituation nicht unmittelbar anwesend zu sein. Die Anforderung, dass Methoden und Inhalte der Befragung der Zielgruppe angemessen sind, wurde von SINUS ebenso sichergestellt wie die altersgerechte Aufbereitung der Fragen im Interview-Leitfaden.

Demografische Struktur der Stichprobe

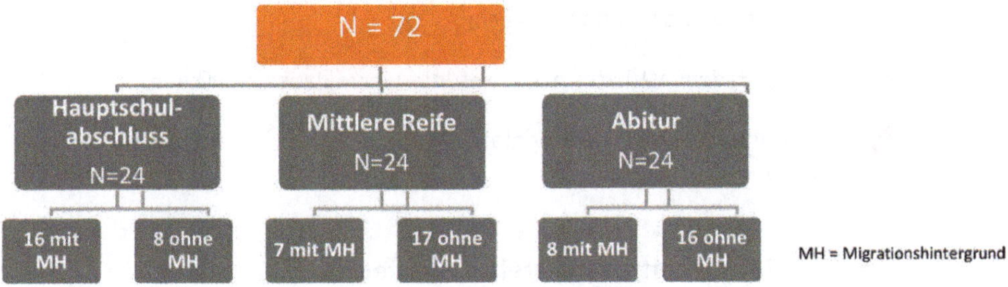

- Quotierung erfolgte nach nächstem *angestrebtem* Schulabschluss
- Jeweils gleichmäßige Verteilung nach Geschlecht, Wohnort (Stadt/Land), Besuch Ganztags-/Halbtagsschule

Die Interviews wurden im häuslichen Umfeld der Jugendlichen in der Zeit von Anfang Juli 2015 bis Ende Oktober 2015 deutschlandweit an folgenden Orten durchgeführt:

Befragungsorte

1. Berlin
2. Cottbus und Umgebung
3. Leipzig und Umgebung
4. Halle a. d. Saale und Umgebung
5. Hamburg und Umgebung
6. Minden und Umgebung
7. Hannover und Umgebung
8. Köln und Umgebung
9. Aachen und Umgebung
10. Düsseldorf
11. Dortmund und Umgebung
12. Frankfurt a.M.
13. Heidelberg und Umgebung
14. Stuttgart und Umgebung
15. München und Umgebung

Quelle: StingerMKO – Fotolia

Teil der Explorationen waren dabei jeweils ...

- ein schriftliches „Hausarbeitsheft", das die Jugendlichen im Vorfeld der Interviews bearbeitet haben;
- ein leitfadengestütztes narratives Interview (Dauer ca. 90 min);
- eine fotografische Dokumentation der Wohnwelt (Dauer ca. 30 min).

Zu der „Hausarbeit" im Vorfeld des Interviews.

Im Vorfeld der Interviews wurden die Befragten gebeten, ein „Hausarbeitsheft" mit dem Titel „So bin ich, das mag ich" auszufüllen. Diese Hausaufgabe erfüllte neben dem Gewinn von inhaltlichen Erkenntnissen auch den Zweck, Barrieren und womöglich Skepsis oder gar Ängste der Jugendlichen (und ihrer Eltern) im Vorfeld des Gesprächstermins abzubauen. In diesem „Hausarbeitsheft" wurden leicht zu beantwortende Fragen zu Vorlieben und Interessen gestellt:

- Wofür interessierst du dich? Wofür interessierst du dich überhaupt nicht?
- Was hörst du gerne für Musik?
- Was sind deine Lieblingsfilme und/oder Serien?
- Was liest du gerne?
- Was ist für dich das wichtigste technische Gerät und warum?
- Was machst du damit? Wie nutzt du es?
- Was ist für dich das ideale Verkehrsmittel?
- Wie sieht bei dir ein ganz normaler Tag in der Woche aus?

Die Jugendlichen wurden zudem auch gebeten, Fragen nach wichtigen Dingen im Leben, Vorbildern und ihrer Zukunft zu beantworten:

- Was sind für dich die wichtigsten Sachen der Welt?
- Nenne eine erwachsene Person: a) deren Lebensgeschichte du dir gerne erzählen lassen würdest, b) von der du gerne etwas lernen würdest.
- Wie möchtest du später leben? Was machst du dann?
- Wie sieht für dich eine ideale Beziehung aus?

Zum Abschluss dieser Vorbefragung wurden die Jugendlichen gebeten, noch etwas zum Thema „Das gibt meinem Leben Sinn" mitzuteilen. Dabei durften sie ihrer Kreativität freien Lauf lassen, z. B. etwas malen, Fotos einfügen, Bilder aus Zeitschriften, Zeitungen, Prospekten etc. ausschneiden und aufkleben oder ein paar Begriffe oder Gedanken aufschreiben.

Hintergründe zu narrativen Interviews.

Bei den Explorationen wurde das aus der Ethnomethodologie adaptierte Verfahren des narrativen Interviews eingesetzt. Dieser methodische Ansatz hat den Vorteil, dass den Jugendlichen Raum gegeben wird, ihre Wahrnehmungen, Einstellungen und Meinungen in ihrer natürlichen Alltagssprache zu schildern und unbeeinflusst von strukturierenden Vorgaben all das zum Ausdruck zu bringen, was aus ihrer subjektiven Sicht von Bedeutung ist. Die Explorationen wurden zunächst als freies Gespräch geführt, so dass die Teilnehmenden viel Raum zur Selbstdarstellung und Selbstbeschreibung hatten. Um dennoch zu gewährleisten, dass alle für die Beantwortung der Forschungsfragen relevanten Aspekte im Verlauf des Interviews zur Sprache kommen, wurde ein Gesprächsleitfaden eingesetzt, der die Erhebungsthemen vorstrukturiert. Auf diese Weise konnten Interviewerinnen und Interviewer noch einmal gezielt Gesprächsimpulse zu einzelnen Aspekten setzen, die spontan nicht angesprochen wurden. Die Gespräche wurden nach vorheriger Absprache mit den Jugendlichen und deren Erziehungsberechtigten digital aufgezeichnet.

Die Interviews wurden durch verschiedene Elemente aufgelockert. Beispielweise durch spielerische Methoden wie „Spiel des Lebens", bei dem

Aufgabe zum Werteuniversum der Befragten

Auf dieser Seite siehst du Aspekte, die einem im Leben wichtig sein können. Bitte kreise alle Punkte ein, die dir wichtig sind. Streiche danach alle Punkte durch, die für dich überhaupt nicht wichtig sind.

Teil einer Gemeinschaft sein
Andere auch akzeptieren, wenn sie ganz anders sind
Gegen Ungerechtigkeiten Widerstand leisten
Mein eigenes Ding durchziehen
Auch mal riskante Sachen machen
Für Andere da sein
Mich so geben, wie ich bin
Immer neue Sachen ausprobieren
Anderen auch mal die Meinung sagen, wenn es angebracht ist
Anderen helfen, wenn es ihnen nicht so gut geht
Auf eigene Faust in ferne Länder reisen
Kreativ sein
Berufsmäßig das machen, was mir entspricht
Möglichst schnell von zu Hause ausziehen
Sich an Andere anpassen
Mit Freunden Alkohol trinken
Viel im Leben lernen
Gegenüber Freunden und Familie immer loyal sein
Ein gutes Verhältnis mit meinen Eltern haben
Mich über Politik informieren
In eine andere Stadt ziehen für das Studium oder den Beruf
Flirten
Eine feste Beziehung haben
Gesund leben
Wissen, was ich wirklich will
Mit meinen Freunden im Internet Zeit verbringen
Am Wochenende Feiern gehen
Ordentlich sein
Fleißig sein
Egal was, Hauptsache, es macht Spaß
Treu sein
Sparen
Gute Noten in der Schule schreiben
Mich voll und ganz auf meine Karriere konzentrieren
Attraktiv aussehen
Mich von der grauen Masse abheben
Meine Zukunft sicher planen
Mich körperlich topfit halten
Die Wahrheit sagen
Eine eigene Familie gründen
Immer der Beste sein
Videospiele spielen und Filme schauen
Über die aktuellen Trends in Mode und Musik informiert sein
Mein Glaube an einen Gott (egal welcher Religion)
Mich an die Regeln halten
Anderen sagen, wo es langgeht.
Traditionen aufrecht erhalten
Dort bleiben, wo man aufgewachsen ist
Mir auch mal was Teures gönnen
Berühmt werden
Dinge auch tun, obwohl sie verboten sind, einfach weil es Spaß macht
Beten
Viel Geld verdienen
Meinen Eltern widersprechen
Meiner Familie keine Schande machen
Bescheiden sein
Ein luxuriöses Leben führen
Durch meine Klamotten auch mal auffallen

die Jugendlichen hypothetische Lebensalter erwürfeln und ihre Visionen für ihr Leben zum jeweiligen Zeitpunkt schildern konnten, oder durch die Vorlage von Skalen, auf der sie ihre Haltung zu einem Thema visuell darstellen konnten. Die Integration solcher Elemente ermöglicht zum einen die Aufmerksamkeitsfähigkeit über einen längeren Zeitraum aktiv zu halten. Zum anderen erlauben sie die teils komplexen Fragestellungen auf ein leichter fassbares Niveau zu reduzieren.

Zum Abschluss des Interviews wurde den Befragten eine Aufgabe zu ihrem „Werteuniversum" vorgelegt. Nachdem die Jugendlichen die Aufgabe erfüllt hatten, wurde sie gemeinsam besprochen, um mögliche Mißverständnisse und Widersprüche zum bisherigen Interview auszuräumen.

Zur fotografischen Dokumentation der jugendlichen Wohnwelten.

Zur Abrundung des Bildes von der privaten Lebenswelt wurden bei Befragten, die ihr Einverständnis dazu gegeben haben, die Jugendzimmer fotografiert. Dabei wurde auch besonders auf „Hausaltäre" geachtet (ein Arrangement, in dem persönlich bedeutungsvolle Gegenstände ausgestellt werden). Diese Wohnbilder sind eine wichtige Informationsquelle zur (lebenswelttypischen) Alltagsästhetik der Jugendlichen.

2.2.2 Qualitative Peer-to-Peer Interviews

Wenngleich der Interviewerstamm aus durchweg eher jungen Sozialwissenschaftler/innen (alle waren jünger als 30 Jahre, der Großteil unter 25 Jahre) bestand, wurden für die vorliegende Studie auch einige Interviews von Teenagern selbst durchgeführt (Stichwort „Participatory Youth Research"). Hierfür wurden sechs Jugendliche über ein professionelles Felddienstleistungsstudio rekrutiert (drei Jungen und drei Mädchen mit unterschiedlichen Bildungshintergründen). Die Jugendlichen waren zum Zeitpunkt der Datenerhebung zwischen 14 und 17 Jahre alt (wie ihre Interviewpartner/innen). Sie wurden von Mitarbeitern des SINUS-Instituts in einem halbtägigen Workshop zum Projekt gebrieft und in Interview-Techniken geschult.Die Jugendlichen sollten bewusst nicht mit dem gleichen Themenkatalog Interviews durchführen, den das SINUS-Institut für die professionellen Interviewer erstellt hatte, sondern einen eigenen Leitfaden entwickeln. Hierfür wurde den Jugendlichen für verschiedene Schwerpunktthemen der vorliegenden Studie lediglich ein Stichwort genannt. Zu diesem Stichwort haben sie sich dann eigenständig Fragen überlegt, die sie dann dem besten Freund oder der besten Freundin gestellt haben. Die Stichworte lauteten: Beziehung/Partnerschaft, Gott, Auto, Öffentlicher Nahverkehr, Flüchtlinge, Deutschland, Lernen mit digitalen Medien, Ich im Internet sowie Freunde & Feinde.

Ein solcher Peer-to-Peer-Ansatz ist aus zweierlei Gründen interessant:

- Es ist inhaltlich reizvoll, Interviews zwischen Jugendlichen führen zu lassen, um mehr über sehr jugendspezifische Themen (z. B. Gaming, Musik etc.), sehr sensible Themen (z. B. Liebesbeziehungen, political correctness) oder „neue" Themen (z. B. im Sinne von Trendscouting) erfahren zu können. Die Jugendlichen werden sozusagen als Expertinnen und Experten ihrer eigenen Generation herangezogen.

- Dadurch ergibt sich im besten Fall zudem ein Empowerment-Effekt: Wenn Jugendliche als Expertinnen und Experten ihrer eigenen Lebenswelt ernst genommen werden, kann dies zu einer Steigerung ihres Selbstbewusstseins, ihres Selbstwertgefühls und ihrer Eigenständigkeit führen. Für ihren aktiven Beitrag zur vorliegenden SINUS-Jugendstudie erhielten die jugendlichen Interviewer einen Tätigkeitsnachweis für ihre biografischen Unterlagen (das ist z. B. mit Blick auf Bewerbungen interessant) und - ebenso wie die erwachsenen Interviewer - ein Honorar.

Die Befunde der von den Jugendlichen geführten Interviews sind in die inhaltsanalytische Auswertung der Studie eingebunden worden. An einigen Stellen dieses Buches finden sich zur Illustration der Ergebnisse Auszüge aus den Dialogen zwischen Jugendlichen sowie Abdrucke ihrer persönlichen Fragebögen.

2.3 Systematik der Modellierung des SINUS-Lebensweltenmodells

Das SINUS-Modell für die Lebenswelten der 14- bis 17-jährigen wurde auf Basis der qualitativen Interviews entwickelt. Die Interviews wurden nach der Methode der hermeneutischen Textinterpretation inhaltsanalytisch ausgewertet. Dabei wurden alle für die Alltagswirklichkeit der Jugendlichen relevanten Bereiche unter die Lupe genommen.

Ziel der aktuellen Studie war es, zu überprüfen, ob das im Jahr 2012 entwickelte Lebensweltmodell weiterhin Bestand hat, oder ob Anpassungen notwendig geworden sind. Die methodische Herangehensweise hat sich gegenüber der Vorgängerstudie nicht geändert. Bei der Profilierung der Lebenswelten wurden neben der formalen Bildung insbesondere die Wertorientierungen, Lebensstile und ästhetischen Präferenzen in den Blick genommen, weil diese Merkmale in einer hochindividualisierten Gesellschaft soziale Zugehörigkeit maßgeblich prägen. Letztlich könnte man hier auch von „sozialen Milieus" sprechen. Da aber die Entwicklung

Bausteine der Lebensweltanalyse

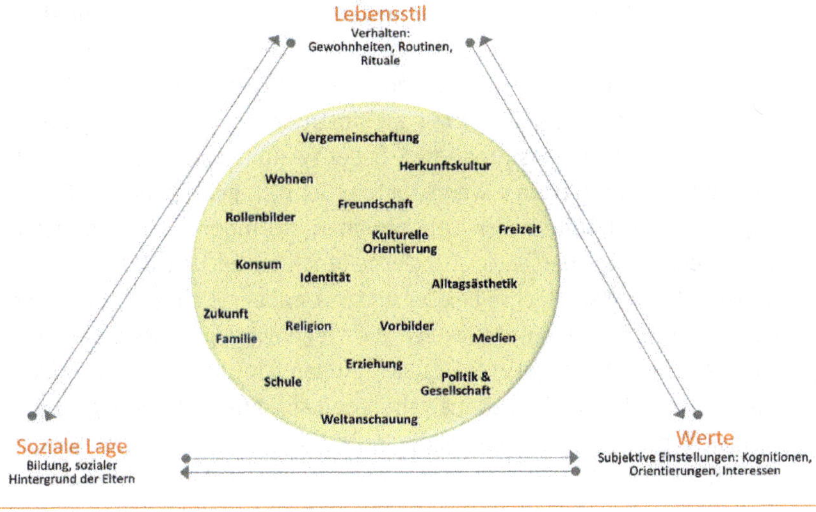

und Ausformung der soziokulturellen Kernidentität bei 14- bis 17-Jährigen noch nicht abgeschlossen ist, weil viele der im Leben zentralen Übergangsstadien (Berufswahl und Erwerbseinstieg, feste Partnerschaft, eigenverantwortliches Wohnen etc.) noch bevorstehen, ist der Lebenswelten-Begriff der treffendere. Dabei handelt es sich um real existierende Gruppierungen mit gemeinsamen Sinn- und Kommunikationszusammenhängen in ihrer Alltagswelt, mit vergleichbaren handlungsleitenden Konzepten des im Leben Wertvollen und Wichtigen sowie ähnlichen Vorstellungen von Lebensqualität und Lebensweise.

Die qualitative Analyse der Alltagswelten in der Alterskohorte der 14- bis 17-Jährigen zeigt, dass sich das Wertespektrum Jugendlicher weiterhin mit drei zentralen Grundorientierungen – traditionell, modern und postmodern – beschreiben lässt: Die traditionelle Grundorientierung steht für Werte, die sich an „Sicherheit und Orientierung" ausrichten. Der modernen Grundorientierung liegen Werte zugrunde, die auf „Haben und Zeigen" sowie auf „Sein und Verändern" abzielen. Die postmoderne Grundorientierung bündelt die Wertedimensionen „Machen und Erleben" und „Grenzen überwinden und Sampeln".

Diese normativen Grundorientierungen sind dabei nicht als getrennte bzw. trennende Kategorien zu verstehen. Die Werthaltung Jugendlicher folgt heute weniger einer „Entweder-oder-Logik" als vielmehr einer „Sowohl-als-auch-Logik". Charakteristisch ist eine Gleichzeitigkeit von auf den ersten Blick nur schwer vereinbaren Werthaltungen. Trotz der großen Bedeutungszuschreibung an postmoderne Werte orientieren sich Jugendliche in postmodernen Lebenswelten beispielsweise auch an traditionellen Werten - wenn auch in deutlich geringerem Maße als Jugendliche in traditionellen Lebenswelten. So möchte man „hart feiern", gleichzeitig aber auch „hart arbeiten" und zu den Besten in der Klasse zählen. Man möchte flexibel und frei, dabei gleichzeitig aber auch sicher sein. Annähernd alle wollen die Gegenwart genießen, verlieren dabei aber nicht die Zukunft aus den Augen. Um solchen postmodernen Wertesynthesen im Lebensweltenmodell grafisch Rechnung zu tragen, sind in der folgenden Abbildung die zentralen Wertorientierungen (traditionell, modern, postmodern) mit heller und dunkler werdenden

Farbverläufen hinterlegt. So wird bildlich erkennbar, dass sich „Wertefelder“ überlappen.

Zum besseren Verständnis der Werte-Achse im SINUS-Modell und zur Illustration des breiten Wertespektrums der Jugend dienen die Übersichten auf dieser und der folgenden Seite. In der ersten Übersicht sind den einzelnen Achsenabschnitten typische Werte zugeordnet, die aus den Erzählungen der Jugendlichen herausdestilliert werden konnten. Die zweite Übersicht enthält wörtliche Passagen aus den Interviews dieser Studie zur Veranschaulichung.

Ausgehend von den typischen Vorstellungen, was wertvoll und erstrebenswert im Leben ist/sein könnte, wurden Jugendliche zusammengefasst, die sich in ihren Werten, ihrer grundsätzlichen Lebenseinstellung und Lebensweise sowie in ihrer sozialen Lage ähnlich sind. Hier zeigt sich, dass das im Rahmen der Vorgängerstudie entwickelte Lebensweltenmodell stabil ist. Auch in der Studie 2016 konnten wieder folgende Lebenswelten identifiziert werden: Konservativ-Bürgerliche,

Werte-Achse des SINUS-Lebensweltenmodells – typische Werte

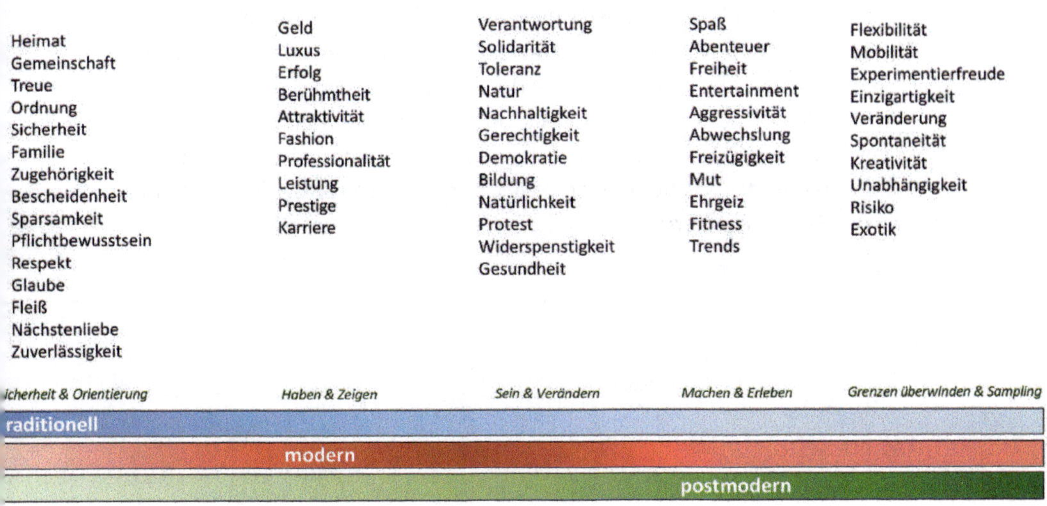

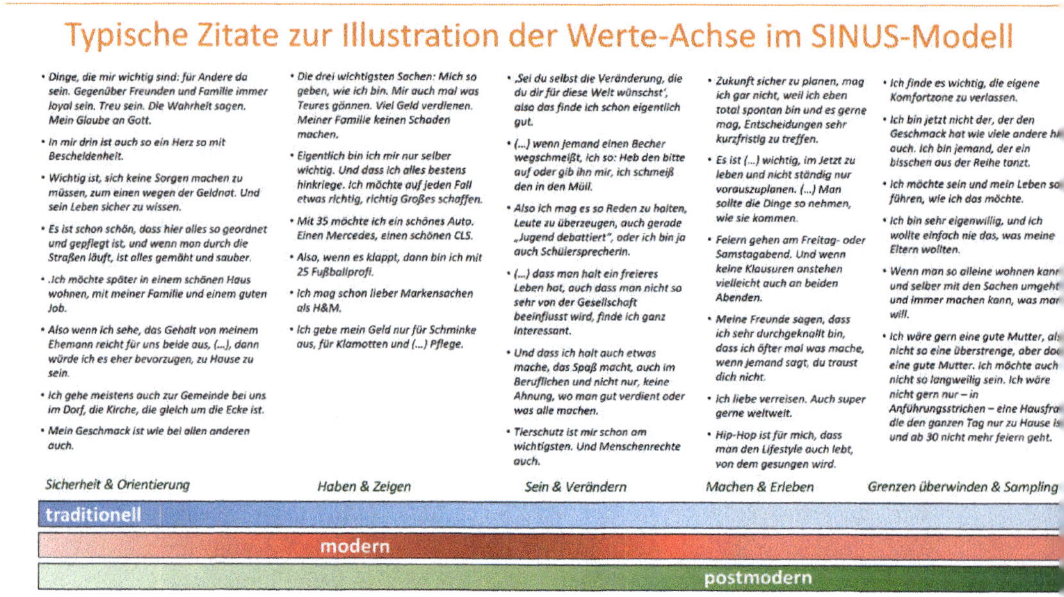

Adaptiv-Pragmatische, Sozialökologische, Prekäre, Materialistische Hedonisten, Experimentalistische Hedonisten, Expeditive.

Die nachstehende Grafik positioniert diese Lebenswelten in einem an das bekannte SINUS-Milieumodell angelehnten zweidimensionalen Achsensystem, in dem die vertikale Achse den Bildungsgrad und die horizontale Achse die normative Grundorientierung abbildet. Je höher eine Lebenswelt in dieser Grafik angesiedelt ist, desto gehobener ist die Bildung; je weiter rechts sie positioniert ist, desto moderner im soziokulturellen Sinn ist die Grundorientierung.

SINUS-Modell für die Lebenswelten der 14-17-Jährigen

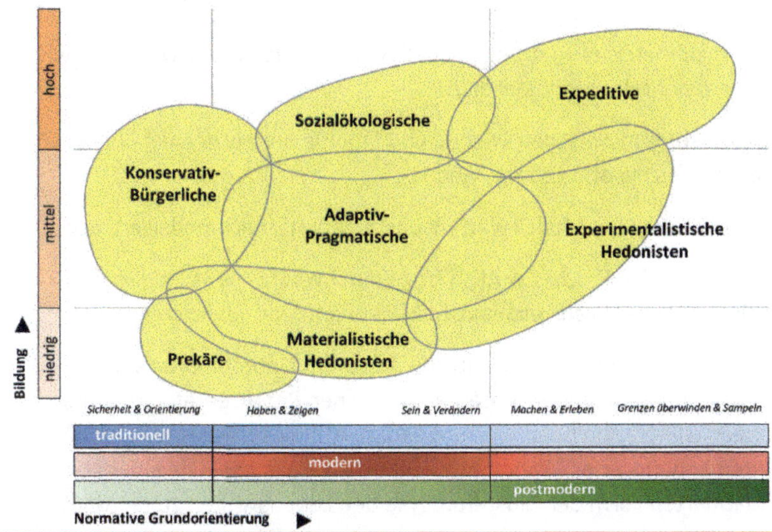

2.4 Systematik der Quantifizierung des SINUS-Lebensweltenmodells

Nicht aus der durchgeführten Studie zu beantworten ist die Frage, wie groß die auf qualitativer Basis identifizierten Lebenswelten der 14- bis 17-Jährigen exakt sind. Hierfür bedarf es einer repräsentativen Breitenerhebung sowie eines statistischen Instruments zur Diagnose der Lebensweltzugehörigkeit - einen sogenannten „Lebensweltenindikator". Ein solcher Indikator beinhaltet Statements, die die typischen Werthaltungen der einzelnen Lebenswelten repräsentieren und damit auch die Grenzen zwischen den Gruppen rekonstruierbar machen. Dabei haben sich Aussagen am besten bewährt, die Grundüberzeugungen der Befragten erfassen oder alltäglich wirksame Motive diagnostizieren. Kriterium für die Auswahl solcher Statements ist ihre Differenzierungskraft, d. h. ihre Eignung, die verschiedenen Lebenswelten optimal zu trennen.

Die quantitative Überprüfung eines Lebensweltenmodells erfolgt im Wechselschritt zwischen Theorie und Empirie:

1. Das hypothetische Ausgangsmodell wird über den Lebensweltenindikator quantitativ nachmodelliert.
2. Inkonsistenzen zwischen Theorie und Empirie führen zu einer Überarbeitung des hypothetischen Modells.
3. Das überarbeitete Modell wird wieder quantitativ nachmodelliert, usw.
4. Dieser iterative Prozess wird so lange durchgeführt, bis sich das theoretische Modell in ausreichendem Maß quantitativ verifizieren lässt.

Um eine zuverlässige lebensweltliche Verortung durchführen zu können, müssen alle Indikator-Statements in einer Repräsentativerhebung der jungen Generation beantwortet werden. Auf dieser Basis werden die Befragten anhand eines Wahrscheinlichkeitsmodells mit Hilfe einer speziell adaptierten Form der Clusteranalyse den Lebenswelten zugeordnet. Dies geschieht, indem für jede Gruppe eine spezifische Verteilung von

Lebensweltliche Struktur der jungen Alterskohorten im Vergleich

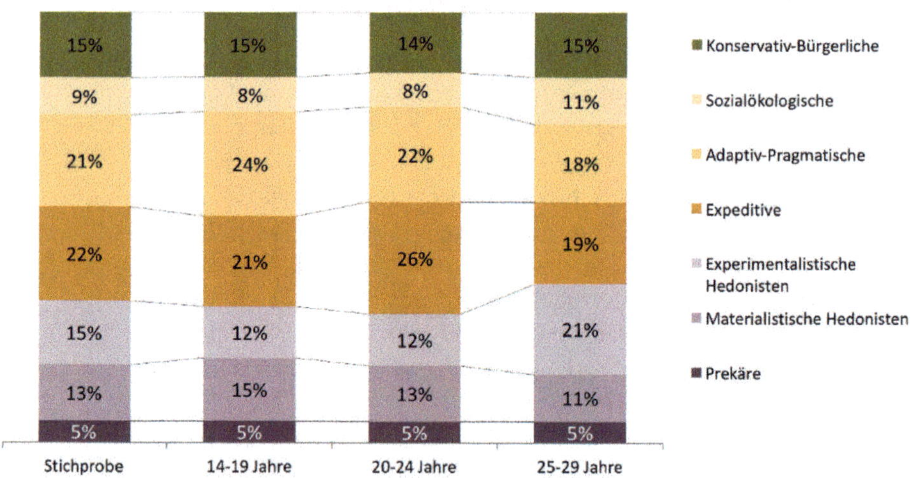

Basis: 2.001 Fälle. Quelle: SINUS 201

Antwortwahrscheinlichkeiten über alle Indikator-Items bestimmt wird (Normprofile). Die Lebensweltklassifikation von neuen Fällen erfolgt dann nach Ähnlichkeit der individuellen Antwortmuster mit dem Wahrscheinlichkeitsmodell, entsprechend der Logik des Profilvergleichs.

Eine solche quantitative Lebensweltanalyse für die Altersgruppe der 14- bis 17-Jährigen steht bislang noch aus. Im Jahr 2013 erfasste das SINUS-Institut aber die Lebenswelten der 14- bis 29-Jährigen repräsentativ (auf Basis von 2.000 Online-Interviews). In der beistehenden Grafik sind die Anteile der Lebenswelten in vordefinierten Altersgruppen der Unter-30-Jährigen ausgewiesen. Diese Daten erlauben ein näherungsweises Bild über die Größenverhältnisse der verschiedenen Lebenswelten der Teenager.

3 Lebenswelten der 14- bis 17-Jährigen

Dieses Kapitel wurde bei Erstveröffentlichung ohne die korrekte Creative Commons Lizenz veröffentlicht. Die korrekte Lizenz finden Sie am Ende des Kapitels. Ein Erratum zu diesem Kapitel ist verfügbar unter DOI 10.1007/978-3-658-12533-2_14

M. Calmbach et al., *Wie ticken Jugendliche 2016?*,
DOI 10.1007/978-3-658-12533-2_3

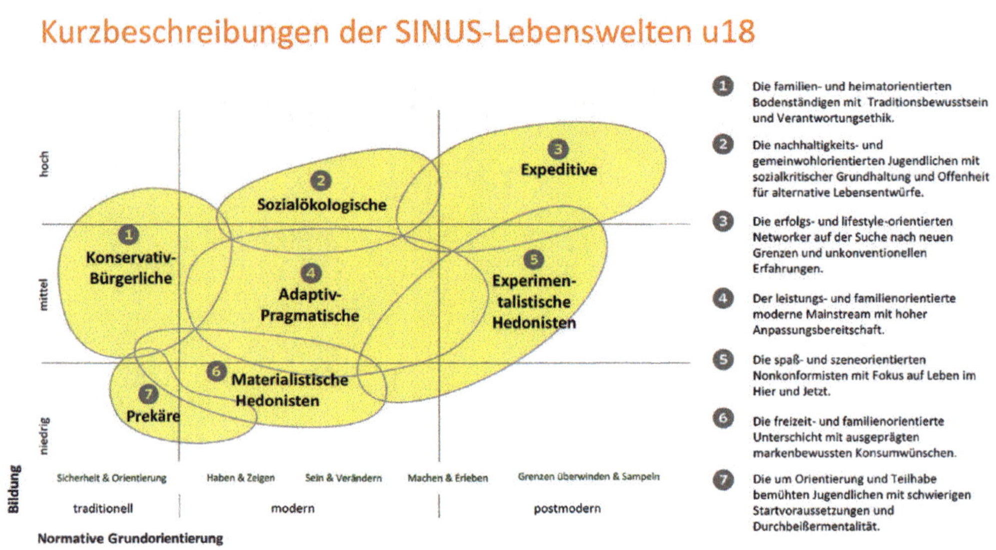

Die soziokulturelle Landschaft der Jugendpopulation in Deutschland ist vielfältig. In beistehender Grafik sind die einzelnen Lebenswelten stichwortartig beschrieben.

Die Lebensweltanalyse zeigt, dass das im Jahr 2012 entwickelte Modell auch 2016 noch gültig ist, d.h. an der inneren Verfasstheit der Gruppen hat sich wenig geändert. Entsprechend fällt die Beschreibung der einzelnen Gruppen sehr ähnlich aus wie in der Vorgängerstudie. Zur Illustration der Befunde wurden natürlich Zitate, Wohnbilder und Auszüge aus den Hausarbeitsheften aus der aktuellen Studie verwendet.

3.1 Konservativ-Bürgerliche

Die familien- und heimatorientierten Bodenständigen mit Traditionsbewusstsein und Verantwortungsethik.

3.1.1 Lebensweltliche Basisorientierungen

Für Konservativ-Bürgerliche sind im Vergleich der Lebenswelten Anpassungs- und Ordnungswerte sowie Kollektivwerte und soziale Werte (z. B. Gemeinschaft, Zusammenhalt, Hilfsbereitschaft, Familie, Geselligkeit) und – speziell in den westlichen Bundesländern sowie unter muslimischen Jugendlichen – auch religiös geprägte Tugenden (Glaube, Hoffnung, Demut, Mäßigung, Rechtschaffenheit) am wichtigsten. Diese Jugendlichen tendieren im Vergleich der Lebenswelten noch am stärksten zu einer autoritären Interpretation von Sekundärtugenden.

Werte-Universum der Konservativ-Bürgerlichen

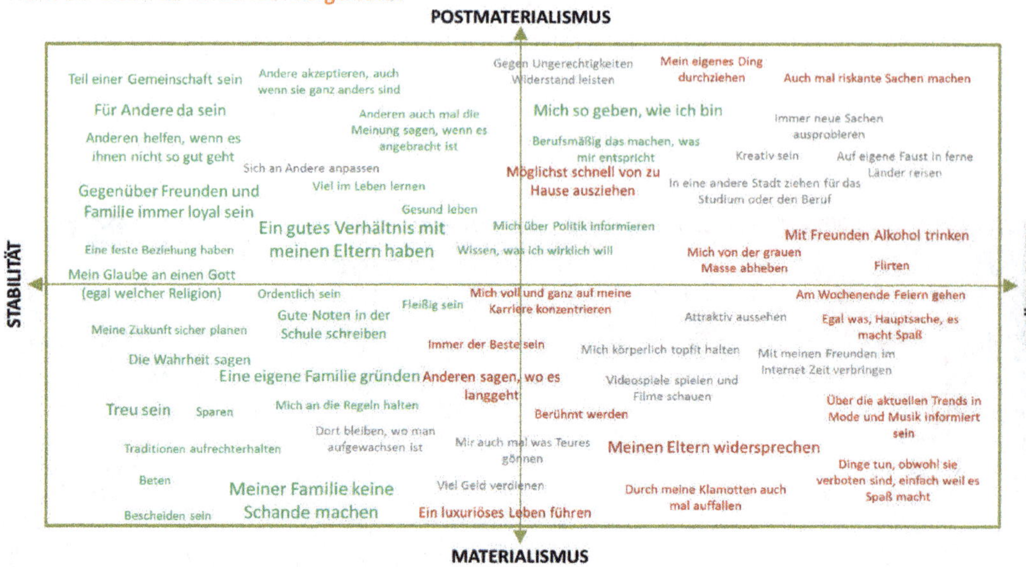

Hedonistische Werte sind jugendtypisch und daher auch bei Konservativ-Bürgerlichen verbreitet, allerdings rangieren sie in ihrer Bedeutung deutlich hinter einer umfassenden Liste von Werten des traditionell-bürgerlichen Tugendkatalogs: Bodenständigkeit, Vernunft, Standhaftigkeit, Sachlichkeit, Beständigkeit, Bescheidenheit, Gewissenhaftigkeit, Zielstrebigkeit, Fleiß, Treue, Gehorsam, Disziplin, Pflichtbewusstsein, Pünktlichkeit, Zuverlässigkeit, Höflichkeit, Ordnungsliebe, Sauberkeit, Harmonie.

Im Werteprofil der Konservativ-bürgerlichen Jugendlichen spiegeln sich ein ausgeprägtes Bewusstsein für die bewährte gesellschaftliche Ordnung und der starke Wunsch, an dieser festzuhalten. In diesem Sinne sind sie als konservativ zu betrachten.

Für Konservativ-Bürgerliche ist eher Selbstdisziplinierung als Selbstentfaltung charakteristisch. Entsprechend sind die Lifestyle-Affinität und die Konsumneigung in dieser Lebenswelt mit am schwächsten ausgeprägt. In dieser Lebenswelt gehen die Jugendlichen sparsam und kontrolliert mit ihrem Geld um. Die Verzichtbereitschaft ist hoch. Man möchte sein Geld „nicht zum Fenster rausschmeißen."

Konservativ-bürgerliche Jugendliche sind Konventionalisten. Sie beschreiben sich selbst als unauffällig, sozial, häuslich, gesellig, ruhig und geerdet. Während diese Attribute von vielen anderen Jugendlichen als langweilig diskreditiert werden, betrachten Konservativ-Bürgerliche sie als positive Charaktereigenschaften. Als Lebensmaxime werden häufig genannt: „Nichts überstürzen", „Alles in Maßen".

Konservativ-bürgerliche Jugendliche sind sehr heimatnah und regional verwurzelt. Beispielsweise folgt man häufig den großen Sportvereinen aus der Region. Unter den Migranten und Migrantinnen dieser Lebenswelt besteht meist ein enger Draht in die Heimatregion der Eltern. Viele sind auch mit Blick auf das Herkunftsland der Eltern Lokalpatrioten. Auch die autochthonen Deutschen sind in dieser Lebenswelt patriotisch - oder haben zumindest überhaupt kein Verständnis dafür, dass andere Jugendliche es befremdlich finden, wenn man Deutschlandfahnen bei Fussballspielen schwenkt.

Von einer „No risk, no fun"-Attitüde halten Konservativ-bürgerliche Jugendliche gar nichts. Ihr Lebensmotto lautet vielmehr: „Lieber auf

Auszüge aus Hausaufgabenheften zur Frage: WAS GIBT DEINEM LEBEN SINN?

Nummer sicher gehen." Wie wichtig diesen Jugendlichen Sicherheit im Alltag ist, zeigt sich neben der Risikovermeidung in der Freizeit auch in der Betonung von materieller Absicherung (keine finanziellen Sorgen), sozialer Sicherheit (harmonische, dauerhafte Beziehungen) und Innerer Sicherheit (Deutschland vor dem Terrorismus verteidigen, und das bereits vor den Terroranschlägen in Paris im November 2015).

Dieses Sicherheitsstreben ist auch in der Alltagsorganisation erkennbar: Feste Tagesabläufe und Routinen stehen hoch im Kurs. Konservativ-Bürgerliche scheuen Veränderungen und halten sich an Gewohnheiten und Gewissheiten fest. Charakteristisch ist ihre Kontroll-Mentalität und Routineorientierung. Neuem stehen sie eher skeptisch und abwartend gegenüber. Sie orientieren sich stark an bekannten Strukturen und Umfeldern, sprechen beispielsweise mit Unbehagen darüber, dass sie im Zuge einer Ausbildung oder eines Studiums möglicherweise die vertraute Umgebung verlassen müssen.

Der Wunsch, an der bewährten Ordnung festzuhalten, zeigt sich v. a. in dem sehr deutlich formulierten Bedürfnis nach einer „Normalbiografie" (Schule, Ausbildung, Beruf, Ehe, Kinder). Im Vergleich der Lebenswelten ist der Wunsch nach einem geradlinigen, voraussehbaren Lebenslauf bei den Konservativ-Bürgerlichen mit am stärksten ausgeprägt. Kurz: Diese

Auszüge aus Hausaufgabenheften zur Frage:
WAS SIND FÜR DICH DIE WICHTIGSTEN SACHEN DER WELT?

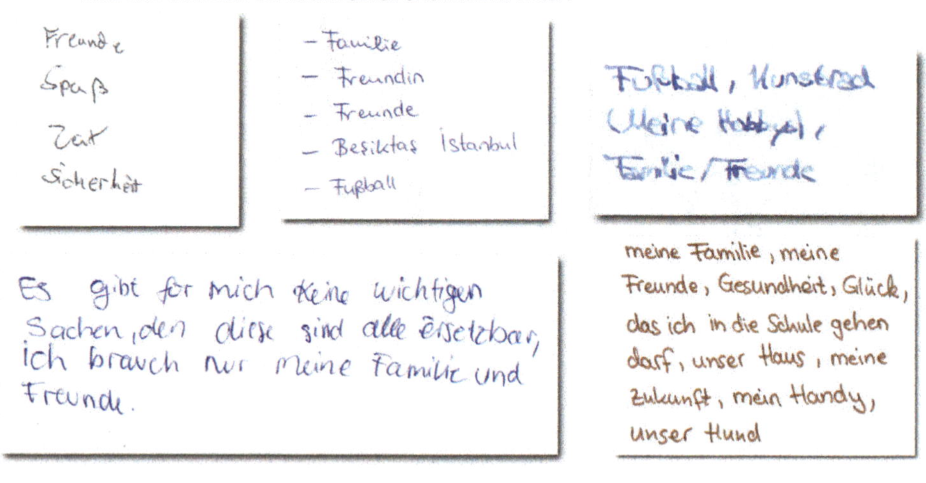

Jugendlichen sind eifrige Lebensplaner (wenn auch keine Karriereplaner) - hierzu gehört v. a. auch der Wunsch nach einer eigenen Familie. Sie betrachten Ehe und Familie als Grundpfeiler der Gesellschaft. Entsprechend deutlich werden Bindungswunsch sowie -fähigkeit und Verantwortungsbereitschaft zum Ausdruck gebracht. Dauerhaftigkeit und Treue sind für sie bereits in jungen Jahren die unverhandelbaren Wesenselemente von Partnerschaft. Ein harmonisches Familienleben wird bisweilen zum Idyll stilisiert.

Es hat für Konservativ-bürgerliche Jugendliche überhaupt nichts „Uncooles", mit den Eltern und Geschwistern Zeit zu verbringen - im Gegenteil: Man investiert gerne Zeit in die Pflege familiärer Beziehungen. Die Eltern und andere (insbesondere ältere, lebenserfahrene Familienmitglieder) werden häufig als Vorbilder genannt. Ebenso bewundert man fachliche Autoritäten (zum Beispiel Nobelpreisträger, Lehrer, Politiker) und Sport-Stars der (in der Regel lokalen) Lieblingsvereine.

Man betrachtet einen sicheren Arbeitsplatz als wichtige Voraussetzung für die Gründung einer Familie, der Kinderwunsch wird aber nicht allein davon abhängig gemacht. In dieser Lebenswelt kann man durchaus vom „Mut zur Familie" sprechen, wohl auch, weil sich Konservativ-bürgerliche Jugendliche des Rückhalts der eigenen Familie sicher sind.

Auszüge aus Hausaufgabenheften:
NENNE EINE ERWACHSENE PERSON: A) DEREN LEBENSGESCHICHTE DU DIR GERNE ERZÄHLEN LASSEN WÜRDEST. B) VON DER DU GERNE WAS LERNEN WÜRDEST.

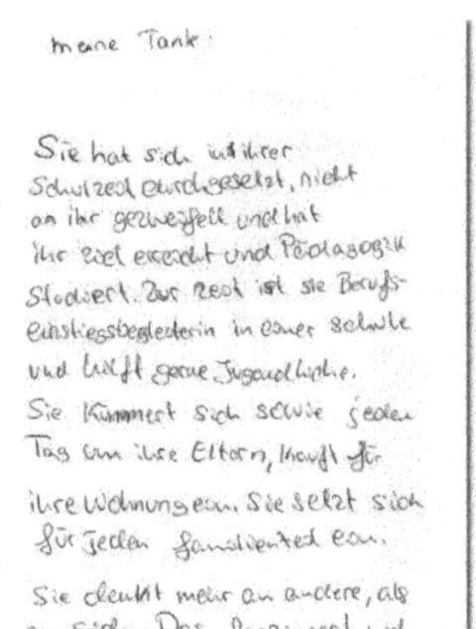
meine Tante:

Sie hat sich in ihrer Schulzeit durchgesetzt, nicht an ihr gezweifelt und hat ihr Ziel erreicht und Pädagogik studiert. Zur Zeit ist sie Berufseinstiegsbegleiterin in einer Schule und hilft gerne Jugendlichen. Sie kümmert sich sowie jeden Tag um ihre Eltern, kauft für ihre Wohnung ein. Sie setzt sich für jeden Jugendlichen ein.

Sie denkt mehr an andere, als an sich. Das fasziniert mich.

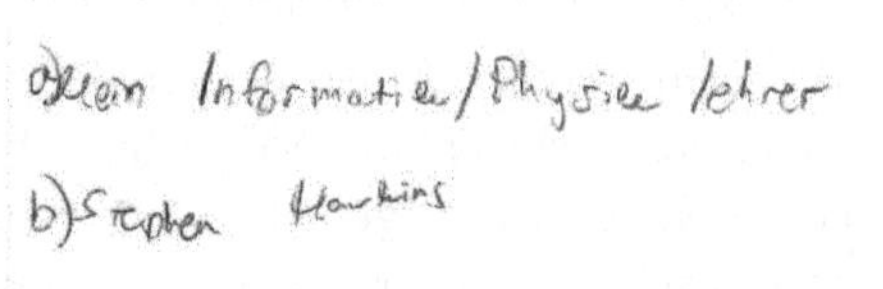
a) Mein Informatik/Physik lehrer

b) Stephen Hawkins

Auszüge aus Hausaufgabenheften:

NENNE EINE ERWACHSENE PERSON: A) DEREN LEBENSGESCHICHTE DU DIR GERNE ERZÄHLEN LASSEN WÜRDEST. B) VON DER DU GERNE WAS LERNEN WÜRDEST.

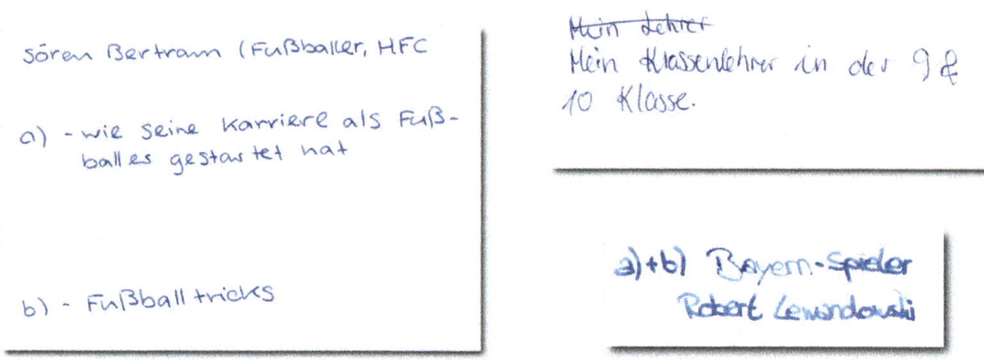

Sören Bertram (Fußballer, HFC

a) - wie seine Karriere als Fuß-baller gestartet hat

b) - Fußball tricks

~~Mein Lehrer~~
Mein Klassenlehrer in der 9 & 10 Klasse.

a)+b) Bayern-Spieler Robert Lewandowski

Typisch ist ein familienintensiver Alltag mit gemeinsamen Mahlzeiten und Aktivitäten. Häufig kümmert sich die Mutter hauptsächlich um die Versorgung der Familie, pausiert in ihrem Beruf, bis die Kinder die Schule weitgehend geschafft haben oder ist Hausfrau ohne Erwerbstätigkeitsambitionen. Die Jugendlichen sind es dementsprechend gewohnt, umsorgt (und auch kontrolliert) zu werden. Mithilfe im Haushalt wird eher selten gefordert, vor allem von den Jungen nicht. Die Alltagsorganisation nach und nach ein Stück weit selbst zu übernehmen, wird von den Eltern kaum eingefordert – und die Jugendlichen finden das in Ordnung so.

Sich zu exponieren, das Innerste nach außen zu kehren, ständig den aktuellen Trends in Musik und Mode hinterherzurennen und Neues auszuprobieren ist nicht ihre Sache. Sich über Äußerlichkeiten zu definieren, liegt Konservativ-Bürgerlichen fern. Manche stresst es regelrecht shoppen zu gehen, insbesondere dann, wenn man befürchtet, sich dem Druck der Peergroup aussetzen zu müssen. Man kleidet sich „praktisch"; Kleidung soll v. a. ihren Zweck erfüllen. Der „Markenwahn" anderer Jugendlicher wird abgelehnt. Das offene Zurschautragen von Luxus wird scharf verurteilt. Stattdessen legt man Wert auf korrekte, dem Anlass angemessene Kleidung. Man möchte es den Eltern, Lehrern und Freunden recht machen, was sich auch in höflichen, bisweilen überangepassten Umgangsformen äußert.

Konservativ-bürgerliche Jugendliche beobachten, dass sie mit ihrer Haltung und Ästhetik zu einer soziokulturellen Minderheit zählen. Sie sind jedoch nicht „junge ewig Gestrige". Wenn sie sich dem schnellen Wandel von Werten und Stilen zugraden verweigern, liegt das nicht daran, dass sie intellektuell oder sozial zur Veränderung nicht in der Lage wären, sondern weil sie in ihrem Leben andere Prioritäten setzen. Von diesen Prioritäten andere zu überzeugen ist jedoch selten Anliegen Konservativ-bürgerlicher Jugendlicher.

Typische **Zitate** zur Illustration

- *Dinge, die mir wichtig sind: für andere da sein. Gegenüber Freunden und Familie immer loyal sein. Treu sein. Die Wahrheit sagen. Mein Glaube an einen Gott. Beten. Andere auch akzeptieren, wenn sie ganz anders sind. Gegen Ungerechtigkeiten Widerstand leisten. Mich so geben, wie ich bin.* (männlich, 15 Jahre)

- *Das mag ein bisschen komisch klingen, aber wenn wir abends zusammen am Tisch sitzen mit meiner Familie – das ist mir sehr wichtig. Wir essen, wir reden. Wir verbringen schon den ganzen Abend mit der Familie, wir sitzen drinnen und trinken Tee.* (weiblich, 16 Jahre)

- [INT: Was ist dir wichtig im Leben?] *Sicherheit in allem eigentlich. Besonders jetzt mit den Terroranschlägen. Im Sinne von Leben gesichert, aber auch finanzielle Sicherheit, würde ich sagen. Also, Sicherheit in allem so ziemlich.* (männlich, 17 Jahre)

- *Sich keine Sorgen machen zu müssen, zum einen wegen der Geldnot. Und sein Leben sicher zu wissen. Man muss sich keine Sorgen machen, dass sich jede Sekunde irgendwo jemand in die Luft sprengt.* (männlich, 17 Jahre)

- *Mir ist das auf jeden Fall total wichtig, dass ich auch mit meiner Familie mal was zusammen machen. Also das ist mir richtig wichtig, und das sollte sich auch auf keinen Fall ändern.* (weiblich, 14 Jahre)

- *Lebensmotto? Ich halte mich halt immer daran höflich zu sein und mich zu benehmen, überall, wo ich halt neu bin. Und wenn ich jemanden neu kennenlerne, halt immer nett und freundlich zu sein, weil so hat mir das meine Mama beigebracht.* (weiblich, 14 Jahre)

Also ich will jetzt auch keiner werden zum Beispiel wie einer von den Geissens. Das ist so eine Millionärsfamilie. Und ich möchte aber auch keiner werden, der jetzt so arm ist und im Obdachlosenheim lebt. Also ich will eigentlich ein ganz normaler Mensch sein, so wie jetzt eigentlich auch schon. (männlich, 14 Jahre)

Ich finde es eigentlich schrecklich, dass sich Leute nur auf die Klamotten beziehen. Es gibt Leute, die haben gar nichts an Klamotten. Mir ist das eigentlich scheißegal. Ich habe meine Klamotten, aber ich achte da nicht so drauf. Ich greife in den Kleiderschrank und ziehe einfach irgendwas an. Ich finde das mit der Mode und so gar nicht wichtig. Oder sich eine Hose bei Breuninger für über hundert Euro zu kaufen, das finde ich schrecklich. (weiblich, 17 Jahre)

Ja, mir ist es wichtig, mich angemessen anzuziehen, wenn ich in der Schule bin oder wenn ich woanders hingehe, in ein Restaurant oder essen gehe. (männlich, 15 Jahre)

Shoppen? Überhaupt nicht oft. Mag ich nicht, ist ganz schlimm. Ich hasse Shoppen. Immer dieses Anziehen, Umziehen... [INT: UND WIE KOMMST DU DANN AN DIE KLAMOTTEN?] *Da mache ich dann einen Tag mit meiner Mutter aus, und dann gehen wir halt zu Takko oder so. Und dann brauche ich wieder Hosen oder sonst was und dann geht das. Dann bin ich alleine mit meiner Mutter und nicht so mit Freundinnen. Das ist angenehmer.* (weiblich, 17 Jahre)

Ich will halt nicht luxuriöses Geld verdienen, aber ich will reichlich Geld verdienen, um meine Familie zu ernähren, wenn ich groß bin, um meine Kinder glücklich zu machen, um meine Frau glücklich zu machen. Um einfach nicht im Hintergedanken zu haben, was passiert im nächsten Monat, schaff ich das mit meinem Geld oder nicht? Das wäre mein Ziel. (männlich, 15 Jahre)

Aber in mir drin ist auch so ein Herz so mit Bescheidenheit und so alles Mögliche. [...] Ich finde es wichtig, meinen Freunden helfen zu können, egal in welchen Situationen. Ich würde auch, wenn sie mich um 22 Uhr anrufen, sofort aus dem Haus gehen und mit denen reden. Ich würde gern für sie immer da sein. (männlich, 15 Jahre)

Es ist schon schön, dass hier alles so geordnet und gepflegt ist, und wenn man durch die Straßen läuft, ist alles gemäht und sauber. In der Türkei ist das halt nicht so. Da liegt halt auf der Straße auch Müll. Was ich sehr gut an Deutschland finde, dass hier recycelt wird. (weiblich, 16 Jahre)

3.1.2 Zukunftsvorstellungen

Konservativ-bürgerliche Jugendliche machen sich bereits früh Gedanken über die Zukunft, sind bemüht, so wenig wie möglich dem Zufall zu überlassen. Gleichzeitig spüren sie jedoch auch, dass sich die Normalbiografie nur noch schwer realisieren lässt; dass Gegenwart und Zukunft ein hohes Maß an Flexibilität und Mobilität von ihnen einfordern - Werte, zu denen Konservativ-bürgerliche Jugendliche eine geringere Affinität haben als viele Altersgenossen. Das sorgt für Unbehagen, insbesondere, weil sie in Gesprächen mit Gleichaltrigen mitbekommen, dass es Jugendliche gibt, die zwar ihre Zukunftssorgen teilen, sich aber trotz vager Zukunftsvorstellungen recht unbekümmert geben und darauf vertrauen, dass sie ihren Weg schon machen werden. Dieses Selbstzutrauen haben Konservativ-bürgerliche Jugendliche kaum. Einige betrachten das Leben daher auch als „Kampf".

Da Konservativ-Bürgerliche sicherheitsbedacht sind und nur ungern ins „kalte Wasser springen", möchten viele noch möglichst lange bei den Eltern wohnen bleiben oder zumindest in der Nähe eine eigene Bleibe finden.

Für die private Zukunft haben nahezu alle einen festen Plan: Heiraten, Kinder bekommen, Wohneigentum anschaffen. Die Geborgenheit und Sicherheit der Kleinfamilie stellen den sicheren Hafen dar, auf den man zusteuert.

„Zeit vertrödeln" möchten Konservativ-bürgerliche Jugendliche auf keinen Fall. Sie fürchten sich regelrecht vor Lücken im Lebenslauf. Sie neigen zu einer nüchternen und realistischen Berufswahl. Selbstverwirklichung im Beruf ist zwar ein wichtiger Wert, Sicherheit steht jedoch über allem.

Auszüge aus Hausaufgabenheften:
WIE MÖCHTEST DU SPÄTER LEBEN? WAS MACHST DU DANN?

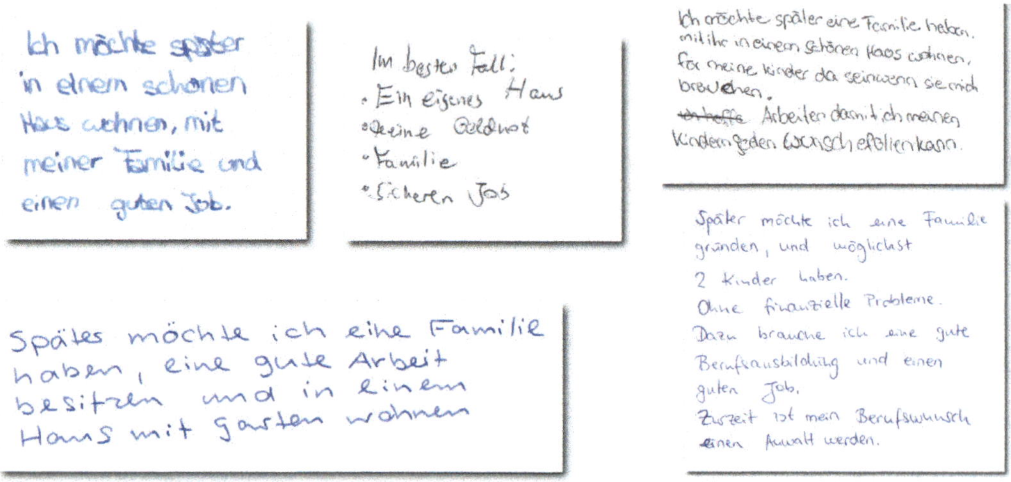
Ich möchte später in einem schönen Haus wohnen, mit meiner Familie und einen guten Job.

Im besten Fall:
• Ein eigenes Haus
• keine Geldnot
• Familie
• Sicheren Job

Ich möchte später eine Familie haben, mit ihr in einem schönen Haus wohnen, für meine Kinder da sein wenn sie mich brauchen. ~~erhoffe~~ Arbeiten damit ich meinen Kindern jeden Wunsch erfüllen kann.

Später möchte ich eine Familie gründen, und möglichst 2 Kinder haben. Ohne finanzielle Probleme. Dazu brauche ich eine gute Berufsausbildung und einen guten Job. Zurzeit ist mein Berufswunsch einen Anwalt werden.

Spätes möchte ich eine Familie haben, eine gute Arbeit besitzen und in einem Haus mit garten wohnen

Die Zukunftswünsche der Konservativ-bürgerlichen Jugendlichen sind von Bescheidenheit, Nüchternheit, und Realismus gekennzeichnet. Alles, was man will, ist ein anständiges Leben ohne Not in harmonischen familiären Verhältnissen. Als Referenz dient den Konservativ-Bürgerlichen dabei oft die eigene familiäre Gegenwart.

Eine Familie zu gründen begreifen Konservativ-Bürgerliche nicht nur als einen Wunsch und ein Zukunftsziel, sondern auch als eine Leistung, die sie erreichen wollen.

Den Konservativ-bürgerlichen Jugendlichen ist ein geordneter beruflicher Aufstieg wichtig – allerdings nicht um jeden Preis. Man hofft darauf, dass sich mit gewissenhafter, pflichtbewusster und fleißiger Erledigung der Aufgaben die entsprechenden Erfolgserlebnisse automatisch einstellen werden. Doch sicher ist man sich nicht. Karrieresprünge zulasten eines harmonischen Familienlebens betrachten v. a. Konservativ-bürgerliche Mädchen skeptisch, wohl auch weil man den emotionalen Halt v. a. in der Familie und nicht im Beruf eingelöst sieht.

Bei den Berufswünschen der Konservativ-bürgerlichen Jugendlichen ist auffällig, dass häufig Berufe genannt werden, von denen man sich

Sicherheit bzw. Abgesichert-Sein verspricht, v. a. Beamtenlaufbahnen. Sowohl von Jungen als auch Mädchen wird v. a. beispielsweise die Polizei als attraktiver Arbeitgeber genannt, auch die Bundeswehr wird (von den Jungen) erwähnt. Die Berufswünsche sind tendenziell geschlechtertypisch und traditionell („ehrliche Berufe"). Die Jungen sehen sich künftig in handwerklichen Berufen (Steinmetz, Polizei, Feuerwehr, Maler, Gärtner, Schlosser etc.), die Mädchen in pädagogischen und Pflegeberufen sowie im medizinischen Bereich. Über die Vielfalt der neueren Ausbildungsberufe wissen Konservativ-Bürgerliche wie viele Jugendliche eher wenig. Man orientiert sich v. a. an etablierten Berufen. Unter den besonders ambionierten Vertretern dieser Lebenswelt spielt auch das gesellschaftliche Ansehen des Berufes und der anvisierten Universität eine wichtige Rolle.

Wichtig für die berufliche Orientierung sind die Eltern und weitere erwachsene Personen im sozialen Nahumfeld. Daraus erklärt sich auch die Tendenz, eher traditionelle Berufe als Ziele zu benennen. Wichtig ist, dass die berufliche Laufbahn planbar und absehbar ist. Es muss ersichtlich sein, wohin der Weg führt. Angebote zur beruflichen Orientierung, die im Rahmen des Schulunterrichts gemacht werden, nimmt man pflichtbewusst in Anspruch.

Zukunftsbezogene Ängste beziehen sich v. a. darauf, dass sich später „vielleicht alles ändert", dass die Freunde wegziehen und die Routinen wegbrechen werden. Auch in der Schule abzurutschen ist eine Sorge, die viele teilen. Der Abschluss gilt als harte Währung auf dem Ausbildungs- und Arbeitsmarkt, den man als umkämpft und unsicher wahrnimmt. Und auch spätere Weiterbildung scheint vielen unerlässlich, um auf diesem Markt zu bestehen.

Die eigenen Chancen auf dem Arbeitsmarkt sieht man zum einen von der eigenen Leistung abhängig. Sich anzustrengen ist daher eine absolute Selbstverständlichkeit; „wer das nicht tut, wird es auch zu nichts bringen". Die Jugendlichen beobachten jedoch in der Familie und dem Verwandten- und Bekanntenkreis der Eltern, dass dies heute oft nicht ausreicht, weil „Fleiß und Ehrlichkeit" nicht mehr alleine entscheiden.

Auszüge aus Hausaufgabenheften: WAS GIBT DEINEM LEBEN SINN?

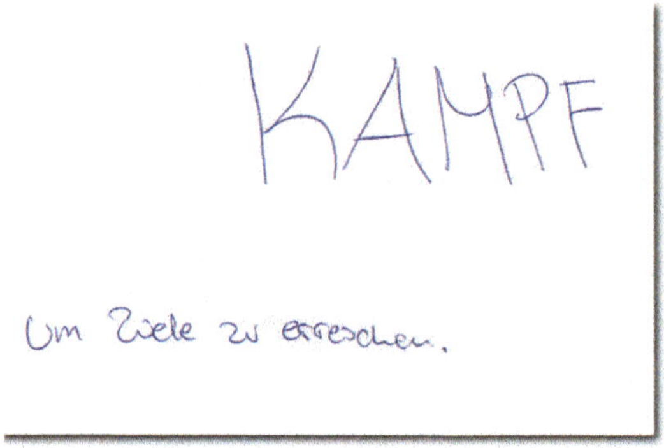

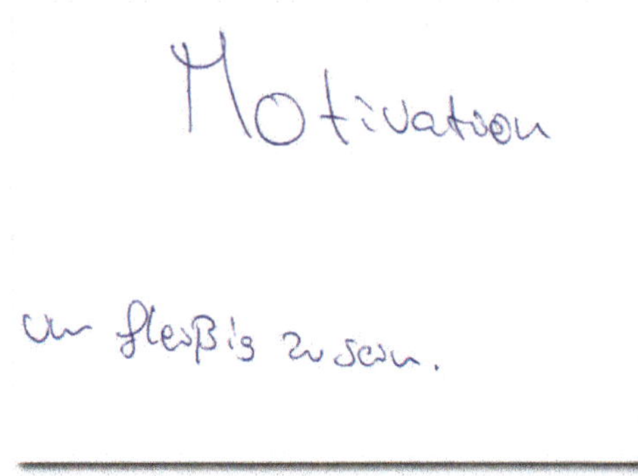

Typische **Zitate** zur Illustration

- *Mit 32 will ich auf jeden Fall schon mal einen richtig ordentlichen Job haben und auf jeden Fall schon ausgezogen sein und ein normales Leben führen.* (männlich, 14 Jahre)
- *Ich hoffe natürlich immer noch, dass meine Familie immer noch bei mir ist, sie in meiner Nähe ist. Bisher habe ich auch noch nicht den Plan, hier so wegzuziehen. Und dass wir natürlich immer noch das Traditionelle machen, so zu Weihnachten oder so treffen.* (weiblich, 14 Jahre)
- *Also wenn ich sehe, das Gehalt von meinem Ehemann reicht für uns beide aus, für unsere Familie, dann würde ich es eher bevorzugen, zu Hause zu sein, Zeit mit meiner Familie zu verbringen, den Haushalt zu erledigen.* (weiblich, 16 Jahre)
- *Also mir ist natürlich nicht so wichtig, dass ich später mal total reich werde oder jetzt total reich bin, dass ich später mal in einer übelsten Luxusvilla lebe oder so. Das ist mir eigentlich total Wurst. Und natürlich dass ich hier bei mir im Dorf bleibe, also jetzt will ich halt noch hier bleiben.* (weiblich, 14 Jahre)
- *Und mit 35 habe ich vielleicht eine Familie und wohne in meinem eigenen Haus, nicht so weit weg von hier. Ich will schon gerne hier bleiben eigentlich. Das ist so schön ruhig.* (weiblich, 17 Jahre)

Ich kann mir vorstellen, woanders hinzugehen, aber ich weiß, die TU ist in den Top Ten der weltweit besten Unis. Wieso sollte man woanders hingehen, wenn man auch dort sein kann? (männlich, 17 Jahre)

Spiele programmieren oder irgendwas im Bereich wirtschaftliches Programmieren [...]. Das wäre eher der etwas langweiligere Weg, aber wahrscheinlich auch der, der am sichersten ist. (männlich, 17 Jahre)

Ich würde gern zur Polizei gehen. Ich denke mal, ich werde hier in der Nähe wohnen, also nicht so weit weg. (weiblich, 15 Jahre)

3.1.3 Kulturelle Orientierung, Freizeit

Konservativ-Bürgerliche beschreiben ihre kulturellen Präferenzen als „normal", „nicht besonders ausgefallen". So mögen sie beispielsweise v. a. diejenigen Songs und Filme, die derzeit die Hitlisten anführen. Eine nähere Beschäftigung mit Musik und Kino findet aber eher weniger statt.

Die Konservativ-bürgerlichen Jugendlichen haben zwar keine ausgesprochene Nähe zu „trivialer" oder volkstümlicher Kultur (z. B. Volksmusik, Schlager), sie distanzieren sich jedoch auch nicht ausdrücklich davon (im Gegensatz zu fast allen anderen Jugendlichen). Migranten dieser Lebenswelt hören auch populäre wie folkloristische Musik aus den Herkunftsregionen, einige sind auch in ethnischen Vereinen aktiv.

Der eigene Kleidungsstil wird nicht an den Musikgeschmack rückgekoppelt. Popmusik besitzt für sie keine ideologische Aufladung.

Das Hochkulturinteresse ist sehr schwach ausgeprägt. Eine deutliche Distanz besteht gegenüber kulturellen Produktionen, die tradierte Formen künstlerischen Ausdrucks aufbrechen. Zu abstrakter bzw. sperriger oder radikaler Kunst haben Konservativ-bürgerliche Jugendliche wenig Zugang. Sie fühlen sich hier bisweilen sogar eingeschüchtert, und manche sehen sich in ihrem Kulturverständnis regelrecht „angegriffen", so dass sie hier nicht von Kunst sprechen mögen. Auf Kultur mit einer volkstümlichen Note hingegen können sie sich einlassen, wenngleich nur die

Auszüge aus Hausaufgabenheften: WAS HÖRST DU GERNE FÜR MUSIK?

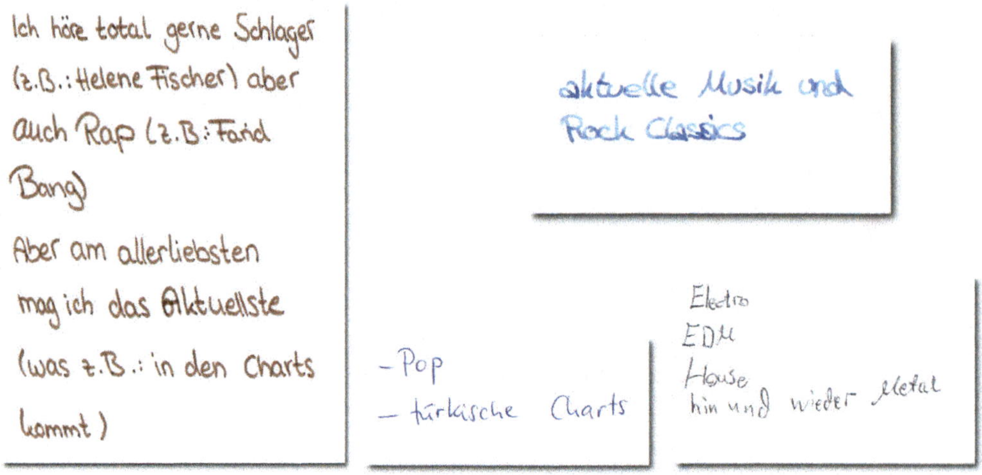

Wenigsten und zudem nur sehr selten entsprechende Veranstaltungen besuchen.

Auch Diskothekenbesuche und Partys spielen für Konservativ-Bürgerliche eine untergeordnete Rolle. Man fühlt sich dort bisweilen unsicher oder fürchtet, mit dem eigenen Auftreten bzw. dem geringem Interesse an dem, was derzeit als cool oder uncool gilt, „blöd aufzufallen". Diese Jugendlichen stehen eher am Rand der Tanzfläche, statt sich in der Mitte zu exponieren. Insbesondere wenn Partys „zügellos" werden („zu viel gesoffen wird", „Randale gemacht wird", „wild geknutscht wird", „es zum Saufgelage ausartet"), kommt bei den Konservativ-bürgerlichen Jugendlichen Unbehagen auf. Vielen ist es schon fast peinlich, dass sie zu den „Kontrollfreaks" und „Partybremsen" zählen. Aber sie können „nicht aus ihrer Haut" und wollen „lieber schnell weg, bevor es Ärger gibt".

Konservativ-bürgerliche Jugendliche mögen „eher" die „geordnete" Fröhlichkeit und Geselligkeit von Stadt(teil)festen und die Atmosphäre von Vergnügungs- und Tierparks – nicht zuletzt, weil man hier oft mit der ganzen Familie zusammen ist. Auch gemeinsame Abende mit Familie oder Freunden zählen in dieser Lebenswelt zu beliebten Freizeitgestaltungen.

Hoch im Kurs stehen zudem unmittelbare Naturerfahrungen wie Zelten mit Lagerfeuer, wobei insbesondere gemeinschaftsstiftende Momente positiv erwähnt werden (wenn „alle am Feuer sitzen", wenn „man schön beisammen sitzt"). Die Natur ist ein Symbol für Heimat, Ruhe und Harmonie und für christlich-gläubige Konservativ-Bürgerliche außerdem ein Teil der göttlichen Schöpfung.

Viele dieser Jugendlichen haben zwar kein breites (pop)kulturelles Wissen, dafür oft ein sehr bereichsspezifisches. Man kniet sich in eine Sache „richtig rein", wird zum Experten oder zur Expertin. Interessant sind oft Nischen-Themen, wie zum Beispiel Survival, Modellfiguren, Wrestling oder Automobile. Themen, die Möglichkeiten zum Sammeln bieten, stehen bei Konservativ-bürgerlichen Jugendlichen hoch im Kurs.

Während Konservativ-bürgerliche Mädchen Computer- und Konsolenspiele fast durchweg ablehnen, greifen Jungen (wie auch in den meisten anderen Lebenswelten) gerne zum Gamepad, um in Actionspielen (z. B. Call of Duty), aber auch in Wissens- und Quizspielen ("Wer wird Millionär?") ihr Können und Wissen zu testen. Man grenzt sich aber bewusst von den „Zockern" ab, indem man betont, sich selbst Grenzen zu setzen, um nicht zu viel Zeit vor der „Kiste" zu verbringen.

Auszüge aus Hausaufgabenheften: Was gibt Deinem Leben Sinn?

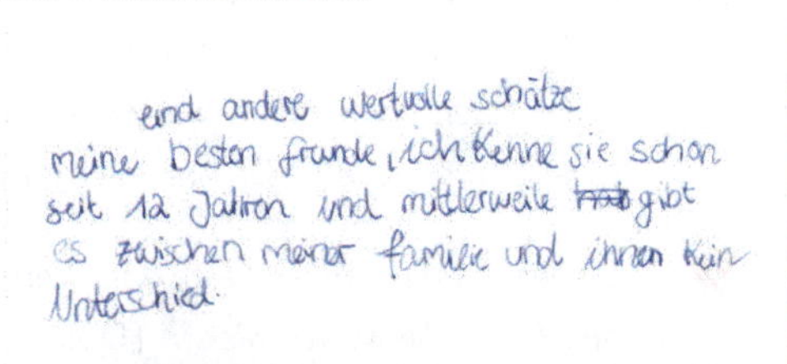
und andere wertvolle schätze
meine besten freunde, ich kenne sie schon seit 12 Jahren und mittlerweile gibt es zwischen meiner familie und ihnen kein Unterschied.

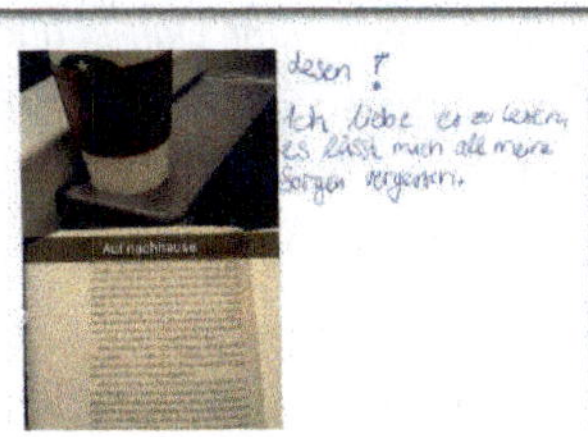

Diese Jugendlichen sehen gerne fern. Vor allem Infotainment-Angebote (Dokumentationen, Wissenshows) und Comedyserien (How I met your Mother, Big Bang Theory) gehören für die meisten zum Tagesprogramm. Sowohl nationale als auch regionale Nachrichten werden interessiert und auch regelmäßig verfolgt. Man schaut zudem gerne gemeinsam mit der Familie fern (v. a. Quizsendungen, gemeinsamer Tatort-Abend, Sport-Veranstaltungen). Im TV-Abendprogramm oder auf DVD stehen neben den üblichen Action-(Fast & Furious), Fantasy-(Die Tribute von Panem) und Comedy-(Der Kindergarten Daddy) Blockbustern auch deutsche Produktionen wie beispielsweise der „Tatort", „Fack Ju Göhte 2" und „Rico, Oskar und das Herzgebreche" hoch in der Gunst.

Freizeit mit der Vor- und Nachbereitung von „Unterrichtsstoff" zu verbringen ist auch für viele Konservativ-Bürgerliche nicht wirklich eine Option. Allerdings ist man darauf bedacht, mehr über diejenigen Themen zu erfahren, für die man sich interessiert. So nimmt man ein Buch zur Hand, um sich zu bilden und seinen Wissenshunger zu stillen. Auch regionale und überregionale Zeitungen und Nachrichtenmagazine (Der Spiegel) werden neben Krimis (Edgar Wallce, Die drei ???), Fantasybüchern (Der Herr der Ringe) und Sportmagazinen (Bravo Sport) häufig gelesen.

Typische **Zitate** zur Illustration

Am Wochenende gibt es eigentlich nichts Besonderes. Da sitze ich nur zu Hause herum und habe nichts zu tun. (...) Partys mag ich nicht so. Auf solchen Veranstaltungen wäre mir das zu viel Alkohol und auch zu laut. Ich mag es leise. Da sind auch zu viele Leute. (weiblich, 17 Jahre)

So bei uns die ganzen Feste vom Verein natürlich. Da muss ich ja mit hin. Dann die Kerwe hier in [DORF IN SÜDDEUTSCHLAND] *ist immer ganz lustig jedes Jahr. Das ist auch das Einzige, wo ich mehr oder weniger mit auf die Party gehe abends. In* [KLEINSTADT IN SÜDDEUTSCHLAND] *ist ja immer dieses Sommerfest, da gehe ich auch mit hin. Und hier auch Sommerfest. Das sind eigentlich so die Feste, wo ich hingehe. Mehr auch nicht wirklich. (...) Ich bin nicht so die Partymaus. Das ist nicht so meins.* (weiblich, 17 Jahre)

- *Wenn ein Dorffest ist, dann gehe ich da vielleicht mal mit meiner Mutti oder meinem Bruder hin, vielleicht mit ein paar Kumpels.* (männlich, 14 Jahre)

- *Eher so chartmäßig. Ich lebe es jetzt nicht, aber es ist für mich schon etwas Wichtiges, die Musik.* (männlich, 17 Jahre)

- *Ich höre am liebsten das Topaktuellste, was in den Charts so läuft.Und dann mag ich auch so gerne Schlager, also Helene Fischer, das mag ich auch total gerne.* (weiblich, 14 Jahre)

- *Mein Geschmack ist wie bei allen anderen auch.* (männlich, 14 Jahre)

- *Und Musik ist einfach alles mögliche rauf und runter. Kommt immer darauf an, wie man sich gerade fühlt. Wenn es mir scheiße geht, dann höre ich eher Rammstein oder Volbeat oder sowas. Und wenn es mir gut geht, Pharrell Williams „Happy" oder sowas. Wenn ich mit meiner besten Freundin zusammen bin, hören wir mit ihrem Bruder immer Techno. Das ist auch ganz lustig im Auto.* (weiblich, 17 Jahre)

- *Ich singe im Verein, also im Chor mehr oder weniger.* [INT: Was singt ihr da so?] *Ganz alte Lieder, so Oma-Lieder. Ein bisschen neuer als der Kirchenchor, aber dann auch nicht mehr so neu. Außer an der Winterfeier, da machen wir unseren Next-Generation-Teil. Und da singen wir dann die neueren Lieder.* (weiblich, 17 Jahre)

- *Ich treffe mich lieber mit meinen Freunden, als dass ich in die Disco gehe oder so. Zum Beispiel pokern oder halt Zeit verbringen irgendwie. Man geht irgendwie in den Park und verbringt gemeinsam Zeit. Einfach so herumhängen, chillen.* (männlich, 17 Jahre)

- *Ich bin nicht so ein Fanatiker, aber ich mag es, so über Politik zu reden.* [INT: Schaust du auch Nachrichten, welche?] *Ja. Eher auf ARD, Tagesschau, Tagesthemen.* (männlich, 15 Jahre)

- *Draußen zu sein, klar. Aber den ganzen Tag weg zu sein, so lange wie möglich außer Haus zu sein, ist irgendwie nicht mein Ding.* (männlich, 17 Jahre)

3.1.4 Vergemeinschaftung

In der Wahrnehmung Konservativ-bürgerlicher Jugendlicher zeichnen sich ihre Freundschaften vor allem durch Beständigkeit und Verbindlichkeit aus. Sie mögen es nicht, sich „immer auf neue Leute einstellen zu müssen" und erklären entsprechend, dass sie mit ihren engsten Freunden schon seit dem Grundschulalter oder noch länger befreundet sind. Ihre Freundschaften sind zumeist geschlechterhomogen strukturiert.

Konservativ-Bürgerliche betonen, dass ihnen ein fester, überschaubarer, sozial homogener Freundeskreis wichtig ist. Sie legen großen Wert auf Gemeinschaft und meinen damit in erster Linie „Offline-Gemeinschaft" („im echten Leben"). Sie denken und sprechen kaum in neudeutschen Begriffen wie „Networking" und „Communities", sondern erzählen eher von der guten Gemeinschaft oder vom festen Freundeskreis. So akzeptiert man in virtuellen Social Communities, insofern diese überhaupt genutzt werden, nicht ohne Weiteres Freundschaftsanfragen von Jugendlichen, die man gar nicht oder nur wenig kennt.

Den Konservativ-Bürgerlichen ist bewusst, dass viele Jugendliche ihnen in Bezug auf popkulturelle Wissensbestände um Welten voraus sind und sie sich auf diesem Feld kaum profilieren können. Sie gehen aber mit ihrer geringen Affinität zu modernem Lifestyle durchaus selbstbewusst um, indem sie sich beispielsweise demonstrativ von den „Hipstern" und den „Stylern" sowie deren aus ihrer Sicht oberflächlichem Trendkult und substanzloser Selbstinszenierung distanzieren.

Wegen ihrer geringen Affinität zum zeitgeistigen Lifestyle ist die Teilhabe Konservativ-bürgerlicher Jugendlicher am jugendkulturellen Kosmos eingeschränkt. Die Wechselhaftigkeit, Kleinteiligkeit, Widersprüchlichkeit, Unübersichtlichkeit, Veränderungsdynamik und der oft ungezügelte Hedonismus von Jugendszenen läuft dem Wunsch nach Ordnung, Eindeutigkeit, Ernsthaftigkeit und Beständigkeit dieser Jugendlichen zuwider. Entsprechend grenzt man sich auch von den „Rebellen" und „Störenfrieden" ab, bezeichnet sich selbst (leicht ironisch) eher als brave Schüler.

Sie fühlen sich dort aufgehoben, wo die Gruppe und nicht der/die Einzelne im Vordergrund steht; wo sie nicht das Gefühl haben, „anders",

„besonders", „auffällig" sein zu müssen, um respektiert zu werden. Dementsprechend haben sie mit devianten, ästhetisch provokanten Jugendszenen „nichts am Hut". Auch sehr introvertierte Jugendliche werden in dieser sehr geselligen Lebenswelt nicht geschätzt. Fallen ästhetische Extrovertiertheit und soziale Introversion bzw. demonstrative Passivität zusammen (wie zum Beispiel „bei den Emos"), gehen Konservativ-Bürgerliche besonders schnell auf Distanz.

Attraktiv für diese Jugendlichen sind Vergemeinschaftungsformen, bei denen sie nicht das Gefühl haben, einem Wettbewerb ausgesetzt zu sein („Wer ist der Coolste", „Wer kann was am besten", „Wer hält am meisten aus", „Wer ist am krassesten"), sondern die einen vor dem „Individualitätswahn der Ich-Gesellschaft'" geschützten, berechenbaren Raum bieten, in dem man keine Masken aufsetzen muss. Solche Räume findet man beispielsweise in Vereinen und Kirchengemeinden. Viele Jugendliche in dieser Lebenswelt sind von der Anforderung permanenter Selbstdarstellung und Profilierung abgestoßen, manche auch überfordert.

Konservativ-Bürgerliche sehen sich selbst aber nicht als „überangepasste" oder „langweilige" Jugendliche. Sie beschreiben sich als „Freunde, mit denen man mal Pferde stehlen kann", die „auch mal was Verrücktes machen". Allerdings halten sich ihre „Ausbrüche", „Frechheiten" und „Verrücktheiten" im Rahmen - ganz zu schweigen davon, dass sie nicht in Konflikt mit Autoritäten oder gar dem Gesetz geraten möchten.

Typische **Zitate** zur Illustration

- *Ich habe hier Freunde in der Gegend, die wohnen nur eine Tür weiter, die kenne ich seit meiner Geburt und die liebe ich auch so wie meine Brüder. Mit denen bin ich auch oft zusammen.* (männlich, 15 Jahre)

- [INT: WIE WÜRDEN DICH DEINE FREUNDE BESCHREIBEN?] *Ich glaube ruhig, lustig, interessiert. Mehr fällt mir gerade nicht ein.* (männlich, 17 Jahre)

- *Ich gehe meistens auch zur Jungen Gemeinde bei uns im Dorf, die Kirche, die gleich um die Ecke ist.* (männlich, 14 Jahre)

- *Also ich bin in so einer Fan-Gruppe vom Fußball-Verein, von so einem kleinen, unserem Nachbardorf R. Wenn da halt immer ein Heimspiel ist, fahre ich da halt immer hin, und dann, wenn dann noch Zeit ist, spiele ich halt mit Kumpels draußen Fußball. (männlich, 14 Jahre)*

- *Ich bin ja eher so ein Mensch, der harmonisch mit anderen Menschen zusammensitzt und sich unterhält. Streit geht bei mir gar nicht.* (weiblich, 17 Jahre)

- *Eingebildete, Arrogante hasse ich nicht, aber da bin ich ein bisschen so fern.* (männlich, 15 Jahre)

- [INT: WIE SIND DIE LEUTE SO, DIE DU NICHT MAGST?] *Wenn sie denken, sie sind geil, sie sind die Besten. Im besten Falle auch noch, sie kriegen alle Mädchen.* (männlich, 17 Jahre)

- *Lieblingsorte? Ich bin gerne unten auf dem Schulhof. Da sitzen wir oft auf dem Klettergerüst. Oder halt im Verein im Vereinshaus. Mehr gibt es halt nicht wirklich. Oder halt bei meiner Großtante. Da ist es auch cool. Da hat man auch seine Ruhe.* (weiblich, 17 Jahre)

3.2 Adaptiv-Pragmatische

Der leistungs- und familienorientierte moderne Mainstream mit hoher Anpassungsbereitschaft

3.2.1 Lebensweltliche Basisorientierungen

Adaptiv-pragmatische Jugendliche kombinieren die bürgerlichen Grundwerte und Tugenden wie Ehrlichkeit, Respekt, Vertrauen, Pünktlichkeit und Fleiß mit modernen und hedonistischen Werten wie Freiheit, Offenheit, Unvoreingenommenheit, Spaß und Humor.

Die Familie gibt dem Leben Sinn. Die wichtigsten Menschen im Leben - und oft auch die eigenen Vorbilder - sind die Mitglieder der eigenen Familie. Dies gilt auch dann, wenn die Familie durch die Trennung der

Werte-Universum der Adaptiv-Pragmatischen

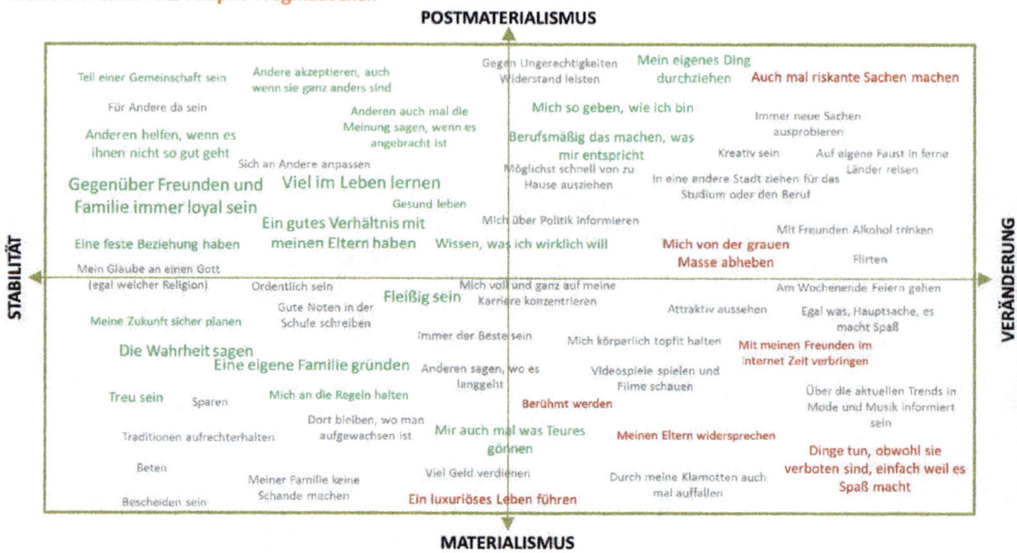

Eltern oder andere Umstände aktuell nicht zusammenlebt. Zu dieser Familie gehören – insbesondere bei Jugendlichen mit Migrationshintergrund – neben Eltern und Geschwistern auch Großeltern, Tanten und Onkel, Cousins und Cousinen, Nichten und Neffen. Die Familie ist der Ort, wo man Schutz erhält, Unterstützung bekommt und Geborgenheit erfährt. Auch wenn der Abnabelungsprozess von den Eltern beginnt, bleibt Familie ein wichtiger Bezugspunkt, allerdings fordert man von sich selbst dann mehr Selbständigkeit und Eigenverantwortung.

Anpassungs- und Kompromissbereitschaft sowie Realismus bezeichnen sie als ihre Stärken. Ideologien stehen diese Jugendlichen skeptisch gegenüber. Ihre Werte und ihr Lebensstil sind der Maßstab für Normalität. Sie orientieren sich nicht an Utopien, sondern am Machbaren. Sie basteln keine Entwürfe für eine „bessere Welt", sondern versuchen ihren Platz in der Mitte der Gesellschaft zu finden und mit den Gegebenheiten zurecht zu kommen. Sie möchten ein sicheres und geordnetes Leben, nehmen gleichzeitig aber wahr, dass ihnen in Zukunft ein hohes Maß an Flexibilität und Selbstmanagement abverlangt werden wird. Man klagt

Auszüge aus Hausaufgabenheften: WAS GIBT DEINEM LEBEN SINN?

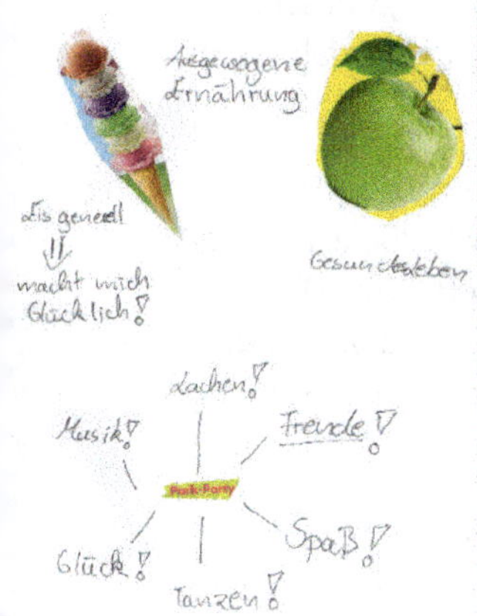

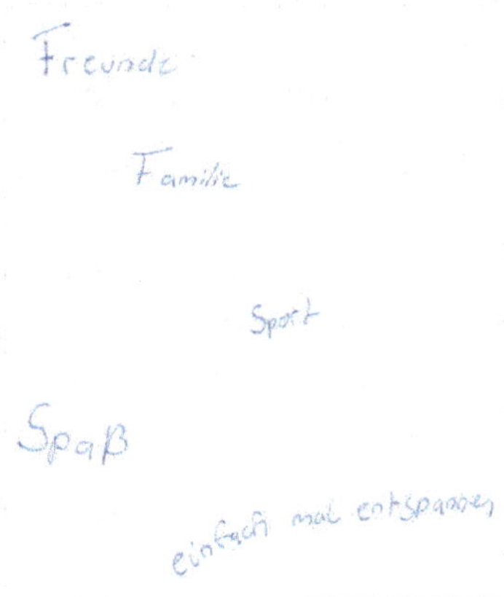

aber nicht, sondern findet sich damit ab. Das gilt auch für den Aufwand, den man in die Schule steckt. Gerade die Jüngeren dieser Gruppe erkennen, dass für sie nun immer mehr der Ernst des Lebens beginnt.

Soweit es möglich ist, orientiert sich das Leben der Adaptiv-pragmatischen Jugendlichen an den gültigen Normen und Regeln. Wer Regeln

Auszüge aus Hausaufgabenheften:
NENNE EINE ERWACHSENE PERSON: A) DEREN LEBENSGESCHICHTE DU DIR GERNE ERZÄHLEN LASSEN WÜRDEST. B) VON DER DU GERNE WAS LERNEN WÜRDEST.

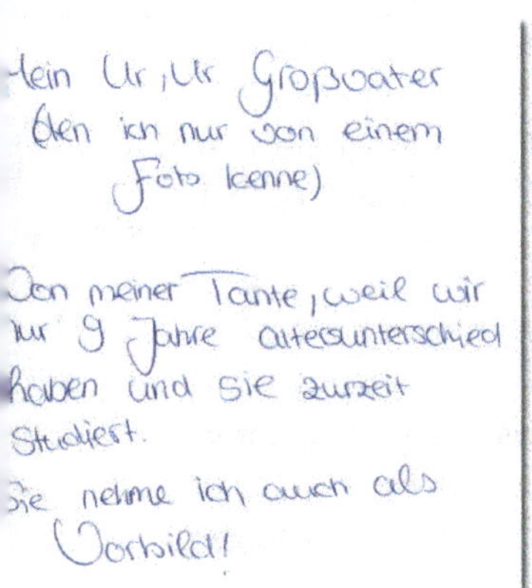

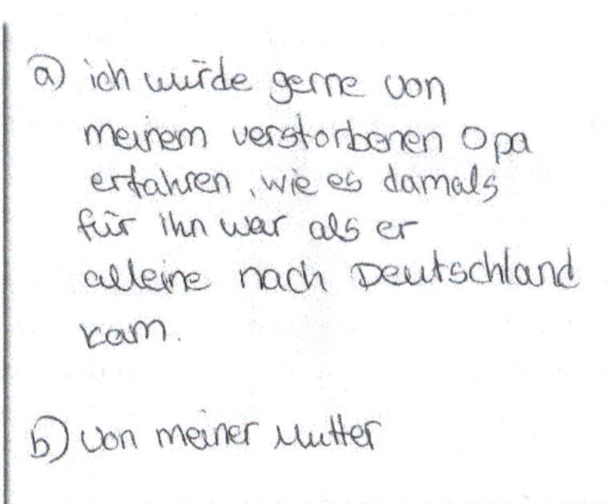

verletzt, bekommt eine gerechte Strafe. Wer seine Aufgabe besonders gut erfüllt, verdient Lob und Anerkennung. Sie bejahen die gesellschaftliche Ordnung und schätzen das deutsche Wirtschafts- und Sozialsystem - insbesondere im Vergleich zu anderen Ländern.

Adaptiv-pragmatische Jugendliche legen Wert auf einen sozial rücksichtsvollen Umgang. Man gibt sich nett und liebenswürdig, eckt möglichst nicht an, schreit nicht oder verhält sich gar hinterhältig. Man versteht sich als solide, aber nicht langweilig. Man ist heimatverbunden, aber flexibel, wenn sich dies aus familiären oder beruflichen Gründen ergeben sollte.

Ihr Auftreten ist selbstbewusst, aber unaufdringlich. Wenn Adaptiv-Pragmatische aus ihren Routinen ausbrechen und „mal was Verrücktes machen", übertreiben sie es nicht, sondern sind auf die brave Art ein bisschen wild. In keinem Fall würden sie etwas Gesetzeswidriges tun.

Adaptiv-pragmatische Jugendliche sehen sich als verantwortungsbewusste Bürgerinnen und Bürger, die künftig pünktlich Steuern zahlen und dem Staat nicht auf der Tasche liegen wollen. Vermittelt über die Tischgespräche zuhause nimmt man auf, dass man immer mehr zwischen Eliten („Banker", „Bonzen"), die sich auf Kosten anderer bereichern, und „Leistungserschleichern" eingezwängt ist. Es findet eine deutliche Abgrenzung gegenüber „faulen Menschen" statt. Man möchte zu den Menschen gehören, die im Leben viel erreichen, sich Ziele setzen und diese konsequent, fleißig und selbständig verfolgen. Man ist sich sicher, mit Ehrgeiz und Selbstvertrauen sehr viel erreichen zu können. Der Maßstab sind dabei die Etappenziele der bürgerlichen Normalbiografie, d. h. erfolgreicher Einstieg in das Berufsleben, Familiengründung und Aufbau eines Zuhauses.

Der Besitz von Dingen - z. B. ein Auto, ein Haus oder eine schöne Wohnungseinrichtung - hat eine hohe Bedeutung. Geiz wird als unsympathisch empfunden. Ihr Konsuminteresse ist durchaus ausgeprägt, unterliegt aber stark rationalen Entscheidungen. Kleidung soll modisch, aber auch funktional sein. Die Adaptiv-pragmatischen Jugendlichen folgen den aktuellen Trends der großen Modeketten (H&M, Zalando, Hollister, ZARA). Es ist wichtig „gut angezogen" zu sein.

Auszüge aus Hausaufgabenheften: WAS GIBT DEINEM LEBEN SINN?

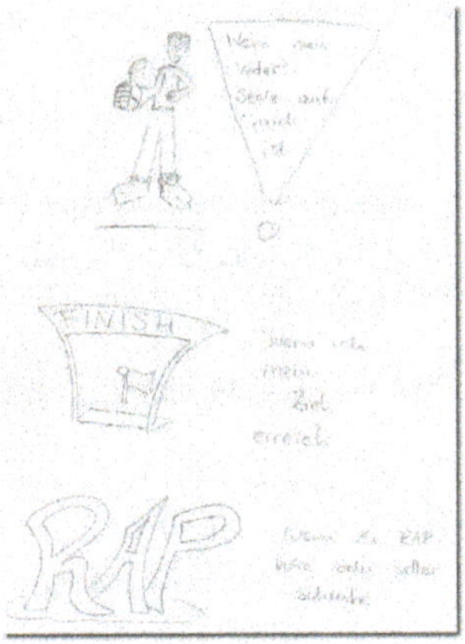

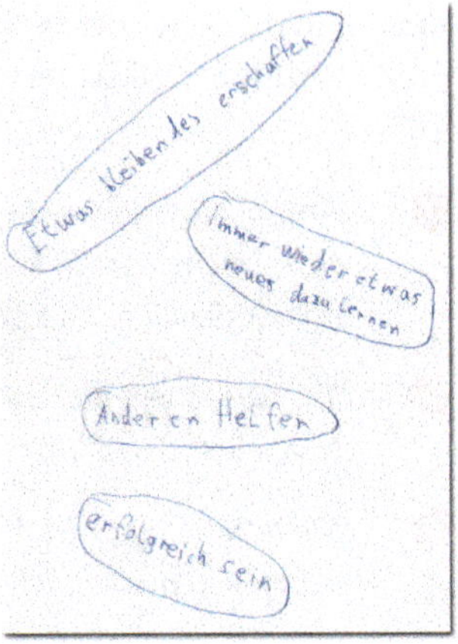

Adaptiv-pragmatische Jugendliche mit Migrationshintergrund zeigen einen deutlichen Integrationswillen. Es gibt eine große Wertschätzung für Deutschland und seine Vorteile im Bildungs- und Sozialsystem, man sieht die persönlichen Chancen zur Zugehörigkeit und Teilhabe. Ebenso werden aber auch die Vorteile und Werte der Herkunftskultur gesehen, z. B. der engere soziale Zusammenhalt, mehr Offenheit unter den Menschen und mehr Lebensfreude. Man erkennt die bi- oder multikulturellen

Auszüge aus Hausaufgabenheften: WOFÜR INTERESSIERST DU DICH?

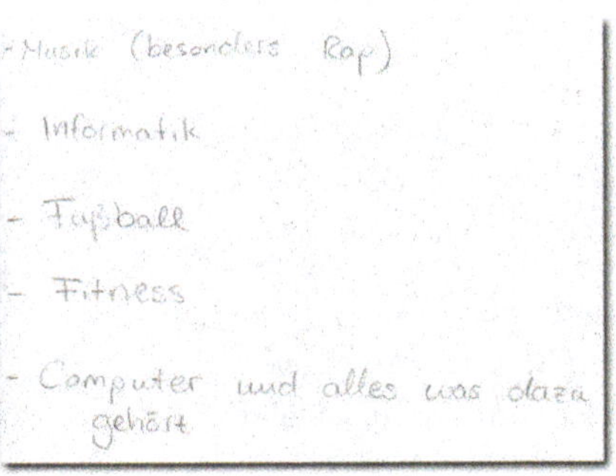

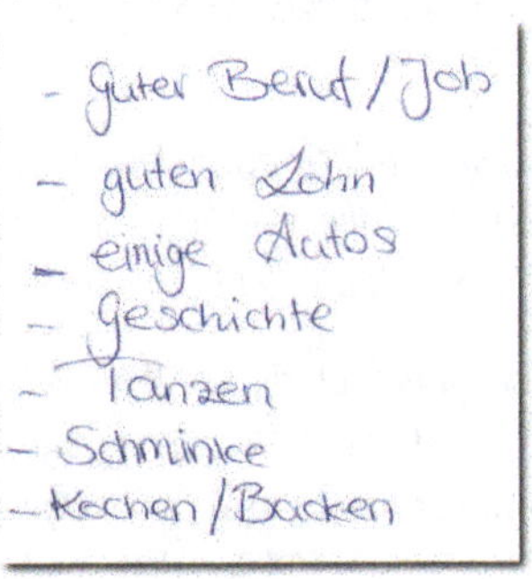

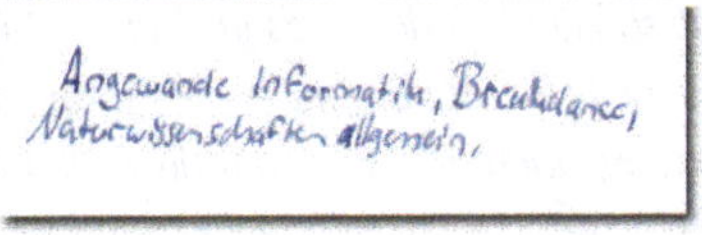

Wurzeln als Ressourcen im Hinblick auf Sprache, interkulturelle Kompetenz und beruflichen Erfolg. Eine doppelte Staatsbürgerschaft würde man begrüßen, weil sie der eigenen Identität am ehesten entspricht.

Typische **Zitate** zur Illustration

- *Am wichtigten im Leben: Wissen, was ich wirklich will. Meine Zukunft sicher planen. Mich körperlich topfit halten und Teil einer Gesellschaft sein.* (männlich, 14 Jahre)
- *Ich versuche, mich allen anzupassen. Das gelingt mir hoffentlich.* (männlich, 16 Jahre)
- *Mein Geschmack ist nicht wirklich außergewöhnlich. Ich höre das, wie alle anderen auch. Ich will mich da jetzt auch nicht irgendwie abheben. Ich will jetzt nicht sagen, ich höre nur das, damit ich etwas anderes höre. Eigentlich wie jeder, ich passe mich an. Nicht komplett, aber ich höre halt das, was jedem in dem Alter eigentlich gefällt.* (männlich, 14 Jahre)
- *Ich finde, man sollte zuerst etwas erreichen. Und danach kann man sich vergnügen. Aber dann auch nicht extrem vergnügen.* (männlich, 16 Jahre)
- *Ich will jetzt kein luxuriöses Leben, ich brauch nicht in jedem Land eine Villa usw. Und Privatjet und alle Sachen aus Gold, so was brauch ich überhaupt nicht. Einfach, dass ich das, was ich will, auch haben kann.* (männlich, 15 Jahre)
- *Ich finde, es läuft relativ gut in Deutschland. Es läuft besser als in Griechenland auf alle Fälle. Die Arbeitslosenquote ist nicht anders als sonst auch. Ich finde, es läuft nicht schlechter als sonst.* (weiblich, 17 Jahre)
- *Deutschland ist ein relativ wohlhabendes Land im Gegensatz zu anderen, deswegen ist es gut, dass man abgesichert ist, Versicherung und so. Dass alles funktioniert, gutes Gesundheitswesen.* (männlich, 14 Jahre)
- *Ich würde sagen, dass ist so ziemlich das, was im Moment jedes Mädchen trägt. Es ist keine spezielle Richtung, sondern ich kaufe das, was mir gefällt. Aber das ist meistens auch das, was gerade in den Geschäften ist. Ich muss dafür nicht in Spezialgeschäfte gehen.* (weiblich, 14 Jahre)

- *Ich lege Wert auf Klamotten, aber nicht so extrem, aber schon ein bisschen. H&M, Zara, so die Standardläden.* (weiblich, 16 Jahre)

- *Ich habe verschiedene Kleidungsstücke aus verschiedenen Richtungen. Es gibt natürlich Leute, die auf Kleidung achten und die andere Leute über die Kleidung beurteilen. Mir ist Kleidung aber relativ egal. Dass sich die Hip-Hop-Szene mit einer bestimmten Kleidung identifiziert und nur bestimmte Stile bevorzugt, ist mir eigentlich egal. Ich muss es ja nicht tragen. Ich höre nur die Musik gern.* (männlich, 16 Jahre)

- *Es ist nicht wichtig, aber zum Beispiel ein paar Marken, Hollister oder so, das sind halt coole Marken, die machen halt schöne T-Shirts, finde ich. Aber es ist nicht so, dass du bestimmte Marken tragen musst, das ist total egal.* (männlich, 15 Jahre)

- *Kleidung an sich ist schon wichtig, weil man sich ja auch wohl fühlen will. Aber ich finde, man muss jetzt nicht die 50-€-Socken tragen oder die 60-€-Unterhose.* (männlich, 14 Jahre)

- *Wenn man da sieht, wie manche Leute in Deutschland wohnen, oder generell selbst HartzIV-Empfänger, wenn man manchmal guckt, was die sich alles leisten können, dann finde ich das nicht unbedingt berechtigt.* (weiblich, 17 Jahre)

- *Es gibt schon viele Dinge, die gerecht sind in Deutschland, vom Finanziellen und so und von den Rechten. Es gibt aber auch Dinge, wo man sagt, das geht überhaupt nicht, das muss man unbedingt ändern. Auch mit Hartz IV, dass manche es überhaupt fast gar nicht verdient haben, weil sie nichts aus ihrem Leben machen und dann trotzdem noch Geld bekommen. Und wie die dann leben, und dann bekommen die das und das.* (männlich, 14 Jahre)

- *Ich versuche, mich mehr in der Schule anzustrengen. Früher war es mir eigentlich ein bisschen egal. Jetzt wird alles ernster. Das merkt man dann auch voll. Bald bin ich mit der Schule fertig. Die Zeit geht ganz schnell vorbei.* (weiblich, 14 Jahre)

3.2.2 Zukunftsvorstellungen

Adaptiv-pragmatische Jugendliche haben einen Plan für ihr Leben. Sie wollen eine gesicherte Zukunft, ein wohlgeordnetes Leben mit einem guten Beruf, einer netten Familie und einem schönen Zuhause. Sie streben nach Wohlstand und Status, jedoch nicht nach übertriebenem Luxus. Ausreichend Geld für ein schönes Leben ist das Lebensziel. Wünschenswert ist, sowohl heute als auch in der Zukunft, einen angenehmen Rückzugsort zu haben, an dem man sich von den Herausforderungen des Alltags erholen kann.

Adaptiv-pragmatischen Jugendlichen ist es wichtig, vorausschauende und sinnvolle Entscheidungen zu treffen. Man steckt sich Ziele, die es zu erreichen gilt. Man macht sich „richtig Stress" bei der Planung der nächsten Jahre, möchte unbedingt die richtigen Entscheidungen treffen, nichts dem Zufall überlassen. Das erste Etappenziel nach der Schule ist eine gute Ausbildung in einer möglichst krisensicheren Branche. Gedanklich stehen ihnen dabei viele Optionen offen, letztendlich lassen sie sich weniger von ihrer Fantasie denn von Vernunft und einem Nutzenkalkül

Auszüge aus Hausaufgabenheften:
WIE MÖCHTEST DU SPÄTER LEBEN? WAS MACHST DU DANN?

Später möchte ich eine Familie haben, erfolgreiches Berufsleben (das aber auch mein Familienleben finanzieren kann) und natürlich einen bestimmten Stand (im Leben aber auch im Ansehen) erreicht haben.

Ich mache beruflich etwas mit Informatik, aber möchte auch eine Rap Karriere starten (muss nicht so erfolgreich sein wie Bushido)

Ich möchte einen Job haben der mir Spaß macht und mit dem ich viel Geld verdiene, eine Familie haben. Ich würde am liebsten irgendwo am Meer wo es warm ist leben.

- Ich möchte gut leben können!
- Ich möchte studieren!
- Heiraten Familie gründen!
- Partner sollte einen guten Beruf haben.
- Haus und/mit Garten

Ich möchte später in einem eigenem Haus oder einer Wohnung leben, ein Auto haben und genug Geld, um alles zu bezahlen. Außerdem möchte ich meinen Kindern Dinge ermöglichen, die sie sich wünschen, ohne dabei immer auf das Geld achten zu müssen. Ich möchte auch mir selbst Sachen kaufen können, ohne Monate lang zu sparen. Außerdem möchte ich einen guten Job haben, den ich gerne mache, von dem man jedoch auch gut leben kann, da ich nicht auf Hilfe angewiesen sein möchte. Zudem hätte ich gerne einen Freund oder Mann und zumindest ein Kind.

leiten. Sicherheit rangiert vor Selbstverwirklichung. Man wird sich flexibel zeigen und den Weg gehen, der die meisten Chancen verspricht, auch wenn dies der bescheidenere Plan B wäre. Man sieht dies jedoch nicht als Einknicken vor sich selbst, sondern als die rational richtige Entscheidung für die „vernünftige Alternative".

Für die Zukunft wünscht man sich in jedem Fall eine romantische Beziehung, ein schönes Zuhause und eigene Kinder. Eine Beziehung und insbesondere Kinder sind jedoch erst dann vorgesehen, wenn mit einem sicheren Arbeitsplatz und einem ausreichenden Einkommen die notwendigen finanziellen Voraussetzungen dafür geschaffen sind. Man weiß, dass die Vereinbarkeit von Familie und Beruf eine große Herausforderung darstellt, denkt diese aber mit Unterstützung der Familie und einer stabilen Partnerschaft meistern zu können. Mädchen wie Jungen möchten später mit Kindern berufstätig sein – v. a. für die Frauen ist eine gelungene Vereinbarkeit ein wichtiger Modernitätsmarker.

Der Entscheidung für den richtigen Beruf, d. h. einen Beruf, den man ein Leben lang ausüben kann und ausüben will, wird große Bedeutung beigemessen. Der Beruf soll zwar auch Spaß machen, in erster Linie jedoch mit einem guten Einkommen und einem sicheren Arbeitsplatz verbunden sein. Er soll regelmäßige Arbeitszeiten bieten und im besten Fall nahe zum Wohnort liegen. Außerdem soll der Job familienverträgliche Aufstiegsoptionen bieten.

Jugendliche mit Migrationshintergrund spielen häufiger mit dem Gedanken, nach der Schule eine längere Reise in ihr Herkunftsland oder eine Weltreise zu unternehmen. Auch längere Aufenthalte im Ausland für die Ausbildung, zum Studium oder zum Arbeiten sind für Jugendliche mit Migrationshintergrund eine häufiger genannte Option. Sie wollen ihre verschiedenen kulturellen und sprachlichen Ressourcen optimal nutzen. Damit sind sie deutlich mobiler und internationaler orientiert als die Adaptiv-pragmatischen Jugendlichen ohne Migrationshintergrund.

Typische **Zitate** zur Illustration

- *Wenn alles so läuft, wie ich es mir vorstelle, bin ich mit 22 gerade mit dem Studium fertig. Und ich habe höchstwahrscheinlich einen guten Job. Ich bin von meinen Eltern weggezogen. Vielleicht wohne ich mit meinem Freund in einer WG. Ich führe eigentlich so ein alltägliches Berufsleben. Das wäre im Alter von 22 zu erwarten. Da fängt gerade der Berg an zu steigen im Leben. [...] Ich möchte mit 28 finanziell auf gutem Boden sein. Ich habe also schon das erste Ziel im Leben erreicht dann.* (männlich, 16 Jahre)

- *Wenn ich mit 19 anfange zu studieren, und ich überlege Medizin, da studiere ich ja alleine 6 Jahre Medizin. Dann bin ich in der Facharztausbildung mit 28. Dann wäre ich gerade fertig mit der Facharztausbildung oder gerade in der Mitte. Mit 28 hört man sich schon so alt an, weil man auf die 30 zugeht.* (weiblich, 17 Jahre)

- *Ich wohne mit 20 dann wahrscheinlich in einer WG, ich denke aber, noch nicht in einer anderen Stadt, immer noch hier in der Nähe.* (männlich, 15 Jahre)

- *Ich finde, die Beziehung ist nicht das Wichtigste. Man muss keine Beziehung haben, um im Leben etwas zu erreichen. Da gibt es Wichtigeres. Jetzt zum Beispiel, wenn man jung ist, muss man zuerst etwas erreichen, und erst danach kann man eine Beziehung eingehen. Deswegen steht eine Beziehung zur Zeit bei mir noch ganz hinten. Erst wenn man den Grund aufgebaut hat, den Boden, auf dem man stehen kann, erst dann spielt die Beziehung eine wichtige Rolle.* (männlich, 16 Jahre)

- *Ich muss erst mit der Schule fertig werden. Mich interessiert zur Zeit die Liebe nicht.* (weiblich, 14 Jahre)

- *Erst mal die Schule fertig, dann Studium und dann einen Job finden. Irgendwann auch Freundin finden und die richtige, und, und, und.* (männlich, 15 Jahre)

- *Es gibt ja diese Diskussion, ist es besser wenn man früher Mutter wird, ist es besser, wenn man später Mutter wird, dann kann man davor Karriere machen. Ich möchte auf jeden Fall nicht so früh Mutter werden. Ich bin auch nicht die Art von Frau, die sagt, ich möchte unbedingt drei Kinder haben.* (weiblich, 17 Jahre)

3.2.3 Kulturelle Orientierung, Freizeit

Adaptiv-pragmatische Jugendliche orientieren sich kulturell am populären Mainstream: Sie hören die Musik, sie sehen die Sender und sie schauen die Filme, die scheinbar „alle gut finden". Sie verbinden mit Kultur in erster Linie Unterhaltungs-, Erlebnis- und Entspannungsansprüche. Die Teilhabe am popkulturellen Geschehen und der modernen Freizeitkultur ist ihnen wichtig. Eine konzentrierte, intellektuelle Auseinandersetzung mit Kultur ist jedoch die Ausnahme. Weil sie sich nicht vertieft für kulturelle Entwicklungen und Strömungen interessieren, sind für sie starre kulturelle Dichotomien wie „Underground versus Mainstream" oder „Hochkultur versus Popkultur" eher bedeutungslos.

Bei Kino-Filmen (Action, Liebesfilme, Komödien) und Fernsehserien (Vorabendserien, amerikanische Serien, Comic-Serien) folgen Adaptiv-pragmatische Jugendliche dem aktuellen Programmangebot. Am liebsten geht man mit der Clique gemeinsam ins Kino. Multiplex-Kinozentren werden dabei ebenso wenig gegen „kleine Programmkinos" wie Privatsender gegen öffentlich-rechtliche Sender ausgespielt. Nicht die Location oder der Sender ist entscheidend, sondern das Angebot – es soll vor allem unterhalten und nicht anstrengend sein. Eher unbeliebt sind problemorientierte, sehr brutale oder komplexe Filme („mit offenem

Auszüge aus Hausaufgabenheften: WAS HÖRST DU GERNE FÜR MUSIK?

ch höre gerne Rap vorallem
eutschrap und Pop also allgemein
ie Charts und auch Elektro.
ber mein Musikgeschmack kann sich
hnell verändern: Vor 1 Monat habe
h Rap noch gehasst. Vor 1 Jahr habe
h nur die Charts gehört und vor 2 Jahren
ur Elektro.

- was in den Charts läuft
- Pop
- Hip-Hop
- Rap und Deutschrap
- Rock und Pop

Pop-Musik
Amerikanische Raps
Gerne Türkische Pop Musik

Ich höre gerne RnB, Rap und die Musik die gerade in den Charts läuft.

Ende"). Ebenso wird das Theater eher distanziert betrachtet, weil es als „übertrieben" und schwer verständlich wahrgenommen wird. Eine beliebte Ausnahme beim Bühnenprogramm bilden Musicals.

Musik zu „besitzen" ist für die Adaptiv-pragmatischen Jugendlichen kaum von Relevanz. Vieles wird weder gekauft noch getauscht, sondern über populäre Musikplattformen, z. B. Spotify, Livestream und YouTube konsumiert. Besitz liegt überwiegend in Form von Livestreams vor, die man selbst heruntergeladen oder von Freundinnen und Freunden bekommen hat.

Hin und wieder werden Pop-Konzerte, eine Disko oder Partys besucht, dies hat aber keine besonders hohe Bedeutung und ist begrenzt durch die altersbedingte Immobilität (vor allem auf dem Land), die mangelnden finanziellen Ressourcen und die Regeln der Eltern.

Die Mädchen lesen insgesamt deutlich häufiger, vor allem Romane, Fantasy und andere populäre Bücher (z. B. Twilight, Harry Potter). Jungen lesen nicht so häufig, bei ihnen sind ebenfalls Fantasy-Bücher (Eragon) und Sachbücher beliebt. Bücher sind gut, wenn sie unterhalten oder wenn man „etwas verstehen und lernen kann". Zeitschriften werden sowohl von Mädchen (Mode) als auch von Jungen (Auto) gelegentlich durchgeblättert. Die Zeitung wird in die Hand genommen, wenn man sich – aus eigenem Interesse oder für die Schule – über das Tagesgeschehen informieren will.

Adaptiv-pragmatische Jugendliche haben häufig Hobbies, wobei auch dies bei den Mädchen deutlicher ausgeprägt ist als bei den Jungen: Klavierunterricht, Schlagzeug, Singen, Reiten, Tanzen. Diese Hobbies stehen aber immer nur an zweiter Stelle und werden im Zweifelsfall zugunsten des Schulerfolges aufgegeben. In der Regel finden diese Aktivitäten in einem organisierten (Musikschule, Tanzstunde, Chor) oder privaten (eigener Musiklehrer), aber immer angeleiteten Umfeld statt.

Unter den Hobbies und Freizeitbeschäftigungen spielt Sport eine besonders wichtige Rolle: Fitness, Fußball, Leichtathletik, Mannschaftssport, u.v.m. Die Motive für den Sport sind vielfältig. Den einen geht es um die Gesundheit, den anderen um das gute Aussehen. Oft wird der Sport nur zum Spaß, vereinzelt aber auch als Leistungssport betrieben. Wenn man

Auszüge aus Hausaufgabenheften: Was liest Du gerne?

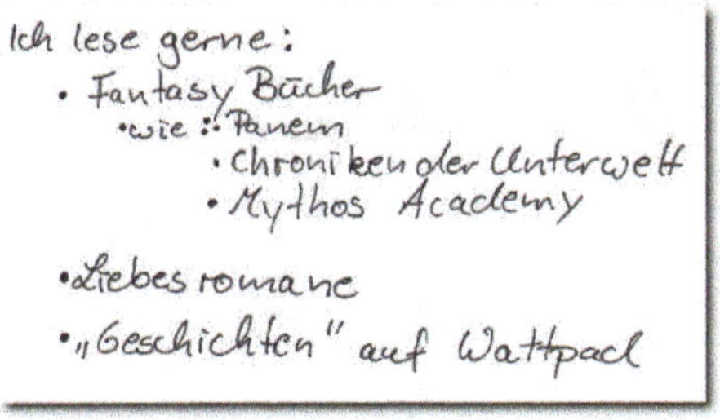
Ich lese gerne:
• Fantasy Bücher
•wie: • Panem
• Chroniken der Unterwelt
• Mythos Academy
•Liebesromane
•„Geschichten" auf Wattpad

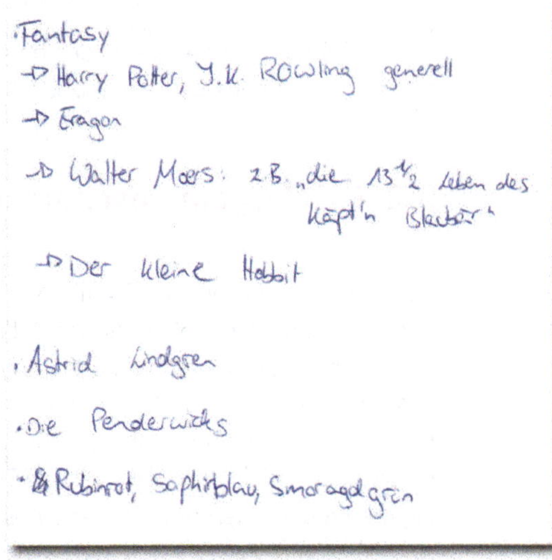
·Fantasy
-> Harry Potter, J.K. ROWling generell
-> Eragon
-> Walter Moers: z.B. „die 13½ Leben des Käpt'n Blaubär"
-> Der kleine Hobbit
·Astrid Lindgren
·Die Penderwicks
·Rubinrot, Saphirblau, Smaragdgrün

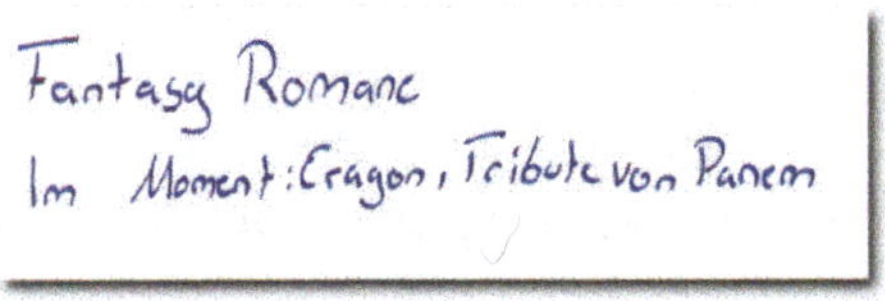
Fantasy Romane
Im Moment: Eragon, Tribute von Panem

Trendsportarten wie Snowboard oder Surfen betreibt, beobachtet man die dazugehörigen Szenen und Leitfiguren zwar mit Faszination, aber aus der Distanz. Man selber hat zumeist entweder nicht das Können oder keinen Ehrgeiz, zum engeren Zirkel einer Szene dazuzugehören. Zum sportlichen Interesse gehört auch der Besuch von Sportereignissen, z. B. ein Spiel der heimischen Mannschaft im Fußballstadion oder die Fahrt zu einem Eishockey-Match.

Insgesamt haben Adaptiv-pragmatische Jugendliche durch Schule, Familie und Hobbies viele feste Termine im Wochenablauf und einen entsprechend verplanten und vollen Alltag, in dem die Zeit manchmal knapp wird. Zwar werden auch Pausenzeiten in der Schule oder die Zeit mit der Familie als Freizeit gesehen, Freizeit im Sinne von „ungeplanter Zeit" beschränkt sich für die meisten Jugendlichen jedoch auf den späten Nachmittag nach den Hausaufgaben, den Abend und die Wochenenden. Diese wird dann mit Freunden, mit Bummeln und Kaffee trinken, dem Internet, Fernsehen, DVD, Musik hören oder Spielen zugebracht. Wichtig ist, dass etwas Interessantes und Lustiges in der

Freizeit passiert. Nur Jugendliche in ländlichen Regionen klagen hin und wieder über mangelnde Freizeitmöglichkeiten.

Für Mädchen gehört Mode zu den häufiger genannten Interessenschwerpunkten. Auch für Gesundheit und Fitness interessieren sie sich.

3.2.4 Vergemeinschaftung

Der soziale Nahraum mit Familie und Freundinnen und Freunden bildet den Mittelpunkt des Alltags der Adaptiv-pragmatischen Jugendlichen. Innerhalb eines überschaubaren und verlässlichen Umfeldes ist man über Internet und Handy gut eingebunden und vernetzt. Hier sind die Menschen, mit denen man auf einer Wellenlänge ist, die ähnliche Interessen, Ansichten und „die gleichen Träume" haben. Es wichtig, dass die eigene Freundinnen und Freunde freundlich, humorvoll und „gut drauf" sind.

Freundinnen und Freunde hat man vor allem aus der Schule, aus der Nachbarschaft („Sandkastenfreunde") und dem Vereinsleben. Eine Handvoll Menschen zählen üblicherweise zum engsten Freundeskreis. Außenherum gibt es eine größere Anzahl von „Bekannten", die man allerdings deutlich von den Freundinnen und Freunden unterscheidet. Grundsätzlich möchte man mit allen gut auskommen.

Soweit es der voll geplante Alltag zulässt, sieht man die Freundinnen und Freunde fast täglich. Freundschaft hat einen hohen Wert, der sich darin zeigt, dass man füreinander da ist, sich hilft und gegenseitig vertraut. Man trifft sich mit der ganzen Clique, gerne aber auch mal nur zu zweit mit dem besten Freund oder der besten Freundin. Dann chillt man gemeinsam, tauscht Neuigkeiten aus, spielt Brettspiele oder unternimmt etwas miteinander (z. B. Ausflüge, Kinobesuche oder einen Stadtbummel). Auch diese Aktivitäten werden vorab geplant und organisiert, wie die meisten Dinge im Leben der Adaptiv-pragmatischen Jugendlichen.

Adaptiv-pragmatische Jugendliche nehmen wahr, dass es Außenseiter und Mobbing in der Schule gibt, erzählen jedoch, weder selber gemobbt zu werden noch am Mobbing beteiligt zu sein. Gemobbt werden ja nur die, „die irgendwie komisch sind. Die verhalten sich anders und sehen anders aus, sind nicht so normal". Adaptiv-pragmatische Jugendliche bezeichnen sich selbst als eher unauffällig, halten sich ausreichend fern von Szenen und sind bemüht, keinen Angriffspunkt für Mobbing zu bieten. Es sind höchstens die Jugendlichen mit Migrationshintergrund, die schon die Erfahrung gemacht haben, „angepöbelt" worden zu sein. Trotzdem formulieren auch sie keine Angst vor Diskriminierung und kein Gefühl der Benachteiligung.

Adaptiv-pragmatische Jugendliche grenzen sich betont von „Asozialen" ab. Sie thematisieren dabei weniger die niedrige soziale Herkunft, sondern unhöfliche oder aggressive Umgangsformen oder geringere Leistungsbereitschaft. Ebenso werden „Angeber", „Besserwisser", „arrogante und zickige Leute" abgelehnt.

Typische **Zitate** zur Illustration

In meiner Klasse gibt es einen, der ist so ein richtiger Besserwisser, das mag ich überhaupt nicht. Der tut sich überall einmischen, obwohl er überhaupt keine Ahnung hat. Dann hat er eine andere Meinung. Alle haben gerade einen Film geguckt, alle fanden ihn toll. Dann sagt er, er hat ihn gar nicht gesehen, und dann tut er so: Der Film war richtig schlecht! Irgendwie hat er eine Kritik gelesen. Das nervt mich halt, so Sachen. (männlich, 15 Jahre)

Also ich hatte ein paar asoziale Freunde. Die waren halt öfters mal Schule schwänzen oder haben nie die Hausaufgaben gemacht. Ich habe jetzt Freunde, die sehr sozial sind. Die sind sehr fleißig, haben immer die Hausaufgaben. Ich glaube nicht, dass die mal Schwänzen waren. Sie sind respektvoll gegenüber älteren Menschen. Die älteren Freunde, die Asozialen, die waren schon ein bisschen anders. Das habe ich auch mit der Zeit gemerkt. Jetzt bin ich mit denen nicht mehr so eng befreundet wie früher. Wir sprechen nur mal so in der Schule. (weiblich, 14 Jahre)

Arrogant, hochnäsig, solche mag ich gar nicht. Die denken, sie wären was Besseres, obwohl das ja gar nicht so ist. Schon wie die laufen eigentlich und wie die reden, die sind so, wie soll ich sagen, anders halt als andere. (weiblich, 16 Jahre)

3.3 Prekäre

Die um Orientierung und Teilhabe bemühten Jugendlichen mit schwierigen Startvoraussetzungen und Durchbeißer-mentalität.

3.3.1 Lebensweltliche Basisorientierungen

Das französische Wort précaire bedeutet übersetzt „heikel", „unsicher" und „widerruflich" - zentrale Begriffe, mit denen das Lebensgefühl und die Lebenssituation dieser Jugendlichen beschrieben werden kann. Prekäre Jugendliche haben die schwierigsten Startvoraussetzungen. Ihre Biografie weist weist nicht selten schon früh erste Brüche auf (z. B. unvollständige, problematische Familienverhältnisse, psychische Krankheiten, Schulverweis).

Werte-Universum der Prekären

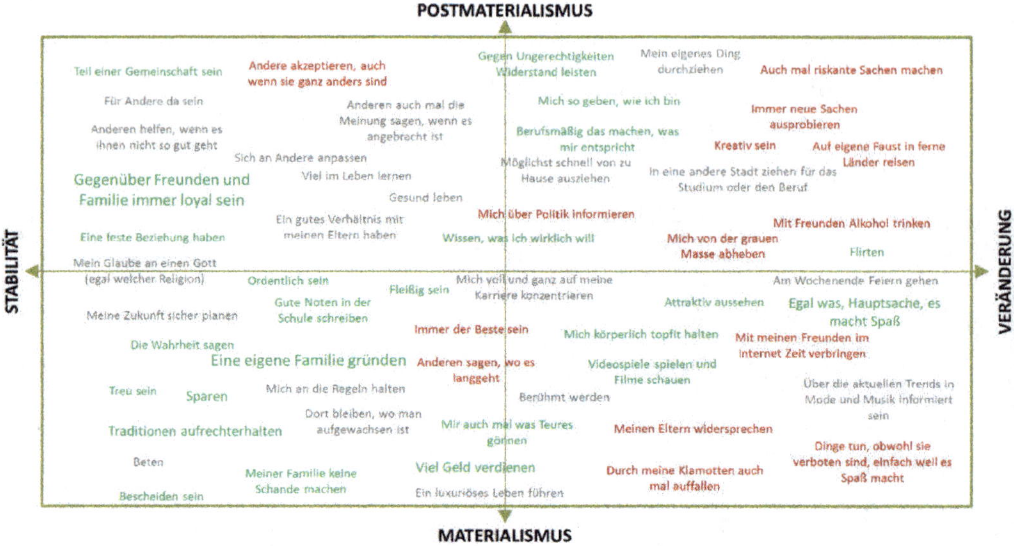

Während viele Anzeichen dafür sprechen, dass die meisten dieser Jugendlichen sich dauerhaft in der Prekären Lebenswelt bewegen werden, weil sich bei ihnen verschiedene Risikolagen verschränken (bildungsfernes Elternhaus, Erwerbslosigkeit der Eltern, Familieneinkommen an oder unterhalb der Armutsgrenze, schlechte Aussichten einen Schulabschluss zu erreichen, problematische Peergroup), ist bei manchen aber auch vorstellbar, dass es sich nur um eine krisenhafte Durchgangsphase handelt, insbesondere wenn die feste Absicht besteht, „alles zu tun, um hier raus zu kommen".

Viele sind sich ihrer sozialen Benachteiligung bewusst und bemüht, ihre Situation zu verbessern, sich nicht (weiter) zurückzuziehen und entmutigen zu lassen. Aber das Gefühl, dass Chancen strukturell verbaut sind, oder auch dass man sie sich selbst verbaut (z. B. durch Drogenkonsum, Kriminalität, schlechte Schulleistungen), und die daraus resultierende Angst vor geringen Teilhabemöglichkeiten sind in dieser Lebenswelt dominant.

Familie nimmt im Werteprofil der Prekären Jugendlichen eine zentrale Stellung ein. Dass es sich hier um eine idealisierte Vorstellung von Familie

Auszüge aus Hausaufgabenheften: WAS GIBT DEINEM LEBEN SINN?

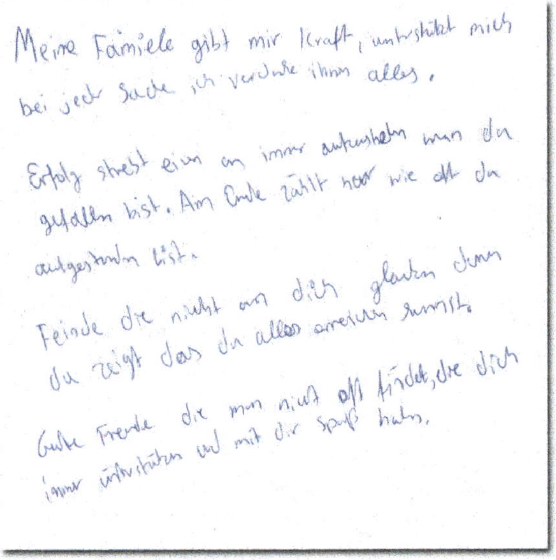
Meine Famiele gibt mir Kraft, unterstützt mich bei jeder Sache ich verdanke ihnen alles.

Erfolg steht ein an immer aufzustehen wenn du gefallen bist. Am Ende zählt nur wie oft du aufgestanden bist.

Feinde die nicht an dich glauben denn du zeigst das du alles erreichen kannst.

Gute Freunde die man nicht oft findet, die dich immer unterstützen und mit dir spaß haben.

handelt, die oft kaum etwas mit dem zu tun hat, was die Jugendlichen tatsächlich erleben, ist bezeichnend. Eine eigene Familie zu gründen, mit vielleicht „nur zwei" Kindern, „ein Dach über dem Kopf" zu haben und ein harmonisches Familienleben zu führen, bestimmt häufig die Zukunftsträume dieser Jugendlichen.

Man hat den starken Wunsch dazuzugehören und „auch mal etwas richtig gut zu schaffen", nimmt jedoch wahr, dass das nur schwer gelingt. Viele orientieren sich am Geschmack der Peergroup, um nicht weiter aufzufallen.

Gerechtigkeit und Fairness sieht man in der Gesellschaft kaum verwirklicht. Viele sind sehr anfällig für die gängigen rechtspopulistischen Klischees („Ausländer nehmen die Arbeitsplätze und Frauen weg", „unter den Ausländern finden sich viele Terroristen" etc.). In der Prekären Lebenswelt (bei den Jugendlichen ohne Migrationshintergrund) sind die Ressentiments gegenüber Ausländern mit Abstand am stärksten ausgeprägt. Auch bei den Jugendlichen mit Migrationshintergrund finden sich Hinweise auf extreme politische Positionen.

Die subjektive Wahrnehmung geringer Aufstiegsperspektiven resultiert bei einigen in dem Gefühl, dass sich Leistung nicht lohnt. Andere haben eher unrealistische, fast kindlich-naiv anmutende Zukunftsträume und hoffen, später als Fußballstar, Musiker, Gewinner von „DSDS" o. ä. Karriere zu machen. Man sucht sich oft Vorbilder, die aus ähnlich widrigen Verhältnissen stammen und es mit viel Durchsetzungsvermögen „nach oben" geschafft haben („Kämpfen und niemals aufgeben"). Nicht von ungefähr nennen die Jungen häufig Boxer als Vorbilder.

Von allen Lebenswelten berichten die Prekären am häufigsten und recht selbstverständlich von physischen Gewalterfahrungen; als Täter und Opfer. Auch kriminelle Aktivitäten und Auseinandersetzungen mit der Polizei sind bei einigen Alltag.

Auszüge aus Hausaufgabenheften:
NENNE EINE ERWACHSENE PERSON: A) DEREN LEBENSGESCHICHTE DU DIR GERNE ERZÄHLEN LASSEN WÜRDEST. B) VON DER DU GERNE WAS LERNEN WÜRDEST.

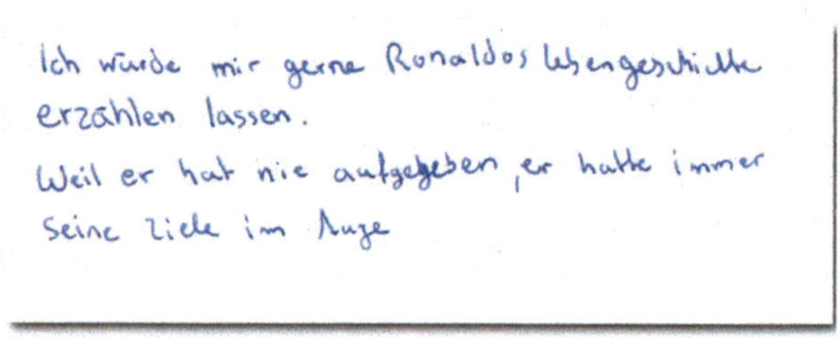
Ich würde mir gerne Ronaldos Lebengeschichte erzählen lassen.
Weil er hat nie aufgegeben, er hatte immer seine Ziele im Auge

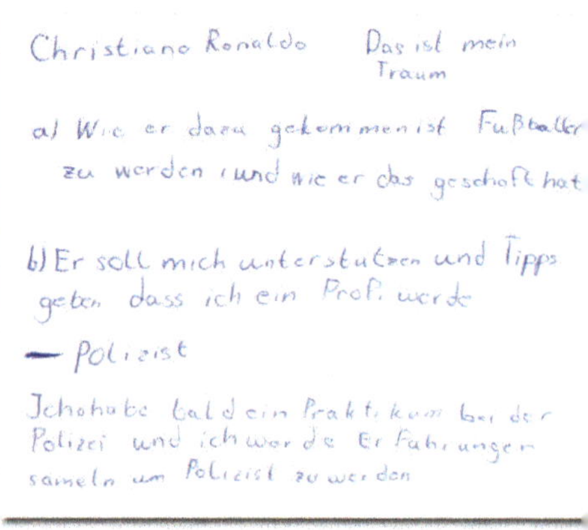
Christiano Ronaldo Das ist mein Traum
a) Wie er dazu gekommen ist Fußballer zu werden und wie er das geschafft hat
b) Er soll mich unterstutzen und Tipps geben dass ich ein Profi werde
— Polizist
Jchohabe bald ein Praktikum bei der Polizei und ich worde Erfahrungen sameln um Polizist zu werden

a) 2PAC
b) Mike Tyson

Michael Jackson

a) a) Muhammed Ali
b)

Auszüge aus Hausaufgabenheften: WAS GIBT DEINEM LEBEN SINN?

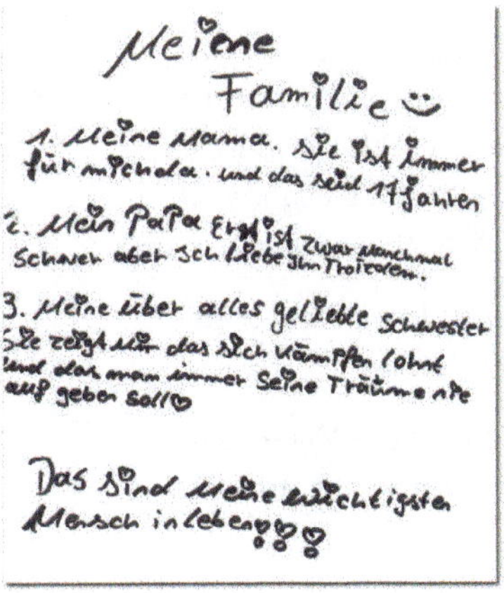

Meine Familie :)
1. Meine Mama. Sie ist immer für mich da. und das seid 11 Jahren
2. Mein Papa Er ist zwar manchmal schwer aber ich liebe ihn trotzdem.
3. Meine über alles geliebte Schwester Sie zeigt mir das sich kämpfen lohnt und das man immer seine Träume nie auf geben soll ♡

Das sind meine wichtigsten Mensch in leben ♡♡♡

Ich liebe Ross weil er mir zeigt das man auch mal Ein Strich ziehen muss so in leben was dich fertig macht und man soll jeden tag versuchen ihn zu genießen. ♡

Typische **Zitate** zur Illustration

- *Ich kümmere mich nicht so viel um die Gesellschaft, denn die kümmert sich ja auch nicht so um mich. Das Interessante sind ja die Freunde und die Familie.* (männlich, 16 Jahre)

- *Ja, ich hatte davor schon Stress mit meinem Vater. Mein Vater ist Alkoholiker. Er geht jetzt nämlich auch in eine Kur. Zum Glück. (…) Viel Kontakt habe ich eigentlich nicht mehr. (…) Ich ruf Mama und Papa an und sie gehen nicht ran. Warum ist mir auch egal. Ja, weil meine Eltern gesagt haben, ich bin eine Schlampe, also sozusagen haben sie das gesagt, weil ich am Bahnhof so einen Ruf habe, dass ich eine Schlampe bin, obwohl das gar nicht stimmt.* (weiblich, 14 Jahre)

- *Ich muss sagen, ich habe mal Marihuana genommen, aber nicht lange. Ich habe es mal ausprobiert. (…) Aber was Scheiße ist, ich habe es mal mit meinem Vater gemacht. Mein Vater hat es mir erlaubt, weil mein Vater selber davor schon bekifft und angetrunken war, dann hat er mir einfach nur seine in die Hand gedrückt und gesagt, zieh. Und das war auch so ein starkes Zeug.* (weiblich, 14 Jahre)

- *Über Zukunft habe ich mir eigentlich noch gar keinen Kopf gemacht. Ich will erst einmal meine Jugendzeit genießen, sozusagen so viel Scheiße wie möglich machen. Jetzt bin ich noch nicht strafmündig, das heißt ich bin schon strafmündig, aber ich kann nicht in den Knast kommen.* (weiblich, 14 Jahre)

Meine Schwächen und Fehler? Dass ich so zuhaue. (...) Ja, erst mal reden und dann, wenn es eskaliert, dann zuhauen. (...) Ich weiß nicht, wenn einer meine Mutter beleidigt, dann weiß ich nicht mehr, was ich mache und dann schlage ich die einfach. (männlich, 15 Jahre)

Mein Lebensmotto ist: Egal wie oft man hinfällt, es kommt immer darauf an, wie oft man aufsteht. (männlich, 16 Jahre)

[INT: ALSO WAS WÜRDEST DU SO SAGEN, WAS IST DIR DAS WICHTIGSTE IM LEBEN] *Religion, beten, Geld verdienen, Familien gründen, Arbeit, so halt.* (männlich, 15 Jahre)

Ich schwöre, die Polizisten übertreiben immer voll. Leute machen eine Anzeige und die Polizisten übertreiben direkt voll mit, keine Ahnung, mit Sozialstunden, alles übertreiben die, voll unnötig. [...] Gegen mich läuft ein Strafverfahren. Ich habe ein Mädchen, sie ist größer als ich und breiter als ich, und ich habe ihr eine Ohrfeige gegeben und keine Ahnung, sie ist auf den Boden gefallen. Und dann hat meine Freundin gegen die noch getreten, wo die auf dem Boden lag. Und deswegen habe ich jetzt eine Anzeige bekommen. Zum Gerichtstermin bin nicht hingegangen. Pech gehabt, ich habe einen neuen bekommen. (weiblich, 14 Jahre)

Ich bin mit Ross Antony ein bisschen privat befreundet, und wenn ich die dann so angucke, obwohl die schwul sind, was die alles meistern, das gibt uns auch nochmal Kraft, die große Kraft. Meine Schwester, die ist auch ein Vorbild für mich, gerade, was das angeht zu kämpfen und nicht aufzugeben. (weiblich, 17 Jahre)

Die Ausländer können hier machen, was sie wollen. Und das geht eigentlich nicht. Wir sind in Deutschland. Ich mag es zum Beispiel nicht, wenn ich jetzt in der Bahn sitze mit so Kopftuchträgern. Da würde ich am liebsten die Bahn wechseln. (männlich, 15 Jahre)

3.3.2 Zukunftsvorstellungen

Die Wahrnehmung von Armut(sgefährdung) in der Familie und die oft mit den Eltern geteilten Erfahrungen eigener Überflüssigkeit und Nutzlosigkeit behindern die Entwicklung von Selbstvertrauen, Selbstwirksamkeit und Stärke - wodurch der weitere Lebensweg negativ beeinflusst wird. Andererseits wird gerade von den Prekären Jugendlichen - quasi in einer kompensatorischen Reflexion auf die eigene Schwäche - betont, dass man selbst für die eigene Zukunft verantwortlich sei und „sich durchboxen" müsse.

Wenn sich Jugendliche aus anderen Lebenswelten die Frage stellen „Was wird aus mir?", so haben sie zumindest eine vage Vorstellung davon, welche beruflichen Optionen die wahrscheinlich erzielten Schulabschlüsse ermöglichen. Den Prekären Jugendlichen fehlt in der Regel dieses Orientierungswissen. So zeigen sie sich teils sehr pessimistisch hinsichtlich ihrer Ausbildungsperspektiven, teils jedoch auch unrealistisch optimistisch und aufstiegsorientiert. Die Traumberufe verweisen auf ein klares Dilemma zwischen Wunsch und Wirklichkeit: Ingenieur, Fußballprofi, Arzt, Anwalt oder Star würde man gerne werden. Wie eine Ausbildung zu einem solchen Beruf verläuft, welche Voraussetzungen dafür notwendig sind, oder wie genau das Berufsbild aussieht, wissen aber nur die wenigsten. Erkannt haben diese Jugendlichen jedoch, dass solche Berufe zum einen ausreichend Geld und zum anderen Prestige bedeuten. Sollte es mit dem Traumberuf nichts werden, dann will man „wenigstens nicht auf HartzVI sein". Den Jugendlichen dieser Lebenswelt mit einer realistischeren Einschätzung ihrer Situation ist bewusst, dass sie aufgrund schulischer Defizite Probleme beim Übergang in das Berufsleben erwartet. Man versucht diese durch Fleiß, Verlässlichkeit und Motivation auszugleichen.

Wenige der Prekären Jugendlichen nehmen Angebote zur beruflichen Orientierung wahr: Man weiß nicht wo, auch nicht so recht warum, und vor allem möchte man nicht selbst um Hilfe bitten. Dagegen bieten massenmediale Repräsentationen von Berufen (Fußballstar, Anwalt, Polizist, Arzt etc.) scheinbar Orientierung. Vor allem die Jungen zeigen sich sehr empfänglich für die medial präsentierten männlichen Vorbilder.

Wie die meisten Jugendlichen in ihrem Alter wissen die Prekären, dass sozialer Aufstieg eng an Bildungserfolge gekoppelt ist, dass man also ohne Schulabschluss und Ausbildung kaum eine Chance hat. Gleichzeitig bekommen sie von älteren Freunden gespiegelt, dass selbst mit einem Schulabschluss der Ausbildungsplatz nicht sicher und sogar mit einer abgeschlossenen Ausbildung eine Festanstellung nicht garantiert ist. Das verunsichert massiv und führt bei manchen zu der resignativen Frage: Warum denn dann eigentlich?

Dass man selbst eine Familie gründen will, steht außer Frage. Man wünscht sich (nicht zu viele) Kinder und hofft, für diese gut sorgen und ihnen auch einmal etwas Besseres bieten zu können. Letztlich ist die Familiengründung auch ein Feld, in dem die Aussichten auf Erfolg vielversprechender sind als beispielweise in der Erwerbswelt. Die Chance, hier auch einmal weiter zu sein als andere, bestimmte Etappen früher zu erreichen, ist reizvoll.

Auszüge aus Hausaufgabenheften:
WIE MÖCHTEST DU SPÄTER LEBEN? WAS MACHST DU DANN?

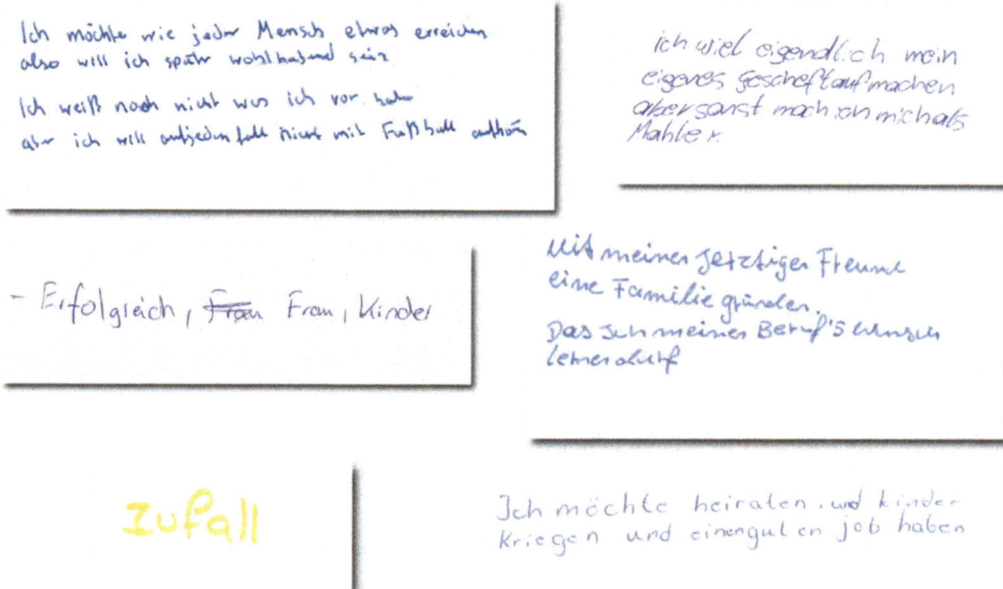
Ich möchte wie jeder Mensch etwas erreichen
also will ich später wohlhabend sein
Ich weiß noch nicht was ich vor habe
aber ich will auf jeden fall nicht mit Fußball aufhören

ich wiel eigendlich mein
eigenes Geschäft auf machen
aber sonst mach ich michals
Mahler.

- Erfolgreich, ~~Frau~~ Frau, Kinder

Mit meinen jetzigen Freund
eine Familie gründen.
Das Ich meinen Beruf'S Wunsch
lernen darf

Zufall

Ich möchte heiraten, und kinder
kriegen und einen guten job haben

Typische **Zitate** zur Illustration

Im Leben ist mir wichtig, dass ich meine Schule fertig mache, also auf jeden Fall die Mittlere Reife habe. Dann eine Ausbildung anfange. Dass es meiner Familie gut geht, dass ich eine Frau habe und Kinder und dass ich mit Freunden auch gut bin. (männlich, 16 Jahre)

Bei mir ist noch alles offen, was ich werden will und so. Aber im Moment läuft es in der Schule auch nicht so gut. Ich muss jetzt ein bisschen mehr Gas geben. Und das meint auch mein Lehrer. Aber er hat gesagt, wenn ich dazu bereit bin, unterstützt er mich, und dann schaffen wir das auch. Und wenn das klappt, hole ich vielleicht noch meinen Realschulabschluss nach. (männlich, 16 Jahre)

Also, wenn es klappt, dann bin ich mit 25 Fußballprofi. (männlich, 16 Jahre)

Ja, Arbeit so, Polizist oder so. [INT: UND UM DIE SCHULE, MACHST DU DIR DA SORGEN, OB DAS KLAPPT?] *Ja. Weil ich schlecht in der Schule bin, so Faxen mache. Ich muss mich bessern.* (männlich, 15 Jahre)

Mit 25? Da feiere ich mein Leben richtig durch, weil nach 25 bin ich dann nicht mehr so wirklich jung. Weil, dann werde ich jetzt langsam älter. Ja, da genieße ich halt meine Zeit so stark wie es geht. Und versuche auch ein bisschen hoch zu kommen mit der Arbeit und so, oder irgendwie was Besseres hinkriegen oder mal eine eigene Firma, das wäre eigentlich so am besten. Vielleicht so Baustelle oder so. Ich weiß nicht, also eigentlich erst mal eine Ausbildung als Maler. (männlich, 15 Jahre)

Zuverlässlichkeit, das habe ich jetzt drauf, sage ich jetzt mal. Und dass ich halt meine Arbeit halt immer gut mache und sorgfältig bin. (...) Ich wollte immer mal so Chef von irgendwas Großem sein. Ich überlege ja jetzt die ganze Zeit, ob ich zur Bundeswehr gehen soll, da mein Ding mache. (männlich, 15 Jahre)

3.3.3 Kulturelle Orientierung, Freizeit

Prekäre Jugendliche sind popkulturell interessiert, vor allem Hip Hop steht hoch in der Gunst. Vielen bieten die Texte von Rap Songs zahlreiche Identifikationspunkte. Das Interesse regt jedoch selten zur aktiven Suche nach Neuem an, man begnügt sich mit dem, was man kennt oder über den Freundeskreis mitbekommt. Eine tiefere Auseinandersetzung mit Musik (Musik sammeln, Konzertbesuche, selbst musizieren) ist eher untypisch. Beliebte Künstler sind z. B. Haftbefehl, Bushido, Fard, Farid Bang, Rihanna, Massiv, Sido, K.I.Z..

Hat es Berührungspunkte mit Theater, Oper oder klassischer Musik gegeben, sind diese in schlechter Erinnerung geblieben. Die klassische Hochkultur wirkt befremdlich, langweilig und überfordert sprachlich bzw. intellektuell. Die Jugendlichen dieser Lebenswelt sind es kaum gewohnt, einer Darbietung über einen längeren Zeitraum ihre ungeteilte Aufmerksamkeit zu schenken.

Die Angebote des Privatfernsehens sind der Hauptbezugspunkt zum „kulturellen Überbau". Scripted Reality oder Pseudo-Doku-Soaps sind beliebt, weil sich hier die Möglichkeit bietet, die eigene soziale Lage zu relativieren und Familienbeispiele zu sehen, bei denen es entweder

Auszüge aus Hausaufgabenheften: WAS HÖRST DU GERNE FÜR MUSIK?

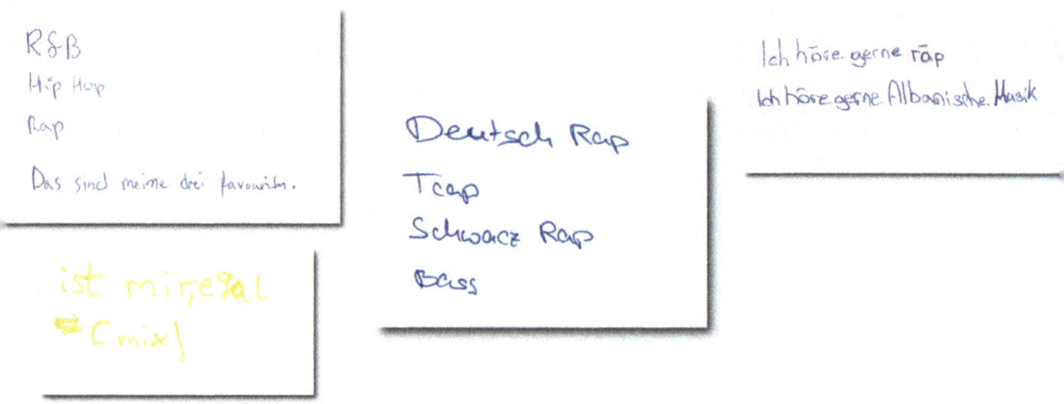

„noch viel schlimmer zugeht“, oder die ganz ähnliche Probleme im Alltag haben. Castingshows und Daily-Soaps findet man unterhaltsam, weil „es immer was Neues ist“, aber in einem gewohnten Setting präsentiert wird, das für viele eine Struktur bietet, die im Familienalltag fehlt.

Lesen ist laut Aussage dieser Jugendlichen prinzipiell „nicht so ihr Ding“. Nicht selten fällt jedoch auf, dass diejenigen, denen nicht das Lesen an sich Schwierigkeiten bereitet, Leseangebote begeistert angenommen und in guter Erinnerung behalten haben. Die mangelnde Verfügbarkeit von Büchern im heimischen Umfeld spielt daher eine nicht unwesentliche Rolle für die Selbstattribution von „Lesefaulheit“ in dieser Lebenswelt.

Das Freizeitverhalten der Prekären Jugendlichen oszilliert zwischen Rückzug und Delinquenz. Da sind jene, die „zur Schule, nach Hause, dann schlafen“ gehen und jene, die „eigentlich direkt raus, oder halt direkt nach der Schule raus“ gehen. Von letzteren werden nicht selten auch Erfahrungen mit Drogen(-handel), gewalttätigen Auseinandersetzungen und kleinkriminellen Delikten berichtet. Die Freizeitgestaltung bewegt sich bisweilen am Rande der Legalität oder bereits darüber hinaus.

Diejenigen, die sich eher zurückziehen, haben oftmals bereits seit Jahren massive Mobbingerfahrungen in der Schule und im „Freundeskreis“

Auszüge aus Hausaufgabenheften: WOFÜR INTERESSIERST DU DICH ÜBERHAUPT NICHT?

Auszüge aus Hausaufgabenheften: WOFÜR INTERESSIERST DU DICH?

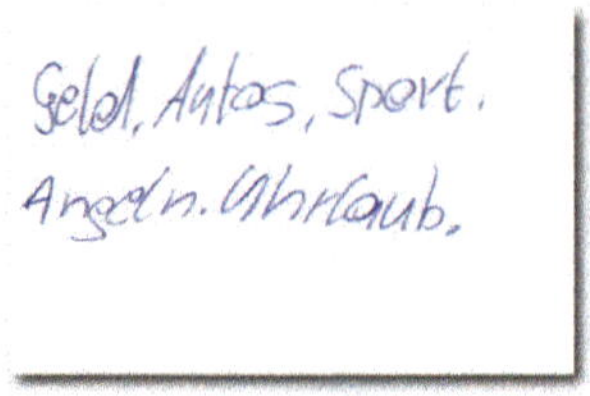

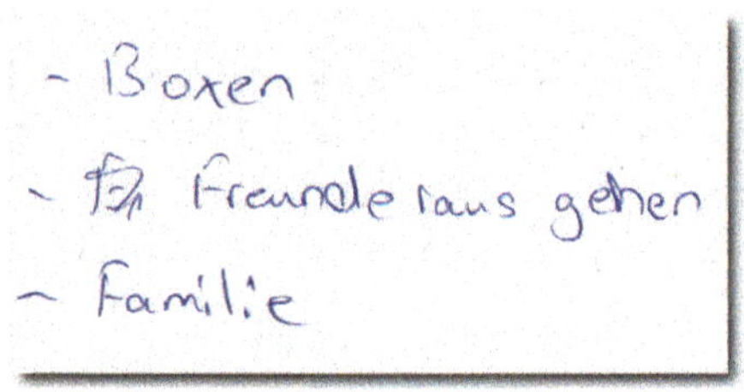

erlebt. Sie haben zu wenig Selbstvertrauen, um sich „draußen" behaupten zu wollen, oder spüren einfach, dass sie „nicht so richtig dazu gehören". Neben der Wohnung wird von diesen Jugendlichen häufig auch die Natur als intakter, harmonischer und sicherer Rückzugsort beschrieben.

Im Vergleich der Lebenswelten sind Computer- und Konsolenspiele bei Prekären Jugendlichen am beliebtesten – auch bei den Mädchen. Hier findet man eine Beschäftigung, der man auch alleine nachgehen kann. Und ähnlich wie beim Fernsehkonsum gibt die Wiederholung bzw. Wiederholbarkeit Sicherheit. Man bewegt sich auf weitgehend bekanntem Terrain, wird dabei unterhalten, muss sich nicht auf vollkommen neue Strukturen oder Unwägbarkeiten einlassen. Die virtuellen (Spiele-)Welten bieten die Möglichkeit, sich unabhängig von den sozialen und familiären Rahmenbedingungen zu präsentieren und zu bewähren, was zu sonst eher seltenen Erfolgserlebnissen führen kann. Voller Stolz erwähnen einige auch, dass sie besonders gute Gamer sind. „Zocken" ist für diese Jugendlichen eine Quelle für Bestätigung und Selbstbewusstsein. Auffällig ist der explizite Hinweis darauf, dass gewalthaltige Spiele eine gute Möglichkeit zum Frustabbau bieten.

Auch Sport ist ein Gebiet, in dem sie die Anerkennung suchen, die ihnen in anderen Lebensfeldern oft verwehrt bleibt. Bei den männlichen Jugendlichen steht eindeutig Fußball und Kampfsport an erster Stelle, sowohl als aktiver Spieler als auch als Fan und Zuschauer eines bestimmten Vereins. Von Mädchen wird gelegentlich Tanzen oder Fitness-Training genannt.

Jugendliche aus der Prekären Lebenswelt nutzen nicht selten Angebote der offenen und mobilen Jugendarbeit oder werden in ihrer Freizeit durch Jugendsozialarbeit begleitet. Diese Angebote werden in der Regel dankbar angenommen, weil sie Freizeitmöglichkeiten eröffnen, die alleine nicht zu realisieren wären.

In der freien Zeit nach der Schule und den Hausaufgaben sieht man keinen Raum mehr für weitere Bildungsanstrengungen. Den Unterricht bereitet man nur vor oder nach, wenn es absolut notwendig ist, um die Versetzung nicht zu gefährden. Ansonsten hat man weder Lust dazu, noch sieht man ein, warum man sich in der Freizeit „bilden" sollte, da dies nicht direkt erkennbar belohnt wird und man so bloß seine Zeit „verschwendet".

Typische **Zitate** zur Illustration

- *Ich spiele beim Fußball – egal ob ich mich verletzt habe – trotzdem weiter. Ich kämpfe beim Fußball nur.* (weiblich, 14 Jahre)
- *Und überhaupt müsste ich in der B-Jugend spielen von meinem Alter her. Aber ich spiele in der A-Jugend wegen meinem Freund. Da sind halt auch 17- und 18-Jährige dabei. Aber ich versuche da mitzuhalten. Und das ist ja auch eine Herausforderung.* (männlich, 16 Jahre).
- *Ich mache auch Turniere, Wettkämpfe und alles. Thaiboxen. Also mit Vollkontakt. Macht auch Spaß. Das mache ich schon seit fünf Jahren, und bin da jetzt einer der Ältesten in dem Boxverein, einer der Besten.* (männlich, 15 Jahre)
- *Klassische Musik, das finde ich abscheulich. Das ist nichts für mich.* (männlich, 15 Jahre)
- *Musik? So Rap eher, Rap und ja, nur das. Bushido. Weil Andere gegen ihn rappen und er ist besser als die.* (männlich, 15 Jahre)
- *So Sido oder sowas gefällt mir.* [INT: UND WAS GEFÄLLT DIR DARAN?] *Die Texte, allgemein so.* (männlich, 15 Jahre)

Aber ich habe auch öfters was mit der Polizei zu tun. Ich bin in Klamottenläden rein und habe da Sachen geklaut. (...) Eigentlich wurde ich bisher nie erwischt. Und es ist richtig oft passiert, muss ich sagen. (...) Klamotten, Kaugummis, ich habe selbst für meine Freundin schon mal Wodka geholt. Das war auf jeden Fall sehr schwer, muss ich sagen. Der ganze Laden war voll. Das war echt schwer, aber ich habe es geschafft. Ich mache es manchmal noch, wenn ich Sachen brauche, aber nur manchmal. Irgendwie, weil manche Sachen sind sehr einfach, aber manche Sachen, die sind ein bisschen größer und schwerer. Selbst beim Media Markt habe ich schon mal Kopfhörer hingekriegt zu klauen, aber das war übelst schwer, weil über uns war eine Kamera und wir haben sie nicht gesehen. (weiblich, 14 Jahre)

PlayStation zocke ich gerne, weil da Ballerspiele drauf sind. (...) Da kann ich meine Wut rauslassen. (...) Und es macht einfach Spaß, zum Beispiel „Call of Duty", das zocke ich am meisten. (weiblich, 14 Jahre)

[INT: UND GIBT ES SO EIN THEMA, WO DU DICH BESONDERS GUT AUSKENNST, WAS ANDERE VIELLEICHT NICHT KÖNNEN, WO DU SAGST, DU BIST EIN EXPERTE WIE, KEINE AHNUNG, MATHEMATIK?] *Ja, also bei der PlayStation. Also nicht der Beste jetzt, aber einer von den Besten.* [INT: BEI EINEM BESTIMMTEN SPIEL?] *Dieses Waffenspiel, AW.* [INT: IST DAS AB 18 ODER DARF MAN DAS AUCH SCHON...?] *Ab 18.* [INT: UND WAS IST SO COOL AN DEM SPIEL?] *Man kann da mit Freunden reden, man kann gucken, wer besser ist, wer schneller ist.* (männlich, 15 Jahre)

3.3.4 Vergemeinschaftung

Prekäre Jugendliche machen häufig Ausgrenzungserfahrungen, sei es in der Schule, in der Öffentlichkeit oder auch innerfamiliär. Weil Integration im Rahmen der klassischen Institutionen für diese Jugendliche oft kaum möglich ist, ist die Anerkennung in der Peergroup zentral. Während viele berichten, dass ihre Freunde „wie Familie" seien, gibt es aber mindestens ebenso viele, die als völlige Außenseiter im sozialen Rückzug bleiben. Freunde findet man oft in den Soaps und Serien der Privatsender – auf die ist Verlass, die „kommen" täglich.

Auseinandersetzungen mit Freunden bzw. im Freundeskreis haben bei vielen einen bleibenden Eindruck hinterlassen. Man hat das Gefühl, hier „echt schlechte Erfahrungen" gemacht zu haben. Trotzdem wird die Bedeutung von Freunden mit idealisierendem Gestus immer wieder betont.

Bestimmte Jugendszenen üben eine Faszination auf Prekäre Jugendliche aus (vor allem Hip Hop). Man fühlt sich den (medial präsenten) Protagonisten und Protagonistinnen verbunden, bei denen man oft biografische Parallelen erkennt. Die Teilhabemöglichkeiten an solchen Jugendszenen (Kleidung, Technik, Platten auflegen, Texte schreiben und selber Rappen) sind jedoch eher gering.

Vergemeinschaftung findet bei Prekären zu einem großen Teil im öffentlichen Raum statt, v.a. Jugendhäuser sind beliebt. Aufgrund der elterlichen Herkunftsmilieus wachsen diese Jugendlichen häufig in schwierigen Wohnumfeldern auf, im Zentrum sogenannter sozialer Brennpunkte. Sich auf der Straße zu behaupten, kostet nicht selten einiges an Mut und Durchsetzungsvermögen. Auch deshalb ist „die Gruppe" so wichtig: Allein kann man nicht viel ausrichten, in der Gruppe fühlt man sich sicher. Vor allem die männlichen Vertreter dieser Lebenswelt haben vergleichsweise häufig bereits Gewalterfahrungen gemacht - als Opfer wie als Täter.

Typische **Zitate** zur Illustration

Ja, ich bin auch nett und so. Also, wer nett zu mir ist, dann bin ich auch nett zu ihm. Und wer aggressiv zu mir ist, dann bin ich auch zu ihm aggressiv. So! (männlich, 15 Jahre)

Jeden Tag gehe ich ins Jugendhaus. Ich komme hier hin, weil ich habe keine Lust, nach Hause zu gehen. Ich mag das hier. Hier hat man halt keine Langeweile. Hier weiß man, was man machen kann, und hier hat man auch Freunde, die man auch kennt noch aus der Schule. (männlich, 14 Jahre)

Wir sind dann meistens immer hier in der Stadt und laufen die ganze Zeit herum in N. und gucken uns die Gegend an. Manchmal bauen wir auch Scheiße, ich mit meinen anderen Gruppenkameraden. In der Stadt sind wir auch öfters, und meistens haben wir ein bisschen randaliert. (weiblich, 14 Jahre)

Dann gibt es noch „Hilf mir", ist auch eine Serie bei RTL2 „Jung, verzweifelt und pleite", da erklären die das so. Da klauen auch welche Geld, und dann erklären die das halt, wie viel Strafe, was da auf dich zukommt, was es da gibt. Das finde ich halt auch sehr interessant. (weiblich, 17 Jahre)

3.4 Materialistische Hedonisten

Die freizeit- und familienorientierte Unterschicht mit ausgeprägten markenbewussten Konsumwünschen.

3.4.1 Lebensweltliche Basisorientierungen

Unter den Materialistischen Hedonisten legen die Jungen wie Mädchen großen Wert auf die Repräsentation von (angestrebtem) Status: Konsum kommt klar vor Sparsamkeit. Bescheidenheit liegt ihnen fern. Der Umgang mit Geld ist überwiegend unkontrolliert. Kurzfristige Konsumziele haben einen hohen Stellenwert – neue, moderne Kleidung und Schuhe sowie Modeschmuck sind ihnen äußerst wichtig. Mit Äußerlichkeiten Eindruck zu hinterlassen, bezeichnen sie als eigene Stärke.

Werte-Universum der Materialistischen Hedonisten

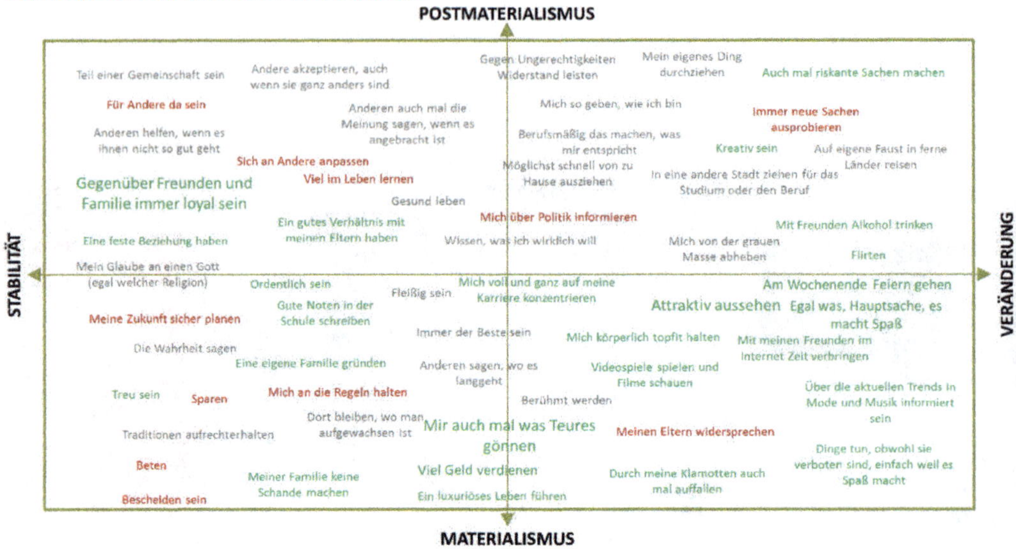

Von schlecht gekleideten Personen – noch dazu, wenn sie einen generell ungepflegten Eindruck machen – grenzt man sich deutlich ab.

Die Konsumwünsche sind daher auch von einer starken Markenorientierung geprägt, weil Marken in den Peer-Kontexten der Materialistischen Hedonisten Anerkennung abwerfen. Sie haben entsprechend ein feines Gespür dafür, welche Brands derzeit angesagt sind. Markenlogos müssen auffällig positioniert sein, sonst erfüllen sie ihren Zweck nicht: das Kommunizieren der Botschaft „Schaut her, was ich mir leiste". Materialistische Hedonisten fühlen sich auf den großen Shoppingmeilen wohl, weil sie dort „ihre" Läden finden: z. B. Streetstyle-Stores, Pimkie, New Yorker, H&M, Orsay, Zara, Bijou Brigitte, Nike. Besonders wichtig ist es ihnen, immer mal wieder ganz besondere Teile aus dem Luxusgüter-Bereich zu ergattern (Dolce&Gabbana, Michael Kors), z. B. über Ebay oder „Sachen, die vom Laster gefallen sind". Sie wissen auch darüber Bescheid, wo man Schnäppchen machen kann: Restpostenläden, Outlets etc. Auch Fake-Produkte (wenn sie „gut gefälscht" sind) stehen in der Gunst ganz oben (z. B. Louis-Vuitton-Handtaschen).

Auszüge aus Hausaufgabenheften: WAS GIBT DEINEM LEBEN SINN?

Für Materialistische Hedonisten sind v.a. Shoppen, Party, Geld und Urlaub die coolsten Sachen der Welt. Man möchte Spaß und ein „gechilltes Leben“ haben. Sie beklagen keinen Mangel an Freizeit im Sinn von freier Zeit, sondern bemängeln eher hin und wieder die Langeweile des Alltags.

Auszüge aus Hausaufgabenheften: WAS GIBT DEINEM LEBEN SINN?

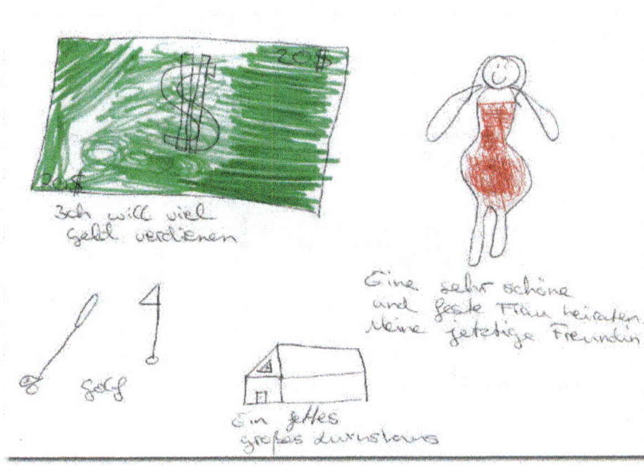

Materialistische Hedonisten erzielen meist niedrige formale Bildungsabschlüsse. Darunter leiden sie. Insbesondere die Hauptschüler und Hauptschülerinnen berichten davon, dass die Hauptschule in der Öffentlichkeit einen schlechten Ruf genießt und man deswegen „komisch angesehen" wird. Zu Bildung im Sinne von schulischem Lernen hat man eine geringe Affinität; man ist froh, „wenn man da raus ist". Entsprechend spielt die Schule in der Freizeit kaum eine Rolle. Viele setzen darauf, in Zukunft ihre Bildungsdefizite durch Fleiß bei der Arbeit wett zu machen.

Auch wenn man mehr Zeit mit der Schule und dem Freundeskreis verbringt, stellen Eltern und Familie, inklusive Großeltern und Verwandtenkreis (v. a. bei den Jugendlichen mit Migrationshintergrund), den zentralen Bezugspunkt im Leben dar. Gemeinsame Mahlzeiten, zusammen Fernsehen oder ins Kino gehen, Ausflüge an erlebnisreiche Orte wie Centerparks, Väter- und Söhne-Ausflüge und ähnliche Aktivitäten gehören zum Familien-Programm. Das häufig traditionelle Familienmodell der Eltern dient vielen als Vorbild. Entsprechend werden im familiären Umfeld – und mit Blick auf eine eigene Partnerschaft bzw. Familie – traditionelle Werte wie Harmonie, Zusammenhalt, Treue, Hilfsbereitschaft, Ehrlichkeit und Anstand als bedeutsam erachtet, da sie stellvertretend für einen respektvollen Umgang miteinander stehen.

Auszüge aus Hausaufgabenheften: WOFÜR INTERESSIERST DU DICH ÜBERHAUPT NICHT?

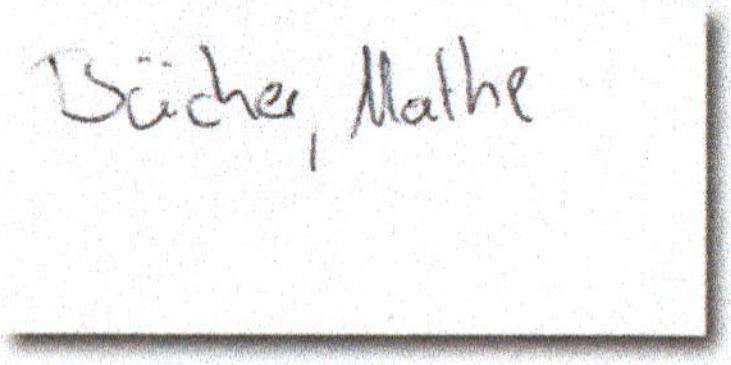

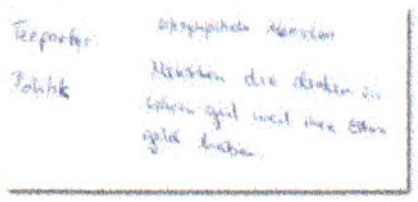

Während die Familie Geborgenheit und Sicherheit gibt, steht der Freundeskreis für Fun und Action. Es gehört fest zum täglichen Rhythmus, mit den Freundinnen und Freunden rauszugehen, abzuhängen und etwas zu erleben. Dazu nutzt man gelegentlich auch das Raumangebot der mobi-

Auszüge aus Hausaufgabenheften: Was sind für Dich die wichtigsten Sachen der Welt?

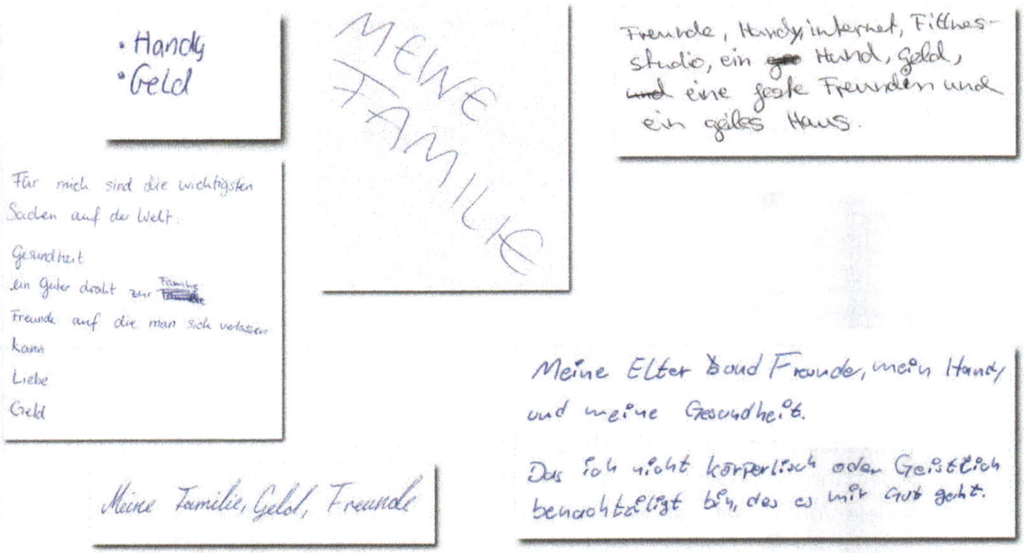

len oder offenen Jugendarbeit.

Vandalismus, Aggressivität gegenüber den Peers und der Konsum illegaler Drogen sind in den Alltagserzählungen dieser Jugendlichen immer wieder Thema. Während sich insbesondere die muslimischen Jugendlichen dieser Lebenswelt davon teilweise demonstrativ abgrenzen, gehören die (aggressive) Verteidigung der eigenen Rechte und exzessives Feiern zum Lebensstil vieler anderer Materialistischer Hedonisten. Sie zeigen tendenziell eine Ablehnung gegenüber Kontroll- und Autoritätswerten. Rigide Regeln werden deutlicher als in den anderen Lebenswelten als begrenzend, entmündigend und abstrafend erlebt.

Auszüge aus Hausaufgabenheften:
NENNE EINE ERWACHSENE PERSON: A) DEREN LEBENSGESCHICHTE DU DIR GERNE ERZÄHLEN LASSEN WÜRDEST. B) VON DER DU GERNE WAS LERNEN WÜRDEST.

a) Dwayne Johnson
b) Dwayne Johnson

Mein Vater
Weil mein Vater viel von dieser Welt Mit bekommen und es auch Mit erlebt hat, und er zugleich auch Seine Erfahrungen Mit teilen kann.
Wie man sich in Schwierigen situationen Verhalten Sollte und was man Machen Sollte.

• Cristiano Ronaldo
• Mohammed Ali
•

Meine Geschwister
&
Meine Eltern

Ich würde mir gern die Lebensgeschichte von Paul Walker erzählen lassen wollen. Es interessiert mich einfach wie er schauspieler wurde und wie er es so hoch geschafft hat. Und lernen würde ich auch gern von ihm.

Jugendliche mit Migrationshintergrund schwärmen von dem Land, aus dem ihre Eltern kommen, betonen aber, dass das Leben in Deutschland viele Vorteile hat. Bei ihnen wiegt Identifikation mit der Herkunftskultur in der Regel gleich stark oder stärker als die Identität als Deutsche oder Deutscher. Deutschland ist das Land für den Alltag und zum Arbeiten, das Herkunftsland ist das Land für Lebensqualität, Urlaub und Genuss.

Die Jugendlichen bewundern neben den eigenen Eltern v.a. die Stars der Entertainment- und Sportlandschaft, insbesondere die besonders glamourösen Vertreter/innen. Man sucht sich oft Vorbilder, die aus sozial prekären Verhältnissen kommen, aber dennoch viel im Leben erreicht haben – trotz bzw. gerade wegen der ungünstigen Ausgangsbedingungen Reichtum und Berühmtheit erlangt haben.

Typische **Zitate** zur Illustration

Die drei wichtigsten Sachen? Mich so geben, wie ich bin. Mir auch mal was Teures gönnen. Viel Geld verdienen. Meiner Familie keinen Schaden machen. (weiblich, 14 Jahre)

Wirklich wichtig im Leben ist, dass es mir und meiner Familie gut geht. Und auch meiner Freundin. Und dass ich mich mit allen verstehe, mit meinen Freunden, meiner Freundin und meiner Familie. Und dass ich glücklich bin. Und alle anderen auch. Also ein Auto ist zwar für mich auch sehr, sehr, sehr wichtig. Und ein Handy auch und so weiter. Aber das ist so erst mal das Wichtigste. (männlich, 15 Jahre)

Lebensmotto? Das ist schwer. Vielleicht yolo [ANM.: YOU ONLY LIVE ONCE]. *Also nicht jetzt so, dass man macht, was man will. Man muss natürlich schon die Gesetze und sowas einhalten. Aber dass man Spaß hat.* (männlich, 16 Jahre)

Wobei eigentlich interessiert mich Schule jetzt nicht wirklich viel, also eigentlich überhaupt nicht. Ich mache es halt nur, dass meine Eltern nicht erfahren, dass ich, keine Ahnung, die Hausaufgaben zum Beispiel, ich habe keinen Bock, dass die Lehrer jeden Tag anrufen und sich beschweren über irgendwas. (männlich, 15 Jahre)

Ich würde wollen, dass es in der Schule besser wird, dass ich mich mehr für die Schule interessiere. (…) Ich gehe jeden Morgen dahin und sage, ich habe keinen Bock, ich will schlafen. Mit so einer Einstellung, also dass diese Einstellung besser wird. (männlich, 17 Jahre)

Ich mag schon lieber Markensachen als so H&M, aber es ist meistens einfach viel zu teuer. Aber ich mag schon so eher, also wenn ich feiern gehe, mag ich es schick. (…) Die Hosen von Hollister sind ganz gut und so Superdry. Michael Kors, aber da habe ich nur eine Tasche von, weil es so teuer ist. Und sonst halt so die ganz normalen Standardmarken, die irgendwie jeder ganz gut findet. Adidas, Nike. (weiblich, 17 Jahre)

Ich mag Schuhe sehr gerne, aber Schuhe, die ich mir halt nicht leisten kann. Nike Yeezys, das sind meine absoluten Lieblingsschuhe, also die Red October, aber die kosten halt richtig viel. Aber ich überlege mir, vielleicht gefälschte Schuhe zu holen irgendwo. (männlich, 15 Jahre)

Manchmal gehe ich bei ZARA shoppen oder halt bei Peek & Cloppenburg. Das kommt auf die Laune an, oder ob es mir gefällt (…). Also jeden zweiten Tag gehe ich mal so gucken, was es so gibt und was nicht. Dann gehe ich auch manchmal so etwas holen. (männlich, 16 Jahre)

- *Mit 35 möchte ich ein schönes Auto. Einen Mercedes, einen schönen CLS.* (männlich, 17 Jahre)
- *Ich habe jetzt aber nicht so eine bestimmte Stylerichtung. Natürlich gibt es Sachen, die ich nicht tragen werde, zum Beispiel Emo-Sachen oder Punk-Sachen.* (männlich, 15 Jahre)
- *Wenn ich so gegen halb vier zu Hause bin, dann mache ich mir meistens erst mal etwas zu Essen und gucke dann ein, zwei Stunden fern. Und dann gehe ich raus mit meinen Freunden. Wenn ich abends wiederkomme, gibt es Abendbrot. Und vielleicht zocke ich danach noch ein paar Stunden oder mache Sport.* (männlich, 15 Jahre)
- *Ich bin ja in Berlin aufgewachsen (...). Also man hat ja immer so einen Migrationshintergrund, würde ich sagen. Man ist ja Deutscher, sozusagen. Man ist ja hier geboren, aber hat halt sozusagen so einen türkischen Hintergrund, auch durch die Familie. Und da würde ich dann sagen, dass ich mich eher als Türke fühle, aber auch so ein bisschen deutsch. Das ist halt so ein bisschen kompliziert.* (männlich, 16 Jahre)
- *Lebensmotto? Da hatte ich mal so ein Motto. Ich habe das gerade vergessen. Es gibt ja so ein Motto „Lebe und denke nicht an morgen." Dann denkt man so: Aber man sollte halt mit Geschmack sozusagen mit begrenzter Zeit leben. Man sollte an viele Orte reisen und etwas erleben.* (männlich, 16 Jahre)
- *Von wem ich gerne die Lebensgeschichte hören würde? Von Evelyn Gerz. Das ist eine professionelle Nageldesignerin. Sie hat ganz früh mit Nägeln angefangen. Und ich gucke die immer auf YouTube. Ich finde die einfach cool.* (weiblich, 15 Jahre)
- *Ich bin gerne mit Leuten, die auch gern feiern gehen oder Gras rauchen oder so. So die Kiffer-Szene würde ich sagen.* (weiblich, 17 Jahre)

3.4.2 Zukunftsvorstellungen

Die Materialistischen Hedonisten folgen dem bürgerlichen Lebenstraum von Beruf, Ehe, Kindern, schönem Zuhause und dann „irgendwie

Auszüge aus Hausaufgabenheften:
Wie möchtest Du später leben? Was machst Du dann?

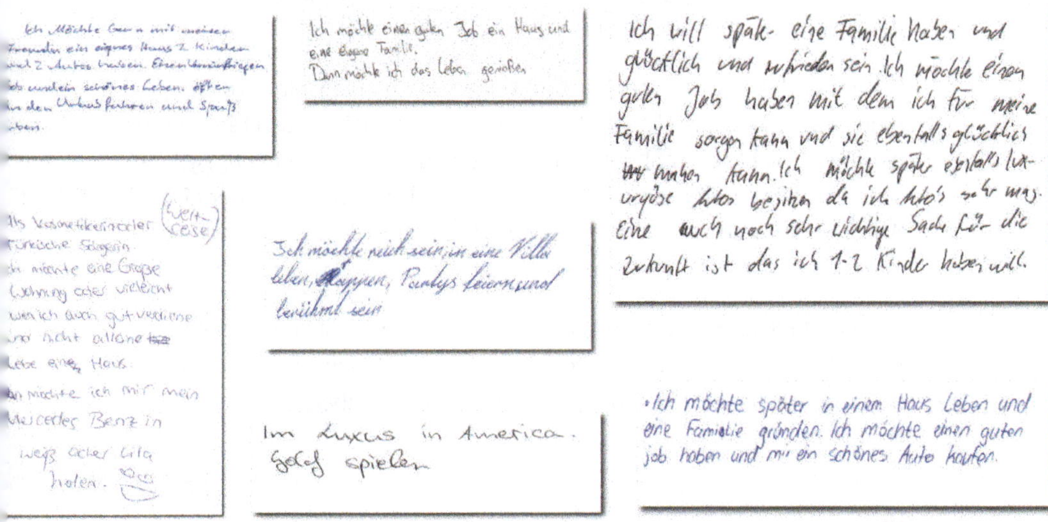

glücklich werden". Diesen Traum will man in der Nähe zum bisherigen Heimatort, gerne in einem Neubaugebiet realisieren. Aus eigener Erfahrung, dass es unter Jugendlichen soziale Probleme, Gewalt und Drogen gibt, möchte man seinen Kindern ein besseres Umfeld bieten. Eine liebevolle Erziehung und eine schöne Kindheit für sie sind wichtige Zukunftsvorstellungen. Insgesamt ist sozialer Aufstieg über einen guten Beruf ein wichtiges Lebensziel für Materialistische Hedonisten. Vor allem Jungen dieser Gruppe träumen teilweise auch von einem luxuriösen Leben. Die Zukunftswünsche der Mädchen haben hier mehr Bodenhaftung.

Schnell finanziell unabhängig sein und möglichst früh eine Familie gründen sind wichtige Ziele. Man strebt einen sicheren Ausbildungsberuf an, der ein gutes Einkommen und – vor allem bei Mädchen – Kontakt mit Menschen bietet. Meist hat man aber noch keine konkreteren Vorstellungen, was man werden möchte und werden kann. Hat man sich näher mit den realistischen Möglichkeiten auseinandergesetzt, mündet die Berufswahl oft in eher gering entlohnten, statusarmen Berufen. Für Materialistische Hedonisten bleibt der Traumberuf ganz klar ein „Traum":

Fußballer (Jungen) oder Musiker (Jungen und Mädchen). Man verweist aber gleichzeitig darauf, dass die Chancen vermutlich eher schlecht stünden und man daher auch einen realistischen Plan verfolgt.

Sorgen und Ängste kreisen darum, keinen Ausbildungsplatz zu bekommen, damit den gesellschaftlichen wie den selbst gesteckten Anforderungen nicht gerecht zu werden, dem Druck der Leistungsgesellschaft nicht standhalten zu können. Man fürchtet auch, dass der eigene Abschluss mit der Zeit nichts mehr wert ist. Lebenslanges formales Lernen ist dabei keine attraktive Vorstellung.

Unsicherheit entsteht auch dann, wenn mit der Ausbildung neue und fremde Herausforderungen verbunden sind, denen man sich nicht sicher gewachsen fühlt (z. B. eine längere Abwesenheit vom vertrauten Umfeld).

Typische **Zitate** zur Illustration

- *Ich habe Angst, dass dieser Kfz-Mechatroniker nicht klappt oder ich meinen Abschluss nicht schaffe. Ich habe aber gehört, dass man das auch nachholen kann. Trotzdem stelle ich mir das manchmal so vor. Ich habe gehört, dass man beim MSA* [ANM.: MITTLEREN SCHULABSCHLUSS] *zwei Versuche hat. Und ich stelle mir so vor, dass ich den ersten Versuch nicht schaffe und dann den zweiten auch nicht.* (männlich, 15 Jahre)

- *Aber ich würde jetzt schon gerne eine Ausbildung machen, weil ich auch langsam arbeiten und Geld verdienen will, mein eigenes Geld verdienen.* (männlich, 17 Jahre)

- *Es macht mir Sorgen, dass ich später vielleicht mal nicht den besten Job habe.* (weiblich, 16 Jahre)

- *Ich würde gerne gut Geld verdienen. Ich brauch jetzt nicht x-facher Millionär, Milliardär sein, aber ich würde schon gern gut verdienen und auch später eine Familie haben und die gut ernähren können. Auch ein schönes Haus haben, einen schönen Garten, perfekt natürlich mit einem schönen Auto.* (männlich, 15 Jahre)

Wenn ich mit meiner Schule und meiner Ausbildung fertig bin, dann will ich natürlich heiraten. Heiraten und dann Kinder kriegen, das will ich natürlich. Ich liebe Kinder. (weiblich, 15 Jahre)

Und mit 25 bin ich schon bereit zum Heiraten. Ich glaube mit 35 da habe ich schon Kinder bekommen und lebe mit meiner Frau auch schon in der Türkei (…). Ich habe einen Job gefunden als Grafik-Designer und arbeite in einer Werbeagentur oder in einer hohen Firma. (männlich, 16 Jahre)

Ausbildung? Ich schaue mal, was mir so gefällt. Und wenn ich nichts finde, gehe ich noch ein Jahr zur Schule. [INT: Kann man das Nageldesign auch als Ausbildung machen?] *Nein, das nicht. Das ist kein… Wie heißt das?* [INT: Ausbildungsberuf?] *Ja, genau. Man muss sich dafür selbstständig machen. Und vorher kann man nur ein Praktikum machen.* [INT: Und wie wäre es mit Kosmetikerin?] *Mein nächstes Praktikum – ich habe ja noch eines – mache ich dann beim Friseur. Und vielleicht mache ich dann eine Ausbildung zum Friseur. Oder ich war auch mal beim Blumenladen. So Floristin finde ich auch ganz gut. Mal schauen.* (weiblich, 15 Jahre)

Eigentlich bin ich mir nur selber wichtig. Und dass ich alles bestens hinkriege. Und wie gesagt, ich möchte auf jeden Fall etwas richtig richtig Großes schaffen, egal was. Also zum Beispiel Basketballer oder Rapper oder irgend so etwas. (männlich, 17 Jahre)

Ich möchte eine kleine Wohnung, aber wenn ich mal einen Freund habe, dann vielleicht in ein Haus. Und ich möchte einen Mercedes-Benz in Weiß oder in Lila. (weiblich, 14 Jahre)

Das weiß ich jetzt gar nicht so, was ich jetzt werden will, aber halt einen gut bezahlten Job. Dann hätte ich gerne eine Familie. (männlich, 17 Jahre)

Das kann man ja nicht wissen, wie das wird in der Zukunft, deswegen reden wir auch nicht so viel darüber. (männlich, 17 Jahre)

Auszüge aus Hausaufgabenheften: WOFÜR INTERESSIERST DU DICH?

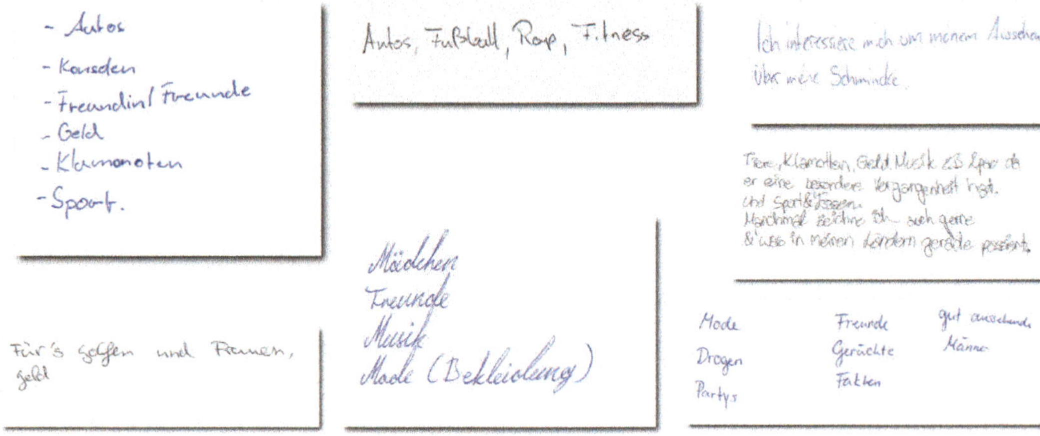

3.4.3 Kulturelle Orientierung, Freizeit

Typische Freizeitaktivitäten der Materialistischen Hedonisten sind Freundinnen und Freunde treffen, abends weggehen, chillen, Games zocken, Shisha rauchen, Public Viewing und Stadionbesuche, etwas trinken, DVD schauen, PC und Internet, Schwimmen gehen. Auch Fast Food steht hoch in der Gunst. Man geht oft und viel aus, gerne in Diskotheken und kommt dann erst spät in der Nacht nach Hause. Alkohol gehört zum Feiern „irgendwie dazu, damit man locker wird", „übertriebenes Saufen" wird aber abgelehnt.

Von großem Interesse sind die aktuellsten Neuigkeiten aus dem sozialen Nahumfeld. Via Handy und über soziale Netzwerke werden topaktuelle Informationen über die Aktivitäten der Clique oder Ereignisse im Wohnumfeld bezogen und weitergegeben.

Das Leben von Stars und Sternchen begleitet vor allem die Mädchen durch ihren Alltag (Schwärmereien). Mit Fernsehen, Internet und Zeitschriften hält man sich auf dem Laufenden und tauscht sich untereinander aus.

Auszüge aus Hausaufgabenheften: Was gibt Deinem Leben Sinn?

Für eine längere Zeit und mit gewisser Regelmäßigkeit bei einer Sache zu bleiben, fällt den meisten schwer bzw. ist langweilig. Wenn es eine regelmäßige Teilnahme an (vereinsmäßig) organisierten Angeboten gibt, dann im Bereich Sport. Motivation ist, dass anders als in der Schule die Jugendlichen hier oft die Erfahrung machen, zu den Besten zu gehören. Vor allem Jungen sind in Mannschaftssporten - insbesondere Fußball - aktiv und genießen die Anerkennung aus Turniersiegen und Medaillen. Sportlichen Aktivitäten gehen viele auch abseits von Vereinen nach. Einen „guten" Körper zu bekommen („Body-Tuning"), spielt dabei eine wichtige Rolle.

Materialistische Hedonisten stehen der Hochkultur sehr distanziert gegenüber; sie haben hiermit in ihrem Alltag in der Regel kaum Berührungspunkte. Die wenigen Jugendlichen, die mit „hoher Kunst" in Kontakt kommen, verstehen nicht, „wie man sowas gut finden kann" - zu langweilig (klassische Musik) und zu altbacken (Gemälde).

Materialistische Hedonisten orientieren sich musikalisch klar am Mainstream. Es ist ihnen nicht wichtig, sich einen besonders exklusiven Geschmack zu attestieren. Im Gegenteil: Man findet in der Regel das gut, was die anderen gut finden und will auf dem Laufenden sein. Dennoch ist

Auszüge aus Hausaufgabenheften: WAS HÖRST DU GERNE FÜR MUSIK?

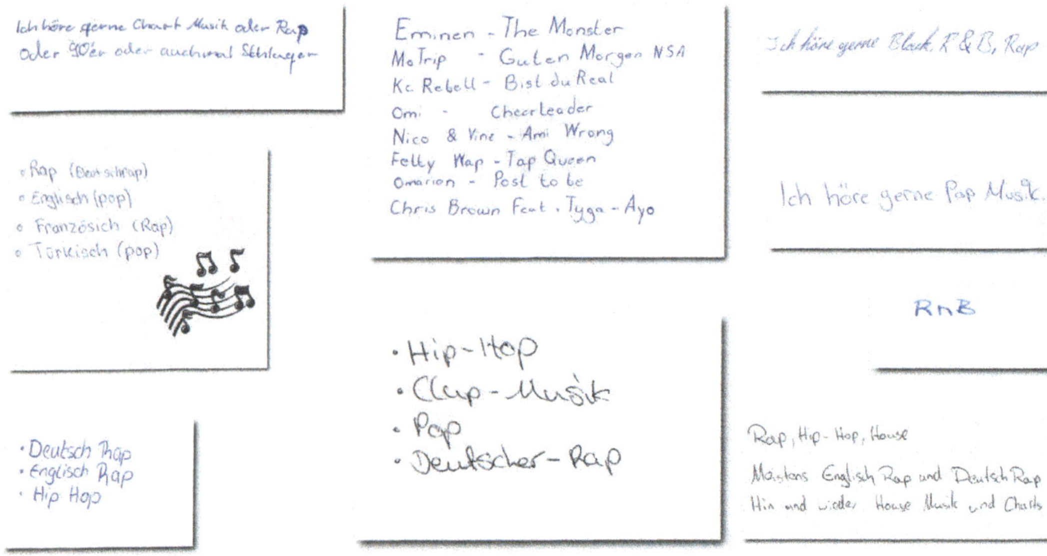

man aber der Überzeugung, dass der bevorzugte Star etwas ganz Besonderes ist. Jungen und Mädchen hören beispielsweise häufig die neuesten Hits der internationalen und regionalen Stars, v. a. aus dem Bereich Hip-Hop und R'n'B. Texte über Liebe und Themen aus dem eigenen Alltag sind gut, deutsche Texte sind besser zu verstehen als englische Texte. Wichtig ist Glaubwürdigkeit, wer über den „Knast" rappt, sollte diese Erfahrung auch real bzw. glaubhaft vorweisen können.

Materialistische Hedonisten sorgen dafür, dass sie „coole", aktuelle Klamotten im Schrank haben. Bei den Jungs geht dies häufig in Richtung Hip-Hop-Style, wobei die Stars des deutschen Gangsta-Rap (wie z. B. Bushido) oder aktuell erfolgreiche Fußballer als Vorbilder dienen. „Ghetto-Style" und „Bling-Bling" ist angesagt: sportlich bis schick, die Kleidung muss immer sauber und faltenfrei sei, auch die Schuhe müssen immer sauber sein, Jungen wie Mädchen mögen Modeschmuck und auffällige Parfüms. Hygiene spielt eine sehr große Rolle (Deodorants und bei jenen, die bereits Bartwuchs haben in jedem Fall frische und teilweise recht aufwendige Rasuren). Trägt man nicht gerade ein Cap, werden die Haarschnitte „perfekt" gestylt.

Bei den Mädchen gehören High Heels, Hair- und Bodystyling, Make-up, Schmuck und andere Accessoires zur täglichen Routine bzw. Ausstattung. Bevorzugt wird körperbetonte Kleidung in oft auffälligen Farben.

Computer- und Konsolenspiele finden die Mädchen weit weniger interessant als die Jungen. Letztere verbringen teilweise viele Stunden mit Egoshootern, Actionspielen und Autorennen, online und offline, am PC oder mit der Spielekonsole. In der Nacht vernetzt man sich mit Freunden, telefoniert (über Skype) und liefert sich ausführliche Kämpfe in virtuellen Welten. Viele Jungen sehen sich aufgrund dieser Erfahrungen als Experten für Computer.

Mädchen mögen lustige und romantische Filme und haben dabei ein besonderes Faible für Filme, in denen „Jungs auch ganz anders sein können": zärtlich, romantisch, fürsorglich. Jungs mögen Lustiges, Action- und Hip-Hop-Filme. Filme werden aus Kostengründen v. a. im TV und im

Auszüge aus Hausaufgabenheften: WAS SIND DEINE LIEBLINGSFILME UND -SERIEN?

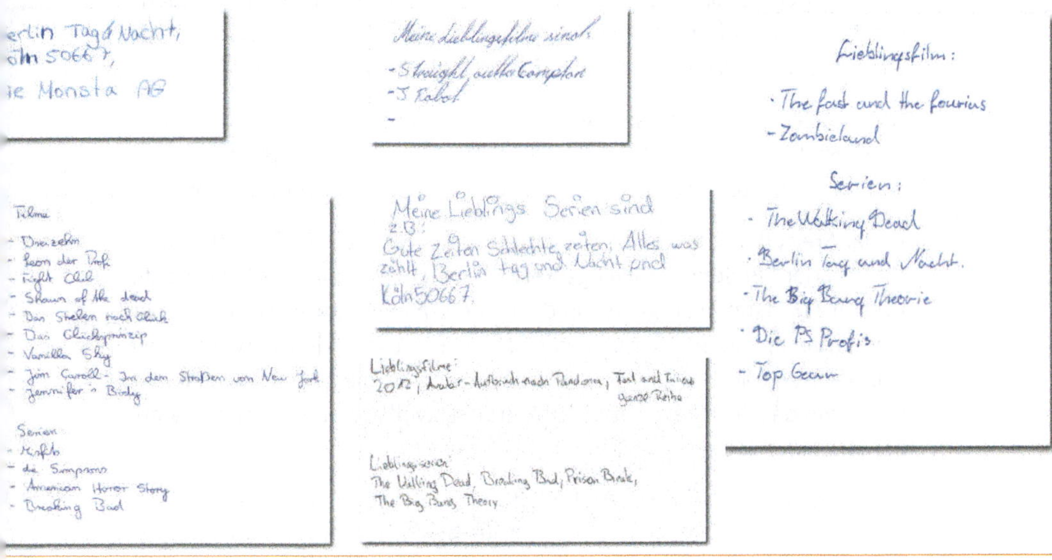
erlin Tag & Nacht,
öln 50667,
ie Monsta AG

Meine Lieblingsfilme sind:
- Straight outta Compton
- 3 Zabel
-

Lieblingsfilm:
· The fast and the fourius
- Zombieland

Serien:
- The Walking Dead
· Berlin Tag und Nacht.
· The Big Bang Theorie
· Die PS Profis
- Top Gear

Filme
- Dreizehn
- Leon der Profi
- Fight Club
- Shaun of the dead
- Das Streben nach Glück
- Das Glücksprinzip
- Vanilla Sky
- Jim Caroll – In den Straßen von New York
- Jennifer's Body

Serien
- Skins
- die Simpsons
- American Horror Story
- Breaking Bad

Meine Lieblings Serien sind z.B.:
Gute Zeiten Schlechte Zeiten, Alles was zählt, Berlin tag und Nacht und Köln 50667.

Lieblingsfilme:
2012, Avatar – Aufbruch nach Pandora, Fast and Furious ganze Reihe

Lieblingsserien:
The Walking Dead, Breaking Bad, Prison Break, The Big Bang Theory

Auszüge aus Hausaufgabenheften: WAS LIEST DU GERNE?

> Ich bin generell nich begeistert vom lesen und lies eher Zeitschriften als Bücher.
> Meist lese ich Zeitschriften wie „Auto Motor Sport" oder Autobild.

> Ich Lese nicht gerne.

> Ich lese kaum etwas höchstens die Bücher aus der Schule

Internet geschaut. Kinobesuche mit der Clique sind zwar beliebt, werden aber wie DVDs als zu teuer eingestuft.

Talk- und Reality-Formate sind ebenso angesagt wie Serien (Sitcoms, Zeichentrick), Soaps, Casting-Shows (DSDS) und Infotainment-Sendungen sowie Spielfilme und vereinzelt auch Nachrichten (RTL, n.tv), vor allem dann, wenn sie einen Sensationsgehalt aufweisen können.

Materialistische Hedonisten lesen nur sehr vereinzelt Bücher, meistens für die Schule. Aber sie blättern gerne mal beim Friseur oder im Wartezimmer in Zeitschriften über Stars, Mode, Autos oder Computerspiele.

In der Freizeit von Materialistischen Hedonisten ist kein Platz für „weiterführende" Bildung. Freiwillige Vor- und Nachbereitung des Unterrichts kommt nur dann in Frage, wenn dies „versetzungsnotwendig" ist. Selbst wenn man an einem Thema in der Schule interessiert ist, so würde man sein Wissen darüber kaum in seiner Freizeit vertiefen, da andere Aktivitäten wie das Fernsehen oder Facebook reizvoller sind und man außerdem nicht als „Streber" gelten möchte.

Für viele gehört das Jobben als ZeitungsausträgerIn, im Fitness-Studio oder im Betrieb der Eltern dazu, um die Freizeitaktivitäten zu finanzieren.

Typische **Zitate** zur Illustration

- *Ich höre meistens Chartmusik, auch ältere Chartmusik, aber das geht manchmal von Hip-Hop zu Popmusik, zu Rapmusik, zu Techno. Schlager nicht so und Kultmusik auch nicht so.* (männlich, 15 Jahre)

- *Ich glaube, meinen Geschmack hat jeder, also haben auch andere. Der ist jetzt nicht so besonders. Ich bin ehrlich.* (weiblich, 15 Jahre)

- *Also ich höre gerne Deutschrap, Englisch Pop, Französisch Rap und Türkisch Pop, eher so. [...] Deutschrap höre ich eher Kool Savas. Was noch... Eco Fresh. Eher auch in die Szene von den Neueren, also Summer Jam. Das ist eher so ein Neuer. Aber der ist auch schon ein paar Jahre in der Rap-Szene. Dann Kollegah. Von den Englischen höre ich eher JayZ, Tyga.* (männlich, 16 Jahre)

- *Ich höre gerne Deutschrap, Englischrap und so Hip-Hop. Und nicht gerne halt diese Hardcoremusik. Heavy Metal und so.* (männlich, 17 Jahre)

- *Nach der Schule gehe ich nach Hause und esse was. Danach komme ich wieder mit dem Bus ins Jugendhaus. Dann chillen wir hier mit Freunden und machen halt so ein bisschen FIFA. Abends um 18 Uhr fahre ich dann wieder nach Hause. Und dann zu Hause halt chillen, sitzen und mit dem Handy spielen.* (männlich, 17 Jahre)

- *In meiner Kindheit fand ich X-Men, allgemein die Marvel-Comics, voll gut (...). Ich finde es voll cool, dass eben normale Menschen Superkräfte haben. Das finde ich voll cool.* (männlich, 16 Jahre)

- *Ich habe ein Abo* [FÜR DIE BRAVO]. *Sonst lese ich eigentlich nichts. Nur die „Bravo". Da steht immer alles drin über die Stars. Und da sind immer coole Poster drin. Und da sind auch immer gute Tipps drin, so Schmink-Tipps, und was man gebrauchen kann.* (weiblich, 15 Jahre)

- *Naja. Ich habe vor einem Jahr oder so noch immer Gregs Tagebuch gelesen. Aber eigentlich lese ich fast nicht. Nur für Hausaufgaben und so. Da muss man ja lesen.* (männlich, 16 Jahre)

- *Wir gehen halt so, bummeln ein bisschen herum, also ein paar Läden. Zum Beispiel am Alexanderplatz oder am Ku'damm, um zu gucken, was es da so Neues gibt.* (männlich, 16 Jahre)

Am Wochenende treffen wir uns. Manchmal, keine Ahnung, da trinken die Jungs Alkohol. Dann sagen wir, lasst uns mal feiern gehen. Dann gehen wir feiern und manchmal trinken wir auch im Park. (männlich, 17 Jahre)

Ich gucke mir in YouTube ein Video an. Und dann lade ich mir das auf mein Handy. Und dann kommen immer weitere Lieder also Videos, die so ähnlich sind. Und die höre ich mir dann an. (weiblich, 15 Jahre)

Mir fallen immer verrückte Sachen ein. Wir gehen zum Beispiel einfach raus und machen Party. [INT: WIE MACHT IHR PARTY?] *Wir hören draußen Musik. Oder wir gehen spontan irgendwohin.* (weiblich, 15 Jahre)

Lustig, wir sind alle lustig drauf. Mit denen kann man immer Spaß haben. [INT: WAS MACHT IHR DANN SO, WAS SPASS MACHT?] *Naja, wir machen halt hin und wieder Blödsinn. Also nichts, was schlimm ist, aber wir lachen halt eigentlich über alles. Deswegen... manchmal bleiben wir nur sitzen und reden oder so. Manchmal gehen wir ins Stadion oder sowas, Fußball spielen, alles mögliche.* [INT: AUF EINEM BOLZPLATZ?] *Ja, genau. Hier ist so ein Fußballplatz, da gehen wir öfters hin. Und letztens waren wir dann im Stadion, VfB gegen Manchester City. Sowas auch.* (männlich, 16 Jahre)

Pizza, Döner ist Standard. (männlich, 17 Jahre)

Wir unterhalten uns über alles mögliche. Über Fußball oft, Ergebnisse, Transfers und owas. Aber eigentlich über alles mögliche. Über Videospiele hin und wieder auch. (männlich, 16 Jahre)

Also ich mache jetzt seit zwei Monaten Fitness und in den Monaten habe ich mich schon recht intensiv damit befasst mit dem Thema. Für die Zeit kenne ich mich schon wirklich sehr gut mit dem Thema aus. Immer mehr Leute gehen jetzt ins Fitnessstudio, und da kann ich schon hin und wieder mal gute Tipps geben. (männlich, 16 Jahre)

3.4.4 Vergemeinschaftung

Wie auch Jugendliche anderer Lebenswelten legen die Materialistischen Hedonisten Wert auf einen soziokulturell homogenen Freundeskreis: Freunde sollten sich für die gleichen Themen interessieren, die gleiche Musik hören, sich für den gleichen Sport interessieren und dieselben Klamotten und Frisuren haben.

Materialistischen Hedonisten ist es wichtig, einen großen Freundeskreis zu haben. Man ist nur sehr ungern alleine, beschäftigt sich nicht gerne mit sich selbst. Im Kreis der Freunde, in größeren Gruppen fühlen sie sich am wohlsten und aufgehoben. Cool ist, wenn man bei allen bekannt und beliebt ist. Dieser Anspruch setzt unter Druck: Um den Erwartungshaltungen der Peers gerecht zu werden, muss man v. a. modisch up-to-date sein und die Gerüchteküche kennen. Trotz bzw. gerade wegen des hohen Peerdrucks werden die besten Freunde auch als „Brüder" und „Schwestern" bezeichnet. Ist das physische Zusammensein nicht möglich, wird die räumliche Distanz über Online-Netzwerke, Chat, SMS und Telefonate überbrückt und so die Teilhabe am Geschehen gesichert.

Ein bis zwei Handvoll „richtige" Freundinnen und Freunde trifft man täglich. Mit ihnen kann man etwas unternehmen, sie sind lustig, gut drauf, für die Freunde da, man hat Spaß und macht Blödsinn. So wichtig Freunde sind, so unsicher ist man sich manchmal jedoch hinsichtlich der Zuverlässigkeit und Beständigkeit der Freundschaften. Einige haben die Erfahrung gemacht, dass ein Streit zu einer unüberwindbaren Hürde mutieren kann und Konflikte schnell das Ende einer Freundschaft bedeuten können. Aggressives Konfliktverhalten und Machtkämpfe sind nicht selten innerhalb des oft stark hierarchisch strukturierten Freundeskreises.

„Schlampen", die „vergebene Jungs" in der Disko abschleppen, „Schlägerweiber" oder pöbelnde Jugendliche und „Asoziale" werden ausdrücklich abgelehnt. Jugendszenen, insbesondere wenn ihr Style stark vom Mainstream abweicht, sind ihnen meist suspekt. Man mag keine eingebildeten oder arroganten Menschen. Abgrenzung findet sowohl nach unten („Sozialschmarotzer", „Dauer-Hartzer") als auch nach oben statt („Bonzen", „Gymnasiasten").

Im Vergleich der Lebenswelten berichten die Materialistischen Hedonisten am häufigsten und selbstverständlichsten von ethnisch heterogenen Freundeskreisen. Teilweise gibt es gegen Jugendliche mit Migrationshintergrund jedoch Vorbehalte - selbst wenn man selber einen Migrationshintergrund hat - wenn die „so ganz anders" oder „aufdringlich" sind.

Eine tolle Freundin oder einen tollen Freund „zu bekommen", ist wichtig und steigert das eigene Ansehen im Freundeskreis. Die aktuelle Paarbeziehung hat eine sehr hohe Bedeutung: Ein Großteil der Freizeit wird gemeinsam verbracht, die Erwartungen des anderen sind Orientierungsgeber, und er bzw. sie ist wichtiges Gesprächsthema unter Freundinnen und Freunden.

Auch wenn die Mädchen sich wünschen, dass die Jungen ein wenig romantischer und zärtlicher sein könnten, orientieren sich die Materialistisch-hedonistischen Jugendlichen an stereotypen Geschlechterrollenvorstellungen: Jungen geben sich betont hart, stark und furchtlos. Vergleichsweise groß ist auch die Affinität zu Kampfsportarten und Fitness-Studios („Pumpen gehen").

Insbesondere die Materialistischen Hedonisten, die in einer Großstadt leben, rekrutieren ihren Freundeskreis über das unmittelbare Wohnumfeld. Treffpunkte liegen oft im eigenen Viertel. Vielen ist es wichtig, dass Jugendliche aus dem gleichen Stadtteil kommen wie sie selbst. Bisweilen wird Jugendlichen aus anderen Stadteilen mit großem Mißtrauen begegnet („Man muss wissen, wo man hingehört").

Sie treffen sich auch gerne auf den großen Einkaufsstraßen, in Shopping-Zentren, Sisha-Bars, Sportplätzen, Jugendhäusern, auf öffentlichen (Spiel-)Plätzen, vor Multiplex-Kinozentren und im Sportverein. Sie haben keine Affinität zu subkulturellen oder „exotischen" Lokalitäten: Dort hängen nur die „Freaks und Spinner" ab; gemeint sind hier oft Punker, Emos, Goths. Teilweise grenzt man sich auch explizit von den Gymnasiasten ab.

Typische **Zitate** zur Illustration

- *Man will nicht zu Hause abkacken, alleine. Das ist langweilig. Dann sagt man, hey, lass uns mal raus, lass uns mal irgendwo hin, lass uns mal ins Jugendhaus.* (männlich, 17 Jahre)

- *Wir gehen zum Alexanderplatz dort hinten. Ich weiß nicht, wie das heißt, Alexa* [Anm.: Einkaufszentrum] *oder so. Da sind richtig viele Jugendliche. Wir stehen da alle in so einem Park. Und da chillen wir alle.* (männlich, 15 Jahre)

- *Da treffe ich mich auch mit den Jungs. Dann sagen wir, was sollen wir heute machen. Manchmal gehen wir in Shisha Bars und rauchen eine Shisha. Oder wenn gutes Wetter ist, dann gehen wir in den Park und rauchen da Shisha.* (männlich, 17 Jahre)

- [INT: Wie viele Freunde hast du insgesamt?] *Ich glaube schon eher viele, also sehr viele sogar. 80 oder so.* [INT: Und die, die du wirklich als deine wahren Freunde bezeichnen würdest?] *Na ja, bei manchen ist es ja so, dass man denen nicht vertrauen kann, oder ich finde den Charakter von denen nicht ganz toll (...). Das sind dann halt die zehn* [Leute]*, die dann auch nur so passen, mit denen ich dann auch so richtig im Kontakt bin.* (männlich, 16 Jahre)

- *Meine Freunde sind gut drauf. Sie sind immer bereit, alles zu machen, jede Scheiße zu machen. Dann sage ich zu dem, komm, lass uns den mal hauen, so aus Spaß, den anderen Freund, der da sitzt. Dann sagt er, ja komm, dann stehen wir auf und hauen den. Wir sind alle ein bisschen krank im Kopf.* (männlich, 17 Jahre)

- *Ich mache nichts mit denen. Es sind nicht meine Typen. Sind halt alles Gymnasiasten meistens. Ich weiß auch nicht warum, aber das ist halt einfach so.* (männlich, 16 Jahre)

- *In meiner Schule sind ein paar. Ich will jetzt nicht dieses Wort sagen. (...) Die sind so öko, aber die wollen auch nichts mit uns zu tun haben, das ist klar. Und wir wollen nichts mit denen zu tun haben.* (weiblich, 15 Jahre)

- *Ich mag die nicht, weil das sind eingebildete Bonzen, die alles von Mama und Papa in den Arsch geschoben bekommen, aber denken, sie sind voll reich und so, obwohl das nur ihre Eltern sind, die Geld haben. Solche Leute mag ich nicht so.* (weiblich, 17 Jahre)

- *Kleidung finde ich schon ziemlich wichtig, weil in unserer Klasse haben wir auch welche, die, also ich weiß nicht, ob die sich nicht oft die Haare waschen, oder ob das nur so aussieht.* (männlich, 14 Jahre)

- *Also 50% meiner Freunde oder so spielen Basketball. Und wir treffen uns immer am Leopoldpark. Das ist so ein kleiner Park und da ist halt so ein Basketballkorb und da treffen wir uns meistens. Da sind eigentlich fast alle.* (männlich, 16 Jahre)

- *Ich rede immer sehr viel über Sport. Ich bin halt sportlich sehr aktiv. Meine Freunde sind auch alle Sportler.* (männlich, 16 Jahre)

- *Leute, die ich gar nicht mag, sind so Schlägertypen. Die wirklich einfach nur irgendwohin gehen und einfach nur schlägern wollen. So asozial und keine Freundschaften schließen können. Das mag ich gar nicht. Mit den Leuten will ich nichts zu tun haben. Meine Freunde sind halt so wie ich.* (männlich, 16 Jahre)

3.5 Experimentalistische Hedonisten

Die spaß- und szeneorientierten Nonkonformisten mit Fokus auf Leben im Hier und Jetzt.

3.5.1 Lebensweltliche Basisorientierungen

Freiheit, Individualität, Selbstverwirklichung, Spontaneität, Kreativität, Risikobereitschaft, Spaß, Genuss und Abenteuer sind Ankerwerte der Experimentalistischen Hedonisten. Sie wollen das Leben in vollen Zügen genießen und sich den Ernst des Lebens möglichst lange vom Hals halten. Man lebt vor allem im Hier und Jetzt und mag es gar nicht, wenn das Leben nur aus Vorschriften besteht. Der Wunsch nach ungehinderter Selbstentfaltung ist groß. Sich Selbstdisziplin und Selbstkontrolle

Werte-Universum der Experimentalistischen Hedonisten

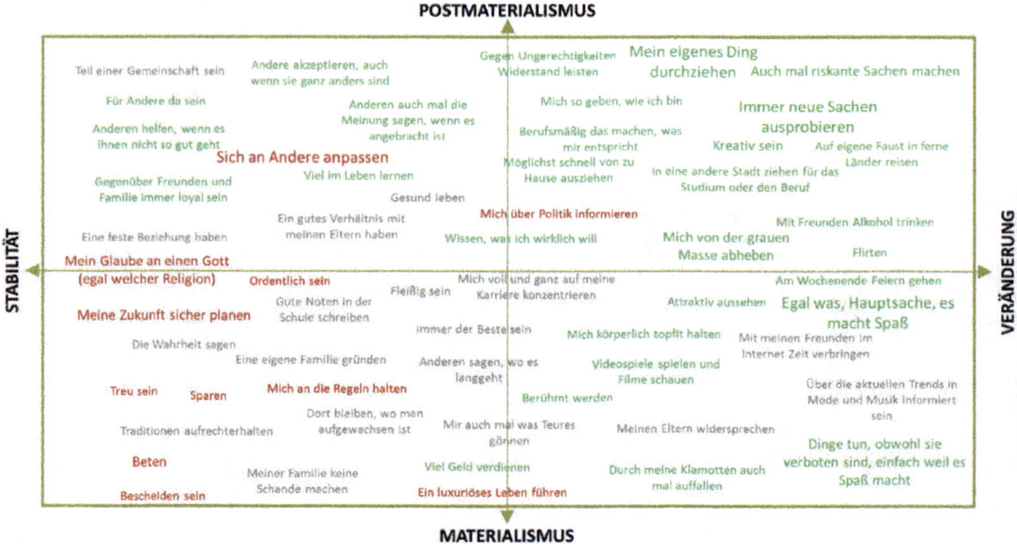

abzufordern, liegt Experimentalistischen Hedonisten oft fern. Man möchte Grenzen überschreiten, Regeln brechen, „es drauf ankommen lassen" und sich ins kalte Wasser werfen – nur so lernt und lebt man wirklich. Dass diese Jugendlichen manchmal für „aufsässig" gehalten werden, zeigt ihnen, dass sie auf dem richtigen Weg sind. Experimentalistische Hedonisten beschreiben sich häufig selbst als eigensinnig, eigenwillig und widerspenstig.

Zu typisch bürgerlichen Werten wie Bodenständigkeit, Bescheidenheit, Gewissenhaftigkeit, Gehorsam, Disziplin, Pflichtbewusstsein, Pünktlichkeit, Ordnung, Sauberkeit haben die Experimentalistischen Hedonisten im Vergleich der jugendlichen Lebenswelten die geringste Affinität. Das zeigt sich zum Beispiel daran, dass Schule für viele keine Priorität im Leben besitzt. Man macht für die Fächer, die einem gleichgültig sind nur das Nötigste. Brennt man aber für ein Thema, setzt man sich nicht selten auch in der Freizeit tief mit der Materie auseinander.

Soweit es ihnen möglich ist, versuchen sie sich von dem aus ihrer Sicht langweiligen Mainstream zu distanzieren und sich von den Vorstellungen einer bürgerlichen Normalperspektive zu emanzipieren. Jugendlichen in der Stadt fällt dies dabei leichter als Jugendlichen auf dem Land. Ältere formulieren ihren Anspruch auf Andersartigkeit deutlicher als Jüngere. Das Vorhandensein alternativer Lebensentwürfe im Sozialisationsumfeld bedingt hier wesentlich, wie selbstbewusst die Jugendlichen ihre Vorstellungen von einem „anderen Leben" formulieren.

Experimentalistische Hedonisten ecken mit ihrer Werthaltung oft an bzw. wollen bewusst anecken. So gibt es bisweilen Ärger sowohl mit Lehrerinnen und Lehrern als auch mit anderen Jugendlichen oder den Eltern. Es ist ihnen wichtig, sich durch eigenes kreatives Schaffen abzuheben, zusammen mit anderen etwas auf die Beine zu stellen und dabei einen eigenen bzw. szenespezifischen Stil zu verfolgen – „Selbermachen statt nur blöd konsumieren". Sie legen großen Wert auf kreative Gestaltungsmöglichkeiten, sind oft fantasievoll, originell, provokant.

Von allen Lebenswelten äußern die Experimentalistischen Hedonisten den Wunsch nach „anders leben" am deutlichsten. Das Subkulturelle, „Undergroundige", Abseitige fasziniert sie und zieht sie an. Man findet Leute spannend, die anders sind, die etwas Faszinierendes haben, weil sie sich den Konventionen verweigern. Das Spießbürgerliche, Normale, Karrieristische, Konventionelle langweilt sie hingegen. Man möchte „sich abgrenzen", „auffallen", „dem Einheitsbrei der Gesellschaft etwas entgegenstellen", „aus der Masse hervorstechen".

In dieser Lebenswelt ist die Affinität zu Jugendszenen daher auch am höchsten. Einige spielen mit bewusst eingesetzter „Hässlichkeit" als Provokationsmittel. Auffällige Kleidung und Accessoires sind ihnen wichtig. Viele sympathisieren mit Körpermodifikationen (Tattoos, Piercings, Ohr-Tunnel).

Auf einen individuellen Style legen Experimentalistische Hedonisten generell großen Wert – nach dem Motto „I don't want it if anyone can have it or has it already". Sie kennen sich mit den szenespezifischen Kleidungscodes aus. Viele kaufen in Szeneläden bzw. -Mailordern oder auf Flohmärkten und in Vintage-Stores ein.

Extreme Positionen einzunehmen finden Experimentalistische Hedonisten spannend. Dazu gehört auch, schon recht früh Alkohol, Zigaretten und weiche Drogen (v. a. Marihuana) zu probieren. Für andere wiederum ist der Konsum von Genuss- und Rauschmitteln ein jugendtypisches Verhalten (und somit Mainstream), von dem man sich demonstrativ abgrenzen möchte. Während einige Experimentalistische Hedonisten sich für subkulturelles Nightlife interessieren bzw. beginnen zu interessieren, verurteilen andere Diskos pauschal als langweilig und suchen sich andere Locations.

Mit Sexualität gehen Experimentalistische Hedonisten sehr offen und interessiert um. Typisch ist, dass man die Vielfalt sexueller Orientierungen ostentativ gutheißt und entdramatisiert. Sie wird als selbstverständlicher Teil einer offenen Gesellschaft verstanden. Dass man selbst „locker über Sex sprechen kann", sehen nicht wenige als Überlegenheitsmerkmal gegenüber den gleichaltrigen Peers.

Typisch für Experimentalistische Hedonisten ist eine sehr geringe Routineorientierung. Sie betonen, wie langweilig sie es finden, wenn Menschen immer auf Nummer sicher gehen möchten, sich am Bewährten orientieren und wenig offen für Veränderung sind.

Auszüge aus Hausaufgabenheften: WAS GIBT DEINEM LEBEN SINN?

Auszüge aus Hausaufgabenheften: WAS GIBT DEINEM LEBEN SINN?

Zwar rebellieren die Experimentalistischen Hedonisten (am stärksten) gegen „spießbürgerliche" Normalität, die eigenen Eltern entsprechen diesem Bild jedoch nur noch selten. Bei aller Wertschätzung von Familie – Familie wird oft als langweiliger Alltag verstanden; immer gleiche Routinen, alle kennen sich etc., – ist man daher bereits früh bemüht, sich immer mehr Freiräume von den Eltern zu „erkämpfen" und v. a. die Freizeit möglichst unabhängig von den Eltern zu gestalten.

Typische **Zitate** zur Illustration

- *Sein eigenes Ding machen, sich vom Aussehen her alleine schon von den anderen Menschen abgrenzen. Ich hatte auch mal so eine Zeit, in der ich als leichter Punker rumgelaufen bin, so komplett schwarz geschminkte Augen und zerfetzte Klamotten. Und ich finde es irgendwie toll, so Leute zu überraschen. Ich hab mir auch mal meine Haare fast blau gefärbt an den Spitzen, also einfach von dem einen Tag auf den anderen, und dann alle Leute so ‚Oh mein Gott, du hast blaue Haare'. Und das ist halt ganz witzig.* (weiblich, 15 Jahre)

- *Meine Freunde sagen, dass ich sehr durchgeknallt bin, dass ich öfter mal was mache, wenn jemand sagt, du traust dich nicht. Aber auch nicht, dass ich mir alles gefallen lasse. Die meisten meiner Freunde sagen, dass ich eine verrückte Nudel bin.* (weiblich, 14 Jahre)

- *Ich bin sehr eigenwillig, und ich wollte einfach nie das, was meine Eltern wollten. Und wenn meine Mutter gesagt hat: „Du bist um zwölf zuhause!", dann war ich um vier zuhause. Und dann habe ich zwar Ärger bekommen, aber irgendwie war es mir auch egal, weil ich mir dachte, ich hatte meinen Spaß.* (weiblich, 17 Jahre)

- *Also ein bisschen revolutionär, dass man halt ein bisschen wirklich aus der Reihe tanzt und nicht das macht, was man so vorgeschrieben bekommt. [...] dass man halt ein freieres Leben hat, auch dass man nicht so sehr von der Gesellschaft beeinflusst wird, finde ich ganz interessant.* (männlich, 17 Jahre)

- *Mein Geschmack ist auf jeden Fall anders. Ich bin jetzt nicht der, der den Geschmack hat wie viele andere hier auch. Ich bin jemand, der ein bisschen aus der Reihe tanzt.* (männlich, 17 Jahre)

- *Ich kenne echt wenige, die meinen Musikgeschmack haben. [...] Die hören eigentlich alles gemischt, kleiden sich auch ganz anders als ich.* (weiblich, 17 Jahre)

- *Mein Style, Klamottenstyle ist schon relativ individuell [...]. Sich den Leuten anzupassen, fand ich generell schon recht lächerlich, wenn alle mit den gleichen Klamotten rumlaufen. Ich ziehe eigentlich an, worauf ich Lust habe. Und es interessiert mich eigentlich auch nicht so viel, was Leute über mich denken, wenn sie mich sehen oder so. [...] Ich trage eher lässige, schlabbernde Klamotten, die zu groß sind. Auch eher so Jogginghosen und so viel zu große Pullis.* (weiblich, 15 Jahre)

- *Ich gehe in Secondhandläden. Ich hole mir sehr selten neue Klamotten.* (weiblich, 16 Jahre)

- *Also worauf ich mich auf jeden Fall freue immer, also die Spontanität auch einfach Sachen zu erleben, die man nicht jeden Tag erlebt, wenn irgend etwas Unerwartetes passiert. Das kann was Schlimmes sein, aber das kann auch was Schönes sein, einfach wo man sagen kann, ja, jetzt habe ich was erlebt heute.* (männlich, 17 Jahre)

- *Samstag ist man vielleicht auch nochmal feiern gegangen. Und dann Sonntag war eigentlich immer so ausnüchtern, runterkommen, so schauen, was auch so für die Schule zu machen ist.* (weiblich, 15 Jahre)

Wenn ich mal einen Jungen habe, der mit Barbies spielt oder schwul ist oder meine Stöckelschuhe trägt, ist das kein Ding. (weiblich, 16 Jahre)

Ich wäre lieber so jemand wie der professionelle LoL-Spieler Gosu. Den hat noch niemand jemals gesehen außer seinem Team. Keiner kennt sein Gesicht. Das finde ich cool. (weiblich, 16 Jahre)

Also ich bin eigentlich jemand, der weniger Hausaufgaben macht, aber wenn es halt wirklich was Wichtiges ist, wie zum Beispiel in meinen Leistungskursen in Kunst, wo man echt viel Hausaufgaben auf hat, ja, dann mache ich sie halt. (weiblich, 17 Jahre)

Als Blockupy stattgefunden hatte, da habe ich mich wirklich komplett mit dieser Mache befasst, von der ganzen Weise, wie halt die EZB vorgeht. Da waren wir halt wirklich in der Klasse beim Liveticker - ‚Was ist momentan los?' Das war wirklich ein Ereignis, wo teilweise geschockt war, aber was auch wirklich mir eine andere Denkweise gegeben hat gegenüber Kapitalismus. Das war auf jeden Fall in der letzten Zeit was, was mich auch so ein bisschen geprägt hat. Da habe ich angefangen, mehr über Politik nachzudenken. (männlich, 17 Jahre)

3.5.2 Zukunftsvorstellungen

Die Zukunft spielt im Mindset der Experimentalistischen Hedonisten noch keine große Rolle. Man findet zwar spannend, was da so kommen mag, lässt den Dingen aber lieber ihren Lauf, als sie bis ins Detail zu planen und sich damit selbst jegliche Möglichkeit zur Spontaneität zu nehmen. Wenn man noch keine konkreten Ideen hat, stresst man sich nicht sonderlich. Wichtig ist jedenfalls, dass es nicht langweilig werden darf.

In den Zukunftsvisionen spielen Paarbeziehungen und Familiengründung zwar eine wichtige Rolle, man möchte aber nicht, dass künftig die eigene Unabhängigkeit und Freiheit darunter leidet.

Auszüge aus Hausaufgabenheften:
WIE MÖCHTEST DU SPÄTER LEBEN? WAS MACHST DU DANN?

a) Ich möchte gerne vielleicht später in Amerika leben. Ich bin mir aber wirklich noch nicht sicher, weil die Politik das Land kaputt macht.

b) Ich bin sehr schüchtern was mein Beruf angeht, den ich später machen möchte. Aber um die Frage zu beantworten, denke ich, dass ich einen (irgendein) Beruf machen werde ?:D

Ich möchte am liebsten mit meinem Freund in einer süßen Wohnung in Friedrichshain leben. Vielleicht auch mit Kindern, aber darüber zerbreche ich mir noch nicht jetzt den Kopf. Ich möchte keinen langweiligen Bürojob haben, sondern mich kreativ ausleben können und mit vielen Menschen in Kontakt sein. Am liebsten würde ich ganz viel gleichzeitig machen. Als Moderatorin arbeiten, nebenbei schreiben und meiner Leidenschaft, Fitness, nachgehen. Auf schauspielern oder selbst Filme zu produzieren hätte ich auch Lust.

Wichtig ist vielen, möglichst schnell eine eigene Wohnung oder Wohngemeinschaft zu beziehen – am liebsten in einem Szeneviertel der Kreativen und (Überlebens-)Künstler.

Dass man als Erwachsener den Fuß vom Gaspedal nimmt, kommt für die Experimentalistischen Hedonisten nicht in Frage. Auch im (hohen) Alter möchte man sich jugendlichen Eigensinn bewahren und das Leben bis zum letzten Atemzug voll auskosten („Young till I die").

Viel wichtiger als Karriere ist die Möglichkeit zur Selbstentfaltung, beruflich wie privat. Vielen graust es regelrecht vor Routinen und erwartetem Leistungsdruck der Arbeitswelt. Daher sympathisiert man mit einem Leben als Freelancer oder Eigentümer eines kleinen Betriebes, in dem man selbst der Chef ist und das Tempo und Pensum vorgeben kann. Man wünscht sich, im besten Fall die Freizeitinteressen zum Beruf zu machen. Einige versuchen auch, den Eintritt in den Beruf („den Ernst des Lebens") noch möglichst weit hinauszuzögern, in dem sie Zeit in Bildung investieren (Zweitstudium, Langzeitstudium etc.).

Typische **Zitate** zur Illustration

Meine Zukunft sicher zu planen, mag ich gar nicht, weil ich eben total spontan bin und es gerne mag, Entscheidungen sehr kurzfristig zu treffen. (weiblich, 17 Jahre)

Ich habe immer noch keine wirkliche Richtung, was ich mal später irgendwie werden will. Es interessiert mich schon, aber auch wieder nicht so, dass ich mich wirklich zuhause hinsetze und mich wirklich damit befasse. (männlich, 17 Jahre)

Sobald ich mit der Schule fertig bin, werde ich sofort meine Sachen packen und eine eigene Wohnung wahrscheinlich nehmen. [...] Prenzlauer Berg, wobei es echt teuer ist, aber ich finde auch Friedrichshain richtig cool, generell Friedrichshain, Kreuzberg, Mitte. (weiblich, 17 Jahre)

Ich weiß, dass ich das Fachabi noch machen will nach dem Realschulabschluss. Aber das mache ich größtenteils deswegen, weil ich nicht weiß, was ich in zwei Jahren machen würde. Ich habe noch keine Ahnung. Ich könnte mich auch dieses oder nächstes Jahr noch nicht bewerben, und ich würde auch nicht irgend etwas nehmen, was ich dann bereue. Deswegen lasse ich mir lieber noch ein bisschen Zeit. (weiblich, 16 Jahre)

Ich bin ehrlich gesagt froh, wenn ich auf eigenen Beinen stehe und nicht mehr zuhause bin. [...] Ich fühle mich eingeschränkt in der Hinsicht, dass ich eben nicht alles so einrichten kann, wie ich möchte, dass ich das nicht alleine planen kann mit dem Abwasch und sonst was und dass mir immer vorgeschrieben wird, wer was macht. (weiblich, 17 Jahre)

Ich liebe so Styling, Haare machen und alles. Aber es wird schon anstrengend den ganzen Tag bei der Arbeit zu sein. Und ich denke auch, dass es da ein bisschen anstrengende Kunden teilweise gibt. [...] Ja, und ich brauche das auch einfach als Grundausbildung, wenn ich zum Beispiel Kosmetikerin oder Stylistin machen möchte oder Maskenbildnerin. Ich hab das Ziel, einen eigenen Salon zu haben. [...] Als Frisör verdient man ja natürlich nicht viel, aber wenn ich dann auch einen Meister mach, wird das, glaube ich, schon sehr gut passen. (weiblich, 15 Jahre)

[INT: Was glaubst du denn, was wirst du denn mal so für ein Mensch sein?] *Ein etwas fauler Mensch, der so in den Tag reinlebt, auch wenn er einen Beruf hat. Der später hoffentlich im Musik-Business sein wird oder halt in die Richtung.* (männlich, 17 Jahre)

Ich will auf jeden Fall die coolste Oma aller Zeiten werden. Ich will mit 80 einen Roadtrip auf der Route 66 mit einem Bike machen. Und dann möchte ich verhaftet werden. Und ich möchte etwas klauen und dann behaupten, ich habe Alzheimer, ich kann mich an gar nichts erinnern. Und ich möchte Leute anmeckern, nur weil ich alt bin. [...] Vor allem will ich mich als Oma unbedingt nochmal tätowieren lassen. Also ich will auch vorher schon Tattoos, aber als Oma will ich unbedingt nochmal eins. (weiblich, 17 Jahre)

3.5.3 Kulturelle Orientierung, Freizeit

Freizeit ist für diese Jugendlichen in erster Linie Raum für kreative Selbstverwirklichung: Erlernen neuer Skateboard-Tricks, Spielen in einer Band, Nähen von eigenen Klamotten, Fotografieren, Zeichnen und Malen (z. B. im Rahmen einer Manga- oder Graffiti-Szene), sich selbst ein Musikinstrument beibringen, Video- und Bildbearbeitung für Material, das sie im Internet veröffentlichen. In ihren Freizeitaktivitäten zeigen sie einige Eigenschaften, von denen Experimentalistische Hedonisten behaupten, dass sie ihnen im schulischen Alltag abgehen: Ausdauer, Ehrgeiz, Zielstrebigkeit und auch Disziplin. Sobald sie eine Passion für eine Sache entwickeln, sind sie mit Herzblut dabei.

Experimentalistische Hedonisten beginnen schon früh, sich für subkulturelle Nischen und den Reiz des Verbotenen zu begeistern. Sie sind stark auf Abgrenzung von den „Normalos" und Jugendlichen in anderen Szenen bedacht. Unter ihnen finden sich viele Jugendliche mit einer großen Lust am Abseitigen, am Trash, am Schockierenden, am Kultigen, am Exzentrischen und bisweilen Plakativ-Geistlosen (z. B. B-Movies). Mit dem Massentauglichen und Domestizierten fangen Experimentalistische Hedonisten kaum etwas an.

Die kulturellen Interessen sowie der eigene Style haben häufig einen klaren Szenebezug. Dabei ist ihnen wichtig, dass sie tief in die Szenen eintauchen, also „nicht nur konsumieren", sondern auch die szenespezifischen Lebenseinstellungen für sich erproben. So hört z. B. eine Experimentalistische Hedonistin, die eine Vorliebe für Mangas hat, auch vorwiegend japanischen oder koreanischen Rock und Pop, schaut sich asiatische Spielfilme an und versucht sich am Zeichnen eigener Mangas.

Experimentalistische Hedonisten verfügen über ein hohes Maß an szenebezogenem Expertenwissen im Besonderen und Popkultur im Allgemeinen. Dieses Wissen vertiefen sie durch Internet-Recherchen oder Lesen von „Szeneliteratur". Es ist „ihr" kulturelles Kapital, das seinen Wert durch die Distanz zur klassischen Hochkultur schöpft. Sie wissen, dass Erwachsene und viele Gleichaltrige gleichermaßen von ihren Ausdrucksformen und kulturellen Vorlieben nichts verstehen können, weil die Aneignung der entsprechenden ästhetischen Codes und Wissensbestände abseits klassischer Bildungseinrichtungen stattfindet. Man ist froh, kulturelle Freiräume zu haben. Wichtig ist auch, Events von und mit Gleichgesinnten zu besuchen (z. B. Games-Messen, Konzerte).

Vorbilder sind häufig Schlüsselpersonen aus den Szenen, für die sie sich interessieren (z. B. Musiker wie Bob Marley, Kurt Cobain, Eminem). Auch unangepasste Personen der Zeitgeschichte findet man spannend (z. B. Ghandi).

Auszüge aus Hausaufgabenheften: WOFÜR INTERESSIERST DU DICH?

Ich interesiere mich für Musik (Gitarre spielen) und sowas halt.
Ich liebe die kunst weil man so vieles kombinieren kann und so weiteres.
Aber ich interesiere mich sehr für kampfsport. ♡

Korea, Japan, Sprachen, Musik, Fashion, Styling, unsere Galaxy, Geschichte, Politik, Umweltschutz, Ehrenamtliche Arbeit, zocken

HipHop/Rap, gesundes Essen, Fitness, Mode, Sprachen, Beauty, Soziale Medien wie Instagram, YouTube, Facebook, meine Zukunft und mich selbst, Sex, Moderationsjobs, Zeitschriften, feiern, Festivals, Cocktails, Hunde & Katzen, Sneakers...

Tanzen
Musik

Auszüge aus Hausaufgabenheften:
NENNE EINE ERWACHSENE PERSON: A) DEREN LEBENSGESCHICHTE DU DIR GERNE ERZÄHLEN LASSEN WÜRDEST. B) VON DER DU GERNE WAS LERNEN WÜRDEST.

a) Eminem. Aber auf Deutch, damit ich auch alles zu 100% verstehe

b) Ich würde gerne auch in Zukunft von mir selbst lernen. Wenn ich von anderen lernen möchte, kann ich sie ja einfach fragen. Das ist langweilig. Von sich selbst lernen hingegen, kostet eine Menge Zeit, Erfahrungen, Fehler, Tränen und auch schöne Momente.

a) Kleopatra

b) Gandhi / Dalai Lama

2pac
Methode Man
Redman
Busta Rhymes
Wu tang clan
NWA
DMX

a) Ich würde gerne etwas über Eminems Lebensgeschichte hören. Er ist für mich eine sehr bedeutende Person, weil er viele Sachen durchgemacht hat, die ich auch durchgemacht hab.
b) ebenfalls Eminem, da ich gerne lernen würde, wie er trotz seiner Vergangenheit, nie aufgegeben hat und immer an sich geglaubt hat, egal was andere gesagt haben. Ich finde das mega stark.

Die Experimentalistischen Hedonisten haben oft einen sehr differenzierten Musikgeschmack. Sie benennen verschiedene Genres, suchen gezielt nach neuer Musik, sind dabei auch sehr an neuen, experimentellen Musikstilen interessiert. Künstlerische Grenzüberschreitungen und Provokation finden sie gut.

Auszüge aus Hausaufgabenheften: WAS HÖRST DU GERNE FÜR MUSIK?

Ich höre hauptsächlich HipHop, RnB und Trap. Hin und wieder auch etwas Reggae oder Pop, aber das kommt eher selten vor. Einen Lieblingsmusiker habe ich nicht. Könnte mich bei den ganzen guten Künstlern einfach nicht entscheiden. Dazu gehören zum Beispiel Kendrick Lamar, Drake, J Cole, Eminem, Kanye West, Pusha T, Jay Z, Joey Bada$$, Rae Sremmurd, A$AP Rocky, Schoolboy Q, Lupe Fiasco, French Montana, Danny Brown, Travis Scott, Flatbush Zombies, Isaiah Rashad, The Underachievers, G-Eazy, Odd Future Wolf Gang, Lil Wayne, Childish Gambino, Little Simz, Boogie, Vince Staples, Dipset, Skepta, Denzel Curry, Young Simmie, The Weekend, SBTRKT, Jhene Aiko, Curren$y, Rick Ross, Mac Miller, Kehlani, SZA, Chance The Rapper, Action Bronson, Frank Ocean, PARTYNEXTDOOR und so weiter und so fort. Zum Glück reicht gleich der Platz nicht mehr

Da ich ein absoluter Musikfan bin, bin ich für alle Musikrichtungen offen und höre vor allem viel Post-Hardcore-Metal, Trash Metal, Techno, Deutsch-Rap und Alternative-, Indie Rock.
Was ich überhaupt nicht hören kann, ist der ganze Mainstream-Pop, welcher tagtäglich im Radio rauf und runter läuft.
Lieblingskünstler: Bring me the horizon
Metallica
Enter Shikari
Casper
Paul Kalkbrenner
Sven Väth
K.I.Z.
Billy Talent

Auszüge aus Hausaufgabenheften: WAS SIND DEINE LIEBLINGSFILME UND -SERIEN?

Meine Lieblingsserie ist Skins. Aber nur die britische Fassung. Im Fernsehen schaue ich oft Two and a half men, how I met your Mother, Mike and Molly oder Big Bang Theory. Mein Lieblingsfilm ist Straight Outta Compton der bald im deutschen Kino ausgestrahlt wird!

How High
Street Style
Stomp the Yard

Meine Lieblingsfilme sind Inception und Interstellar von Christopher Nolan und die Filme „der Herr der Ringe Triologie"

Meine absolute Lieblingsserie ist Game of Thrones, dicht gefolgt von The 100, The Strain und Breaking Bad.

Von der klassischen Hochkultur und deren Einrichtungen (klassische Oper, Theater, Museen) distanzieren sich Experimentalistische Hedonisten deutlich („Mozart und so"). Im Hinblick auf ihre kulturelle Orientierung nehmen diese Jugendlichen eine sehr klare Position ein. Es werden strikte Grenzen gezogen, die kaum verhandelbar sind.

Typische **Zitate** zur Illustration

Ich würde schon sagen, dass ich individuell bin, auch so von den Sachen, die mich interessieren. Ich kenne zum Beispiel ein, zwei Leute bloß, die auch die Serie gucken, die ich gucke. Oder die Musik, die ich höre, die hören auch nicht viele. Die meisten hören Charts und so etwas, aber ich finde, da klingt alles gleich. Das ist nicht so meins, diese Musik. (weiblich, 16 Jahre)

Ich höre wirklich nicht das, was die ganze Zeit im Radio läuft, weil es mich einfach nur nervt. (männlich, 17 Jahre)

Ich laufe oft locker herum mit so einem dicken T-Shirt, also wie der Hip-Hop-Style in Amerika zum Beispiel. Das finde ich voll schön. Das gefällt mir. Aber das gehört auch irgendwie zu meiner Tanzrichtung, Breakdance. (männlich, 17 Jahre)

- *Bei uns gibt es ein paar Zehntklässler, die gucken mich immer schief an und sagen zu mir: Iih, das ist hässlich! Aber ich habe auch nie mit denen geredet oder so. Die finden mich seit dem ersten Tag an schon scheiße, und das war mir eigentlich auch immer relativ. Ich ziehe an, was mir gefällt, und wenn es denen nicht gefällt, ist das ja nicht mein Problem.* (weiblich, 14 Jahre)

- *Ich bin auch viel im Internet unterwegs und gucke, was sind so Newcomer-Bands hier in Deutschland, dann höre ich mir immer die Lieder an und auf einmal macht es klick und mir gefällt das ganze Album. Dann sage ich immer zu meinen Freunden: ‚Ey, hört euch mal die an, supportet die mal ein bisschen auf Facebook.' Ich gucke wirklich die ganze Zeit nach, was es für neue Musik gibt. Auch komplett neue Musiksparten, also Reggae-Metal bis hin zu, was weiß ich.* (männlich, 17 Jahre)

- *Als ich meiner Mutter erzählte, dass ich jetzt Mangas lese und Animes schaue, war sie entsetzt.* […] *Ich glaube, viele Menschen haben ein falsches Bild von der ganzen Materie. Das ist von Asien hier herüber geschwappt, und viele dachten sich, das gebe ich mir nicht. Das ist was für 18+. Aber wenn man die richtigen und vor allem die neuen Animes kennt, weiß man genau, das ist nichts für Kinder. Aber nicht wegen der Erotik, sondern wegen der Splasher und dem Blut. Das klingt jetzt gewalttätig, ist es aber nicht. Und es kämpft auch immer nur einer gegen einen. Das sieht man auch in der Welt. Da haben wir den IS und alles. Alle sagen immer nur, dass es total schlimm ist. Neulich sagte eine sogar, das ist doch Satanismus.* (weiblich, 16 Jahre)

- *Ich bin sehr von Asien begeistert.* [INT: DU LIEST AUCH GERN MANGAS?] *Ja, ich lese ganz viel Mangas. Und ich höre auch viel K-Pop. Ich bin auf diesem Gebiet arg aktiv. Und ich lerne nebenher auch ein bisschen japanisch und koreanisch. Und chinesisch habe ich ja auch in der Schule.* […] *Ich mache auch Cosplay. Ich habe hier auch ein Foto von der letzten Gamescom in Ludwigshafen. Ich wollte eine Maid machen. Aber eine einfache Maid ist ja langweilig. Das macht ja jeder. Also habe ich die tote Maid gemacht. Die fanden das dann alle cool.* (weiblich, 16 Jahre)

- *Ich lese mehr irgendwelche Zeitungsartikel im Internet oder irgendwelche Blog-Einträge oder meine Lieblingszeitschrift, die Juice, weil es eben auch um Hip-Hop und Rap geht.* (weiblich, 17 Jahre)

Also wenn es um Musik geht, dann stecke ich da echt viel Zeit rein. Ich habe alle meine Künstler auf Playlists gepackt, damit ich das immer parat habe. (weiblich, 17 Jahre)

Ich hasse shoppen abgrundtief. Das ist Käse. Man geht hin, gibt Geld aus, was man nicht ausgeben will, kommt nach Hause und denkt sich: Scheiße. Wenn ich shoppen gehe, dann weiß ich genau, was ich will. Ich gehe in den Laden rein, hole mir das und gehe gleich wieder raus. Zehn Minuten und fertig ist es. Ich habe auch nur drei Paar Schuhe. Ich bin wohl die Einzige in meinem Freundeskreis, die nicht gern shoppen geht. (weiblich, 16 Jahre)

Hip-Hop ist für mich, dass man den Lifestyle auch lebt, von dem gesungen wird. Dass man sich so anzieht, sich der Texte annimmt, die Musik viel hört. (weiblich, 16 Jahre)

Ich finde an den 1990ern gut, dass sie rebelliert haben und gesagt haben, was sie denken, auch gegen die Polizei, weil die ja früher mit ganz schöner Brutalität auch gegen die Schwarzen vorgegangen sind. Das finde ich gut, dass sie das in ihrer Musik zum Ausdruck bringen. (weiblich, 16 Jahre)

Am liebsten fahre ich Longboard, das ist etwas, was ich wirklich ständig machen könnte. Einfach raus mit dem Longboard und mit ein paar Kumpels fahren. (weiblich, 14 Jahre)

3.5.4 Vergemeinschaftung

Aufgrund ihrer starken Anbindung an Jugendszenen verfügen Experimentalistische Hedonisten oft über einen großen Freundes- und Bekanntenkreis. In der Peergroup haben die meisten die gleichen Interessen und Vorlieben.

Die eigenen Freunde beschreibt man als lustige, verrückte, ironische, manchmal auch als sarkastische Menschen. Für „Streber" ist im Freundeskreis der Experimentalistischen Hedonisten kein Platz. Man mag Außenseiter, mit denen man immer mal wieder auch etwas Nervenkitzel in der Freizeit haben kann. Von den „Normalos" und den „Leuten mit viel bling bling" distanziert man sich hingegen. Die Experimentalistischen Hedonisten haben einen feinen „Marken-Sensor", d.h. sie wissen, welche Marken in ihrem Umfeld „klargehen" und welche nicht. Besonders deutlich grenzt man sich von Leuten ab, die die klassischen Luxus-Marken (Louis Vuitton etc.) tragen („voll peinlich", „Angeber").

Experimentalistische Hedonisten haben oft typische „Hangouts" – Orte, wo sie mit hoher Wahrscheinlichkeit auf Gleichgesinnte treffen (Jugendhäuser, Festivals, Szenecafés etc.). Häufig vergemeinschaften sie sich im öffentlichen Raum, weil sie auffallen möchten. Auch Jugendhäuser stehen hoch in ihrer Gunst. An Jugendhäusern schätzt man die Gemeinschaft und die Möglichkeit, sich mit eigensinnigen und eigenwilligen Projekten einbringen zu können und ernst genommen zu werden. Experimentalistische Hedonisten finden es jedoch langweilig, die eigene Freizeit immer am gleichen Ort zu verbringen. Abwechslung und Bewegung ist ihnen wichtig. So zieht man gerne einfach durch die Gegend, lässt sich treiben. Sie mögen Orte, wo sich nicht die breite Masse trifft. Beliebt sind auch Wohnungen von Freunden, die bereits ausgezogen sind - die Eltern somit nicht stressen können.

Insbesondere die Jugendlichen, die sich in einer Szene vergemeinschaften, zeichnen sich durch ein hohes Maß an Binnenkommunikation aus. Man ist innerhalb der Szene sehr gut vernetzt und nutzt sämtliche Kanäle, um Kontakt zu halten. Gerade Jugendliche, die in ländlichen Gegenden leben und spezifischen Szenen angehören, kommunizieren online über die gängigen und szenespezifischen Plattformen. Wichtig ist, sich mit Jugendlichen auszutauschen, „die einen verstehen", die die eigenen Ansichten teilen, die wissen, „warum man eine bestimmte Mütze auf eine ganz bestimmte Art und Weise trägt" - also mit Jugendlichen, die die Codes der Szene kennen.

Typische **Zitate** zur Illustration

Mit Leuten, die sich wirklich nur für Noten interessieren und über nichts anderes reden können und nur am Lernen sind. Mit solchen Leuten kann ich nicht viel anfangen. So etwas würde mich stören. Ich will ja auch mal abschalten von der Schule, wenn ich da schon den ganzen Tag drin sitze. (weiblich, 16 Jahre)

Ich finde, Kiffer an sich sind eine komplett eigene Gesellschaft. Das sind komplett andere Leute. Natürlich ist es ein Nervenkitzel, weil es spannend ist, weil es illegal ist. So ein großes Thema ist es jetzt nicht wirklich, aber ja. [INT: FÜHLST DU DICH DENN AUCH DIESER SZENE ZUGEHÖRIG? ODER ERLEBST DU DAS NUR SO MIT?] *Also schon ein wenig, also nicht wirklich, aber ich habe mit den Leuten zu tun, und sie sind auch teilweise meine Freunde, ja.* (weiblich, 15 Jahre)

Wir haben keine Lust, uns so ein Eck zu machen und in irgendeinen Club zu fahren. Und dann kauft man sich ein Bier mit ein paar Leuten und zieht entweder so umher, so Wandersaufen zum Beispiel, oder man geht auf Haus-Parties. (weiblich, 15 Jahre)

Also zu ein paar Leuten kann man immer hingehen und dann da chillen [...]. Bei einer Freundin zum Beispiel, die wohnt hier zehn Minuten entfernt, da kann man sich auch hinchillen, die hat eine Schmiede, da kann man sich reinhartzen, das ist sowas wie ein Raucherkeller sozusagen, und da kann man entspannt sitzen und sich die ganze Zeit unterhalten. (weiblich, 15 Jahre)

[INT: UND WAS SIND ZUM BEISPIEL LEUTE, DIE DU GAR NICHT MAGST? WIE SIND DIE?] *Hm, verklemmt oder pöbeln oder lügen die ganze Zeit, also labern irgendeine Scheiße oder billige Mädchen, pack ich auch gar nicht. Die schmeißen sich an irgendwelche Kerle ran und tragen einfach den Burner-Ausschnitt, die kürzesten Hosen und lauter so Sachen.* (weiblich, 15 Jahre)

[INT: WIE WÜRDEST DU DEINEN FREUNDESKREIS BESCHREIBEN?] *Hm, weiß ich nicht... lustig oder hm... verrückt vielleicht, individuell. Ich habe zum Beispiel einen Freund, der macht irgendwelche komplett komische Scheiße, die dann echt witzig ist.* (weiblich, 15 Jahre)

Wenn ich dann immer die Leute in meiner Schule sehe mit Louis Vuitton Täschchen und Gucci hier, Prada da, das ist nochmal eine ganz andere Welt [...] und das finde ich ganz ganz furchtbar. (weiblich, 17 Jahre)

[INT: WIE SIND DENN SO LEUTE DRAUF, DIE DU NICHT MAGST?] *Dass man einfach nur nach Geld geht. Also dass man wirklich nur sagt: ‚Ich bin jetzt cool, weil ich das da anhabe und weil ich auf die Festivals gehe oder weil ich mir das da jetzt anhöre.' Die sollen sich lieber mal mit was anderem befassen und halt mehr so ein bisschen die Welt entdecken und nicht nur auf das hören, was andere ihnen vormachen oder was cool ist.* (männlich, 17 Jahre)

Also meine zwei besten Freundinnen, die kenne ich vom Feiern und uns hat verbunden, dass wir alle so spontan sind und mutig. [INT: WAS MEINST DU MIT MUTIG?] *Zum Beispiel bei diesem Schwimmbad-Einbruch, da habe ich meine beste Freundin kennengelernt. [...] Wir waren 15 Leute, glaube ich, und meine beste Freundin und ich waren die einzigen, die dann auch wirklich schwimmen gegangen sind, die einfach alles ausgezogen haben, reingesprungen sind und dann hatten wir eine super schöne Zeit zusammen.* (weiblich, 17 Jahre)

[INT: WIE SIND DENN LEUTE, DIE DU ÜBERHAUPT NICHT ABKANNST?] *Also ich könnte jetzt eigentlich ganz viele Leute aus meiner Schule beschreiben, die sehr oberflächlich sind, sehr auf Marken fixiert sind und sich damit profilieren.* (weiblich, 17 Jahre)

Entweder man akzeptiert mich so, wie ich bin – oder man kann gehen. Ich brauche solche Leute nicht. Ich glaube, ich bin dabei sehr strikt. Aber umso enger ist dann auch mein Freundeskreis. (weiblich, 16 Jahre)

Also wir haben letztes Jahr auf dem Splash-Festival Leute kennengelernt, und mit denen sind wir dieses Jahr wieder gefahren. Wir haben auch noch Neue dazu kennengelernt, am Ende waren es wirklich 20 Leute, mit denen wir da gezeltet haben. Und die haben dann natürlich alle den gleichen Musikgeschmack. (weiblich, 17 Jahre)

3.6 Sozialökologische

Die nachhaltigkeits- und gemeinwohlorientierten Jugendlichen mit sozialkritischer Grundhaltung und Offenheit für alternative Lebensentwürfe

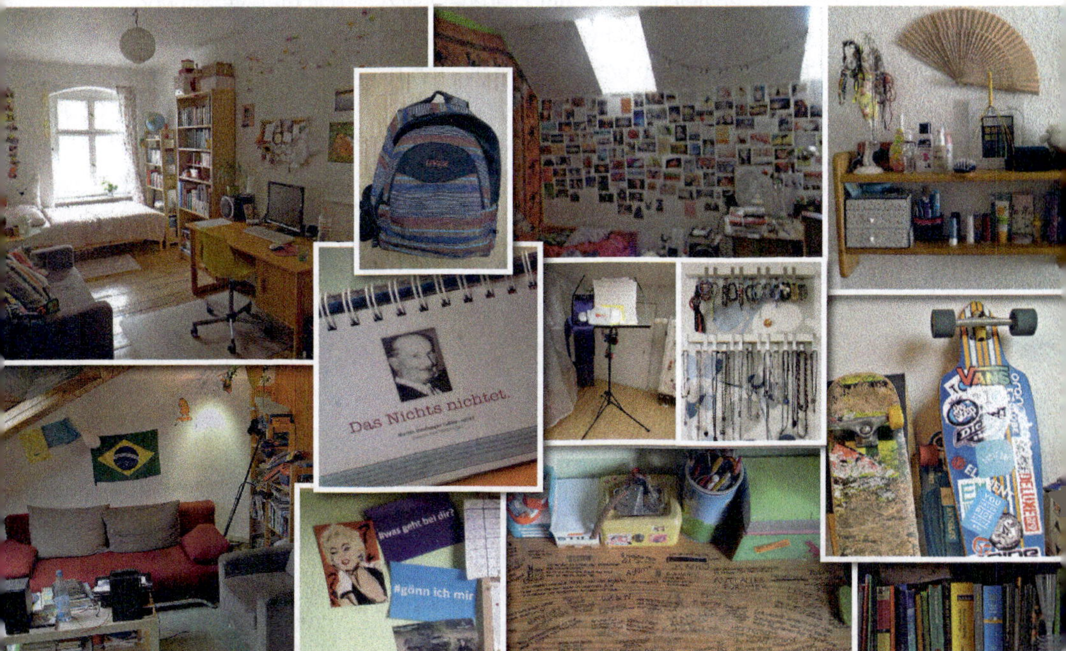

3.6.1 Lebensweltliche Basisorientierungen

Sozialökologische Jugendliche formulieren bereits recht deutlich den für sie relevanten, stark postmateriell geprägten Wertekatalog: Demokratie, Freiheit, Pazifismus, Toleranz, Gerechtigkeit, Gleichberechtigung aller Lebensweisen, Sorgsamkeit gegenüber Mensch, Tier und Umwelt sowie Nachhaltigkeit sind Maximen, nach denen sie ihr Leben ausrichten wollen. Sie haben ein vergleichsweise starkes „Sendungsbewusstsein“

– andere von ihren Ansichten zu überzeugen, ist ihnen wichtig. Entsprechend typisch ist es daher, dass Sozialökologische sich als Schüler- bzw. Klassensprecher oder für Sozialprojekte engagieren oder bei Poetry Slams oder Debattierclubs mitmachen.

Solidarität ist ein weiterer wichtiger Wert. Man reflektiert die eigene meist sozial privilegierte Position in der Gesellschaft und fordert vor diesem Hintergrund Chancengleichheit für alle. Man sieht sich verpflichtet, Verantwortung für die vermeintlich Schwächeren zu übernehmen und deren Rechte einzufordern. Erfolg definieren viele nicht über persönliche Karriere, sondern darüber, was man Gutes in der Welt tut. Sozialökologische Jugendliche sind sehr altruistisch motiviert und am Gemeinwohl orientiert. Sie sind von der Gleichheit der Menschen überzeugt und wünschen sich, dass dies nicht nur auf dem Papier, sondern in der Wirklichkeit Bedeutung hat. Sie sind aufgeschlossen für andere Kulturen und empfinden Abscheu, wenn Menschen wegen ihres Aussehens nicht akzeptiert werden und „ein Keil zwischen die Menschen getrieben" wird. Ganz eindeutig ist die Ablehnung von Arroganz und Rassismus sowie von „aufgesetzten Szene-Leuten".

Wohnbilder Sozialökologische Lebenswelt

Sozialökologische Jugendliche verfügen über ein großes Repertoire sozial- und systemkritischer Positionen. Man empfindet Sympathie und Solidarität mit einer - etwas romantisch verklärten - „Unterschicht". Man übt teilweise fundamentale Kritik am politischen und sozialen System und befürwortet Bürgerprotest, lehnt jedoch „Stress" und Rechtswidrigkeiten ab. Einige pflegen die traditionelle postmaterielle amerikakritische Grundhaltung.

Die Sozialökologischen Jugendlichen bewundern glückliche Menschen, die selbstbestimmt das Leben genießen, ihren eigenen Idealen folgen, ihre Träume leben und sich nicht „vom großen Geld" leiten lassen. Vorbilder sind einerseits häufig Intellektuelle (Schriftsteller, Künstler, Politiker etc. der Zeitgeschichte) oder Alltagshelden und Überlebenskünstler, die trotz widriger Umstände das Beste aus ihrem Leben machen. Die Sozialökologischen Mädchen haben besonders großen Respekt vor starken, durchsetzungsfähigen Frauen (aus ihrem Umfeld, aber auch Personen der Zeitgeschichte).

Insbesondere von materialistischen Werten distanziert man sich ausdrücklich. Luxus und materieller Überfluss werden verurteilt, weil sie den

Wohnbilder Sozialökologische Lebenswelt

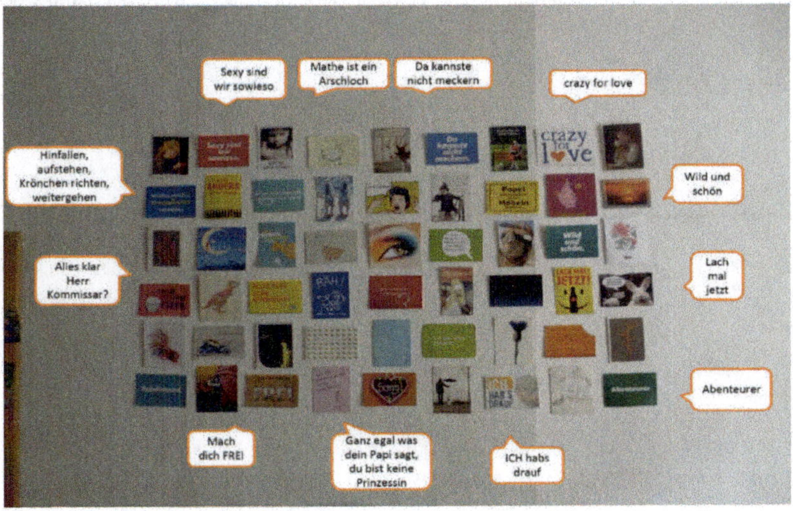

Auszüge aus Hausaufgabenheften: WAS GIBT DEINEM LEBEN SINN?

Charakter der Menschen negativ prägen. Verzicht ist für Sozialökologische kein Zwang, sondern ein Gebot in der Überflussgesellschaft. Mode, Fashion und Trends verweigert man sich eher als andere Jugendliche,

Auszüge aus Hausaufgabenheften: WAS SIND FÜR DICH DIE WICHTIGSTEN SACHEN DER WELT?

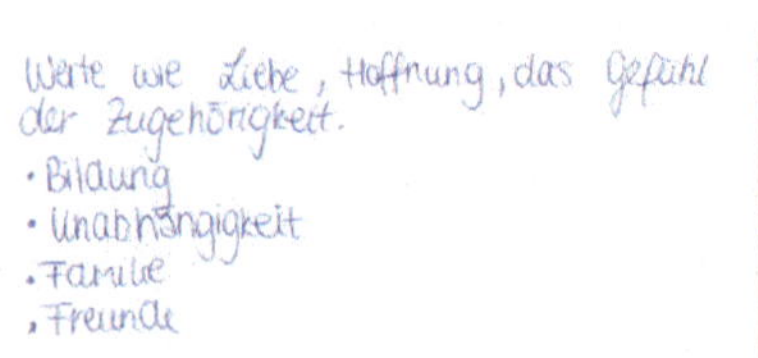

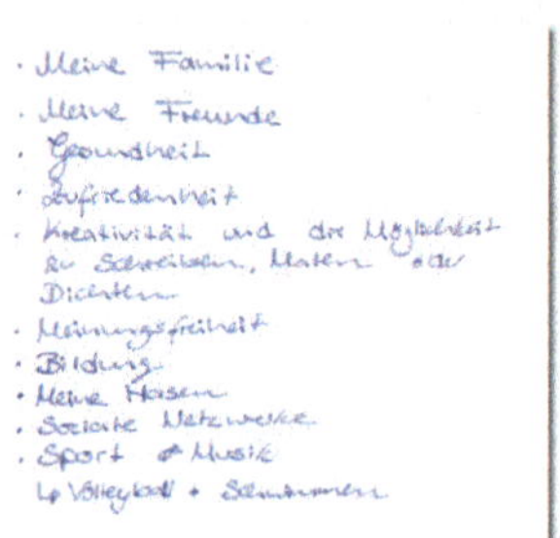

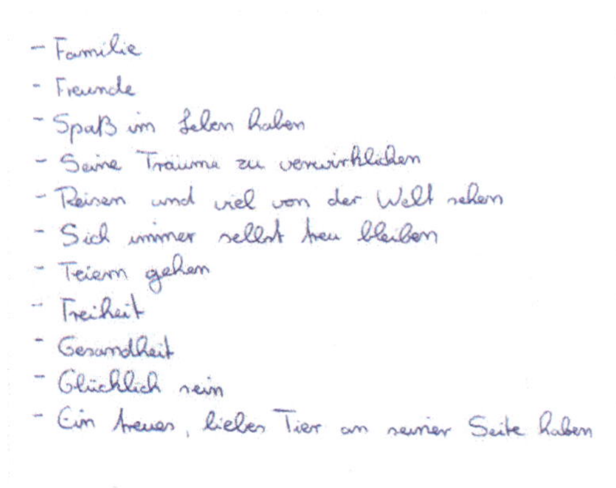

Auszüge aus Hausaufgabenheften: NENNE EINE ERWACHSENE PERSON: A) DEREN LEBENSGESCHICHTE DU DIR GERNE ERZÄHLEN LASSEN WÜRDEST. B) VON DER DU GERNE WAS LERNEN WÜRDEST.

a) Nach langem Überlegen fällt mir konkret leider keine Person ein, deren Lebensgeschichte ich gerne erfahren würde. Allerding interessieren mich generell besonders Geschichten von Menschen, die im Leben auf die schiefe Bahn geraten sind z. B. von Obdachlosen, Suchtkranken oder kriminellen.

b) Ich würde gerne von der Mutter meiner besten Freundin etwas lernen: Ihr Selbstbewusstsein, ihr Durchsetzungsvermögen und ihre Toffheit.

---

a) lebend: ~ Meine Uroma (95)
→ Ich würde gerne ihre eigene Schilderung ihrer Flucht aus der Schweiz nach Deutschland hören.

a) schon gestorben
– Theodor Heuss

b) – Joachim Gauck
→ seine Art Reden zu halten und Leute allein mit seiner Stimme zu faszinieren & zu überzeugen
&
Sandra Bullock
→ Schauspielerei

Mir sind da zu jetzt spontan Menschen eingefallen, ohne groß darüber nachzudenken.

a) Ich würde mir gerne die Lebensgeschichte von Adolf Hitler erzählen lassen. Ich finde es interessant und zugleich beängstigend, wie ein Mensch sich so eine Meinung bildet und ein Hass gegen Menschen entwickelt, nur weil sie zu einer anderen „Rasse" gehören.

b) Lernen würde ich gerne etwas von Albert Einstein, da er ein sehr schlauer Mann war und mit vielen Aussagen recht hatte, die er gemacht hat.

einige Sozialökologische betonen demonstrativ, dass der „Markenwahn nervt". Luxus-Markenklamotten haben keine Bedeutung. Extravaganzen belächelt man, gibt es doch weitaus wichtigere Herausforderungen als die Inszenierung des Selbst in der globalisierten Welt.

Auszüge aus Hausaufgabenheften: WOFÜR INTERESSIERST DU DICH?

- Tiere (Tierrechte / Tierhaltung)
- Musik (Goa)
- Reisen
- unterschiedliche Länder und Kulturen
- Psychologie
- Gute Bücher
- Serien
- Meerschweinchen
- Freunde
- Jungs
- Jungsgeschichten meiner Freundinnen
- Bücher schreiben

· Musik
· Fotografie
· Gespräche mit interessanten Menschen
· Sport
· Klarinette
· Kultur verschiedener Menschen & Länder

- Für Literatur & das Schreiben
  · eigene Gedichte
- Bücher & Filme
- Sport
  - Volleyball & Schwimmen & Fußball
- Musik
  - Querflöte (spiele ich), Pop
- Debatten (Jugend debattiert)
  ↳ bis ↳ Landesregierung
- Freunde
  ↳ reden, Bilder machen, was zusammen unternehmen, lachen
- Zeit mit der Familie zu verbringen

Fürs zeichnen:

Fürs Kendama spielen
& fürs Longboarden

Sozialökologische sind sehr bildungsaffine Jugendliche. Ihnen ist es wichtig, ihr Wissen, den eigenen Horizont und die Fertigkeiten zu erweitern. Sie haben großes Interesse an anderen Ländern bzw. Kulturen und globalen Zusammenhängen. Das geht einher mit einem Lernverständnis über das schulische Lernen hinaus; neue Erfahrungen bedeuten für diese Jugendlichen immer auch einen Erkenntnisgewinn im Hinblick auf ihr Weltbild. Dieser Aspekt ist oft vorrangig gegenüber dem Spaßfaktor.

Schule als Bildungsort, an dem die Voraussetzungen für die zukünftige beruflichen Perspektiven geschaffen werden, hat im Alltag der Sozialökologischen Jugendlichen eine hohe Priorität und nimmt viel Zeit ein. Weil man jedoch nicht zu den Strebern gehören will, zeigt man trotz Interesse an einzelnen Schulfächern, hoher Lernbereitschaft und Wissenshunger demonstrativ eine gelassene Distanz zur Schule, insbesondere gegenüber den Mitschülerinnen und Mitschülern.

Sozialökologische Jugendliche wollen gerne an die Wurzel vordringen, wenn sie sich mit einem Thema beschäftigen. So setzt man sich kritisch mit Nachrichten, Konsum oder auch Verschwörungstheorien auseinander. Und auch im Hinblick auf die religiöse Orientierung will man nicht einfach vorgegebenen Glaubenssätzen folgen, sondern den eigenen Glauben ergründen und (er)finden.

Auszüge aus Hausaufgabenheften: WOFÜR INTERESSIERST DU DICH?

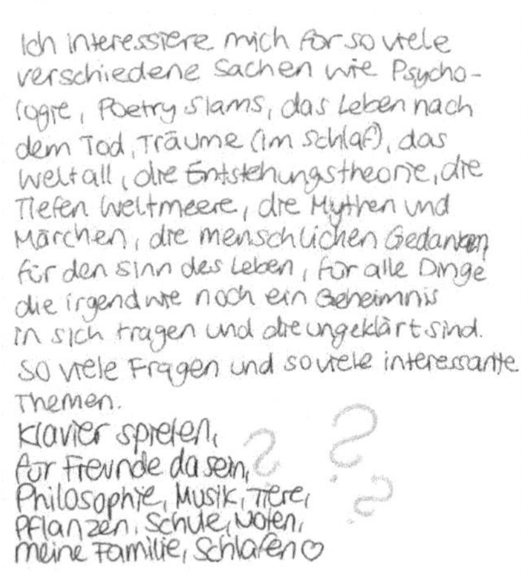
Ich interessiere mich für so viele verschiedene Sachen wie Psychologie, Poetry Slams, das Leben nach dem Tod, Träume (im Schlaf), das Weltall, die Entstehungstheorie, die Tiefen Weltmeere, die Mythen und Märchen, die menschlichen Gedanken für den Sinn des Leben, für alle Dinge die irgendwie noch ein Geheimnis in sich tragen und die ungeklärt sind. So viele Fragen und so viele interessante Themen.

Klavier spielen,
für Freunde da sein,
Philosophie, Musik, Tiere,
Pflanzen, Schule, Noten,
meine Familie, Schlafen

Eltern sind enge Vertraute. Man ist ihnen dankbar für eine schöne Kindheit und die Freiheit, die ihnen von ihren Eltern oft gelassen wurde. Im Alltag spielt die Zeit mit der Familie im Vergleich zu den anderen Aktivitäten aber eine untergeordnete Rolle. Deutlich mehr Zeit wird mit dem Freundeskreis verbracht, den man als genauso wichtig erachtet wie die Familie. Man ist glücklich, wenn die Freunde auch glücklich sind.

Typische **Zitate** zur Illustration

Ich denke sehr sozial. Ich finde Rastalocken schön, ich finde es gut, wie vegetarische Menschen leben und will das vielleicht selber mal ausprobieren. Ich achte auch auf meine Umwelt, wenn jemand einen Becher wegschmeißt, ich so: Heb den bitte auf oder gib ihn mir, ich schmeiß den in den Müll. Ich will auch Blutspenden gehen, und dieses Knochenmark will ich auch spenden. Ich will mir auch später einen Organspendeausweis holen und so etwas. Also, viel für andere leben und für unsere Welt, damit die erhalten bleibt. (weiblich, 15 Jahre)

Da gibt es doch dieses Sprichwort von Ghandi „Sei du selbst die Veränderung, die du dir für diese Welt wünschst", also das finde ich schon eigentlich gut. (weiblich, 17 Jahre)

Wirklich wichtig im Leben ist mir meine Familie, meine Freunde, mein Glauben und dass ich frei bin, also dass ich nicht eingesperrt bin. Egal ob das in einer Zelle ist oder in Sachen Meinungsfreiheit. (männlich, 15 Jahre)

Also wenn ich jetzt meiner Kreativität einfach mal freien Lauf lassen würde, dann würde ich am liebsten mit dem Wohnmobil fahren. Das finde ich ziemlich cool. Ich hätte sowas auch ganz gerne. Hinten einen Wohnwagen dran und vorne einfach fahren, das finde ich am praktischsten und am abenteuerlichsten. (weiblich, 16 Jahre)

Ich liebe verreisen. Auch super gerne weltweit. (weiblich, 16 Jahre)

Ich finde halt, das ist interessant mit den Kulturen, wie die Leute so leben und die Traditionen und so. Also ich glaube, in fast allen Ländern und Kontinenten ist das anders als hier. Weil ja jeder eine andere Kultur hat. Und die Menschen kennenlernen und so. Also wir sind ja irgendwie da so schon verwöhnt. Zum Beispiel, wenn man jetzt nach Indien oder so gehen würde, es gibt Leute, die auch mit weniger glücklich sind. Sowas finde ich interessant und schön zu beobachten. (weiblich, 17 Jahre)

Also ich mag es so Reden zu halten, Leute zu überzeugen, auch gerade „Jugend debattiert", oder ich bin ja auch Schülersprecherin. Ich mag es einfach, mit der deutschen Sprache umzugehen. Ich habe auch ein paar Gedichte geschrieben. Die haben auch etwas gewonnen beim Jugend-Lyrik-Preis in Stuttgart. Ich würde jetzt nicht sagen, dass ich jetzt so voll, keine Ahnung, nur auf Gedichte und Lyrik stehe, aber so ein bisschen cool ist es schon. (weiblich, 16 Jahre)

Weil ich ja ein Teil der Gesellschaft bin, und dann gehöre ich ja dazu, und dann interessiert es mich eben auch, darüber zu reden und meine Meinung dazu zu äußern. (weiblich, 15 Jahre)

Und auch trotzdem finde ich, ist es so, dass Frauen immer noch als Sexobjekt gesehen werden und die Werbung so viel falsch macht, das geht gar nicht. Das ist einfach sexistisch bis zum geht nicht mehr, dass man nur junge schöne Frauen im Fernsehen sieht. Und generell sind überall Brüste und Pos zu sehen, egal worum es geht [...]. Und die ganzen Klischees auch, dass das Mädchen klein und zart sein soll [...]. Das finde ich kacke. (weiblich, 16 Jahre)

Damals, als diese Wörter Hipster und so aufkamen, wollte ich immer mit der Mode gehen und immer das Neueste tragen. Aber jetzt ist mir das so ziemlich egal geworden. Ich habe meinen eigenen Kleidungsstil. Ich kann den jetzt nicht so einer Gruppe zuordnen, aber ich trage eben das, was mir gefällt und was mir bequem ist. (weiblich, 15 Jahre).

Ich habe einen richtig schlimmen Eisenmangel, so dass der schon nicht mehr messbar ist. Und deswegen muss ich manchmal Fleisch essen, aber das versuche ich so selten wie möglich zu machen. (weiblich, 16 Jahre)

Also ich muss sagen, Tierschutz ist mir schon am wichtigsten. Und Menschenrechte auch. Also ich will das jetzt nicht so darüber stellen. Aber es interessiert mich halt am meisten. (weiblich, 16 Jahre)

> *Auf der Schule, auf der ich bin, die ist halt sozial ausgerichtet. Also das ist halt mit Psychologie und Pädagogik und so. Und wir machen auch immer relativ viel Projekte und sowas. Deswegen habe ich mir die Schule auch ausgesucht, weil mich das halt interessiert.* (weiblich, 16 Jahre)

3.6.2 Zukunftsvorstellungen

Die Sozialökologischen Jugendlichen gehen davon aus, dass ihnen vielfältige berufliche Optionen offen stehen. Sie können und wollen sich noch nicht auf eine berufliche Perspektive festlegen. In jedem Fall soll es ein anspruchsvoller und sinnstiftender Beruf sein, wo man gerne hingeht und Eigeninitiative zeigen kann. Beruf bedeutet für sie idealerweise Berufung und Selbstverwirklichung.

Die Affinität zu Berufen, mit denen man „etwas bewegen kann", ist hoch (soziale Berufe, Politiker). Es ist ihnen wichtig, mit Menschen zu tun zu haben und helfen zu können. Die Bezahlung ist dabei eher zweitrangig. Karrierismus liegt Sozialökologischen eher fern. Man möchte kein typischer „Boss", „Chef im Ledersessel" sein.

Auszüge aus Hausaufgabenheften: Wie möchtest Du später leben? Was machst Du dann?

Ich möchte später in meiner eigenen Wohnung leben, am beste ein eigener Haus. Ob mit Freunden eine WG gründen oder alleine, dass ist noch offen. Auf jeden Fall möchte ich ein Haustier haben. (Hund oder Katze) Beruflich möchte ich das machen was mir gefällt und wo ich Spaß dran habe, damit ich den Beruf auch die nächsten Jahrzehnte aushalte. Außerdem möchte ich ein spannendes Leben führen und jeden Tag etwas neues erleben. Ich will nicht, dass mir der graue Alltag zu viel und zu langweilig wird. Ich möchte in fremde Länder reisen und andere Kulturen und Sitten kennen lernen.

Vorallem so, dass ich glücklich & zufrieden mit meinem Leben bin. Ich würde gerne viel reisen, verheiratet sein und mit meinen Kindern ~~in meinem Haus~~ in einem Haus auf dem Land leben.

Mir macht es Spaß Reden zu halten, Leute zu überzeugen und zu diskutieren, deshalb würde ich gerne einmal in der Politik arbeiten und / oder Jura studieren.

Auf alle Fälle möchte ich weiterhin gerne schreiben. (Bücher, Gedichte...)

Ich möchte Sonderpädagogik studieren Danach möchte ich eine Familie gründen. Mein Traum wäre ein Haus in Amsterdam.

Ich habe keinen genauen Plan wie ich später einmal leben will. Ich möchte eine eigene Familie und genug Zeit für meine Hobbys. Was ich dann mache weiß ich noch nicht.

Sozialökologische Jugendliche betrachten es als Horrorvorstellung, ein Leben lang das Gleiche machen zu müssen. Mehrgleisige Berufswege und Patchwork-Karrieren finden sie spannend, da man so vor immer wieder neue Herausforderungen gestellt wird, neue Menschen kennenlernt und eigene Fähigkeiten weiterentwickeln kann.

Eigentlich ist man sich sicher, einen guten Schulabschluss hinzulegen und blickt daher optimistisch in die Zukunft. Wenn man erst weiß, wo es hingehen soll, will man sich voll reinhängen und erwartet, dass es dann auch klappen wird. Vor Eintritt in das Berufsleben träumen Sozialökologische typischerweise von einem langen Auslandsaufenthalt (zum Beispiel mehrere Monate mit dem Rucksack durch die Welt, Au-Pair-Job in den USA, Work&Travel-Experience in Neuseeland). In der Zukunft will man neben dem Traumberuf auch weiterhin viele fremde Länder sehen. Sich mit unvertrauten Kulturen auseinandersetzen zu können sieht man als eine wichtige Lebenserfahrung. Gesund bleiben und eine eigene Familie zu gründen sind ebenfalls wichtig Zukunftsziele, wenngleich man sich vorstellen kann, Familie und Kinder zunächst zu vertagen, weil man vorher noch vieles anderes tun möchte. Eine eigene Familie mit Kindern ist zwar ein wichtiges Lebensziel, diese Jugendlichen romantisieren aber das traditionelle Familienmodell nicht, sondern sind durchaus offen für alternative Lebensmodelle, zumindest für eine gewisse Lebensphase.

Sorgen bereitet momentan lediglich die Frage, ob man sich richtig entscheiden wird oder möglicherweise nie oder zu spät die wahre Berufung entdeckt. Die Chancen, auf dem Arbeitsmarkt Fuß zu fassen, werden kaum thematisiert. Dies kann als Hinweis darauf gelesen werden, dass Misserfolg in diesem Kontext keine Option darstellt – sich beruflich nicht etablieren zu können, rangiert außerhalb des Vorstellungsvermögens. Das mag auch daran liegen, dass ein Studium für die allermeisten absolut gesetzt ist.

Man möchte zwar ein Leben in geordneten und sicheren Verhältnissen, jedoch abseits des Spießbürgerlichen und Kleinkarierten (zum Beispiel kann man es sich gut vorstellen, mit dem Partner auch lange nach Studiumsabschluss noch in einer Wohngemeinschaft zu leben).

Erwachsenwerden bedeutet für diese Jugendlichen v. a. Freiheit und Selbstbestimmung hinzu zu gewinnen. Während es für viele andere Jugendliche auch die (unliebsame) zwangsläufige Übernahme von mehr Verantwortung und Pflichten bedeutet, steht das für die Sozialökologischen nicht so sehr im Vordergrund, da verantwortungsvolles Handeln auf vielen Ebenen ohnehin schon zu ihrem Anspruch an sich selbst gehört. Im Vergleich zu den meisten anderen Lebenswelten thematisieren Sozialökologische auch die Möglichkeit, sich als Erwachsene politisch und sozial (besser) engagieren zu können: Zum einen, weil ihnen als Volljährige das Wahlrecht zusteht, zum anderen weil man als Erwachsener ernster genommen wird.

Typische **Zitate** zur Illustration

Pläne? Es kommt ja immer alles anders. Aber was ich mir am liebsten vorstellen würde: Erst mal eine WG mit vielen Freunden, vielleicht aber auch mit Leuten, die ich noch nicht kenne. […] Und dabei studiere ich halt. Was, das weiß ich selbst noch nicht, vielleicht Psychologie oder so etwas. […] Also sowas wie Wirtschaft oder sowas, das geht gar nicht. (weiblich, 16 Jahre)

Ja, ich freue mich eigentlich darauf, wenn ich dann endlich mein Abi habe und studieren kann, dass man dann sich mehr so selbst einplanen kann, nicht so wie bei Schule, da kriegt man ja den Stundenplan. Dann muss man kommen und dann kann man sich ja so die Vorlesungen und so selbst einteilen und kann auch gucken, ob man in eine WG zieht oder alleine lebt und so, ja. Also ich will auf jeden Fall ausziehen. (weiblich, 17 Jahre)

Auf was ich mich freue, ist ganz klar die Volljährigkeit. Das bringt einfach sehr viele Freiheiten mit sich wie zum Beispiel Autofahren. Und man kann dann so lange draußen bleiben, wie man Lust hat. Man darf auch wählen gehen. Das heißt, man kann sich dann Gedanken machen und auch etwas in Deutschland bewirken. (männlich, 15 Jahre)

Mich interessiert der Beruf Grafikdesigner oder Mediengestalter. (männlich, 15 Jahre)

Ich denke, ich kann mich gut in Menschen hinein versetzen und die verstehen. Deswegen will ich auch so einen sozialen Beruf wählen, das wäre da ganz nützlich. (weiblich, 15 Jahre)

Wenn ich ein gutes Abi habe, würde ich auch Jura studieren. Aber da braucht man erstmal ein gutes Abi dazu. Eigentlich will ich Sonderpädagogik studieren. Ich kann mich eh nie entscheiden. (weiblich, 17 Jahre)

Ich würde gerne mal zu Greenpeace. Also wir zahlen da schon ein bisschen was für, aber ich würde da gerne aktiv mitarbeiten. Und vielleicht werde ich auch später Tierschützer. Das kann ich mir auch vorstellen. (weiblich, 16 Jahre)

Mit 20 bin ich entweder verreist und mache vielleicht irgendein Projekt wie Work&Travel. Wobei, das mache ich ja vielleicht früher, mit 19. Vielleicht studiere ich auch schon mit 20. Das weiß ich noch nicht. Und dann möchte ich auch schon ausgezogen sein. [...] Ja wahrscheinlich in einer WG mit meiner Freundin. [...] Mit meinem Freund möchte ich da noch nicht zusammengezogen sein. [...] Das ist mir irgendwie zu früh. (weiblich, 16 Jahre)

Und dass ich halt auch etwas mache, das Spass macht, auch im Beruflichen und nicht nur, keine Ahnung, wo man gut verdient oder was alle machen, oder wo man denkt, das passt, was halt wirklich gut für einen ist. Dass ich halt glücklich bin mit meinem Leben. (weiblich, 16 Jahre)

Ich würde später auch gerne reisen, wenn man dann mal so Urlaub hat. So in fremde Länder reisen und fremde Sachen erfahren und kennenlernen. (weiblich, 15 Jahre)

3.6.3 Kulturelle Orientierung, Freizeit

Sozialökologische Jugendliche haben ausgesprochen vielfältige Freizeitinteressen: Freundinnen und Freunde treffen, Lesen, Kino, Internet, Sport, alternative Kultur, Musik, Reisen, Psychologie, Kochen und Backen. Sie sind auch sportlich vielfältig aktiv. Gesundheits- und fitnessorientierte

Sportarten wie Joggen und Krafttraining werden genauso praktiziert wie Kampfsport (letzteres mit dem Ziel der Körperbeherrschung, nicht der Gewaltanwendung), Leistungssport im Verein oder Randsportarten (z. B. Bogenschießen).

Konzerte, Musikfestivals (z. B. Festivals wie Splash, Fusion, Melt, Haldern) und mit netten, offenen Menschen tanzen gehören zu den coolen Dingen im Leben. Musik und die aktuelle Lieblingsband sind wichtig, weil sie positive Energie verbreiten und man Druck ablassen kann. Eine hohe Aufmerksamkeit gilt den Texten, die mal lyrisch-lustig, mal sozialkritisch oder auch sinnlos sein dürfen.

An Kunst sind Sozialökologische sehr interessiert, insbesondere „alternative Kunst" (Street-Art oder Graffiti, Poetry Slams). Kunst ist dann besonders spannend, wenn sie eine sozialkritische Message hat. Im Vergleich aller Lebenswelten ist das Interesse an der klassischen Hochkultur bei den Sozialökologischen am stärksten ausgeprägt. Sie gehen z. B. häufiger ins Theater und sind klassischer Musik und Jazz nicht so abgeneigt wie viele ihrer Altersgenossen. Einige spielen selbst klassische Instrumente. Und auch Museumsbesuche, welche in den meisten anderen

Auszüge aus Hausaufgabenheften: Was gibt Deinem Leben Sinn?

Auszüge aus Hausaufgabenheften: WAS HÖRST DU GERNE FÜR MUSIK?

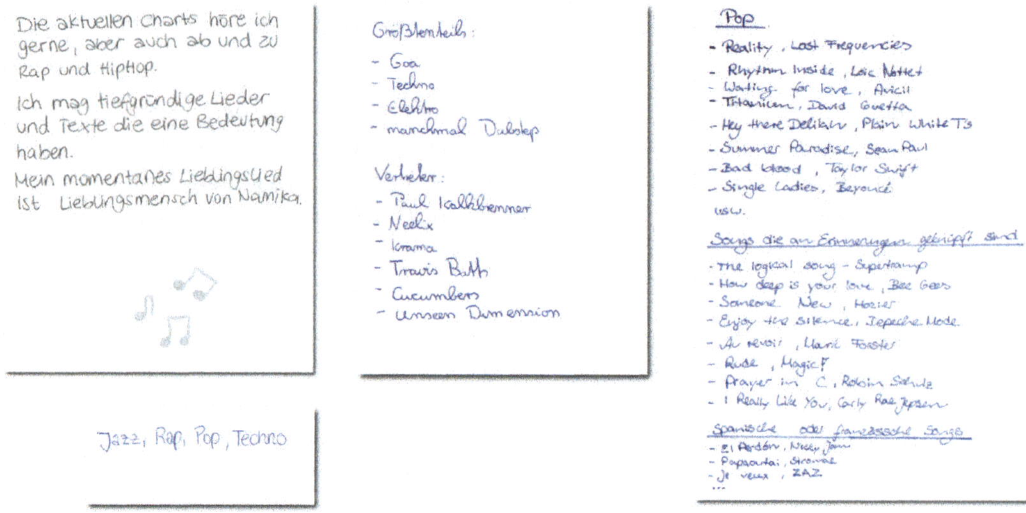
Die aktuellen charts höre ich gerne, aber auch ab und zu Rap und HipHop.
Ich mag tiefgründige Lieder und Texte die eine Bedeutung haben.
Mein momentanes Lieblingslied ist Lieblingsmensch von Namika.

Größtenteils:
- Goa
- Techno
- Elektro
- manchmal Dubstep

Vertreter:
- Paul Kalkbrenner
- Neelix
- Krama
- Travis Bath
- Cucumbers
- Unseen Dimension

Jazz, Rap, Pop, Techno

Pop
- Reality, Lost Frequencies
- Rhythm Inside, Loïc Nottet
- Waiting for love, Avicii
- Titanium, David Guetta
- Hey there Delilah, Plain White T's
- Summer Paradise, Sean Paul
- Bad blood, Taylor Swift
- Single Ladies, Beyoncé

usw.

Songs die an Erinnerungen geknüpft sind
- The logical song – Supertramp
- How deep is your love, Bee Gees
- Someone New, Hozier
- Enjoy the silence, Depeche Mode
- Au revoir, Mark Forster
- Rude, Magic!
- Prayer in C, Robin Schulz
- I Really Like You, Carly Rae Jepsen

Spanische oder französische Songs
- El Perdón, Nicky Jam
- Papaoutai, Stromae
- Je veux, ZAZ
...

jugendlichen Lebenswelten auf (bisweilen starke) Ablehnung stoßen, sind in diesem Milieu durchaus beliebt.

Filme im Kino und Fernsehen werden aus einem breiten Spektrum sehr bewusst ausgewählt und zeichnen sich durch filmische Qualität oder eine besondere Thematik aus. Der Fernsehkonsum beschränkt sich weitgehend auf interessante Reportagen und Dokumentationen. Casting- und Reality-Shows finden kaum Anklang. Einige beginnen bereits, sich für Produktionen zu interessieren, die in besonderem Maße sozialpolitisch engagiert und/oder künstlerisch ambitioniert sind (z. B. Wolf of Wall Street, Das Schicksal ist ein mieser Verräter). Auch Kultfilme bzw. moderne Klassiker finden bei vielen Anklang. (z. B. Shawn of the Dead, Pulp Fiction, Vanilla Sky, Lost in Translation, Star Wars).

Sozialökologische sind von allen Jugendlichen die größten Leseratten. Bücher werden verschlungen, nicht nur gelesen. Das Themenspektrum ist dabei äußerst breit: Lyrik, populäre Bestseller, Trivial- und Horrorliteratur. Auch Sachbücher stehen hoch in der Gunst, um sich in Themenfeldern wie Politik, Geographie oder Geschichte Expertenwissen anzueignen. Und wenn man „von der Muse geküsst" wird, fängt man an, eigene Gedichte und Geschichten oder gar ein Buch zu schreiben, in denen Tagträume, eigene und fremde Biographien verarbeitet werden.

Sozialökologische träumen von einem Leben als Globetrotter. Sie haben großes Interesse an fremden Ländern („Land und Leute") und Sprachen. Daher belegt man auch gerne Sprachen an der Schule oder bildet sich in seiner freien Zeit in Fremdsprachen weiter. Viele beklagen, dass sie von der Welt noch viel zu wenig gesehen haben – das Fernweh ist groß. Man möchte zukünftig entsprechend so viel wie möglich reisen. Dabei möchte man die Ziele spontan auswählen, z. B. auf einer Tour mit dem Interrail-Ticket. Ebenso kann man sich für Natur und Wandern und den Abend am Lagerfeuer begeistern. Die Natur ist ein Ort der Ganzheitlichkeit und Kraftquelle. Einen bis ins kleinste Detail geplanten Urlaub in „Hotelbunkern" findet man schrecklich. Spannend sind die typischen Destinationen des Rucksack-Tourismus (Indien, Thailand, Interrail durch Europa) sowie Städtetrips.

Auszüge aus Hausaufgabenheften: WAS LIEST DU GERNE?

Damals habe ich gerne solche Mädchenbücher gelesen, wie Die drei !!! oder Freche Mädchen.

Heute lese ich sehr gerne Thriller, da man sich richtig in das Buch vertiefen kann und sich die Spannung aufbaut, wie zum Beispiel bei dem Buch Noah

Aber auch andere Bücher gefallen mir sehr, zum Beispiel:
Bevor ich sterbe, Junkgirl,
Eine wie Alaska

Ich lese sehr gerne Bücher, da ich finde, dass man so in eine andere Welt mit rein gezogen wird und sich entspannen kann.

Eigentlich alles... :)

- The fault in our stars
- Margos Spuren
- Eine wie Alaska
- Seelen
- Die Welle
- Panem (Ganze Reihe)
- Der Hobbit
- Abby Lynn (Ganze Buchreihe
  ↳ 1 Band: Verbannt ans Ende der Welt
- Göttlich verdammt
  (+ Fortsetzung der Buchreihe)
- Das lapislazuli Herz
- City of Bones
  (ganze Reihe)

Ich lese gerne Comics, aber auch gerne Biographien und Romane.
Zum Beispiel „Er ist wieder da"

Auszüge aus Hausaufgabenheften: Was gibt Deinem Leben Sinn?

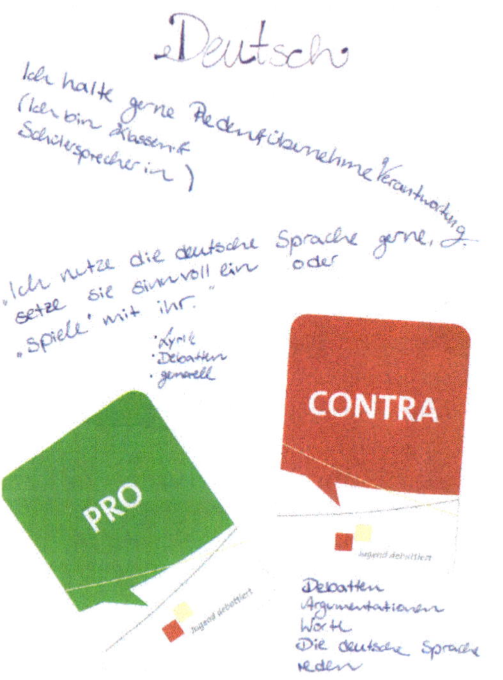

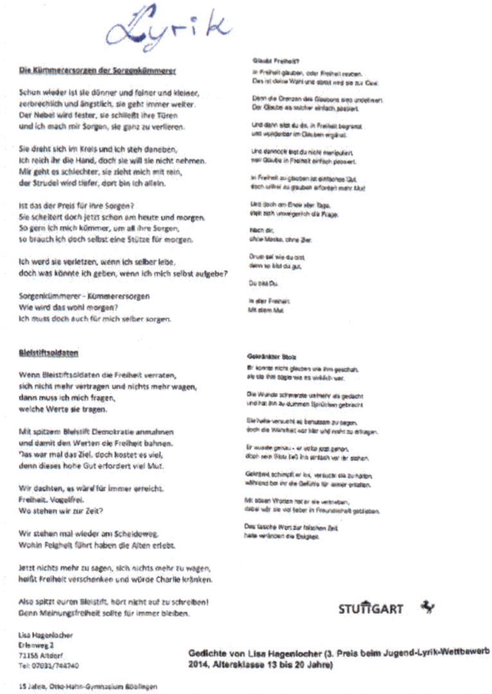

Sozialökologische Jugendliche sind zufrieden mit ihrer verbleibenden Freizeit. Sie brauchen keine zusätzlichen Angebote, weil sie sich ihre Aktivitäten selber organisieren und kaum Langeweile kennen. Es wird zwar „manchmal eng", aber sie wollen ihre Zeit auf keinen Fall „vergeuden und verplempern".

Typische **Zitate** zur Illustration

- *Also ich mag halt auch spannende Sachen. Also nicht solche Hausfrauenserien wie Desperate Housewives oder so. Das gucke ich überhaupt nicht.* (weiblich, 16 Jahre)
- *Meistens habe ich noch AGs nach der Schule, also ich spiele Querflöte. Entweder habe ich dann noch Unterricht oder Jam AG, da spielen wir alle zusammen [...]. Und ich bin in so einer AG, die heißt „Jugend*

debattiert" Und wenn ich dann nach Hause komme, dann lerne ich meistens und mache Hausaufgaben. (weiblich, 16 Jahre)

Also ich fotografiere voll gerne, ich habe in meinem Zimmer so eine Fotowand und ich unterhalte mich halt gerne mit Leuten. (...) Ist eigentlich egal was, aber ich führe gerne, wie sagt man, nicht so oberflächliche Gespräche. Sport mag ich auch, aber ist nicht so, dass ich jetzt für Sport lebe. [LACHT] *Klarinette spiele ich echt gerne. Und ich reise sehr gerne und ich will auch später mal so ganz viele Länder besuchen, am besten alle Kontinente mal.* (weiblich, 17 Jahre)

Ich bin jetzt auch Klassensprecherin und für nächstes Schuljahr auch Schülersprecherin, das heißt irgendwo muss ich bestimmt streichen. Ich spiele jetzt schon Querflöte seit der 5.. Ich merke schon so ein bisschen, ich spiele zwar gern, aber ich habe auch nicht so viel Zeit zum Üben. Aber sonst so läuft es ganz gut. (weiblich, 16 Jahre)

Ab und zu höre ich [ANM.: MUSIK] *auch gerne in anderen Sprachen, also Französisch und Spanisch, weil ich das mag, wie sich das anhört, auch wenn man es nicht gleich versteht. Ich habe jetzt zwar Französisch seit zwei Jahren als dritte Fremdsprache gewählt, aber man versteht es trotzdem nicht gleich. Und Englisch versteht man jetzt eigentlich sofort, was die so singen. Aber ich mag das auch mit Spanisch, das gefällt mir.* (weiblich, 16 Jahre)

Dann gibt es noch Wattpad. Da kann man selber Geschichten posten, also schreiben. Das ist für junge Autoren. Ich lese dort vor allem englische Stories, einfach weil es mehr gibt, aber Deutsch geht schon auch [...]. *Ich bin da nicht so aktiv, aber manchmal schreiben wir zusammen ein Kapitel.* (weiblich, 16 Jahre)

Ich lese gern die STYLEFILE. Das ist ein Graffiti-Magazin. Und bei Büchern lese ich gern spannende Biografien. (männlich, 15 Jahre)

Ich habe noch ein etwas anderes und etwas ausgefalleneres Hobby. Das kennen nicht viele. Das ist diese Sache hier. Das nennt sich Kendama. Das kommt aus dem Japanischen und ist praktisch so ein Geschicklichkeitsspiel, wo man verschiedene Tricks machen kann. (männlich, 15 Jahre)

3.6.4 Vergemeinschaftung

Sozialökologische haben einen vergleichsweise hohen Anspruch an den eigenen Freundeskreis. Mit Jugendlichen, „die völlig anders drauf sind" als sie selbst, d. h. kein Interesse oder Verständnis für sozialökologische und kulturelle Themen mitbringen, hat man kaum etwas zu tun. Man sucht Freunde mit „Niveau und Tiefe". Über die eigenen Freunde sagt man, dass sie oft etwas „verrückt", „künstlerisch begabt" und „extrem klug" sind.

Im eigenen Freundeskreis ist es wichtig, dass man „geradeaus sein kann", „heftig diskutiert" - jedoch stets respektvoll miteinander umgeht. Sozialökologische suchen die intellektuelle und persönliche Herausforderung, möchten sich mit Leuten umgeben, die eine starke und kritische Position einnehmen. Freundschaft bedeutet für sie, in einen kontinuierlichen bereichernden Austausch zu treten.

Sozialökologische bewegen sich in Jugendszenen, in denen die gemeinsamen Interessen eher auf Umwelt- und Naturbewusstsein basieren und/oder als konsumkritisch gelten können. Man grenzt sich von den „sorglosen Verschwendern" und den „Umweltsündern" deutlich ab.

Man möchte sich gerne mit unterschiedlichen Menschen verschiedenen Alters und verschiedener sozialer und nationaler Herkunft umgeben. Idealisiert wird die Freundschaft mit Menschen aus sozial schwächeren Verhältnissen, wenngleich viele faktisch kaum Kontakt zu dieser Gruppe haben. Man geht davon aus, dass der Zusammenhalt und die gegenseitige (auch finanzielle) Unterstützung bei ärmeren Menschen stärker und die Dekadenz geringer ist.

Gute Gemeinschaftserfahrungen machen Sozialökologische außer im Freundeskreis auch in Vereinen, die ihnen wie riesige Familien erscheinen, bei großen nicht-kommerziellen Festivals, Ferienlagern oder an jugend-religiösen Orten wie zum Beispiel Taizé. Unter den Religiösen dieser Gruppe spielt Glaube als Gesprächsthema und Vergemeinschaftungsanlass eine wichtige Rolle.

Typische **Zitate** zur Illustration

Was für Menschen ich nicht mag? Also, das ist ein Mensch, der keine anderen Meinungen zulässt, der fanatisch im Denken ist. Und denkt, die Meinung von sich ist die richtige Meinung und es gibt keine anderen Meinungen, die vielleicht auch richtig sein können. Also ein Mensch, der starrsinnig ist, unreflektiert […]. So herzlose Menschen kann ich nicht leiden, oder falsche Menschen. (weiblich, 16 Jahre)

Ich habe einige afrikanische Freunde. Also viele, die hier geboren sind, aber auch welche, die wirklich aus Afrika kommen. Und ich habe auch eine Freundin, die aus dem Libanon hierher gezogen ist. Und das ist klar ein Unterschied. Vor allem kulturell gesehen. Aber trotzdem ist es kein Grund, nicht befreundet zu sein. Weil so lange derjenige nett ist und man gut miteinander klar kommt und sich respektiert, geht das klar. (weiblich, 16 Jahre)

Ich habe auch noch eine Freundin in Italien. Sie kommt eventuell nächstes Jahr zum Deutschlernen. (weiblich, 16 Jahre)

Naja, ich weiß nicht, ich komme halt nicht mit so Leuten klar, die ihre Meinung nicht sagen können und keinen Charakter haben. Ich weiß nicht, so was macht mich richtig aggressiv. [LACHT] *Wenn ich dann irgendwo auf einem Geburtstag bin oder so und dann sitzen da so Leute, die sich nur mit den Leuten unterhalten, die sie kennen und alle anderen sind sowieso Scheiße. Sowas kann ich nicht leiden, wenn man so verschlossen ist.* (weiblich, 17 Jahre)

Also die meisten Freunde sind Christen. Sie sind auch hilfsbereit, nett und zu den meisten Menschen höflich. Und sie sind so, wie man sich Jugendliche halt vorstellt. Sie haben auch Unfug im Kopf. Aber nicht so, dass es ausartet. (männlich, 15 Jahre)

3.7 Expeditive

Die erfolgs- und lifestyleorientierten Networker auf der Suche nach neuen Grenzen und unkonventionellen Erfahrungen.

3.7.1 Lebensweltliche Basisorientierungen

Typisch für Expeditive ist ein buntes Wertepatchwork. Sie legen großen Wert auf eine Balance zwischen Selbstverwirklichung, Selbstentfaltung, Selbständigkeit sowie Hedonismus einerseits und Pflicht- und Leistungswerten wie Streben nach Karriere und Erfolg, Zielstrebigkeit, Ehrgeiz und Fleiß andererseits. Von allen Jugendlichen sind sie mit die flexibelsten, mobilsten, pragmatischsten, innovativsten. Viele sind auch sehr kompetitiv und akzeptieren die Wettbewerbsgesellschaft. Den

Werte-Universum der Expeditiven

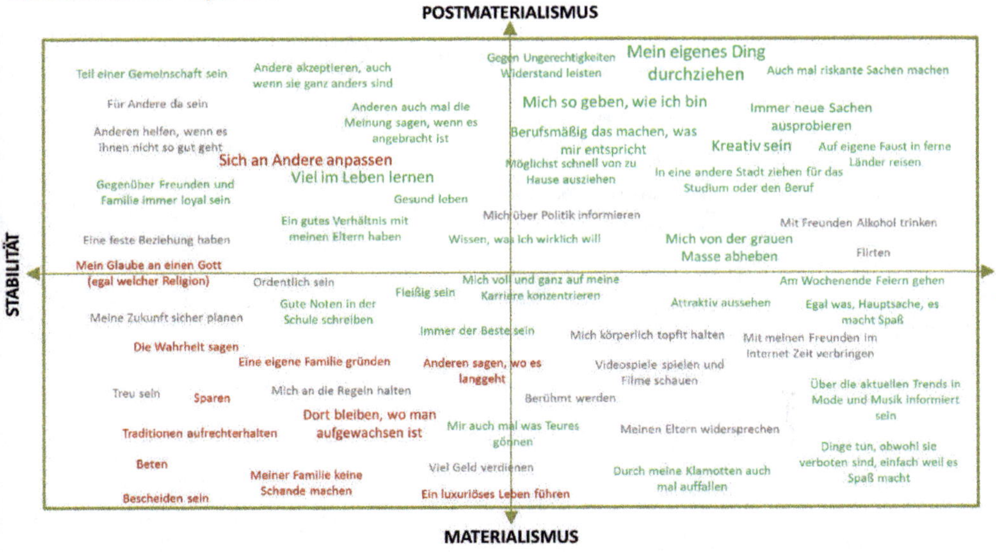

eigenen Erfahrungshorizont ständig zu erweitern, ist eine wichtige Lebensmaxime.

Sie möchten sich nicht in ideologische Korsette zwängen lassen, haben eine geringe Kontroll- und Autoritätsorientierung. Zu Fügsamkeits- und

Auszüge aus Hausaufgabenheften: WAS GIBT DEINEM LEBEN SINN?

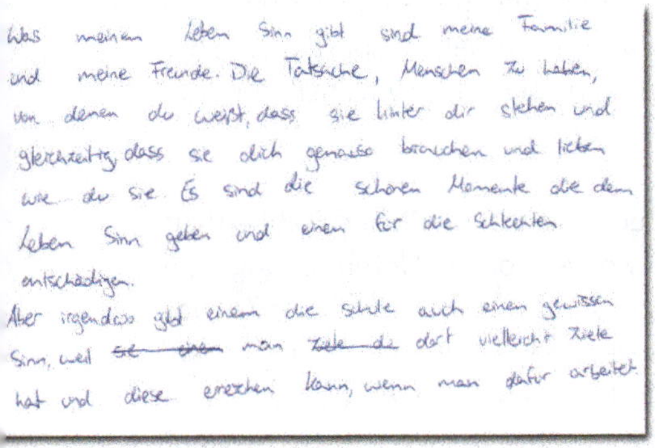
Was meinem Leben Sinn gibt sind meine Familie und meine Freunde. Die Tatsache, Menschen zu haben, von denen du weißt, dass sie hinter dir stehen und gleichzeitig, dass sie dich genauso brauchen und lieben wie du sie. Es sind die schönen Momente die dem Leben Sinn geben und einen für die Schlechten entschädigen.
Aber irgendwo gibt einem die Schule auch einen gewissen Sinn, weil ~~se einen~~ man ~~Ziele die~~ dort vielleicht Ziele hat und diese erreichen kann, wenn man dafür arbeitet.

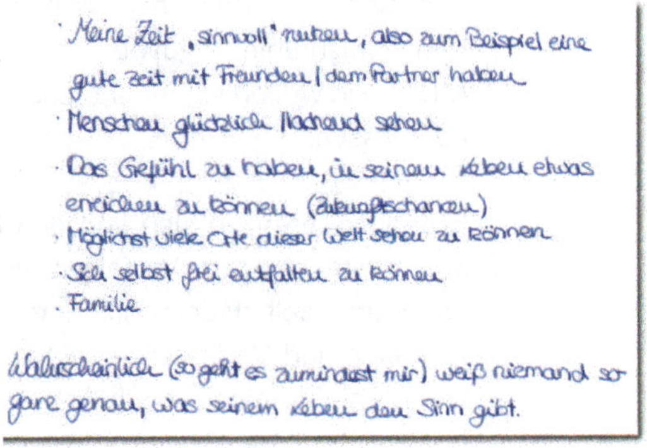
· Meine Zeit „sinnvoll" nutzen, also zum Beispiel eine gute Zeit mit Freunden / dem Partner haben
· Menschen glücklich lachend sehen
· Das Gefühl zu haben, in seinem Leben etwas erreichen zu können (Zukunftschancen)
· Möglichst viele Orte dieser Welt sehen zu können
· Sich selbst frei entfalten zu können
· Familie

Wahrscheinlich (so geht es zumindest mir) weiß niemand so ganz genau, was seinem Leben den Sinn gibt.

Auszüge aus Hausaufgabenheften: WAS GIBT DEINEM LEBEN SINN?

Meine Familie selbstverständlich (ich habe leider gerade kein gutes Bild)

Meine Freunde auch

Das ich die Möglichkeit habe meine Interessen, wie das Theater spielen, das Ballett, das Klavier spielen und noch vieles mehr so ausleben zu können wie ich das möchte.

Teil einer Gemeinschaft zu sein

Ich fand das extrem schwierig, da ich denke, dass man nicht generell z.B. sagen kann, dass Liebe wichtiger ist als Geld (zumindest für mich), mir wäre aber wenn ich ohne Essen, Wohnung und Arbeitsplatz, als Obdachloser auf der Straße lebe, erstmal nicht wirklich weiter hilft, das wäre dann das Geld, dass mir jemand anderes Liebe gibt. Ich kann sagen, dass Religion für mich persönlich nicht wichtig ist, ganz einfach, weil ich nicht gläubig bin, aber Religion spielt in meinem Umfeld, z.B. im politischen Geschehen in vielen Kriegen eine große Rolle …

(a) Bei a habe ich sofort an meinen Opa gedacht. Er ist gestorben als ich noch ganz klein war und ich habe gar keine Erinnerungen an ihn. Wahrscheinlich habe ich an ihn gedacht, weil es schon sehr „besonders" wäre, wenn er mir etwas erzählen würde und ich ihm ganz genau gerne zuhören würde, um zu wissen wie er spricht und wie er sich anhört. Aber auch seine Lebensgeschichte finde ich interessant. Von allen Menschen in meiner Familie weiß ich über ihn am wenigsten. Er hat auch keine Geschwister oder Eltern, die noch leben, also es gibt auch niemanden, der mir z.B. etwas über seine Kindheit erzählen konnte.

(b) „Menschlich" gesehen würde ich gerne etwas von meinen Eltern lernen. Ich denke, ich habe [illegible]

Unterordnungswerten haben Expeditive eine ebenso große Distanz wie zu asketischen Werten und konservativ-religiösen Moralvorstellungen. Steht die freie Entfaltungsmöglichkeit Einzelner in Frage werden Expeditive Jugendliche skeptisch, wenden sich jedoch eher ab als zu rebellieren. Expeditive Jugendliche brauchen kreative Gestaltungsspielräume, um sich wohlzufühlen. Egal ob in der Schule, im Internet, im Sport oder in der Musik, sie wollen selber entscheiden, wann sie was in welcher Form tun oder lassen.

Expeditive grenzen sich von den Merkmalen bürgerlicher Etabliertheit ab: unhinterfragtes Verfolgen von Konventionen, Unterordnung von Spaß und Selbstverwirklichung zugunsten von Sicherheit, Angst vor Auffallen und Veränderung. Expeditive haben klare Ziele für ihr Leben, möchten aber nicht an sondern weiterkommen. Ein erwachsenes Leben ohne Aufbrüche scheint (noch) unvorstellbar. Das erste Ziel besteht darin, die Freiheiten zu erreichen, die eigentlich das Erwachsenenleben

Auszüge aus Hausaufgabenheften: WAS SIND FÜR DICH DIE WICHTIGSTEN SACHEN DER WELT?

Eigenständigkeit / Unabhängigkeit
Freunde / Familie
Partner
beruflicher Erfolg
sein persönliches Blickfeld erweitern (z.B. durch Reisen)
Gesundheit und Freude am Leben
Zufriedenheit

Ich kann gar nicht so genau sagen welche die wichtigsten Sachen für mich in der Welt sind. Ich denke aber das es nichts materielles ist. Viel wichtiger sind solche Dinge wie Freundschaft und das man eine Familie hat auf die man sich verlassen und der man vertrauen kann . Ich finde gute Erziehung auch sehr wichtig und vorallem, dass man lernt sich eine eigene Meinung über das Leben und die Welt zu bilden. Man sollte unabhängig sein.

auszeichnen: finanzielle Spielräume, eine eigene Wohnung, größere Mobilität, Teilhabe am kulturellen Leben, selbstbestimmte Sexualität.

Viele sehen sich als urbane, kosmopolitische „Hipster". Dem eigenen Selbstverständnis nach stellen sie die kulturelle und stilistische Avantgarde unter den Jugendlichen und schöpfen daraus viel Selbstbewusstsein. Sie verfügen über ein ausgeprägtes Selbstdarstellungs- und Durchsetzungsvermögen und haben ein elitäres Grundverständnis von sich selbst. Selbstbeschreibungen muten teilweise narzisstisch an: Man charakterisiert sich als interessant, einzigartig, eloquent, stilbewusst, stilsicher und „Gewinner-Typ". Dass andere Jugendliche dies bisweilen als Arroganz deuten, nimmt man durchaus wahr – deutet es aber nicht zuletzt als Bestätigung der eigenen Überlegenheit.

Expeditive haben oft Vorbilder aus dem Feld der Kunst (Fotografen, Schriftsteller usw.) oder „Machertypen" (Politiker, Entrepreneure). Auch historische und „jugenduntypische" Persönlichkeiten gelten einigen als Vorbilder.

Expeditive feiern Vielheit und Differenz, distanzieren sich von allem, was „gleichgeschaltet" daherkommt. Unverhandelbare Ordnungen und Konventionen sowie „genormte Identitäten" sind ihnen ein Gräuel. Sie lieben das Unkonventionelle, wenden sich demonstrativ vom „bürgerlichen Muff", von „spießbürgerlicher Gemütlichkeit" und von „steifem Bürokratismus" ab. Ein „austauschbarer Mustermensch" zu sein, bezeichnen Expeditive als eine fürchterliche Vorstellung, entsprechend groß sind die

Auszüge aus Hausaufgabenheften: NENNE EINE ERWACHSENE PERSON: A) DEREN LEBENSGESCHICHTE DU DIR GERNE ERZÄHLEN LASSEN WÜRDEST. B) VON DER DU GERNE WAS LERNEN WÜRDEST.

a) Willy Brandt
Er erlebte beinahe das ganze, ereignisreiche 20. Jahrhundert und beeinflusste es selbst mit. Seine Biographie ist äußerst spannend, und noch interessanter wäre es sicherlich, wenn er mir seine Lebensgeschichte persönlich erzählen würde.

b) Das Fotographieren von Diane Arbus oder einem anderen international bekannten Fotographen.

a) Nelson Mandela
b) Ed Sheeran

Die meines Großvaters mütterlicherseits. Ich habe ihn nämlich nie kennen gelernt da er schon tot war als ich geboren bin. Ich weiß nur sehr sehr wenig über ihn.

Marie Antoinette

Abgrenzungsbemühungen zum Mainstream. Sie sind dabei aber weniger „verbissen" und rigoros als die Experimentalistischen Hedonisten. Ihre Distinktionsbestrebungen gestalten sich weniger als rebellisches Kämpfen, sondern ergeben sich quasi selbstverständlich aus der doch „offensichtlichen" intellektuellen und stilistischen Überlegenheit (vor allem gegenüber Gleichaltrigen).

Expeditive sind begeisterte und anspruchsvolle Konsumenten mit einem ausgeprägten Marken- und Trendbewusstsein (Mode, Musik, Kulinarik, Technik). Man greift (noch) auf Läden wie H&M, COS, Mango und Zara zurück – „für Basics sowieso", versucht aber bereits, Stangenware möglichst zu vermeiden. Einige shoppen auch bereits in Läden, die gezielt qualitätsbewusste ältere Käufer adressieren (z. B. COS). Damit möchte man sich von den Gleichaltrigen absetzen und einen exklusiveren Kleidungsstil verfolgen. Auch beginnt man, sich für kleine Designerstores zu interessieren, wo sich der Wunsch nach Individualität besser einlösen lässt. Aus diesem Grund sind auch Flohmärkte und Second-Hand-Läden beliebte Einkaufsstätten und die eingemotteten Kleider der Eltern beliebte Fundgruben. Der eigene Stil wird als „zwischen elegant und extravagant", „kreativ", „anders als in der grauen Masse" beschrieben.

Expeditive genießen es, für ihren Kleidungstil von anderen bewundert zu werden.

Für die Ästhetik der Expeditiven ist das ironische Spiel mit unterschiedlichen Stilen typisch. Dabei bedienen sie sich selbstbewusst und frech vieler Klischees und greifen neue Trends schnell auf, zitieren, was sie in internationalen (Mode-)Blogs aufstöbern und ergänzen die Styles (College-Style, Tomboy-Style, 80ies Vintage) um eigene Ideen.

Einige Expeditive verkörpern einen „Belanglosigkeitscharme", inszenieren sich ästhetisch z. B. demonstrativ nachlässig aber stilsicher. Man liebt Kleidung, Accessoires und Möbel mit einer „trashigen Aura". Auch minimalistisches Design kommt gut an. Expeditive haben oft ein großes Vintage-Faible. Wichtig ist, dass der eigene Stil nicht „angestrengt" rüberkommt. Alles soll mühelos und beiläufig wirken. Bei der Selbstinszenierung, v. a. über Mode und Möbel, ist man jedoch durchaus detailversessen. Bereits in der untersuchten Alterskohorte zeigt sich, dass Expeditive für popkulturelle Verfeinerungstaktiken sensibilisiert sind. Ästhetische Kleinstunterscheidungen wirken spannend auf Expeditive.

Expedive sind viel unterwegs. Es zieht sie nach draußen, in die angesagten Locations, dorthin, wo die Musik spielt, wo die Leute spannend und anders sind.

Bei aller Begeisterung für Spaßhaben in der Freizeit möchten sie jedoch auch im beruflichen Leben etwas reißen („mover & shaker"). Sie leben nach dem Motto „Work hard, play hard".

Die Familie ist Expeditiven (wie allen Jugendlichen) wichtig, in den Alltagsbeschreibungen spielt sie jedoch eine geringe Rolle – die Familie ist der sichere Hafen, hin und wieder unternimmt man etwas mit den Eltern oder einzelnen Geschwistern, das „wirkliche Leben" spielt sich jedoch außerhalb der Familie ab. Expeditive Jugendliche fiebern der räumlichen Ablösung vom Elternhaus entgegen – dem Beginn eines neuen Lebensabschnitts.

Typische **Zitate** zur Illustration

Ich möchte später zumindest zeitweise weg aus [MITTELGROSSE STADT IN OSTDEUTSCHLAND]. *Ich finde es wichtig, die eigene Komfortzone zu verlassen. Ich treffe auch heute schon Leute oder mache Sachen, die ich nicht jeden Tag mache, mein Leben ist also nicht langweilig, aber im Moment habe ich schon das Gefühl, dass ich nur so vor mich hinlebe. Das ist nicht direkt vegetieren. Aber dadurch finde ich es wichtig, dass ich später mal in eine andere Stadt gehe und dort die Möglichkeit habe, neue Wege zu laufen. Ich möchte die neue Stadt für mich selber entdecken.* (weiblich, 15 Jahre)

Mir ist natürlich wichtig im Leben, dass ich Bezugspersonen habe, auf die ich mich verlassen kann, bei denen ich so sein kann, wie ich bin: Familie, Freunde, Partner. Dass ich trotzdem unabhängig bin, dass ich mein eigenes Leben führen kann, wie ich das möchte. Dass ich gute Zukunftschancen habe. Dass ich das Gefühl habe, ich kann mich weiterentwickeln, dass ich irgendwie eine Perspektive habe. Dass ich viel reisen kann, das ist mir sehr wichtig, was sehen. Und ich finde, man sollte sich schon sich anstrengen: Work hard – play hard. Dass man so den Ausgleich dazu findet. Dass man auf der einen Seite sich wirklich anstrengt, aber auch dann wieder so Ruhephasen hat, dass man runterkommt oder feiern geht oder sonst irgendwas. (weiblich, 17 Jahre)

Ich denke nur, man sollte alles nicht so ernst nehmen oder streng, einfach so ein bisschen locker immer bleiben und runterkommen erst mal. So unbeschwert auf die Sachen zugehen und dann wird das alles schon. Ich glaube, man muss immer vor allem an sich selber denken und man darf nicht so sehr an andere denken dabei, wenn man wirklich etwas erreichen will. Weil ich glaube, es denken nicht so viele wirklich an die anderen. Und wenn du für dich zwar an die anderen denkst, aber keiner denkt dann mehr an dich, das bringt dir dann auch nichts mehr. Ich glaube, man muss schon ein bisschen egoistisch sein in vielerlei Hinsicht und vor allem auch selbstbewusst und eine eigene Meinung über die Dinge haben. (weiblich, 16 Jahre)

Ich glaube, sie würden sagen, dass ich relativ unabhängig bin für mein Alter, dass ich nicht so drauf Wert lege, was andere über mich sagen, aber dass ich schon relativ ehrgeizig bin, glaube ich. Dass ich auch ziemlich stur sein kann, vielleicht auch ein bisschen nachtragend. Dass ich auch - das hört sich jetzt doof an, aber zukunftsorientiert bin, dass ich mir viele Gedanken über meine Zukunft mache und auch sehr viel Wert darauf lege. (weiblich, 17 Jahre)

Ich glaube, sie würden sagen, dass ich selbstbewusst bin und sehr laut (...) und mich gerne präsentiere und im Mittelpunkt stehe. Aber auch, dass ich über ernste Themen sprechen kann und auch mal nicht so albern immer bin. Vielleicht würden auch viele sagen, dass ich immer so Anführerin gerne bin, weil ich immer gerne das Sagen habe in vielen Dingen einfach so. (weiblich, 16 Jahre)

Manchmal langweilt mich das ein bisschen, wenn ich zum dritten Mal bei H&M war und die haben irgendwie nichts Besonderes. (weiblich, 17 Jahre)

Das ist eher so ein exquisiter Schuhladen, also keine Kette. Das macht einer alleine. Und der hat auch einen Kleiderladen nebenan. Und der hat auch oft Schuhe, die sonst kein Laden in Stuttgart hat. Der hat ziemlich viele Connections und kriegt auch exquisite Schuhe. Ich finde den Laden einfach cool, also auch die Mentalität. (männlich, 16 Jahre)

Bei Klamotten, was mir gefällt, das kauf ich immer alles. Nicht immer ultraschick oder so. Das gefällt mir auch nicht und gerade für die Schule ist es blöd, wenn man sich da so auftakelt. Was immer so locker ist und so ein bisschen hipster, das gefällt mir eigentlich alles immer sehr gut. (weiblich, 16 Jahre)

Wenn ich etwas angefangen habe, dann versuche ich, das wirklich durchzuziehen, dass ich nicht sage, ich mache zum Beispiel jetzt jeden Tag Sport, und dann sag ich am dritten Tag, ich habe keine Lust mehr. Das ziehe ich dann schon durch. (weiblich, 17 Jahre)

Wenn ich viel Geld kriegen würde, würde ich mir ein Haus kaufen, in Paris am liebsten. Oder ich hatte immer so einen Traum, dass ich mal Medizin in Harvard studiere. Vielleicht würde ich mir das davon bezahlen, weil das ist ja echt richtig teuer, so das Studium sichern, sag ich mal. (weiblich, 16 Jahre)

3.7.2 Zukunftsvorstellungen

Expeditive blicken recht optimistisch, entspannt und selbstbewusst in die Zukunft. Sie gehen davon aus, dass sie das Rüstzeug mitbringen, um in einer globalisierten (Arbeits-)Welt Karriere machen zu können. Sie beobachten im Bekanntenkreis, dass man heute (v. a. in der von ihnen präferierten Kreativbranche) mit Originalität, Eigeninitiative und Unkonventionalität („kreativer Differenz") weit kommen kann. Das sind Eigenschaften, die sie sich selbst in hohem Maße zuschreiben. Außerdem verfügen sie über gute „Connections" und in der Regel die notwendige Unterstützung im Elternhaus. Expeditive können sich gut selbst inszenieren, sich verschiedene „Masken" aufsetzen, wenn sie das Gefühl haben, dadurch im Leben schneller, besser voran zu kommen. Diese Fähigkeit ist ihnen als Vorteil bewusst, wenn es darum geht, sich selbst zu verkaufen.

Ein „guter" Beruf ist Expeditiven äußerst wichtig, wird aber nicht als der einzige zentrale „Sinnstifter" verstanden. Leben ist mehr als nur Arbeit. Spaß ist ein wichtiger Faktor in den Beschreibungen der beruflichen Zukunftsvorstellungen: Man möchte sich nicht an den Arbeitsplatz quälen müssen, sich Hierarchien blind unterordnen (immer „machen müssen, was andere sagen"). Man wünscht sich eine berufliche Zukunft mit möglichst großen Freiheitsgraden (Auswahl aus Themenvielfalt, flexible Arbeitszeiten und interessante soziale Kontakte) an einem attraktiven urbanen Standort.

Man geht einerseits davon aus, relativ problemlos „irgendeinen Job" finden zu können, andererseits fürchtet man, dass man beim Wunsch nach kreativer Selbstverwirklichung möglicherweise Abstriche machen muss. Expeditive beschäftigt weniger die Frage, ob sie einen Job finden, sondern für welchen Job sie sich entscheiden sollen, wie viele Fehlversuche man sich leisten kann, ob der derzeitige Traumberuf auch in der Zukunft spannend bleibt. Wirkliche Sorgen um ihre Zukunft machen sie sich nicht.

Man träumt davon, lieber früher als später auf eigenen Beinen zu stehen, das Elternhaus zu verlassen und eine eigene Lebensform zu finden. Dies kann sowohl eine Ehe mit Kindern als auch eine lose Beziehung oder eine

Auszüge aus Hausaufgabenheften: WIE MÖCHTEST DU SPÄTER LEBEN? WAS MACHST DU DANN?

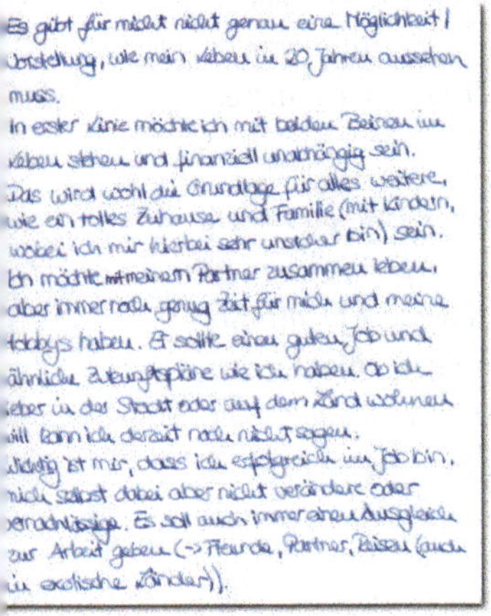
Es gibt für mich nicht genau eine Möglichkeit / Vorstellung, wie mein Leben in 20 Jahren aussehen muss.
In erster Linie möchte ich mit beiden Beinen im Leben stehen und finanziell unabhängig sein. Das wird wohl die Grundlage für alles weitere, wie ein tolles Zuhause und Familie (mit Kindern, wobei ich mir hierbei sehr unsicher bin) sein. Ich möchte mit meinem Partner zusammen leben, aber immer noch genug Zeit für mich und meine Hobbys haben. Er sollte einen guten Job und ähnliche Zukunftspläne wie ich haben. Ob ich lieber in der Stadt oder auf dem Land wohnen will kann ich derzeit noch nicht sagen.
Wichtig ist mir, dass ich erfolgreich im Job bin, mich selbst dabei aber nicht verändere oder vernachlässige. Es soll auch immer einen Ausgleich zur Arbeit geben (-> Freunde, Partner, Reisen (auch in exotische Länder)).

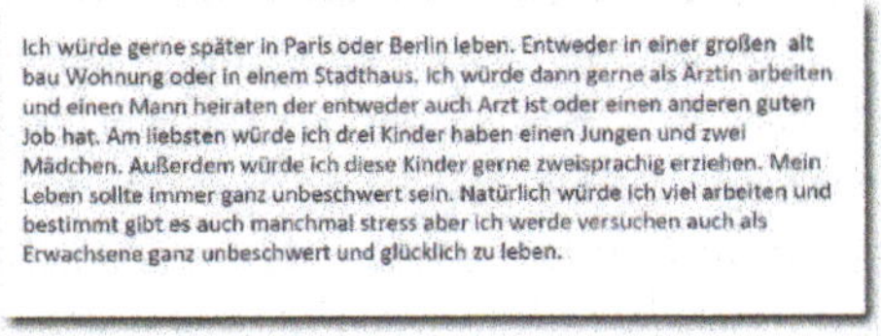
Ich würde gerne später in Paris oder Berlin leben. Entweder in einer großen alt bau Wohnung oder in einem Stadthaus. Ich würde dann gerne als Ärztin arbeiten und einen Mann heiraten der entweder auch Arzt ist oder einen anderen guten Job hat. Am liebsten würde ich drei Kinder haben einen Jungen und zwei Mädchen. Außerdem würde ich diese Kinder gerne zweisprachig erziehen. Mein Leben sollte immer ganz unbeschwert sein. Natürlich würde ich viel arbeiten und bestimmt gibt es auch manchmal stress aber ich werde versuchen auch als Erwachsene ganz unbeschwert und glücklich zu leben.

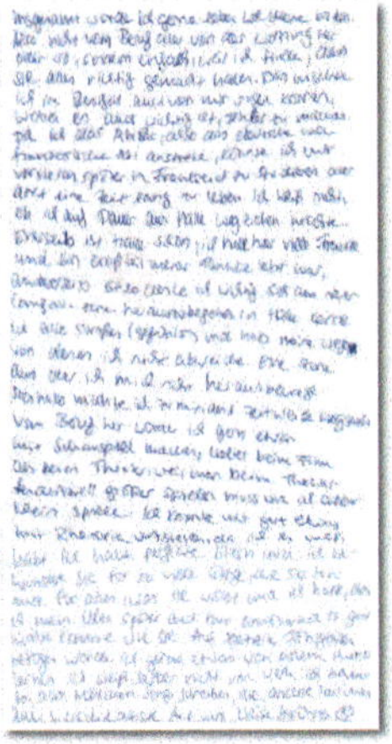

WG sein. Eine Partnerschaft ist nur dann attraktiv, wenn beide fest auf eigenen Beinen stehen und jeder das eigene Leben leben kann.

Bevor Bindungen oder Verpflichtungen eingegangen werden, wünscht man sich jedoch, erst einmal Freiheit und Unabhängigkeit zu genießen. Auslandsaufenthalte sind selbstverständlich und für verschiedene Lebensphasen (noch während der Schulzeit, danach, während des Studiums oder als lange Reise) vorgesehen.

Expeditive haben oft eine recht lange Phase des „Ausprobierens" eingeplant. Das Leben auch mit fortschreitendem Alter flexibel und spontan zu gestalten ist für sie wichtig.

Typische **Zitate** zur Illustration

- *Ich glaube aber, dass man teilweise gar nicht wissen muss, was man möchte. Es ist auf der anderen Seite auch wichtig, im Jetzt zu leben und nicht ständig nur vorauszuplanen. Manchmal muss man einfach damit zufrieden sein, dass man nicht genau weiß, was man hat und was man macht. Man sollte die Dinge so nehmen, wie sie kommen.* (weiblich, 15 Jahre)

- *Also eine Familie möchte ich nicht so früh. Das weiß ich schon. Mein Halbbruder hat früh Kinder bekommen. Der hat jetzt schon zwei Kinder und ist erst, glaube ich, 28. Ich finde, das schränkt einen einfach ein. Ich finde, das muss man nicht gleich am Anfang seines Lebens machen. Lieber sollte man erst mal Dinge machen, die man später nicht mehr machen kann, zum Beispiel reisen oder feiern oder was auch immer.* (männlich, 16 Jahre)

Ich glaube, dass ich so ganz unbeschwert weiter sein werde und auch so durchs Leben gehen werde, weil ich glaube, dass das auch eine gute Einstellung ist. Aber dass ich auch mal so eine gewisse Machtposition, was meinen Job angeht, haben möchte. Aber dass ich auf jeden Fall wahrscheinlich immer ganz gestresst sein werde, weil ich immer ganz viele Sachen zu tun habe und mich das ein bisschen vielleicht auch überfordern wird, aber ich das trotzdem irgendwie schaffen werde. (weiblich, 16 Jahre)

Wenn man alles selber machen muss und seine eigene Wohnung hat, da freue ich mich auf jeden Fall drauf. Wenn man so alleine wohnen kann und selber mit den Sachen umgeht und immer machen kann, was man will. Vor allem, wenn man gerade studiert: Du entscheidest jetzt, was du machst und nicht mehr deine Eltern. Du musst nicht mehr deine Eltern fragen. (weiblich, 16 Jahre)

Ich werde mit 18 zum Beispiel auch ausziehen. Da ist man auf sich allein gestellt. Das kann man natürlich auch mit 17 oder 19 machen. Aber 18 ist einfach auch so eine symbolische Zahl. Mit 18 ist man erwachsen. (weiblich, 15 Jahre)

Ich möchte auf jeden Fall einen hohen Lebensstandard haben, dass man sich nicht immer Gedanken machen muss ums Geld: Kann ich mir jetzt das leisten oder das? Dass man einfach viel verreisen kann, das ist mir auch sehr wichtig, dass man etwas von der Welt sieht. Dass man eine ordentliche Wohnung hat oder später vielleicht mal ein Haus. (…) Dass sich mein Leben nicht nur um die Karriere dreht, dass es einen wichtigen Teil einnimmt, aber dass ich auch einen Rückzugsort habe. (weiblich, 17 Jahre)

Ich hoffe, dass ich studiere. Ich habe überlegt, Psychologie zu studieren, also eher in die Wirtschaftsrichtung so mit BWL, weil ich finde es eigentlich das interessanteste Fach, wo man auch am meisten lernen kann. Ich hatte mir auch Mathe überlegt, aber ich glaube, das wird zu trocken.

Germanistik oder so interessiert mich gar nicht. Politik finde ich interessant, aber ich weiß nicht, wie gut da die Zukunftschancen mit dem Job sind. Lehramt auf gar keinen Fall. Ich glaube, irgendwann würde es mich nerven, wenn ich zum 103. Mal den Kindern beibringen muss, wie das jetzt funktioniert. Nein, und wenn die so laut sind und dann muss man jeden Tag das Gleiche machen, nein. (weiblich, 17 Jahre)

Jobwahl ist immer schwierig. Ich will auf jeden Fall keinen Bürojob oder so etwas. Ich möchte nur ungern immer das Gleiche machen müssen. Ich möchte lieber mit den Händen arbeiten, also entweder etwas Handwerkliches oder im Design. Oder ich würde auch Fotograf werden wie mein Vater. (männlich, 16 Jahre)

Ich stelle es mir so vor, dass ich nach dem Abi nach Berlin gehe und dann anfange zu studieren, Medizin, und dann bin ich da gerade dabei mit 22. (weiblich, 16 Jahre)

Mit 30 hätte ich schon gern die Familienplanung in Sicht. Ich sehe das so: Bis 30 hat man Zeit sich auszuprobieren. Und ab 30 ist dann so... Klar ist das dann kein Muss. Und wahrscheinlich sehe ich das anders, wenn ich selber 30 bin, weil ich dann gar nicht das Gefühl habe, 30 zu sein. Aber im Moment sehe ich das so, dass ich ab 30 einen Job und eine Wohnung haben sollte. Und irgendwie sollte ich auch wissen, was ich machen will. Klar hat man auch später noch Zeit. Man kann ja auch theoretisch noch mit 45 umschwenken. Ich fände es aber schön, wenn ich mit 30 wüsste, wie es vorerst weitergeht. (weiblich, 15 Jahre)

Ich wäre gern eine gute Mutter, also nicht so eine überstrenge, aber doch eine gute Mutter. Ich möchte auch nicht so langweilig sein. Ich wäre nicht gern nur - in Anführungsstrichen - eine Hausfrau, die den ganzen Tag nur zu Hause ist und ab 30 nicht mehr feiern geht. (weiblich, 17 Jahre)

3.7.3 Kulturelle Orientierung, Freizeit

Bei den Expeditiven zeichnet sich bereits früh eine kulturell universalistische Orientierung ab. Man ist bereits in jungen Jahren auf der Suche nach vielfältigen kulturellen Erfahrungsräumen, z. B. modernes Theater, Kunst und Malerei. Entsprechend ist das kulturelle Kapital der Expeditiven von allen Lebenswelten am stärksten flexibel-multikulturell ausgeprägt. Mit dem Mainstream-Geschmackskanon möchte man nicht in Verbindung gebracht werden. Von Rockkonzerten bis hin zu klassischer Hochkultur erscheint vieles interessant, solange man einen gewissen „Anspruch" darin eingelöst sieht.

Expeditive nutzen ihr breites, flexibel-multikulturelles Kapital als Statusmarker, um Distinktionsgewinne gegenüber dem Mainstream zu erzielen. Dabei geht es nicht nur darum sich zu unterscheiden, sondern auch darum, sich als „kultivierter" abzuheben: durch ein gepflegtes und der Situation angemessenes Äußeres, eine adäquate Ausdrucksweise, charmantes Auftreten und einwandfreie Manieren wenn nötig – jugendlicher Trotz, Schnodder und Slang werden an anderer Stelle gezeigt. Man weiß um seine Wirkung und den Einfluss auf das Umfeld.

Musik ist für Expeditive mehr als nur Musikrezeption. Sie ist Lebensgefühl, Soundtrack für ihren Alltag, einerseits etwas sehr Persönliches und

Auszüge aus Hausaufgabenheften: WAS HÖRST DU GERNE FÜR MUSIK?

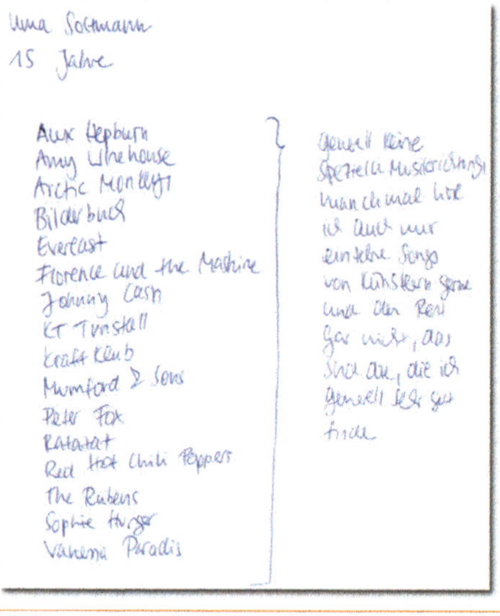

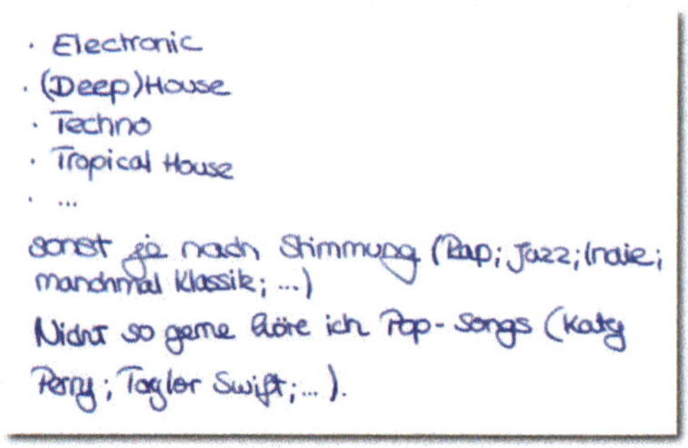

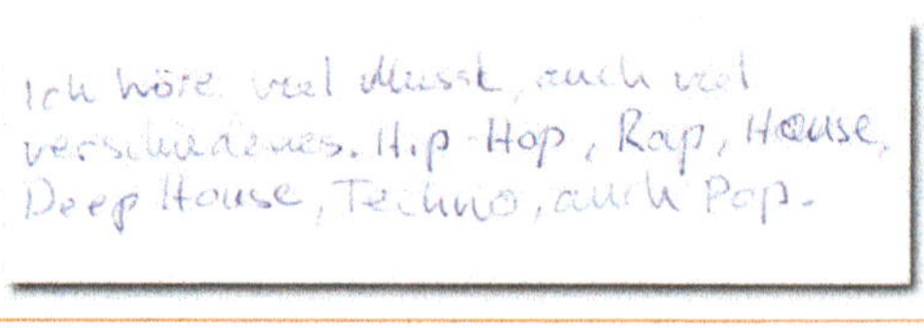

andererseits eine wichtige Voraussetzung der Vergemeinschaftung. Der eigene - aus Sicht der Expeditiven ungewöhnliche, distinguierte, - Geschmack ist auch ein Mittel, um den Peers zu signalisieren, dass man erwachsener, reifer ist. So reicht ihr Musikgeschmack von den klassischen Stücken Mozarts über elektronisch-minimalistische Klänge bis hin zu satirischen Skandalrappern - Hauptsache etwas Besonderes und nicht zu sehr im „Mainstream". Expeditiven ist es wichtig, nicht auf eine Musikrichtung oder eine Szene reduziert zu werden. Sie interessieren sich für die Protagonisten und Ursprungsmythen bestimmter Genres, verfolgen die entsprechenden Nischenmedien, die darüber berichten. Musik ist auch Raum kreativer Selbstentfaltung: Man konsumiert nicht nur, sondern legt auch selber als DJ Platten auf oder würde das zumindest gerne in Zukunft tun. Oder man bringt sich selber ein Musikinstrument bei: Klavier, Synthi, Gitarre.

Expeditive sind „kulturelle Wilderer". Sie bedienen sich nach Lust und Laune aus dem reichhaltigen Reservoir der Popkultur und fügen Versatzstücke verschiedenster historischer und kultureller Provenienz zu einem neuen Ganzen zusammen: Remix, Bricolage, Sampling sind typische Kulturtechniken dieser Jugendlichen.

Expeditive lassen sich von einem elaborierten Sprachstil, komplexen Argumentationsketten, anspruchsvoller Kunst etc. beeindrucken. Das Banale, Triviale, Volkstümliche wird verunglimpft und entwertet. Man kann nicht nachvollziehen, dass Menschen (insbesondere Jugendliche) sich für Volksmusik, Schlager, DSDS-Sternchen oder Musicals begeistern können.

Die „normalen Bücher", die man in der Schule lesen muss, langweilen eher. Man trifft eine eigene Lektürewahl (z. B. Thriller, Sachbücher oder auch mal Klassiker). Lesen ist vergleichsweise beliebt, auch wenn zunehmend die Peergroup interessanter wird und weniger freie Zeit für dieses Hobby bleibt. Viele dieser Jugendlichen haben eine relativ große Büchersammlung, können von Lieblingsautoren berichten und erleben das Lesen als genussvoll.

Auch mit Hinblick auf Fernsehen und Kino folgt man viel seltener als Gleichaltrige dem Mainstream. Bevorzugt werden amerikanische und

Auszüge aus Hausaufgabenheften: WAS LIEST DU GERNE?

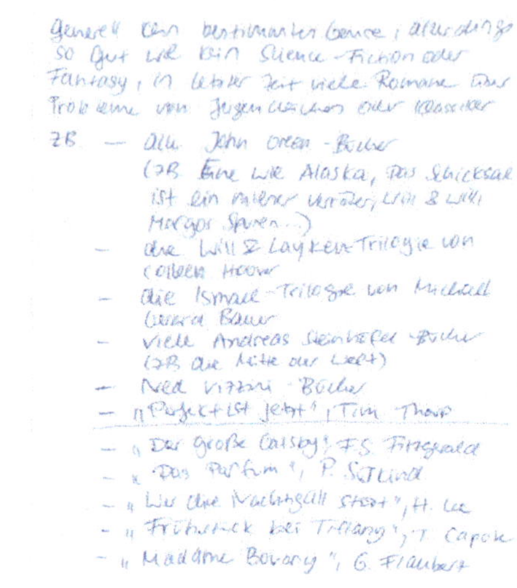
generell kein bestimmtes Genre; allerdings
so gut wie kein Science-Fiction oder
Fantasy, in letzter Zeit viele Romane über
Probleme von Jugendlichen oder Klassiker
zB — alle John Green-Bücher
(zB Eine wie Alaska, Das Schicksal
ist ein mieser Verräter, Will & Will,
Margos Spuren ...)
— die Will & Layken-Trilogie von
Colleen Hoover
— die Ismael-Trilogie von Michael
Gerard Bauer
— viele Andreas Steinhöfel-Bücher
(zB die Mitte der Welt)
— Ned Vizzini-Bücher
— „Perfekt ist jetzt", Tim Thorp
— „Der große Gatsby", F.S. Fitzgerald
— „Das Parfum", P. Süskind
— „Wer die Nachtigall stört", H. Lee
— „Frühstück bei Tiffany", T. Capote
— „Madame Bovary", G. Flaubert

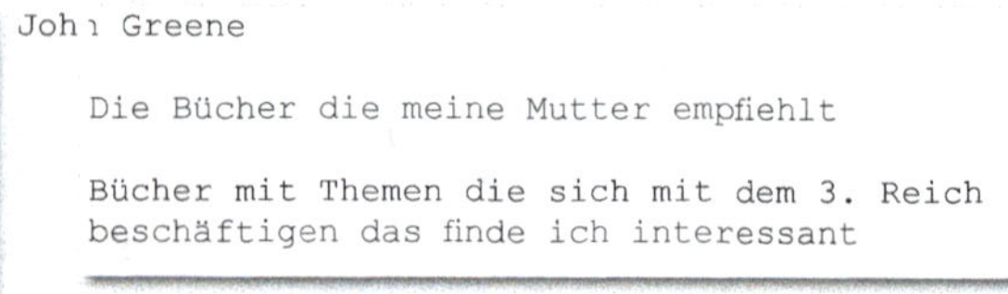
John Greene

Die Bücher die meine Mutter empfiehlt

Bücher mit Themen die sich mit dem 3. Reich
beschäftigen das finde ich interessant

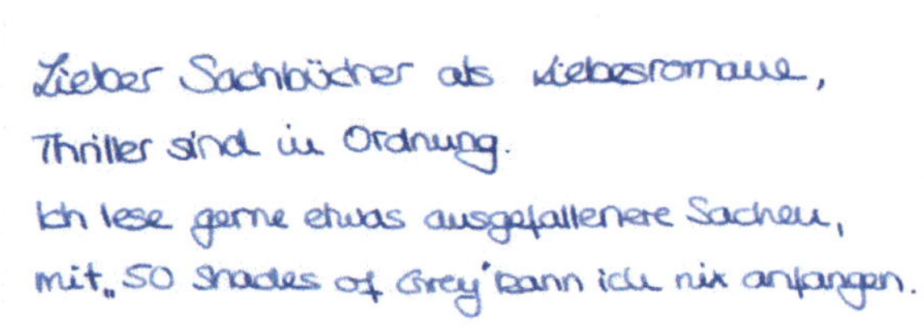
Lieber Sachbücher als Liebesromane,
Thriller sind in Ordnung.
Ich lese gerne etwas ausgefallenere Sachen,
mit „50 Shades of Grey" kann ich nix anfangen.

britische TV-Serien (Dr. House, Dr. Who, Simpsons, Skins, Misfits). Gerade weil man weiß, dass das „total doof und ätzend" ist, amüsiert man sich auch mal darüber, wie Menschen in Realty TV-Formaten zur Schau gestellt werden, verurteilt diese Form der Unterhaltung jedoch gleichzeitig. Dokumentationen, Magazinformate und „anspruchsvolle" Spielfilme auf ARD, Arte oder den dritten Programme schaut man sich auch mal an. Streaming-Portale werden ebenfalls frequentiert. Im Kino achtet man eher darauf, dass die Story stimmt und es eine anspruchsvolle Produktion ist (Drama, Psychothriller, Horrorfilm).

Reisen steht hoch im Kurs bei den Expeditiven. Fremde Länder, etwas Neues sehen und andere Menschen kennenlernen sowie Naturerfahrung sind die Motive, um auf Tour zu gehen. Expeditive sind fasziniert von dem pulsierenden Leben der Großstädte. New York, Berlin, London, Tokyo, Stockholm sind Orte, für die man sich begeistert, von denen man viel gehört hat und die man besuchen möchte.

Bei den Expeditiven Jugendlichen ist bereits recht deutlich die Vorliebe für das exzessive Partyleben zu erkennen, (Techno-)Partys und

Auszüge aus Hausaufgabenheften: WOFÜR INTERESSIERST DU DICH?

Für vieles. Was in der Welt so passiert. Über die großen Probleme aber natürlich auch für die kleinen eigentlichen unwichtigen Probleme die ich selber oder meine Freunde haben. Für Jungs interessiert man sich als 16 jähriges Mädchen ja auch und dazu eben interessiert man sich für die Liebe. Für Mode und so was interessiere ich mich auch, ist ja auch teilweise wichtig.

WOFÜR INTERESSIERST DU DICH ÜBERHAUPT NICHT?

DSDS und Co., Schlager, Ballermann-Tourismus, Lifestylemagazine, Formel 1, Diäten, Chemie, Physik, 50 Shades of Grey

Musik
Bücher
meine Freunde

- Musik hören und machen.
- Fahrrad fahren (Downhill)
- Skateboarden
- Football (American)
- Fußball
- Playstation spielen
- Essen
- Fotografie

Gesellschaft, Politik / aktuelles Geschehen, Probleme meiner Freunde, menschliches Handeln / Denken, Reisen, Städte, Filme, Fernsehsendungen, gutes Essen, Klamotten, Musik, Fotographie, bestimmte Sportarten, Extremsportarten (Bungee-Jumping; Skydiving)

Clubbesuche rangieren – insofern realisierbar – schon recht weit oben auf der Liste der liebsten Freizeitbeschäftigungen. Die Optionen, die Großstädte hier bieten und auch die Freizügigkeit wirken auf Expeditive besonders anziehend. Im Duktus der Selbstverständlichkeit wird über ausschweifende Touren („24 Stunden unterwegs") und ekstatische Erlebnisse berichtet: „Sex ist wichtig, das gehört ja praktisch zu Musik und Party dazu."

Viele Expeditive gehen Trend-und Extremsportarten sowie kreativen und musischen Hobbies nach.

Expeditive sind sehr bildungsaffin. Bildung findet in dieser Lebenswelt sowohl bewusst in der Freizeit als auch en passant statt. Interessiert man sich für ein bestimmtes Thema, so empfindet man es als selbstverständlich, sich auch darüber zu informieren bzw. weiterzubilden, indem man z. B. ein Sachbuch liest, im Internet recherchiert oder eine Ausstellung besucht. Wie auch bei den Sozialökologischen kann ein Museumsbesuch für Expeditive eine reizvolle Freizeitgestaltung darstellen.

Typische **Zitate** zur Illustration

- *Feiern gehen am Freitag- oder Samstagabend. Und wenn keine Klausuren anstehen vielleicht auch an beiden Abenden. Während der Klausurphasen lerne ich eigentlich den ganzen Tag.* (weiblich, 17 Jahre)

- *Ich würde schon gern häufiger ins Theater gehen. Aber ich mache schon ziemlich viel, also ich habe viel mit Theater zu tun. Meine beiden Onkel sind beispielsweise Regisseur und Schauspieler. Und mein Patenonkel macht Dokumentarfilme. Deshalb schaue ich mir auch solche Filme an. Impro mache ich zum Beispiel schon seit vier Jahren. Und das will ich auch weitermachen. Im Bereich des normalen Theaters probiere ich mich noch aus. Ich war bisher in drei verschiedenen Vereinen. Die haben mir aber alle nicht zugesagt. Letztes Jahr habe ich bei einem Kurzfilm mitgemacht. Der hatte vor einem Monat Premiere. Im Herbst werde ich bei einem anderen Kurzfilm mitmachen.* (weiblich, 15 Jahre)

- *Die ganzen Serien, ich finde so etwas schrecklich. Germany's Next Topmodel und so.* (weiblich, 17 Jahre)

- *Entweder gehe ich zum Theater oder zum Klavierunterricht oder zum Tanzen. Ballett, zweimal in der Woche, und einmal ist es so Modern Ballett eher und dann noch einmal so klassisch.* (weiblich, 16 Jahre)

- *Das ist nicht so klassisches Theater, das ist postdramatisch. Ich finde das irgendwie viel cooler. Ich war auch mal in der Schule in der Theater-AG, und das war ganz typisch das Schultheater, Jugendtheater. Und das fand ich ein bisschen doof, wenn man einfach seinen Text bekommt, seine Rolle einfach auswendig lernen soll. Und in der Theatergruppe, wo ich bin, im Haus der Jugend in der Weststadt ist das ganz besonders. Das geht immer so auf einen selber ein, weil man auch ganz viel Biografisches immer reinbringt und auch manchmal selber seine Texte dazu fügt oder seine Gedanken eben. Und unsere Leiterin sagt auch immer, wir sollen die Rolle verkörpern, aber immer wir selber sein auf der Bühne und immer als wir selber spielen. (…) Und das ist eben auch eine neue Herausforderung, weil es nicht so leicht ist, das dann so rüberzubringen, dass es auch authentisch wirkt. Aber es macht auf jeden Fall richtig viel Spaß.* (weiblich, 16 Jahre)

- *Mein Freund und ich haben jetzt beide das Musikmachen für uns entdeckt. Also wir rappen. Und das machen wir schon oft. Wir schreiben Texte und rappen diese auf irgendeinen Beat.* (männlich, 16 Jahre)

Schön finde ich meistens, wenn Freitag ist. Dann fahren alle zusammen nach Hause, dann weiß man: Ja, jetzt ist Wochenende! Dann gehe ich noch mal zum Ballett, das habe ich immer freitagabends, danach treffe ich mich aber noch mit meinen ganzen Freunden, weil wir dann abends natürlich etwas machen. Das ist dann immer so, wenn alles noch mal so abfällt von einem. Dann weiß man zwar, Montag geht eh wieder alles von vorne los, aber es ist trotzdem jetzt einfach so der Moment. (weiblich, 16 Jahre)

Ich höre fast ausschließlich elektronische Musik. Sonntagmorgen oder so finde ich es auch nicht schlimm, wenn man da mal Klassik hört. Ich weiß nicht, ich finde es irgendwie entspannend. Ich finde auch, es ist ein bisschen anspruchsvoller als die elektronische Musik. Das ist halt eher so eintönig, und dann Klassik. (weiblich, 17 Jahre)

Dokumentationen schaue ich hauptsächlich im öffentlich-rechtlichen Fernsehen, weil ich finde, im Free-TV kommen eigentlich zum größten Teil Sachen, die mich nicht interessieren. Wenn ich mal schaue, schaue ich lieber Dokumentationen, wo ich wenigstens das Gefühl habe, dass es einen nicht total verblödet. (weiblich, 17 Jahre)

Ja. Ich höre sehr viel Musik. Ich laufe jeden Tag eine halbe Stunde zur Schule und zurück, und dabei höre ich immer Musik. Ich höre auch oft so nebenbei über die Anlage. Mein Musikgeschmack ist gar nicht festgelegt. Ich höre das, was mir gefällt. Das beschränkt sich nicht auf ein Genre. Das ist dolle durch meinen Vater geprägt. Ich habe früher ganz viel Musik mit ihm gehört. Er bekommt die Rolling Stone, also so ein Musikmagazin. Da ist jedes Mal eine CD dabei mit zehn Tracks, die wild zusammengewürfelt sind. Und wir machen das ganz oft so, dass wir im Auto fahren und uns gegenseitig sagen, wie uns diese Musik gefällt und woran sie uns erinnert. Ich nehme mir auch ganz oft einfach irgendeine CD von ihm und höre sie mir an. Den Rest der Musik empfehlen mir Freunde. Oder ich mag einfach einen Song. Aber das ist oftmals gar nicht das Bekannte oder die Musik, die andere Leute in meinem Alter hören. (weiblich, 15 Jahre)

3.7.4 Vergemeinschaftung

Vernetzung und Verflechtung sind die zentralen Vergemeinschaftungsmaximen der Expeditiven. Sie sind Networker - online wie offline. Neben engen Freundschaften pflegen sie große, lose Bekanntenkreise. Freunde und Bekannte beschreibt man als spannende und interessante Zeitgenossen mit einem ähnlichen Lebensstil und ähnlichen kulturellen und ästhetischen Präferenzen. In den Netzwerken der Expeditiven finden sich oft ältere Jugendliche und junge Erwachsene. Man findet es cool, auch von Älteren akzeptiert zu werden.

Expeditiven ist es wichtig, sich aus den jeweiligen Cliquen kurzzeitig ausklinken zu können: Einerseits um Zeit für sich zu haben und anderen zeigen zu können, dass man alleine zurechtkommt, andererseits erkennen diese Jugendlichen einen Wert darin, zwischen verschiedenen Gruppen frei zu flottieren.

Expeditive sind zwar in große Netzwerke eingebunden, fühlen sich aber in kleinen, durchaus elitären Zirkeln am wohlsten. Sie mögen ein Umfeld, in dem ein intensiver und intellektuell herausfordernder Austausch stattfindet. Sie suchen nach spannenden Kontakten, die sie weiterbringen, von denen sie profitieren können (die ihnen Gästelistenplätze auf Partys verschaffen können, von denen sie Musik und Filme bzw. Serien kopieren können, die wissen, wo was abgeht, die ihnen Mobilität ermöglichen oder erleichtern, die ihnen Einblicke in Jugendszenen geben und szenespezifisches Wissen vermitteln können).

Auch wenn Expeditive den Wert und Nutzen großer Netzwerke betonen, unterscheiden sie recht deutlich zwischen „Bekannten" in ihrem weit verzweigten Netzwerk und den „wahren", „echten", „besten" Freunden. Es sind die Freundinnen und Freunde, denen man sich bedingungslos anvertraut, mit denen man Tag und Nacht verbringen könnte, für die man sein letztes Hemd geben würde, weil sie es genauso tun würden.

Deutlicher als andere Jugendliche betonen die Expeditiven den Wert des Single-Daseins - feste und lange Paarbeziehungen sind hier vergleichsweise seltener, tiefe (platonische) Freundschaften zwischen

Mädchen und Jungen hingegen häufiger zu beobachten als in anderen Lebenswelten.

Expeditive sehen sich oft mit dem Vorwurf konfrontiert, aufgrund ihres anspruchsvollen Kulturgeschmacks und ihres individualistischen Auftretens „auf Teufel komm raus anders sein zu wollen". Sie werden als verkrampft, exzentrisch, „too cool for school" wahrgenommen. Ihre Expeditionen in jugendkulturelle Szenen werden von anderen Jugendlichen oftmals als opportunistische Streifzüge wahrgenommen und als mangelndes *commitment* gedeutet. Sie selber sehen sich jedoch als „Allrounder", die in verschiedenen Szenen unterwegs sein können.

Ihr breites kulturelles Interesse ist für sie eine wichtige strategische Ressource: Es dient ihnen als Marker von Überlegenheit gegenüber den kulturell weniger Versierten und als Selbstvergewisserung, dass man bereits erwachsener ist als viele Altersgenossen. Die oft ostentativ formulierte Offenheit und kulturelle Toleranz kennt bei vielen jedoch klare Grenzen. Auffällig ist, dass viele sich vom kulturellen Geschmack der bildungsbenachteiligten oder stark traditionell orientierten Jugendlichen distanzieren.

Expeditive selbst distanzieren sich von Menschen, die sie als zu langweilig, gleichgeschaltet, banal, kindisch und spießig verstehen: „Reihenhausbesitzer", „Ballermann-Touris", „Normalos", „Prolls", „Kleintierzüchter". Auch von weniger leistungsfähigen und -willigen Jugendlichen grenzt man sich ab – v. a. wenn sie ihnen persönliche Nachteile bereiten, z. B. im Kontext von Schule und Lernen. Dies kommt zum Ausdruck in einer deutlich kritischen Haltung gegenüber „Hartzern" oder der Aussage, dass man mit Haupt- und Realschülern lieber nichts zu tun haben möchte.

Typische **Zitate** zur Illustration

- *Ein paar Freunde von mir sind deutlich älter.* (weiblich, 17 Jahre)

- *Ansonsten ist der Großteil meines Freundeskreises erst im letzten Jahr entstanden. Das ist schon ziemlich krass, denn ich habe das Gefühl, dass ich sie schon ewig kenne. Dabei kenne ich sie noch gar nicht so lange.* (weiblich, 15 Jahre)

- *Das erste Mal bin ich mit einer Freundin aus meiner Klasse hingegangen. Die kannte dort ganz viele Leute und hat mich auch gleich ganz vielen Leuten vorgestellt. Am Anfang waren es für mich ganz viele neue Leute, und man hat jeden Abend jemand Neues kennengelernt. Es waren auch immer neue Leute dabei.* (weiblich, 15 Jahre)

- *Ich glaube, in diesen fünf Monaten, in denen ich in Spanien war, habe ich mich auf jeden Fall verändert, weil ich da ja auch die ganze Zeit so alleine war. Das hat mich schon reifer werden lassen, auf jeden Fall. Und auch so unabhängiger und alles. [...] Als ich da so die ersten zwei Monate war, war es schon immer ziemlich schwierig für mich, weil ich halt auch die Leute nicht verstanden habe und einfach nicht wusste, warum ich das denn gemacht habe und so. Das hat mich auch weitergebracht, weil ich mir dann selber sagen musste, du schaffst das, du bleibst noch mal hier zwei Monate, dann wird es bestimmt besser. Und das war dann auch so. Weil ich da eben ganz auf mich allein gestellt war und das dann selber alles in die Hand nehmen musste.* (weiblich, 16 Jahre)

4 Digitale Medien und digitales Lernen

Dieses Kapitel wurde bei Erstveröffentlichung ohne die korrekte Creative Commons Lizenz veröffentlicht. Die korrekte Lizenz finden Sie am Ende des Kapitels. Ein Erratum zu diesem Kapitel ist verfügbar unter DOI 10.1007/978-3-658-12533-2_14

M. Calmbach et al., *Wie ticken Jugendliche 2016?*,
DOI 10.1007/978-3-658-12533-2_4

Digitalisierung ist ein wesentlicher Treiber des aktuellen Wertewandels und sozialer Transformationsprozesse. Gerade aufgrund des hohen Entwicklungstempos technischer Neuerungen und der Konsequenzen für zentrale gesellschaftliche Bereiche (Arbeitswelt, Bildung, Erziehung, Kommunikation, Alltagsorganisation, Mobilität etc.) sind die Auswirkungen umfassend und betreffen fast alle Facetten unserer Lebenswelt. Auch im Alltag von Jugendlichen sind digitale Medien heute nicht mehr wegzudenken. Sie nutzen nicht nur diverse Angebote und Services – sie leben online.

Inwieweit aber hat die Digitalisierung soziale Implikationen für das Heranwachsen von Jugendlichen? Um dieser Frage nachgehen zu können, ist ein breites Verständnis des digitalen Alltags von Jugendlichen erforderlich. Es reicht nicht, Aktivitätsmuster zu erfassen (wer macht was wann, wie oft und wo); von entscheidender Bedeutung ist vielmehr, wie Jugendliche selbst ihr digitales Leben beschreiben und bewerten und vor allem: warum ihnen bestimmte Medien bzw. Geräte so wichtig sind und was genau ihren Wert ausmacht.

In diesem Zusammenhang wird auch die Frage immer relevanter, ob und wie digitale Medien in der schulischen wie auch außerschulischen Bildung eingesetzt werden bzw. werden sollten. Dabei geht es aber nicht nur um das Lernen mit digitalen Medien, sondern auch das Lernen *über* digitale Medien, d.h. um den Erwerb zentraler Kompetenzen für einen selbstbestimmten, aktiv gestaltenden Umgang mit ihnen, jenseits reiner Rezeption von Online-Angeboten und Services. Ein weiterer Schwerpunkt dieses Kapitels wird daher auf den Bereich Medienkompetenz und „Digitales Lernen" gelegt. Auch der Blick auf mögliche Veränderungen von Bildungszielen und -chancen ist hierbei von enormer Bedeutung, denn dies entscheidet wesentlich darüber, wie nachfolgende Generationen Wissen erwerben, verarbeiten und weitergeben. Lernen – ob zu Hause oder in der Schule – findet immer selbstverständlicher mit bzw. via digitale Medien statt. Haben aber alle gleiche Möglicheiten, im digitalen Alltag zu bestehen? In den einschlägigen Medien wird gerade Chancengerechtigkeit als besonderes Potenzial hervorgehoben: Das Internet verspräche Mitbestimmung, Transparenz und Kooperation. Aber ist digitale Chancengerechtigkeit bereits Realität in jugendlichen Lebenswelten? Oder schreibt die Digitalisierung bestehende soziale Ungleichheiten fort? Diesen Fragen wird das folgende

Kapitel nachgehen und darlegen, wie sich die persönliche Medienkompetenz aus Perspektive der Jugendlichen zusammensetzt und auf welche Art und Weise digitale Medien v. a. beim Lernen eingesetzt werden.

4.1 Ausstattung mit und Zugänge zu digitalen Medien

Jugendliche sind mit Blick auf die digitale Ausstattung fast wunschlos glücklich.

Dass Jugendliche medial umfassend ausgestattet sind, ist keine neue Erkenntnis - neu ist aber, dass Jugendliche das mittlerweile auch so sehen. Entscheidend ist hierbei weniger die absolute Medienausstattung, sondern die Vergleichsperspektive: Wer ein Smartphone, aber keine Spielekonsole hat, grenzt sich von denen ab, die „noch nicht mal" ein Smartphone haben; wer kein Smartphone hat, grenzt sich von denen ab, die noch nicht mal ein Handy haben.

Seit Jahrzehnten stehen elektronische Geräte auf den Wunschlisten von Jugendlichen ganz oben, und das persönliche Geräteportfolio hat sich kontinuierlich erweitert. War es in den 1980ern noch eine kleine Sensation, endlich den eigenen Röhrenfernseher oder gar ein eigenes Telefon im Zimmer zu haben, ist heute ein Leben ohne Smartphone für viele kaum denkbar.

Mit Blick auf das eigene Geräteportfolio sind aber offenbar erste Sättigungseffekte erreicht. Jugendliche bekunden auf die Frage nach weiteren Wünschen für digitale Geräte eine hohe Zufriedenheit und können kaum Dinge nennen, die sie noch bräuchten - abgesehen von generellen Updates und neuen Geräteversionen. Dies gilt mitnichten nur für wohlhabendere Haushalte, sondern für Jugendliche aller sozialen Schichten. Auch andere Studien zum digitalen Familienalltag zeigen, dass die Ausstattung mit technischen Geräten keine Frage des Geldbeutels ist.[2]

---

2 Borgstedt, Silke et al. (2015): DIVSI U9-Studie Kinder in der digitalen Welt. Eine Grundlagenstudie des SINUS-Instituts Heidelberg im Auftrag des Deutschen Instituts für Vertrauen und Sicherheit im Internet (DIVSI). Abrufbar unter: https://www.divsi.de/wp-content/uploads/2015/06/U9-Studie-DIVSI-web.pdf

Typische **Zitate** zur Illustration

- *Ich brauche eigentlich nichts mehr, ich habe ja alles. Ein großer Fernseher zum Beispiel. Da überlegt man mal so drüber. Na das krieg´ ich dann auch immer zu Weihnachten oder so was. Deswegen brauche ich eigentlich nichts mehr.* (männlich, 15 Jahre, Adaptiv-Pragmatische)

- *Mein Laptop ist relativ neu. Freunde von mir haben zum Beispiel gar keinen Laptop, oder sie müssen sich den mit ihren Geschwistern teilen. Da bin ich echt gut dran. Und ein iPhone 5c ist auch nicht das schlechteste Handy. Mein Vater hat auch viel solches Zeugs. Er ist Online-Redakteur. Und deshalb sind wir in der Familie gut ausgestattet.* (weiblich, 15 Jahre, Expeditive)

- *Also von der Konsole her bin ich sehr zufrieden. Und mit meinem Smartphone bin ich normalerweise auch zufrieden. Aber da habe ich halt einen selbst fabrizierten Schaden dran. Und wahrscheinlich kommen daher auch die Macken ab und an.* (männlich, 15 Jahre, Materialistische Hedonisten)

- *Ich bin sehr zufrieden, weil ich habe ein Laptop. Klar man könnte jetzt auch sagen: ‚Ja, du hast einen Standrechner mit übelsten Boxen und so.' Ich bin schon richtig froh, dass ich jetzt einen Laptop habe mit 14, weil ich kenne viele, die haben noch nicht mal ein Smartphone.* (männlich, 14 Jahre, Materialistische Hedonisten)

- [WELCHE GERÄTE GIBST ES DENN, DIE DU GERNE HÄTTEST?] *Ich habe alles das, was ich brauche. Also, die meisten brauche ich alle gar nicht.* (männlich, 14 Jahre, Prekäre)

Mediennutzung = Internetnutzung

Relevant sind im Hardware-Portfolio der Jugendlichen vor allem diejenigen Geräte, die Online-Anwendungen ermöglichen. Diese Option ist für Jugendliche selbstverständlich und unhinterfragt. Sie gehören zur ersten Generation von Jugendlichen in Deutschland, die das Internet nicht nur selbstverständlich nutzt, sondern online lebt.

Jugendliche nennen Fernseher nur selten als zentrale und wichtige Geräte im eigenen Portfolio, jedoch wird aus den weiteren Schilderungen des medialen Alltags deutlich, dass das TV dennoch vorhanden ist und genutzt wird. Es ist aber offenbar ein Medium, das sich bereits so selbstverständlich etabliert hat, dass es nicht mehr nennenswert ist, aber keines, dem man ungeteilte Aufmerksamkeit schenkt. Es gilt zudem als Mittel der Wahl zum „Abschalten", wenn man mal einfach nur „abhängen" will oder als willkommene Alternative, wenn aus irgendwelchen Gründen kein Internet zur Verfügung steht.

Zur Spielekonsole gibt es eine deutlich stärkere emotionale Bindung als zum Fernseher. Sie kann allerdings immer weniger als Offline-Gerät eingeordnet werden. Jugendliche spielen hiermit vor allem online, zudem wird die Konsole häufig auch zum Anschauen von Videos im Internet verwendet.

Fernseher und Spielekonsole sind somit bei Jugendlichen weiterhin wichtig, reichen aber an die Bedeutung des Smartphones bei Weitem nicht heran.

Das Gute wäre aber, dass ich [AN EINEM TAG OHNE HANDY] *endlich Freizeit für einfach mal nur Fernsehen schauen habe, weil ich seit Monaten kein Fernsehen schaue, weil ich übers Internet alles mache.* (männlich, 16 Jahre, Adaptiv-Pragmatische)

[INT: GIBT ES GERÄTE, DIE DU GERNE NUTZEN WÜRDEST ABER NICHT HAST?] *Eine PS4. Alle können darauf Filme schauen oder Musik hören. Und ich brauche dafür mein Handy oder muss über den Fernseher gucken. Also eine Xbox ist schon manchmal vorteilhaft. Und wenn ich mir dann ein, zwei Spiele hole, könnte ich mit denen auch online spielen.* (weiblich, 16 Jahre, Materialistische Hedonisten)

Das Handy bzw. das Smartphone ist das wichtigste technische Gerät für Jugendliche.

Während der Fernseher bei Jugendlichen eher an die Peripherie der häuslichen Mediengalaxie gerückt ist, - zwar wichtig, aber im Hintergrund - steht das Handy, das fast alle mittlerweile in der Smartphone-Variante besitzen, unangefochten an der Spitze der wichtigsten Dinge im Leben. Halb verständnislos, halb bewundernd bekunden 14- bis 17-Jährige noch nicht einmal zehn Jahre nachdem Smartphones auf dem deutschen Markt Einzug erhalten haben, wie schwierig es doch „damals" sein musste, die Tätigkeiten des Alltags ohne mobile, internetfähige Geräte zu bewältigen.

Typische **Zitate** zur Illustration

Und ohne Handy, da hat man überhaupt keinen Kontakt zu anderen Menschen. Dann könnte man halt zehn Tage durchgehend etwas machen und etwas unternehmen. Aber dann muss man auch etwas ausmachen, und wenn man kein Smartphone hat, wird das alles ein bisschen schwer. (männlich, 15 Jahre, Adaptiv-Pragmatische)

Früher sagt meine Schwester – sie ist zehn Jahre älter als ich, hat man noch in diesen Telefonzellen telefoniert. Überleg mal, wie krass krank das sein muss, dass man Münzen in diesen Automat reinsteckt. Ich weiß nicht, ich kann mir das nicht vorstellen. Ich kann's mir einfach nicht vorstellen, dass man kein Telefon in der Tasche hat. Stell dir vor, es passiert was oder mir ist langweilig auf der Straße. Was mache ich?! (weiblich, 16 Jahre, Adaptiv-Pragmatische)

Es ist mir sehr wichtig, das Smartphone. Es ist wichtig. Wenn man ein Smartphone hat, dann lernt man Menschen kennen. Dann ist man nicht immer so alleine. Zum Beispiel bei Facebook. Jeder sieht jeden natürlich bei Facebook. Letztens habe ich meine Kindergartenfreunde gesehen und jetzt schreiben wir. (weiblich, 15 Jahre, Materialistische Hedonisten)

Längst sind Smartphones selbstverständliche Begleiter für alle Lebenslagen geworden. Gerade die „Alles-in-Einem"-Funktion wird von den Jugendlichen hervorgehoben. Für sie ist das Handy Infozentrale, Navi, Unterhaltungsmedium und – vor allem – Kommunikationsstandleitung zu den Freunden. Gerade die Integration diverser Funktionen macht das Smartphone nicht nur unentbehrlich, man hat vielmehr eine persönliche Beziehung mit emotionalen Qualitäten zu ihm aufgebaut. Jugendliche betonen, dass ihr Leben durch das Smartphone entspannter sei, da sie

Auszüge aus Hausaufgabenheften:

WAS IST FÜR DICH DAS WICHTIGSTE TECHNISCHE GERÄT UND WARUM?

Mein Handy.
Mit einem Handy mache ich fast alles. Daher, dass ich auch kein Computer hab, ist mein Handy auch mein Computer. Ich nutze es für die Schule, Privat und auch als Fernbedienung für unseren Fernseher.

männlich, 16 Jahre, Expeditive

Aufjedenfall mein Handy, weil ich es einfach brauche!

Ich mache mit meinem Handy sehr viel: chatten, spielen, surfen, telefonieren, u.s.w.

weiblich, 14 Jahre, Konservativ-Bürgerliche

Mein Laptop ist mir wichtig.
Aber auch meine PS4 und mein Handy.
Also Laptop, PS4 und Handy.
Mein Laptop ist mir sehr wichtig, weil ich meine „Geschichten" darauf schreibe.
Wenn mein Laptop kaputt geht, sind meine ganzen Geschriebenen Dokumente weg.
Ich sollte mir vielleicht ein USB-Stick holen......
Meine PS4 ist mir auch sehr wichtig. Es gibt nicht cooleres als die Welt der Videospiele :D
Ich liebe sie einfach♡
Mein Handy hat ein eigenen Namen :D. Er heißt Peter.
Jedoch habe ich ein neus Handy vor paar Tagen bekommen und Peter dient zunächst nur als Wecker.

weiblich, 14 Jahre, Experimentalistische Hedonisten

IPhone – Smartphone

mit Freunden chatten
Internet
Nachrichten lesen
Fußballnachrichten verfolgen
Serien gucken
Beyaz Futbol – Fußballprogramme gucken
Soziales Netzwerk

männlich, 15 Jahre, Konservativ-Bürgerliche

– Handy

– personen erreichen
– Im Notfall benutzen
– Zeitvertreib

männlich, 16 Jahre, Prekäre

Mein Handy, weil ich dadrauf den ganzen Tag erreichbar bin.
Und weil ich den ganzen Tag mit meinen Freundinnen Chatten und telefonieren kann.

weiblich, 15 Jahre, Materialistische Hedonisten

Mein Handy. Ich bin überall erreichbar. Ich weiß immer wann und wo die nächste Bahn fährt. Es weckt mich. Es ist meine Uhr. Es ist ein mobiles Nachschlagewerk. Es unterhält mich.

männlich, 17 Jahre, Adaptiv-Pragmatische

Für mich ist mein Computer das wichtigste technische Gerät, da er so gut wie alle Funktionen vereint, die sonst nur einzelne technische Geräte besitzen.

Ich nutze den Computer hauptsächlich für soziale Netzwerke wie z.B. Facebook, aber auch um Serien und Filme zu schauen. Außerdem höre ich vom Computer aus Musik, spiele Spiele und nutze ihn vor allem in der Schulzeit als Informationsquelle.

weiblich, 16 Jahre, Sozialökologische

• Mein Handy

- ich schreibe mit meinen Freunden & Familie und halte über Whatsapp eine wirklich tolle Freundschaft zu Menschen überall auf der Welt aufrecht.
  (Myrthe – Niederlande
  Lisa – Italien ...)
- Ich mache Bilder
- lese Kurzgeschichten auf Wattpad
- poste Bilder auf Instagram
- tweete auf Twitter
- Höre Musik
- „snape" mit Freunden auf Snapchat

weiblich, 15 Jahre, Sozialökologische

sich schneller auf den neuen Stand bringen könnten. Zudem fühlen sie sich mit dem Handy sicherer, wenn sie allein unterwegs sind.

Typische **Zitate** zur Illustration

Man kann auch ohne Handy. Wir machen auch manchmal was ohne unsere Handys. Aber sonst, man muss erreichbar sein, das ist wichtig. Einer muss immer das Handy dabei haben, weil es könnte auch mal was passieren. (weiblich, 17 Jahre, Prekäre)

Also ich habe es schon mal vergessen zuhause. Ich fand das relativ schlimm. Zum einen, weil ich hätte ja wichtige Nachrichten über WhatsApp kriegen können, was natürlich nicht der Fall ist, oder wenn ich jetzt zum Beispiel meine Bahn verpasse, meine Eltern anrufen muss. (männlich, 14 Jahre, Materialistische Hedonisten)

WhatsApp, Instagram & Co sind unverzichtbare Infrastruktur für soziale Teilhabe.

Zentrale Funktion digitaler Medien ist für Jugendliche die Pflege und Aufrechterhaltung von Freundschaften. Entgegen weitläufiger Meinungen, dass Medien zu einer Verarmung der sozialen Beziehungen führen, haben Jugendliche selbst eher das Gefühl, *ohne* Medien sozial zu verarmen. Dass Jugendliche ganze Nächte allein im Zimmer mit Ego-Shootern verbringen, ist offenbar nur eine Facette intensiver Mediennutzung, bzw. ein Klischee. Für den Großteil der Jugendlichen geht es vorrangig um sozialen Austausch, d. h. Informationsabgleich, Posten von Links, Musik und Verabredungen, die dann wiederum offline stattfinden. Im Unterschied zur SINUS-Jugendstudie 2012 zeigen sich hierbei kaum mehr Unterschiede zwischen den Lebenswelten. Jugendliche, die im Internet nur zuschauen, was die anderen machen, aber sich selbst nicht einbringen, findet man auch in den prekären Lebenswelt kaum noch.

Typische **Zitate** zur Illustration

Eine ziemlich gute Freundin von mir wohnt zum Beispiel am Ende der Welt irgendwo in Halle. Das ist ganz weit weg. Sie braucht eine dreiviertel Stunde hierher. Mit ihr schreibe ich relativ viel. Manchmal sehen wir uns auch am Wochenende. Aber wir halten vor allem über das

Handy Kontakt. Wenn wir das nicht hätten, würden wir uns vielleicht nur zweimal im Monat sehen. Ich glaube, unsere Beziehung wäre dann ganz anders. (weiblich, 15 Jahre, Expeditive)

Das wichtigste technische Gerät ist mein Handy, weil ich mit meinem Handy mit jedem, der auch ein Handy hat, in Kontakt bleiben kann. Also wenn was ist, kann ich anrufen oder die mich. Oder wenn mal einem langweilig ist, dann kann man einfach schreiben, man kann Fotos schicken und das finde ich wichtig. (weiblich, 17 Jahre, Materialistische Hedonisten)

Ich kommuniziere hauptsächlich mit Freunden über WhatsApp und alles Mögliche. So soziale Dinger, Facebook, Instagram und YouTube-Videos gucke ich viel. (männlich, 15 Jahre, Adaptiv-Pragmatische)

WhatsApp ist sozusagen das Wichtigste auf meinem Handy. Darüber wird alles besprochen und geplant. Ansonsten nutze ich noch Instagram und Snapchat. Das nutze ich auch eigentlich fast täglich. (weiblich, 17 Jahre, Expeditive)

Und auf Instagram bin ich eigentlich auch jeden Tag. Ich würde sagen, ich bin stundenlang auf Instagram. (weiblich, 17 Jahre, Konservativ-Bürgerliche)

Dass Vernetzung eine immer größere Rolle bei der Nutzung digitaler Medien spielt, liegt auch in der Weiterentwicklung der Online-Angebote begründet. Ging es bei neuen Produkten vor ca. zehn Jahren eher um neue Geräte und neue mobile Online-Angebote (Apps), so zeichnet sich der aktuelle Innovationsschub vor allem durch die Ergänzung um Vernetzungsoptionen bestehender Angebote aus. War Interaktion vor Jahren auf das Senden und Empfangen von Mails, Posts und die Teilnahme in Chat-Foren beschränkt, so hat sich der Community-Charakter zahlreicher Online-Dienste (jenseits „klassischer" Online-Communities wie Facebook) in den letzten Jahren verstärkt. Unter anderem werden die für Jugendlichen wichtigen Foto- und Videoplattformen zu Online-Gemeinschaften (z. B. YouTube, Instagram) und die bekanntesten User unter ihnen zu Stars.

FOMO - fear of missing out

Die andere Seite der Medaille ist, dass es vielen schwer fällt, sich - digital - voneinander zu trennen. Wenn sich keiner mehr ausloggt, Apps schließt oder das Gerät ausschaltet, bleibt man dauerhaft verbunden und ist in permanenter Kommunikationsbereitschaft. Die Angst, etwas zu verpassen, ist empirische Realität bei Jugendlichen in Deutschland.

[INT: WIE WÄRE EIN TAG OHNE DEIN SMARTPHONE?] *Mies. Ich gucke immer gerne, hat mir jetzt der und der geschrieben oder nicht? Und wenn man dann weiß, ja, der hat es gelesen, aber schreibt nicht zurück, Arsch! Und wenn das nicht da wäre, ich die ganze Zeit so: Handy, ich will es wieder haben, bitte, gib mir das Handy! Ich hatte mal sechs Stunden keinen Empfang und habe die ganze Zeit gedacht: Empfang, bitte komm wieder!* (weiblich, 14 Jahre, Experimentalistische Hedonisten)

Es ist in der heutigen Zeit eigentlich fast nicht mehr wegzudenken, weil viele sich auf die Smartphones an sich beschränken und den Kontakt eigentlich fast nur noch per Nachrichtendienst halten können. Ich kenne keinen, der jetzt wirklich noch als junger Mensch so Briefe schreibt. Das dauert alles viel zu lange. (männlich, 16 Jahre, Adaptiv-Pragmatische)

Also wenn ich dann mal doch bis um zwölf oder noch länger wach bin, liegt das meistens daran, dass mein Handy mich nicht in Ruhe lässt. Also das ist dann die ganze Zeit in Beschäftigung. (männlich, 15 Jahre, Materialistische Hedonisten)

Allerdings haben sich auch hier bereits einige Verhaltens-Kodizes gebildet: So gelten direkte Anrufe mittlerweile als verpönt, da man nicht weiß, ob man jemanden gerade stört. Texten hingegen geht immer und ist entweder Ankündigung eines Telefonats oder - weit häufiger - die alleinige Form sich auszutauschen oder zu verabreden.

Wenn man anruft, weiß man nie, ob man den anderen stört. (weiblich, 15 Jahre, Expeditive)

- *Ohne Smartphone? Ich glaube, dann würde ich den ganzen Tag nur zu Hause herumhängen und keinen Kontakt zu meinen Freunden haben. So über Festnetz oder so telefoniert man ja einfach nicht mehr.* (männlich, 17 Jahre, Experimentalistische Hedonisten)
- *Ich benutze viel Facebook, so Nachrichten, WhatsApp, Snapchat, Instagram und zum Telefonieren auch ab und zu, aber gar nicht so oft.* (weiblich, 17 Jahre, Adaptiv-Pragmatische)
- *Telefonieren tue ich nur mit meinen Eltern und bloß Festnetz, wenn überhaupt.* (männlich, 14 Jahre, Konservativ-Bürgerliche)

Gar nicht mit anderen Jugendlichen online vernetzt zu sein, ist ungewöhnlich und wird mit Außenseitertum gleichgesetzt. Wer online nicht dabei ist, ist auch sonst „draußen". Digitale Teilhabe wird somit zur sozialen Teilhabe.

- [INT: Echt, wie wäre so ein Tag ohne Handy für dich?] *Nicht besonders gut. Sagen wir es mal so.* [INT: Wieso nicht?] *Man weiß nicht, was die Freunde machen, man bekommt eigentlich so wirklich gar nichts mit.* (männlich, 15 Jahre, Adaptiv-Pragmatische)
- *Ich muss sagen, seitdem ich bei WhatsApp bin, ist es so das, worüber man alles macht. Also man schreibt über WhatsApp, man verabredet sich über WhatsApp. Also ganz viel eigentlich am Tag. Aber das nervt mich ehrlich gesagt, weil alles geht über WhatsApp nur noch heutzutage. Und ich fände es eigentlich schön, wenn man mal wieder telefonieren würde. Nicht nur dieses Schreiben immer. Das nervt mich eigentlich. Aber es geht alles darüber. Und entweder man passt sich an oder man wird ausgeschlossen sozusagen.* (weiblich, 16 Jahre, Sozialökologische)

Jugendliche sind in sozialen Situationen auch genervt von Smartphones.

Erstmalig zeigen sich jedoch ebenso negative Aspekte des unbegrenzten mobilen Verfügbarkeits-Modus. Gerade in sozialen Settings (Party, gemeinsam beisammen sitzen o.ä.) können Handys auch nerven. Permanentes „Starren aufs Display" und „dauerndes Herumgetippe" gelten bei manchen Jugendlichen mittlerweile als uncool und vermeidbar (insbesondere in der Konservativ-bürgerlichen und Sozialökologischen Lebenswelt).

Typische **Zitate** zur Illustration

Ich glaube, das wird irgendwann so sein, dass es wirklich in Klubs Schilder gibt: „Handys abgeben" oder „Handys daheim lassen. Hier drin wird sich richtig unterhalten" oder sowas. Das ist ja auch in Cafés so. Das sieht man auch bei uns im Verein. Wir sitzen am runden Tisch und jeder hat sein Handy vor der Nase. Und das ist schon irgendwie doof. (weiblich, 17 Jahre, Konservativ-Bürgerliche)

Wir haben auch eine bei uns, die ist, ich will jetzt nicht sagen Facebook-süchtig, aber sehr von Facebook abhängig, und die ist fast jede Minute darauf. (weiblich, 15 Jahre, Konservativ-Bürgerliche)

Mich stört es manchmal, wenn sie nur am Handy hängen oder nur am Zocken sind. Manchmal will man auch reden, das stört dann, aber ist halt so. (weiblich, 16 Jahre, Experimentalistische Hedonisten)

Souveränität im Umgang mit digitalen Medien zeigt sich aus Perspektive der Jugendlichen auch daran, Geräte gezielt und angemessen einzusetzen und vor allem daran, ob man in der Situation wirklich etwas mit anderen zu kommunizieren hat, das wichtiger als das aktuelle Real Life-Geschehen ist. Es gilt - insbesondere in bildungshöheren Lebenswelten - als Kompetenz und Distinktionsmerkmal, Geräte auch mal ausschalten zu können. In diesem Zusammenhang greifen Jugendliche häufig das Thema „Mediensucht" auf. Von denen, die „süchtig" sind, möchte man sich deutlich abgrenzen („in meiner Klasse sind 50 % süchtig. Man sollte es halt echt dosieren"). Bittet man die Jugendlichen, selbst Fragebögen zum Thema „Ich im Internet" zu erstellen, ist die Frage nach der Abhängigkeit von digitalen Medien entsprechend relevant, wie die folgende Abbildung zeigt.

Nicht ohne Selbstkritik wird trotz aller bekundeten Bemühungen um einen „maßvollen" Umgang beklagt, wie groß der Stellenwert des eigenen Smartphones ist - gerade in der Funktion als soziales Back-Up. Ein Leben ohne Handy ist folglich zwar vorstellbar, aber nur unter der

Bedingung, dass alle anderen auch darauf verzichten oder(monetäre) Kompensationen angeboten werden.

Interviewerin: weiblich, 16 Jahre, Adaptiv-Pragmatische

Auszüge aus Gesprächen zwischen Jugendlicher zum Thema **Digitale Medien**

WÜRDEST DU FÜR 200 € ZWEI WOCHEN LANG AUF DEIN HANDY UND IPAD VERZICHTEN KÖNNEN?

Ich glaube, wenn ich ehrgeizig bin, und ich will doch eigentlich jetzt für meinen Führerschein sparen, dann würde ich das vielleicht zwei Wochen *durchziehen. Aber ansonsten ...*

KANNST DU ES DIR DENN VORSTELLEN?

Ich weiß nicht. Also für 200 € würde man sich das überlegen, aber durchhalten ... Aber zwei Wochen finde ich schon, dass das voll die krass lange Zeit ist. Wie gesagt, ich stehe mit meinem Handywecker auf, bis ich in die Schule gehe, bin ich die ganze Zeit im Internet drin. Ich habe sogar mir- du ja auch - so einen Ersatzakku gekauft, falls es ausgeht.

Auszüge aus Fragebögen, die Jugendliche zum Thema „Ich im Internet“ entwickelt haben.

bist du schon süchtig?

weiblich, 14 Jahre, Materialistische Hedonistin

Ich im Internet

- Könntest du 1 Woche ohne Internet auskommen?
- In wie vielen Aktiven Whatsapp Gruppen bist du derzeit?

männlich, 17 Jahre, Konservativ-Bürgerliche

Ich im Internet:

Durch WLAN und mobiles Internet sind wir jeden Tag online und nahezu immer erreichbar. Wozu benutzt du das Internet regelmäßig?

Wie abhängig vom Handy würdest du dich einschätzen?

Erleichtert das Handy das Leben? Oder macht es auch zusätzlichen Druck?

weiblich, 17 Jahre, Expeditive

4.2 Aushandlungsprozesse im digitalen Raum

„Always on" zu sein ist normal - und wird auch von den Eltern weitgehend akzeptiert.

Nur drei Prozent der 14- bis 17-Jährigen in Deutschland nutzen das Internet gar nicht. Zum Vergleich: In der Gesamtbevölkerung gehörten 2014 noch rund 23% zu den Offlinern. Die Online-Zeiten Jugendlicher haben sich zudem intensiviert, was zum einen durch die Ergänzung von Geräten um Online-Funktionen bedingt ist, aber auch durch flächendeckende Versorgung mit Flatrate-Angeboten. Eine eher neue Entwicklung ist daher der Wegfall zeitlicher Beschränkungen durch ökonomische Argumente seitens der Eltern. Die leere Prepaid-Card, die von den Eltern nur als Belohnung für Haushaltsmithilfe oder zum Geburtstag wieder aufgeladen wird, gehört zunehmend der Vergangenheit an.

Online- und Offline-Zeiten sind somit für Jugendliche fließend und nicht immer klar voneinander zu trennen, insbesondere weil die Geräte in der Regel nicht ausgeschaltet werden. Online-Sein wird kaum noch als technisch hergestellte Verbindung betrachtet, niemand „geht ins Internet". Online zu sein gleicht eher einer Situationsbeschreibung, dem Normalzustand. Es ist das quasi-natürliche Zugriffspotenzial auf eine Vielzahl von Daten in Echtzeit und die gleichzeitige Empfangsbereitschaft für eintreffende Daten, die als persönlich relevante Informationen eingeordnet werden.[3]

Der Umgang mit und das Sprechen über „das Internet" ist folglich weitgehend entdramatisiert. Euphorische Online-Begeisterung ist aus Perspektive der Jugendlichen eher Sache der Älteren oder der „Online-Neulinge". Für sie ist das Internet lediglich praktisch und die einfachste Lösung für Fragen und Probleme im Alltag. Wie Strom und Wasser ist WLAN die Grundversorgung, um mit der Welt verbunden zu sein.

---

3 Borgstedt, Silke et al. (2014): DIVSI U25-Studie. Kinder, Jugendliche und junge Erwachsene in der digitalen Welt. Eine Grundlagenstudie des SINUS-Instituts im Auftrag des Deutschen Instituts für Vertrauen und Sicherheit im Internet. Abrufbar unter: https://www.divsi.de/wp-content/uploads/2014/02/DIVSI-U25-Studie.pdf

Typische **Zitate** zur Illustration

- *Also ich lass es immer an, aber ich mache es auf lautlos.* (weiblich, 17 Jahre, Materialistische Hedonisten)

- *Ich habe einen Vertrag. Ich weiß gerade gar nicht, wie der heißt. Der ist so für Jugendliche. 25 Euro mit 3GB Internet, SMS Flat und Telefonie Flat. Ja, reicht.* (weiblich, 17 Jahre, Konservativ-Bürgerliche)

- *Ich habe eine Prepaidkarte. Aber ich habe mir eine Internet-Flat dazu gebucht, damit ich immer Internet habe.* (weiblich, 14 Jahre, Adaptiv-Pragmatische)

- *Ich habe eine Allnet-Flat, also SMS, Anrufe und Internet.* (männlich, 15 Jahre, Materialistische Hedonisten)

- [INT: Aber würdest du denn sagen, du kannst ohne dein Handy oder deinen Computer leben?] *Ich könnte bestimmt, aber es wäre kein schönes Leben mehr.* [INT: Aber würdest du auch sagen, dass es selbstverständlich ist, es zu besitzen oder es zu haben?] *Also es hat zwar jeder aus meinem Freundeskreis und generell jeder aus meiner Schule ein Smartphone, aber es liegt natürlich auch extrem an den europäischen Umständen. Also jetzt beispielsweise, wenn wir irgendwie in Ghana oder so leben würden, das wäre was ganz anderes. Und für die ist es ja eine komplett andere Welt. Deswegen ist es ja auf jeden Fall nicht selbstverständlich, aber in Deutschland ist es schon selbstverständlich.* (weiblich, 17 Jahre, Experimentalistische Hedonisten)

Internet ist ein Raum der Möglichkeiten – weitgehend befreit vom Eingriff durch Erwachsene.

Das Online-Verhalten verläuft bei den 14- bis 17-Jährigen überwiegend in Eigenregie. Die Eltern lassen nach Bekunden der Jugendlichen weitestgehend alle Freiheiten im Netz. Es gibt teilweise Regeln für bestimmte Situationen (z. B. kein Handy beim Essen oder während der Schulzeit) oder seitens der Eltern wird angemerkt, dass insbesondere das Smartphone deutlich zu lang in Verwendung sei, vor allem am späten Abend bzw. in der Nacht. Weniger geht es dabei aber um die Online-Aktivitäten und -inhalte selbst, als um den verpassten Schlaf, wenn am nächsten

Tag Schule ist. Einzige Regel ist häufig, dass Downloads aller Art (insbesondere Filme und Musik) verboten sind. Hierbei wird seitens der Eltern nicht zwischen legalen und illegalen Downloads unterschieden, da sie selbst nicht durchschauen, was eigentlich erlaubt ist und was nicht. Sicherheitshalber wird dann jegliche Art von Downloads untersagt. Bilder werden laut Jugendlichen hingegen von den Eltern als „ok" eingestuft. Von Eltern erhalten Jugendliche auch den Hinweis, dass sie darauf achten sollen, welche Informationen sie von sich im Netz präsentierten. Eigens hergestellter Content, wie z. B. selbstgedrehte Filme spielen aus Perspektive der Jugendliche ohnehin nur eine kleinere Rolle, sie sehen sich vorwiegend als Rezipienten, die den Hauptnutzen daraus ziehen, bereits verfügbare Inhalte im Freundeskreis entsprechend zu verteilen.

Typische **Zitate** zur Illustration

- *Höchstens wenn es mal zu spät wird. Dann sagt Mama: „Jetzt reicht es dann aber mal." Und dann lasse ich es aus.* (weiblich, 16 Jahre, Sozialökologische)
- *Eigentlich überwacht sie das gar nicht. Sie denkt, glaube ich, ich weiß schon, was ich mache.* (weiblich, 15 Jahre, Adaptiv-Pragmatische)
- *Außer wenn wir am Tisch sind. Da müssen wir unsere Handys weglegen, weil das meine Mama total stört.* (weiblich, 14 Jahre, Adaptiv-Pragmatische)
- *Früher gab es mal Regeln am Computer, also wegen gewissen Internetseiten. Aber ansonsten gibt es eigentlich keine Regeln.* (männlich, 16 Jahre, Expeditive)
- *Ich habe doch eine Regel: Ich darf nichts downloaden. Also wenn man eine Website nutzt, nichts downloaden. Keine Filme, keine Links. Bilder sind okay, wenn man das downloaded, aber niemals Filme, die darf ich nicht downloaden.* (weiblich, 17 Jahre, Adaptiv-Pragmatische)

Mediennutzung ist kein großes Streitthema, da viele Eltern mittlerweile selbst versierte Onliner sind.

Das Verhältnis zu den Eltern wird mit Blick auf die Mediennutzung insgesamt als entspannt beschrieben und ist kaum von großen Konflikten, sondern durch einen vertrauensvollen Umgang miteinander gekennzeichnet. Auch andere Befunde deuten darauf hin, dass sich das Verhältnis zu den Eltern in punkto Internet verändert hat. Standen vor einigen Jahren noch Auseinandersetzungen zum „wieviel" und „was" auf der Tagesordnung, ist seitens der Eltern eher eine tolerierende bis unterstützende Haltung zu beobachten. Wie andere Untersuchungen zeigen, beobachten auch Eltern eine zunehmende Bedeutung digitaler Medien für die gesellschaftliche Teilhabe und den beruflichen Erfolg ihrer Kinder - unabhängig davon, wie sie dies persönlich bewerten. Bereits die Ausstattung mit digitalen Medien dient dabei wahlweise als bewusste Bildungsinvestition oder als offensives Zeichen, „mithalten" zu können. Nicht selten haben Jugendliche zudem ihr erstes Handy von den Eltern geschenkt bekommen, um für sie erreichbar zu sein.

Typische **Zitate** zur Illustration

Also meine Mutti, die ist da nicht so streng, die ist da eigentlich total locker, was das angeht. Nur es ist natürlich so, wenn ich jetzt gerade beim Abendbrot sitze oder frühstücke oder was auch immer und ich dann am Handy bin, dann sagt sie schon mal „Du isst jetzt, kannst du das weglegen?". Ist auch eigentlich nie so, dass ich das mache. (weiblich, 14 Jahre, Konservativ-Bürgerliche)

Ich glaube, meine Eltern sind da echt tolerant. Es gibt zum Beispiel Freunde von mir, die am Tag nur eine halbe Stunde ins Internet dürfen. Ich darf unbegrenzt hinein. Meine Mutter sagt zwar: „Jetzt mach mal aus". Aber sie würde es mir auch nie direkt verbieten oder wegnehmen. (weiblich, 15 Jahre, Expeditive)

Wir haben Zeiten. Also nachts oder abends muss ich mein Handy in die Küche legen, weil ich sonst einfach nicht schlafen würde. Ich würde ansonsten die ganze Nacht am Handy sein. Und deswegen ist es schon besser, wenn ich es unten hinlege. (männlich, 15 Jahre, Sozialökologische)

Gerade bei Konservativ-bürgerlichen Jugendlichen, bei Expeditiven und Sozialökologischen gibt es ein hohes Maß an Selbstregulationswunsch und -kompetenz - wie auch bereits das vorausgehende Unterkapitel zeigte. „Ausschalten können" ist wichtig und ein Distinktionsmerkmal zu den „Dauerdaddlern". Auch wenn man es im Alltag nicht immer hinbekommt, zeigt man doch gewisse Bemühungen. In den Lebenswelten der Materialistisch-hedonistischen Jugendlichen und der Prekären gibt es deutlich häufiger Auseinandersetzungen mit den Eltern, wenn es um die Nutzungsdauer digitaler Medien geht. Die von den Eltern aufgestellten Regeln werden zumeist als willkürlich und nicht plausibel empfunden. Zudem haben die Jugendlichen in allen - aber insbesondere diesen - Lebenswelten diverse Strategien entworfen, die Regeln der Eltern zu umgehen (z. B. sich morgens den Wecker stellen, bevor die Eltern aufstehen, um die letzte Online-Aktivität bei WhatsApp in den frühen Morgen statt in die späte Nacht datieren zu können).

> *Auch wenn meine Eltern sagen würden, „Du darfst nur von dieser Uhrzeit auf diese Uhrzeit ans Handy", würde ich trotzdem an meinem Handy sein. Nur nachts, wenn ich bis drei/vier Uhr noch online bin, dann sagen meine Eltern, ich soll schlafen, aber mache ich nicht.* (weiblich, 14 Jahre, Prekäre)

4.3 Digitale Medienkompetenz

Jugendliche wissen um digitale Medienkompetenz als zentrale Voraussetzung für gesellschaftliche Teilhabe.

Da Jugendliche fest von der fortschreitenden Digitalisierung überzeugt sind, steht es für sie außer Frage, dass man zumindest über ein Basiswissen im Umgang mit digitalen Medien verfügen muss, um künftig Teilhabe sicherstellen zu können - vor allem auch mit Blick auf den Beruf.

Entscheidend für die Einschätzung der Bedeutung digitaler Medienkompetenz ist der Digitalisierungsgrad des Elternhauses. In Elternhäusern der postmodernen Lebenswelten gilt Medienkompetenz mittlerweile als Schlüsselkompetenz für den beruflichen Erfolg der Kinder und wird in den privaten Bildungskanon integriert.[4] Wenn Eltern selbst das Internet kaum beruflich nutzen, möchten Jugendliche in bürgerlichen Lebenswelten dies auf jeden Fall anders machen („das kann man sich heute nicht mehr leisten"). In hedonistischen und prekären Lebenswelten üben Eltern seltener Berufe aus, in denen digitale Medien eine vorrangige Rolle spielen, hier übernehmen Jugendliche tendenziell die Vorstellung, dass digitale Medien und insbesondere das Internet beruflich für sie vermutlich keine große Rolle spielen werden.

Typische **Zitate** zur Illustration

> *Ja, ich finde es schon wichtig. Also zumindest in unserer Generation, jetzt zum Beispiel bei meinen Eltern oder so verstehe ich das ja noch, weil die sind ja nicht damit aufgewachsen. Aber von uns wird das ja so erwartet, weil wir das ja einfach schon von Anfang an so kennen. Also einerseits ist es auch irgendwie traurig, aber andererseits ist es auch gut, weil es schon hilfreich ist.* (weiblich, 17 Jahre, Sozialökologische)

> *Digitale Medien werden auf jeden Fall eine große Rolle spielen, weil sie weltweit eine große Rolle spielen. Es geht nicht anders.* (männlich, 17 Jahre, Experimentalistische Hedonisten)

---

4 Borgstedt, Silke v. a. (2015): DIVSI U9-Studie Kinder in der digitalen Welt. Eine Grundlagenstudie des SINUS-Instituts Heidelberg im Auftrag des Deutschen Instituts für Vertrauen und Sicherheit im Internet (DIVSI). Abrufbar unter: **https://www.divsi.de/wp-content/uploads/2015/06/U9-Studie-DIVSI-web.pdf**

Im Job wird es auch immer wichtiger, dass man mit Technik umgehen kann. Doch, das bleibt auf jeden Fall. (weiblich, 17 Jahre, Expeditive)

Technik findet man ja fast schon in jedem Beruf. Auch als Sekretärin, anstatt irgendwas noch zu schreiben, damals hat man das auch mit der Schreibmaschine gemacht, jetzt macht man das auch schon im PC. (weiblich, 15 Jahre, Sozialökologische)

Ich glaube, sogar sehr wichtig. Weil die Zukunft wird ja jetzt immer mehr digitalisiert. Da ist dann auch immer wichtiger. Industrie, glaube ich. Es gibt zum Beispiel jetzt ein Studium in Industrie 4.0, also dann wird die Industrie einfach digitalisiert. Schon krass. (männlich, 16 Jahre, Materialistische Hedonisten)

In den Schilderungen der Jugendlichen gibt es ganz klare Unterschiede des Digitalisierungsgrades in den Berufen: Wer einen Bürojob hat, kommt am Internet nicht vorbei, weniger wichtig ist es allerdings für Automechaniker, Friseure und Hebammen. Ob digitale Medien somit später im Alltag zentral sind, hängt aus Sicht der Jugendlichen auch vom gewählten Beruf ab.

Kommt natürlich darauf an, was man für einen Beruf nimmt. Wenn ich natürlich jetzt Handwerker bin, hat das natürlich jetzt nicht so eine große Rolle, außer ich will jetzt ‚Vogelhaus' googlen. Ansonsten, wenn man am Rechner arbeitet schon. Deswegen würde ich mir auch wünschen, weil es so viele Büro-Jobs gibt, dass man das mehr im Unterricht macht, aber macht man halt nicht. (männlich, 14 Jahre, Materialistische Hedonisten)

Medienkompetenz erwerben Jugendliche „by doing".

Mit digitalen Medien umgehen zu können ist für Jugendliche kein bewusster Lernprozess, sondern ein kontinuierliches Hineinwachsen und Ausprobieren. Viele der Jugendlichen hat daher die Frage, wie sie sich ihre alltägliche Medienkompetenz aneignen, verwundert: Mit Medien muss man sich aus ihrer Sicht heute einfach auskennen. Das trifft besonders auf das technische Handling und die Bedienung von Interfaces der

„Standardgeräte" zu: Handy/Smartphone, Tablets und Spielekonsolen. Es gilt als Selbstverständlichkeit, sich den Umgang mit diesen Geräten über „learning by doing" in Eigenregie beizubringen. Neben „trial and error" nutzen einige wenige auch Online-Tutorials oder Hilfe-Foren, wenn sie nicht weiter wissen oder etwas grundlegend lernen möchten. Meist probiert man es aber zunächst einfach selbst aus.

Auch der Umgang mit den gängigen Online-Diensten und Apps wird „automatisch" erlernt, frei nach dem Motto: draufklicken und schauen, was passiert. Das Internet gilt als „einfach" und selbsterklärend, zudem erhält man im Internet selbst Auskunft, falls man nicht mehr weiter weiß.

Typische **Zitate** zur Illustration

- *Man muss andere nicht fragen, es gibt da so eine Lupe und mit der kann man alles durchsuchen, wenn man etwas finden will.* (weiblich, 15 Jahre, Adaptiv-Pragmatische)

- *Probieren geht über Studieren, man probiert sich halt durch und dann irgendwann kannst du´s halt. Hast du halt total den Durchblick. Ich habe mir eine App runter geladen zum Video schneiden, habe damit das Video so paar Schnitte an sich gesetzt und dann alles halt okay.* (männlich, 16 Jahre, Adaptiv-Pragmatische)

- *Ich mach so Fanvideos, zum Beispiel jetzt zu meiner Lieblingsserie oder zu bestimmten Musikern mit Musik im Hintergrund. Dass man halt so Filmausschnitte da reinbringt und so was. Da gibt es ja viele.* [INT: Wo kannst du solche Sachen her?] *Vieles von YouTube. Also ich habe vieles mir eigentlich selber beigebracht. Aber es gibt natürlich auch Videos, die zeigen, wie man das macht.* (weiblich, 16 Jahre, Experimentalistische Hedonisten)

- *Ich mach das ja nicht professionell, also ich habe da so Apps und dann probiere ich das halt aus und klatsche irgendeinen Filter oder einen Effekt drauf. Und dann schneide ich es zusammen wie es mir passt.* (weiblich, 17 Jahre, Sozialökologische)

- [INT: Wie hast du dir das denn alles angeeignet?] *Das ist wirklich eine gute Frage. Das ist einfach so gekommen. Man weiß es gar nicht so genau. Ich glaube, weil man vielleicht einfach damit aufgewachsen ist und immer schon seit man klein ist, mal hier was machen musste, mal da, mal auf einer Spieleseite war. Da lernt man das dann einfach, wie man so etwas bedient. Aber direkt gelernt nicht. Das ist einfach so ein Prozess und irgendwann kann man es einfach.* (weiblich, 16 Jahre, Sozialökologische)

Ich habe ja auch keinen Ansprechpartner dafür so richtig. Sondern einfach googeln, wenn man was wissen will und dann findet man meistens auch eine Antwort. (männlich, 17 Jahre, Adaptiv-Pragmatische)

Das Internet ist nicht so schwer. Das kann sich eigentlich jeder selber beibringen. (weiblich, 17 Jahre, Adaptiv-Pragmatische)

Weiß nicht. Damals war ich schon immer so auf Kinderseiten so Toggo. de. Und dann wurde mir erklärt, das ist die Suchleiste, da kannst du was eingeben und was suchen. (weiblich, 15 Jahre, Sozialökologische)

Eltern sind wichtige Ansprechpartner.

Eltern sind durchaus Ansprechpartner bei technischen Problemen oder Fragen zum Internet, insbesondere wenn Freunde nicht weiterwissen oder man sich für Dinge jenseits der Peergroup-Themen interessiert. In der Forschung zur Mediensozialisation wird in letzter Zeit häufiger postuliert, dass Medienkompetenz innerhalb von Peergruppen kultiviert und transformiert werde und sich der generationenlogische Prozess damit auflöse - also die Tatsache, dass Wissen von einer zur nächsten Generation weitergegeben wird. Die Ergebnisse zeigen aber vielmehr, dass sich diese Beobachtung nicht verallgemeinern lässt und allenfalls für den sprunghaften Beginn der digitalen Entwicklung bzw. des mobilen Internets gilt (2005-2009). Die aktuelle Elterngeneration ist in weiten Teilen mittlerweile selbst digital kompetent, da sie bereits mit digitalen Medien aufgewachsen oder durch den Beruf entsprechend sozialisiert wurde und diese ähnlich wie die eigenen Kinder mit einer gewissen Selbstverständlichkeit betrachtet.

Zwar betonen aktuelle Publikationen zur Mediensozialisation, dass sich Medienkompetenz und Nutzungsmuster heute vorrangig ohne den Einfluss von Erwachsenen und vor allem häufig ohne das Zutun von

Bildungsinstitutionen entwickeln. Jugendliche verfügen aber durchaus über ein ausgeklügeltes Unterstützungsnetzwerk in Technikfragen, wobei Familienmitglieder auch eine relevante Rolle spielen - selbst wenn Freunde zumeist erste Anlaufstelle für Fragen rund um digitale Medien sind.

Typische **Zitate** zur Illustration

- *Ich habe den Umgang mit dem Computer eher von meiner Mutter gelernt. Und Streaming und so etwas habe ich von meiner Stiefschwester gelernt. Die ist älter als ich. Oder von anderen Freunden. Die wissen, wo man etwas schauen kann, wo es sozusagen am ungefährlichsten ist.* (weiblich, 17 Jahre, Adaptiv-Pragmatische)

- *Also zum Beispiel Facebook, meine Mutter hat Facebook gehabt, habe ich gesehen, als ich klein war. Ich durfte mir eigentlich kein Facebook machen, ich habe trotzdem Facebook gemacht vor drei Jahren.* (weiblich, 14 Jahre, Prekäre)

- *Also wo ich das lerne? Also eigentlich weiß ich schon relativ viel. Bei meinen Freunden auch, ja, eigentlich nur bei meinen Freunden.* (männlich, 15 Jahre, Materialistische Hedonisten)

- *Ich habe das alles eigentlich selber ausgecheckt. Ich habe draufgeklickt und geschaut, was da so passiert. Und eigentlich hauptsächlich der Freund von meiner Mom. Der ist so ein Computerfreak. Der checkt das alles voll aus.* (weiblich, 15 Jahre, Experimentalistische Hedonisten)

- *Und wenn ich dann irgendwelche Fragen habe, wie ich das und das mache oder wie ich eine PowerPoint Präsentation gestalte am besten, dann gehe ich zu meinem Bruder.* (weiblich, 16 Jahre, Konservativ-Bürgerliche)

- *Die meisten Sachen am Computer hat mir eigentlich mein Vater erklärt. Und bei meinem Handy habe ich das eigentlich alles selbst rausgefunden. Also so durch ausprobieren.* (weiblich, 14 Jahre, Sozialökologische)

Anwendung gängiger Dienste und Selbstschutz im Netz gelten als zentrale Medienkompetenzen.

Basis-Wissen im Bereich digitaler Medien ist aus Sicht der Jugendlichen die Kenntnis und das Bedienen einschlägiger Anwendungen (insbesondere Apps) sowie die Fähigkeit, sich generell auf Benutzeroberflächen zurecht zu finden. Teilweise werden Standards im Bereich Geschicklichkeit genannt (mit dem Daumen texten, Steuerungstechniken beim Gaming); diese dienen in der Peergroup zum Teil als Indikator dafür, wer besonders versiert ist und wer nicht.

Typische **Zitate** zur Illustration

Digitale Medien? Man sollte wissen, wie es funktioniert. Ich glaube, da würde es schon ausreichen, wie man es anschaltet und ausschaltet und wie man darüber überhaupt etwas öffnet, zu macht usw. Das würde glaube ich das Wichtigste sein, bei digitalen Medien. (männlich, 16 Jahre, Materialistische Hedonisten)

Beim Handy, dass man mit den Tasten so schreiben kann, dass man damit umgehen kann. Wenn ich die Generation von meinen Eltern anschaue, wenn die dann immer so tippen mit ihrem Finger, das macht ja keiner bei uns. Mit dem Daumen schreiben können. Und dass man weiß, wo was immer ist und dass man sich einfach so auskennt mit seinem eigenen Handy. (weiblich, 16 Jahre, Expeditive)

Also es ist halt schon peinlich, wenn man nicht weiß, was Google ist, aber das weiß ja sowieso jeder. Was man wissen muss, dass es so was wie YouTube gibt, so eine Internetplattform, wo man YouTube-Videos gucken kann. Und halt soziale Medien auf dem Rechner, dass es das gibt. Aber jetzt zum Beispiel Computersprache mit Nullen und Einsen, das muss man nicht wissen. (männlich, 14 Jahre, Materialistische Hedonisten)

Sich im Internet sicher bewegen und selbst schützen zu können ist für Jugendliche von hoher Bedeutung. Hier zeigen sie auch den größten Bedarf nach mehr Information und Unterstützung. Es geht ihnen nur bedingt um den rein technischen Schutz, bei dem sie auf gängige Software vertrauen. Ihnen ist klar, dass es vor allem darauf ankommt, wo und wie man sich im Netz bewegt und welche Angebote man nutzt.

Dass Daten im Internet „nie wieder gelöscht werden können" ist ihnen bewusst. Sie betonen zwar, dass man daher aufpassen muss, verfügen aber nicht über klare Kriterien, was man im Internet macht oder lieber sein lässt. Es werden kaum Seiten oder Dienste genannt, die konkret zu vermeiden sind, vielmehr wird auf persönliche Erfahrungswerte aus dem Bekanntenkreis rekurriert. Insgesamt überwiegt eine pragmatische Sorglosigkeit, dass einem selbst nicht viel passieren kann.

> *Dass man aufpasst, dass man nicht auf Seiten kommt, wo man sich Viren oder Trojaner einfangen könnte, dass man halt einfach ein ordentliches Schutzprogramm hat, was einen dann auch warnt. Dann kann einem eigentlich nicht so viel passieren.* (weiblich, 16 Jahre, Experimentalistische Hedonisten)

> *Ich kenne Freunde, die sich durch Streaming Viren auf ihren Computer geholt haben. Das sollte man bedenken. Aber viel muss man da eigentlich nicht wissen.* (weiblich, 17 Jahre, Adaptiv-Pragmatische)

> *Zum Beispiel so Cybermobbing und so, das sollte man halt alles wissen und nicht einfach dumm reinschauen.* (männlich. 16 Jahre, Materialistische Hedonisten)

Großes Augenmerk richten Jugendliche auf die Frage, welche persönlichen Daten sie in welcher Form im Internet preisgeben. Es herrscht Einigkeit, dass man nicht alles wahllos postet - vor allem nicht, wenn man unsicher ist, wer der Empfänger ist. Mit der Veröffentlichung privater Daten ist man laut eigenem Bekunden daher vorsichtig, auch wenn sich dies zumeist ausschließlich auf Fotos und persönliche Informationen (z. B. Beziehungsstatus) bezieht. Die Angst vor der Veröffentlichung peinlicher Details ist groß, daher schätzen Jugendliche Informationen über ihr Privatleben (wann, wo, was und - vor allem - mit wem) wertvoller ein als soziodemographische Daten.

Typische **Zitate** zur Illustration

> *Dass man in Facebook nicht alles posten sollte. Man sollte jetzt zum Beispiel, wie in meiner Situation: „Yeah, ich bin allein zu Hause heute Nacht. Yippie, Party kann steigen." Sowas sollte man nicht unbedingt*

auf Facebook posten. Weil das lädt dann Einbrecher ein. (weiblich, 17 Jahre, Konservativ-Bürgerliche)

Im Internet viele Sachen, also so etwas wie Datenveröffentlichung. Darum mache ich das eigentlich auch nie. (männlich, 15 Jahre, Materialistische Hedonisten)

Ja, ich finde, man sollte halt auf jeden Fall achtsam damit umgehen, weil halt gerade im Internet oder sozialen Netzwerken, ist halt schon so, dass man da aufpassen muss, was man hochlädt. Und auch zum Beispiel jetzt bei Handys, finde ich auch wichtig, dass man sich überlegt, zum Beispiel, dass man jetzt den Facebook Messenger nicht runterlädt, weil der überwacht einen ja dann und kann auf alles zugreifen und auf sowas, finde ich, sollte man halt schon achten. (weiblich, 17 Jahre, Adaptiv-Pragmatische)

Ich glaube, dass man nicht zu viel von sich preisgibt. Also dass man nicht zu viel reinstellt. Und vor allem keine Sachen, die niemand von einem erfahren sollte wie zum Beispiel den Wohnort. (weiblich, 14 Jahre, Adaptiv-Pragmatische)

Auszüge aus Gesprächen zwischen Jugendlichen zum Thema **Digitale Medien**

Interviewerin: weiblich, 16 Jahre, Adaptiv-Pragmatische

GIBST DU VON DIR VIEL IM INTERNET PREIS? WAS HAST DU ZUM BEISPIEL AUF FACEBOOK ANGEGEBEN?

Also auf Facebook hab ich mein Profil, also meinen Namen, dann hab ich ein Bild, dann hab ich über 600, 700 Fotos drin, Handy-Uploads. Und dann steht da natürlich, wann ich geboren bin, wo ich wohne, also direkt nicht welche Straße, aber in welchem Bezirk ich wohne. Ob ich verheiratet bin oder ob ich verlobt bin, das steht nicht, ob ich in fester Beziehung bin, das steht auch nicht. Ansonsten poste ich natürlich, egal wo ich bin, hier bin ich, da bin ich, egal ob ich bei [NAME EINER BEKLEIDUNGSMARKE] *bin oder bei* [NAME EINES KAUFHAUSES] *bin, poste ich das. Es ist vielleicht nicht gut, dass ich alles poste und dass ich alles freigebe, aber dafür ist das ja da, und ich find das gut.*

ABER FINDEST DU'S NICHT GEFÄHRLICH? ALSO WENN MAN EIN FOTO HOCHLÄDT, WIRD'S JA NIE AUS DEM INTERNET GELÖSCHT, UND DAS IST JA AUCH EIN BISSCHEN RISKANT.

- *Ja, natürlich ist es riskant. Aber heute schicken wir über WhatsApp auch Sachen. Hast du mal die WhatsApp-AGBs gelesen? Da wird auch irgendwo auf einer externen Festplatte bestimmt alles gespeichert, und dann sollte man auch keine Fotos schicken. Natürlich ist das riskant, aber so lang ich keine Nacktfotos von mir gebe, ist es mir egal.*

Interviewer: weiblich, 17 Jahre, Expeditive

WAS POSTEST DU SO, UND WO?

- *Also auf Facebook poste ich eigentlich gar nichts, höchstens Instagram, Bilder, aber sonst eigentlich gar nichts. Sonst habe ich keine anderen sozialen Netzwerke.*

GIBT'S WAS, WAS DU NICHT POSTEN WÜRDEST?

- *Ja, zu private Dinge, oder meinen ganzen Tagesablauf, was ich mache, wo ich bin. Also man kann ja z. B. Orte markieren, entweder bei Instagram oder Facebook, würde ich nicht machen, weil es sieht jeder und es muss nicht jeder wissen, wo man sich gerade aufhält. Ja, oder vielleicht auch Bilder oder irgendwelche Sachen, wo andere Leute mit drauf sind oder beteiligt sind, wenn man die nicht vorher gefragt hat.*

WARUM?

- *Ja, ich finde, das ist zu privat. Oder auch so, Telefonnummern, Emails würde ich auch nie öffentlich machen, weil einfach die Leute, mit denen man Kontakt hat und für die es wichtig ist, dass die Leute deine Daten haben, die wissen die Daten oder denen kann man persönlich es auch erzählen, wenn man sie sieht.*

Die Beherrschung von Programmen und Programmiersprachen gilt als Spezialkenntnis, die persönlich kaum relevant ist.

Den Umgang mit Software bzw. komplexeren Anwendungen (MS Office, Grafikprogramme) sehen Jugendliche nicht als besonders relevante Kenntnis im Bereich der Medienkompetenz an. Diese Fähigkeiten gehören für sie nicht zum Repertoire der Aktivitäten, die sie sich selbst (freiwillig) beibringen. Diese Kompetenzen werden überwiegend in der Schule (teilweise unterstützt durch Eltern) vermittelt und stoßen auf mehr oder weniger Begeisterung. Jugendliche mit höherem (angestrebtem) Bildungsabschluss sehen hier am ehesten eine zumindest künftige Relevanz dieser Kenntnisse.

Insbesondere Programmieren gilt als besonders komplex und findet – wenn überhaupt – fast ausschließlich in der Schule statt. Bis auf wenige Ausnahmen (fast ausschließlich handelt es sich dabei um Jungen) haben sich die Befragten kaum damit auseinandergesetzt, weil die Komplexitätsbefürchtung hoch und die Frustrationsgrenze niedrig liegt.

Typische **Zitate** zur Illustration

Also hatte ich auch mal so einen Informatikkurs und auch in der Oberstufe habe ich jetzt ein Jahr Informatik gemacht und weiß halt, was man wirklich jetzt alles machen kann am Computer, zum Beispiel mit irgendwelchem Programmieren, was aber schon ziemlich schwer ist, muss ich zugeben, aber schon interessant. (männlich, 17 Jahre, Experimentalistische Hedonisten)

Oder jetzt mit der Schule auch mit diesem Microsoft Office, in Mathe haben wir da noch ein Programm bekommen, wo wir eine Tabelle aufbauen müssen. Wir müssen eine Tabelle aufbauen, in einem Programm, das ich überhaupt nicht kenne. Da muss ich wirklich daran arbeiten. Aber das mache ich in der Schule. (weiblich, 14 Jahre, Adaptiv-Pragmatische)

Ja, es war interessant, aber ich glaube Programmieren ist für mich persönlich zu trocken, als dass ich es weiter machen würde. (…) Ja, es ist anstrengend, an sich auch die ganze Zeit. Man muss halt immer die Sprache des Computers beherrschen, die Befehle so eintippen, macht halt nichts anderes, als einfach nur Befehle eintippen und dann hoffen, dass es dann läuft. (männlich, 16 Jahre, Adaptiv-Pragmatische)

4.4 Lernen mit digitalen Medien in der Schule

Lernen mit digitalen Medien macht mehr Spaß als Paper-Pencil-Unterricht.

Dass das Lernen mit digitalen Medien Vorteile bietet, ist Konsens bei den Jugendlichen. Sie sehen vor allem die Vielfalt der Gestaltungsmöglichkeiten, die automatischen Korrekturfunktionen und den Wegfall des mühsamen händischen Schreibens als unschlagbaren Vorteil. Insbesondere für Jugendliche aus Elternhäusern, in denen digitale Medien kaum oder wenn, dann nur als Entertainmentzentrale eine Rolle spielen, sind diese besondere Attraktoren, die durch ihre reine Verfügbarkeit ein erhebliches Maß an Aufmerksamkeit auf sich ziehen.

Typische **Zitate** zur Illustration

Man kann Hausaufgaben auf dem Computer machen mit Word und halt Präsentationen mal, was ich persönlich auch viel praktischer finde, weil es mit der Rechtschreibung immer eine Kontrolle gibt, aber es geht im Endeffekt auch von der Schrift her, weil man halt eben nochmal schnell im Internet gucken und ein Bild dazu machen kann. Man kann mal eben schnell alles unterstreichen. Und es sieht nicht aus, wie kurz mal alles übergestrichen, wenn man mal etwas falsch gemacht hat. (weiblich, 17 Jahre, Adaptiv-Pragmatische)

Es geht schneller und ich kann mich zum Beispiel viel besser konzentrieren, wenn ich das auf dem Computer schreiben soll. Das ist einfach. Da kann ich mir das besser merken. Und man kann es vor allen Dingen hinterher lesen. (weiblich, 17 Jahre, Konservativ-Bürgerliche)

Wir sind einfach auf eine Seite gegangen. Da haben wir die Ländernamen alle durchgemacht in Europa und mussten dann die Hauptstädte lernen und die Ländernamen. Dann bestimmte Flüsse, Berge, dann

Königreiche. Und irgendwann haben wir angefangen mit Afrika. Das ging immer so weiter. Das hat mir Spaß gemacht. Also solche Sachen finde ich schon schön, weil man lernt auch dabei. Das klingt kindisch, weil spielend lernen sozusagen in dem Sinne. (weiblich, 16 Jahre, Konservativ-Bürgerliche)

[INT: UND WÜRDEST DU DIR WÜNSCHEN, DASS DAS IN DER SCHULE MEHR BENUTZT WIRD?] *Ja, schon. Macht mehr Spaß und ist einfacher.* (weiblich, 14 Jahre, Materialistische Hedonisten)

Schulen sind aus Sicht der Jugendlichen defensive Akteure in punkto digitales Lernen.

Spontane Assoziationen zum Thema „Digitale Medien in der Schule" drehen sich vor allem darum, welche Geräte in der Schule wo und wann verboten sind und was im Internet aus Sicht der Lehrer alles gefährlich ist. Ein Tag ohne Smartphone ist für die Jugendlichen schwer zu ertragen. Dennoch akzeptieren sie, dass private digitale Geräte während des Unterrichts - eigentlich - verboten sind. Man hält sich mehr oder weniger an diese Abmachungen. Mit zunehmendem Alter der Schüler werden die Reglementierungen seitens der Lehrer weniger stark eingefordert.

Typische **Zitate** zur Illustration

Also bei uns war es so, wer sein Smartphone rausgepackt hatte im Unterricht, da gab es eine erste Verwarnung. Bei der zweiten wurde es halt eingesammelt und nach der Stunde wiedergegeben. Sonst haben die im Unterricht halt nur rumgespielt. (männlich, 16 Jahre, Materialistische Hedonisten)

Nee, es kommt natürlich auf die Lehrer an, aber man darf die Handys eigentlich nicht haben. Man muss schauen, dass der Lehrer es nicht sieht. Musik hören darf man natürlich auch nicht, weiß nicht. Sobald Schule aus ist, kann man das natürlich alles machen, aber während der Schulzeit nicht. (weiblich, 15 Jahre, Experimentalistische Hedonisten)

Früher haben die immer was gesagt, und das machen die bei den kleinen Kindern, glaube ich, immer noch. Und wenn es im Unterricht zum Beispiel klingelt oder man spielt heimlich und es geht der Ton an, dann wird es, glaube ich, auch noch eingezogen und im Sekretariat darfst du es abholen. (männlich, 14 Jahre, Materialistische Hedonisten)

Zwar wird im Unterricht mit digitalen Medien gearbeitet, allerdings nur phasenweise und fächerspezifisch. „Computer" ist zumeist ein Extra-Fach, zum Beispiel in Form spezifischer Kurse oder Wahlpflichtfächer. Der Umgang mit digitalen Medien wird nicht fächerunabhängig selbstverständlich integriert oder thematisiert. Überwiegend ist der Einsatz nutzenorientiert und anlassbezogen, insbesondere für die Vorbereitung von Referaten, das Schreiben von Bewerbungen o.Ä.. Mit Blick auf die Aktivitäten dominiert aus Sicht der Jugendlichen der Fokus auf das korrekte Bedienen von Bürosoftware. Digitale Medien finden somit zu definierten Zeiten und in bestimmten Kontexten Anwendung, und zwar für Lernziele, die nicht primär auf den Erwerb von Kompetenzen im Umgang mit Medien ausgerichtet sind. Medien dienen als Mittel zum Zweck, häufig auch zur Belohnung, Entspannung oder zur generellen Motivation.

Typische **Zitate** zur Illustration

Im täglichen Unterricht eigentlich gar nicht. Nur wenn wir vielleicht eine Präsentation machen können oder machen müssen. Wenn wir es am Computer machen und präsentieren wollen, dann haben wir die Möglichkeit, einen USB-Stick mitzubringen und die Information herunterzuladen. (männlich, 14 Jahre, Adaptiv-Pragmatische)

Es gab immer schon so Computertechnik in der Realschule. Da haben wir dann eigentlich eher an Word gearbeitet, wie das alles geht. (männlich, 17 Jahre, Adaptiv-Pragmatische)

Das finde ich ein bisschen schade, wir haben nur einmal in der Woche Informatik. Das sind solche Sachen am Rechner. Ich finde, so was sollte man wirklich ein bisschen öfter machen. Zwei Stunden die Woche wären cool. Vor allen Dingen, wenn man so was jetzt nicht versteht. Ich vergesse das auch immer so schnell, jetzt zum Beispiel: Da oben geht man auf Speichern, diese und diese Maustaste ist ein

Kurzbefehl Drucken. Also so was. (männlich, 14 Jahre, Materialistische Hedonisten)

Yeah, heute gehen wir mal in den Computerraum, das ist etwas ganz Besonderes. (weiblich, 15 Jahre, Adaptiv-Pragmatische)

Auszüge aus Gesprächen zwischen Jugendlichen zum Thema **Lernen mit digitalen Medien**

Interviewerin: weiblich, 17 Jahre, Expeditive

DENKST DU ÜBERHAUPT, DASS DIE LEHRER KOMPETENT GENUG SIND, DIGITALE MEDIEN ZU NUTZEN? KENNEN DIE SICH DAMIT GUT GENUG AUS?

Das ist schwierig. Ich denke, jüngere Lehrer, Referendare, die vielleicht gerade fertig sind mit ihrem Studium, eher als ein Lehrer, der jetzt schon 30 oder 40 Jahre in seinem Job arbeitet, weil derjenige ja mit dem Internet und mit den ganzen modernen Medien nicht so aufgewachsen ist. Und ich denke, wenn man jetzt in den Schulen alles umstellen würde, dass es nur noch iPads gibt, wo man darüber seine Klassenarbeit schreibt oder so, kann ich mir schon vorstellen, dass ältere Lehrer damit vielleicht erst mal überfordert sind.

Interviewer: weiblich, 17 Jahre, Sozialökologische

INWIEFERN SIND DIGITALE MEDIEN SCHON IN DEINEN LERNPROZESS INTEGRIERT? ALSO ZUM BEISPIEL FÜR HAUSAUFGABEN, ZUM KLAUSUREN VORBEREITEN, ODER ZUR NACHBEREITUNG VOM UNTERRICHT.

Also auf jeden Fall sind sie sehr doll integriert, weil ich Hausaufgaben eigentlich grundsätzlich mit dem Internet mache oder am PC, weil ich meine Hausaufgaben meistens am PC niederschreibe. Und wenn man natürlich irgendwelche Informationen zu einem Thema braucht, dann fragt man das Internet. Und ansonsten zu Vorträgen wird auch alles digital gemacht, Plakate sind bei mir eigentlich ausgestorben. Und Klausurvorbereitung, wenn man sich jetzt eine Gliederung macht, bevor man anfängt zu schreiben. Solche Informationen zieht man dann eigentlich auch aus dem Internet. Oder Kontextwissen.

WIE ARBEITET DENN DEINE EIGENE SCHULE MIT DIGITALEN MEDIEN?

Also wir haben jetzt ganz viele Smartboards bekommen, aber das ist irgendwie so als hätten wir keine bekommen, weil die kann sowieso keiner benutzen. Und kein Lehrer versteht die, weil es einfach keine Einweisung gab, also keine richtige Schulung. Und jetzt stehen die Smartboards da und sind nur zum Angucken da. Unser Computerraum, die PCs, die sind ganz schön alt. Und ansonsten arbeiten wir immer noch mit diesen superalten verstaubten OH-Projektoren, wo jeder dritte nicht funktioniert und wo jeder zweite ein komisches Bild projiziert. Also meine Schule ist da nicht wirklich sehr hinterher.

Ob digitale Medien in der Schule eine zentrale Rolle spielen sollten, ist eine Frage der Lebenswelt.

Eine stärkere Einbindung digitaler Medien in den Unterrichtsalltag wünschen sich vor allem Jugendliche aus den hedonistischen und prekären Lebenswelten. Man erhofft sich einen höheren Unterhaltungswert, sowohl im Unterricht, als auch in den Pausen. Gerade dort, wo Jugendliche von Haus aus weniger gut mit digitalen Geräten jenseits von Spielekonsolen und Smartphones ausgestattet sind, weil die berufliche Sphäre der Eltern kaum digital geprägt ist, ist der Einsatz von Medien im Unterricht nahezu die einzige Möglichkeit, überhaupt mit Rechnern und Laptops in Kontakt kommen zu können. Was dann genau mit diesen Geräten im Unterricht inhaltlich passiert, ist weniger relevant, von primärem Interesse ist die reine Verfügbarkeit. Eine große Faszination üben hier prominente IT-Marken aus, die mit urbanem Lifestyle und Coolness assoziiert sind und auch im Freundeskreis anerkennend registriert werden.

Typische **Zitate** zur Illustration

Ich finde, man sollte schon mit Duden Wörter suchen können, aber wenn man es kann, kann man auch einfach mal im Handy nachgucken, weil es einfach zeitsparend ist. Wenn man jedes Wort nachschlagen muss, wenn man es absolut nicht kann, das ist einfach nervig. (weiblich, 16 Jahre, Experimentalistische Hedonisten)

Es wäre natürlich endgeil, wenn man einen Laptop hätte, weil den kann man auch mit nach Hause nehmen. Oder man kann Musik hören im Unterricht. Wer meint, das machen zu müssen, dann den ganzen Stoff verpasst, kann er ruhig machen. Ist ja Lehrersache. Aber so wäre es schon cool, wenn es einem nicht direkt abgenommen würde. Oder in den Pausen, dass man schon Musik hören kann, das wäre schon cool. (GP 24, weiblich, 15 Jahre, HS, Experimentalistische Hedonisten)

Ja, also bei uns war es so, dass wir in Deutsch und in Ethik sehr viele Stunden hatten, wo wir ein Thema bekommen haben. Zum Beispiel in Deutsch hatten wir eines. Man sollte eine Kommunikation darstellen. Und da haben wir so Videos aufgenommen. Da habe ich das dann zusammengeschnitten usw. Das haben wir dann präsentiert. Und in Ethik habe ich einen Werbespot gemacht für Zivilcourage. Das macht voll Spaß. (männlich, 16 Jahre, Materialistische Hedonisten)

Also es gibt ja in manchen Schulen in Berlin eine Computerklasse. Da benutzt man ein MacBook. Und ich würde es also gut finden, wenn man mit einem Computer oder halt einem Laptop oder MacBook dann da arbeitet. Da ist das ein anderer Effekt im Unterricht. Da hat man einfach ein besseres Gefühl. Das ist jetzt einfach was Neues, so. Man denkt: Wow, voll schön! (männlich, 16 Jahre, Materialistische Hedonisten)

Also ich finde es gut. Vor allem wenn man halt wirklich was nachgucken kann, wenn man halt jetzt noch mal ein Thema hat. Zum Beispiel im Geschichtsunterricht war es letztens mal, mir ist halt so eine Frage aufgekommen, halt so warum die ‚Freßgass' jetzt ‚Freßgass' heißen, da hat man halt kurz mal nachgeguckt und konnte man dann auch gut mitreden danach. Also habe ich mich kurz informiert. Ja, das ist auf jeden Fall cool, ja. (männlich, 17 Jahre, Experimentalistische Hedonisten)

Jugendliche aus postmodernen Lebenswelten hingegen wünschen sich nicht unbedingt mehr digitale Medien in der Schule - teilweise ist es ihnen egal, teilweise grenzen sie sich davon ab. Als Begründung werden dabei Aspekte wie fehlende Effizienz, da „eh jeder nur auf YouTube und so weiter" geht, sowie der Abbau der eigenständigen Denkkompetenz genannt. Man brauche nicht noch mehr Computer in der Schule, zwar biete das Arbeiten damit gewisse Vorteile, andererseits seien diese nicht besonders groß.

Außerdem wird kritisiert, dass bestimmte „analoge Skills" (wie z. B. das Recherchieren in Büchern) verloren gehen könnten und dass Internet die Menschen immer passiver („fauler“) und „immer dümmer macht, weil man immer weniger selbst nachdenken muss“. Dabei grenzen sie sich vereinzelt auch von denjenigen Jugendlichen ab, die sich von digitalen Möglichkeiten weitestgehend „abhängig“ gemacht haben und ohne GPS-Funktion nicht mehr den Weg nach Hause finden würden. Jugendliche in postmodernen Lebenswelten sind von Haus aus technisch gut ausgestattet und ihre Eltern pflegen einen selbstverständlichen Umgang mit digitalen Medien. Online und vernetzt zu sein ist für Eltern in diesen Lebenswelten Normalität - häufig schlicht auch berufliche Notwendigkeit. Für ihre Kinder sind Medien daher nicht per se Unterhaltungs-Tools, sondern auch Arbeitsinstrumente. Ferner sind diese Jugendlichen weitgehend gesättigt und die bloße Präsenz eines Smartboards löst bei ihnen noch keine Begeisterungsstürme aus. Da der Einsatz von Medien allein für sie noch keinen Zweck erfüllt, hinterfragen diese Jugendlichen den Nutzen des konkreten Einsatzes. Was daran macht den Unterricht besser?

Typische **Zitate** zur Illustration

> *Früher hat man im Lexikon nachgeschaut, und ich glaube, ganz viele wissen nicht mehr, dass es das auch gibt oder können damit nicht umgehen. Deswegen bleibt das immer wichtig in Zukunft.* (weiblich, 16 Jahre, Expeditive)

> *Ich muss sagen, ich vermisse das Internet in der Schule nicht. Jeder Lehrer macht es eh anders. Man könnte vielleicht ein bisschen mehr mit Computern arbeiten. Aber wenn man dann im Computerraum ist, macht sowieso nicht jeder das, was er am Computer machen soll. Deswegen kann ich es auch verstehen, dass die Lehrer nicht so oft die Computer nutzen.* (weiblich, 17 Jahre, Adaptiv-Pragmatische)

> *In USA oder Australien haben die Schüler ihren eigenen Laptop immer und darüber werden alle Hausaufgaben geschickt und sie können damit auch mit dem Lehrer kommunizieren. Das ist vielleicht manchmal ganz hilfreich, gerade was so die Hausaufgaben angeht und so. Aber sonst ist es, glaube ich, auch nicht wichtig. Das braucht man eigentlich nicht, extra seinen Computer nur für seine Schule zu haben.* (weiblich, 16 Jahre, Expeditive)

Ich würde es wirklich so lassen, dass man die Medien auch nicht komplett mit einbringt, sondern dass dies Schreiben nicht komplett durch das Eintippen ersetzt wird. Dass man, wie gesagt, zu Präsentationen oder wenn man was nachgucken will, Medien dann nimmt, aber sonst, dass wirklich nicht jeder irgendwie seinen eigenen Laptop dann mitbringt und dann irgendwie die ganze Zeit vor dem Ding sitzt in der Schule. (männlich, 17 Jahre, Experimentalistische Hedonisten)

Ich merke, das wird jetzt alles viel mehr so, dass man mit Tablets anfängt und ich finde das eigentlich echt ein bisschen viel. Also ich würde mir wünschen, dass es so bleibt, dass man auf dem Block ganz normal schreibt. (männlich, 16 Jahre, Adaptiv-Pragmatische)

Ich finde, am Gymnasium muss das nicht sein. Da fehlt vielen Schülern die Motivation, würde mir auch fehlen, wenn alle Laptops haben, würde die Hälfte auf YouTube gehen, sich Instagram angucken, ich würde Schuhe angucken oder wie Köln spielt, welche Aufstellung, wer verletzt ist, welche Autos jetzt neu rauskommen. Da fehlt die Motivation. (männlich, 15 Jahre, Materialistische Hedonisten)

Also wir haben in der Schule jetzt so Whiteboards bekommen, so riesengroße Bildschirme mit Touchscreen und sowas, finde ich ganz in Ordnung, aber auch irgendwie unnötig. Also ich finde eine Tafel genauso gut. (weiblich, 17 Jahre, Experimentalistische Hedonisten)

Man wird dümmer dadurch, finde ich. Also durch das Internet wird man ja dümmer. [INT: WIESO DAS, ERKLÄR MAL?] *Zum Beispiel wenn ich etwas wissen möchte, google ich es direkt und denke gar nicht selbst darüber nach. Ich finde es eigentlich schade, aber es hilft mir.* (männlich, 16 Jahre, Adaptiv-Pragmatische)

Die technische Ausstattung der Schulen kritisieren Jugendliche als nicht ausreichend und veraltet.

Jenseits der unterschiedlichen Präferenzen, ob und wieviel Einsatz von Medien in der Schule sinnvoll und wünschenswert ist, sind sich Jugendliche aller Lebenswelten in einer Sache einig: Wenn sie eingesetzt werden, sollten sie auf dem aktuellen Stand der Technik sein. Veraltete Geräte und entsprechende Software gelten als „nutzlos".

Smartboards und Dokumentenkameras werden inzwischen als „normale" Ausstattung eingeordnet und haben sich als Tafelersatz etabliert. Darüber hinaus sind Jugendliche zuhause jedoch in technischer Hinsicht meist besser ausgestattet als in der Schule. Die schulischen Computerräume werden zudem als chronisch überlastet und zu reglementiert wahrgenommen.

Typische **Zitate** zur Illustration

Es wäre wichtig, dass die Technik auf dem neuesten Stand ist. Aber das ist schwierig. Man kann nicht so schnell neues Zeug für so viele Schüler kaufen, damit die Technik der Schule gleichgesetzt mit der privaten Technik ist. Das wäre aber schon wichtig. (weiblich, 15 Jahre, Expeditive)

Also jetzt hat ja glaube ich fast jede Schule so ein Smartboard. Also das ist keine Tafel mehr so, das ist wirklich so wo man antippen kann alles. Und da kann man wirklich alles machen damit. (männlich, 16 Jahre, Adaptiv-Pragmatische)

Wir haben Medienräume in der Schule, also Computerräume mit den neuesten Sachen. Naja, für uns Schüler sind das nicht wirklich die neuesten Sachen, aber sie halten sich wirklich ganz gut. In meiner alten Schule waren solche Boards aufgestellt, wo man anstatt mit Kreide mit Stiften schreibt. Meine alte Schule hatte die schon gefühlt seit drei Jahren. (weiblich, 16 Jahre, Experimentalistische Hedonisten)

Aber in meiner damaligen Schule war es so, wenn man Präsentationen hatte, durfte man seinen Laptop mitbringen und da was machen oder man hatte seinen USB-Stick dabei und hat es an den Beamer angeschlossen. (männlich, 17 Jahre, Experimentalistische Hedonisten)

Seitens der Lehrer werden digitale Kompetenzen teilweise vorausgesetzt.

Beim Einsatz von digitalen Medien in der Schule erwähnen Jugendliche, dass die Lehrer zumeist davon ausgehen, dass bestimmte Geräte zu Hause vorhanden sind und bei Bedarf in den Unterricht mitgebracht werden können (z. B. Laptops). Auch dass man weiß, wie mit diesen Geräten umzugehen ist, wird häufig implizit vorausgesetzt. Die digitale Ausstattung und das digitale Kapital des Elternhauses werden somit als Ressource in die Schule eingebracht, ohne dass dabei klar ist, welche Fähigkeiten von den Jugendlichen genau erwartet werden.

> *Also dann was der Lehrer halt immer sagt, wenn er zum Beispiel sagt, wir sollen jetzt im Internet recherchieren über zum Beispiel aktuell das Thema Flüchtlinge oder über das Mädchen, was jetzt in Meißen verschwunden ist. Das ist halt immer recherchieren. Dann tun wir das dann immer irgendwie kopieren und zeigen es dann immer dem Lehrer.* (männlich, 14 Jahre, Konservativ-Bürgerliche)

> *Handys dürfen wir ab und zu benutzen, es kommt immer drauf an. Zum Beispiel auch wenn wir manchmal Kunst haben und ich eine Rose zeichnen möchte, dann frage ich den Lehrer, ob ich kurz mit dem Handy eine Rose googeln kann und sie abzeichnen kann.* (weiblich, 14 Jahre, Experimentalistische Hedonisten)

Die Jugendlichen sehen Schule - potenziell - als relevanten Akteur für Medienkompetenz bei Sicherheitsfragen.

Dass man sich digitalen Medien in der Schule vor allem aus der Perspektive von Risiken und Gefahren nähert, wird von den Jugendlichen einerseits bedauert; auch die generelle Kritik an zentralen Anbietern und Plattformen („die sagen immer nur ‚Facebook ist böse' und so") erzeugt eine ablehnende Haltung. Andererseits sind Risiken im digitalen Raum als Thema von hoher persönlicher Relevanz und Jugendliche möchten mehr darüber erfahren. In der Schule lernt man aus Erfahrung der Jugendlichen insbesondere, wie man sich vor jugendgefährdenden Inhalten und dem Abgriff persönlicher Daten schützen kann oder wohin man sich bei Mobbing wenden kann. Dies geschieht teilweise auch durch den Unterrichtsbesuch von externen Experten (z. B. Polizisten, Live-Hacker).

Typische **Zitate** zur Illustration

- *Also wir hatten das früher voll viel in der Schule. Da hatten wir auch immer so Berater oder sowas, die einen so aufklären. Es war auch mal ein Polizist da, und auch die Lehrer reden viel mit uns, und irgendwann kennt man es dann halt, weil die immer das gleiche sagen, die Eltern natürlich auch.* (weiblich, 17 Jahre, Adaptiv-Pragmatische)

- *Auf dem Gymnasium hatten wir oft das Thema Internet. Da wurden wir auch richtig oft schon belehrt sozusagen. Da war auch einmal die Polizei da, hat das erklärt und hat Filme gezeigt.* (weiblich, 16 Jahre, Experimentalistische Hedonisten)

- *Da war so ein Projekttag über Medien. Das waren zwei Tage, wo wir uns darüber unterhalten haben, auch mit Fachleuten, die in unsere Schule kamen und uns das erklärt haben. Das war schon gut und das meiste wusste man dann, weil man das über Freunde und Eltern und so erfahren hat. Aber das noch mal von einem Fachmann zu erfahren, Cybermobbing ist ja auch gerade aktuell und da will man ja selber nicht reingeraten.* (männlich. 15 Jahre, Materialistische Hedonisten)

- *Also nur in der Realschule jetzt über die Sicherheit, aber jetzt nicht wirklich viel.* (männlich, 16 Jahre, Adaptiv-Pragmatische)

Jugendliche möchten digitale Medien nicht nur nutzen, sondern auch verstehen.

Jugendliche wünschen sich einen weniger gefahrenzentrierten Unterricht, der die Chancen von digitalen Medien aufzeigt und konkrete Kriterien vermittelt, wie diese Chancen umgesetzt werden können, ohne sich allzu hohen Risiken auszusetzen. Jugendliche würden beispielsweise gerne lernen, wie man das Internet benutzt, worauf man achten muss und wie man sich schützt. Lehrer werden vorrangig als Mahner aufgefasst, die sagen, dass man aufpassen muss, jedoch nicht genauer erklären, nach welchen Maßstäben man dabei vorgehen soll. Hier wird auch ein deutliches Kompetenzdefizit wahrgenommen: Welchen Seiten im Internet man trauen und nicht trauen kann, wissen die Lehrer laut Jugendlichen selbst nicht.

Allgemein bemängelt wird, dass Technik zwar genutzt, jedoch nicht wirklich erklärt wird. Gern wüsste man, wie ein Computer oder das Internet eigentlich „funktioniert". Gewünscht wird ein stärkerer Fokus auf technische Aspekte (wie man beispielsweise Windows mit einem Apple-Handy verbindet), ein tieferes Verstehen der benutzten Programme und eine größere Relevanz der gelehrten Inhalte für das tägliche Leben.

Typische **Zitate** zur Illustration

- *Also bei Applegeräten, zum Beispiel, wenn man jetzt einen Apple Computer und ein Apple Handy hat, dann ist das schon ziemlich leicht. Also leichter als Windows-Gerät und Apple-Handy. Dass man zeigt, wie man sowas verbindet oder wie man es zusammen nutzt, oder wie man es überhaupt nutzt. Und nicht irgendwelche Apps zeigt, die besonders cool sind.* (männlich, 17 Jahre, Adaptiv-Pragmatische)

- *Wir arbeiten mit Computern, aber wir lernen nicht, wie man mit dem Computer umgeht.* (männlich, 15 Jahre, Konservativ-Bürgerliche)

- *Wir haben zwar auch Informatik, aber ich habe mir das alles relativ selber gut angeeignet, also welchen Seiten ich zum Beispiel vertrauen kann, dass die Informationen richtig sind. Und wie ich am besten nach etwas suche. Ich denke aber, das sollte man auch in den Unterricht mit eingliedern. Und es gibt auch viele Lehrer, die damit noch nicht umgehen können.* (weiblich, 15 Jahre, Expeditive)

- *Und dann vielleicht auch über ein paar Gefahren des Internets aufklären: Da und da könnte man einen Virus bekommen, bei solchen Angeboten müsst ihr aufpassen, das ist Fake! So etwas.* (weiblich, 15 Jahre, Sozialökologische)

- *Videobearbeitung und vielleicht auch noch ein bisschen mehr im Info-Unterricht über Schutz im Internet. Darüber haben wir eigentlich relativ wenig gelernt, was man da für Programme nehmen kann oder vor welchen Seiten man vorsichtig sein muss, so etwas.* [INT: Hast du eine Idee, wie das ablaufen könnte, wenn man Videoschnitt unterrichten würde?] *Dass man einfach bei Windows Movie Maker erst mal Beispielbilder nimmt und die Grundlagen zeigt, dass die halt wissen, wie man so etwas macht und wie so etwas entsteht und dass sie dann ihre eigenen Videos schneiden können, vom Urlaub oder so. Das finde ich auch wichtig.* (weiblich, 16 Jahre, Experimentalistische Hedonisten)

Ich finde, man könnte einfach mehr Internet lernen, also wie man es benutzt und halt so, worauf man achten muss oder welche Möglichkeiten man hat, sich zu schützen. Also, weil die erzählen das einem immer, dass man aufpassen muss, aber letztendlich gezeigt wird es einem nie, wie man es macht. (weiblich, 17 Jahre, Adaptiv-Pragmatische)

4.5 Der Blick in die digitale Zukunft

Vor allem Jugendliche aus bildungsfernen Lebenswelten glauben, dass das Internet für sie in der Zukunft eine weniger wichtige Rolle spielen wird.

Online-Aktivitäten drehen sich bei Jugendlichen gegenwärtig hauptsächlich um Unterhaltung und Kommunikation. Das Internet ist Freizeitkosmos und Fenster zur Welt. Nur wenige Jugendliche assoziieren damit bereits den künftigen Berufsalltag. Auch die Schule ist offensichtlich kein Akteur, der aktuell entsprechende Vorstellungen konkretisieren oder Kompetenzen aufbauen hilft.

Dass das Internet vorwiegend unterhaltungsorientiert genutzt wird, ist aus Sicht der Jugendlichen bedingt durch ihre eigene Lebensphase - Unterhaltung und Kommunikation seien eben die wichtigsten Dinge im Leben der 14 bis 17-jährigen. Man geht davon aus, dass vor allem Games, stundenlanges Chatten, Durchscrollen von Feeds in den sozialen Netzwerken künftig immer mehr an persönlicher Bedeutung verlieren werden - „irgendwann kommt man halt aus dem Alter raus". Spätestens mit dem Übergang in das Berufsleben oder mit Gründung einer Familie rechnet man damit, weniger Zeit im Netz zu verbringen und

Internetaktivitäten „runterzufahren". Insbesondere YouTube und Facebook gelten als „Jugendangebote", die man als Erwachsener nicht mehr braucht. Dass man mit Freunden und Familie aber künftig weiterhin regelmäßig (auch) online in Kontakt ist (z. B. via Apps von Kurznachrichtendiensten wie WhatsApp) hält man hingegen für unverzichtbar.

Typische **Zitate** zur Illustration

- *Ich denke, irgendwann kommt man aus dem Alter von Facebook, Instagram und Snapchat vielleicht ein bisschen heraus. Aber WhatsApp oder einzelne Nachrichtendienste behält man bestimmt.* (weiblich, 17 Jahre, Adaptiv-Pragmatische)
- *WhatsApp wird, wenn es das weiterhin gibt, immer eine Rolle spielen, weil ich damit mit meinen Freunden, mit meiner Familie und so in Verbindung stehe. Instagram vielleicht auch noch, um Bilder zu gucken. Auto Bild vielleicht auch. Aber Facebook nicht.* (männlich, 15 Jahre, Materialistische Hedonisten)
- *Es wird immer so sein, dass ich mit Freunden schreibe. Und das mit YouTube, das wird sich alles wieder legen, das wird irgendwann nicht mehr sein, auch das mit den Spielen.* (männlich, 14 Jahre, Adaptiv-Pragmatische)
- *Smartphone wird sicher bleiben, das wird sich nicht verändern. So Sachen wir PS4 wird bestimmt irgendwann immer unwichtiger.* (männlich, 15 Jahre, Adaptiv-Pragmatische)
- *Also ich denke mal, soziale Netzwerke wie Facebook werden bei mir überhaupt nicht mehr gebraucht.* (männlich, 17 Jahre, Adaptiv-Pragmatische)
- *Also das Internet auf jeden Fall, aber nicht mehr so Sachen, zum Beispiel YouTube oder Filme anschauen oder die ganze Zeit chatten, so was.* (männlich, 15 Jahre, Materialistische Hedonisten)

Mit Blick auf das Zeitbudget gehen Jugendlichen somit davon aus, dass ihre Internetnutzung in der zeitlichen Intensität künftig eher abnehmen wird. Die Möglichkeit, das Internet dann lediglich anders zu nutzen (z. B. andere Netzwerke, andere Videoportale, neue Tätigkeiten, wie z. B. Einkäufe), wird kaum in Betracht gezogen. Wenn die Internetnutzung überhaupt als gleichbleibend oder zunehmend im eigenen Alltag eingeschätzt wird, dann mit Blick auf berufliche Notwendigkeiten. Dies hängt aber wiederum stark von der Lebenswelt ab. Im postmodernen Segment gilt es als selbstverständlich, dass der Berufsalltag online stattfindet und Erwachsene notwendigerweise Dinge „im Internet zu erledigen haben".

In bürgerlichen und prekären Lebenswelten geht man eher davon aus, dass das Internet im Berufsalltag kaum vorkommt und Online-Aktivitäten lediglich der freien Zeit vorbehalten sind.

Typische **Zitate** zur Illustration

- *Ich glaube das Internet wird eine sehr große Rolle spielen. Vielleicht werde ich sogar damit arbeiten, gerade so als Mediendesignerin habe ich ja viel damit zu tun.* (weiblich, 17 Jahre, Adaptiv-Pragmatische)

- *Die werden auf alle Fälle noch eine sehr große Rolle spielen. Im Beruf aber auch in der Freizeit. In der Freizeit beschäftigt man sich ja viel damit. Und im Beruf wird das Hauptaugenmerk auch darauf liegen, damit man mit Kunden in Kontakt bleibt und auch bei Meetings.* (männlich, 15 Jahre, Sozialökologische)

- *Ich denke mal, ich werde sie einfach nicht mehr so viel benutzen, die Medien. Eigentlich einfach wahrscheinlich ab und zu noch das Internet oder für geschäftliche Sachen dann später irgendwann. Aber sonst das ganze Geschreibe und so wird abnehmen.* (männlich, 16 Jahre, Adaptiv-Pragmatische)

- *Internet und Smartphone sind nicht so wichtig in Zukunft. Also, weil später werde ich mich mehr für den Job interessieren, Frau, Kinder und so.* (männlich, 14 Jahre, Prekäre)

- *Man kommt in Zukunft nicht mehr am Internet vorbei. Wenn man das nicht drauf hat, ist man unten durch, egal ob privat oder beruflich. Da sollte man einen Kurs belegen, denn das braucht man wirklich.* (weiblich, 16 Jahre, Experimentalistische Hedonisten)

- *Wobei, es ist eigentlich jetzt nicht wirklich wichtig für die meisten in meinem Alter, aber es ist halt nur, weil sie es brauchen, weil sie ein bisschen süchtig danach sind, aber richtig brauchen tun es nur die Erwachsenen eigentlich.* (männlich, 15 Jahre, Materialistische Hedonisten)

Jugendliche beklagen eine Entfremdung vom „real life" durch digitale Technologien - insbesondere bei Kindern.

Bei aller Bedeutung, die man digitaler Teilhabe in der Zukunft beimisst, verlieren die Jugendlichen analoge Ressourcen nicht aus dem Blick. Es zeigt sich selbst bei Teenagern eine gewisse anti-digitale Sozialromantik bzw. eine „analoge Sehnsucht": Man vermisst den weniger digitalisierten Alltag „von früher". Teilweise fürchtet man, dass Kinder, die heute und in Zukunft aufwachsen, prägende „medienlose" Erlebnisse verpassen könnten, weil sie in einer digitalisierten Welt aufwachsen. Referenz bildet die aktuelle Ausstattung von kleinen Kindern mit digitalen Medien, die sie genau beobachten. Dass diese bereits mindestens so gut ausgestattet sind wie sie selbst, gefällt ihnen nicht teilweise aus Prinzip, teilweise aus Neid. Insbesondere Jugendliche aus Lebenswelten mit höherer Formalbildung weisen darauf hin, dass sie später bei den eigenen Kindern darauf achten werden, dass diese nicht zu früh mit digitalen Medien in Kontakt kommen.

Typische **Zitate** zur Illustration

- *Früher bei uns war das ja immer so: Wir haben im Buddelkasten gespielt, wir haben halt wie Kinder gelebt. Mit Barbies und Autos gespielt. Heutzutage haben die Kinder schon ein Smartphone, die noch in der ersten Klasse sind. Und ich hatte zum Beispiel mein erstes Handy in der siebten Klasse. Und dann haben die so viele Apps. Die werden in der letzten Zeit voll verwöhnt, die Kinder, die jetzt auf die Welt kommen.* (weiblich, 14 Jahre, Materialistische Hedonisten)

- *Ich sehe jetzt schon Fünftklässler mit einem iPhone herumlaufen. Und das ist nicht das iPhone 4 sondern das iPhone 6 oder 5. Das ist doch nicht mehr normal. Ich würde meinem Kind niemals in der fünften Klasse so ein Handy kaufen. Ich hatte damals eins, das war noch zum Klappen. Und das war auch nur für Notfälle, damit ich meine Eltern anrufen kann, wenn was ist.* (weiblich, 16 Jahre, Materialistische Hedonisten)

- *Also ich finde, wenn es sich so entwickelt, dann soll es sich so entwickeln. Ich habe jetzt kein Problem damit, aber fänd´ es natürlich auch schön, wenn die kleinen Kinder wieder irgendwie Seilspringen würden und nicht nur am Handy sind, einfach, weil ich es so gewöhnt bin von früher.* (weiblich, 17 Jahre, Experimentalistische Hedonisten)

Ich weiß nicht, vielleicht hängen die Kinder dann so doll dran, dass sie irgendwie alle computersüchtig werden. (weiblich, 15 Jahre, Adaptiv-Pragmatische)

Schön, dass ihr ein besseres Handy habt als ich, das muss nicht sein und ich finde auch nicht, dass 5-Jährige mit einem iPad umgehen sollten, also wissen sollten wie man irgendwas öffnen kann, selbst wenn sie nur ihre Spiele spielen. Das finde ich komplett übertrieben und das würde ich auch nicht wollen, dass mein Kind das so früh lernt. (weiblich, 17 Jahre, Adaptiv-Pragmatische)

Überwachung und Kontrolle als negative Folgen der Digitalisierung.

Dass digitale Technologien gesellschaftlich als zentrale Infrastruktur immer wichtiger werden, sehen Jugendliche bei weitem nicht nur positiv. Sie sehen auch konkrete negative Entwicklungen der zunehmenden Digitalisierung, von denen sie glauben, dass sie ihr eigenes Leben - auch offline - in der Zukunft immer stärker bestimmen werden. Dass man Spuren im Internet hinterlässt und die eigenen Daten „für immer" im Netz verbleiben, nehmen Jugendliche nicht einfach nur zur Kenntnis. Sie fürchten wachsende Kontrolle durch diejenigen, die diese Daten „besitzen". Jugendliche befinden sich dabei in einem Dilemma, denn auf der anderen Seite ist es für sie schlichte Notwendigkeit, Online-Dienste zu nutzen und damit im Netz Daten zu hinterlassen, um sozial nicht abgehängt zu sein. Zudem fühlen sie sich relativ sicher aus dem einfachen Grund, dass alle anderen auch ihre Daten im Netz haben.

Wenn es um den Schutz der eigenen Daten und die Privatsphäre geht, wünschen sie, dass der Staat die Unternehmen stärker kontrolliert und helfend eingreift, wenn Schaden entsteht.

Eine weitere Facette ist der Verlust von Unabhängigkeit, insbesondere mit Blick auf das Berufsleben. Die Vorstellung, dass der Arbeitgeber durch moderne Kommunikationstechnologien auch in der Freizeit auf den Arbeitnehmer „zugreifen" kann, erfüllt Jugendliche mit Unbehagen - auch wenn dieser Aspekt eher vereinzelt genannt wird. Betont wird, dass es wichtig sei, dass man trotz digitaler Vernetzung noch „ein eigenes Leben" führen könne.

Typische **Zitate** zur Illustration

- *Es wird auf jeden Fall mehr werden, also von den digitalen Medien her. Es wird immer größer, besser, schneller und überall wird sozusagen alles mit dem Internet vernetzt und man wird mehr und mehr ein gläserner Mensch, wie man so sagt. Das wird auf jeden Fall sich so verändern, aber das wird auch Initiativen geben, die halt dagegen ankämpfen werden.* (männlich, 17 Jahre, Experimentalistische Hedonisten)

- *Ich hoffe mal, dass es mehr Gesetze geben wird, die gerade Google oder so einschränken ein bisschen. Dass sie halt nicht alles überwachen können. Oder auch das mit der Werbung, dass man so angepasste Werbung bekommt. Wenn man das so sieht, ich habe zum Beispiel für meinen Abiball nach Kleidern gesucht im Internet und es kommen jetzt immer noch irgendwelche Vorschläge für Abschlussballkleider. Da fühlt man sich schon ein bisschen beobachtet.* (weiblich, 17 Jahre, Expeditive)

- *Dass man damit alles kontrollieren kann. Also jetzt Vorhänge auf und sowas, das gibt es ja schon. Aber ich glaube, das wird halt irgendwann viel zu viel sein, was man alles mit den Sachen machen kann.* (männlich, 16 Jahre, Materialistische Hedonisten)

Jugendliche haben nüchterne Visionen, wie die digitale Zukunft aussehen kann.

Jugendliche machen sich keine konkreten Gedanken zur digitalen Zukunft. Zumindest fällt es ihnen schwer, spontan Ideen abseits von tradierten Science-Fiction-Vorstellungen zu entwickeln. Sie erwarten keine Überraschung, sondern gehen davon aus, dass alles „irgendwie so weiter geht". Da ohnehin alle durchgehend online sind, kann man sich kaum eine Steigerungslogik ausmalen. Diese Erkenntnis mag zunächst überraschend sein, sie passt aber zu generell wahrgenommenen ersten Sättigungseffekten im Zuge beschleunigter Digitalisierungsprozesse und deckt sich mit Erkenntnissen der soziokulturellen Trendforschung des SINUS-Instituts.

Falls es doch eine digitale Überraschung geben sollte, haben die Jugendlichen kaum Ideen, worin diese bestehen könnte. Insbesondere scheint die Relevanz vieler möglicher neuer Produkte und Services im Alltag für die Jugendlichen fraglich. Vermutet wird hierbei eher, dass es lediglich darum geht, noch mehr Produkte verkaufen zu können, die doch niemand braucht. Vor allem in den Experimentalistischen und Hedonistischen Lebenswelten taucht teilweise Kritik am reinen Kommerz auf. In der Adaptiv-pragmatischen Lebenswelt verspricht man sich vor allen Dingen Alltagserleichterungen, d.h. Automatisierungs- und Beschleunigungsprozesse sowie mehr Convenience. Hier ist man auch am ehesten von einer generellen Fortschrittslogik überzeugt, z.B. dass ein Update bzw. eine neue Version eine Verbesserung der Vorgängervariante ist.

Das Internet der Dinge spielt in den Zukunftsvorstellungen der Jugendlichen nur vereinzelt eine Rolle; dominierend sind Weiterentwicklungen bestehender Geräte, Robotics und eingepflanzte Chips.

Typische **Zitate** zur Illustration

Also es wird halt alles viel besser sein. Zum Beispiel WLAN, dass es dann vielleicht einen Router in der Stadt gibt, der dann an alle Haushalte liefert und du dann einfach was zahlst. Es wird halt alles verbessert, denke ich mal. Das sieht man ja jetzt schon. Wie zum Beispiel diese iPhone-Reihe von früher bis heute besser wurde. (männlich, 17 Jahre, Adaptiv-Pragmatische)

Ich habe gar keine große Fantasie für so etwas. Aber ich glaube, da kann noch sehr viel kommen. (weiblich, 14 Jahre, Adaptiv-Pragmatische)

Und es wird natürlich auch immer weitere Spielekonsolen geben, die sich immer weiterentwickeln. Jetzt mit CD und irgendwann sind in die Dinger selber Kameras eingebaut, die gibt es dazu jetzt. Und dann kann man darüber auch WhatsApp schreiben und die ganzen Apps runterladen. Es wird auf jeden Fall noch viel dazukommen. Es gibt bestimmt auch irgendwann so etwas, wo die das in die Haut einpflanzen. (männlich, 14 Jahre, Adaptiv-Pragmatische)

Irgendwann muss man irgendwo nur dran langen und dann kommt irgendwas gebeamt her oder so, keine Ahnung. Richtig abgespaced halt. Naja, das macht mir schon Angst. (weiblich, 17 Jahre, Sozialökologische)

Fliegende Autos auf jeden Fall. Die Handys werden immer größer. [INT: ABER FINDEST DU DAS AUCH REIZVOLL?] *Nein. Also jetzt so ist alles okay, aber ich glaube später nein.* (männlich, 16 Jahre, Adaptiv-Pragmatische)

Ich könnte mir vielleicht vorstellen, dass es da Roboter gibt, die einen wecken, die Essen machen, irgendwie sowas. Dass es Chips gibt, die man sich einpflanzen lassen kann. (männlich, 16 Jahre, Materialistische Hedonisten)

Ich glaube, dass es mit den Handys noch viel krasser wird, dass da noch mehr Sachen dazu kommen. Und dass die größer werden. Wo es dann nur noch Touch-Fläche gibt. Es wird sich natürlich alles weiterbilden. Es kommen immer mehr neue Handys raus weil „Neu ist cool!". Das ist alles nur Geldmacherei. (weiblich, 15 Jahre, Experimentalistische Hedonisten)

Fazit: Digitale Kompetenz ist in den Lebenswelten unterschiedlich ausgeprägt.

Insgesamt zeigt sich, dass Jugendliche digitale Medien zwar selbstverständlich in ihren Alltag integriert haben und sich auch kaum mehr ein Leben „ohne" vorstellen können; diese Tatsache stimmt sie jedoch nicht unbedingt euphorisch. Sie sehen sich eher als Teil einer Bewegung denn als aktive Treiber der digitalen Entwicklung. Für die 14- bis 17-Jährigen in Deutschland ist der digitale Alltag unhinterfragte Selbstverständlichkeit - digitale Medien sind kein Bonus, sondern Notwendigkeit für die Teilhabe in der Peergroup. „Always on" zu sein ist dabei immer weniger ein Status-Symbol. Als Distinktionsmerkmal wird vielmehr die eigene Selbstregulationskompetenz ins Spiel gebracht: an allem Relevanten teilzuhaben, ohne als „internetsüchtig" zu gelten ist die angestrebte soziale Positionierung, insbesondere in den postmodernen Lebenswelten.

Deutlich wird zudem, dass Medienkompetenz keine Frage der Ausstattung ist. Laptopklassen und kostenlosen WLAN-Zugang als hinreichenden Beitrag zur Chancengerechtigkeit zu verstehen, greift deutlich zu kurz. Die Erkenntnisse dieses Kapitels zeigen klar, dass auch bei gleicher Verfügbarkeit von digitalen Medien erhebliche Kompetenz-Unterschiede in den Lebenswelten vorherrschen. Dies hängt auch damit zusammen, dass digitalen Medien lebensweltlich sehr unterschiedliche Bedeutungen und Funktionen zugeschrieben werden - von der reinen Entertainmentzentrale zur Erholung bis hin zur Infrastruktur für Informationsbeschaffung und Berufsplanung.

5 Mobilität

Dieses Kapitel wurde bei Erstveröffentlichung ohne die korrekte Creative Commons Lizenz veröffentlicht. Die korrekte Lizenz finden Sie am Ende des Kapitels. Ein Erratum zu diesem Kapitel ist verfügbar unter DOI 10.1007/978-3-658-12533-2_14

M. Calmbach et al., *Wie ticken Jugendliche 2016?*,
DOI 10.1007/978-3-658-12533-2_5

Mobilität wird bis heute gerne mit Freiheit, Flexibilität und Unabhängigkeit assoziiert. Sie ist in diesem Verständnis Gradmesser für Modernität, wenn es darum geht, den heutigen Anforderungen an Beweglichkeit gerecht zu werden - sei es beruflich, familiär, geografisch, aber auch digital und letztlich mental. Der Philosoph Zygmunt Baumann bringt es wie folgt auf den Punkt: „Modern sein bedeutet, in Bewegung zu sein." Mobilität wird meist positiv gedacht. Sie kann Chancen eröffnen - insbesondere denjenigen, die über die notwendigen finanziellen, kulturellen und sozialen Ressourcen verfügen, um Mobilität angenehm und vor allem selbstbestimmt gestalten zu können.

Zunehmende eigenständige Mobilität ist auch integraler Bestandteil des Heranwachsens, angefangen vom Erlernen physischer Fortbewegungsmöglichkeiten (Krabbeln, Laufen) während der Kleinkindphase über das Nutzen erster Fahrzeuge (Dreirad, Fahrrad) sowie der selbständigen Orientierung im Straßenverkehr während der Kindheit bis hin zu motorisierten Verkehrsmitteln im öffentlichen Personenverkehr (ÖPV) oder in Privatnutzung (Motorrad, Pkw).

Gerade für Jugendliche bedeutet Mobilität auch eine Loslösung von den Eltern und die Möglichkeit, die eigene Alltagsgestaltung stärker selbst zu übernehmen, buchstäblich den eigenen Lebensweg zu wählen. Dabei ist die Abwägung verschiedener Mobilitätsalternativen jedoch neben persönlichen Vorlieben i. d. Regel noch geprägt von begrenzten Finanzmitteln und der Zustimmung der Eltern, v. a. wenn es um deren „Fahrdienste" geht. Naheliegend ist die Annahme, dass dies insbesondere für Jugendliche in ländlichen Regionen gilt, in denen der öffentliche Personenverkehr weniger gut ausgebaut ist.

Das folgende Kapitel zeichnet nach, welche Mobilitätsentscheidungen junge Menschen heute treffen bzw. in Zukunft treffen wollen und auf welche Herausforderungen sie dabei stoßen. Wir haben deshalb zunächst ermittelt, wie junge Menschen Mobilität allgemein erleben und wie sie das Unterwegssein im Alltag wahrnehmen. Daneben war es Aufgabe der vorliegenden Studie herauszufinden, wie die heute 14- bis 17-Jährigen ihren Mobilitätsalltag bewältigen, welche Verkehrsmittel sie nutzen und wie sie diese bewerten. Von Interesse ist dabei auch, ob sie Verkehrsmittel pragmatisch und situationsabhängig auswählen und mehrere Fortbewegungsmittel kombinieren (Stichwort „Multimodalität").

Wir haben die Jugendlichen auch gefragt, wie sie den öffentlichen Personenverkehr erleben, ob sie den Führerschein machen wollen und die Anschaffung eines PKW planen, was sie über Carsharing denken und schließlich auch, was für sie das ideale Verkehrsmittel ist.

Neben der Digitalisierung des Alltags sind auch Veränderungen wie die Verlängerung von Ausbildungszeiten und das Hinauszögern der Familiengründung wichtige Einflussfaktoren bzw. Rahmenbedingungen des Mobilitätsverhaltens junger Menschen. Vor diesem Hintergrund war es folgerichtig in der vorliegenden Untersuchung das Mobilitätsverhalten der 14- bis 17-Jährigen nicht isoliert, sondern im größeren Kontext ihrer lebensweltlich geprägten Gewohnheiten, Wünsche, Ziele und Werte zu betrachten. Besondere Aufmerksamkeit gilt hier der Frage, wie Jugendliche die zunehmenden Mobilitätsangebote im Hinblick auf ihre berufliche Zukunft im Kontext ihrer gesamten Lebensplanung wahrnehmen und bewerten.

Ohne Zweifel haben die in den letzten Jahren stattgefundenen Entwicklungen im Bereich der Informations- und Kommunikationstechnologie Auswirkungen auf das Mobilitätsverhalten vor allem der jungen Menschen. Dass die Bereitschaft zu physischer Mobilität als Folge der Digitalisierung generell zurückgeht, muss daraus nicht zwangsläufig folgen. Eine andere mögliche Konsequenz wäre die Öffnung des Horizonts vieler Jugendlicher für Vorgänge in anderen Teilen der Welt - also sozusagen eine Zunahme ihrer „mentalen Mobilität". Wie groß dabei in den verschiedenen Lebenswelten die Bereitschaft und der Wunsch sind, andere Teile der Welt heute und in Zukunft über Reisen zu entdecken, untersucht der vorletzte Teil dieses Kapitels.

Im Hinblick auf neue Technologien wird gerne unterstellt, dass junge Menschen per se über höhere technische Kompetenzen verfügen, Neuerungen in diesem Bereich unvoreingenommener und schneller annehmen und wie selbstverständlich in ihren Alltag integrieren. Studien zu den digitalen Lebenswelten junger Menschen haben jedoch schon gezeigt, dass es hier große Unterschiede innerhalb der Altersgruppe gibt, z. B. im

Hinblick auf die Wahrnehmung möglicher Risiken und Nachteile. Daher widmet sich das folgende Kapitel abschließend auch der Frage, wie in den jugendlichen Lebenswelten Zukunftstechnologien im Bereich Mobilität, konkret selbstfahrende Autos, aufgenommen werden.

5.1 Mobilitätsradius Jugendlicher

Vor allem Jugendliche aus postmodernen Lebenswelten möchten ihren Mobilitätsradius erweitern.

In der Regel bewegen sich Jugendliche in ihrem Alltag auf vertrauten Strecken. Das ist so in allen Lebenswelten und trifft für Jugendliche auf dem Land gleichermaßen zu wie für Jugendliche in der Stadt. Lebensweltliche Unterschiede gibt es aber in der Bewertung. Typisch für die Jugendlichen aus dem postmodernen Segment (v.a. für Expeditive) ist, dass sie über ihre Mobilitätsgewohnheiten reflektieren und sich Gedanken machen, wie sie sich in Zukunft auf neuen Wegen orientieren müssen bzw. können. Viele freuen sich bereits darauf, später in eine andere Stadt zu ziehen, zu reisen und auf diese Weise ihren persönlichen Horizont zu erweitern.

Typische **Zitate** zur Illustration

Ich möchte später zumindest zeitweise weg aus H. Ich finde es wichtig, die eigene Komfortzone zu verlassen, (…) dass ich später mal in eine andere Stadt gehe und dort die Möglichkeit habe, neue Wege zu laufen. (…) Ich gehe eigentlich immer zu den gleichen Orten und weiß genau, wo ich lang muss. Ich laufe auch immer den selben Weg und keinen anderen. Das ist alles im Alltag so drin. (weiblich, 15 Jahre, Stadt, Expeditive)

Mir ist es auch wichtig, dass ich das Gefühl habe, dass ich nicht nur in meinem Dorf sitze und nicht über den Tellerrand rausschauen kann. Ich genieße es auch, die Leute zu sehen, wenn sie anders sind. Dass man auch sieht, das gefällt mir da besser oder das gefällt mir da nicht so gut. Einfach mal was sehen. (weiblich, 17 Jahre, Land, Expeditive)

Ja, Welt erkunden, Freiheit ein bisschen, Selbstentfaltung, also ja, neue Kulturen entdecken, neue Leute entdecken, alles neu kennenlernen, neue Eindrücke sammeln. (männlich, 17 Jahre, Stadt, Experimentalistische Hedonisten)

Ich liebe es, Bahn zu fahren. Ich liebe es, Fahrrad zu fahren, ich liebe alles mit Unterwegs-Sein. (weiblich, 17 Jahre, Stadt, Experimentalistische Hedonisten)

Jugendliche aus dem traditionellen Segment sind hier hingegen zurückhaltender. Sie schätzen ihre „Komfortzone“. Das spiegelt sich auch in ihren Reisewünschen wider, wie das folgende Kapitel zeigt.

Draußen zu sein, klar. Aber den ganzen Tag weg zu sein, so lange wie möglich außer Haus sein, ist irgendwie nicht so mein Ding. (männlich, 17 Jahre, Stadt, Konservativ-Bürgerliche)

Ich bin nicht gerne im Ausland unterwegs. Wegen der Sprache und anderen Sachen. (männlich, 15 Jahre, Stadt, Konservativ-Bürgerliche)

Ich mag es auch nicht, in den Ferien irgendwo hinzufahren weit weg. Ich bin lieber zu Hause oder draußen ein bisschen. Ich muss jetzt nicht jeden Tag irgendwo sein und jeden Tag irgendwo anders Zeit verbringen. Es reicht mir, halt mal rauszugehen oder hier zu bleiben. Es wäre ein Stress, wenn man jetzt jede Woche von den Ferien zum Beispiel ausfüllen würde. Ich bleibe lieber zu Hause. (männlich, 14 Jahre, Stadt, Konservativ-Bürgerliche)

Bezüglich der im Alltag regelmäßig in Kauf zu nehmenden Fahrtzeiten, sind kaum Unterschiede zwischen Jugendlichen in der Stadt und auf dem Land zu erkennen. Auch Jugendliche in den Städten müssen durchaus einen längeren Schulweg zurücklegen oder weitere Entfernungen überbrücken, wenn sie Freundinnen und Freunde in anderen Stadtteilen besuchen wollen.

Die Freundin, die am nächsten wohnt, wohnt gleich zwei Häuser weiter. Und die andere Freundin wohnt in D. Das sind so zehn Kilometer von hier. Wir treffen uns aber meistens auf der Hälfte. Da kommt sie mit dem Fahrrad und ich auch. (weiblich, 15 Jahre, Stadt, Materialistische Hedonisten)

Die weiteste Strecke sind immer diese 25 Kilometer zu meinem Freund. Das ist fast wie eine Fernbeziehung, wirklich. (weiblich, 17 Jahre, Stadt, Experimentalistische Hedonisten)

Wenn ich zu Freunden fahre, dann fahre ich halt schon mal anderthalb Stunden, wenn ich jetzt mal nach L. muss oder so, mit der Bahn, was auch manchmal echt nervig ist. Ich meine, man ist ja voll schnell in H. Ja, keine Ahnung, ich fahre meistens so zwischen einer halben Stunde und einer Stunde irgendwo hin. Geht eigentlich. (weiblich, 17 Jahre, Land, Sozialökologische)

5.2 Fortbewegung im Alltag

Wenig überraschend, sind die alltäglichen Hauptverkehrsmittel der Jugendlichen in erster Linie Bus und Bahn, das Fahrrad sowie „Chauffeur-Dienste" der Eltern. Dabei gibt es keine lebensweltlichen Unterschiede. Das eigene Rad ist beliebt, weil man flexibel ist und Kosten für Tickets spart. Mit Mietfahrrädern haben bislang nur wenige Jugendliche Erfahrungen gemacht. Altersbedingt stehen ihnen die Angebote auch noch nicht frei zur Verfügung, da die Registrierung bei den Anbietern in der Regel erst mit der unbeschränkten Geschäftsfähigkeit ab dem vollendeten 18. Lebensjahr möglich ist. Auf Taxis greifen „in Ausnahmefällen" lediglich die älteren Teenager am Abend bzw. in der Nacht an den Wochenenden zurück. Vereinzelt sind auch Skateboards und Longboards beliebte Fortbewegungsmittel, v. a. bei den hedonistischen Jugendlichen.

Typische **Zitate** zur Illustration

Eigentlich nur Bus und ab und zu Bahn, wenn ich in die Stadt fahre. So viele Verkehrsmittel benutze ich jetzt nicht. Fahrrad zur Schule meistens, weil es schneller geht. (männlich, 14 Jahre, Stadt, Adaptiv-Pragmatische)

Also ich komme mit dem Fahrrad und dem Bus überall hin. (männlich, 14 Jahre, Land, Konservativ-Bürgerliche)

> *Ich fahre eigentlich immer Fahrrad, auch wenn es regnet oder schneit. Es ist einfach das Schnellste. Zur Schule könnte ich auch zu Fuß gehen. Das würde dann fünf statt zwei Minuten dauern. Aber Fahrradfahren ist nicht so anstrengend, und es geht so schnell. Und es ist vor allem kostenlos. Denn die öffentlichen Verkehrsmittel sind so teuer geworden. Ich nutze sie natürlich auch mal, wenn ich ausgehe und das Fahrrad nicht so praktisch ist. Aber tendenziell nutze ich eher das Fahrrad.* (weiblich, 17 Jahre, Stadt, Adaptiv-Pragmatische)

> *Mit dem Fahrrad ist man halt viel flexibler. Auf die Bahn muss man immer warten, vor allem nachts. Würde ich niemals in Kauf nehmen, da irgendwie zwei Stunden zu warten.* (männlich, 17 Jahre, Stadt, Adaptiv-Pragmatische)

> *Mit dem Fahrrad fahre ich jetzt selten, weil jetzt ist wieder das Longboard da.* (weiblich, 14 Jahre, Stadt, Experimentalistische Hedonisten)

Weil der Mobilitätsradius der Jugendlichen noch sehr begrenzt ist, spielen Mobilitätsdienste für längere Strecken (wie beispielsweise Mitfahrgelegenheiten) noch keine Rolle im Alltag. Auch Fahrten per Anhalter, sei es auf langen oder kurzen Strecken, sind nur für die wenigsten ein Thema. In den ländlichen Regionen werden auch „Mikrodienste" (beispielsweise Bürgerbusse oder Ruftaxis) nur vereinzelt genutzt, aber von Jugendlichen recht häufig als Verbesserungsvorschlag für das lokale Verkehrsangebot angeführt.

Der Moped-Führerschein hat für Jugendliche keine hohe Relevanz. Er stellt vor allem eine zusätzliche finanzielle Herausforderung dar, da der PKW-Führerschein in diesem Alter schon greifbar und für die meisten Befragten ein naheliegendes Ziel ist. Lediglich Einzelfälle auf dem Land berichten, wegen der sehr schlechten Verbindungen in jedem Fall den Moped-Führerschein machen zu wollen.

> *Viele Freunde von mir haben ein Mofa oder einen Roller, aber ich wollte das gar nicht, weil ich finde es eh unnötig, wenn man dann auch mit 17 schon einen Autoführerschein machen kann, dann mache ich lieber einen Autoführerschein und dann kann ich mit 18 auch so einen kleinen Roller fahren. Deswegen fand ich es unnötig. Deswegen wollte ich es nicht machen.* (weiblich, 17 Jahre, Land, Materialistische Hedonisten)

5.3 Öffentlicher Personenverkehr: Zufriedenheit und Image

Öffentliche Verkehrsmittel sind für manche mehr als Beförderungsmittel.

Im Rahmen der vorliegenden Studie wurde den Jugendlichen die Frage gestellt, welches für sie das ideale Verkehrsmittel ist. Neben dem Auto, dem Fahrrad und kleinen Utopien wie einem Teleporter oder Multifunktionsfahrzeug werden hier auch die öffentlichen Verkehrsmittel genannt. In ihren Begründungen nennen die Jugendlichen dabei neben Flexibilität, Zuverlässigkeit, Schnelligkeit oder überhaupt der Möglichkeit, von A nach B zu kommen, folgende positive Aspekte:

- Menschen beobachten, in sozialen Austausch treten, alte Freunde wiedertreffen oder neue Kontakte knüpfen können,
- etwas von der Umgebung bzw. der Stadt sehen können,
- Zeit für sich haben, zum Lesen, Musik hören oder Nachdenken.

Typische **Zitate** zur Illustration

> *Ja total, ich liebe es, Bahn zu fahren. Ich weiß nicht, warum, aber ich liebe es, die Menschen zu beobachten. Ich liebe es, Zeit für mich zu haben und was von der Stadt zu sehen so nebenbei.* (weiblich, 17 Jahre, Stadt, Experimentalistische Hedonisten)

> *Also, ich finde sie eigentlich relativ cool, weil es ist auch so eine Chance, neue Leute kennenzulernen. Auch jetzt als der Bus nicht kam, habe ich so eine Portugiesin aus H. kennengelernt.* (weiblich, 16 Jahre, Land, Sozialökologische)

> *Am liebsten fahre ich mit der Straßenbahn, weil ich es schön finde, dass man durch die Straßen fahren kann, aber man das Gefühl hat, man sitzt in einer Bahn. Man fährt halt durch die Stadt und kann sich alles angucken.* (weiblich, 17 Jahre, Stadt, Materialistische Hedonisten)

Im Großen und Ganzen ist man mit Bus und Bahn zufrieden – Ausnahmen bestätigen die Regel.

Unabhängig von Lebenswelt und Wohnortgröße ist die Pünktlichkeit von Bussen und Bahnen der wichtigste Aspekt bei der Bewertung des öffentlichen Personenverkehrs. Das gilt v. a. für den Schulweg: Man möchte morgens nicht früher aufstehen müssen, weil man mit Verspätungen bei Bus, Bahn usw. zu rechnen hat – sei es wegen hohem Verkehrsaufkommen, Baustellen oder Streiks. In Sachen Pünktlichkeit stellt man den öffentlichen Verkehrsunternehmen aber ein recht gutes Zeugnis aus. Manche finden lobende Worte, wenn es beispielsweise um die hohe Taktung der Verbindungen (vor allem in der Stadt) oder auch die Freundlichkeit des Fahrpersonals geht.

Typische **Zitate** zur Illustration

Ich hatte mal einen Busfahrer, der hat allen einen guten Morgen gewünscht. So etwas fände ich toll. Da waren alle irgendwie gleich gut gelaunt. Er hat immer gesagt „An alle Fahrgäste, die gerade dazugestiegen sind: Herzlich willkommen!" Das war total süß. Er hat auch immer zwischendurch, wenn mal Stau war, eine Durchsage gemacht und sich dafür entschuldigt. (weiblich, 17 Jahre, Stadt, Konservativ-Bürgerliche)

Die Tram und so, das ist eigentlich schon alles pünktlich. Das gefällt mir. (männlich, 16 Jahre, Stadt, Materialistische Hedonisten)

Ja, ich finde das Angebot hier sogar ziemlich gut, weil die fahren ja alle zehn Minuten, außer ab 20 Uhr zweimal in der Stunde. (weiblich, 17 Jahre, Stadt, Sozialökologische)

Ich bin relativ zufrieden, zum großen Teil. Also, wenn ich jetzt zum Beispiel manchmal zu Freunden in einem anderen Dorf fahre, wo keine S-Bahn-Stelle ist, dann ist das halt schon doof, weil da kommt man nur mit einem Bus hin, der ungefähr alle zwei Stunden einmal fährt und am Wochenende gar nicht, und das ist halt echt blöd. Aber jetzt so zum Beispiel in den Bereichen, wo halt die S-Bahnen fahren, da ist das eigentlich voll cool. (weiblich, 17 Jahre, Land, Adaptiv-Pragmatische)

Gleichwohl haben viele Jugendliche auch schon negative Erfahrungen, vor allem mit Verspätungen, gemacht.

Typische **Zitate** zur Illustration

- *Der Bus, der jetzt hier vorbeifährt, kommt ungefähr jedes Mal zwölf Minuten zu spät.* (männlich, 15 Jahre, Materialistische Hedonisten, Stadt)
- *Manchmal haben die Verspätungen. Und das ist halt blöd, wenn man irgendwie einen Termin hat oder so. Aber man sollte ja zufrieden sein, dass die einen irgendwohin bringen.* (männlich, 16 Jahre, Prekäre, Stadt)
- *Und dafür, dass die Bahn oft unpünktlich ist oder es oft irgendwelche Baustellen gibt, finde ich die Preise total überteuert.* (weiblich, 15 Jahre, Expeditive, Stadt)
- *Der Bus, also ich würde ja eigentlich mit dem Bus von hier zur Bahn fahren, aber der fährt morgens, der ist immer so voll, dass der einfach vorbeifährt oft. Das heißt, manchmal kommt man gar nicht in die Schule und das ist richtig dumm. Mit dem Bus habe ich ziemlich schlechte Erfahrungen. Der kommt dauernd zu spät, manchmal gar nicht. Aber Bahn ist ganz gut.* (männlich, 15 Jahre, Land, Adaptiv-Pragmatische)

Die erlebte Abhängigkeit vom öffentlichen Personenverkehr provoziert im Alterssegment von 14 bis 17 Jahren nicht selten Kritik - insbesondere, wenn sich die Jugendlichen als Kunden nicht ernst genommen oder schlecht behandelt fühlen.

Neben den Fahrplanabweichungen werden folgende Punkte kritisiert:

- Das Personal (Fahrer, Kontrolleure) wird nicht selten als unfreundlich erlebt.
- In den Verkehrsmitteln sei es oft heiß und stickig und gerade zu den Stoßzeiten (insbesondere in den Städten) auch zu eng.
- Die Sauberkeit in den Verkehrsmitteln lasse zu wünschen übrig (dreckige Sitze, Kaugummis oder anderer Müll) - vor allem die Mädchen bemängeln unhygienische Zustände.

- Das Design der Verkehrsmittel (z.B. Innenausstattung) wird als wenig zeitgemäß und langweilig wahrgenommen.
- Es gebe kein (freies) WLAN in den Verkehrsmitteln.

Typische **Zitate** zur Illustration

Viele Bahnfahrer sind unfreundlich. Die schreien dann einen an, und das kann ich gar nicht leiden. (männlich, 15 Jahre, Stadt, Adaptiv-Pragmatische)

Vielleicht bezahlen sie auch ihr Personal zu schlecht, ich weiß ja nicht, warum die immer so unzufrieden sind oder so unzufrieden rüber kommen. (weiblich, 16 Jahre, Stadt, Experimentalistische Hedonisten)

Ich fahre generell nicht gern mit den Öffentlichen. Das liegt aber an den Leuten und nicht am Verkehrsmittel. In den alten 5er-Bussen, die derzeit eingesetzt werden, geht aber ab und zu die Klimaanlage nicht. Das ist echt ekelhaft. Man klebt an den Sitzen und an den Menschen. Im Prinzip ist es eine rollende Sauna. Das ist ekelhaft. Da läuft man lieber anstatt in diesem Bus zu hocken. (weiblich, 16 Jahre, Land, Experimentalistische Hedonisten)

Es müsste sauberer sein in Bus und Bahn. Und es sollte mehr Sitzmöglichkeiten geben. Und die Busfahrer sollten netter sein (weiblich, 14 Jahre, Stadt, Expeditive)

Die könnten die Züge ein bisschen moderner machen. (männlich, 15 Jahre, Stadt, Materialistische Hedonisten)

Ich weiß nicht, Bahn und Busse sind immer dieselben, langweilig, nie fantasievoll, halt das Aussehen. (weiblich, 14 Jahre, Stadt, Adaptiv-Pragmatische)

Es ist einfach, dass Züge ausfallen, dass Züge dann nicht pünktlich kommen, dass es zu warm ist in den Zügen. Und was mich morgens immer nervt, ich stehe am Bahnhof und die Ansage kommt, der Zug fällt leider aus oder hat Verspätung. Das muss jetzt echt nicht sein. Vor allem, wenn man spät dran ist und zur Schule muss und dann auch noch der Zug ausfällt. Die Lehrer sagen auch, man muss eigentlich so losfahren, dass man einen früher kommt, aber wenn ich dann um halb acht in der Schule bin, sehe ich es auch nicht ein, so früh da loszufahren. (weiblich, 17 Jahre, Stadt, Adaptiv-Pragmatische)

Von den Verkehrsunternehmen im Nah- und Regionalverkehr wünscht man sich entsprechend, dass sie zu allererst diese Mängel beheben. In Summe fällt das Image des öffentlichen Verkehrs bei Jugendlichen in ländlichen Räumen besser aus als bei Jugendlichen in Städten.

Auf dem Land Wunsch nach besserer Anbindung an den öffentlichen Personenverkehr.

Jugendliche auf dem Land bemängeln dagegen deutlicher als Städter eine unzureichende Abstimmung zwischen Schulzeiten und Fahrplänen. Sie wünschen sich bessere Verbindungen zwischen kleineren Ortschaften und einen Ausbau der Wochenend- und Abendfahrpläne. Forderungen nach einer besseren Anbindung werden vor allem von Jugendlichen aus bildungsnahen Lebenswelten artikuliert.

Typische **Zitate** zur Illustration

Nur, was ich wirklich richtig schade finde, die Linie 5, die ja auch meine Linie ist, die fährt, glaube ich, ab 02:00 Uhr nachts überhaupt nicht mehr. Und das bis 04:00 Uhr morgens. (...) Und das kann doch nicht sein, dass die größte Strecke nicht mehr fährt. Es kann nicht sein, dass man sich dann extra ein Ruftaxi holen oder mit dem Fahrrad durch die Gegend gurken muss. (weiblich, 16 Jahre, Land, Experimentalistische Hedonisten)

Natürlich gibt es so Vorurteile, dass da immer nur Schüler mitfahren und irgendwelche Unterschichtsleute, aber das finde ich totalen Quatsch. Ich finde es eigentlich gut, wenn man die benutzt, gerade wenn man in der Stadt ist, ist es eigentlich viel praktischer. Nicht nur, dass man die Umwelt schont, sondern auch muss man nicht im Stau stehen oder so. Aber bei uns im Dorf ist es halt wirklich das Problem, dass nach acht Uhr kein Bus mehr fährt und sonst jede Stunde, da muss man sich schon sehr nach richten, das ist ein bisschen lästig. (weiblich, 17 Jahre, Land, Expeditive)

Nur ein Bus am Tag. Ich habe mir auch schon mehrfach Gedanken gemacht, vielleicht dort mal anzurufen, ob die nicht mehrmals einen Bus fahren lassen können. (männlich, 15 Jahre, Land, Experimentalistische Hedonisten)

Dass mehr Orte einen S-Bahn-Anschluss bekommen, wünsche ich mir. Denn manche Orte erreicht man nur schlecht mit dem Bus, oder auch noch nicht mal mit dem Bus. Und manchmal fahren die Busse nur stündlich. Das ist dann immer schwer zu planen. (männlich, 15 Jahre, Land, Sozialökologische)

Ängste vor unangenehmen Begegnungen im öffentlichen Personenverkehr, vor allem in den Städten.

Die befragten Teenager sehen ihre Sicherheit in Bus und Bahn, vor allem in größeren Städten, nicht immer gegeben. Kriminalität oder bedrohliche Situationen werden nicht als generelles Problem gesehen, dennoch berichten vor allem Jugendliche aus den Städten von unangenehmen Begegnungen mit Obdachlosen, alkoholisierten oder unter Drogen stehenden Personen in den Bahnhöfen und Fahrzeugen. Insbesondere Mädchen fühlen sich nachts in Großstädten im öffentlichen Personenverkehr nicht immer sicher.

Typische **Zitate** zur Illustration

Bei der U-Bahn kommt es drauf an, wo. Zum Beispiel xy-Straße oder so, da habe ich schon Angst, weil da sind voll ... Also manchmal sind da so alkoholisierte Leute. So Leute, die dich einfach ansprechen. (weiblich, 14 Jahre, Stadt, Materialistische Hedonisten)

Naja, mit der U-Bahn eigentlich nicht unbedingt, weil da viele Leute sind, die einen anbaggern und eklig sind, oder irgendwelche Penner oder unseriöse Gestalten. Deswegen fahre ich eigentlich immer ganz gerne Bus. (...) Ich glaube, also am liebsten fahre ich eigentlich nachts oder abends mit dem Fahrrad nach Hause. Da fühle ich mich am sichersten und kann schnell wegfahren. (weiblich, 16 Jahre, Stadt, Sozialökologische)

> *Also gerade in den U-Bahnhöfen fände ich es gut, wenn da vielleicht einer sitzt, der wirklich anwesend ist. Nicht wirklich irgendwelche Kameragerätschaften, sondern wirklich ein Mensch, der das alles überprüft, wie es da zugeht und der auch Verstärkung schnell holen kann.* [INT: IST DIR ODER DEINEN FREUNDEN SCHON MAL WAS PASSIERT?] *Nein, nicht wirklich. Also klar, unangenehme Anbaggereien, die dann auch mal übergriffig wurden, aber nie wirklich was Ernstes.* (weiblich, 16 Jahre, Stadt, Sozialökologische)

Umweltaspekte werden kaum thematisiert.

Dass sich die Nutzung von Bussen und Bahnen durch eine höhere Umweltverträglichkeit (im Vergleich beispielsweise zum Autofahren) auszeichnet, wird von den Jugendlichen kaum thematisiert. Das bedeutet aber nicht, das Umweltschutz beim Thema Mobilität keine Rolle spielt. In den Diskussionen um die Anschaffung eines PKW wird dieser Aspekt sehr wohl genannt. In Bezug auf Bus und Bahn ist jedoch die Abhängigkeit der Jugendlichen zu groß, als dass die Schonung der Umwelt für sie bereits ein relevantes Nutzungskriterium sein könnte. Alternativen wie der eigene PKW stehen ihnen aktuell eben noch nicht zur Verfügung, so dass Busse und Bahnen im Vergleich zu anderen Fortbewegungsmitteln (zu Fuß, Fahrrad) im Hinblick auf die Umweltverträglichkeit keine Vorteile bieten.

Der Fernverkehr hat ein überwiegend gutes Image.

Vermutlich, weil die Altersgruppe den Fernverkehr mit der Bahn eher selten nutzt und in diesem Zusammenhang auch weniger schlechte Erfahrungen gemacht hat, fällt das Image des Fernverkehrs bei Jugendlichen aller Lebenswelten eindeutig gut aus - obwohl vielen durchaus präsent ist, dass auch der Fernverkehr von Verspätungen und Ausfällen betroffen ist und die Preise relativ hoch sind. Den Angeboten des Fernverkehrs schreibt man aber insbesondere einen hohen Komfort (WLAN, saubere Verkehrsmittel) und guten Service (Bordbistros, Toiletten) zu.

Interessant ist auch, dass Fernlinienbusse bei der Altersgruppe nur vereinzelt mit Fernverkehr in Verbindung gebracht werden.

Typische **Zitate** zur Illustration

- *Naja, Fernverkehr; da sind halt die Züge meistens ein bisschen voller, aber sind dafür deutlich besser ausgestattet, angenehmere Sitzmöglichkeiten.* (männlich, 16 Jahre, Land, Adaptiv-Pragmatische)
- *Die Züge der Bahn finde ich cool. Die sehen modern aus, sind modern, ist eine ordentliche Klimaanlage drin, man fühlt keine Unebenheiten beim Fahren, sind schnell.* (männlich, 14 Jahre, Stadt, Adaptiv-Pragmatische)
- *Am liebsten fahre ich ICE, weil ich den toll finde, weil dieser Zug schnell ist und innen schön.* (weiblich, 17 Jahre, Stadt, Materialistische Hedonisten)
- *Also ich fahre ja mit dem Zug nach Mainz, zu meinem Papa, in Fernverkehrszüge sind die Sitze größer, man hat mehr Beinfreiheit.* (männlich, 15 Jahre, Adaptiv-Pragmatische, Land)
- *Im Zug ist es gemütlicher und du hast eine Steckdose für den Laptop, Smartphone, was auch immer.* (weiblich, 14 Jahre, Land, Konservativ-Bürgerliche)

Man greift oft auf Mobilitäts-Apps und Internetseiten der Mobilitätsunternehmen zu.

Da Jugendliche im Alltag häufig vertraute Wege nutzen, verwundert es nicht, dass Apps von Mobilitätsanbietern zwar als sehr praktisch, aber nicht als unverzichtbar gelten. Man kennt die Fahrpläne für die wichtigsten Strecken in der Regel schlicht auswendig. Dennoch nutzen die 14- bis 17-Jährigen Fahrplan-Apps ganz selbstverständlich, wenn ein entsprechender Anlass vorliegt. Die expliziten Nicht-Nutzer von Apps informieren sich teilweise über die Homepages der Mobilitätsanbieter, fragen bei den Eltern nach oder nutzen die Fahrplanausdrucke an Haltestellen und in den Fahrzeugen. Lebensweltliche Unterschiede zeigen sich bei der App-Nutzung nicht.

Typische **Zitate** zur Illustration

- *Also die S-Bahn-Zeiten mache ich eigentlich immer aus dem Kopf, da fährt ja alle Viertelstunde eine, das ist dann nicht so schwer. Und wenn ich dann mal in die Stadt fahre, dann habe ich halt da so eine Stadtplan-App.* (weiblich, 17 Jahre, Land, Materialistische Hedonisten)

- *Ich gucke einfach auf den Fahrplan und dann merke ich mir das meistens. Ist ja auch eine Routinestrecke für mich, nach K. beispielsweise weiß ich ganz genau, 20:48 Uhr kommt dort die Bahn, muss ich nehmen, sonst muss ich warten.* (männlich, 16 Jahre, Land, Adaptiv-Pragmatische)

- *Es gibt ja diese Apps mit den Zeiten und da guck ich halt immer vorher, wie ich am besten nach Hause komme und wann ich so ungefähr losgehe, dass ich nicht eine Stunde irgendwo warten muss.* (weiblich, 15 Jahre, Stadt, Materialistische Hedonisten)

- *Ja, wenn ich mit dem Bus fahren muss, wenn es wirklich weit weg ist, auf jeden Fall über easy.GO.* (weiblich, 16 Jahre, Stadt, Experimentalistische Hedonisten)

- *Über Fahrpläne oder Verbindungen informiere ich mich über die Deutsche Bahn App. Oder halt, wenn ich gerade an der Bushaltestelle stehe, gucke ich auf den Busplan.* (weiblich, 17 Jahre, Land, Konservativ-Bürgerliche)

Als wichtiges Element moderner Mobilität gelten heute ganzheitliche MobilitätsApps, die sämtliche Angebote innerhalb einer Stadt vernetzen und die jeweils schnellste, einfachste und bei Bedarf kostengünstigste (oder auch umweltschonendste) Verbindung ermitteln. Besonders für die postmodernen Lebenswelten werden mit einem solchen Angebot zentrale Bedürfnisse erfüllt. Typischerweise berichten gerade Jugendliche aus diesem Segment, dass das ideale Verkehrsmittel für sie situationsabhängig wechselt – hier ist offenbar der Trend zu multimodaler Nutzung, wie ihn Verkehrsexperten für das Mobilitätsverhalten der Zukunft prognostizieren, bereits Realität.

5.4 Führerschein und PKW-Besitz

Vor allem pragmatische Gründe sprechen für den Führerschein bzw. ein eigenes Auto.

Ein Trend hin zu einer geringeren PKW-Nutzung wird in Deutschland seit den 1990er Jahren beobachtet. Auch die Quote des Führerscheinerwerbs ist zurückgegangen, stagniert aber seit Jahren auf hohem Niveau. So äußern auch die allermeisten Befragten dieser Studie den Plan, den Führerschein machen zu wollen. Wenn Experten von einem Bedeutungsverlust des PKW in der jungen Generation sprechen, dann meint dies vor allem, dass andere Mobilitätsoptionen parallel zur PKW-Nutzung an Bedeutung gewonnen haben.

In den für diese Studie geführten Gesprächen zeigt sich, dass aus Sicht der heute 14- bis 17-Jährigen wenig gegen den Führerscheinerwerb und das Autofahren spricht. Noch am ehesten werden Umweltbelastungen durch den Autoverkehr und hohe Kosten als Probleme genannt - ohne damit die grundsätzliche Akzeptanz des Autos in Frage zu stellen. Der Führerschein und später ein eigener Wagen gehören für die meisten Jugendlichen - unabhängig von Geschlecht, Wohnort(größe) und Lebenswelt - zum Erwachsenwerden quasi selbstverständlich dazu. Man blickt in der Regel optimistisch und mit Vorfreude auf die Verantwortung, die mit der eigenen Automobilität einhergeht.

Die Gründe, weshalb Jugendliche den Führerschein erwerben wollen und sich ein eigenes Auto wünschen, sind überwiegend praktischer Natur:

- Man möchte (jederzeit) von A nach B kommen, ohne dabei auf starre Fahrpläne der öffentlichen Verkehrsanbieter angewiesen zu sein.
- Insbesondere Jugendliche aus ländlichen Wohnorten meinen, mit dem Auto besser am Leben in der Region teilhaben zu können.
- Man geht davon aus, ohne Führerschein im Berufsleben benachteiligt zu sein.
- Man kann Freunde mitnehmen und Dinge besser transportieren, z. B. beim Einkaufen.

Vor allem die Jugendlichen aus ländlichen Regionen sprechen viel über die Vorteile des Führerscheins bzw. eines eigenen Autos. Wer wann den Führerschein macht, ist ein wichtiges Thema im Alltagsdiskurs - nicht zuletzt, weil man sich ein „Fahrernetzwerk" aufbauen möchte, um selbst mobiler sein zu können. Einige blicken auch neidisch auf die etwas Älteren im Freundeskreis, die bereits die Freiheiten des Autofahrens genießen können. Für Jugendliche in der Stadt ist das Thema etwas weniger bedeutsam.

Typische **Zitate** zur Illustration

- *Man ist mobiler unterwegs und muss sich nicht mehr auf Bus und Bahn verlassen. Man ist eigenständiger. Das finde ich einen großen Schritt zur Eigenständigkeit, wenn man damit umgehen kann.* (weiblich, 16 Jahre, Land, Adaptiv-Pragmatische)

- *Mit einem Auto muss man dann nicht mehr sagen „Mama, kannst du mich abholen?" oder „Papa, kannst du mich da und da hinfahren?". Sondern ich sage dann einfach, ich will dahin und fahre dann dahin.* (weiblich, 16 Jahre, Land, Adaptiv-Pragmatische)

- *Mit Auto muss man nicht Leute fragen, ob sie einen da hinbringen können. Dann kann man selber fahren.* (männlich, 15 Jahre, Stadt, Prekäre)

- *Ja, auf jeden Fall. Erst mal mache ich ja meinen Führerschein. Und dann würde ich mir auch später ein Auto kaufen.* (männlich, 16 Jahre, Stadt, Materialistische Hedonisten)

- *Weil für den Job später, da kommt man eigentlich nicht weit ohne Führerschein. Und auch so Einkaufen, alles mögliche, ist mit dem Führerschein einfach auch sehr komfortabel.* (männlich, 16 Jahre, Stadt, Materialistische Hedonisten)

- *Ohne Auto kann man irgendwie nicht leben, finde ich. Man braucht irgendwie überall so ein Auto, um etwas zu transportieren oder irgendwo hinzufahren oder in Urlaub zu fahren.* (weiblich, 14 Jahre, Stadt, Adaptiv-Pragmatische)

- *Sie finden alle den Führerschein wichtig. Da geht es auch um die Flexibilität. Es geht dabei auch um das Einkaufen. Man hat dann ein Transportmittel. Auch wenn man mit Freunden irgendwohin will, kann man sehr gut das Auto nutzen. Man kann auch ein bisschen weiter weg fahren und dort eine Nacht verbringen, um ein wenig zu feiern.* (männlich, 16 Jahre, Land, Adaptiv-Pragmatische)

Ja, also die hohen Kosten und Spritkosten. Das ist eben der Nachteil, den es gibt bei Autos. Eigentlich nur der Kostenfaktor, finde ich. Und eben für die Umwelt blöd, aber sonst … (männlich, 16 Jahre, Land, Adaptiv-Pragmatische)

Zu wenig Geld und zu wenig Zeit sind die zentralen Barrieren beim Führerscheinerwerb.

Wann mit der Fahrschule begonnen wird, hängt zum einen davon ab, wann man das Geld dafür zusammen hat. Zum anderen spielt aber auch Zeit eine wichtige Rolle. Innerhalb der knappen Zeitbudgets zwischen Schule, Hausaufgaben, Lernen, Freizeitaktivitäten und Nebenjob bleibt oft nicht viel Zeit für die Fahrausbildung.

Ich hatte erst überlegt, es diesen Sommer schon zu machen, aber es war dann einmal mit dem Geld - ich müsste einen Teil selber bezahlen - und dann das andere ist dann auch Zeit. Wenn ich jetzt regelmäßig wieder babysitten gehen sollte, dann kann ich auch nicht noch gleichzeitig meinen Führerschein machen, wenn ich den ganzen Tag unterwegs bin. Ich kann sowieso im Moment nicht fahren und würde im Moment auch nicht so viel fahren und dann würde ich es gerne im nächsten Sommer spätestens machen. (weiblich, 17 Jahre, Stadt, Adaptiv-Pragmatische)

Ich will ihn aber erst nach dem Abitur machen, weil ich jetzt schon genug lernen muss. (weiblich, 17 Jahre, Stadt, Adaptiv-Pragmatische)

Spaß am Autofahren ist dabei kein dominantes Motiv und wird nur vereinzelt angesprochen - nicht zuletzt wohl auch, weil es nicht mehr als zeitgemäß gilt. Wirklich leidenschaftlich sprechen nur wenige Befragte über das Autofahren, vor allem Jungen mit Migrationshintergrund und aus unterschichtigen Lebenswelten. Sie verbinden mit dem Autofahren nicht nur Freiheit und Lebensfreude, sondern auch gesellschaftliche Teilhabe und Statusgewinn.

Typische **Zitate** zur Illustration

> *Ich weiß jetzt schon, ich werde Autofahren lieben. Ich finde Autos auch cool, das kann ein Renault Clio sein, mir egal, muss ja kein Lamborghini sein. Aber dann hat man so ein riesiges Freiheitsgefühl, man kann herumfahren, man ist schneller da und da, es ist einfach cool, wenn man ein Auto hat.* (männlich, 15 Jahre, Stadt, Materialistische Hedonisten)

> *Ich interessiere mich sehr für schnelle Autos, also Sportwagen. Und ich gucke mir auch gerne auf YouTube „GRIP – Das Motormagazin" und „Die PS-Profis" an, damit ich ein paar Details zu den Autos kennenlerne. Es interessiert mich halt schon sehr, was die für Motoren haben und alles.* (männlich, 15 Jahre, Stadt, Materialistische Hedonisten)

> *Wir haben Autorennen gemacht. Gedriftet durch ganz L. Wir sind an einer Stelle losgefahren und jeder ist einen anderen Weg gefahren. Wir mussten dann zum Beispiel in N. am Hauptplatz ankommen. Wer als erster da ist hat 50 Euro gewonnen. Jeder musste 10 Euro dazulegen.* (weiblich, 14 Jahre, Stadt, Prekäre)

> *Ach, mit Freunden einfach ein bisschen rumcruisen, so Musik hören dabei, und verschiedene Orte … Du kannst halt irgendwo hinfahren und ran fahren und kurz abchecken und dann wieder losfahren.* (männlich, 16 Jahre, Land, Adaptiv-Pragmatische)

Am wenigsten „Auto-minded" sind die Angehörigen der postmodernen Lebenswelten. Expeditive halten den Führerscheinerwerb aus pragmatischen Gründen meist für sinnvoll, verzichten aber gerne auf ein eigenes Auto, wenn es (wie etwa in den Großstädten) andere attraktive Mobilitätsangebote gibt.

Ein eigenes Auto ist eher ein Fern- denn ein Nahziel.

Die meisten Jugendlichen gehen davon aus, dass sie zumindest irgendwann einmal ein eigenes Auto besitzen wollen, denn erst durch das eigene Auto wird das Versprechen des Führerscheins auf Unabhängigkeit und Bequemlichkeit voll eingelöst. Lediglich in den postmodern geprägten Lebenswelten finden sich Hinweise darauf, dass ein Erwachsenenleben auch ohne eigenen PKW vorstellbar wäre. Die Anschaffung eines PKW ist allerdings für die meisten noch kaum greifbar, gilt es doch zunächst einmal, den Führerschein zu finanzieren. Und es ist den meisten völlig klar, dass das erste eigene Auto noch warten muss. Diese Situation wird aber lebensweltspezifisch teilweise unterschiedlich bewertet.

- Nicht nur Jugendliche aus dem postmodernen Segment, sondern auch Adaptiv-Pragmatische (der junge Mainstream) beschreiben es als völlig unproblematisch, zunächst kein eigenes Auto zu besitzen. Wenn sie beispielsweise an die kommende Studien- oder Ausbildungszeit denken, erscheint es utopisch, bereits für ein eigenes Auto Geld auszugeben. Für die meisten dieser Jugendlichen gehört ein eigenes Auto aber irgendwann zum Leben dazu - auch wenn mancher diejenigen bewundert, die ganz ohne Auto auskommen.

Typische **Zitate** zur Illustration

> *Wenn ich zum Beispiel studiere, brauch ich noch kein eigenes Auto. Man muss ja auch die Benzin- und Reparaturkosten zahlen. Das ist für einen Studenten etwas zu teuer. Aber irgendwann glaube ich schon, ja.* (weiblich, 17 Jahre, Stadt, Adaptiv-Pragmatische)

> *Wenn ich fertig mit Studieren bin und einen Job habe, auf jeden Fall. Aber ich glaube, als Student braucht man eigentlich kein Auto. Gerade wenn man in einer Großstadt studiert, hat man sein Studententicket und dann braucht man das nicht. Da fängt man eh nichts mit so einem Auto an.* (weiblich, 16 Jahre, Land, Expeditive)

> *Nein, das muss nicht sein. Nicht wirklich. Es geht auch mit den Öffentlichen. Und es gibt auch Leute, die schaffen alles nur mit dem Fahrrad. Respekt.* (weiblich, 16 Jahre, Land, Expeditive)

- Bei Prekären und insbesondere Materialistischen Hedonisten spielt das erste eigene Auto hingegen eine wichtige Rolle. Man kann es in diesen Lebenswelten meist kaum abwarten, bis man endlich einen eigenen Wagen hat (das gilt insbesondere für die Jungen).

> *Ja, so ein eigenes ist dann immer besser. (...) Zum Beispiel wenn ich eine Farbe von mattgrün will, halt so ein olivengrün, dann kann ich das*

halt auch selber wählen. Da muss keine andere Person halt dazu was sagen. (männlich, 16 Jahre, Stadt, Materialistische Hedonisten)

Ich würde den Führerschein gern mit sechzehneinhalb machen, um mir dann gleich mit 16 oder 17 ein Moped zu holen oder irgendeine gedrosselte Maschine. Bis zu einer bestimmten Zahl darf man die ja fahren. Und mit 18 will ich dann gleich ein Auto. (männlich, 15 Jahre, Stadt, Materialistische Hedonisten)

Ich bin dann nicht mehr auf meine Mutter angewiesen. Wenn ich zum Beispiel nachts um drei Hunger auf McDonalds habe, kann ich einfach fahren. Ich komme einfach überall hin damit. Ich kann machen, was ich will, und muss nicht immer Mama fragen. (weiblich, 15 Jahre, Stadt, Materialistische Hedonisten)

Ich will mit 17 Führerschein machen und gleich ein Auto. (männlich, 15 Jahre, Stadt, Prekäre)

Es wird schon so ein bisschen angegeben, wer wann seinen Führerschein und das Auto bekommt. Es ist schon sehr wichtig in meinem Freundeskreis. (männlich, 15 Jahre, Stadt, Materialistische Hedonisten)

Tendenziell ist das eigene Auto für Jugendliche in ländlichen Regionen wichtiger als für Jugendliche in der Stadt. Viele der städtischen Jugendlichen können sich gut vorstellen, sich einen PKW mit den Eltern zu teilen. Sie sind auch für die Car-Sharing-Idee eher zu begeistern.

Das brauche ich nicht unbedingt, da ich weiß, dass mein Vater mir das Auto geben würde, wenn ich es brauche, weil er auch nicht jeden Tag fährt, da ist es dann okay. Ich müsste wahrscheinlich dann den Sprit, den ich verbrauche, wenn ich dann tanken muss, selbst bezahlen. Ich bin nicht der Meinung, dass man unbedingt ein eigenes Auto braucht. (weiblich, 17 Jahre, Stadt, Adaptiv-Pragmatische)

Jetzt am Anfang will ich noch keins eigentlich, wegen der Versicherung und allem. Aber dann kann ich es mir eigentlich schon vorstellen, so ein gebrauchtes halt ... Hauptsache es fährt. (weiblich, 17 Jahre, Land, Sozialökologische)

Das Auto ist in vielen Lebenswelten kein Statussymbol.

Auch wenn die große Mehrheit der befragten Jugendlichen (später einmal) ein Auto haben will, heißt das nicht zwangsläufig, dass der PKW erste Priorität bei der Verkehrsmittelwahl hat. Auffällig ist, dass Jugendliche oft sehr nüchtern über das Auto sprechen: Hauptsache es fährt und sieht einigermaßen gut aus. Außerdem soll es im Verbrauch und von den Anschaffungskosten her günstig und nicht zu neu sein, damit man sich nicht über jeden Kratzer ärgern muss.

Typische **Zitate** zur Illustration

- *Solange es fährt. Ich interessiere mich nicht wirklich für Autos. Ich kann auch die Marken nicht wirklich auseinanderhalten.* (weiblich, 15 Jahre, Stadt, Expeditive)

- *Ich habe einen Freund, der ist Autofanatiker. Aber ich will einfach fahren. Ich will jetzt nicht so gerne einen Mini haben, sondern ein ganz normales Auto wäre okay.* (weiblich, 15 Jahre, Stadt, Konservativ-Bürgerliche)

- *Ich glaube, es wäre ein Nutzfahrzeug. Ich würde schon eins kaufen, was mir auch gefällt und das ich cool finde. Aber im Vordergrund stände wahrscheinlich dann der Nutzen.* (weiblich, 17 Jahre, Stadt, Adaptiv-Pragmatische)

- *Es muss jetzt nicht irgendwie totaler Schrott sein, dass man gleich das Gefühl hat, es fällt auseinander, es muss aber jetzt auch kein Luxuswagen sein. Es soll halt gut fahren, man soll sich vielleicht auch sicher drin fühlen. Natürlich soll es auch ganz gut aussehen, so vom Design her, aber das ist jetzt nicht das Wichtige.* (weiblich, 17 Jahre, Land, Expeditive)

Das Auto als Identifikationsobjekt und Statussymbol spielt überwiegend nur eine geringe Rolle. Für klassische Prestigeaspekte sind noch am ehesten Materialistische Hedonisten, Prekäre und Adaptiv-Pragmatische sensibel.

Auszüge aus Hausaufgabenheften zur Frage: WAS GIBT DEINEM LEBEN SINN?

männlich, 15 Jahre, Stadt, Materialistische Hedonisten

Typische **Zitate** zur Illustration

- *Ein BMW wäre cooler als irgendein Citroën. Aber es kommt drauf an, wie viel Geld ich dann haben werde.* (männlich, 15 Jahre, Land, Adaptiv-Pragmatische)
- *Also das Aussehen ist schon wichtig. Dann die Anlage. Muss jetzt nicht besonders aussehen, aber einfach schick so. Also Audi sieht eigentlich gut aus, finde ich. Aber ist halt teuer. Deswegen wahrscheinlich eher so BMW. Aber kein neues Modell, das könnte ich mir wahrscheinlich nicht leisten.* (männlich, 17 Jahre, Stadt, Adaptiv-Pragmatische)
- *Einen Mercedes. Ich finde den schön. Und elegant sehen die auch aus.* (weiblich, 15 Jahre, Stadt, Materialistische Hedonisten)
- *Also, ein Golf ist ja geil. Vor allem ein Golf II, wenn er tiefergelegt oder in matt ist.* (weiblich, 16 Jahre, Land, Materialistische Hedonisten)
- *Ich liebe Mercedes. Also Mercedes ist einfach das beste Auto für mich. Sieht einfach geil aus.* (männlich, 15 Jahre, Stadt, Prekäre)

- *Ich will natürlich bald ein eigenes Auto - ein sehr schönes Auto. Kann BMW sein. BMW ist eigentlich gut, oder?* (weiblich, 15 Jahre, Stadt, Prekäre)

- *Später ein Traumauto. Vielleicht ein Koenigsegg oder so was Krasses. Oder ein Pagani.* (männlich, 15 Jahre, Stadt, Prekäre)

Allerdings kommt dem Auto als Lifestyle-Ausweis bzw. als ästhetisches Persönlichkeits-Statement - auch in gehobenen Lebenswelten - eine gewisse Bedeutung zu (neues Prestige).

- *Ich finde Minis ziemlich cool. Man kann sich das auch als Cabrio kaufen, das finde ich ganz cool. Aber am liebsten hätte ich, wenn ich dann auch eine Familie habe, so einen ganz alten VW Bus. Nicht so die neuen, sondern diese ganzen alten, diese Hippie-Busse, die finde ich so richtig cool.* (weiblich, 16 Jahre, Land, Expeditive)

- *Ich würde mein Auto auf jeden Fall pink machen. Aber nicht so ein knalliges Pink, sondern so ein lachsrosa eigentlich. Und dann vielleicht noch mit so Streifen oder irgend so ein schönes Auto.* (weiblich, 14 Jahre, Land, Experimentalistische Hedonisten)

Die idealen Verkehrsmittel sind für die Jugendlichen das Auto, Bus und Bahn sowie das Fahrrad.

Bei der Frage nach dem idealen Verkehrsmittel werden häufig das Auto, Bus und Bahn und das Fahrrad genannt. Jedes Verkehrsmittel hat seine Vor- und Nachteile. Als „ideal" wird oft pragmatisch das Verkehrsmittel genannt, das am besten in die derzeitige Lebenssituation der Jugendlichen passt. Die öffentlichen Verkehrsmittel werden aufgrund des niedrigen Preises (oder der schon vorhandenen Monatskarte) sowie der Reichweite und Verfügbarkeit bevorzugt. Vorteile des Fahrrads sind, dass es (fast) nichts kostet, nicht von einem Fahrplan abhängt und schneller sein kann, da es nicht anfällig für Staus und Streiks ist. Welches Verkehrsmittel am besten „passt", hängt vom Reisezweck ab. Eine generelle Präferenz für das Auto ist noch am deutlichsten bei den Materialistischen

Auszüge aus Hausaufgabenheften zur Frage: WAS GIBT DEINEM LEBEN SINN?

männlich, 15 Jahre,
Materialistische Hedonisten, Stadt

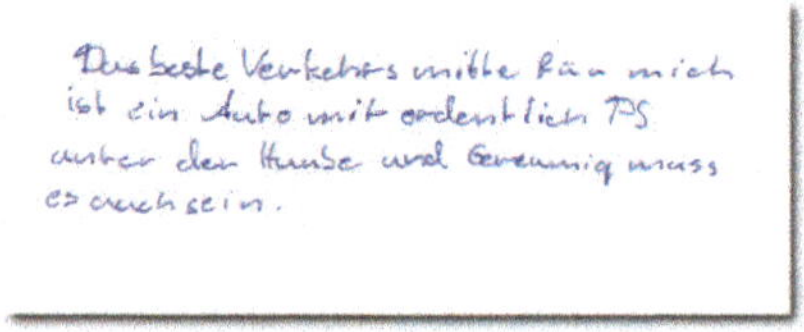

männlich, 15 Jahre,
Materialistische Hedonisten, Stadt

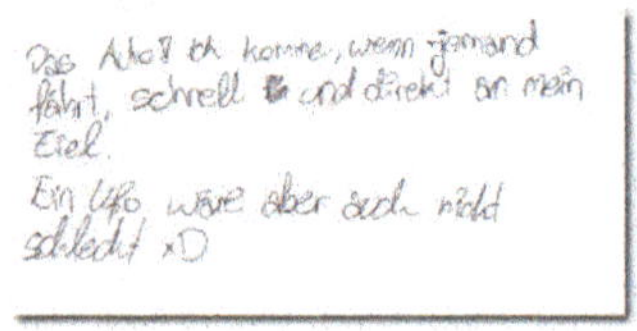

weiblich, 16 Jahre,
Materialistische Hedonisten, Land

männlich, 15 Jahre,
Materialistische Hedonisten, Stadt

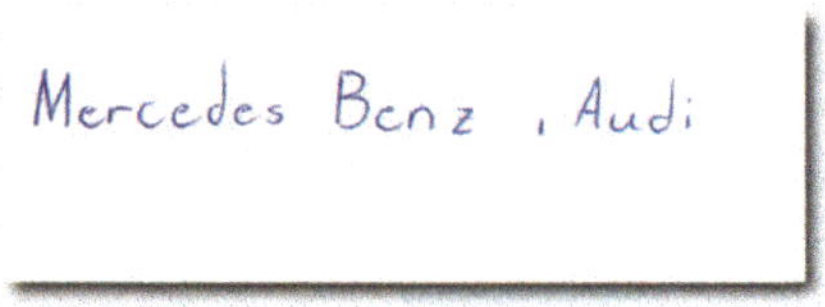

männlich, 15 Jahre,
Materialistische Hedonisten, Stadt

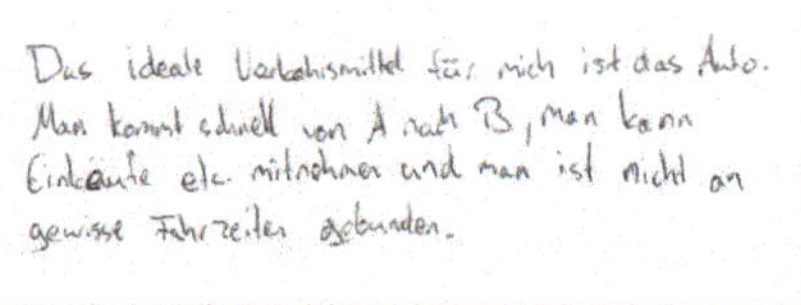

männlich, 16 Jahre,
Materialistische Hedonisten, Stadt

weiblich, 16 Jahre,
Adaptiv-Pragmatische, Stadt

Hedonisten und Jugendlichen aus ländlichen Regionen erkennbar, auch wenn – kontrastierend zur aktuellen Abhängigkeit von öffentlichen Verkehrsmitteln – seine Vorzüge (Schnelligkeit, Flexibilität, Convenience, Spaßfaktor, Privatheit) eindrücklich beschrieben werden.

Bus und Bahn werden besonders von den Sozialökologischen und Expeditiven Jugendlichen als ideales Verkehrsmittel genannt (wenngleich diese Jugendlichen auch für andere Verkehrsträger offen sind).

Für lange Strecken bevorzugen die Jugendlichen das Flugzeug und Fernzüge, da diese Reisearten als besonders schnell und bequem gelten. Auch noch häufig wird das Auto genannt, da es flexibler ist.

Auszüge aus Hausaufgabenheften zur Frage:
WAS IST FÜR DICH DAS IDEALE VERKEHRSMITTEL UND WAS BEDEUTET ES DIR?

Ich finde die Erfindung von Zügen genial. Man kann viele Personen von A nach B transportieren. Außerdem sind Züge schnelle Transport / bzw. Verkehrmittel. Meistens gibt es auch in ländlicheren Gebieten die Möglichkeit mit dem Zug zu fahren.
Was genial wäre, wenn man sich an Orte beamen könnte. So würde man Zeit und Geld sparen.

weiblich, 17 Jahre, Sozialökologische, Land

- öffentliche Verkehrsmittel wie die Bahn oder der Bus

• man lernt Leute kennen
• hat Zeit für sich um mal nachzudenken & Musik zu hören
• gut für die Umwelt
• eine Möglichkeit schnell von A nach B zu kommen
• man muss keinen Parkplatz suchen ☺
• man trifft (alte) Freunde wieder

weiblich, 15 Jahre, Sozialökologische, Land

Typische **Zitate** zur Illustration

- *Am bequemsten ist halt das Flugzeug, aber man kann auch nicht überall in Deutschland mit dem Flugzeug hin. Dann ist das Bequemste das Auto, weil man auch selbstständig entscheiden kann, wann man losfährt und auch mobiler ist.* (weiblich, 17 Jahre, Stadt, Adaptiv-Pragmatische)

- *Mit dem Flugzeug eigentlich.* [INT: WAS FINDEST DU GUT DARAN?] *Dass man halt eigentlich so schnell und eigentlich so gemütlich und entspannt von einem Ort zum anderen kommt, ohne halt irgendwie so lange im Auto sitzen zu müssen oder im Bus. Das ist halt schon, finde ich, angenehm.* (weiblich, 17 Jahre, Land, Adaptiv-Pragmatische)

- *Mit einer Bahn. Oder am besten wäre ein Flugzeug. Ich bin erst einmal geflogen, ich fand das ultracool. Aber ich finde Bahn auch sehr, sehr gemütlich. Ich mag Bahnfahren sehr. Mit dem Bus kann ich mir nicht so gut vorstellen, ich bin zwar schon lange, 23 Stunden mit dem Bus gefahren, aber das ist halt nicht so angenehm wie Bahn oder Flugzeug.* (männlich, 15 Jahre, Stadt, Materialistische Hedonisten)

- *Ich fahre richtig gern Zug. Ich fliege nicht so gern. Ich fahre eigentlich viel lieber Zug. Oder mit dem Auto ist es auch gut. Man ist dann viel flexibler. Mit dem Zug muss man ja immer die vorgegebene Strecke fahren. Andererseits ist es mit dem Zug entspannter, weil man sich nicht auf das Fahren konzentrieren muss.* (weiblich, 17 Jahre, Stadt, Expeditive)

Mit dem Zug. Ich finde Zugfahren schön. Solange der Zug nicht total krass überfüllt ist. Ich finde Zugfahren total entspannend. Man kann dabei raus schauen und muss sich nicht darum kümmern, wo der Zug hinfährt. Und man weiß, man ist etwa dann und dann da. Ich finde Zugfahren schön. Aber wenn ich den Führerschein hätte, würde ich lieber mit dem Auto fahren. Ich wäre dann unabhängiger. Es würde keine Rolle spielen, ob der Zug Verspätung hätte oder gar nicht kommt. Ich müsste dann auch keine Umwege durch Städte fahren, sondern könnte mit dem Auto direkt an mein Ziel fahren. Ich könnte auch jemanden mitnehmen, ohne dass es mehr kostet. Es ist ja der gleiche Preis, wenn ich alleine oder mit jemandem zusammen im Auto fahre. (weiblich, 15 Jahre, Stadt, Expeditive)

5.5 Car-Sharing

Car-Sharing ist unter Jugendlichen noch ein Randthema, wird aber positiv bewertet.

Von Car-Sharing haben vor allem die Jugendlichen in den Städten und die Gymnasiasten schon gehört, wenngleich sie das Konzept nicht immer näher erklären können. Spontan verstehen manche unter Car-Sharing Mitfahrgelegenheiten oder die Nutzung eines Autos gemeinsam mit Freunden und Bekannten.

Wenn ich das Wort Car-Sharing höre, stelle ich mir vor, dass man im Internet eine Plattform hat, wo man Leuten schreibt, dass man an einem bestimmten Tag zu einer bestimmten Zeit an einen bestimmten Ort fährt. Und dann können da einfach Leute mitfahren. Und da kann man sich die Benzinpreise teilen. Und man tut noch ein bisschen was für die Umwelt. (männlich, 15 Jahre, Land, Sozialökologische)

Unter den Haupt- und Realschülern ist Car-Sharing deutlich weniger bekannt. Generell haben nur wenige bislang den Dienst schon genutzt (z. B. über Eltern oder Freunde).

Die Idee einer organisierten gemeinschaftlichen Nutzung von Autos wird größtenteils positiv bewertet (v. a. in den sozial gehobenen Lebenswelten), auch von denjenigen, die bisher noch nichts davon gehört haben. Gegen das Car-Sharing sprechen die dem Konzept eigenen Grenzen individueller Verfügbarkeit.

Ich finde das eigentlich praktisch, obwohl es halt auch nicht so persönlich ist, weil wenn es dann gerade in Benutzung ist und nirgendwo eins in deiner Gegend ist, dann ist es trotzdem wieder nicht da. Es kann praktisch sein, auf jeden Fall, weil es dann doch nicht so viel kostet, wie es selber zu bezahlen, aber es ist halt trotzdem auch nicht deins. Du kannst nicht irgendwie Taschen im Auto liegen lassen, wenn du das nächste Mal einkaufen gehst oder so, und das finde ich schon wieder unpraktisch dann. (weiblich, 17 Jahre, Stadt, Adaptiv-Pragmatische)

Über Abrechnungsmodelle und Kosten ist man im Detail nicht im Bilde, vermutet aber, „dass es sich schon lohnen wird" – im Vergleich zu den Kosten des Unterhalts eines eigenen Autos oder zu Taxifahrten. In der Kostenersparnis sieht man zunächst auch den Hauptanreiz für die Nutzung von Car-Sharing-Angeboten. Unterschwellig wird aber auch deutlich, dass viele von der cleveren Nutzungsform des Teilens fasziniert sind. Umweltaspekte werden ebenfalls genannt. Die Möglichkeit, über Car-Sharing verschiedene Automodelle kennen zu lernen, wird am Rande positiv hervorgehoben. Dass die Autos aus den Car-Sharing-Pools einwandfrei gewartet und in generell gutem Zustand sind, setzen die Jugendlichen in der Regel voraus.

Typische **Zitate** zur Illustration

Ich finde das gut, weil das ist deutlich billiger als ein Taxi. Und ein Kumpel von mir, wir sind auch schon mal in so einem Auto gefahren, weil die Bahn eben gestreikt hat. Und das ist auf jeden Fall eine gute Idee. Vor allem, weil das sind ja auch Elektroautos. Das heißt, die Umwelt wird dadurch auch noch geschont. (männlich, 16 Jahre, Stadt, Materialistische Hedonisten)

- *Der Vorteil ist, dass nicht so viele Autos rumfahren. Es ist begrenzter, auch in Sachen Umwelt und Schadstoffe. Und das Auto steht selten nutzlos rum.* (männlich, 15 Jahre, Land, Sozialökologische)

- *Spritkosten sind weniger. Umweltverschmutzung wäre auch weniger.* (männlich, 14 Jahre, Stadt, Materialistische Hedonisten)

- *Das finde ich eigentlich richtig gut. Ich weiß jetzt nicht, wie das Preisverhältnis ist, aber es wird wohl billiger sein als wenn man sich ein eigenes Auto kauft. Das finde ich super. Wenn man nicht dauernd Autofahren muss, also wenn man nicht unbedingt ein eigenes Auto braucht, gibt es ja trotzdem Situationen, in denen man es braucht. Und wenn man den Führerschein hat, ist das Carsharing dann perfekt. Das ist eine gute Idee.* (weiblich, 17 Jahre, Stadt, Adaptiv-Pragmatische)

- *Finde ich eigentlich ganz cool. Ist bestimmt spannend, mal ein anderes Auto, das man sich vielleicht nicht leisten könnte mal zu fahren. Das ist eigentlich eine coole Idee.* (männlich, 17 Jahre, Stadt, Adaptiv-Pragmatische)

- *Wenn die Autos in gutem Zustand sind und auch immer in Ordnung gehalten werden, wäre es für mich ganz in Ordnung. Ich finde die Idee sogar sehr gut. Ich weiß natürlich nicht, wie hoch die Kosten sind. Ich glaube aber, das wäre trotzdem billiger. Man nutzt das Auto nur, wenn man es braucht. Ich finde das sehr gut. Auch wenn ich bisher noch nie etwas davon gehört habe.* (männlich, 16 Jahre, Land, Adaptiv-Pragmatische)

Car-Sharing kann auch eine attraktive Übergangslösung sein (v. a. während des Studiums), bis man sich ein eigenes Auto leisten kann.

- *Ja gut, wenn man es sich natürlich zuerst nicht leisten kann, Studenten können sich ja so etwas nicht leisten, je nachdem, ob die Eltern das zahlen oder man selbst, dann kann man natürlich so etwas machen.*

Für eine kurze Zeit. Aber sonst würde ich es nicht machen. (männlich, 15 Jahre, Land, Materialistische Hedonisten)

Ja, doch, also vor allem für Studenten, wo man noch kein eigenes Auto hat, finde ich es eigentlich schon ziemlich gut, ehrlich gesagt. (männlich, 17 Jahre, Stadt, Experimentalistische Hedonisten)

Jugendliche aus dem ländlichen Raum sind skeptischer gegenüber Car-Sharing-Angeboten.

Trotz der grundsätzlichen Offenheit gegenüber der Car-Sharing-Idee bestehen auch einige Vorbehalte - vor allem unter Jugendlichen aus dem ländlichen Raum. Das ist vor dem Hintergrund plausibel, dass ihnen ein eigenes Auto wichtiger ist als den Jugendlichen aus der Stadt. Weil man lange unter den Defiziten des öffentlichen Personennahverkehrs hat leiden müssen, möchte man künftig möglichst flexibel und unabhängig seine Wege zurücklegen können. Zudem haben Jugendliche auf dem Land in der Regel längere Strecken zu fahren und vermuten, dass Car-Sharing-Angebote aus Kostengründen dafür nicht geeignet sind oder Car-Sharing-Modelle aufgrund der dezentraleren Infrastruktur in ländlichen Gebieten schlichtweg nicht praktikabel wären. Auch wird deutlich, dass derartige Alternativen zum eigenen Pkw nicht zur Alltagsrealität der Eltern oder des Umfelds gehören, so dass ihnen diese allenfalls in der Theorie bekannt sind und sie sich eher nicht vorstellen können, dass und wie solche Modelle in der Realität konkret funktionieren sollen.

Typische **Zitate** zur Illustration

Ich weiß nicht, also wenn ich älter wäre, würde ich das eher nicht machen. Mir wäre es zu viel Aufwand, wenn ich mich jedes Mal anmelden müsste und genau planen müsste. Wenn man dann halt mal schnell noch in den Supermarkt fahren will oder so, ich glaube, es ist schon praktischer, wenn man sein eigenes Auto hat, auch wenn es vielleicht teurer ist. (weiblich, 17 Jahre, Land, Expeditive)

Das ist so, man wächst ja so ein bisschen damit auf und dann, dass man so generell vielleicht einfach weiß, wenn ich jetzt herauskomme aus dem Laden, dann habe ich ein Auto, mit dem ich auch woanders hinfahren kann. Also ich weiß nicht, wenn ich jetzt in der Stadt wohnen würde, wäre es bestimmt nochmal anders, vielleicht weil dann auch meistens schon eins dasteht, aber hier ist ein eigenes Auto schon wichtig. (weiblich, 16 Jahre, Land, Sozialökologische)

Das Prinzip der Sharing Economy stößt bei Jugendlichen auf Interesse.

Das Prinzip des Teilens statt Besitzens finden Jugendliche aus den meisten Lebenswelten generell attraktiv, nicht zuletzt aus Kostengründen. Man ist zuversichtlich, dass sich diese Idee in der Zukunft weiter durchsetzen wird. Eigene Erfahrungen hat man bislang nur mit dem Tauschen und Teilen im Privaten gemacht: Man tauscht manchmal mit den besten Freunden Kleidung, teilt mit den Geschwistern den Computer oder mit befreundeten Familien einen Schrebergarten.

Typische **Zitate** zur Illustration

Ja, das finde ich auch eine coole Idee. Also zum Beispiel ich teile mir auch häufig mit meinen Freundinnen die Klamotten und tausche sie halt, weil es halt echt cool ist, weil dann hat man halt quasi neue Sachen. Ja, sowas finde ich schon ganz cool, klar, warum auch nicht. (weiblich, 17 Jahre, Land, Adaptiv-Pragmatische)

Das finde ich eigentlich eine gute Idee, gerade weil man eine Bohrmaschine jetzt zum Beispiel nicht so oft braucht. Gerade auch als Student könnte ich mir schon vorstellen, dass das sehr praktisch ist. Sonst, es kommt halt drauf an, was man gerade braucht, wie teuer es ist, wie oft man es braucht, ob man es dann vielleicht doch regelmäßiger braucht als man ursprünglich gedacht hat. (weiblich, 17 Jahre, Land, Expeditive)

Ist eigentlich praktisch. Es gibt ja auch Leute, die das mit Wohnungen machen zum Beispiel. Also für denjenigen, der das macht, rentiert sich das bestimmt. (männlich, 17 Jahre, Stadt, Adaptiv-Pragmatische)

Ja, finde ich eigentlich schon gut. Wir haben auch jetzt einen Garten zusammen mit einer anderen Familie (...), aber ich wollte jetzt nicht mein Bett mit irgend jemandem teilen, also... [LACHT] *Ja, ansonsten eigentlich eine gute Idee.* (weiblich, 17 Jahre, Land, Sozialökologische)

Skeptisch sind noch am ehesten Jugendliche aus den traditionellen und den unterschichtigen Lebenswelten. Hier macht man sich Sorgen, dass beim Teilen vielleicht nicht sorgfältig mit den (eigenen) Dingen umgegangen wird (Konservativ-Bürgerliche), oder man findet individuellen Besitz prinzipiell attraktiver, weil er individualistische Wünsche befriedigt und gegebenenfalls auch Status markiert (Materialistische Hedonisten, Prekäre).

Typische **Zitate** zur Illustration

Gezwungenermaßen teilen finde ich irgendwie ein bisschen scheiße. Die Person kann ja immer noch zu mir kommen und fragen: Kann ich mal deine Bohrmaschine für dieses eine Mal ausleihen? Man erwartet, wenn man es dann nutzen will, dass es funktioniert, und dann wurde es so oft benutzt, dass es, wenn man es selber braucht, kaputt ist und man losrennen muss, das wieder in Ordnung bringen. (männlich, 17 Jahre, Stadt, Konservativ-Bürgerliche)

Ich kann mir nicht vorstellen, dass das alles 100 Prozent mit rechten Dingen zugeht und das alles irgendwie sicher ist. (männlich, 17 Jahre, Stadt, Materialistische Hedonisten)

Ich bin ja nicht so, dass ich unbedingt mit jedem Wildfremden meine Sachen teilen will. Wenn, dann mit Freunden, der Familie oder Bekannten. Aber wem das gefällt und wer gerne teilt, und wer kein Problem damit hat oder auch Angst, dass es kaputtgeht. (weiblich, 16 Jahre, Land, Materialistische Hedonisten)

Wenn ich etwas kaufe, dann will ich auch, dass es mir gehört. (weiblich, 16 Jahre, Stadt, Prekäre)

5.6 Berufliche Mobilität in der Zukunft

Keine uneingeschränkte Bereitschaft zu beruflicher Mobilität.

Mobilität in der Zukunft, vor allem im beruflichen Kontext, ist für 14- bis 17-Jährige meist noch ein wenig greifbares Thema. Zwar ist man grundsätzlich bereit, hin und wieder eine Geschäftsreise auf sich zu nehmen, die meisten Jugendlichen sind sich aber einig, dass ein Leben als Berufspendler für sie nicht in Frage kommt, weil das Familienleben unter dem Beruf nach Möglichkeit nicht leiden soll. Die Vereinbarkeit von Familie und Beruf wird also im Kontext beruflicher Mobilität mitgedacht - am stärksten von jungen Frauen aus den bürgerlichen Lebenswelten (Konservativ-Bürgerliche, Adaptiv-Pragmatische). In den bildungsfernen Lebenswelten ist man oft wenig selbstbewusst mit Blick auf berufliche Auslandserfahrungen. Man fürchtet vor allem, Sprachbarrieren nicht gewachsen zu sein.

Typische **Zitate** zur Illustration

> *Ich glaube, für den Beruf nicht so sehr, weil ich, wie gesagt, gern eine Familie gründen möchte. Ich würde dann nicht so wahnsinnig viel unterwegs sein wollen. Ich möchte dann auch Zeit für die Familie haben. Das wäre mir wichtig im Job, also dass man genug Zeit für so etwas hat.* (weiblich, 17 Jahre, Stadt, Adaptiv-Pragmatische)

> *Also ich würde halt nicht so gerne weg wollen. Ich glaube, eine gute Entfernung wären so umliegende Städte, weil ich hier nicht so gerne weg wollen würde. Also in einem anderen Bundesland oder so würde ich nicht so gerne arbeiten.* (weiblich, 14 Jahre, Land, Konservativ-Bürgerliche)

> *Aber ich denke, das ist dann halt blöd, weil ich mich ja entscheiden müsste zwischen Beruf und Familie. Und für mich ist die Familie ein total wichtiger Punkt. Zum Beispiel musste sich die Cousine meines Freundes damals auch entscheiden zwischen ihrem Beruf Modedesignerin und ihrer ersten großen Liebe. Und sie hat sich für das Modedesign entschieden. Und ich sehe jetzt immer auf Facebook, was sie postet und wo sie schon überall war. Und dann denke ich auch, geil, so*

etwas will ich ja auch machen. Aber dafür auf die Familie zu scheißen? Das ist dann, finde ich, auch nicht das Richtige. Dann habe ich lieber einen Job, der ein bisschen ruhiger ist, und ich gehe mit meiner Familie in den Urlaub. Ich fliege dann mit denen in irgendein Land und gucke mir da etwas an, anstatt immer alleine zu sein. (weiblich, 16 Jahre, Land, Adaptiv-Pragmatische)

Ich bin schon ein Mensch, der sich gerne an Orte bindet. Und dann könnte ich mir das eigentlich auch gar nicht vorstellen, immer so rumzufliegen zu seiner Arbeit, halt keinen festen Ort zu haben. Auch gerade, wenn man eine Familie hat, ist das schon doof. (weiblich, 17 Jahre, Land, Adaptiv-Pragmatische)

Beruflich würde ich nicht viel weggehen und meine Familie allein lassen. Oder die ganze Zeit mit der Familie herumreisen, das ist nicht so toll. (männlich, 17 Jahre, Stadt, Materialistische Hedonisten)

Ich will auf keinen Fall pendeln, immer so von einer Stadt zur anderen. Am liebsten hätte ich, dass mein Arbeitsplatz auch in meiner Stadt ist und dass man mit dem Fahrrad da hinfahren könnte. (weiblich, 16 Jahre, Land, Expeditive)

Also in Deutschland könnte ich mir vorstellen, für den Beruf unterwegs zu sein, aber nicht im Ausland. Weil ich die Sprache dann nicht richtig beherrsche. (männlich, 14 Jahre, Stadt, Prekäre)

Die Idee, beruflich für ein paar Tage oder Wochen an einen anderen Ort zu reisen, finden am ehesten Expeditive reizvoll. Sie stellen sich vor, dabei die Möglichkeit zu haben, neue Orte, fremde Kulturen und spannende Menschen kennenzulernen. Auch Experimentalistische Hedonisten finden die Vorstellung interessant, dort zu „arbeiten, wo andere Urlaub machen." Aber auch in diesen Lebenswelten kann man es sich nicht vorstellen, länger von der Familie getrennt zu leben.

Typische **Zitate** zur Illustration

Ja, das finde ich cool. Das macht mein Vater, der hat jetzt den Job gewechselt und ist dann manchmal in Istanbul. Das fände ich schon cool, wenn ich dann manchmal in anderen Ländern bin und so etwas. (männlich, 15 Jahre, Stadt, Expeditive)

Beruflich viel unterwegs zu sein finde ich schon spannend. Aber dann ist man immer von zu Hause weg. Und wenn ich dann so alleine irgendwo bin mit meinem Beruf, das will ich nicht. (weiblich, 14 Jahre, Stadt, Expeditive)

Würde ich jetzt wirklich was mit Film machen, dann würde ich eh unterwegs sein. Das wäre ganz cool. Vor allem weil man lernt total viele Leute kennen, neue Leute, verschiedene Leute. Man lernt dadurch auch verschiedene Kulturen kennen, Länder, ganz coole Locations. Man kommt halt rum. Und das finde ich cool. Aber auf der anderen Seite, wenn man halt Familie hat, dann ist das wieder doof. Wenn man alleine ist, dann ist es cool. (männlich, 17 Jahre, Stadt, Expeditive)

Wenn ich mir einen Job vorstellen könnte, dann vielleicht irgendwas mit Designer, vielleicht mich auch selbständig machen. Zum Beispiel Spieledesign; ein Spiel selber animieren, vielleicht sogar zum Teil selber drehen. Vielleicht würde ich mir später auch vorstellen können, wegen meinem Job nach Amerika zu gehen." (weiblich, 14 Jahre, Stadt, Experimentalistische Hedonisten)

5.7 Reisen - heute und in Zukunft

Der Wunsch, die Welt über Reisen zu entdecken, ist stark von der Lebenswelt geprägt.

Fragt man Jugendliche, ob sie künftig gerne viel und weit reisen möchten, fallen die Antworten in den verschiedenen Lebenswelten recht unterschiedlich aus. Auch wie man den Urlaub verbringen möchte, ist lebensweltspezifisch geprägt. In den postmodernen Lebenswelten finden sich häufig die „Traveller" und „Explorer", in den bürgerlichen die „Touristen" und „Pauschalurlauber".

Bei Expeditiven, Experimentalistischen Hedonisten und teils auch bei Adaptiv-Pragmatischen - insbesondere aber bei Sozialökologischen - ist erkennbar, dass viele Jugendliche große Lust auf das Entdecken fremder Kulturen haben und individuelles Reisen reizvoll finden. Auch längere

Auslandsaufenthalte, die das Zeitbudget klassischer Urlaubsreisen überschreiten, findet man spannend (z. B. Au Pair, Rucksackreisen, Austauschprogramme). Unter den älteren Teenagern dieses Segments ist es nicht untypisch, bereits die ersten weiteren Reisen mit Freunden - ohne Begleitung der Eltern - konkret zu planen oder sogar schon durchgeführt zu haben.

Typische **Zitate** zur Illustration

> *Ich finde halt, das ist interessant mit den Kulturen, wie die Leute so leben und die Traditionen und so. Und die Menschen kennenlernen und so. Ich finde es halt interessant. Also wir sind ja irgendwie schon verwöhnt. Zum Beispiel wenn man jetzt nach Indien oder so gehen würde, da gibt es Leute, die auch mit weniger glücklich sind. Das finde ich interessant und schön eigentlich zu beobachten.* (weiblich, 17 Jahre, Land, Sozialökologische)

> *Das ist so ein Kindestraum. Irgendwo hab ich früher mal von Machu Picchu gehört, und dann wollte ich da immer hinfahren. Und wenn ich mir jetzt etwas aussuchen könnte, würde ich, glaube ich, dahin fahren. Vielleicht da hochwandern in dieses Inkadorf und mir das anschauen. Und Südamerika finde ich eh generell total interessant.* (weiblich, 16 Jahre, Land, Expeditive)

> *Ich möchte später China auf jeden Fall mal sehen. Ich möchte mal komplett anders leben. Amerika will ich auch mal vielleicht sehen. Ägypten, also ich möchte einiges sehen. Es gibt einfach so viele Möglichkeiten, Orte, die einfach wunderschön sind.* (weiblich, 14 Jahre, Land, Experimentalistische Hedonisten)

> *Ich will halt mal sehen, wie es da ist. Also so Tokio, Kuala Lumpur, so die ganzen Städte, weil es ja eine ganz andere Welt ist. Und auch mal dieses Schmutzige und so, das kann man sich ja gar nicht vorstellen, dass da nie blauer Himmel ist. Die Erfahrung finde ich ganz cool.* (männlich, 16 Jahre, Stadt, Adaptiv-Pragmatische)

In den eher bürgerlich bzw. traditionell orientierten Lebenswelten entsprechen die Traumziele nicht selten den Mainstream-Klischees (Palmen, Strand). Dabei stehen vor allem Pauschalangebote und bewährte Urlaubsdestinationen hoch im Kurs. Längere Auslandsaufenthalte üben per se keine Faszination aus. Nach den (typischerweise zweiwöchigen) Urlauben freut man sich auch meist wieder auf zu Hause.

Typische **Zitate** zur Illustration

- *In die Karibik auf einem Kreuzfahrtschiff oder sowas. Auf jeden Fall kein Flugzeug. Da habe ich Angst vor. Ja, in die Karibik. Mit schönen Palmen und dem Wasser und dem Strand.* (weiblich, 17 Jahre, Land, Konservativ-Bürgerliche)

- *Und wenn ich ganz viel Geld hätte, würde ich auch gern in die Karibik fahren. Ich mag so etwas: Strand und türkisfarbenes Meer.* (männlich, 17 Jahre, Stadt, Konservativ-Bürgerliche)

- *Wenn ich länger als zwei Wochen weg bin von Zuhause, dann möchte ich schon gerne nach Hause, weil irgendwann wird es auch langweilig dort.* (männlich, 16 Jahre, Land, Materialistische Hedonisten)

Jugendliche mit Migrationshintergrund besuchen in den Ferien in der Regel die Heimatländer ihrer Eltern. Je nach lebensweltlicher Grundorientierung sind aber auch diese Jugendlichen mehr oder weniger interessiert an fernen Ländern und fremden Kulturen. Auch Pilgerdestinationen werden vereinzelt von muslimischen Jugendlichen genannt.

Typische **Zitate** zur Illustration

- *Die Skyline von Dubai ist wunderschön. (...) Mir gefallen so große Städte. Ich würde schon gerne die Welt erkunden, wenn ich dazu finanziell wirklich die Möglichkeit hätte. Aber wenn mich jemand fragen würde, wohin willst du, das Erste war immer Türkei. Meine Familie ist dort und man fühlt sich zu Hause.* (weiblich, 16 Jahre, Land, Konservativ-Bürgerliche)

- *Ich würde gerne mal nach Thailand oder auf die Philippinen, da meine Mutter da herkommt. Spanien oder so, da war ich auch noch nie. So die Sachen, die man einfach mal gesehen haben muss.* (weiblich, 17 Jahre, Land, Materialistische Hedonisten)

Wegen meiner Religion will ich einmal nach Mekka, also zu diesem Stein da. Also eine Reise dahin würde ich schön finden. (männlich, 16 Jahre, Stadt, Prekäre)

5.8 Zukunft der Mobilität

Über die Zukunft der Mobilität machen sich Jugendliche noch wenig Gedanken.

Die Zukunftsvorstellungen von Mobilität beziehen sich bei den befragten Jugendlichen zum einen auf Entwicklungen, die bereits Realität sind oder voraussichtlich bald Realität werden (zum Beispiel der automatisierte, fahrerlose öffentliche Verkehr und das selbstfahrende Auto) und zum anderen auf - medial geprägte - Science-Fiction-Phantasien (wie zum Beispiel das Beamen von Ort zu Ort). Visionäre Vorstellungen werden dabei gern mit dem Hinweis legitimiert, dass heutige Technologien vor nicht allzu langer Zeit auch noch völlig unvorstellbar waren.

Man hat ja viele Visionen, dass dann die Autos sogar anfangen zu schweben oder so. Das klingt für viele jetzt erstmal skurril, aber wenn man überdenkt so ... Irgendwann wird es das wirklich geben, auf jeden Fall, weil früher hat man auch nicht gedacht, dass es heutzutage so was wie Smartphones geben würde. Deswegen würde ich auch so was erwarten. Also mich würde es nicht wundern, wenn es dann wirklich einmal fliegende Autos geben würde. Mit Luftstraßen, was weiß ich was. (männlich, 16 Jahre, Land, Adaptiv-Pragmatische)

Wahrscheinlich werden die Autos immer schneller und teurer und hochmodernisierter. Und dann kommt halt doch noch irgendwann das selbstfahrende Auto. Da legt man sich halt einfach rein und schläft bis man da ist. (weiblich, 17 Jahre, Stadt, Konservativ-Bürgerliche)

Eine fundierte Auseinandersetzung mit dem Thema Zukunft der Mobilität findet aber nicht statt. Noch am ehesten präsent ist die Entwicklung des selbstfahrenden Autos. Allerdings wissen die befragten Jugendlichen nicht, dass die Fachwelt (Wissenschaft, Politik, Autohersteller) heute davon ausgeht, dass selbstfahrende Autos schon in absehbarer Zeit auf unseren Straßen fahren werden. Zwar hat man davon gehört, dass „in Richtung autonomer Autos" viel geforscht wird (z. B. Google), scheint aber von der Idee nicht überzeugt zu sein.

Skeptischer Blick auf die Entwicklung des selbstfahrenden Autos.

Von autonom fahrenden Autos haben die meisten Jugendlichen schon gehört. Tendenziell überwiegen aber die skeptischen und negativen Einschätzungen. Zunächst zu den positiven Aspekten dieser Innovation aus Sicht der Befragten:

- Man vermutet einen hohen Fahrkomfort und kann sich vorstellen, dass man die Zeit im Auto entspannt (z. B. mit einem Nickerchen) verbringen oder sie produktiv für den Beruf nutzen kann.

Typische **Zitate** zur Illustration

> *Geil. Man kann dann beim Autofahren schlafen, oder es ist viel einfacher, weil wenn du so eine lange Reise machst, ich sehe das ja bei meinen Eltern, die sind danach immer richtig fertig. Und es ist praktisch auch modern.* (männlich, 15 Jahre, Land, Materialistische Hedonisten)

> *Ich habe schon davon gehört, dass man da angeblich nebenbei noch schlafen kann. Aber das ist eine Idee, die noch weit, weit weg ist.* (männlich, 15 Jahre, Stadt, Materialistische Hedonisten)

> *Wenn man arbeiten muss, noch irgendwelche Aufgaben erledigen muss für die Arbeit, dann kann man das halt machen. Weil ich meine, du musst ja nicht fahren. Du hast Zeit für dich, kannst schlafen und so. Das ist bestimmt bequem.* (männlich, 16 Jahre, Stadt, Adaptiv-Pragmatische)

> *Die Idee würde ich begrüßen. Denn dann hat man viel mehr Zeit für andere Dinge. Man kann auf dem Weg zur Arbeit vielleicht noch*

schnell etwas ausfüllen oder sich unterhalten. (männlich, 15 Jahre, Land, Adaptiv-Pragmatische)

Wenn man mal keinen Bock hat zu fahren. Oder wenn man eine lange Strecke zu fahren hat, wäre das cool. Dann kannst du Pause machen und schlafen, während das Auto fährt. (männlich, 15 Jahre, Stadt, Konservativ-Bürgerliche)

- Auch kann man sich vorstellen, dass selbstfahrende Autos den Verkehr sicherer machen.

Typische **Zitate** zur Illustration

Also ich finde das cool. Da kann auch nicht mehr so viel passieren, so Verkehrsunfälle. Die passieren ja bloß durch die Fehler der Menschen, also größtenteils. Dem würde damit vielleicht vorgebeugt werden, wenn das alles so funktioniert. (weiblich, 16 Jahre, Stadt, Experimentalistische Hedonisten)

Es gibt vielleicht weniger Unfälle und man muss sich vielleicht nicht mehr so stark konzentrieren auf die Straße. (männlich, 14 Jahre, Stadt, Prekäre)

Es ist schon cool, wenn es eine Garantie gibt, dass da keine Unfälle passieren, dann ist das schon ein großer Vorteil. (männlich, 14 Jahre, Land, Materialistische Hedonisten)

Die Argumente gegen diese Innovation werden allerdings häufig mit deutlich mehr Nachdruck formuliert:

- Man kann dieser Technologie noch nicht vertrauen: Viele Jugendliche sind skeptisch, ihr Leben in die Hand einer „Maschine" zu legen und haben erst einmal mehr Vertrauen in menschliche Fahrer. Die meisten gehen davon aus, dass die Technologie noch lange nicht sicher ist, Ausfälle oder Komplikationen daher wahrscheinlich sind. Man fürchtet, dass die Software nicht stabil laufen und zudem anfällig für Systemangriffe sein könnte.

Typische **Zitate** zur Illustration

Natürlich ist das gruselig, irgendwie, dass ein Auto ohne Fahrer fährt. Und ich glaube, ich würde mich auch nicht in so ein Teil reinsetzen. Also vielleicht schon, aber dann halt selber fahren. Aber ich weiß nicht, ich vertraue dem nicht so. (weiblich, 15 Jahre, Land, Experimentalistische Hedonisten)

Das ist nicht so meins, also ich trau solchen Autos nicht. Da kann immer was schief gehen, also wenn man jetzt auf der Autobahn ist, 200 fährt, und das grade jetzt nicht so richtig funktioniert, dann ... (...) Selber fahren macht auch mehr Spaß. (männlich, 14 Jahre, Land, Materialistische Hedonisten)

Ich finde das schon total witzig. Aber ich glaube, das wird total viel Chaos geben. Und ich glaube auch nicht, dass die wirklich für den Alltag gemacht sind. Denn auch wenn die Sensoren haben und so etwas, wird es trotzdem Unfälle damit geben. (weiblich, 17 Jahre, Stadt, Konservativ-Bürgerliche)

Maschinen, die können gehackt werden. Man kann nichts 100%ig Sicheres machen oder programmieren, das geht ja nicht. Wenn dann irgendjemand auf die schlaue Idee kommt, so etwas zu hacken, dann ist das tot alles. (männlich, 14 Jahre, Stadt, Adaptiv-Pragmatische)

Ich finde es ein bisschen komisch, sich sozusagen wirklich nur noch auf die Technik zu verlassen. Menschen können natürlich auch viele Fehler machen, aber ich weiß nicht ... Sich nur auf die Technik zu verlassen, das finde ich schon irgendwie krass. Ich kann mir vorstellen, dass es irgendwann soweit kommt. Aber noch wäre es mir ein bisschen unheimlich, ehrlich gesagt. (weiblich, 17 Jahre, Stadt, Adaptiv-Pragmatische)

- Quer durch die Lebenswelten wird befürchtet, dass der Mensch immer weniger die Hoheit über die Technik behält und durch den technischen Fortschritt mehr und mehr entmündigt wird. Man hält es für möglich, dass der Mensch zukünftig - auch mit Blick auf andere Dimensionen der Digitalisierung des Alltags - immer „fauler", gar „dümmer" wird, weil ihm das Denken von Maschinen abgenommen wird. Das selbstfahrende Auto gilt als Paradebeispiel für ein Zuviel an Erleichterung des Alltags durch Technik. Lieber möchte man das Auto selbst bedienen und eigenständige Entscheidungen treffen - auch weil gerade darin der Spaß am Autofahren liegt. Die Erfahrung, chauffiert zu werden, machen die Jugendlichen bereits jetzt bei jeder Autofahrt.

- *Das ist langweilig. Ich finde das richtig langweilig. Ich fahre lieber selber. Ich möchte mich noch konzentrieren müssen. Irgendwann kommt dann irgendeine Maschine, die nimmt einem noch das Denken ab. Das ist doch dann auch nicht mehr okay.* (weiblich, 17 Jahre, Land, Konservativ-Bürgerliche)

- *Ich würde lieber selber bremsen wollen. Denn man kauft sich ja ein Auto. Und man übernimmt damit Verantwortung für sich selber und für die Leute, die über die Straße gehen, und für alle anderen, die auch im Verkehr sind. Ich verlasse mich schon manchmal gern auf die Technik, aber nicht wenn es ums Leben geht, wenn es um mein eigenes oder das Leben anderer Menschen geht. Das ist einfach zu viel Verantwortung, die man versucht, der Technik anzuvertrauen. Das Risiko würde ich nicht eingehen.* (weiblich, 16 Jahre, Land, Adaptiv-Pragmatische)

- *Aber ich glaube, man muss dann trotzdem gucken, dass man noch selber weiß, wie alles geht. Auch gerade den Führerschein machen ist ja so, dass man es noch mit Kupplung und allem macht und kann. Das finde ich schon wichtig, dann ist man auch selber flexibler und hat dann nicht Angst davor, mit so einem Auto zu fahren, einfach weil man weiß, man kann es.* (weiblich, 16 Jahre, Land, Sozialökologische)

- *Also ich würde lieber selber fahren, auch wenn das funktionieren würde. Ich würde das nicht benutzen.* (männlich, 15 Jahre, Stadt, Materialistische Hedonisten)

- *Ich finde es schon cool, aber ich mag das Gefühl, mein Auto selber zu fahren. Ich mag nicht, dass andere Leute meine Sachen machen.* (männlich, 14 Jahre, Stadt, Adaptiv-Pragmatische)

- *Ich hätte wohl total Angst, dass es dann doch nicht fährt. Und ich kann das ja dann selber gar nicht steuern, wohin das fährt. Und vielleicht hat es dann gerade eine Störung. Ich hätte da total Paranoia.* (weiblich, 14 Jahre, Stadt, Expeditive)

Zusammenfassend lässt sich feststellen, dass die Mehrheit der Jugendlichen heute auf die gestiegenen Mobilitätsanforderungen (physisch und mental) eher defensiv reagiert. Mit Ausnahme der postmodernen Lebenswelten ist die Mobilitätsbereitschaft begrenzt, insbesondere im beruflichen Umfeld. Eine nachhaltige Auseinandersetzung mit dem Thema „Zukunft der Mobilität" findet nicht statt. Entsprechend gibt es dazu auch keine ernstzunehmenden Visionen. Innovationen wie das autonom fahrende Auto werden eher skeptisch gesehen.

Die Jugendlichen heute können als „Zweckmobilisten" charakterisiert werden. Die multimodale Verkehrsmittelnutzung ist die Regel - idealerwerweise mit digitaler Unterstützung. Die Einstellung gegenüber den verschiedenen Mobilitätsoptionen ist nüchtern, die Verkehrsmittelwahl erfolgt pragmatisch. Auch das Auto - wiewohl immer noch unverzichtbar (v. a. im ländlichen Raum) - entfaltet lediglich noch in den unterschichtigen Lebenswelten echtes Faszinationspotenzial.

Die meisten Jugendlichen sind mit dem Mobilitätsangebot grundsätzlich zufrieden - auch mit dem öffentlichen Personenverkehr, von dem gerade in der untersuchten Altersgruppe (14 bis 17 Jahre) viele abhängig sind. Kritik (Unpünktlichkeit, mangelnde Sauberkeit, Unfreundlichkeit des Personals) wird moderat vorgetragen. Wenn die Verkehrsunternehmen die Mängel abstellen und sich um noch mehr Servicequalität bemühen, wird gerade die Kundengruppe der Jugendlichen mit Wohlwollen und Dankbarkeit reagieren.

6 Umweltschutz, Klimawandel und kritischer Konsum

Dieses Kapitel wurde bei Erstveröffentlichung ohne die korrekte Creative Commons Lizenz veröffentlicht. Die korrekte Lizenz finden Sie am Ende des Kapitels. Ein Erratum zu diesem Kapitel ist verfügbar unter DOI 10.1007/978-3-658-12533-2_14

M. Calmbach et al., *Wie ticken Jugendliche 2016?*,
DOI 10.1007/978-3-658-12533-2_6

Unsere Gesellschaft steht mit Blick sowohl auf ökologische und ökonomische als auch auf soziale Entwicklungen vor diversen Herausforderungen: Energiewende, Klimafolgenanpassung, globale Armutsbekämpfung oder das Aufhalten der fortschreitenden Verschmutzung der Weltmeere sind nur wenige Schlagworte in diesem Kontext. Aufgrund der Vielschichtigkeit und globalen Komplexität dieser Aufgaben erscheinen Lösungen umso schwieriger - nicht nur in der Entwicklung, sondern auch in der Vermittlung und Durchführung in globalen Zusammenhängen.

In diesem Kapitel werden ausgewählte Themenfelder im Kontext dieser globalen Herausforderungen aus der lebensweltlichen Perspektive der Jugendlichen beleuchtet - nämlich Umweltschutz, Klimawandel und „kritischer Konsum". Wir möchten erfahren, wie es in der jungen Generation um die Bereitschaft zur sozialen und ökologischen Verantwortungsübernahme bestellt ist und wie sie ihre Handlungswirksamkeit hierbei einschätzt. Die Themen Umweltschutz und Klimawandel sind medial regelmäßig präsent. Beispielsweise sind Weltklimakonferenzen (z. B. in Paris) und die Diskussion um die Energiewende Top-Nachrichtenthemen. Was davon aber kommt bei den Jugendlichen an und welche Meinung haben sie dazu? Inwieweit möchten sie sich für Umwelt- und Klimaschutz engagieren und was hindert sie daran?

Mit großer Regelmäßigkeit wird in den Medien zudem über Lebensmittel- und Tierschutzskandale, Produktionsbedingungen in Schwellenländern oder auch den Trend zum Bio- und Slow-Food berichtet. Neben Umweltschutz und Klimawandel wurde daher auch „kritischer Konsum" als weiteres Schwerpunktthema im Kontext ökologischer und sozialer Verantwortungsübernahme ausgewählt. Gemeint ist mit diesem Begriff, dass Konsumentinnen und Konsumenten ihre Kaufentscheidungen davon abhängig machen, wo das Produkt herkommt, unter welchen Bedingungen es hergestellt wurde und welche Transportwege es hinter sich hat.

Konsum spielt in der Identitätsentwicklung junger Menschen eine zentrale Rolle, da sich über Kleidung, Smartphones und andere Konsumgegenstände Zugehörigkeit und Abgrenzung in jugendlichen Lebenswelten herstellen lassen. Große, günstige Modeketten haben die jungen Zielgruppen fest im Blick. Das Gleiche gilt für die bekannten

Fast-Food-Anbieter. Insofern ist die Frage, ob Jugendliche beim Konsum auch Kriterien der Herstellung berücksichtigen wollen und können, besonders interessant. Die Art und Weise, wie man sich über Produkte informiert und die Frage, was, wie und warum konsumiert wird, bündelt zudem soziale, ethische, ökologische und ökonomische Facetten der Verantwortungsübernahme. Von Interesse ist daher auch, welche Dimensionen für Jugendliche am ehesten entscheidungs- und damit handlungsrelevant sind.

6.1 Umweltschutz

Umweltschutz ist aus Sicht der Jugendlichen eine der großen Herausforderungen für die Zukunft, an der die Menschheit vielleicht sogar scheitern wird.

Das Thema Umweltschutz gehört für fast alle Jugendlichen zu den zentralen gegenwärtigen und zukünftigen Herausforderungen. Dabei wird das Thema häufig spontan genannt und emotional vorgetragen. Die Jugendlichen sehen klar die Menschen selbst in der Verantwortung bzw. in der Schuld für die gegenwärtigen drastischen Umweltprobleme.

Die globalen und langfristigen Zusammenhänge haben dabei eher die Sozialökologischen und Expeditiven Jugendlichen sowie teilweise auch die Experimentalistischen Hedonisten im Blick. Beispiele und Themen aus dem eigenen (lokalen) Alltag (z. B. Mülltrennung, Energiesparen) werden häufiger von den Konservativ-Bürgerlichen und Materialistischen Hedonisten genannt.

Jugendliche halten das Thema Umweltschutz zwar für außerordentlich wichtig (vereinzelt auch mit Blick auf intergenerationelle Gerechtigkeit), gleichzeitig haben sie nur wenig Vertrauen, dass diese Aufgabe auch tatsächlich bewältigt werden kann. Man zeigt sich sehr besorgt, dass sich die Zerstörung des Planeten nicht aufhalten lässt.

Typische **Zitate** zur Illustration

- *Ja, dass man halt verantwortungsvoll mit seiner Umwelt umgeht und auch daran denkt, dass die Leute in 70 Jahren auch noch auf der Welt sind, und nicht nur an seine eigene Lebenszeit denkt.* (weiblich, 17 Jahre, Sozialökologische)

- *Also eine Herausforderung ist eigentlich nur, dass man nach der Umwelt schauen muss, weil, ja, natürlich Erderwärmung und alles. Und dass die Polare schmelzen und alles. Eigentlich ist das größte Thema der Planet an sich.* (weiblich, 15 Jahre, Experimentalistische Hedonisten)

- *Die Verschmutzung im Wald und im Meer, das ist ganz schlimm. Ich meine, wir sind auf der Welt, aber das ist ja nicht unsere Welt eigentlich. Wir werden ja hier nur ertragen quasi. Und dann können wir uns das ja nicht erlauben, die einfach kaputt zu machen.* (weiblich, 17 Jahre, Konservativ-Bürgerliche)

- *Ja, Umwelt ist mir sehr wichtig. Weil wir müssen in der Umwelt auch leben. Wenn man jetzt die Luft verpestet, dann fragen sie sich, warum es keine saubere Luft mehr gibt. Und eigentlich sind sie selber daran schuld.* (weiblich, 17 Jahre, Materialistische Hedonisten)

- *Wir haben nur einen Planeten. Und wenn wir den zugrunde richten, sehen wir alt aus. Und deshalb sollten wir da schon ein bisschen gucken, was wir daraus machen. (männlich, 15 Jahre, Sozialökologische)*

- *Eigentlich finde ich das ziemlich gut, weil es ist ja sehr wichtig, die Umwelt zu schützen. Weil wenn die kaputt gemacht wird, wird ja auch unser Lebensraum kaputt gemacht.* (weiblich, 15 Jahre, Sozialökologische)

- *Aber es gibt ja immer noch die ganzen großen Probleme, die sich nicht einfach in Luft auflösen. Letztendlich zerstört der Mensch ja auch den ganzen Planeten. Und ich weiß nicht, ob sich das ändern wird. Ich glaube nicht.* (weiblich, 16 Jahre, Sozialökologische)

- *Kein Tier würde seinen eigenen Planeten kaputt machen. Keines! Was macht aber der Mensch: Scheiß drauf! Warum? Wahrscheinlich brauchen wir irgendwann einen neuen Planeten, weil wir so doof waren und alles zerstört haben. Wir haben alle Wälder abgeholzt. Wir haben alle Tiere getötet.* (weiblich, 16 Jahre, Experimentalistische Hedonisten)

Umweltschutz wird als wichtig anerkannt - vor allem, wenn es um die Gefährdung der eigenen Lebensqualität geht.

Den meisten Jugendlichen fallen beim Stichwort Umweltschutz sofort mehrere konkrete Themen ein - unabhängig davon, über welches Bildungsniveau sie verfügen und welcher Lebenswelt sie angehören. Auch Klimaschutz und nachhaltiger Konsum werden von den Jugendlichen hier zugerechnet.

Spontan genannt werden u. a. die Müllproblematik, der Klimawandel, die Abholzung des Regenwaldes, die Luftverschmutzung, Natur- und Tierschutz, die Atomenergie und alternative Energien, vegetarische und vegane Ernährung bzw. Fleischkonsum, der öffentlicher Nahverkehr und Autoverkehr, der Natur- und Tierschutz, das Konsumverhalten und Recycling.

Vorrangig werden bei Umweltschutz nicht die Folgen für Menschen und Natur in globaler Perspektive beschrieben, sondern das Thema auf den eigenen (Nutzungs-)Kontext von Umwelt heruntergebrochen. Umweltschutz wird für Jugendliche v. a. relevant bzw. erleb- und sichtbar, wenn sie Einschränkungen ihres persönlichen Erlebnisraumes befürchten, z. B. bestimmte Tiere nicht mehr sehen oder essen zu können.

Typische **Zitate** zur Illustration

› *Mir geht da so die Ozonschicht durch den Kopf, die die Erde umgibt. Weil ich halt Angst habe, weil ja so viel Müll produziert wird und Plastik und so, dass es einfach irgendwann einmal zerplatzt oder was auch immer. Und es ist schon echt grausam, wenn man mal sieht, wie viel Plastik man eigentlich verbraucht und generell Müll und Lebensmittel wegschmeißt. Das ist halt blöd.* (weiblich, 14 Jahre, Konservativ-Bürgerliche)

› *Ich liebe Wale, früher war ich so voll der Wal-Typ. Jetzt nicht mehr so, aber ich finde, dass man Wale fängt und Walfleisch ißt, gar nicht gut. Auch so etwas wie Regenwald abholzen finde ich alles gar nicht gut.* (männlich, 15 Jahre, Materialistische Hedonisten)

Unter Umweltschutz verstehe ich viel, alles: Atomkraftwerke abschalten. Mehr auf die Umwelt achten, weniger Abgase produzieren. Weniger mit dem Auto fahren, das ist ja ungefähr das Gleiche. Umweltfreundliche Verkehrsmittel nutzen zum Beispiel, wie das Fahrrad. Ja, neue Techniken, die es halt ermöglichen, umweltfreundlicher zu leben. (männlich, 17 Jahre, Experimentalistische Hedonisten)

Das ist dann so etwas wie vegetarisch sein, dass man besonders darauf achtet, dass es einen geringen CO2-Ausstoß hat. (männlich, 17 Jahre, Konservativ-Bürgerliche)

Umwelt sollte auf jeden Fall auch geschützt werden, vor allem auch die Tiere. Neulich ist es ja wieder vorgekommen, dass ein Deutscher ja auch den größten Elefanten getötet haben soll. Dass einfach die Tiere und die Umwelt geschützt werden, weil wir rotten die Wälder aus. Ich glaube auch, dass in der Zukunft überall künstliche Luft ist. Dass es vielleicht sogar so ist, dass man zu einer Mikrowelle geht oder zu irgendwas, zu einer Box, und sich dann sprachgesteuert bedient und alles per Chemie in der Mikrowelle ist. Dass man dann auch nicht mehr selber kocht, sondern dass alles nur chemisch ist. Auf die Umwelt sollte man daher definitiv mehr Wert legen. (weiblich, 14 Jahre, Hauptschule, Experimentalistische Hedonisten)

Umweltschutz? Ich denke da immer so an die Tiere, weil Naturschutz so. Manche stehen dann so unter Naturschutz, zum Beispiel gibt es nur noch einen schwarzen Löwen, den wollte ich auch mal sehen, so live so eigentlich, aber den findet man ja irgendwo nicht so wirklich. Da denke ich schon eher dran, als jetzt zum Beispiel Abgase. Das ist ja auch so ein großes Thema (männlich, 15 Jahre, Prekäre)

Thunfisch soll ja auch aussterben. Was mich enttäuscht, weil ich mag Thunfisch. Thunfisch ist lecker, mit Mais, Salat, Joghurtdressing. (männlich, 15 Jahre, Konservativ-Bürgerliche)

Wenn Jugendliche sich selbst als schlecht informiert beschreiben oder an den wissenschaftlichen Beweisen zweifeln (z.B. beim Thema Klimawandel), messen sie dem Thema Umweltschutz eine entsprechend geringere Bedeutung zu. Vor allem männliche und eher konservative Jugendliche sind skeptisch beim Thema Umweltschutz. Sie erwähnen

- zumeist unspezifisch - dass viel Geld für Umweltmaßnahmen (z. B. Förderung erneuerbarer Energien) ausgegeben wird, wobei nicht immer klar sei, ob dies tatsächlich etwas bringen würde.

> *Umweltschutz ist so eine Sache. Ich bin zwar dafür, aber was wir dort an Kosten reinstecken, ist einfach nicht effizient.* (männlich, 17 Jahre, Konservativ-Bürgerliche)

Informationen zum Umweltschutz beziehen Jugendliche vor allem aus der Schule und aus den Medien.

Ihre Informationen zum Thema Umweltschutz haben die Jugendlichen vor allem aus der Schule. Teilweise äußern die Jugendlichen sogar den Wunsch, dem Thema im Unterricht mehr Raum zu geben. Vereinzelt sind Beiträge aus dem Fernsehen oder Internet in Erinnerung (alarmierende Dokumentationen, Foren zu speziellen Themen). Daneben sind auch Nachrichten mögliche Quellen, aus denen man - mehr oder weniger zufällig - etwas über Umweltschutz erfährt. Die aktive eigene Informationssuche und Recherche zum Thema wird nur vereinzelt erwähnt.

In der Familie und im Freundeskreis ist Umweltschutz eher in den Lebenswelten in höherer Bildungslage ein Gesprächsthema.

Typische **Zitate** zur Illustration

> *Wir haben in der Schule im Geografieunterricht viel über Ressourcen geredet, also über Erdöl und Erdgas und auch Wasser. Und auch über die entsprechenden Prognosen.* (weiblich, 17 Jahre, Adaptiv-Pragmatische)

> *Wir reden in der Schule auch viel über den Klimawandel, auch in anderen Fächern wie Englisch.* (weiblich, 17 Jahre, Adaptiv-Pragmatische)

> *Ich habe mir da mal so eine Doku angesehen auf n24, glaube ich. Aber ich kann mir zum Beispiel Dokus über Klimawandel oder so nicht angucken, weil ich das immer so schrecklich finde, wenn man so was sieht. Auch dieser ganze Plastikmüll.* (männlich, 14 Jahre, Materialistische Hedonisten)

Umweltschutz im Alltag ist für die Jugendlichen eine selbstverständliche, dennoch nicht einfach durchzuhaltende Praxis.

Die Jugendlichen sehen sich persönlich verantwortlich für den Umweltschutz. Immer wieder verweisen sie darauf, dass man mit kleinen Schritten im Alltag schon viel tun kann. Dieser Umweltschutz ist für Jugendliche mit konkreten Aktivitäten bzw. Handlungsoptionen verbunden. Im Vordergrund stehen dabei Aspekte der Müllvermeidung und des Recyclings (Müll trennen, Plastikflaschen recyclen), aber auch Maßnahmen zur Ressourcenschonung werden genannt, z. B. weniger Auto fahren oder „duschen statt baden". Umweltschutz wird somit vorrangig mit der Erhaltung einer sauberen, d. h. aufgeräumten Umwelt assoziiert: Dass man seinen Müll nicht auf die Straße wirft, wird bereits als aktiver Umweltschutz gewertet.

Zugleich thematisieren Jugendliche ihre eigene Nachlässigkeit. Insbesondere mit Blick auf Müllvermeidung und -trennung gesteht man sich ein, die selbst gesetzten Spielregeln immer wieder zu verletzen. Die eigene Vergesslichkeit oder Bequemlichkeit stehen hier dem konsequenten Umweltschutz im Weg.

Auch Sozialökologische und Experimentalistische Hedonisten, die am ehesten bestrebt sind, sich im Alltag umweltbewusst zu verhalten, führen an, dass sie ihren Prinzipien im Alltag nicht immer gerecht werden. Während beide Gruppen dies bedauern, zeigt sich bei den Materialistischen Hedonisten, dass Umweltschutz als soziale Norm nicht zweifelsfrei gesetzt ist. Im Gegenteil: Keinesfalls möchte man durch zuviel Umweltschutz auffallen und als „Ökotyp" gelten. Entsprechend entscheidet man hier nach dem Mehrheitsprinzip, d. h. wenn sich alle anderen auch an entsprechende Vorgaben halten, ist man grundsätzlich auch bereit, auf bestimmte „Bequemlichkeiten" zu verzichten.

Beim Blick auf die Fortbewegungsmittel befinden sich die Jugendlichen aktuell qua Alter in der Situation, auf öffentliche Verkehrsmittel oder das Fahrrad zurückzugreifen bzw. zurückgreifen zu müssen. Für die Zukunft denken sie über Alternativen zum Auto durchaus nach, können sich aber nur bedingt vorstellen, zukünftig auf das Autofahren (völlig) zu verzichten. Das persönliche Mobilitätsverhalten künftig der Umwelt zuliebe zu verändern ist für die meisten Jugendlichen keine Option, insbesondere wenn man fürchtet, damit in eine Außenseiterrolle zu geraten.

Typische **Zitate** zur Illustration

- *Also ich versuche auf jeden Fall nicht alles zu verdrecken. Ich probiere, wo ich kann mitzuhelfen.* (weiblich, 16 Jahre, Sozialökologische)

- *So schwer ist Umweltschutz nicht. Die meisten Leute denken ja sofort, dass man sich Solarzellen anschaffen muss. Aber nein, das muss man gar nicht. Man braucht nur viel mit den Öffentlichen zu fahren oder Fahrgemeinschaften zu bilden. Da kann man auch wieder Sprit sparen. Oder man fährt mit dem Fahrrad. Ist das so schwer?!* (weiblich, 16 Jahre, Experimentalistische Hedonisten)

- *Wir könnten das jetzt so machen, wir gehen lieber duschen anstatt baden, solche kleinen Dinge. Zum Beispiel fahre ich jetzt auch Fahrrad und Bahn und nicht Auto. (männlich, 14 Jahre, Materialistische Hedonisten)*

- *Also ich bringe meinen Müll immer in meine Mülltonnen. Ich würde auch niemals ein Kaugummi einfach auf die Straßen werfen. Dafür gibt es Mülltonnen, und wenn gerade keine Mülltonne da ist, dann packe ich den in meine Tasche, bis ich an der nächsten Mülltonne bin.* (weiblich, 17 Jahre, Materialistische Hedonisten)

- *So Müll trennen, recyceln und so, das machen wir immer. Wenn ich draußen bin, schmeiße ich auch ungern Sachen auf den Boden. Ich suche immer erst mal einen Mülleimer. Ich mache es dann schon auch, das gebe ich zu, aber nur, wenn ich schon eine halbe Stunde mit dem Ding in der Hand herumlaufe und keinen Mülleimer finde. Duschen tu ich sowieso so kurz wie möglich. Und baden tut sowieso richtig viel Wasser verschwenden* (männlich, 15 Jahre, Adaptiv-Pragmatische)

- *Das finde ich schon auch wichtig. Also manchmal vergisst man es natürlich total und lässt dann das Licht an und dann denkt man, oh, okay, oder man ist zu bequem, um dann irgendwie doch zu laufen.* (weiblich, 16 Jahre, Sozialökologische)

Ich werfe auch Müll auf die Straße, das macht eigentlich, glaube ich, jeder. Was mir schon Gedanken macht ist Auto fahren. Ich weiß nicht, wenn ich jetzt größer bin und aufs Autofahren verzichten will, ich glaube, das wird nicht so viel bringen. Ich bin einer von Milliarden, die das machen. Und nicht weil einer was macht, wird sich was ändern. Das denke ich halt immer. Oder weniger Müll produzieren. Natürlich hilft das ein bisschen, aber das ist so minimal eigentlich. Darum macht man sich jetzt nicht so viel Gedanken darüber. Außer man ist wirklich so ein Ökotyp oder eine Ökotante, dann schon. Wenn man so ganz normal ist, dann eigentlich nicht so. (männlich, 15 Jahre, Materialistische Hedonisten)

Oh Gott. Also ich trenne weder meinen Müll, noch achte ich da irgendwie anders drauf. Und ich finde das ganz ganz furchtbar, dass ich so bin. Also ich würde es gerne. Ich würde echt gerne mehr auf meine Umwelt achten, aber ich bin zu faul. (weiblich, 17 Jahre, Experimentalistische Hedonisten)

Jugendliche fragen sich, ob Umweltschutz wirklich „etwas bringt".

Trotz generellen Commitments für den Umweltschutz im Alltag sind die Jugendlichen unsicher, ob ihre Aktivitäten tatsächlich „etwas bringen". Gerade diejenigen, denen Umweltschutz weniger wichtig ist, würden ihr Verhalten nur ändern, wenn sie wüssten, dass sie damit tatsächlich etwas Positives bewirken könnten oder das Gefühl hätten, Teil der Mehrheit zu sein: Wenn z. B. alle auf das Auto verzichten würden, wäre man gern dabei. Ansonsten möchte man hier und insbesondere beim Fleischkonsum nicht zurückstecken und sich schlimmstenfalls dadurch selbst ausgrenzen. Selbst die Sozialökologischen und Experimentalistischen Hedonisten, die eine besonders hohe Engagementbereitschaft zeigen, sind skeptisch, ob ihr eigenes Engagement wirklich etwas verändern kann, wenn sich alle anderen sperren.

Typische **Zitate** zur Illustration

Ich denke immer so, das bringt bestimmt nichts, wenn ich das jetzt mache, weil man kann es zwar weitergeben an Leute und so, aber das bringt dann ja nichts, dass ich dann da irgendwo da rumhocke und mir da Gedanken darüber mache, wenn die anderen es nicht umsetzen. (weiblich, 17 Jahre, Sozialökologische)

Es ist so ein Ding, wenn die Mehrheit da mitmacht, dann könnte man selber da auch mit einsteigen. So als ein Einzelner kannst du jetzt nicht wirklich viel bewirken. Wenn da alle mitmachen würden, dann hat natürlich jeder auch die Motivation, weil das bringt wirklich was. Es ist für einen selber natürlich auch ein gutes Gefühl, wenn er weiß, ja, du hilfst dadurch der Umwelt. Aber wenn du natürlich im Hinterkopf behältst, dass sich trotzdem nicht viel ändern wird, weil der Rest so konsumstrebig lebt, dann ist es halt doch schon ein Knick für einen selbst. (männlich, 16 Jahre, Adaptiv-Pragmatische)

Man kann natürlich sagen, ich fahre kein Auto. Dann bin ich aber einer der – was weiß ich wie vielen, die das machen. Das ist jetzt vielleicht blöd, das so zu sagen, aber es wird nichts ändern, wenn ich das jetzt mache. Weil halt jeder eigentlich ein Auto fährt. Und ich denke mal, das ist keine Sache, die sich über 100 Jahre direkt ändern könnte. Also 100 Jahre vielleicht schon, aber so 50 Jahre denke ich nicht, dass das reichen würde. (männlich, 17 Jahre, Adaptiv-Pragmatische)

Engagement für den Umweltschutz wird häufig mit Spenden assoziiert. Dabei legt man Wert darauf, dass entsprechende Anbieter „seriös" sind. Bei persönlichem Engagement in Organisationen legt man Wert darauf, „an den richtigen Stellen" etwas bewegen zu können. Häufig werden diese Argumente auch herangezogen, um zu erläutern, warum man sich kein weiteres Engagement vorstellen kann – insbesondere bei Prekären und Materialistischen Hedonisten.

Spenden könnte man, aber das würde echt nichts helfen. Wenn ich jetzt zum Beispiel 100 Euro dahin spende, dann wären jetzt 100 Euro für mich weg, und da würde sich null dran ändern so. Man müsste da echt schon so mit Millionen oder so hin kommen. Aber wirklich dahin, aber alleine schon, wenn du dahin fährst, da geht schon die Hälfte von dem Geld weg. (männlich, 15 Jahre, Prekäre)

[INT: WAS MEINST DU? KÖNNTE ES VIELLEICHT AUCH SPASS MACHEN, DA IRGENDWAS AKTIV ZU TUN?] *Bestimmt. Auf jeden Fall. Ich finde nur, es ist schwer zu wissen, welche Organisation die richtige ist. Man weiß es nicht. Wie viele Organisationen gibt es, die sagen: Schickt uns Geld für die Kinder von Afrika? Und am Ende kommt es nicht mal an. Also ich weiß nicht. Wenn, dann will ich den Chef wirklich höchst persönlich sprechen. Und ich will wissen, dass es wirklich seriös ist.* (weiblich, 16 Jahre, Materialistische Hedonisten)

Fehlende Zeit wird als Hauptgrund genannt, sich nicht (noch) intensiver für Umweltschutz zu engagieren.

Ein aktives, umfassenderes Engagement für den Umweltschutz, z. B. bei Organisationen wie Greenpeace oder im Rahmen eines Freiwilligen Ökologischen Jahres, wird nur selten angesprochen. Aktuell stehen - neben der fehlenden erlebten Handlungswirksamkeit - auch die mangelnden zeitlichen Ressourcen oder organisatorischen Rahmenbedingungen dem freiwilligen Engagement im Weg. Aber diejenigen, die dem Engagement für den Umweltschutz grundsätzlich offen gegenüber stehen, können sich auch gut vorstellen, dass dies Spaß machen würde und sich dabei das Gefühl einstellen könnte, etwas Sinnvolles zu tun.

Aber auch die Jugendlichen, die sich ein längerfristiges Engagement für den Umweltschutz vorstellen können, vertagen es auf später, wenn man erwachsen ist. Dann - so die mehrheitliche Vermutung - hätte man endlich mehr Zeit und vor allem die ökonomischen Ressourcen zur Verfügung, die die entsprechenden Verhaltensweisen und auch Freiheiten bei Konsumentscheidungen erlauben.

Ich war mal bei Greenpeace. Aber da war ich noch etwas jünger. Jetzt habe ich nicht mehr genug Zeit. (weiblich, 16 Jahre, Adaptiv-Pragmatische)

Ich will später vielleicht mal nach China und dort ein paar Umweltsachen klären. Denn Deutschland ist auf Platz 1 der erneuerbaren Energien in der ganzen Welt. Und selbst ich habe jetzt so viel kritisiert, und dann schaut man nach China und die bomben die Luft voll mit Kohlendioxid und solchen Sachen. Und ich muss das einatmen. Das müssen die atmen. Die sind krank von dem ganzen Smog. Ich glaube, Peking wäre so eine schöne Stadt, wenn dieser Smog nicht wäre. Und da denke ich so, würden die mal einen richtigen Filter einbauen, wäre das auch mal nicht schlecht. (weiblich, 16 Jahre, Experimentalistische Hedonisten)

Und ich finde das auch so schrecklich, wenn man den Regenwald abholzt. Ich würde das jetzt sofort stoppen, kann man halt diese Möbel nicht mehr kaufen, Pech gehabt, dann kauft man sich halt andere Möbel von anderen Bäumen, die man nachpflanzt. Ich glaube, ich werde mir auch als Erwachsener so ein Stückchen davon kaufen, das kann man ja. (männlich, 14 Jahre, Materialistische Hedonisten)

6.2 Klimawandel

Klimawandel ist für Jugendliche etwas, das vor allem in entfernten Teilen der Welt stattfindet.

Beim Stichwort „Klimawandel" können die meisten Jugendlichen einige zentrale Aspekte beschreiben. Genannt werden beispielsweise die globale Erwärmung und deren Auswirkungen auf die Polkappen, das Ansteigen der Meeresspiegel, die Rodung der Regenwälder, das Verschwinden der Ozonschicht, extreme Wetterverhältnisse und Ernteausfälle. Vereinzelt werden auch soziale Auswirkungen auf verschiedene Regionen erwähnt, z. B. Klimaflüchtlinge.

Die einzelnen Puzzleteile zum Stichwort „Klimawandel" fügen sich für die Jugendlichen aber nicht zu einem schlüssigen Ganzen zusammen. Für sie bleibt unklar, wie die verschiedenen Faktoren zusammenwirken und welche Entwicklungen welche Folgen haben könnten. Die Informationen aus Schule und Medien, die gleichzeitig die einzigen Bezugsquellen sind, erscheinen widersprüchlich und nicht klar nachvollziehbar.

Klimawandel ist zudem etwas, was aus Sicht der Jugendlichen – im Unterschied zum Umweltschutz – nicht vor der eigenen Haustür stattfindet, sondern eher auf anderen Kontinenten bzw. an der Peripherie der Weltkarte (Antarktis, Sibirien, Mikronesien) – und dies auch „erst" in einigen Jahrzehnten.

Typische **Zitate** zur Illustration

[INT: Und was denkst du, wenn du Klimawandel hörst?] *An den Treibhauseffekt und so. Und auch an die Eisbären und die Eisschollen, die schmelzen, an so was alles.* (weiblich, 15 Jahre, Adaptiv-Pragmatische)

Der Klimawandel ist natürlich auch ein großer Konflikt. Wenn der Meeresspiegel, ansteigt, und die ganzen Flüchtlinge aus den Ländern kommen, die überflutet werden. Wir reden in der Schule auch viel über den Klimawandel, auch in anderen Fächern wie Englisch. Ich denke, das wird ein großer Konflikt werden, vor allem wegen der Flüchtlinge. (weiblich, 17 Jahre, Adaptiv-Pragmatische)

Ja, es wird sich bestimmt etwas verändern, auch vom Klimawandel, glaube ich. Zum Beispiel die Ozonschicht geht jetzt langsam auch immer mehr kaputt. Es wird dann halt auch immer gefährlicher in der Sonne. Das ist auch für mich ein Problem, was werden könnte, also schlimmer noch. Bisher ist es schon relativ schlimm in manchen Regionen und Gebieten. (männlich, 15 Jahre, Materialistische Hedonisten)

[INT: Und wenn du Klimawandel hörst?] *Ich glaube nicht, dass sich das noch ändern wird so großartig. Es sei denn, wir stehen wirklich kurz vor irgendeiner schlimmen Katastrophe. Ich habe mal gehört, ich weiß absolut nicht, ob es stimmt oder nicht, dass uns eine Eiszeit bevorsteht wegen dem Klimawandel. Was ja eigentlich komisch ist, weil es wird ja immer wärmer.* (weiblich, 16 Jahre, Sozialökologische)

Dass man den Regenwald abholzt und dass es nicht mehr lange dauert, bis der komplette Regenwald abgeholzt ist und dass der Klimawandel dann rasant eintritt. Ich weiß jetzt gar nicht, ob die Temperaturen steigen oder sinken. Dass dann vielleicht wieder eine Eiszeit ist oder es sehr heiß ist und dann die Wirtschaft auch nicht mehr gut funktionieren wird. Man kann im Winter zum Beispiel Nahrungsmittel nicht anbauen und herstellen, im Sommer kann man andere Sachen nicht mehr machen. Das würde verheerende Folgen haben. (männlich, 15 Jahre, Materialistische Hedonisten)

Man hat ja geredet, dass 2050 wieder eine Eiszeit auf uns zukommen wird. Am Anfang dachte ich: ‚Oh scheiße, Eiszeit, was machen wir?' Weil 2050 werde ich, glaube ich, noch erleben. Ich glaube aber, dass durch unsere Technik und alles, das nicht so extrem wird. Es kann natürlich sein, dass irgendwelche Wetterbedingungen jetzt so keine Ahnung, ein Komet die ganze Zeit über uns schwebt, dass die Wetterbedingungen auf der einen Seite, dass das halt richtig krass wird, müssen wir uns halt anpassen. Ich glaube, das Wetter wird noch die größte Hürde, die jetzt auf uns zukommt. (männlich, 14 Jahre, Materialistische Hedonisten)

Wer wenig informiert ist, zeigt sich gegenüber dem Klimawandel eher gleichgültig.

Vor allem bildungsferne Jugendliche, die wenig über den Klimawandel wissen oder einzelne Aspekte nicht in einen Wirkungszusammenhang bringen können, begegnen dem Thema emotionslos und indifferent. Sie denken kaum über die Folgen des Klimawandels für sich und kommende Generationen nach.

Vereinzelt werden von dieser Gruppe eindrückliche Naturphänomene, die man im Internet gesehen hat, als Folge des Klimawandels erwähnt. Diese werden aber eher als interessante News berichtet und nicht weiter als Problem beschrieben.

[INT: WAS GEHT DIR DURCH DEN KOPF, WENN DU DAS WORT „KLIMAWANDEL" HÖRST?] *Boah, die ganzen Autos glaube ich, die das Ganze verursachen. Die Heizungen, die im Sommer laufen. Ja, das eigentlich.* (weiblich, 16 Jahre, Konservativ-Bürgerliche)

Typische **Zitate** zur Illustration

- *In der Sommerzeit kann man jetzt viel mehr machen. Schwimmen gehen, wenn das Wetter gut ist, kann man Fußball spielen gehen und Shisha rauchen im Park, solche Sachen.* (männlich, 17 Jahre, Materialistische Hedonisten)

- [INT: Fällt dir was ein, wenn du „Klimawandel" hörst?] *Klimawandel? Habe ich noch nie gehört.* (weiblich, 15 Jahre, Materialistische Hedonisten)

- [INT: Was geht dir durch den Kopf, wenn du Klimawandel hörst?] *Wenn ich das Wetter heutzutage sehe, dann war gestern Sonne, heute dann mal wieder Regen.* [INT: Noch irgendwas?] *Eigentlich nicht.* (männlich, 14 Jahre, Prekäre)

- [INT: Und wenn du an Klimawandel denkst, ist das ein Thema für dich?] *Nee, ich kenne mich eigentlich nicht so gut damit aus. (männlich, 16 Jahre, Materialistische Hedonisten)*

- [INT: Was denkst du über den Klimawandel?] *Das ist mir eigentlich egal.* (weiblich, 17 Jahre, Materialistische Hedonisten)

- *Hier in Deutschland hat sich das Klima in letzter Zeit ganz schön verändert. Das habe ich gelesen. Es gab auch einen Tornado, das war eines der meistgesehenen Videos in YouTube. Ich weiß nicht, welches Dorf das war.* (männlich, 15 Jahre, Adaptiv-Pragmatische)

- *Ja so ans Globale denke ich. Also dass jetzt der Meeresspiegel steigt, es heißer wird. Das zum Beispiel. In Russland ist jetzt so wie in Deutschland, die Kälte. Weil früher war der Schnee einfach höher als wenn du stehst und deine Hände hoch hebst, so hoch war der Schnee. Und das ging bis zum vierten Stock damals, so krass war das.* (männlich, 15 Jahre, Prekäre)

Einige bezweifeln, dass der Klimawandel wirklich stattfindet.

Nicht wenige Jugendliche, auch die formal höher Gebildeten, zeigen sich verunsichert, ob der Klimawandel wirklich genau vorausgesagt werden kann, ob die Zusammenhänge alle richtig beschrieben und die drohenden Veränderungen nicht übertrieben dargestellt werden. Diese Einschätzung vertreten teilweise auch Jugendliche, die sich nach eigenem Dafürhalten intensiv mit dem Thema beschäftigt haben.

Jugendliche äußern hier (wie auch in anderen Zusammenhängen, z. B. Finanzkrise) Zweifel, ob aktuelle und bevorstehende Ereignisse von Medien und Schule nicht dramatisiert und stark übertrieben werden.

Typische **Zitate** zur Illustration

Es gibt Klimaerwärmung und die Gletscher schmelzen auch. Dadurch wird der Wasserspiegel weiter steigen und so weiter, dadurch gehen die Inseln unter, dann geht wieder mehr Land verschwunden. Und dafür gibt es dann auch wieder mehr Erdbeben, dadurch, dass die Plattenverschiebung anders wird. Das hängt auch zusammen und klar ist es auch wichtig und wir müssen garantiert etwas für den Klimawandel tun, aber es ist halt auch die Frage, inwiefern man auch den Klimawandel voraussagen kann. (weiblich, 17 Jahre, Adaptiv-Pragmatische)

Es gibt so ein Buch, das heißt „Cool it!", glaube ich. Das habe ich begonnen zu lesen. Ich glaube, das ist von einem Statistiker. Der sagt, dass das jetzige Ansteigen der Temperatur ein natürlicher Rhythmus ist. Er behauptet auch, dass vieles falsch dargestellt wird. Das fand ich ganz interessant. (weiblich, 15 Jahre, Expeditive)

Der Klimawandel ist ja nicht wirklich bewiesen. Ich glaube zwar auch dran, aber es ist halt nicht wirklich richtig bewiesen. Man weiß nicht, was für Zyklen jetzt sind, ob das vielleicht 100 Jahre sind, dann haben wir noch nicht mal lange genug gemessen, um diesen Zyklus herauszufinden. Aber ich vermute schon, dass es so etwas gibt. [INT: Macht dir das Sorge, so etwas wie der Klimawandel?] *Jein. Es macht mir Sorge, aber für uns ist es eigentlich noch uninteressant.* (männlich, 17 Jahre, Konservativ-Bürgerliche)

Erderwärmung kann ich jetzt nicht so beurteilen. Ich denke schon, dass ein bisschen was dran ist, aber es wird bestimmt so ein bisschen übertrieben immer. (männlich, 14 Jahre, Adaptiv-Pragmatische)

Die Alltagswahrnehmung von Wetter und Klima stimmt für Jugendliche nicht mit den benannten Folgen des Klimawandels überein.

Die Jugendlichen vergleichen die Meldungen zum Klimawandel und zu steigenden Temperaturen mit ihren alltäglichen Erfahrungen. Ein kalter Sommer oder unterschiedliche Temperaturen in verschiedenen Regionen stimmen für sie dabei nicht mit den allgemeinen Aussagen zum Klimawandel überein. Ein Temperaturanstieg von zwei Grad Celsius ist weder im Alltag wahrnehmbar, noch kann man nachvollziehen, warum das so schlimm sein soll. Entsprechend sehen manche Jugendliche - vor allem Adaptiv-pragmatische Jugendliche und Materialistische Hedonisten - den Klimawandel nicht als großes Problem. Die meisten Jugendlichen können sich daher kaum vorstellen, dass der Klimawandel für sie konkrete negative Folgen haben könnte.

Typische **Zitate** zur Illustration

Und mit dem Klimawandel ist auch so eine Sache. Man sagt zwar, es ist so warm, allerdings ist der Sommer ja nicht so warm. Es war jetzt das heißeste Wochenende seit soundsoviel Jahren, aber das war ein Wochenende, und der Rest des Sommers ist dann kalt. (weiblich, 17 Jahre, Adaptiv-Pragmatische)

So was haben wir auch in der Schule, aber Klimawandel ist ja auch so was wie die Temperaturen hier. Ich finde es manchmal voll komisch, weil wir sind jetzt schon im Juli und es ist immer noch so kalt. Im Gegensatz dazu, in der Türkei sind es schon 45 Grad. Und wir haben hier gerade noch 18 oder 19 Grad. Sollte wärmer werden. (weiblich, 14 Jahre, Materialistische Hedonisten)

Wirklich realisieren kann ich das nicht, dass die Erde wärmer wird, wenn der Winter immer so kalt ist. Aber ich mach mir da schon Sorgen drum, wenn das dann ehrlich so passiert und diese Polarkappen da schmelzen und so. Ich meine, irgendwie sind wir dann ja anscheinend dran Schuld, und dass wir da irgendwie versuchen, was zu ändern. (weiblich, 15 Jahre, Sozialökologische)

Wenn die so sagen, dass es zwei Grad wärmer werden soll, denkt man immer: Das ist ja nicht wirklich so bedeutend. Aber was da so dahinter steckt, gerade in so Gletschergebieten, dass es sein kann, dass es schmilzt, in der Schweiz oder so ist das, wo sich der Gletscher zurückbildet, keine Ahnung. Und dass es halt dann wärmer ist. Aber so richtig einen Unterschied, gerade hier in Deutschland, macht das ja jetzt auch nicht. Es ist halt im Winter, dass es dann mal nicht schneien kann, weil es zwei Grad zu warm ist." (männlich, 14 Jahre, Adaptiv-Pragmatische)

Jugendliche setzen auf technologische Entwicklungen bei der Bewältigung des Klimawandels.

Für die Jugendlichen ist Klimawandel noch mehr als Umweltschutz ein Thema, dessen Bewältigung sie gerne „delegieren" würden - „an Leute, die sich damit auskennen". Sie hoffen u. a. auf technologische Entwicklungen (Windkraft, Solarenergie, Elektroautos) im Rahmen einer konsequenten Energiewende, um den Klimawandel abzuwenden oder ihm zu entgehen. Ähnlich wie beim Umweltschutz sind sie sich aber nicht sicher, ob sich eine Katastrophe in Zukunft wirklich noch verhindern lässt. Bei den meisten Jugendlichen resultiert dies in einem abgeklärten Fatalismus: Klimawandel lässt sich offenbar nicht aufhalten, aber vermutlich muss man die Konsequenzen persönlich nicht mehr erleben. Manche Jugendliche äußern aber auch eine diffuse Angst, die sich vor allem auf die Folgen für die eigenen Nachkommen konzentriert.

Typische **Zitate** zur Illustration

Darüber weiß ich, glaube ich, echt zu wenig. Also ich habe nur ganz furchtbar Angst davor, dass meine Enkelkinder da später ein Problem mit bekommen. Das war's (weiblich, 17 Jahre, Experimentalistische Hedonisten)

Klimaerwärmung, das ist ja auch gerade ein ganz großes Thema überall. Und dass sich jeder irgendwie mehr beteiligen sollte, weil das auch eine ernste Sache ist, die man auf keinen Fall ignorieren sollte. (weiblich, 16 Jahre, Experimentalistische Hedonisten)

Das Ding ist ja, wir haben nur diesen einen Planeten. Wir haben nur eine Chance. Und die werden wir garantiert verhauen. Und wenn man sich jetzt mal die Welt sich anguckt, ist es einfach so. (männlich, 17 Jahre, Adaptiv-Pragmatische)

[INT: WAS FÄLLT DIR EIN, WENN DU DEN BEGRIFF KLIMAWANDEL HÖRST?] *Eigentlich nur so Solar- und Windtechnik. Dass man dadurch halt neuen Strom gewinnt und halt nicht. Also eigentlich fällt mir nur ein, dass es so jetzt andere Möglichkeiten gibt, zum Beispiel Strom zu gewinnen. Das finde ich gut.* (weiblich, 15 Jahre, Experimentalistische Hedonisten)

Ich würde es cool finde, wenn wir das, wenn wir wissen, okay, es wird bald passieren, dass die Erde untergeht, dass wir dann so weit fortgeschritten sind, dass wir mit Raumschiffen wegfliegen können. Also ich will nicht, dass die Menschheit ausstirbt, auch wenn ich dann nicht mehr leben werde. (männlich, 14 Jahre, Materialistische Hedonisten)

Für eigene Aktivitäten gegen den Klimawandel fehlen den Jugendlichen oftmals das notwendige Wissen und konkrete Ideen.

Engagement für den Klimaschutz kann man sich weniger gut konkret vorstellen als für den Umweltschutz. Das Problem bleibt trotz kontinuierlicher Präsenz in der Schule und den Medien abstrakt und die Konsequenzen nicht einzuordnen. Daher betonen die meisten Jugendlichen deutlich, dass sie nicht aktiv werden wollen. Es fehlt ihnen sowohl an Wissen als auch an Antrieb oder die Ideen dafür.

Vereinzelt richten Jugendliche ihr Alltagshandeln aber klimafreundlich aus oder engagieren sich gar aktiv gegen den Klimawandel. Sie versuchen beispielsweise weniger Strom zu verbrauchen, die Heizung herunterzudrehen oder Fahrrad statt Auto zu fahren. Einige Jugendliche möchten in Zukunft mit Elektroautos fahren, Solarenergie nutzen oder sogar beruflich oder ehrenamtlich im Bereich Klimaschutz aktiv werden. Aber genau wie beim Umweltschutz befürchten die Jugendlichen auch hier, dass das Engagement Einzelner solange wirkungslos bleibt, bis sich nicht eine „kritische Masse" entschließt mitzumachen.

Typische **Zitate** zur Illustration

Was den Klimawandel angeht, hab ich eigentlich gar keine Ideen. Aufhalten kann man es sowieso nicht mehr. Natürlich gibt es immer so die Sachen, dass man weniger fliegen sollte und alles, aber ich glaube, wenn man selber das entscheidet und nur man selber das macht - das ist natürlich auch gut, dann hat man auch kein schlechtes Gewissen mehr, aber solange es nicht ein paar mehr Menschen machen, bringt es sowieso nichts" (weiblich, 16 Jahre, Expeditive)

Ja, ich denke da schon ab und zu drüber nach. Und also ich benutze kaum Licht hier im Zimmer, auch wenn ich auf das Klo gehe nachts. Fernseher aus. Also eigentlich immer alles aus machen, was gerade nicht gebraucht wird. (weiblich, 17 Jahre, Konservativ-Bürgerliche)

Man könnte sich auf jeden Fall engagieren, dann könnte man sicherlich auch selber mit dem Elektroauto fahren. Also hier geht es jetzt nicht, aber wenn man ein Haus hätte, eine Solaranlage auf dem Dach haben und sowas. Und größtenteils die Energie eben selber produzieren. Das geht auf jeden Fall. Und wenn das jeder machen würde, dann würde es auf jeden Fall besser werden. [INT: Kannst du dir auch vorstellen, dich in der Art und Weise irgendwie zu engagieren und da mehr zu machen?] *Ja, kann ich mir auf jeden Fall vorstellen, wenn ich zum Beispiel irgendwann ein Haus haben sollte, dann denke ich, werde ich auf jeden Fall auch eine Solaranlage haben und sowas. Und halt unnötige Sachen zu vermeiden, wie zum Beispiel den Wasserhahn laufen zu lassen unnötig und sowas.* (männlich, 16 Jahre, Materialistische Hedonisten)

[INT: Aber inwieweit ist das denn wichtig für dich, also würdest du sagen, bist du da auch selber aktiv, da was dagegen zu machen?] *Wenn ich erwachsen bin, dann. Ich habe auch schon überlegt, ob ich so einen Job mache, also ich will, wenn ich erwachsen bin, dann auch beitragen.* [INT: Was würde dir denn da Spass machen, an was denkst du denn oder an was hast du so gedacht?] *Ich glaube, so eine Mitgliedschaft einzutreten wäre cool und da auch immer was zu spenden, ja, würde ich glaube ich auch mal machen. Kommt natürlich auch drauf an, wegen Geld.* (männlich, 14 Jahre, Materialistische Hedonisten)

[INT: MEINST DU, DU SELBER KANNST DA DEINEN TEIL DAZU BEITRAGEN, DASS ES BESSER WIRD?] *Ich könnte so eine Organisation gründen, aber da gibt es schon genug von. Ich würde es jetzt nicht machen, ich wäre einfach auch zu faul dafür.* (männlich, 15 Jahre, Adaptiv-Pragmatische)

[INT: KANNST DU DIR VORSTELLEN, SELBER DA AKTIV ZU WERDEN?] *Nein! Das kann ich nicht.* [INT: WARUM WÜRDEST DU DAS NICHT MACHEN WOLLEN?] *Ich kann partout nicht einschätzen, was richtig ist und was falsch ist.* (weiblich, 14 Jahre, Experimentalistische Hedonisten)

6.3 Kritischer Konsum

Der Begriff „kritischer Konsum" ist Jugendlichen weniger bekannt als die Begriffe „Umweltschutz" oder „Klimawandel".

Nur wenige Jugendliche verbinden mit dem Begriff „kritischer Konsum" eine konkrete Bedeutung oder zugehörige Handlungsweisen. Teilweise gehen ihre Assoziationen in Richtung gesunde Ernährung, Medienkonsum, Umweltschutz oder Sparsamkeit und treffen damit lediglich spezifische Aspekte des Themas. Am ehesten noch haben sich schon Sozialökologische und Expeditive Jugendliche mit Fragen des kritischen Konsums auseinandergesetzt. Jugendliche dieser beiden Lebenswelten können beschreiben, dass es grundsätzlich darum geht, wie konsumiert wird und in welchem Ausmaß.

Typische **Zitate** zur Illustration

[INT: SAGT DIR DER BEGRIFF „KRITISCHER KONSUM" ETWAS?] *Konsum ist ja so etwas, was man einnimmt, oder nicht?* (weiblich, 16 Jahre, Materialistische Hedonisten)

Ja man muss halt darauf achten, wie zum Beispiel der Regenwald abgeholzt wird, wie die Plantagen so. Wir sind halt eine sehr konsumgierige Gesellschaft, also denken nur ans Konsumieren, Konsumieren, Konsumieren, aber achten halt auch nicht auf die Umstände, wenn man halt Fakten liest, dass teils über tausend Schweine am Tag sterben, nur damit wir unseren Fleischhunger stillen. Das sind halt ungeheure Kosten. Und teils auch viel Natur, man fragt sich halt, wie lange das jetzt noch gut gehen soll. Wenn die Schweine dann aussterben oder die Kühe, dann ist das natürlich auch ein Problem. (männlich, 16 Jahre, Adaptiv-Pragmatische)

[INT: Was geht dir durch den Kopf, wenn du „kritischer Konsum" hörst? Hast du eine Idee, was das sein könnte?] *Das ist bestimmt so was mit Lebensmitteln oder so was. Kritischer Konsum? Haben wir so was in Deutschland? Ich glaube nicht, ne?* (männlich, 15 Jahre, Prekäre)

[INT: Wenn ich „Kritischer Konsum" sage, was fällt dir dazu ein?] *Konsum in der Form, dass man vielleicht, wenn man ein Smartphone benutzt, das ein bisschen kritisch hinterfragt, wie viel man es benutzt und wie man es benutzt.* (weiblich, 17 Jahre, Expeditive)

Kritischer Konsum? Da geht mir durch den Kopf, dass... Eigentlich fällt mir da nichts ein. (weiblich, 17 Jahre, Materialistische Hedonisten)

Jenseits der Begrifflichkeit sind Jugendlichen jedoch die Debatten um billige Produkte und menschenunwürdige Produktionsbedingungen durchaus bekannt. Vor allem Befragte aus Lebenswelten, in denen der regelmäßige Kauf aktueller Mode sehr wichtig ist (inbesondere Materialistische Hedonisten) benennen aktiv die Herstellungs- und Vertriebsproblematik billiger Modemarken wie Primark oder Kik.

Somit ist die Präsenz dieses Themas nicht unbedingt abhängig vom grundsätzlichen Interesse an Fragen zu sozialer und ökologischer Gerechtigkeit, sondern hängt eng damit zusammen, wie wichtig ein bestimmter Konsumbereich generell ist: Gerade die Jugendlichen, die viel und häufig bei sog. „Billigmarken" einkaufen, sahen sich bereits mit entsprechender Berichterstattung oder Protestaktionen (z. B. bei einer Filialeröffnung) über Missstände bei der Produktion konfrontiert. Auch wenn sie ihr aktuelles Kaufverhalten nicht ändern können oder wollen, beschäftigt sie es, dass in „ihrem" Laden Menschen unter sehr schlechten Bedingungen arbeiten müssen.

> *Ja, manchmal schon. Weil zum Beispiel Primark, das ist ja eigentlich nur Kinderarbeit. Und voll viele gehen ja da shoppen, weil es so billig ist. Aber manchmal denke ich auch daran und denke, Mädel, du könntest auch eines von den Kindern sein. Weil die Kinder bekommen ja nicht so viel Geld von da, das verdiente Geld von Primark. Voll wenig bekommen die Kinder dort.* (weiblich, 14 Jahre, Materialistische Hedonisten)

Adaptiv-Pragmatische und Experimentalistische Hedonisten nennen bei der Problematik rund um billigen und global gesehen schädlichen Konsum häufiger Themen aus dem Bereich Ernährung, z. B. Abholzung des Regenwaldes für Lebensmittel oder Massentierhaltung. Primär geht es ihnen dabei aber um die eigene Gesundheit und nicht unbedingt um die langfristigen Folgen für die Umwelt.

> [INT: UND WAS DENKST DU, WENN DU KRITISCHER KONSUM HÖRST?] *So an Hamburger und so, ich weiß nicht. Wenn man da zu viel isst, ich weiß nicht, Zucker, ich weiß nicht. Ich denke da irgendwie an Ernährung.* (weiblich, 15 Jahre, Adaptiv-Pragmatische)

> [INT: JETZT HABEN WIR NOCH DEN BEGRIFF KRITISCHER KONSUM] *Oh.* [INT: WORAN DENKST DU DA SO?] *Da denke ich an Ernährung in erster Hinsicht und dann eben diese ganze technische Entwicklung, Medienkonsum und so.* (weiblich, 17 Jahre, Experimentalistische Hedonisten)

Wenn Jugendlichen der Begriff „kritischer Konsum" erläutert wird, bewerten sie diesen überwiegend positiv.

Wenn die Jugendlichen die Idee des kritischen Konsums erläutert bekommen, fallen ihnen zahlreiche Beispiele ein, wie sie diesen in ihrem Alltag realisieren könnten, z. B. durch den Kauf biologischer, regionaler oder fair-gehandelter Produkte.

Als Motivation für kritischen Konsum wird von den Jugendlichen in diesem Zusammenhang vor allem Kinderarbeit angeführt. Andere ethische und arbeitsrechtliche Aspekte, wie z.B. geringe Löhne für erwachsene Arbeiterinnen und Arbeiter oder ungenügende Sicherheitsmaßnahmen am Arbeitsplatz werden dagegen eher selten genannt. Trotzdem wünscht man sich ganz allgemein faire Arbeitsbedingungen für die Menschen, die die Kleidung herstellen.

> *Ach so. Das ist schon ziemlich hart, wenn man das so hört, wenn bei Primark Klamotten aus Kinderhänden stammen. Und dass das so eigentlich mit der Welt gar nicht laufen sollte, weil die leiden müssen, damit wir schön sind. Das finde ich nicht gut.* (weiblich, 15 Jahre, Sozialökologische)

> [INT: Hast Du schon mal etwas über die Bedingungen gehört, wie Klamotten hergestellt werden?] *Ich habe mal gehört, dass in China die Kinder dafür arbeiten müssen. Das finde ich nicht so gut.* (weiblich, 15 Jahre, Materialistische Hedonisten)

Viele Jugendliche sehen ihre begrenzten finanziellen Mittel als wesentlichen Hinderungsgrund für kritischen Konsum.

Kritischer Konsum ist aus Sicht der Jugendlichen vor allem eine Frage der finanziellen Möglichkeiten. Sie wissen, dass faire Produktionsbedingungen teurer sind. Konsumverzicht wird von den Jugendlichen aber kaum thematisiert. Nur vereinzelt erwähnen sie, dass kritisch zu konsumieren auch bedeuten kann, das bisherige Konsumverhalten zu hinterfragen, Maßlosigkeit zu vermeiden und sich in Sparsamkeit zu üben. Das betrifft dann nicht nur Lebensmittel, Kleidung, sondern auch den Stromverbrauch und Medienkonsum. Vor allem Materialistische Hedonisten möchten sich hier nicht einschränken.

> [INT: Wenn du zum Beispiel Kleidung trägst, ist es wichtig für dich, wo die produziert wurde?] *Ja, also klar, es ist natürlich wichtig dass es den Arbeitern gut geht. Aber was will man dagegen machen.*

Wenn es billig sein soll, dann muss es halt so sein. Wenn man viel Geld ausgibt, dann wird es bestimmt irgendwo besser produziert. Aber wenn man jetzt nicht so viel Geld zur Verfügung hat, dann kann man eigentlich nichts anderes machen. (männlich, 16 Jahre, Materialistische Hedonisten)

Ich finde es schon wichtig, auf so etwas zu achten, aber man will ja die geringen Preise bezahlen. Man will ja nicht unbedingt viel bezahlen und das ist einfach so ziemlich der einzige Weg, es so billig zu machen. Und ich finde, solange man nicht bereit ist, mehr zu bezahlen, wird es auch diesen kritischen Konsum nicht geben. Die so etwas machen, sind welche die viel Geld haben oder zu viel Geld, dass sie es sich leisten können. (männlich, 17 Jahre, Konservativ-Bürgerliche)

Vereinzelt haben Jugendlichen bereits Aspekte des kritischen Konsums in ihren Alltag integriert - sowohl aus ex- wie intrinsischer Motivation.

Teilweise haben sich die Jugendlichen für einen vermehrten Konsum fair gehandelter Kleidung und biologischer Lebensmittel entschieden. Sie wollen damit ein Vorbild für andere Jugendliche sein und meinen, dass irgend jemand damit anfangen müsse. Dies trifft insbesondere auf Sozialökologische Jugendliche zu.

Andere Jugendliche beschreiben, dass sie sich mit dieser Art des Konsums „einfach besser fühlen". Gerade Adaptiv-Pragmatische meinen zudem, dass eine vegetarische oder vegane Lebensweise auch aktuell eine Art Life-Style-Trend ist, bei dem sie dabei sein möchten.

Typische **Zitate** zur Illustration

Man kann halt einfach aufhören, die Klamotten zu kaufen. Man sagt ja immer, nur einer, das macht keinen Unterschied, aber es macht irgendwie doch einen Unterschied, weil wenn du es nicht machst, dann machen es vielleicht deine Freunde auch nicht. Ich denke schon, dass man als Einzelperson etwas machen kann. Vielleicht nicht den Riesenunterschied, aber vielleicht einen Anfang. (weiblich, 17 Jahre, Sozialökologische)

[INT: Ist es dir zum Beispiel wichtig, wo die Kleidung, die du trägst, produziert wird?] *Eigentlich schon, weil man ja viel hört, mit dieser Kinderarbeit. Und das ist ja nicht so gut. Oder ich versuche halt schon, mich ein bisschen darüber zu informieren, dass es halt nicht gerade so billig ist, sage ich mal. Dass das quasi nicht gut hergestellt werden konnte.* (weiblich, 15 Jahre, Sozialökologische)

Ich probiere halt, nicht so viel Fleisch zu essen. Wir haben auch so eine vegetarische Wurst. Da gibt es ja jetzt zurzeit richtig viel Auswahl und es ist auch ziemlich lecker. Also ich probiere da schon, drauf zu achten. Und bei Obst drauf zu achten, dass es aus Deutschland kommt. Wenn es jetzt nichts gibt, das aus Deutschland kommt, dann kaufe ich es trotzdem, aber wenn es halt eine Variante aus Deutschland zu kaufen gibt, dann Deutschland. (weiblich, 15 Jahre, Adaptiv-Pragmatische)

Fleischkonsum ist bei uns zumindest sehr wenig. Meine Mutter ist auch so ein bisschen auf diesem – ich will nicht sagen Hippie-Trip, aber sie guckt halt immer, dass es Fleisch aus dem Bioladen ist. Es ist halt sehr teuer, aber dafür gibt es auch nur ein- oder zweimal in der Woche Fleisch. Ich bin auf jeden Fall gegen diese Massentierhaltung, weil man braucht nicht so oft Fleisch in der Woche. Mir reicht das vollkommen ein oder zwei Mal. Und es schmeckt auch viel besser, wenn man so ein frisches Stück Fleisch hat als so ein abgepacktes aus der Tiefkühle. Ich denke, da kann man ein bisschen mehr nachdenken, was man isst, und vor allem wie viel. (männlich, 14 Jahre, Adaptiv-Pragmatische)

Die Bereitschaft zu kritischem Konsum hängt von der Produktkategorie ab: Für verantwortlich hergestellte Lebensmittel würden Jugendliche eher einen höheren Preis bezahlen als für Kleidung.

Lebensmittel für den heimischen Haushalt werden in der Regel noch von den Eltern gekauft. Wenn diese ökologische und fair gehandelte Produkte kaufen (z. B. Produkte aus dem Bioladen oder regional erzeugtes Fleisch), finden die Jugendlichen das gut. Und da Lebensmittel in der

Regel günstiger sind als Kleidung, können sich die Jugendlichen auch vorstellen, zumindest hin und wieder selbst Bio-Produkte zu kaufen.

Zudem haben die meisten Jugendlichen mehr Vertrauen in die ökologische und regionale Herkunft von Lebensmitteln als in den Nachweis fairer Produktionsbedingungen von Kleidung. Hinzu kommt, dass aus ihrer Sicht auch gesundheitliche Aspekte für den Kauf von Bio-Produkten sprechen.

Typische **Zitate** zur Illustration

Also ich würde eher sagen, es ist mir eher wichtig, was für Lebensmittel ich kaufe, als die Tatsache, wo ich meine Kleidung kaufe, also es gibt diesen Fair Trade auf jeden Fall, aber bei dem Fair Trade steht auch nicht alles drauf. Das ist das Problem. Das habe ich auch mit meinem Bruder diskutiert, dass es nicht unbedingt so sein muss wie es halt draufsteht. Es steht nie irgendwo alles drauf. Und ja, ich bin auch bereit, ein bisschen mehr dafür zu bezahlen und ich bin auch in den Biomarkt, da bin ich auch bereit, ein bisschen mehr zu zahlen, dafür dass es dann Bio ist oder halt auch aus Deutschland kommt. Aber ich sage halt, bei Kleidung, ob ich irgendwo es bei Hollister kaufe, wo es teurer ist und wo es halt besser produziert sein muss, aber es ist trotzdem gleich produziert ist im Endeffekt, oder ob ich jetzt halt bei einer Billigmarke einkaufe, ist halt nicht so der große Unterschied. (weiblich, 17 Jahre, Adaptiv-Pragmatische)

[INT: Und auch wenn du so an Essen denkst, achtest du zum Beispiel darauf, was du für Fleisch oder so kaufst oder ob das Bio-Produkte sind?] *Neuerdings schon, aber auch erst so seit einem Jahr. Und ich bin jetzt auch keine Veganerin oder so, aber da achte ich schon sehr drauf, allgemein bei meiner Ernährung, hat aber auch was einfach mit meiner Gesundheit zu tun und gar nicht mal die Umstände.* (weiblich, 17 Jahre, Experimentalistische Hedonisten)

Obwohl mein Opa gesagt hat, dass man nicht immer glauben kann, wenn da „Bio" draufsteht, dass da 100 % Bio drin ist oder dass die Kühe nur Gras essen auf der Weide und nicht Heu in der Scheune. (männlich, 15 Jahre, Materialistische Hedonisten)

> *Ich würde mich eigentlich gern nur von Bio-Sachen ernähren. Das würde ich gern, aber es ist halt dementsprechend teurer. Ich glaube, wir kaufen schon ein bisschen Bio, aber nicht alles.* [INT: Weil es gesund für euch ist oder weil du dir auch Gedanken machst, wie es hergestellt wird? Oder wenn du dir Klamotten kaufst, machst du dir da Gedanken?] *Bei Klamotten eigentlich nicht. Wenn ich etwas kaufe, was mir wirklich gefällt, dann kaufe ich das halt. Und was ich halt brauche. Ich kaufe ja nicht irgendwas. Aber eigentlich mache ich mir nicht so viele Gedanken darüber.* (männlich, 15 Jahre, Materialistische Hedonisten)

Nur vereinzelt wird bei Bio-Lebensmitteln ein „unvertrauter" Geschmack als Hinderungsgrund erwähnt.

> *Ich mag keine Bio-Sachen, überhaupt nicht.* [INT: Was schmeckt dir daran nicht?] *Also ich finde es schmeckt komisch. Ich mag das nicht. Also ich habe mal eine Bio-Melone gegessen, glaube ich war das, das konnte ich nicht Das war so ekelig, das schmeckt ganz anders, das mag ich nicht. Nee, das mag ich nicht.* (weiblich, 17 Jahre, Materialistische Hedonisten)

Der Kauf fair hergestellter Kleidung scheitert vor allem an den Präferenzen der Jugendlichen für bestimmte Stile und Marken sowie an ihren begrenzten finanziellen Mitteln. Aber auch der Aufwand für die Informationsbeschaffung, ob und welche Kleidungsstücke fair hergestellt sind, empfinden viele Jugendliche als zu hoch.

Ob und inwieweit die Jugendlichen sich in Bezug auf Kleidung Maßstäbe des kritischen Konsums zu eigen machen, hängt auch mit der generellen Konsumästhetik in den jeweiligen Lebenswelten zusammen: Materialistische Hedonisten möchten möglichst viel modische Kleidung besitzen. Dabei versuchen sie vor allem Markenartikel zu kaufen, wenn sie dazu finanziell in der Lage sind. Eine besondere Faszination üben auf diese Jugendlichen Luxusmarken aus. Prekäre möchten generell mehr Kleidung kaufen als sie es aktuell tun, bewegen sich aber ständig an den Grenzen ihrer finanziellen Möglichkeiten. Daher ist bei ihnen das Preis-Argument besonders dominant. Expeditiven und Experimentalistischen

Hedonisten ist ein individueller Kleidungsstil wichtig. Sie möchten tragen, was nicht alle haben. Ihre Kleidung hat den größten Preisrange, da sie teilweise teure Einzelstücke erwerben, die sie mit Kleidung der gängigen Modemarken kombinieren. Second Hand-Läden und der Flohmarkt sind für sie ebenso eine wichtige Quelle. Sozialökologische messen der Kleidung eine weniger hohe Bedeutung bei, für sie ist es nicht wichtig, mit Kleidung etwas darzustellen oder bestimmte Marken haben zu müssen. Konservativ-bürgerliche Jugendliche sehen Kleidung auch nicht als besonders wichtig an und betrachten den Einkauf von Kleidung nicht unbedingt als zentrale Freizeitbeschäftigung. Sie möchten aber immer angemessen gekleidet sein und nicht negativ auffallen. Adaptiv-Pragmatische möchten modisch gekleidet sein und achten darauf, bei den Trends dabei zu sein. Sie tragen das, was „alle anderen auch tragen". Dies bezieht sich häufig auf bestimmte Farben („Pastellfarben sind grad in") oder bestimmte Schnitte („Hosen dürfen jetzt wieder einen höheren Bund haben"). Entsprechend ist Kleidung in der Folge-Saison „veraltet" und muss ersetzt werden.

Bei Kleidung sind Preis und Aussehen somit in den meisten Lebenswelten die maßgeblichen Kaufkriterien; die Produktionsbedingungen spielen hingegen (bislang) nur eine untergeordnete Rolle. Das Konsumieren der gängigen günstigen Marken wird an dieser Stelle – vor allem bei Materialistischen Hedonisten, aber auch Adaptiv-Pragmatischen – als alternativlos beschrieben, und wer wenig Geld hat, kann nach Einschätzung der Jugendlichen keine Rücksicht auf die Produktionsbedingungen nehmen, selbst wenn man Kinderarbeit mit aller Entschiedenheit ablehnt.

Am ehesten sind noch die Sozialökologischen und Expeditiven Jugendlichen bereit, beim Kauf von Kleidung bestimmte Marken auszuschließen, allerdings spielen dabei auch ästhetische Präferenzen eine Rolle. Von bestimmten Marken möchte man sich dezidiert abgrenzen. Sehr häufig wird die Marke Primark als Synonym für unfaire Arbeitsbedingungen genannt. Auch H&M wird als negatives Beispiel hervorgehoben. Viele Jugendliche vermuten allerdings, dass es auch bei den anderen Marken, die von ihnen gekauft werden, kaum besser aussieht. Trotzdem hoffen sie darauf, dass etwas teurere Kleidung auch zu besseren Produktionsbedingungen beiträgt. Sicher sind sie sich aber nicht.

Typische **Zitate** zur Illustration

[INT: Ist es dir zum Beispiel wichtig, wo die Kleidung produziert wird, die du trägst, und wer sie produziert hat?] *Nein, eigentlich nicht.* [INT: Macht ihr euch da im Freundeskreis Gedanken?] *Nein, halt nur Markensachen, wenn schon. Aber woher man die hat oder wo die produziert werden, interessiert uns gar nicht.* [INT: Was ist dir denn wichtig, wenn du Kleidung kaufst?] *Dass sie schön ist und ein bisschen günstig ist.* (weiblich, 14 Jahre, Adaptiv-Pragmatische)

[INT: Ist es für dich wichtig, wo die Kleidung produziert wird, die du trägst, wo die gemacht wird und unter welchen Bedingungen der lebt, der sie gemacht hat?] *Nein.* (weiblich, 17 Jahre, Materialistische Hedonisten)

Es gibt ja Primark, da gehe ich gar nicht rein erst, das finde ich ganz schrecklich. Oder auch wenn meine Freundinnen da waren, dann bin ich nicht sauer auf die, aber dann halte ich denen erst mal so eine Standpauke darüber. H&M ist wahrscheinlich genauso schlimm, aber ich finde, das ist irgendwie noch mal so ein Unterschied. (weiblich, 17 Jahre, Expeditive)

[INT: Aber würdest du darauf so achten wollen, zum Beispiel wo du die Sachen kaufst?] *Wenn ich das Geld hätte, ja. Das Ding ist ja, wenn man bei H&M und so kauft, ist das ja genauso. Es ist jetzt nicht so wie früher, wo man gesagt hat, KIK oder was weiß ich nicht was. Diese komischen Billigläden. Jeder lässt ja da produzieren. Auch Nike oder so. Wo will man denn da noch kaufen? Da musst du in irgendwelche Läden gehen, wo dann ein T-Shirt 300 Euro kostet. Und dann sieht es ja nicht mal schön aus. Oder ist halt nicht angesagt oder so.* (männlich, 17 Jahre, Adaptiv-Pragmatische)

[INT: Aber würdest du zum Beispiel sagen, wenn du jetzt keine Nikes mehr kaufen würdest, dass das Einfluss haben könnte, dass sich irgendwie was verbessert?] *Bestimmt. Also, wenn es viele Leute gibt, die sich dagegen auflehnen, dann verändert es immer was und es muss gar nicht mal sein, dass dann Kinder aufhören zu arbeiten für wenig Geld oder für gar kein Geld, aber einfach in den Köpfen, wenn sich da schon was verändert, ist auch gut.* [INT: Aber hättest du Lust, darauf Einfluss zu nehmen?] *Ja, aber ich weiß nicht wie.* [INT:

ABER DU WILLST AUCH NICHT AUF DEINE NIKES VERZICHTEN?] *Genau.* (weiblich, 17 Jahre, Experimentalistische Hedonisten)

[INT: ES GAB JA AUCH SCHON ÖFTER DIE DISKUSSIONEN ÜBER KLEIDUNG, DASS DIE UNTER SCHLECHTEN BEDINGUNGEN HERGESTELLT WIRD UND SOWAS. HAST DU DAVON GEHÖRT?] *Ja, habe ich. Also zum Beispiel die Sachen bei Primark, die sind ja sehr billig. Und da haben ja auch Kinder gearbeitet dafür. Und das finde ich auf jeden Fall nicht gut. Also ich schaue jetzt nicht explizit darauf, woher das kommt und ich gucke jetzt genau, von welcher Marke das produziert wird und so weiter. Es ist ja sowieso sehr schwer, was dagegen zu machen, weil das ja sowieso alles in Thailand oder China ist. Aber ich denke, dass irgendwie so Markensachen oder so Sachen, die etwas teurer sind, schon in besseren Verhältnissen produziert wurden.* (männlich, 16 Jahre, Materialistische Hedonisten)

Ich finde das nicht okay, wie die das in Thailand herstellen. Aber ich meine, wie soll man sich denn bitte teure Klamotten kaufen, wenn man dazu nie das Geld hat. Und dann kauft man sich halt doch die anderen. Ich meine, die halten genauso wie die teuren Klamotten, meistens noch länger, habe ich immer das Gefühl. Das ist oft so, dass die billigen einfach mal besser sind als die teuren. Die billigen verfärben sich auch nicht so schnell wie die teuren Klamotten. Und vor allen Dingen kann man das gar nicht mehr garantieren, wo die überhaupt herkommen. (weiblich, 17 Jahre, Konservativ-Bürgerliche)

Also ich probiere es. Ich muss zugeben, dass ich auch manchmal, wenn ich so bei H&M einkaufen gehe, damit auch Kinderarbeit und sowas unterstütze, was natürlich Kacke ist. Aber da muss ich zugeben, da achte ich dann nicht so sehr drauf. Gerade bei den Klamotten. Auch, wenn es doof ist, aber da muss man ja anfangen zu gucken, wo nicht Kinderarbeit und so etwas mit drin ist. Und das ist super schwer zu finden, weil wirklich fast alles das halt beinhaltet. Und ich habe da auch schon ein paar Sachen drüber gesehen in Studien. Da müsste man auch in irgendwelche Läden gehen, wie heißen die nochmal, so Fair Trade.

Und das kann ich mir überhaupt nicht leisten, also gar nicht. Das ist die Sache. (männlich, 16 Jahre, Sozialökologische)

Jugendliche finden es schwer, an verlässliche Informationen zu „kritischem Konsum" zu gelangen.

Kritischer Konsum spielt weder im Schulunterricht noch in Familie oder Freundeskreis eine zentrale Rolle. Nur wenige Jugendliche berichten darüber, dass sie sich gezielt im Internet oder beim Einkaufen über das Thema informieren. Es scheint den Jugendlichen auch (zu) aufwändig und kompliziert, an die notwendigen Informationen zu kommen (z. B. welche Kleidung an welchem Ort unter welchen Bedingungen produziert wurde).

Ich habe mal mir so eine App runtergeladen und dann hatten wir das, glaube ich, auch in der Schule. Da habe ich das gesehen, da gab es so ein Ranking von den ganzen Marken. Und zum Beispiel Marco Polo oder Hilfiger oder so, die waren bei den schlechtesten dabei. Die haben halt schlechte Arbeitsbedingungen, die Arbeiter werden schlecht bezahlt, Kinderarbeit und so was. Und das ist aber bei fast allen so. (weiblich, 17 Jahre, Sozialökologische)

[INT: Würdest du dich gerne mehr darüber informieren oder machst du das schon manchmal?] *Habe ich noch nicht gemacht, aber ich glaube, das werde ich jetzt echt mal machen, weil ich kann ja im Laden jetzt nicht auf jeden Zettel gucken, wo das herkommt. Das dauert ja eine Ewigkeit. Muss ich dann mal gucken.* (männlich, 15 Jahre, Adaptiv-Pragmatische)

Die Jugendlichen bekunden, dass es schwer sei, zwischen richtigen und falschen Informationen zu unterscheiden und äußern nur wenig Vertrauen in Produkt-Siegel. Das Label „Fair Trade" ist zwar bekannt, man ist sich aber unsicher, ob es wirklich verlässlich ist. Fair-Trade-Produkte gelten vor allem auch als zu teuer. Ebenso wird bei „Bio"-Kennzeichnung häufig geurteilt: „Nur weil es drauf steht, muss es nicht drin sein". Insgesamt ist das Vertrauen in diese Siegel eher gering.

Ich kriege immer was von meiner Mutter mit. Dass man gar nicht so vertrauen kann, was geschrieben wird, weil immer wieder was dahinter steckt, was doch falsch ist. Gerade, was so Wolle angeht oder bei den verschiedenen Klamotten oder auch, wie die Umstände von den Näherinnen sind in diesen ganzen Fabriken. (weiblich, 16 Jahre, Expeditive)

Klar kann man Bio-Fleisch kaufen. Aber in diesen ganzen Enthüllungs-Dokus sieht man ja auch, dass diese Bio-Konzerne auch nur das Gleiche machen. Ich glaube, man muss schon viel recherchieren, um zu wissen, welchen Siegeln man vertrauen kann. (weiblich, 15 Jahre, Expeditive)

[INT: BEI ESSEN, ACHTEST DU DA AUCH DRAUF, WAS DU SO EINKAUFST?] *Selten. Bio kann man mittlerweile überall drauf schreiben. Ist das dann wirklich Bio oder schreiben die das da nur so drauf? Aber eigentlich kauf ich nur so die normalen Sachen.* (weiblich, 15 Jahre, Sozialökologische)

Kritischer Konsum braucht eine kritische Masse, damit er wirksam ist.

Die Jugendlichen sind der Meinung, dass sich die globalen Produktionsbedingungen, Tierhaltung und vieles mehr durch kritischen Konsum verändern ließen, sofern - ähnlich wie bei den Themen Umweltschutz und Klimawandel - möglichst viele Konsumentinnen und Konsumenten fair gehandelte und/oder Bio-Produkte kaufen würden. Bislang sieht man aber wenig Sinn darin, als Einzelperson etwas bewegen zu wollen.

Typische **Zitate** zur Illustration

Aber wenn ich jetzt als einziger Mensch keine Klamotten kaufen würde, die mir jetzt gefallen, würde das auch nicht viel weiterhelfen, weil... Wie viele Millionen sind wir jetzt in Deutschland? [INT: 80] *80? Ja, das würde echt nichts ändern so, wenn ich da jetzt ... Wenn da jetzt alle was machen würden, dann würde sich was ändern. So ein bisschen aber nur, weil wir sind ja auch nur ein Land von vielen Ländern. Wir sind 4 Milliarden Menschen auf der Welt? Und die meisten davon sind ja auch Chinesen, glaube ich.* [INT: OKAY, ALSO DU SAGST, WENN, DANN müssen es alle machen? Also wenn nur du was machst, bringt es gar nichts?] *Ja, oder einfach nur Spenden dahin spenden so. Damit sie einfach bessere Bedingungen für die halt aufbauen können. Weil nicht nur die Fabrik sieht ja Kacke aus, sondern einfach so überall, wo die Leute leben, sieht es Kacke aus. Wenn ich jetzt zum Beispiel Videos angeguckt habe über Rio oder so, wie die Leute leben, richtig krass eigentlich.* [INT: Also du sagst, da müsste man sozusagen alles ändern, nicht nur die Fabrik] *Ja.* (männlich, 15 Jahre, Prekäre)

Ja natürlich. Also ich glaube, wenn jetzt weniger Menschen, keine Ahnung, Billig-Kleidung irgendwie aus diesen Ein-Euro-Läden kaufen würden, würde das auf jeden Fall mehr bringen oder halt so, keine Ahnung, keine tierischen Produkte aus der Massentierhaltung und sowas, wenn man sich halt dafür wirklich einsetzen würde, nicht das kaufen würde, würde es echt viel ausmachen, klar. (weiblich, 17 Jahre, Adaptiv-Pragmatische)

Ich glaube aber, wenn eine Menschenmasse daran denken würde, Sachen woanders zu kaufen, Fair-Tade oder so, dann würde das natürlich was ändern. Aber wenn jetzt eine Person persönlich sehr genau darauf achtet, was sie kauft, ändert das glaube ich nicht viel. (weiblich, 15 Jahre, Experimentalistische Hedonisten)

Das müsste wenn dann eine Massenregung sein. [INT: Glaubst du, man könnte das irgendwie beeinflussen, wenn du da nicht kaufen würdest? Glaubst du, das hätte einen positiven Effekt?] *Na ja, ich denke, dass das etwas bringt, weil wenn jeder sich irgendwie denkt, es bringt nichts, dann macht es ja auch niemand. Ja, ich denke schon, dass das etwas bringt. Man muss halt nur auch andere davon überzeugen. Jeder muss da halt ein bisschen so denken, dass man das in die Hand nehmen kann.* (weiblich, 15 Jahre, Adaptiv-Pragmatische)

[INT: Glaubst Du, dass unsere Konsumentscheidungen Einfluss haben?] *Auf dem Weltmarkt? Es ist immer schwer, das wirklich zu glauben. Man sagt ja immer, dass auch der Einzelne das Ganze mit beeinflussen kann. Aber es gibt so viele andere, die nicht daran denken. Und deswegen ist es immer etwas schwer, sich das bewusst zu machen.*

Man macht es ja nur als Einzelner. Und alles andere passiert ja trotzdem. (weiblich, 17 Jahre, Adaptiv-Pragmatische)

[INT: Glaubst Du, dass wir hier irgendetwas beeinflussen können?] *Ja, wenn man das nicht mehr kaufen würde. Aber ich glaube, es ist total schwer, in der Massenproduktion alle Menschen umzustimmen, damit sie das nicht mehr kaufen. Und irgendwann würde es auch einfach verheimlicht, dass Kinderarbeit gemacht wird.* [INT: Wäre es interessant für Dich, auf irgendeine Weise darauf Einfluss zu nehmen?] *Ich glaube, das wäre total interessant. Aber es wäre schwer, das zu machen. Es wird kaum jemand auf einen hören.* (weiblich, 14 Jahre, Adaptiv-Pragmatische)

Jugendliche zweifeln daran, dass sich durch kritischen Konsum die Verhältnisse wirklich ändern können.

Verändertes Konsumverhalten ist aus Sicht der Jugendlichen kein Allheilmittel. Beispielsweise ließe sich Kinderarbeit weder global verhindern, noch gegenüber den Kunden verheimlichen. Es wäre auch nicht wünschenswert, wenn die Menschen an den Produktionsorten gar keine Arbeit und kein Einkommen mehr hätten, weil ihre Produkte nicht mehr gekauft würden. Auch hinsichtlich des Lebensmittelkonsums vermuten einzelne Jugendliche Probleme. Denn selbst wenn sich alle Menschen vegetarisch oder vegan ernähren würden, änderte das nach ihrer Auffassung nichts an der grundsätzlichen Problematik, dass insgesamt zu viele Menschen ernährt werden müssten.

Typische **Zitate** zur Illustration

Also generell mit dem Thema Kinderarbeit, natürlich sollte man da was ändern. Aber es kann halt nicht viel geholfen werden. Und ich glaube, die Leute, die da den Job haben, wenn man ihnen den wegnehmen würde und die dann halt wieder gar nichts hätten, wäre das natürlich auch schlecht. Weil sie dann überhaupt gar kein Geld verdienen und kein Essen haben und dann letztendlich komplett verhungern. Also für mich wäre es schon okay, wenn Erwachsene arbeiten. Natürlich unter nicht so schlechten Bedingungen und mit besserem Lohn, aber ich glaube, es wäre schon schlechter, wenn man ihnen einfach so die Arbeit wegnimmt. Sie verdienen dann überhaupt kein Geld mehr, haben kein Essen mehr und können ihre Familie nicht mehr ernähren. (weiblich, 15 Jahre, Experimentalistische Hedonisten)

Ich weiß, dass bei Primark zum Beispiel Kinderarbeit ganz viel drin steckt, und ich finde es schade. Andererseits denke ich mir, wenn ich jetzt aufhöre damit, dann bringt es nichts, weil diese Leute, die das da haben oder die da kaufen, weil ich jetzt aufhöre, hören die nicht auf. Also es wird immer irgendwo Kinderarbeit geben, glaube ich. Das kann man nicht unterbinden, das geht nicht. (weiblich, 17 Jahre, Materialistische Hedonisten)

Ich weiß nicht, ob es Vegetarier oder Veganer richtig machen. Klar, ich kann das nachvollziehen. Ich bin selber kein Vegetarier oder Veganer. Aber wenn plötzlich alle Fleischesser nur noch Soja essen würden, gäbe es damit sicherlich auch Probleme, wenn nur noch überall Soja angebaut werden würde. Ich weiß nicht, ob das die Lösung ist. Ich denke, das Problem ist, dass es so viele Menschen gibt. Und diese vielen Menschen wollen ja alle auch etwas essen. Und das Essen muss man irgendwoher bekommen. Bei Kartoffeln ist es sicher egal, wo sie gezüchtet werden. Aber bei lebenden Tieren eben nicht. Das eigentliche Problem ist, dass es so unglaublich viele Menschen auf der Welt gibt. (weiblich, 15 Jahre, Expeditive)

7 Liebe und Partnerschaft

Dieses Kapitel wurde bei Erstveröffentlichung ohne die korrekte Creative Commons Lizenz veröffentlicht. Die korrekte Lizenz finden Sie am Ende des Kapitels. Ein Erratum zu diesem Kapitel ist verfügbar unter DOI 10.1007/978-3-658-12533-2_14

M. Calmbach et al., *Wie ticken Jugendliche 2016?*,
DOI 10.1007/978-3-658-12533-2_7

Erste Gefühle des Verliebtseins sind bereits im Kindesalter nicht untypisch, ab dem Alter von ca. 14 Jahren machen sich Jugendliche aber zunehmend Gedanken über Liebe und Partnerschaft. Das Thema erhält im Teenageralter eine neue Qualität, weil das intime Erleben einer (sexuellen) Paarbeziehung eine wichtige Entwicklungsaufgabe darstellt, die mit hohen Erwartungen hinsichtlich der Erfüllung individueller Bedürfnisse einhergeht. In diesem Zusammenhang sind auch die Übernahme von Geschlechterrollen und das Akzeptieren der eigenen körperlichen Erscheinung wichtige Meilensteine beim Übergang zum Erwachsensein. Die in Paarbeziehungen gesammelten Erfahrungen sind zudem ein Übungsfeld zum Erwerb von Beziehungskompetenzen im Erwachsenenalter, allerdings mit noch relativ geringen Verpflichtungen. Sie können auch dem Statuserwerb in der Peergroup dienen.

Beziehungen ermöglichen die Erfahrung von emotionaler Sicherheit und Stabilität (Verbundenheit, Gebrauchtwerden, Verlässlichkeit) sowie Selbstverwirklichung und Selbständigkeit. Sie sind somit sehr bedeutsam für das persönliche Wohlbefinden. Das vollständige Fehlen romantischer partnerschaftlicher Erfahrungen im Jugendalter kann zu sozialen und emotionalen Unsicherheiten führen und die gesellschaftliche Teilhabe junger Menschen gefährden. Wir haben die Jugendlichen daher gefragt, ob sie schon einmal verliebt waren, wie sie Beziehungen (er)leben, welche Idealvorstellungen sie haben und wie sie sich zukünftige Partnerschaften vorstellen und wer Vorbilder hierfür sind.

7.1 Persönliche Erfahrungen mit Verliebtsein und „Beziehung"

Jugendliche nähern sich einer „Beziehung" meist eher vorsichtig an.

Viele der befragten Jugendlichen haben bereits erste Beziehungserfahrungen gesammelt, wobei der Zeitpunkt der ersten Beziehung, die Intensität, die Häufigkeit des Wechsels von Beziehungen und auch das

Verständnis davon, was überhaupt „eine Beziehung" sei, sehr vielfältig ist. Es fällt aber auch auf, dass ein nicht unerheblicher Teil der befragten Jugendlichen sich noch gar nicht für Partnerschaft/Beziehung interessiert oder zumindest nicht mit fremden InterviewerInnen darüber sprechen möchte. Dies mag teilweise einem Scham- oder Unsicherheitsgefühl geschuldet sein, da es einem aus z.B. elterlichen oder religiösen Gründen (noch) nicht „erlaubt" ist oder man nicht zugeben möchte, zu wenig erfahren zu sein, um darüber Auskunft geben zu können. Das Thema wird von einigen auch explizit als „schlicht zu privat" bezeichnet, als dass man mit Fremden darüber sprechen wollte. Dass Jugendliche untereinander jedoch offen und interessiert über dieses Thema sprechen können, belegen die Interviews, die Teenager im Rahmen der vorliegenden Studie mit dem besten Freund oder der besten Freundin geführt haben. In diesen Gesprächen zeigt sich anschaulicher und deutlicher als in den Interviews der erwachsenen InterviewerInnen die Suchbewegung Jugendlicher, „wie das mit den Beziehungen eigentlich so läuft", was typische „Benchmarks" für Beziehungsdauer und die Anzahl von Beziehungen sind. Auffällig

Auszüge aus Fragebögen, die Jugendliche zum Thema „Beziehung / Partnerschaft" entwickelt haben.

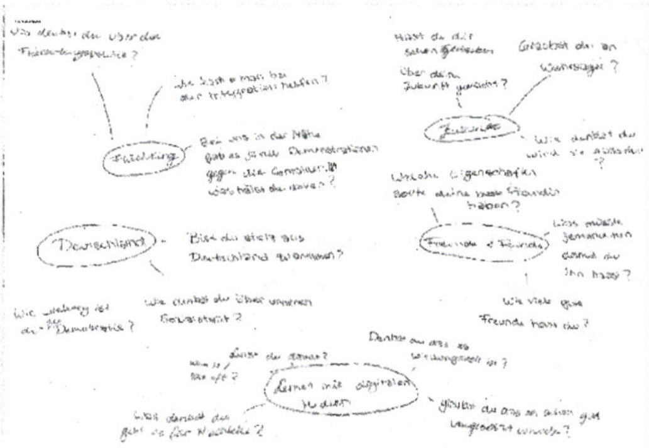

weiblich, 15 Jahre, Adaptiv-Pragmatische

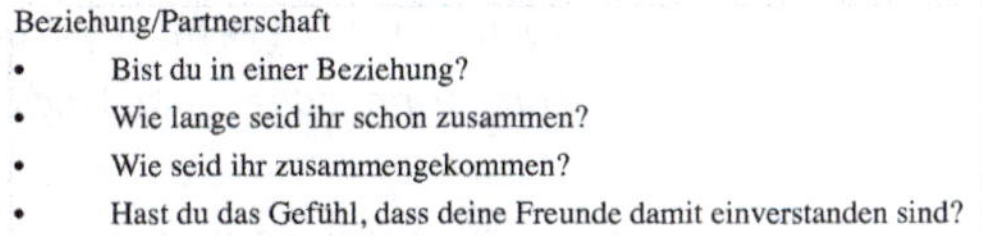
Beziehung/Partnerschaft

- Bist du in einer Beziehung?
- Wie lange seid ihr schon zusammen?
- Wie seid ihr zusammengekommen?
- Hast du das Gefühl, dass deine Freunde damit einverstanden sind?

männlich, 17 Jahre, Konservativ-Bürgerliche

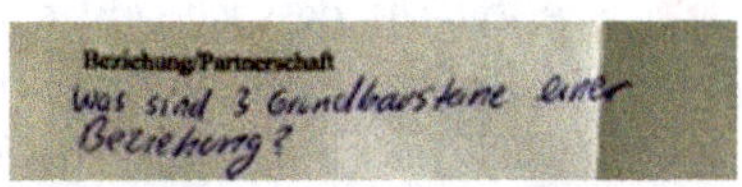
Beziehung/Partnerschaft
Was sind 3 Grundbausteine einer Beziehung?

männlich, 16 Jahre, Materialistischer Hedonisten

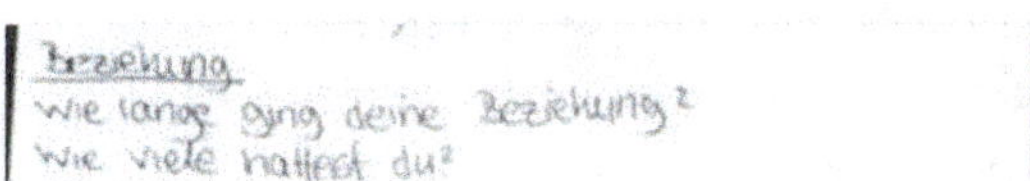
Beziehung
Wie lange ging deine Beziehung?
Wie viele hattest du?

weiblich, 16 Jahre, Adaptiv-Pragmatische

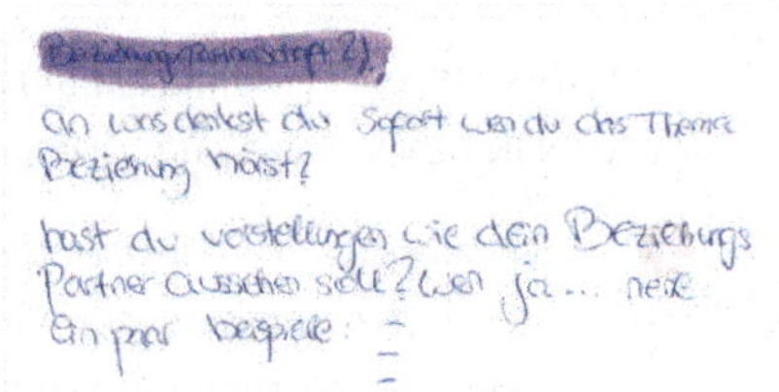
Beziehung/Partnerschaft 2)
an was denkst du sofort wen du das Thema Beziehung hörst?
hast du vorstellungen wie dein Beziehungs Partner aussehen soll? Wen ja... nenne ein paar beispiele:
-
-
-

weiblich, 14 Jahre, Materialistischer Hedonisten

häufig stellten die Jugendlichen die Frage danach, wie lange Beziehungen im Freundeskreis halten und wie viele man schon hatte. Die Angaben der Jugendlichen - sowohl in den Peer-to-Peer-Interviews wie in den Interviews mit Erwachsenen - rangieren dabei von wenigen Wochen (besonders bei den Jüngeren) bis hin zu bereits mehrjährigen Beziehungen, ohne dass hierbei verallgemeinernde Zuordnungen hinsichtlich Lebenswelt oder Geschlecht getroffen werden könnten. Häufiges Wechseln ist, wie auch später noch beschrieben wird, bei den Jugendlichen weder erwünscht noch besonders positiv konnotiert.

Auch taucht in den Peer-to-Peer-Gesprächen immer wieder die Frage auf, wie sich Beziehungen im Freundeskreis anbahnen und ab wann man eigentlich „offiziell" von einer Beziehungen sprechen kann.

Auszüge aus Gesprächen zwischen Jugendlichen zum Thema **Liebe und artnerschaft**

Interviewerin: weiblich, 15 Jahre

UND WIE SEID IHR ZUSAMMENGEKOMMEN?

Also wir sind in der gleichen Klasse gewesen. Ich habe schon früher für ihn Gefühle gehabt. Dann war er mit einem anderen Mädchen zusammen. Das hielt aber nur eine Woche oder so. Und dann war ich für ihn da als beste Freundin. Wir waren früher Best Friends Forever halt. Irgendwann hat er mich gefragt, ob ich in jemand verliebt sei, und dann hab ich ihm das gesagt. Und dann kamen wir zusammen.

HAT ER AUCH SCHON FRÜHER IRGENDWIE WAS FÜR DICH EMPFUNDEN ODER ...?

Also nicht, dass ich wüsste. Nein. Also er hat's gemerkt, ich hab ihm das früher in der 7. Klasse schon gesagt, aber ne, ich glaube nicht. Ich wollte auch früher keine Beziehung, das war nur so Schwärmerei. Das war noch nicht so die Zeit mit Beziehung.

AB WANN IST MAN FÜR DICH ZUSAMMEN? WENN MAN DAS ERSTE MAL FRAGT, OB MAN IN DEN VERLIEBT IST, ODER WENN MAN SICH KÜSST, ODER ...?

Ich denke, wenn man das öffentlich macht, dass man es nicht mehr versteckt. Weil Küssen kann man ja auch so. Das ist ja wie eine Affäre, sage ich mal. Man kann ja auch einfach so mit jemandem Händchen halten, oder Zeit verbringen oder so. Das heißt nicht gleich zusammen sein. Ich denke mal, wenn man das klar macht. Wenn man dem anderen zeigt, du bist mir wichtig und du bist der einzige Mensch für mich. Das ist für mich Zusammensein.

Interviewer: männlich, 17 Jahre

Bist du in einer Beziehung?

› *Ja.*

Wie lange seid ihr denn schon zusammen?

› *Fast 3 Wochen.*

Wie seid ihr denn zusammen gekommen?

› *Wir haben ziemlich viel miteinander über WhatsApp geredet. Wir kannten uns schon von der Schule, dann kamen wir uns näher durch die ganzen Konversationen. Und dann fragte ich sie eines Tages, ob sie mit mir Eis essen gehen will, und da stimmte die zu. Und dann waren wir danach in einer Beziehung.*

Man kennt das Gefühl des Verliebtseins in eine Person.

Schon einmal verliebt gewesen zu sein, geben fast alle Jugendlichen offen an, aber häufig wird dies als „bloß verknallt" oder Spielerei abgetan. Man spricht relativierend von „Kindergartenbeziehungen" u. ä. Viele der Jüngeren, aber auch einige der Älteren fühlen sich zum Befragungszeitpunkt noch nicht reif genug für eine „echte Beziehung", denn diese „echte Beziehung" ist für die meisten Jugendlichen etwas Großes, Schönes, Exklusives, aber auch Forderndes und „Verletzlich-Machendes". Länger dauernde, stabile Partnerschaften sind für Jugendliche ein wichtiges Ziel und ein zentraler Aspekt für persönliches Glück, wobei vor allem die Expeditiven und Experimentalistischen Hedonisten sich dies zwar auch wünschen, es aber eher auf die fernere Zukunft projizieren. Es geht aber den allermeisten Jugendlichen nicht um den kurzfristigen „Kick". Daher grenzen sie sich auch von Gleichaltrigen ab, die wechselnde PartnerInnen haben oder „nicht ernsthaft bei der Sache sind". Etwa die Hälfte der Jugendlichen gibt an, noch keine „feste" Beziehung gehabt zu haben.

Typische **Zitate** zur Illustration

Die haben öfter schon einen Freund, aber meistens so Kindergartenbeziehungen, wo man sagt: Das ist mein Freund. Für mich ist jetzt so etwas richtig dämlich. (weiblich, 14 Jahre, Experimentalistische Hedonisten)

Und mit dieser Beziehung ging es auch erst so richtig los, dass man überhaupt sagen kann, das war eine Beziehung. Davor war es mehr oder weniger so Kindergarten. So mit 13 oder 12 ist das ja noch nicht wirklich eine Beziehung. (männlich, 15 Jahre, Materialistische Hedonisten)

Aber so eine richtige Beziehung hatte ich noch nicht. Also nicht so Kinderkacke. Weil ich irgendwie da nicht so bin. Ich verliebe mich einfach nicht so schnell. Das ist einfach so. (weiblich, 16 Jahre, Sozialökologische)

Vor allen Dingen, weil man in dem Alter noch nicht sagen kann, ich mag die Person wegen ihrem Charakter, sondern die meisten sind da noch so ein bisschen - nicht kindlich, aber ich kenne viele, die sind so: Ja, die sieht gut aus, nehme ich. Das ist bei vielen so. Aber das ist halt wieder dieses auf Zwang, ich möchte die, weil die gut aussieht. (männlich, 14 Jahre, Adaptiv-Pragmatische)

Eine echte Beziehung ist auf jeden Fall schön, aber manchmal ist es auch echt doof, weil dann ist man irgendwie so gefühlt abhängig von einem Menschen, und das kann einen so stark beeinflussen. Wenn dann irgendwas nicht so gut läuft, das zieht einen dann voll runter. (weiblich, 17 Jahre, Adaptiv-Pragmatische)

Da ist der eine, der auf Tinder die ganze Zeit versucht, die Mädchen dort zu bekommen, und der hat jetzt irgendwie drei gleichzeitig, wo wir uns alle denken, wie bekloppt kann man sein? Jetzt ist die eine im Urlaub, jetzt braucht er wieder eine neue. (männlich, 17 Jahre, Konservativ-Bürgerliche)

„Körperlichkeit" wird selten als grundlegender Bestandteil einer Beziehung thematisiert.

Ob die Jugendlichen schon körperliche Annährungen an das andere Geschlecht hatten, wurde in dieser Studie nicht explizit abgefragt. Von sich aus sprechen nur sehr wenige Jugendliche dieses Thema an. Auch in den Interviews, die die Jugendlichen untereinander geführt haben, wird dieser Punkt kaum thematisiert. Meistens wird nur indirekt darauf hingewiesen, wie z.B. auf „zusammen übernachten" als (häufig selbstverständlicher) Bestandteil eines Beziehungsalltages. Allerdings gibt es auch (einige wenige) sehr klare Aussagen zum körperlichen Aspekt einer Beziehung, und manchmal wird sogar offen über Erfahrungen von Beziehungen rein sexueller Art berichtet - die aber zumeist als „nicht schön" bis hin zu übergriffig beschrieben werden. Für die allermeisten ist Sex nicht das Distinktionsmerkmal einer „Beziehung".

Typische **Zitate** zur Illustration

Deswegen war es am Anfang auch voll schwer, wieder damit anzufangen, dass man sich mal nicht sieht. Da fällt einem einfach das Einschlafen schwerer. Ich meine, mein Freund ist immer meine persönliche Heizung. Er ist immer total warm. Und ich friere halt meisten immer am Abend. Und wenn ich mich an ihn kuscheln kann, oder er nimmt mich in den Arm, das ist schon schöner, als wenn ich alleine einschlafen muss. (weiblich, 16 Jahre, Materialistische Hedonisten)

Ideal wäre einfach nebeneinander einschlafen. Das würde schon für mich reichen als sehen. Abends einfach so ein paar Stunden und halt zusammen einschlafen. Das ist viel schöner als alleine schlafen. Man muss sich gar nicht den ganzen Tag lang sehen. Das wird überbewertet. (weiblich, 17 Jahre, Konservativ-Bürgerliche)

Das ist wie als ich mit meinem damaligen Freund schlafen wollte das erste Mal. Da habe ich mit meiner Mutter drüber geredet. Die hat gesagt: „Nein, weil dein Vater nein gesagt hat." Dann habe ich halt ganz viele Argumente geliefert, und dann habe ich mich in mein Zimmer verzogen. Und dann hat sie es mir am Ende doch erlaubt. (weiblich, 17 Jahre, Konservativ-Bürgerliche)

Die Sache ist die: Der hatte halt keine Gefühle für mich. Und dann ist das so gewesen, dass er halt nur Sex wollte. Und alle haben mir gesagt, dass er mich bloß ausnutzt. Aber ich wollte das nicht glauben. Ich habe es mit mir machen lassen. Und letzten Endes hat er mich doch nur ausgenutzt. Und ich wollte es nicht wahrhaben. (weiblich, 17 Jahre, Adaptiv-Pragmatische)

Ich hatte einen Ex-Freund, der wollte mich nur fürs Bett haben. Also wo ich bei ihm lag, da war er auf mich oben drauf und dann war da schon Berührung. Ich wollte das noch gar nicht, ich konnte halt nicht wegziehen, weil auf einmal alles gekrampft hat. Ich wusste nicht, was ich da in dem Moment machen sollte. Das war dann halt auch schon krass. Meine beste Freundin weiß das auch, meine Mutti weiß das auch. So mit anderen möchte ich gar nicht darüber sprechen. Mit meinem jetzigen Freund habe ich auch drüber gesprochen und er akzeptiert es auch, wenn ich sage, ist nicht. (weiblich, 17 Jahre, Prekäre)

Mädchen sprechen eher als Jungen über gleichgeschlechtliche Beziehungen.

Dass Paarbeziehung unter Jugendlichen nicht nur rein heterosexuell gedacht wird, zeigt sich an verschiedenen expliziten Aussagen zu gleichgeschlechtlichen Partnerschaften. Hier scheint die gesellschaftliche Entwicklung hin zu vielfältigen Partnerschaftsbildern bereits angekommen zu sein. Allerdings muss bedacht werden, dass Jugendliche im Alter zwischen 14 und 17 Jahren auch noch „auf der Suche" sind und vieles ausprobieren, bevor sich ihre Partnerschaftsbilder festigen. Zudem sind es nur Mädchen, die von gleichgeschlechtlichen Beziehungen berichten.

Typische **Zitate** zur Illustration

Ja, ich hatte schon mal einen Freund und eine Freundin. Also mit meinem Freund war ich vier Monate zusammen, das war ganz schön eigentlich soweit, und mit meiner Freundin war ich sieben Monate zusammen. (weiblich, 17 Jahre, Materialistische Hedonisten)

Meine Freundin, das war eine Fernbeziehung und das war schwer, weil man sich eben selten gesehen hat. Das ging drei Monate. Und mit meinem Freund war ich jetzt fast ein Jahr zusammen mit einer kleinen Unterbrechung zwischendurch, aber dann war mir das einfach irgendwie zu viel und er war nicht der Richtige für mich. (weiblich, 15 Jahre, Sozialökologische)

In der Sozialökologischen Lebenswelt zeigen die Jugendlichen bereits als Teenager deutliches Interesse am gesellschaftlichen Umgang mit Homosexualität. Gerechtigkeit und Gleichberechtigung aller Lebensweisen sind Schlüsselthemen für sie.

Auszüge aus Gesprächen zwischen Jugendlichen zum Thema **Liebe und Partnerscha**

Interviewerin: weiblich, 17 Jahre, Sozialökologische

WAS DENKST DU ÜBER EINE PARTNERSCHAFT ZWISCHEN ZWEI GLEICHGESCHLECHTLICHEN MENSCHEN?

› *Ich nehme jetzt einfach mal das Beispiel von Schwulen. Finde ich völlig in Ordnung, wenn die eine Beziehung pflegen. Ich meine gut, sie lieben sich, sie finden das absolut in Ordnung. Dann soll das auch so sein, klar. Aber ich finde nicht, dass man das so nach außen hin jedem erzählen muss. Also so sind meine Erfahrungen, dass jemand zu mir kommt und sagt „Hey ich bin übrigens schwul und das und das und wir haben da rumgemacht." Also ich finde man sollte das dann auch wie eine ganz normale Beziehung behandeln und das nicht so nach außen tragen und jedem aufbinden.*

WÄRE ES DENN AUCH „OK" FÜR DICH, WENN SCHWULE SICH IN DER ÖFFENTLICHKEIT KÜSSEN ODER SO WAS?

› *Küssen auf jeden Fall, das gehört ja dazu zu einer Beziehung, aber nicht so stark rummachen.*

WÄRE DAS BEI NICHT-GLEICHGESCHLECHTLICHEN PAAREN WAS ANDERES?

› *Nein, absolut nicht, da wäre es auch unangebracht.*

UND WAS DENKST DU WIE DAS SO IN DEUTSCHLAND IN ZUKUNFT AUSSIEHT. DENKST DU DIE GESELLSCHAFT IST EHER OFFEN FÜR HOMOSEXUALITÄT ODER WAS IST DA DEINE EINSCHÄTZUNG?

Ich weiß es nicht. Ich kann jetzt nur von meinem Freundeskreis sprechen. Und da ist es schon immer irgendwie so ein komisches Thema gewesen. Weil niemand wirklich weiß, wie man damit umgehen soll. Aber an sich, finde ich, wird hier in Deutschland ein bisschen intolerant damit umgegangen. Ich verstehe einfach nicht, was ist das Problem an der Homo-Ehe?

7.2 Erwartungen an eine „gute" Beziehung

Gegenseitiges Vertrauen und gemeinsame Interessen sind Basis einer „guten" Beziehung.

Über alle Lebenswelten hinweg ist den Jugendlichen Vertrauen, Ehrlichkeit und Verlässlichkeit in der Partnerschaft am wichtigsten. Abgesehen davon möchten sie eine Person an ihrer Seite haben, die sich für ähnliche Themen interessiert und Verständnis (auch für eigene Unzulänglichkeiten) zeigt. Zudem gehört zu einer guten Partnerschaft dazu, dass man Spaß miteinander und einen ähnlichen Humor hat. Das Aussehen wird eher en passant behandelt; es ist sicher nicht unwichtig, aber kein hinlängliches Kriterium für eine „Beziehung". Derzeit funktionierende Beziehungen werden als kongruent mit den erwähnten Ansprüchen empfunden, gescheiterte Beziehungen haben sie nicht erfüllt.

Typische **Zitate** zur Illustration

Dass man sich gegenseitig vertraut und ehrlich ist. Also Ehrlichkeit, Vertrauen. Und natürlich dass auch die Liebe da ist. Und dass man Spaß zusammen hat. (weiblich, 15 Jahre, Materialistische Hedonisten)

Dass man sich vertraut. Und dass es nie langweilig wird. Und dass niemand fremdgeht. Also so das Typische eben. Und dass man gut miteinander auskommt. (weiblich, 17 Jahre, Konservativ-Bürgerliche)

Vertrauen ist wichtig. Und man sollte immer über alles reden können und immer ehrlich sein. Auch wenn das manchmal voll hart ist.

Trotzdem ist es besser so, als wenn man jemanden belügt zum Beispiel. Und wenn man in einer Beziehung ist, sollte man mit dem ganzen Herzen dabei sein. (männlich, 17 Jahre, Experimentalistische Hedonisten)

Wenn man sich gegenseitig vertraut... Dass man sich akzeptiert auf jeden Fall ... Dann auf jeden Fall, dass man über alles reden kann, wie beste Freundin ... Rum albern kann, das ist so meine perfekte Beziehung. (weiblich, 17 Jahre, Prekäre)

Dass man sich liebt, ist ja klar. Aber man sollte einander viel zum Lachen bringen. Und man sollte vor allem Spaß miteinander haben. Man sollte aber auch wissen, dass man sich in ernsten Situationen aufeinander verlassen kann. Und dass man sich alles erzählen kann und auch erzählen will. Und man sollte dem Partner vertrauen. (weiblich, 17 Jahre, Adaptiv-Pragmatische)

Ich glaube generell, dass Vertrauen wichtig ist, und dass man der Mensch sein kann, der man ist. Dass man sich also nicht verstellen muss, sondern tun kann, was man tut, ohne sich Gedanken machen zu müssen, wie das beim Gegenüber ankommt. Es ist wichtig, mit dem Anderen Spaß zu haben und mit ihm über Dinge zu reden. (weiblich, 15 Jahre, Expeditive)

Auf jeden Fall ehrlich. Man sollte einigermaßen gleiche Interessen haben oder zumindest nicht so uninteressiert an die Sachen rangehen. Und dass man einem auch vertrauen kann. (weiblich, 14 Jahre, Sozialökologische)

Auf jeden Fall, dass man viel zusammen ist und dass man viel zusammen macht und dass man auf jeden Fall gemeinsame Interessen hat, weil das finde ich wirklich am wichtigsten. Und dass man halt immer füreinander da ist, aber auch eine gewisse, eine kleine gewisse Freiheit, vor allem ein bisschen am Anfang, dass man auch irgendwann mal weggehen kann einfach so mit seinen Freunden, ohne dass man sich irgendwie Sorgen machen kann oder machen muss, dass man irgendwie betrogen wird. (männlich, 17 Jahre, Experimentalistische Hedonisten)

> *Halt so ausgeglichen, gleichberechtigt und liebevoll. Lustig, humorvoll; nicht, dass einer so total dem anderen nicht vertraut quasi, ja lustig, gleichberechtigt, dass die Liebe auch ohne Bedingungen ist. Dass man nicht sagt, ich liebe dich nur, wenn, sondern bedingungslos und ehrlich.* (weiblich, 16 Jahre, Sozialökologische)

> *Also so ein Dreitagebart vielleicht, so stylish. Also Hygiene und Pflege ist schon wichtig, finde ich. Er sollte jetzt nicht so ganz fettige Haare haben oder so.* (weiblich, 14 Jahre, Materialistische Hedonisten)

In den bildungsnahen Lebenswelten legt man auf eine Beziehung auf Augenhöhe großen Wert.

Besonders die Jugendlichen aus dem Sozialökologischen und Expeditiven Milieu wollen darüber hinaus auch den Partner oder die Patnerin in

Auszüge aus Hausaufgabenheften zur Frage: WIE SIEHT FÜR DICH DIE IDEALE BEZIEHUNG AUS?

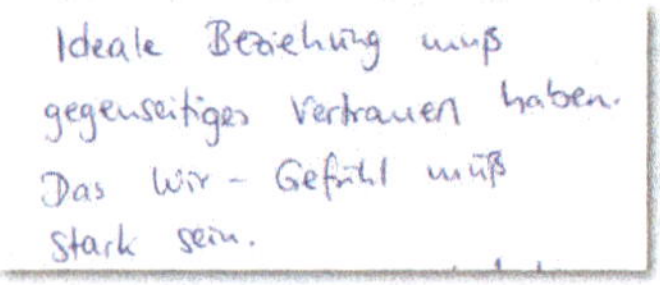
Ideale Beziehung muß
gegenseitiges Vertrauen haben.
Das Wir - Gefühl muß
stark sein.

männlich, 15 Jahre, Konservativ-Bürgerliche

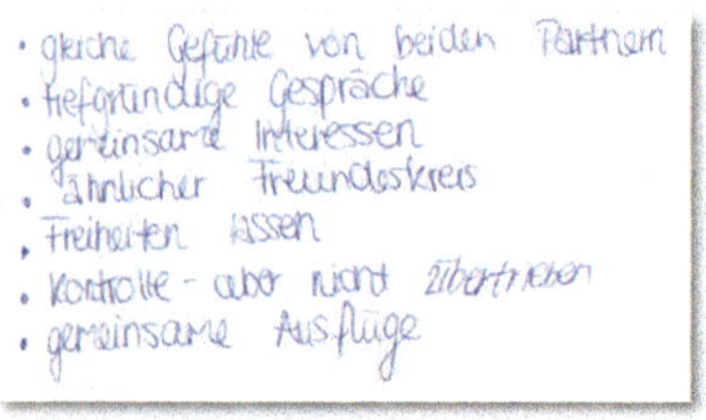
• gleiche Gefühle von beiden Partnern
• tiefgründige Gespräche
• gemeinsame Interessen
• ähnlicher Freundeskreis
• Freiheiten lassen
• Kontrolle - aber nicht übertreiben
• gemeinsame Ausflüge

weiblich, 17 Jahre, Sozialökologische

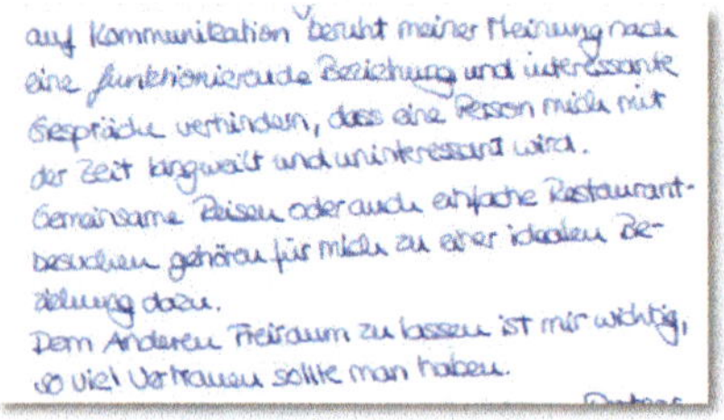
auf Kommunikation beruht meiner Meinung nach
eine funktionierende Beziehung und interessante
Gespräche verhindern, dass eine Person mich mit
der Zeit langweilt und uninteressant wird.
Gemeinsame Reisen oder auch einfache Restaurant-
besuchen gehören für mich zu einer idealen Be-
ziehung dazu.
Dem Anderen Freiraum zu lassen ist mir wichtig,
so viel Vertrauen sollte man haben.

weiblich, 17 Jahre, Expeditive

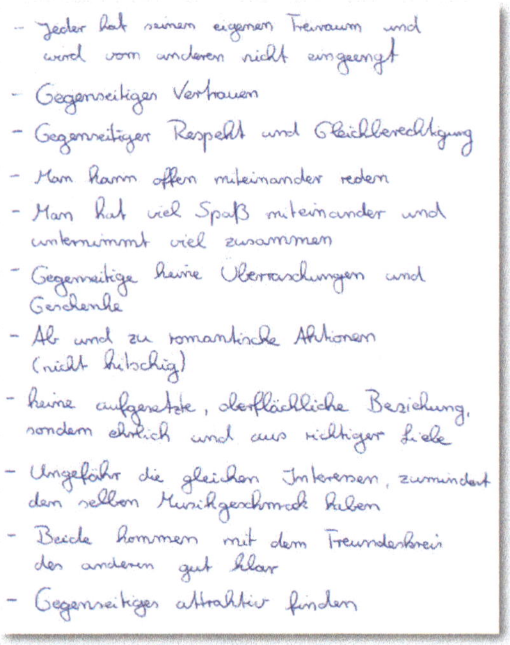
- Jeder hat seinen eigenen Freiraum und
wird vom anderen nicht eingeengt
- Gegenseitigen Vertrauen
- Gegenseitiger Respekt und Gleichberechtigung
- Man kann offen miteinander reden
- Man hat viel Spaß miteinander und
unternimmt viel zusammen
- Gegenseitige keine Überraschungen und
Geschenke
- Ab und zu romantische Aktionen
(nicht kitschig)
- keine aufgesetzte, oberflächliche Beziehung,
sondern ehrlich und aus richtiger Liebe
- Ungefähr die gleichen Interessen, zumindest
den selben Musikgeschmack haben
- Beide kommen mit dem Freundeskreis
des anderen gut klar
- Gegenseitiges attraktiv finden

weiblich, 16 Jahre, Sozialökologische

seiner bzw ihrer Ganzheit kennenlernen, indem man gute (auch mal „anstrengende", kritische) Gespräche führt und intensive Momente miteinander teilt. Eine Beziehung auf Augenhöhe mit einem niveauvollen Partner gleicher Wellenlänge ist die Idealvorstellung.

Vertreter der Sozialökologischen und Expeditiven Lebenswelten haben auch in den Peer-to-Peer-Interviews stark auf gegenseitige (hohe) Erwartungen in einer Partnerschaft abgehoben.

Auszüge aus Fragebögen, die Jugendliche zum Thema „Beziehung / Partnerschaft" entwickelt haben.

Beziehung/Partnerschaft:

Was erwartest du von einem Partner?

Welche Eigenschaften sollte dein Partner haben?

Was kannst du überhaupt nicht leiden?

Wie sieht für dich die ideale Beziehung aus?

Kannst du dir vorstellen mit einem Partner aus deiner Jugend für den Rest deines Lebens zusammen zu bleiben?

Kannst Du Dir überhaupt vorstellen, mit jemandem Dein ganzes Leben zusammen zu sein?

Willst du mal Kinder haben?

Wie stellst du dir das vor, wenn du Kinder hast? Wie sieht dein Leben dann aus?

männlich, 15 Jahre, Konservativ-Bürgerliche

Beziehung/Partnerschaft

Wie stellst du dir die ideale Partnerschaft vor?

Welcher Wert ist dir in einer Beziehung am wichtigsten und warum?

Was geht in einer Beziehung für dich gar nicht?

Was denkst du über eine Partnerschaft zwischen gleichgeschlechtlichen Menschen?

männlich, 15 Jahre, Konservativ-Bürgerliche

Auszüge aus Gesprächen zwischen Jugendlichen zum Thema **Liebe und artnerschaft**

Interviewerin: weiblich, 17 Jahre, Expeditive

GERADE IN UNSEREM ALTER IST ES JA EIGENTLICH SO, DASS WIR SO DIE ERSTEN ERFAHRUNGEN IN BEZIEHUNGEN SAMMELN. WAS ERWARTEST DU VON DEINEM PARTNER? WAS IST DIR DA WICHTIG?

Ich würde sagen, man sollte sich auf jeden Fall gut verstehen, so auf einer Wellenlänge sein, auch mal streiten können, aber dass man trotzdem weiß, wie es gemeint ist und dass man sich gegenseitig respektiert. Und auch dass einem die Interessen des anderen nicht egal sind, sondern man auch halt eben Interesse zeigt für die Aktivitäten oder für die Interessen seines Partners.

DU HAST GESAGT, AUF EINER WELLENLÄNGE SEIN. WAS MEINST DU MIT WELLENLÄNGE?

So, dass man über dieselben Dinge vielleicht lachen kann, dass man sich einfach so gut versteht, so vielleicht auch gemeinsame Interessen hat. Ja, so was.

In den postmodernen Milieus achtet man darauf, dass die Entfaltung der eigenen Persönlichkeit nicht von einer Partnerschaft „behindert" wird.

Die Expeditiven legen wie auch die Experimentalistischen Hedonisten Wert darauf, dass es nie langweilig wird. Routinen gelten in diesen Gruppen mehr noch als in den anderen als „Beziehungskiller". Es ist ihnen wichtig, sich in der Beziehung, aber auch unabhängig davon verwirklichen zu können, was bedeutet, dass sich die Partner gegenseitig genügend Freiheiten lassen und nicht zu sehr einengen. Beziehungen werden deshalb manchmal auch als Stör- oder Stressfaktor empfunden. Die Freiheits- und eigenständigen Persönlichkeitsentwicklungsbedürfnisse führen dazu, dass man mit dem Partner/der Partnerin nur „dosiert" seine Zeit verbringen möchte. Man befürchtet, vom Partner/von der Partnerin kontrolliert und in der persönlichen Freiheit beschränkt zu werden. Expeditive wie auch die Experimentalistischen Hedonisten wollen dem

Gegenüber keine Rechenschaft ablegen und nicht unter „Meldezwang" stehen. Ihre Freizeit möchten sie auch unabhängig vom Partner planen und verbringen können.

Typische **Zitate** zur Illustration

- *Natürlich dass ich eine Bezugsperson habe, auf die ich mich verlassen kann, bei der ich so sein kann, wie ich bin. Dass ich trotzdem unabhängig bin, dass ich mein eigenes Leben führen kann, wie ich das möchte. Dass ich das Gefühl habe, ich kann mich weiterentwickeln.* (weiblich, 17 Jahre, Expeditive)

- *Es ist auch wichtig, dass es nicht langweilig wird. Manchmal ist man ja mit jemandem befreundet, und man weiß genau, wenn derjenige kommt, trinkt man erst einmal Tee, dann labert man, dann schaut man einen Film und dann geht er wieder. Es sollte nicht so routinemäßig werden. Man muss zum Beispiel gar nicht immer wissen, wo der andere gerade ist. Es muss nicht alles so geplant sein. Es sollte halt nicht langweilig sein. Man sollte sich aber trotzdem sicher sein, dass derjenige einen liebt, und dass man ihn selber auch liebt. Man sollte sich wohlfühlen. Und solange es sich richtig anfühlt, ist es immer richtig.* (weiblich, 15 Jahre, Expeditive)

- *Man muss schon seinen Freiraum haben. Man kann ja nicht immer auf dem anderen hängen. Das ist nicht gut für die Beziehung. Man braucht seinen Freiraum, weil irgendwann hat man sich ja dann satt gesehen, wenn man jeden Tag den gleichen Menschen sieht.* (weiblich, 14 Jahre, Experimentalistische Hedonisten)

- *Aber es ist auch sehr wichtig, dass man irgendwo eigenständig auch noch lebt, dass man nicht nur sein ganzes Leben darauf fixiert.* (weiblich, 17 Jahre, Expeditive)

- *Eine ideale Beziehung? Dass ich ihn vielleicht nicht jeden Tag sehe und dass ich halt nicht so viele Verpflichtungen habe. Sich halt jede zwei Stunden melden oder das und das nicht anziehen. Also dass man halt nicht so komplett eingeschränkt ist in seiner Freizeit. Dass er halt auch nicht so anhänglich ist, also dass er die ganze Zeit an einem dranklebt und einen nie in Ruhe lässt. Ich stelle mir das schon anstrengend vor.* (weiblich, 15 Jahre, Experimentalistische Hedonisten)

Also ich bin, auch wenn das erst mal blöd klingt, ich bin überhaupt kein Beziehungsmensch. Das ist total krass, und ich finde es super schön, meine Freiheiten zu haben und wirklich das machen zu können, was ich will und nicht irgendjemandem ständig schreiben zu müssen, was ich mache und so. Aber andererseits denke ich mir auch, es ist super schön, mit einer Person so intim zu sein und so viele Sachen zu teilen und Gemeinsamkeiten zu haben, das schätze ich dann auch wieder. Also, es lässt sich auf jeden Fall aushalten. (weiblich, 17 Jahre, Experimentalistische Hedonisten)

In den traditionelleren Lebenswelten ist man in einer Beziehung eher zu Kompromissen bereit.

Konservativ-Bürgerliche und Adaptiv-Pragmatische dagegen streben in einer Partnerschaft vor allem Stabilität an. Das Füreinander-Dasein ist wichtiger als die persönlichen Freiheiten. Es gehört dazu, für die Partner/die Partnerin Abstriche zu machen. Das „Wir" steht über dem „Ich". Pläne werden deswegen auch immer miteinander abgestimmt. Vom Partner/von der Partnerin und auch sich selbst erwarten sie uneingeschränkte Loyalität, Treue und Verlässlichkeit. Auch gegenseitige Toleranz, Ehrlichkeit und Respekt sind wichtig. Zudem muss man Rücksicht dem bzw. der anderen gegenüber nehmen und Empathie zeigen, d.h. dass man sich für die Beziehung auch zurücknimmt und anpasst. Harmonie, Geborgenheit und Unterstützung werden sehr groß geschrieben in diesen Lebenswelten.

Typische **Zitate** zur Illustration

Vertrauen und Geduld sind das Wichtigste in einer Beziehung. Man kann sich erst mit der Zeit kennenlernen, und man muss sich dann einfühlen in diese Person. Und in einer Beziehung bist du ja nicht mehr ich und du, sondern wir. Du tust, was du tust, für uns. Und das muss halt funktionieren in dieser Beziehung, dieses Wir-sein. Dieses Bewusstsein, dass diese Beziehung ein Wir ist und kein Ich. (männlich, 15 Jahre, Konservativ-Bürgerliche)

Jeder macht mal Abstriche, um Zeit mit dem anderen verbringen zu können. Und eine klare Trennung zwischen Zeit für Freunde und Zeit für Partner/Partnerin. Bei dem Letzten meine ich, man kann zwar mit Freund/Freundin ankommen, aber die Freunde sollten davon wissen, und es sollte vorher klar sein, dass man mit der Freundin ankommt. Weil ich finde, wenn es ein Treffen sein sollte zwischen den Freunden, dann will man nicht, dass der andere sich dann komplett auf die Freundin konzentriert und einem dann demnach auch teilweise den Tag ruiniert. Weil man ja eigentlich mit dieser Person zusammen Zeit verbringen wollte. (männlich, 17 Jahre, Konservativ-Bürgerliche)

Wichtig ist halt, dass man sich gegenseitig akzeptiert, so wie man halt ist. Und dass man auf den anderen eingeht und dass man auch bereit ist, Kompromisse einzugehen. Weil wenn man von vornherein irgendwie sagt: „Ich möchte das und das und das." Dann wird das nicht klappen quasi. (männlich, 17 Jahre, Adaptiv-Pragmatische)

Wir sind immer ehrlich zueinander. Wir erzählen uns wirklich alles. Ich weiß, er ist zu hundert Prozent treu. Er weiß, ich bin zu hundert Prozent treu. Ja, da ist so eine Vertrautheit irgendwie da. Und das hat man ja nicht unbedingt immer. (weiblich, 16 Jahre, Adaptiv-Pragmatische)

Respektvoll, also dass man voreinander Respekt hat, auch Toleranz. Man kann auch seine Meinung sagen, aber man muss auch die Meinung des anderen respektieren. Und wir müssen uns auch verstehen. Ich darf nicht ganz anders als sie sein. (männlich, 15 Jahre, Adaptiv-Pragmatische)

Der Lebenspartner sollte auch wie eine Art Rettungsplattform sein, wo man sich hinbegeben kann, wenn man weg vom ganzen Stress will. So stelle ich mir das Ideal vor. (männlich, 16 Jahre, Adaptiv-Pragmatische)

Man muss sich lieben, man muss einfühlsam sein, man muss dem anderen vertrauen können. Ja, das sind halt zu viele Dinge auf einmal, es ist sehr schwierig zu beschreiben, man muss sich bei dem Partner wohl fühlen, das Gefühl haben, mit dem möchte ich die wichtigen Momente teilen. (männlich, 16 Jahre, Adaptiv-Pragmatische)

Religion wird im Rahmen von Liebe und Partnerschaft meist nicht thematisiert.

Für die meisten Jugendlichen scheint Religionszugehörigkeit kein konstituierendes Element einer Paarbeziehung zu sein. Allerdings berichten einige wenige Jugendliche mit Migrationshintergrund sowie religiöse Sozialökologische davon, dass sie die gleiche Religion als beziehungsfördernd wahrnehmen bzw. für eine Familiengründung als Voraussetzung sehen.

Typische **Zitate** zur Illustration

Nein, also ich würde schon gerne wollen, dass mein Ehemann die gleiche Religion hat wie ich. Aus dem Grund, weil es einfach viel weniger Probleme gibt dadurch. Und ja, eigentlich ist das der Hauptgrund. (weiblich, 16 Jahre, Konservativ-Bürgerliche, Migrationshintergrund)

[INT: ALSO DU KANNST DIR JETZT NICHT VORSTELLEN, IRGENDWIE JEMANDEN ZU HEIRATEN, DER ÜBERHAUPT NICHT RELIGIÖS IST ODER CHRIST IST ODER SO?] *Nein.* [INT: OKAY. WARUM IST DIR DAS SO WICHTIG?] *Weil als Moslem ist es ja auch wichtig, auch gläubig weiterzuleben. Und wenn ich jetzt eine Person heiraten würde, die jetzt nicht gläubig ist, dann würde es ja sozusagen so eine Linie zwischen uns sein. Einer ist gläubig, der andere ist nicht gläubig. Dann ist es dann immer so komisch, weil man soll ja zusammen etwas machen. Wenn ich jetzt beten würde und meine Frau zum Beispiel jetzt nicht betet oder sie sitzt da und spielt mit dem Handy, ich bete und dann... Einfach, das ist dann im Zusammensein ein anderes Gefühl, wenn man zusammen betet. Dann fühlt sich das immer schöner an.* (männlich, 16 Jahre, Materialistische-Hedonisten, Migrationshintergrund)

Es ist wichtig, dass meine Frau und ich den gleichen Glauben haben. Und ich will auch meine Kinder christlich erziehen. Ich will denen das einfach mitgeben, weil ich weiß, dass mir das in meiner eigenen Kindheit geholfen hat. (männlich, 15 Jahre, Sozialökologische)

7.3 Beziehungs- und Familienpläne für die Zukunft

Stabile Beziehungs- und Familienverhältnisse sind wichtige Zukunftsziele, die man bis Mitte 30 erreicht haben möchte.

Die Jugendlichen wünschen sich mehrheitlich (über alle Lebenswelten hinweg) in Zukunft eine stabile Partnerschaft und meistens auch (mehrere) Kinder. Man ist sich dabei weitgehend einig, dass 35 die „magische Grenze" ist, bis zu der man eine Familie gegründet und ein passendes Wohnumfeld geschaffen haben sollte, wenn man denn Familie möchte.

Typische **Zitate** zur Illustration

> *Mit 35 hätte ich schon gern eine Familie. Ich würde gern früher Kinder bekommen, so mit Ende 20. Da ist natürlich immer die Frage, ob man den entsprechenden Partner findet. Aber wenn ich es mir aussuchen könnte, hätte ich mit 35 gern schon ein Kind.* (weiblich, 17 Jahre, Adaptiv-Pragmatische)

> *Mit 30 hätte ich schon gern die Familienplanung in Sicht. Ich sehe das so: bis 30 hat man Zeit sich auszuprobieren. Und ab 30 ist dann so, klar ist das dann kein Muss. Und wahrscheinlich sehe ich das anders, wenn ich selber 30 bin, weil ich dann gar nicht das Gefühl habe, 30 zu sein. Aber im Moment sehe ich das so, dass ich ab 30 einen Job und eine Wohnung haben sollte.* (weiblich, 15 Jahre, Expeditive)

> *Also mit 35 sollte auf jeden Fall das Haus drin sein und vielleicht zwei Kinder schon.* (weiblich, 14 Jahre, Konservativ-Bürgerliche)

> *Wenn ich mit 35 immer noch unverheiratet bin, dann würde ich mir schon einen Kopf machen langsam.* (weiblich, 17 Jahre, Materialistische Hedonisten)

> *Also nicht 35 und Single und dann zwar viel Geld verdienen, aber nichts anderes auf die Reihe bekommen.* (männlich, 15 Jahre, Materialistische Hedonisten)

Ob der letztendlich ideale Zeitpunkt der Familiengründung früher oder später im genannten Zeitfenster liegt, darüber herrschen allerdings unterschiedliche Ansichten in den verschiedenen Lebenswelten.

Bei Konservativ-Bürgerlichen und Materialistischen Hedonisten ist eine frühe Familiengründung eingeplant.

Die Konservativ-Bürgerlichen streben schon im frühen Erwachsenenalter zumindest eine dauerhafte Paarbeziehung an und grenzen sich von all jenen ab, „die erst mal nur herumprobieren". Konservativ-Bürgerliche sehnen sich nach festen Strukturen. Dazu gehört, sich regelmäßig zu sehen. Fernbeziehungen kommen nicht in Frage. Für ihre Zukunft streben sie das traditionelle Beziehungsmodell mit Heirat, Kindern und einem gemeinsamen Haus bzw. gemeinsamer Wohnung an. Man wartet aber (noch) ab, hofft auf den Richtigen bzw. die Richtige, mit dem bzw. der man dann eine langfristige Beziehung eingehen möchte.

Typische **Zitate** zur Illustration

- *Wenn man eine Beziehung will, sollte man sich nicht auf 20 verschiedene einlassen.* (männlich, 17 Jahre, Konservativ-Bürgerliche)
- *In welchem Alter? Anfang, Mitte 20 sowas.* (weiblich, 17 Jahre, Konservativ-Bürgerliche)
- *Wann? Das weiß ich jetzt, ehrlich gesagt, nicht. Wenn der Richtige gekommen ist, dann ist es eben so.* (weiblich, 17 Jahre, Konservativ-Bürgerliche)
- *Na, ich möchte ja jetzt nicht mein Leben lang alleine sein, sondern mir ist es schon wichtig, dass ich in nicht allzu weiter Zukunft eine Beziehung führen werde, die auch ehrlich ist und mit dem Mann, dem ich auch vertraue und den ich auch wirklich liebe.* (weiblich, 14 Jahre, Konservativ-Bürgerliche)
- *Ich müsste mir sicher mit dem Partner sein, er sollte mir einen Antrag machen oder mal darüber reden.* (weiblich, 14 Jahre, Konservativ-Bürgerliche)

- *Was ich vorhin erzählt habe mit einer Freundin, die auch egoistisch war, die hat jetzt wieder einen Freund. Mit dem ist sie jetzt schon zum siebten Mal wieder zusammen. Das ist dann für mich keine Beziehung mehr.* (weiblich, 14 Jahre, Konservativ-Bürgerliche)
- *Ich will eine feste Beziehung. So ein Hin und Her, das brauche ich nicht. Das ist viel zu anstrengend.* (weiblich, 17 Jahre, Konservativ-Bürgerliche)
- *Wenn ich eine Frau habe, dann wohnen wir zusammen, nicht getrennt.* (männlich, 14 Jahre, Konservativ-Bürgerliche)
- *Weil Fernbeziehungen finde ich gar nicht schön, weil man hat halt nichts voneinander und es ist oft traurig, und meistens endet es ja nicht gut.* (weiblich, 14 Jahre, Konservativ-Bürgerliche)

Auch Materialistische Hedonisten streben früh das traditionelle Familienideal „Ehepartner/Ehepartnerin/Kinder" an. Wie genau das jedoch ausgestaltet werden kann, davon haben nur wenige konkrete Vorstellungen. Aber zu experimentieren und bewusst erst einmal verschiedene Partner „auszuprobieren", lehnen Materialistische Hedonisten ab. Sie schätzen Treue und Vertrauen. Die „feste Beziehung" wird teilweise stark idealisiert. Materialistische Hedonistinnen äußern mitunter auch latente Wünsche nach veränderten Rollenbildern in Zukunft, die Jungen (besonders, aber nicht nur mit Migrationshintergrund) sind hingegen eher in klassischen Männlichkeitsidealen verhaftet.

Typische **Zitate** zur Illustration

- *Und mit 25 bin ich schon bereit zum Heiraten und habe da auch, glaube ich, schon geheiratet. Und mit 35 habe ich schon Kinder bekommen.* (männlich, 16 Jahre, Materialistische Hedonisten)
- *Ein Haus, eine Familie gründen, Geld verdienen.* (männlich, 15 Jahre, Materialistische Hedonisten)
- *Die ideale Beziehung? Ich würde sagen, die Standardbeziehung: Frau und Kind oder Kinder.* (männlich, 16 Jahre, Materialistische Hedonisten)

Wenn ich mit meiner Schule fertig bin, dann will ich natürlich heiraten. Heiraten und dann Kinder kriegen, das will ich natürlich. Ich liebe Kinder. (weiblich, 15 Jahre, Materialistische Hedonisten)

Dass man sich länger ausstehen kann und nicht von Beziehung zu Beziehung wechselt. Zum Beispiel ausprobieren, ist die was, nein, dann die Nächste oder so etwas, sondern dass man sich wirklich findet sozusagen und weiß, dass man zusammenpasst und zusammen leben kann. (männlich, 15 Jahre, Materialistische Hedonisten)

In Zukunft? Dass der Junge auch etwas im Haushalt hilft und ich nicht alles machen muss. Dass er also auch Geschirr macht, Wäsche wäscht oder so. Und sich nicht so aufführt wie „der kleine Prinz", sondern dass er auch alles macht. Auch mal Essen macht. (weiblich, 14 Jahre, Materialistische Hedonisten)

Wenn alles nach mir läuft, alles nach meiner Nase, das ist für mich die ideale zukünftige Beziehung. Dass die Frau halt einfach mehr oder weniger darauf hört, was ich sage. Was sich auch hart anhört, aber ich bin halt so einer, der seinen Willen durchsetzen will, und mir dann einfach denke: Wieso macht sie es nicht einfach so, wie ich es will, oder hört auf mich und Ende? So einer bin ich. Das ist für mich die ideale Beziehung, dass alles nach meiner Nase läuft, auch wenn sich das ein bisschen oberflächlich anhört. (männlich, 16 Jahre, Materialistische Hedonisten, Migrationshintergrund)

Jugendliche der Prekären Lebenswelt sehen in einer frühen Bindung den Fels in der Brandung.

Jugendliche aus der Prekären Lebenswelt kommen teils aus schwierigen Familiensituationen. Im Gruppenvergleich ist auffällig, dass - auch bei Jungen - deutlich früher gegengeschlechtliche Beziehungen interessant und „wichtig" sind als in anderen jugendlichen Lebenswelten. Der Wunsch nach Stabilität, der weder in der Familie noch völlig zuverlässig im Freundeskreis eingelöst wird, soll in der romantisch idealisierten Zweierbeziehung erfüllt werden. Der Mangel an Halt führt dazu, dass sich Jugendliche der Prekären Lebenswelt vergleichsweise früh binden (möchten). Familiengründung kann für sie darüber hinaus eine Aussicht auf Gelingen beinhalten, die in vielen anderen Bereichen unwahrscheinlicher erscheint. Die Mädchen erwarten von einer (zukünftigen) „festen" Beziehung zudem Schutz und auch Kompensation für frühere Verletzungen, Jungen wünschen sich eine gewisse „Offizialität" der Beziehung und in vielen Fällen die „Bestimmerrolle".

Typische **Zitate** zur Illustration

Also ich will eine feste Beziehung haben, das ist mir wichtig, weil ich sehr Angst habe, da wieder verarscht zu werden und verletzt zu werden Also von meiner besten Freundin, Family habe ich keine Umarmungen abgewehrt, aber von allen anderen habe ich immer abgewehrt, konnte nicht lieben, konnte nicht vertrauen, bin ganz schön stur geworden, also auch still. Und da war auch schon die Angst da, was wäre, wenn da noch so einer so was macht. (weiblich, 17 Jahre, Prekäre)

Ja, in naher Zukunft Kinder auf jeden Fall. Dann hat man gemeinsame Partnerarbeit. Weil wenn man eine Familie hat, dann muss man ja auch wirklich zusammenhalten. (weiblich, 15 Jahre, Prekäre)

Mit 20? Ich werde heiraten. Ich arbeite. (weiblich, 14 Jahre, Prekäre)

Spätestens wenn ich arbeite, möchte ich eine feste Beziehung. (männlich, 16 Jahre, Prekäre)

Dann bin ich zusammen mit der so ein paar Jahre, und dann wenn man es merkt, das ist echt ernst, dann heiratet man. (männlich, 15 Jahre, Prekäre)

Wichtig für eine zukünftige Beziehung? Erst mal gucken, wie sie sich anzieht oder wie sie ist. Wenn sie hört. Also wenn sie auf ihre Eltern hört, dann weiß ich ja, sie ist nett oder sie ist korrekt und so, wenn sie nicht, dann weiß ich, dann hat das keinen Sinn. (männlich, 15 Jahre, Prekäre)

In der „Mitte" wird die Familiengründung vertagt, bis man sich in gesicherten Verhältnissen befindet.

Auch Adaptiv-Pragmatische haben einen klaren Wunsch nach stabilen Verhältnissen. Vor allem Beziehungen, die schon viele Jahre gehalten haben, nennen sie als ideale Partnerschaften. Allerdings möchten Jungen wie Mädchen sich zunächst auf ihre Ausbildung konzentrieren, einen gewissen gesellschaftlichen oder materiellen Status erreichen, bevor sie sich „endgültig binden". Es besteht durchaus der Anspruch, dass eine Liebe ein Leben lang halten soll, es müssen jedoch vorher noch andere Stationen im Leben erreicht werden. Die Zukunftsvisionen sind aber eine romantische Beziehung, ein schönes Zuhause und eigene Kinder, wobei sowohl Frauen wie Männer beabsichtigen mit Kindern berufstätig zu sein. Beide Geschlechter streben dabei eine gerechtere Verteilung der häuslichen Aufgaben an.

Adaptiv-pragmatische Mädchen wollen auf eigenen Beinen stehen, einen eigenen Beruf haben und nicht vom Partner abhängig sein. Bei Adaptiv-pragmatischen Jungen ist die Intellektualität bzw. die Ausbildung und Berufstätigkeit der Partnerin zwar nicht unwichtig, steht aber nicht im Fokus.

Typische **Zitate** zur Illustration

- *Natürlich auch gucken, ob es auch Zukunftsaussichten gibt so. Also auch eine Beziehung, die sich auf lange Zeit bewährt.* (männlich, 16 Jahre, Adaptiv-Pragmatische)

- *Wenn man noch in der Schule oder beim Studium ist, ist eine Beziehung oft ein Hindernis. Man braucht für eine Beziehung auch Zeit. Diese kann man während des Studiums nur selten aufbringen. Und da kommt es zu Konflikten. Deswegen ist eine Beziehung eigentlich ein Hindernis. Wenn man einen Beruf, also so einen Boden, aufgebaut hat, kann man sich auf eine Beziehung einlassen.* (männlich, 16 Jahre, Adaptiv-Pragmatische)

- *Erst mal die Schule fertig, dann Studium und dann einen Job finden. Irgendwann auch Freundin finden und die richtige, und, und, und.* (männlich, 15 Jahre, Adaptiv-Pragmatische)

- *Meine Freunde sehen das anders. Sie legen eher auf das Äußere wert. Und das geht dann immer nur so einen Monat, und dann machen sie wieder Schluss. Das ist nichts für mich.* (männlich, 16 Jahre, Adaptiv-Pragmatische)

- *Es gibt ja diese Diskussion: Ist es besser, wenn man früher Mutter wird, oder ist es besser, wenn man später Mutter wird, dann kann man davor Karriere machen? Ich möchte auf jeden Fall nicht so früh Mutter werden. Ich bin auch nicht die Art von Frau, die sagt, ich möchte unbedingt drei Kinder haben.* (weiblich, 17 Jahre, Adaptiv-Pragmatische)

- *Dann eine gerechte Aufgabenverteilung, sodass halt der Mann genauso viel macht, wie die Frau zum Beispiel.* (männlich, 17 Jahre, Adaptiv-Pragmatische)

- *Sie muss jetzt nicht intelligent, also schon intelligent, aber sie muss jetzt kein As sein in der Schule oder im Beruf irgendwie. Nett sein, witzig sein und ich muss mich gut mit der verstehen können und halt gut zueinander passen usw.* (männlich, 15 Jahre, Adaptiv-Pragmatische)

In den postmodernen Milieus besteht eine völlig offene Herangehensweise an Familiengründung und oft eine latente Beziehungsskepsis.

Sowohl Experimentalistische Hedonisten wie auch Expeditive möchten sich ausleben, ausprobieren und entwickeln, bevor sie überhaupt an Familiengründung denken. Ihr Zeithorizont ist dabei eher 30 plus.

Experimentalistische Hedonisten und Expeditive streben dabei nicht per se eine feste Beziehung an, was sie von den meisten anderen Lebenswelten deutlich unterscheidet. Die erste Beziehung muss zudem nicht gleich perfekt sein oder lange halten, diesen Traum hegen sie oft nicht. Stattdessen sind viele überzeugt, dass Beziehungen immer auf dem Prüfstand stehen und es dazu gehört, an einer Partnerschaft zu arbeiten. Von gemeinsamer Lebens- und Zukunftsplanung sind die Experimentalistischen Hedonisten derzeit noch weit entfernt: In einer Partnerschaft möchten sie die gemeinsamen Momente genießen, sehen „Beziehung" aber bis auf Weiteres eher als „Phase", und eine (optionale) Familiengründung wird jenseits der 30 gedacht.

Typische **Zitate** zur Illustration

- *Es ist mir eigentlich egal, auch wenn ich Single bin, lebe ich trotzdem weiter. Und wenn ich eine Beziehung habe, auch.* (weiblich, 14 Jahre, Experimentalistische Hedonisten)

- *Aber ob das wirklich wichtig ist, eine Beziehung zu haben? Ich glaube, so richtig wichtig ist es nicht. Wenn es kommt, dann kommt es halt. Das kann man ja nicht wirklich beeinflussen. Deswegen finde ich es nicht wichtig. Wenn es passiert, dann passiert es halt. Aber man muss keine Beziehung haben, damit man sich besser fühlt.* (männlich, 16 Jahre, Expeditive)

- *Ich habe bisher nicht so gute Erfahrungen gemacht. Aber ich gebe deswegen die Hoffnung nicht auf. Ich glaube aber nicht wirklich an die einzig wahre Liebe. Ich glaube, man muss immer an einer Beziehung arbeiten.* (weiblich, 16 Jahre, Experimentalistische Hedonisten)

- *Später, dass man dann zusammen bleibt, dass man vielleicht heiratet und dann halt Kinder hat letztendlich.* (männlich, 17 Jahre, Experimentalistische Hedonisten)

Expeditive haben häufig zum jetzigen Zeitpunkt Zweifel, ob sie reif genug für eine langfristige Beziehung und Familienplanung sind, da sie sich selbst noch im „Entwicklungsstadium" sehen. Eine solche Festlegung können sie sich erst in weiterer Zukunft vorstellen. Für sie beinhaltet der Entwicklungsprozess hin zu einer durchaus gewünschten „andauernden Beziehung" eben auch das Sammeln von Erfahrungen und eventuelle Fehlschläge. Klassische Beziehungsideale wie „Ehe, Haus und Kinder" werden nicht per se angestrebt. Sollte man den richtigen Partner gefunden haben, schließen sie dies aber auch nicht aus. Traditionelle Rollenverteilungen und -bilder haben dabei allerdings keinerlei Relevanz. Und vor allem der Aspekt „Kinder bekommen" löst bei den Expeditiven Mädchen im Milieuvergleich die größte Unsicherheit aus: Können Kinder überhaupt mit Selbstentfaltung, Berufsplänen und Beziehung vereinbart werden? Hier werden möglicherweise bestehende Angebote anscheinend nicht oder als unzureichend wahrgenommen.

Typische **Zitate** zur Illustration

Dass man auch das Gefühl hat, man könnte ohne den anderen leben, gerade in meinem Alter ist es nicht sehr wahrscheinlich, dass man für immer zusammen bleibt. (weiblich, 17 Jahre, Expeditive)

Aber die Eltern einer Freundin sind zusammen, seit sie 15 sind. Und die sind auch stolz drauf. Meine Freundin möchte das eigentlich genauso machen. Ihr erster Freund soll auch ihr letzter Freund werden. An sich finde ich das süß, und natürlich ist es schön, wenn man gleich beim ersten Mal den passenden Partner findet. Aber im Moment kann ich mir das nicht vorstellen, weil ich dann das Gefühl hätte, etwas verpasst zu haben. Man hätte dann diese eine Beziehung, man hätte aber nie jemand anderes, der vielleicht vollkommen anders wäre. (weiblich, 15 Jahre, Expeditive)

Ich möchte auf jeden Fall schon eine Partnerschaft haben, Kinder weiß ich noch nicht, da bin ich mir sehr unsicher. Ich denke, das kann man mit 17 noch nicht so sagen. Mir ist es wichtig, dass ich finanziell unabhängig bin, weil so Partnerschaft ist ja schön und gut, aber da kann man sich auch nicht hundert Prozent drauf verlassen. Wenn es schief geht, geht es halt schief, da muss man selber mit klarkommen. (weiblich, 17 Jahre, Expeditive)

Es ist ein Unterschied, wenn man eine Beziehung hat in unserem Alter. Dann weiß man, das hält eh nicht für immer. Wenn man Mitte 20 ist, wenn man da jemanden kennenlernt, in den man sich dann auch verliebt, dass es dann schon etwas Ernsteres ist, als wenn es mit 16 oder 17 ist. (weiblich, 16 Jahre, Expeditive)

Ich denke, man entwickelt sich einfach zwischen 17 Jahre und 25 so stark. Ich weiß nicht, ob ich mit 25 noch genauso bin, wie ich jetzt bin, und ob das dann noch passt. Aber wenn alles passt, wieso nicht heiraten? Es spricht nichts dagegen, aber es ist jetzt auch kein Zwang. Ich finde es gut, dass es nicht so ist wie früher, dass man zwanghaft verheiratet sein muss. (weiblich, 17 Jahre, Expeditive)

Auszüge aus Gesprächen zwischen Jugendlichen zum Thema **Liebe und Partnerschaft**

Interviewerin: weiblich, 17 Jahre, Expeditive

Könntest du dir vorstellen, mit einem Partner aus deiner Jugend für den Rest deines Lebens zusammen zu sein, oder wäre das für dich irgendwie merkwürdig?

Also ich glaube, das ist schwer zu sagen. Ich denke schon, dass es das gibt, dass man dann wirklich die Person trifft, mit der man so seelenverwandt ist. Vielleicht gibt's das ja bei manchen, aber ich denke, dass es nicht oft vorkommt. Also wenn es so ist, dann ist es natürlich toll, weil dann erspart man sich ja auch einiges, aber ich weiß es nicht. Ich glaube eher nicht, aber ich weiß es nicht. Weil wenn man so jemanden trifft, der dann Seelenverwandter ist, dann ist ja gut.

Kannst du dir überhaupt vorstellen, mit jemandem dein ganzes Leben zusammen zu sein?

Ja, wenn's passt. Also klar, mal so seinen Freiraum zu haben und vielleicht mal was für sich selber zu machen, ist auch wichtig, aber ich find's auch schön, wenn du einfach jemand hast. Klar, mit seinen Freunden kann man auch alles teilen, aber mit einem Partner ist es ja noch mal was anderes. Da kann man ja noch mal andere Sachen erleben. Vielleicht noch so eine Person zu haben, bei der man weiß, wenn man jetzt mehr in die Zukunft denkt, wenn man dann nach Hause kommt und es ist jemand da, ich find das schon wichtig.

Willst du mal Kinder haben?

Aber jetzt nicht einen Haufen. Also fünf Kinder oder so, ich glaube, das wär mir zu viel, weil ich dann Angst hätte, dass ich selber und meine Interessen auf der Strecke bleiben.

Was meinst du mit Interessen? Dein Job, oder ...?

Hobbys oder Job, so was. Dass man dann da so Einschränkungen machen kann. Weil selber arbeiten gehen ist ja auch schon wichtig. Also ich muss ja nicht nur zuhause hocken.

WIE STELLST DU DIR DAS DANN VOR, WENN DU KINDER HAST? ALSO WIE DENKST DU, SIEHT DANN DEIN LEBEN AUS?

> *Ich denke, da verändert sich schon einiges. Man muss sich ja dann umstellen (...) Und ich denke gerade am Anfang, wenn Kinder noch klein sind, ist es stressiger, weil du ja immer auf sie aufpassen musst. Du musst viel mehr für sie da sein und alles. Aber ich denke, dass es schon eine schöne Erfahrung ist, auch wenn's vielleicht stressig ist. Also für mich gehört das dazu, zum Leben, dass man irgendwann Familie mit Kindern hat. Also Familie heißt jetzt nicht, dass Kinder da sein müssen, eine Familie können auch einfach zwei Leute sein, aber für mich würde das dazu gehören.*

7.4 Vorbilder für „Beziehung"

Vorbild ist vor allem die Beziehung der Eltern – im Positiven wie im Negativen.

Über alle Milieus hinweg werden Eltern am häufigsten als Vorbild für eine ideale Partnerschaft genannt. Berühmte Persönlichkeiten oder Beziehung von Freunden fallen den Jugendlichen in diesem Zusammenhang deutlich seltener ein. Die Kinder schätzen an der Beziehung ihrer Eltern vor allem die Beständigkeit der Partnerschaft (der Zeithorizont der Jugendlichen erstreckt sich hierbei von mehreren Jahren bis hin zu über drei Dekaden), die Fähigkeit, mit Meinungsverschiedenheiten und Unzulänglichkeiten umzugehen und die erlebte gegenseitige Wertschätzung.

Typische **Zitate** zur Illustration

> *Beziehungsvorbilder? Meine Eltern eigentlich. Aber im Freundschaftskreis gibt es das nicht.* (männlich, 16 Jahre, Adaptiv-Pragmatische)

> [INT: HAST DU AUCH VORBILDER FÜR EINE BEZIEHUNG?] *Meine Eltern. Also ich merke, dass sie sich nach über 30 Jahren immer noch sehr wertschätzen.* (männlich, 16 Jahre, Adaptiv-Pragmatische)

> *Ich würde mal sagen wie meine Eltern. Mein Papa war voll das Kind, richtig kindisch so. Das ist auch immer voll lustig gewesen. Der war um die 40 und hat sich immer noch wie ein kleines Kind benommen. Das finde ich halt immer lustig. Und in der Familie tut sich das halt immer (auf) die ganze Familie positiv auswirken, wenn man die Eltern lachen sieht permanent. Und die Kinder einfach nur rumzanken oder so etwas. Das ist mir halt schon wichtig, dass ich auch einen Partner habe, den ich als besten Freund, als Ehemann und als Vater und als Spielkamerad sozusagen sehen kann, das wäre mir wichtig.* (weiblich, 16 Jahre, Konservativ-Bürgerliche)

> *Ich glaube, ich könnte das gar nicht so. Die kennen sich schon richtig lange. Und ich finde es echt extrem, dass man sich schon so lange kennt und sich immer noch liebt. Und dass man alles miteinander gemacht und alle Seiten voneinander gesehen hat.* (weiblich, 14 Jahre, Expeditive)

> *Meine Eltern. Die sind halt lange zusammen, haben oft Stress, aber auch nur ganz kurzen. Ob das jetzt stimmt, weiß ich auch nicht, aber die waren wohl noch nie kurz vor der Trennung oder vor einer „Auszeit". Die waren noch nie davor, meinten die, und sind jetzt immer noch zusammen, lieben sich immer noch, sind glücklich, haben eine Familie, zwei Kinder. Mein Vater arbeitet, meine Mutter, alles cool so. Das ist so diese Traumbeziehung.* (männlich, 16 Jahre, Materialistische Hedonisten)

Allerdings ist die Kehrseite davon, dass im Falle einer Trennung/Scheidung auch der Verlust der „Vorbilder" als besonders schmerzlich empfunden wird. Nicht-funktionierende Beziehungen der Eltern lösen dann häufig einen Abwehrmechanismus und ein Negativ-Vorbild aus: Man möchte auf keinen Fall so werden wie die eigenen Eltern. Besonders die stark familienorientierten Adaptiv-Pragmatischen nehmen dies als Anlass und Ansporn, es bei den eigenen Kindern besser zu machen. Bei den Experimentalistischen Hedonisten häuft sich die Korrelation von mangelndem Vorbild der elterlichen Beziehung mit eigener Beziehungsskepsis. Auffallend ist zudem, dass, wenn die Eltern kein Vorbild für Beziehung sind, auch kein anderes Paar genannt werden kann.

Typische **Zitate** zur Illustration

Meine Eltern streiten sich momentan bloß noch, schreien sich bloß noch an, was der andere nicht kann und was er für Scheiße macht. Nein, man kann sich ja mal streiten, aber wenn das wirklich so oft ist und so extrem, dann denke ich, so will ich auf keinen Fall werden. (weiblich, 16 Jahre, Experimentalistische Hedonisten)

Nein, nicht so direkt. Wo ich wirklich sagen kann, diese Beziehung ist perfekt, fällt mir jetzt niemand ein. (weiblich, 14 Jahre, Experimentalistische Hedonisten)

[INT: WAREN DIR DEINE ELTERN VORBILDER FÜR EINE BEZIEHUNG?] *Nein. Die haben ja relativ schnell geheiratet. Dann haben sie meinen Bruder bekommen. Und anderthalb Jahre später war ich da. Und dann haben sie sich auch relativ früh wieder getrennt. Gut, klar, meine Eltern sind Vorbilder für mich. Aber nur jeder einzeln. Also als Pärchen eher weniger.* (weiblich, 16 Jahre, Materialistische Hedonisten)

Also meine Eltern sind mir kein Vorbild, weil die ziemlich oft streiten, per Telefon, ja und da auch nicht so schöne Wörter gegeneinander fallen. Das will ich nicht, dass das mal so bei mir läuft. Ich habe eigentlich alles mitgekriegt. Wie die Trennung angefangen hat und wie es geendet hat. Mich hat es aufgefressen. Ich habe tagelang oder monatelang eigentlich fast nichts gegessen. Ich würde mich im Guten trennen, wenn es überhaupt sein muss. (...) Ja, also ich möchte nicht, dass meine Kinder in Scheidung leben. Weil ich das ja jetzt selber alles mitgekriegt habe, wie das abgelaufen ist und so möchte ich das nicht, dass meine Kinder das so haben. Sie sollten schon beide Elternteile haben. (männlich, 15 Jahre, Adaptiv-Pragmatische)

8 Glaube und Religion

Dieses Kapitel wurde bei Erstveröffentlichung ohne die korrekte Creative Commons Lizenz veröffentlicht. Die korrekte Lizenz finden Sie am Ende des Kapitels. Ein Erratum zu diesem Kapitel ist verfügbar unter DOI 10.1007/978-3-658-12533-2_14

M. Calmbach et al., *Wie ticken Jugendliche 2016?*,
DOI 10.1007/978-3-658-12533-2_8

Wie in vielen anderen Lebensbereichen hat auch im Hinblick auf Glaube und Religion in den letzten Jahrzehnten eine Pluralisierung stattgefunden. Das Spektrum religiöser Gemeinschaften hat sich innerhalb des Christentums (z. B. Freikirchen, charismatische und evangelikale Gruppierungen), aber auch durch die Verbreitung nichtchristlicher Religionen, v. a. des Islam, in Europa enorm erweitert. Hinzu kommen nicht unmittelbar religionsgebundene Formen der Spiritualität.

Schon die SINUS-Jugendstudien 2008 und 2012 haben zum Themenkomplex Glaube, Religion und Kirche gezeigt, dass Jugendliche ein Bedürfnis nach Sinnfindung haben, dieses jedoch häufig als „religiöse Touristen" mit einem individuell zusammengestellten Patchwork aus einer Vielzahl von religiösen, quasireligiösen bzw. spirituellen Angeboten befriedigen. Sie finden den gesuchten Sinn also heute nicht mehr zwingend in einer Religion oder Kirche, sondern sie entwickeln aus verschiedenen Quellen einen „persönlichen Glauben". Dieser Glaube ist für Jugendliche veränderbar und individuell, während Religion und Kirche eher als institutionell und damit unbeweglich wahrgenommen werden. Trotzdem gehört nach wie vor die Mehrheit junger Menschen in Deutschland einer Glaubensgemeinschaft oder Kirche an. Konfessionslos sind laut der aktuellen Shell-Jugendstudie nur 23% der 12- bis 25-Jährigen in Deutschland.

Seit Erscheinen der letzten SINUS-Jugendstudie gab es zahlreiche Ereignisse rund um Glaube, Religion und Kirche, die von den Medien und einer breiten Öffentlichkeit aufmerksam verfolgt wurden. Man denke hier nur an den historisch einmaligen Rücktritt von Papst Benedikt, dem ersten Papst deutscher Herkunft seit vielen Jahrhunderten, und die Wahl von Papst Franziskus im Jahr 2013. Schon kurze Zeit später löste der Veruntreuungsskandal um den damaligen Limburger Bischof Franz-Peter Tebartz-van Elst eine breite Diskussion über die Strukturen und Vermögensverhältnisse der katholischen Kirche aus. Für Jugendliche, die sich in der evangelischen Kirche engagieren, sind die ersten Vorzeichen des Lutherjahres 2017 erkennbar, mit dem 500 Jahren Reformation in Deutschland gedacht wird.

Vor allem durch die Terroranschläge von Al Qaida und spätestens seit 2013 durch die kriegerischen Aktivitäten des sogenannten „Islamischen

Staates" in Syrien und dem Irak ist die Diskussion über den Islam und verschiedene Formen des Islamismus wiederbelebt worden. In Dresden gründete sich 2014 die rechtspopulistische Bewegung „Patriotische Europäer gegen die Islamisierung des Abendlandes" (Pegida), in der sich sehr deutlich islamophobe und fremdenfeindliche Tendenzen zeigen. Die Terroranschläge in Frankreich im Januar und November 2015 markieren einen neuen negativen Höhepunkt von Gewalt, die vordergründig im Namen einer Religion verübt wird und erhebliche Konsequenzen für den Umgang mit religiöser Vielfalt hat. Besondere Relevanz hat diese Entwicklung mit Blick auf die wachsende Zahl Geflüchteter verschiedener nationaler, kultureller und religiöser Herkunft in Deutschland und die damit verbundene große Herausforderung der kommenden Jahre, einen erfolgreichen Umgang mit dieser v. a. religiösen Vielfalt zu bewerkstelligen.

Vor dem Hintergrund dieser Ereignisse war ein Auftrag der aktuellen Studie, erneut nach Glaube und Religion im Alltag junger Menschen zu fragen. Dabei richtet sich der Blick zunächst auf die eigene Zugehörigkeit zu Glaubensgemeinschaften und die Frage, wie stark die Bindung in diesem Bereich ist und worauf sie sich stützt. Ebenso wurden die Jugendlichen dazu befragt, ob und wie sich Glaube und Religion in ihrem konkreten Alltag äußern und was es für sie bedeutet, den eigenen Glauben zu leben. Dabei werden im Folgenden auch Unterschiede zwischen christlichen und muslimischen Jugendlichen beleuchtet.

Aufgrund der beschriebenen aktuellen politischen und gesellschaftlichen Entwicklungen liegt bei der diesjährigen Studie ein besonderer Fokus auf dem Umgang der Jugendlichen mit religiöser Vielfalt. Gefragt wurde nach der religiösen Vielfalt im persönlichen Umfeld (v. a. im Freundeskreis), dem alltäglichen Austausch über Religion sowie nach konkreten Berührungspunkten mit anderen Religionen. Ein weiteres Interesse galt der Frage, ob und wie Jugendliche religiöse Konflikte wahrnehmen, wie sie diese bewerten und inwiefern diese einen Einfluss auf ihren persönlichen Glauben sowie ihre grundsätzliche Einstellung zu Glaube und Religion haben.

8.1 Zugehörigkeit zu einer Glaubensgemeinschaft

Die individuelle Auffassung von Glaube und Religion ist nicht nur durch die Lebenswelt, sondern auch durch die Glaubensrichtung bestimmt.

Der individuelle Glaube, die Zugehörigkeit zu einer Glaubensgemeinschaft und die aktive Mitwirkung in dieser Glaubensgemeinschaft stehen für viele Jugendliche nach wie vor in keinem direkten Zusammenhang, sondern werden unabhängig voneinander betrachtet. Vor allem für Adaptiv-Pragmatische, Expeditive und Experimentalistisch-Hedonistische Jugendliche ist es kein Widerspruch, an etwas zu glauben, ohne sich als religiös zu bezeichnen oder als Teil einer Glaubensgemeinschaft zu sehen. Noch am ehesten findet sich der Dreiklang religiöser Praxis bei Konservativ-Bürgerlichen und Sozialökologischen Jugendlichen als zusammenhängendes Konzept: Wer glaubt, gehört einer Religionsgemeinschaft an, und wer einer Religionsgemeinschaft angehört, praktiziert zumindest die zentralen Rituale dieser Religion.

Neben der Zugehörigkeit zu einer Lebenswelt bestimmt aber auch die jeweilige Glaubensrichtung selbst, wie Glaube verstanden und gelebt wird. In den folgenden Abschnitten werden daher insbesondere auch Unterschiede zwischen christlichen und muslimischen Jugendlichen in punkto Religionsverständnis dargestellt. Hier zeigt sich ein unterschiedliches Ausmaß an Selbstverständlichkeit und positiver Identifikation mit dem Glauben sowie eine jeweils anders gelagerte Einbettung religiöser Rituale in den Familienalltag. An dieser Stelle ist aber ein Hinweis auf die Stichprobe bedeutsam, um die Ergebnisse entsprechend einzuordnen: Unter den insgesamt 72 Befragten sind 14 muslimische Jugendliche. Davon besuchen sechs eine Hauptschule und jeweils vier eine Realschule bzw. das Gymnasium. Der Überhang der Hauptschüler unter den muslimischen Jugendlichen ist bei der Interpretation der folgenden Aussagen zu dieser Gruppe zu berücksichtigen. In anderen Worten: Die Befunde zu muslimischen Jugendlichen sagen v. a. etwas über die Muslime aus bildungsbenachteiligten Lebenswelten aus.

Christliche Jugendliche unterscheiden deutlicher zwischen persönlichem Glauben und Religionszugehörigkeit als muslimische.

Christliche Jugendliche beschreiben ihren Glauben häufig als eine Art Vertrauen in eine höherstehende Macht, oder als persönliche Strategie, sich mit dem Schicksal zu arrangieren bzw. ihm Sinn zu verleihen. Glaube ist für sie etwas Individuelles, das nicht unbedingt mit einer bestimmten Institution oder Religion verknüpft sein muss. Sie koppeln ihren Glauben in sehr unterschiedlicher Form an konkrete Rituale oder Aktivitäten. Teilweise berichten sie von regelmäßigen Kirchenbesuchen oder der Teilnahme an der kirchlichen Jugendarbeit. Bei anderen Jugendlichen, die ebenso mit dem Glauben verbunden sind, beschränkt sich die Mitwirkung auf den Gottesdienstbesuchen zu Weihnachten und Ostern, oder es werden gar keine Aktivitäten innerhalb der Glaubensgemeinschaft beschrieben.

> *Ich glaube ein bisschen an das Schicksal und glaube, dass bestimmte Sachen einfach vorbestimmt sind, weil ich einfach echt schon so krasse Sachen erlebt habe, wo ich dachte, es kann nicht einfach so passiert sein, das muss irgendeinen Hintergrund haben. Aber ich glaube jetzt nicht an Gott oder irgendwie sowas.* (weiblich, 17 Jahre, Experimentalistische Hedonisten, christlich)

> *Ich glaube an etwas Höherstehendes, ob das jetzt Gott ist oder jemand anderes, lass ich auch offen. Kein Mensch weiß das. Ich glaube an den Himmel, aber ich glaube jetzt nicht an die einzelnen Geschichten. Ich denke schon, dass es einen Menschen gegeben hat, ob der jetzt Jesus hieß oder nicht, und dass der Glauben verbreitet hat und erzählt hat, dass er das Kind Jesu ist. Aber das Ganze mit Moses, der hat das Wasser geteilt und so, das glaube ich jetzt nicht so. Aber ich bin kein Mensch der jetzt so stark einen großen Glauben hat.* (männlich, 15 Jahre, Materialistische Hedonisten, keine Religionsgemeinschaft)

Für das Selbstverständnis muslimischer Jugendlicher spielt Religion oft eine größere Rolle als bei christlichen Jugendlichen.

Deutliche Unterschiede in der Bedeutung der Religionszugehörigkeit im Alltag gibt es zwischen christlichen und muslimischen Jugendlichen:

Für christliche Jugendliche spielt die Konfessionszugehörigkeit keine besondere Rolle, sie bezeichnen sich häufig ganz allgemein als Christinnen oder Christen. Dies gilt auch, wenn sie an der Firmung bzw. der Konfirmation teilgenommen und sich damit (eigentlich) verbindlich für eine Konfessionszugehörigkeit entschieden haben. Entsprechend werden auch beim Gottesdienstbesuch oder in der Jugendarbeit die Angebote der eigenen Konfession genauso wie die anderer Konfessionen genutzt. Teilweise nimmt man am Religionsunterricht teil, teilweise ist man in das Fach Ethik gewechselt, weil dieses interessanter als der Religionsunterricht erscheint. Christliche Jugendliche sprechen positiv über ihre Religionszugehörigkeit, sind aber bemüht, diese auch immer wieder zu relativieren („also richtig religiös bin ich nicht"). Sie loten aus, wie weit Religiosität sozial akzeptiert ist; als „streng gläubig" möchte man keinesfalls wahrgenommen werden.

Typische **Zitate** zur Illustration

Ich habe Konfirmation gemacht, aber ich würde mich selbst nicht als religiös bezeichnen. (…) Bis zur 9. Klasse war ich auch evangelisch in der Schule und danach habe ich in Ethik gewechselt. Hat mich mehr interessiert. Ich fand es nicht spannend, irgendwelche Bibelgeschichten zu lesen. In Ethik hat man mehr so philosophische Sachen gemacht, so mit Strafe, Gerechtigkeit und so. Das fand ich viel, viel interessanter. (weiblich, 17 Jahre, Expeditive, christlich)

Es ist jetzt nicht so, dass wir oder ich jeden Abend beten. Das war früher so. Da haben wir das öfter gemacht. In letzter Zeit fällt mir auf, wir beten nicht mehr so oft vor dem Essen, aber eigentlich machen wir das schon, also so Tischgebet. (weiblich, 16 Jahre, Sozialökologische, christlich)

[INT: WIE IST DAS BEI DIR MIT RELIGION ODER GLAUBEN, IST DAS EIN WICHTIGES THEMA?] *Schon. Ich gehe auch in die Kirche. Nicht jede*

Woche, aber hin und wieder auf jeden Fall und natürlich auch an Weihnachten und Ostern und sowas. (männlich, 16 Jahre, Materialistische Hedonisten, katholisch)

Ich bin evangelisch getauft, und konfirmiert bin ich auch im evangelischen Religionsunterricht. Ich bin aber eigentlich in der katholischen Jugendrunde, weil da viele meiner Freunde sind. Aber wirklich gläubig bin ich nicht. (weiblich, 17 Jahre, Adaptiv-Pragmatische, evangelisch)

Es ist schon wichtig, aber nicht so, dass ich da jetzt alles darauf aufbaue. Aber es ist mir schon wichtig. (weiblich, 17 Jahre, Sozialökologische, katholisch)

Muslimische Jugendliche nennen als Beispiele für die aktive Mitwirkung in ihrer Glaubensgemeinschaft u. a. den Koran-Unterricht, regelmäßige Gebete, den Ramadan, das Zucker- und Opferfest. Auch wenn es hier wie bei den christlichen Jugendlichen eine große Bandbreite der gelebten Zugehörigkeit zur Religionsgemeinschaft gibt, berichten deutlich mehr muslimische Jugendliche über ihre religiöse Praxis im Alltag als Jugendliche anderer Glaubensrichtungen. Viele zeigen eine selbstbewusste, positive und zweifelsfreie Identifikation mit ihrem Glauben, der auch sehr stark im sozialen Zusammenhang der Familie gelebt wird.

[INT: Bist du religiös?] *Ja.* [INT: Woran glaubst du?] *An Allah. Ich war auch früher in einem Koran-Kurs.* (weiblich, 14 Jahre, Materialistische Hedonisten, muslimisch)

Ja. Also, ich bin kein strenger Moslem und so, aber ich versuche, ein guter Moslem zu sein. (männlich, 15 Jahre, Konservativ-Bürgerliche, muslimisch)

Interviewer: männlich, 16 Jahre, Materialistische Hedonisten, muslimisch

Auszüge aus Gesprächen zwischen Jugendlichen zum Thema **Glaube und Religion**

Also die Frage ist sehr einfach, denkst du, dass alles um uns herum einen Schöpfer hat?

Natürlich. Ohne einen Schöpfer würde die ganze Welt gar nicht entstehen. Die Erde hat auf jeden Fall einen Schöpfer, weil die Erde kann ja nicht einfach so auf die Welt kommen. Alles hat einen Anfang und alles hat ein Ende, würde ich sagen.

IN WELCHER RELIGION BIST DU?

Ich bin muslimisch und denke, dass es einen Schöpfer gibt namens Allah, und dass die ersten Menschen Adam und Eva sind, und eines Tages wird die Erde auch untergehen. Das heißt in anderen Worten, auch im deutschen Wort, Apokalypse nennt man das.

UND DENKST DU, DASS DIE APOKALYPSE AUCH STATTFINDEN WIRD?

Natürlich wird das stattfinden. Im Koran wird auch die Apokalypse beschrieben. Sie wird an einem Freitag stattfinden.

WARUM AUSGERECHNET AN EINEM FREITAG? KANN DAS NICHT AUCH AN EINEM SONNTAG ODER AM DONNERSTAG SEIN?

Die Frage kann ich leider nicht beantworten, aber ich würde eher mal sagen, da die Muslime an einem Freitag in die Moschee gehen. Ja, ich würde sagen, an einem Freitag. Das steht im Koran so geschrieben.

UND DENKST DU, DASS GOTT JETZT ALLES ERSCHAFFEN HAT AUF DIESER WELT?

Ja natürlich, alles. Alles, von A bis Z.

Das Interesse an Sinnfragen ist unabhängig von der Zugehörigkeit zu einer Glaubensgemeinschaft.

Egal ob muslimisch, christlich oder ohne konfessionelle Zugehörigkeit: Jugendliche interessieren sich für grundlegende Fragen des Lebens – allerdings für jeweils unterschiedliche Themen. Während christliche und nicht-religiöse Jugendliche vor allem die Frage bewegt, woher wir kommen und was nach dem Tod kommt, ist für muslimische Jugendliche häufig relevant, was gerecht oder moralisch richtig ist. Hierfür suchen sie teilweise auch Antworten in ihrer Religion.

Typische **Zitate** zur Illustration

Im Koran steht ja, der Verkäufer und der Nehmer vom Alkohol ist sozusagen eine Sünde oder so. Da habe ich halt den Imam gefragt, wenn man jetzt im Supermarkt arbeitet, ob das jetzt auch so ist. Weil man nimmt ja sozusagen Alkohol, also in dem Geschäft, und verkauft das. Das ist mir einfach so im Kopf steckengeblieben. Da dachte ich, okay, vielleicht ... Da habe ich einfach so gefragt und der meinte dann halt, das wäre für einen Moslem eine Sünde. (männlich, 16 Jahre, Materialistische Hedonisten, muslimisch)

Es beschäftigt einen schon sehr, auch wenn man selber nicht so gläubig ist. Man denkt halt darüber nach, was ist beispielsweise nach dem Tod, gibt es wirklich einen Gott, der dich dann danach in den Himmel schickt oder nicht. Das sind halt Fragen über Fragen, die alle unbeantwortet bleiben. (männlich, 16 Jahre, Adaptiv-Pragmatische, keine Religionsgemeinschaft)

Für Jugendliche ohne Mitgliedschaft in einer Glaubensgemeinschaft sind Religionen oft interessant und exotisch-reizvoll.

Jugendliche, die nicht Mitglied einer Glaubensgemeinschaft sind, beschäftigen sich mit den großen Weltreligionen häufig besonders intensiv, da die Zugehörigkeit zu einer Religion für sie nicht selbstverständlich ist. Manche beten auch zu Gott oder einer anderen höheren Macht. Großes Interesse zeigen diese Jugendlichen für Religionen, die in Deutschland weniger stark vertreten sind, z.B. Buddhismus, Hinduismus oder Judentum. Da Religion für sie nicht qua Familientradition vorgegeben ist, beziehen sie verschiedene Glaubensrichtungen in ihre Auswahl „sympathischer Religionen" mit ein. Hierbei interessieren sie sich für die jeweiligen Dogmen und Überzeugungen, aber mehr noch für den zugehörigen Lebensstil. Jugendliche aus der Prekären Lebenswelt würden Religionen gern einmal kurzfristig und unverbindlich „ausprobieren", um zu testen, was dahinter steckt, ähnlich wie bei der Auswahl einer neuen Sportart. Experimentalistischen Hedonisten geht es eher um ein aufregendes Experiment, verbunden mit der Suche nach Antworten auf existentielle Fragen und die Erweiterung des eigenen Horizonts.

Typische **Zitate** zur Illustration

- *Ich bin zwar keine Religiöse, aber ich bete manchmal zu Gott. Ob ich daran glaube oder nicht.* (weiblich, 17 Jahre, Prekäre, keine Religionsgemeinschaft)

- [INT: GIBT ES EINE GLAUBENSGEMEINSCHAFT, DIE DU INTERESSANT ODER SYMPATHISCH FINDEST?] *Interessant sind die eigentlich alle. Die ich am interessantesten finde, das sind die Buddhisten.* [INT: WAS FINDEST DU DARAN INTERESSANT?] *Die Art und Weise, wie die leben und wie die denken, wie es nach dem Tod ist zum Beispiel, das finde ich interessant. Die ganze Kultur.* (weiblich, 16 Jahre, Experimentalistische Hedonisten, keine Religionsgemeinschaft)

- *Ich mache aber Religionsunterricht in der Schule. Das war anfangs so, weil mich meine Eltern dort angemeldet hatten. Ich mache es auch noch immer, denn ich finde es interessant. Und es ist wichtig, darüber Bescheid zu wissen. Der Religionsunterricht war für mich nie ein Problem, obwohl ich ziemlich sicher bin, dass ich nicht gläubig bin.* (weiblich, 15 Jahre, Expeditive, keine Religionsgemeinschaft)

- *Wir haben auch da unten den Koran stehen. Den habe ich durchgelesen, um herauszufinden, was da so für Zeugs drin steht.* (männlich, 17 Jahre, Konservativ-Bürgerliche, keine Religionsgemeinschaft)

- *Mich interessiert es einfach, wie die leben. Wenn man es selbst erleben kann oder die besuchen kann, das finde ich schon interessant. Das fand ich auch in Thailand so interessant.* (weiblich, 16 Jahre, Experimentalistische Hedonisten, keine Angabe zur Religionsgemeinschaft)

- *Jetzt bei den Juden würde ich das gerne mal machen. Das würde ich mal gerne machen.* [INT: WIESO DAS?] *Das interessiert mich, das finde ich toll ... Ich verstehe das auch nicht mit dem Zweiten Weltkrieg und... Und ich mag halt Juden, und wenn ich das so sehe und wie das so immer abläuft, das würde ich auch gerne mal machen.* (weiblich, 17 Jahre, Prekäre, keine Religionsgemeinschaft)

- *Also natürlich, ich finde die Religion alles in allem schon interessant, zum Beispiel den Islam oder so. Natürlich, ich erfahre immer gerne neue Sachen, aber ich glaube, ich könnte das selber nicht, mich an so Sachen halten, Verpflichtungen oder sowas. Das ist schon interessant, mehr über die Religion zu erfahren und wie die Leute damit leben.* (weiblich, 15 Jahre, Experimentalistische Hedonisten, keine Religionsgemeinschaft)

[INT: Wie ist es für dich, mit dem muslimischen Glauben in Kontakt zu kommen, was denkst du darüber?] *Ich habe mit anderen Religionen gar keine Probleme, ich finde es interessant. Ich lasse mir da auch gerne was dazu erzählen. Ich komme gerne damit in Kontakt.* (weiblich, 16 Jahre, Experimentalistische Hedonisten, keine Religionsgemeinschaft)

Jugendliche ohne Religionszugehörigkeit können sich kaum vorstellen, Mitglied einer Religionsgemeinschaft zu werden.

Jugendliche ohne Religionszugehörigkeit gehen oft davon aus, dass Religionen sinnstiftend sind und eine Orientierung geben können. Gleichzeitig empfinden sie es als exotisch, an „überirdische Dinge" zu glauben, die unter Umständen gar nicht so stattgefunden haben. „Etwas zu glauben" bedeutet für sie tatsächlich und konkret an das zu glauben, was in den entsprechenden Schriften steht - und mit Blick auf die gängigen Religionen tauchen dabei für sie große Fragezeichen auf.

Insgesamt überwiegen bei ihnen die Zweifel an der Existenz Gottes und dem Wahrheitsgehalt der Bibel bzw. des Korans, so dass man auch zukünftig nicht Mitglied in einer Glaubensgemeinschaft werden möchte. Gegen die Mitgliedschaft in einer Glaubensgemeinschaft sprechen auch die Regeln, an die man sich dann halten müsste, z. B. Gottesdienstbesuch am Sonntag oder regelmäßiges Gebet. In keinem Fall möchte man von einer Glaubensgemeinschaft missioniert werden. Dies wirkt eher abstoßend.

Typische **Zitate** zur Illustration

[INT: Glaubst du eigentlich an irgendetwas?] *Nein, eigentlich nicht wirklich so. Ich kann es mir halt irgendwie nicht vorstellen, dass es da etwas gibt. Das ist irgendwie so unlogisch einfach.* (weiblich, 15 Jahre, Materialistische Hedonisten, keine Religionsgemeinschaft)

[INT: UND HAT DAS FÜR DICH SCHON MAL EINE ROLLE GESPIELT, MITGLIED ZU WERDEN IN SO EINER GLAUBENSGEMEINSCHAFT?] *Nein. Ich habe mal darüber nachgedacht: Könnte Gott wirklich existieren oder nicht? Na gut, vielleicht schon, aber dann wieder so nee. Also religiös bin ich nicht.* (männlich, 14 Jahre, Materialistische Hedonisten, keine Angabe zur Religionsgemeinschaft)

[INT: HAST DU SCHON MAL DARÜBER NACHGEDACHT, MITGLIED IN EINER GLAUBENSGEMEINSCHAFT ZU WERDEN?] *Nee, also ich bin irgendwie ... Ich würde nicht sagen, dass ich Atheist bin, aber ich finde das Ganze irgendwie ein bisschen lächerlich. Die Bibel ist für mich eher so ein Märchen als irgendwie Wirklichkeit.* (männlich, 17 Jahre, Adaptiv-Pragmatische, keine Religionsgemeinschaft)

Ob sich Jugendliche ohne Zugehörigkeit zu einer Glaubensgemeinschaft für religiöse Themen interessieren, wird wesentlich durch entsprechende Kontaktpunkte im sozialen Nahumfeld bestimmt. Wenn es in der Familie oder im Freundeskreis Menschen gibt, die über ihre Religion und ihren Glauben sprechen, kann dies zu einem interessanten Thema werden. Ebenso bietet der Religions- oder Ethikunterricht Anknüpfungspunkte für die individuelle Beschäftigung mit Glaube und Religion. Fehlen persönliche Kontakte zu Menschen, die über Religion und Glauben sprechen, spielen diese Themen im Alltag kaum eine Rolle.

So ich selber bin in keiner Familie mit Glauben aufgewachsen. Es ist für mich jetzt nicht nachvollziehbar, warum es jetzt wirklich einen Gott geben sollte. Es ist für einen selber dann nicht nachvollziehbar, wenn man da nicht mit reingeboren ist, wenn man darauf nicht erzogen wurde und alles drum und dran. Ja, ich finde an sich Religion teils auch interessant, so wie die dann leben, mit so einer Gemeinschaft in der Kirche. Es ist interessant an sich, aber ich könnte mir da jetzt nichts Ernsthaftes darauf vorstellen, dass es da wirklich einen großen Herrn geben soll, der das dann halt alles gemacht haben soll. Das kann man sich selber nicht vorstellen. Deswegen bin ich da nicht überzeugt. (männlich, 16 Jahre, Adaptiv-Pragmatische, keine Religionsgemeinschaft)

Auszüge aus Gesprächen zwischen Jugendlichen zum Thema **Glaube und Religion**

Interviewer: männlich, 17 Jahre, Konservativ-Bürgerliche, christlich

Wieso glaubst du nicht an Gott?

Ich hab mich schon intensiv mit dem Thema auseinandergesetzt, ich habe auch in die Bibel ziemlich intensiv reingelesen. Mir sind diverse Argumente bekannt und zu den meisten davon auch die Konterargumente. Das meiste davon macht keinen Sinn. Es gibt viel zu viele Götter, dass man gar nicht sagen kann, dass einer von denen existieren müsste, weil warum sonst würde man auf so viele kommen. Ich bin zu dem Schluss gekommen, dass Religion einfach nur ein total menschliches Konstrukt ist, das sich in jeder Kultur dann etabliert hat, aber an sich eigentlich nicht stimmt.

Und ist es schon immer so, dass du nicht an Gott glaubst?

Ja, und meine Eltern waren auch beide nicht gläubig, haben mich dennoch in den Religionsunterricht geschickt, einfach bloß als Allgemeinbildung. Aber trotzdem bin ich auch, glaube ich, dadurch, dass meine Eltern beide Atheisten sind, dann selber auch zum Atheisten geworden.

Gehst du in die Kirche, vielleicht zu speziellen Anlässen?

Ich werde recht oft dazu gezwungen, an Weihnachten in die Kirche zu gehen, weil meine Oma so gläubig ist. Und weil es ihr sehr wichtig ist, tu das. Aber nur sehr, sehr ungern, und ich probiere es zu vermeiden. Und ich glaube, in Zukunft werde ich mich auch da rausreden können, weil ich auch immer älter werde und dann ein bisschen mehr Selbstbestimmungsrecht erhalte.

Die Mitgliedschaft in einer Glaubensgemeinschaft begründet sich in der Regel aus der familiären Tradition.

Mehrheitlich wurden die Jugendlichen in ihre Glaubensgemeinschaft hineingeboren, im Falle der christlichen Jugendlichen entsprechend der Tradition in Deutschland schon als Baby getauft. Man ist dann ganz selbstverständlich – teilweise auch aus Rücksicht auf die Familie – Mitglied der Glaubensgemeinschaft geblieben. Die christlichen Jugendlichen berichten beispielsweise nicht davon, dass Firmung oder Konfirmation ein Anlass gewesen wäre, den eigenen Glauben zu überprüfen. Vielmehr bestärken andere einschneidende Ereignisse, die man (mit)erlebt oder antizipiert (wie z. B. Hochzeit oder Tod), die Zugehörigkeit zur Glaubensgemeinschaft.

Typische **Zitate** zur Illustration

- *Ich bin katholisch. Katholik.* [INT: WIE KAM ES DAZU?] *Keine Ahnung. Meine Eltern haben das gesagt.* [INT: DU WURDEST ALS BABY GETAUFT?] *Ja. Ich wurde getauft und dann wurde mir gesagt, Konfirmation musst du machen, weil das sieht ja komisch aus, wenn die Enkelin von den Kirchenchorvorständen nicht konfirmiert wird. Okay, dann mache ich das halt.* (weiblich, 17 Jahre, Konservativ-Bürgerliche, evangelisch)

- *Ich komme ja aus Russland. Da ist halt einfach jeder Christ, und da wirst du halt auch getauft, kriegst du dein Kreuz, gehst dann so ab und zu mal in die Kirche mit deiner Oma so. Ja und bist dann halt einfach gläubig so.* (männlich, 15 Jahre, Prekäre, russisch-orthodox)

- [INT: UND WIE KAM ES DAZU? ODER WAR DAS SCHON IMMER SO, DASS DU AN ALLAH GEGLAUBT HAST?] *Meine Eltern kommen aus der Türkei und die glauben ja. Also wir glauben alle an ihn.* [INT: UND DAS KAM DANN QUASI SO AUTOMATISCH?] *Ja.* [INT: UND IST DER GLAUBE EURER GANZEN FAMILIE WICHTIG?] *Ja.* (weiblich, 14 Jahre, Materialistische Hedonisten, muslimisch)

- *Wir sind Aleviten und halt zwischen Aleviten und Sunniten gibt es sehr viel Streit in der Türkei.* [INT: ABER WOHER KAM DAS ZUM BEISPIEL MIT DEM GLAUBEN?] *Durch meine Familie alles. Also wir sind jetzt nicht extrem gläubig, aber schon ...* (weiblich, 16 Jahre, Adaptiv-Pragmatische, muslimisch)

Jugendliche, in deren familiärem Umfeld Religion und Glaube kaum eine Rolle spielen, sind überwiegend konfessionslos. Von einer eigenen „bewussten“ Entscheidung, Mitglied einer Glaubensgemeinschaft zu werden, berichten nur wenige Jugendliche. Sie ist dann in der Regel durch aktives kirchliches Engagement (z. B. in der konfessionellen Jugendarbeit) oder einen konkreten Anlass (z. B. Heirat) bedingt.

[INT: Dann hast du ja gesagt, dass du konfirmiert bist. Wie bist du denn Mitglied einer Glaubensgemeinschaft geworden? Einfach weil du getauft wurdest, oder hast du dich selbst dafür entschieden?] *Ich habe mich selbst dafür entschieden. Das kam aber mehr oder weniger dadurch, dass ich evangelisch wurde, weil ich eben auch schon früher auf so evangelischen Jugendfreizeiten dabei war.* (männlich, 16 Jahre, Adaptiv-Pragmatische, evangelisch)

[INT: Kommt Dein Glaube durch Deinen Freund?] *Ja. Seine Mutter hat mir mal gesagt, dass, wenn ich das will, ich mal mitgehen kann. Und seitdem finde ich das richtig gut.* (weiblich, 16 Jahre, Materialistische Hedonisten, evangelisch)

In der Familie meiner Oma gab es einige Pfarrer. Ich weiß aber gar nicht, ob meine Großeltern gläubig sind. Es spielte bei uns nie eine große Rolle. Wir sind auch Weihnachten nie in die Kirche gegangen. (weiblich, 15 Jahre, Expeditive, keine Religionsgemeinschaft)

Auch bei geringer Religionsverbundenheit zeigen die christlichen Jugendlichen keine ausgeprägte Bereitschaft zum Kirchenaustritt.

Die christlichen Jugendlichen wägen auf die Frage nach einem möglichen Kirchenaustritt verschiedene Argumente für den Ausstieg und den Verbleib in der Glaubensgemeinschaft bzw. der Kirche gegeneinander ab. Wenige fühlen sich mit der eigenen Konfession so stark verbunden, dass ein Kirchenaustritt gar nicht zur Diskussion steht. In der Regel haben die Jugendlichen aktuell einfach keinen Anlass, die Glaubensgemeinschaft zu verlassen bzw. aus der Kirche auszutreten. Einzelne Jugendliche haben sich jedoch bereits dazu entschieden, später aus der Kirche auszutreten, allerdings aus unterschiedlichen Motiven: Von den Expeditiven wird als Argument vor allem mangelnde Beteiligung am Kirchenleben oder das fehlende Interesse am bzw. die Distanz zum Glauben genannt. Der finanzielle Aspekt der Kirchensteuer wird am ehesten von Adaptiv-Pragmatischen und Hedonistischen Jugendlichen angeführt. Da man aktuell aber noch keine Kirchensteuer zahlt, kann man mit dem Austritt aber noch warten. Man ist außerdem oft zu bequem, sich über das bürokratische Verfahren zu informieren. Konservativ-Bürgerliche und Sozialökologische Jugendliche denken am wenigsten über einen Kirchenaustritt nach.

Typische **Zitate** zur Illustration

[INT: WÜRDEST DU AUCH AUS DER KIRCHE AUSTRETEN?] *Ich kenne mich nicht genau mit diesen Kirchensteuern aus. Die würde ich nicht unbedingt zahlen wollen, weil ich eben nicht wirklich gläubig bin. Aber das hat ja noch Zeit, bis ich 18 bin.* (weiblich, 17 Jahre, Adaptiv-Pragmatische, evangelisch)

[INT: ABER WILLST DU DENN AUS DER KIRCHE AUSTRETEN?] *Ja, auf jeden Fall. Also könnte ich jetzt, glaube ich, sogar schon machen, aber ich habe mich jetzt auch nicht so genau informiert. Aber auf jeden Fall werde ich das machen.* (weiblich, 17 Jahre, Expeditive, christlich)

Die Vorstellung der Kirche finde ich super. Ich finde es toll, dass man dort seinen Glauben leben kann. Aber das kann man auch an anderen Plätzen, an komplett anderen Stellen. Zum Beispiel zu Hause für sich oder mit anderen Leuten. Es geht auch anders. Man muss da keine Steuern für zahlen. Es ist klar, dass man so etwas finanzieren muss. Aber halt auch nicht so hoch. Vielleicht sollte man die Steuer ein wenig senken, dann hätte die Kirche auch wieder mehr Zulauf. Auf jeden Fall habe ich darüber nachgedacht, weil ich nicht daran glaube. Ich gehe immer noch gern in Kirchen, und ich bete auch noch. Und ich zünde auch noch Kerzen an. Und ich werfe immer eine Spende hinein. Noch muss ich nicht mein Geld bezahlen. Meine Mutter hat gesagt, ich kann austreten, wenn ich das möchte. Aber ich wollte mich eigentlich noch firmen lassen, weil sich das meine Oma gewünscht hat. Aber ich möchte nichts vorgaukeln, nur um es meiner Oma recht zu machen. Ich stecke da irgendwie in einem Zwiespalt. Ich weiß es nicht. Ich glaube an Gott, aber irgendwie auch nicht. Ich kann aber nicht mit gutem Gewissen sagen, dass ich total fest an Gott glaube. Das könnte ich nicht. Denn ich weiß genau, das stimmt nicht. Ich möchte niemandem ins Gesicht lügen. (weiblich, 16 Jahre, Experimentalistische Hedonisten, christlich)

Das Engagement in der Jugendarbeit und der Freundeskreis haben einen positiven Einfluss auf den Verbleib in der Glaubensgemeinschaft. Vor allem in traditionellen und bürgerlichen Lebenswelten tragen konkrete Gemeinschaftserfahrungen in der Jugendkirche dazu bei, der Glaubensgemeinschaft treu zu bleiben. Konservativ-Bürgerliche Jugendliche formulieren eindeutig, dass sie Mitglied der Kirche bleiben, solange sie weiter an den Gottesdiensten teilnehmen.

Für „unentschiedene" Jugendliche spielen für den Verbleib in der Glaubensgemeinschaft u. a. die Intensität der Auseinandersetzung mit dem eigenen Glauben, familiäre Gründe oder auch der Wunsch nach einer kirchlichen Hochzeit eine Rolle. Diese Aspekte haben oft ein größeres Gewicht als mögliche Austrittsgründe.

Typische **Zitate** zur Illustration

[INT: Hast du schon mal dran gedacht, aus der Kirche auszutreten?] *Nein, überhaupt nicht. Ich sehe eigentlich keinen Grund. Ich finde die evangelische Kirche auch besser als die katholische. Die Ansichten von manchen Katholiken, wenn jemand so streng gläubig ist, das finde ich manchmal schon ein bisschen krass auch, aber auch ein bisschen dumm einfach.* (weiblich, 16 Jahre, Expeditive, evangelisch)

[INT: Hast du schon mal darüber nachgedacht, auszutreten?] *Nee. Ich gehe ja an Weihnachten in die Kirche.* (weiblich, 17 Jahre, Konservativ-Bürgerliche, evangelisch)

[INT: Hast Du schon mal daran gedacht, aus der Kirche auszutreten?] *Nein, ich denke, man muss ja nicht aus der Kirche austreten, um nicht mehr den extremen Glauben zu haben. Man kann ja trotzdem in der Kirchengemeinde bleiben. Aber man braucht ja nicht der Engagierteste sein.* (weiblich, 14 Jahre, Adaptiv-Pragmatische, katholisch)

[INT: Hast du schon mal drüber nachgedacht, auszutreten?] *Ich habe schon mal drüber nachgedacht. Ich gehe nie in die Kirche. Ich habe mit so Christentum und so eigentlich nicht viel am Hut. Das Einzige, was ist, wenn man später mal heiratet oder so, dann will man vielleicht doch kirchlich heiraten. Aber das wäre ja auch doof, deshalb alleine in der Kirche zu bleiben, wenn man keine Überzeugung dazu hat. Das muss ich mir noch überlegen.* (weiblich, 17 Jahre, Expeditive, evangelisch)

Selbst wenn sie sich wenig mit Fragen der Religion und des Glaubens beschäftigen, erkennen viele Jugendliche an, dass Glaubensgemeinschaften wichtig sein können, insofern sie Menschen verbinden und Sinn stiften.

8.2 Glaube und Religion im Alltag

Religiöse Praxis ist oft nicht im Alltag verankert und auf bestimmte Anlässe beschränkt.

Die religiöse Praxis der meisten Jugendlichen ist überwiegend anlassbezogen und findet zu spezifischen Zeiten im Jahresverlauf (Weihnachten, Ramadan, Ostern, Zuckerfest etc.) und in bestimmten Lebensabschnitten (z. B. Konfirmandenzeit) statt. Zudem gibt es einzelne Momente, in denen die Zugehörigkeit zu einer Religionsgemeinschaft relevant wird; dazu gehören beispielsweise Krisensituationen, in denen man Unterstützung und Entlastung „von irgendwoher" sucht, aber auch zentrale Lebensfragen („Was kommt nach dem Tod?") oder der Gedanke an die spätere Heirat.

Am häufigsten wird das Gebet als religiöse Praxis erwähnt. Für manche gehört das regelmäßige Gebet zum Alltag, noch häufiger wird jedoch in Krisensituationen und vor besonderen Herausforderungen gebetet. Das so bezeichnete „Stoßgebet" gibt das Gefühl, dem Schicksal einen Schubs geben zu können und verschafft eine gewisse Entlastung. Bei positivem Ausgang der Krise bedankt man sich dann auch entsprechend (z. B. bei Gott). Insbesondere im Alltag der Materialistisch-Hedonistischen Jugendlichen christlichen und muslimischen Glaubens ist das Gebet eine häufig genannte religiöse Praxis, die durchaus mit der Hoffnung auf konkrete Hilfe durch Gott verbunden ist.

Der regelmäßige Besuch der Kirche oder der Moschee spielt dagegen eine eher untergeordnete Rolle. Viele Jugendliche berichten jedoch, dass sie an den Feiertagen – Weihnachten und Ostern, Zucker- und Opferfest – oder im Kontext ihrer eigenen Erstkommunion, Firmung oder Konfirmation die Kirche bzw. Moschee besuchen bzw. besucht haben. Die Teilnahme an den Gottesdiensten ist dabei meist mit Familienfeiern zu den entsprechenden Anlässen verbunden. In der Wahrnehmung der Jugendlichen sind Gottesdienst und ritualisiertes Gebet damit eher Bestandteil des Familienlebens als bewusste Teilnahme am religiösen Leben.

Typische **Zitate** zur Illustration

[INT: Was für eine Bedeutung hat das für dich?] *Na ... Einfach so das ... Wenn jetzt irgendwie so was passiert, was jetzt nicht so toll ist, denke ich an Gott so ... Wenn irgendwie was Tolles passiert ist, danke ich Gott, oder so.* (männlich, 15 Jahre, Prekäre, russisch-orthodox)

[INT: Und was würdest du sagen, wie zeigt sich dein Glaube im Alltag?] *Ich weiß nicht, vielleicht auch einfach so in der Lebenseinstellung, dass man so ein bisschen danach lebt, wird schon richtig sein. Oder in einer brenzligen Situation oder wenn man aufgeregt ist vor so einer Debatte, dass man einfach kurz so ein Stoßgebet zum Himmel schickt oder dass man sagt, ja, Gott wird schon meine Worte irgendwie kommen lassen, und wenn es nicht klappt, dann war es auch für etwas gut. Einfach so, dass man alles ein bisschen lockerer sieht vielleicht.* [INT: Und das hilft dann auch?] *Ja, schon.* (weiblich, 16 Jahre, Sozialökologische, katholisch)

[INT: Und dein Glauben, wie zeigt der sich im Alltag?] *Dass man zum Beispiel, wenn man betet oder sowas. Also mir persönlich, ich fühle mich danach befreiter. Und im Alltag, da würde ich sagen, man denkt schon mehr über manche Sachen nach, finde ich.* (männlich, 16 Jahre, Materialistische Hedonisten, katholisch)

Klar, wenn man irgendwie ein bisschen traurig ist oder so, dann kommt es schon mal vor, dass man irgendwie mal in sich geht und mal wirklich irgendwie versucht, irgendwie zu beten oder so, aber sonst halt irgendwie beten oder so tue ich auch wirklich nicht allzu oft. Ja, sonst halt eigentlich nur, wenn man irgendwie, also Ostern, Weihnachten, das sind so die Feste, wann man noch so in die Kirche geht, ehrlich gesagt. Aber ich glaube, ich werde später auch öfter noch mal in die Kirche gehen, wenn ich halt dann irgendwie etwas älter bin. (männlich, 17 Jahre, Experimentalistische Hedonisten, katholisch)

Kircheliche Jugendarbeit, die Tätigkeit als Ministrant oder Ministrantin oder der Besuch einer Jugendkirche werden von christlichen Jugendlichen als weitere Möglichkeiten der Mitwirkung im Alltag der Glaubensgemeinschaft genannt. Dabei wird jedoch selten ein unmittelbarer Bezug zum eigenen Glauben oder zum eigenen Alltag hergestellt.

Bei muslimischen Jugendlichen hat die Religion eine stärkere Orientierungsfunktion im Alltag.

Insgesamt fällt bei den muslimischen Jugendlichen im Vergleich zu den Äußerungen der christlichen Jugendlichen auf, dass Regeln in Form religiöser Ge- und Verbote stärkeres Gewicht für den Alltag haben, so dass Religion teilweise auch als moralisches Grundgerüst für den Alltag dient, während die christlichen Jugendlichen bei ihrer Religion eher nach Bedarf Orientierung und Unterstützung „abrufen" - sei es in punkto Entscheidungshilfe oder für die erfolgreiche Bewältigung von Aufgaben.

Vor allem muslimischen Jugendlichen gibt Religion darüber hinaus auch Orientierung für das Handeln im Alltag; Religion hilft ihnen, die „richtigen" Entscheidungen zu treffen, zum Beispiel durch die Teilnahme am Freitagsgebet oder religiösen Feiern oder den Austausch mit Geistlichen oder anderen Gläubigen. Zumeist beschreiben sie aber ihren Glauben als allgemeine Lebenseinstellung, die sie im Alltag kontinuierlich begleitet.

> *Ich bete normalerweise. Man hat fünf Mal am Tag Gebete. Dann hat man den Ramadan, an dem man fastet. Dann hat man bestimmte Tage im Jahr, wo dann besondere Tage sind. Dann hat man die Feste, zwei große Feste: Zuckerfest und Opferfest. Dann eigentlich allgemein, auch wie ich rede, hat auch etwas mit dem Islam zu tun, weil ich sehr viele Wörter auch permanent Gott danke sozusagen. So Kleinigkeiten sind eigentlich immer im Alltag mit drin, auch wenn ich gerade nicht bete.*
> (weiblich, 16 Jahre, Konservativ-Bürgerliche, muslimisch)

Muslimische Jugendliche nennen als weitere Beispiele ihrer religiösen Praxis bzw. als Erkennungsmerkmale ihrer Religion auch den Verzicht auf Alkohol und Schweinefleisch oder das Tragen eines Kopftuches.

Typische **Zitate** zur Illustration

Ich bin halt in der Kirche aktiv. Also ich bin halt für so Zeltlager, für Veranstaltungen für Kinder bin ich halt dabei und helfe. Aber das mache ich auch nur, weil ich da Freunde habe. Jetzt zum Beispiel fahren wir morgen ins Zeltlager. Da lassen wir die Kinder spielen und alles mögliche. (männlich, 16 Jahre, Adaptiv-Pragmatische, katholisch)

Als Moslem ist es ja auch wichtig, gläubig weiterzuleben. Und wenn ich jetzt eine Person heiraten würde, die jetzt nicht gläubig ist, dann würde es ja sozusagen so eine Linie zwischen uns sein. Einer ist gläubig, der andere ist nicht gläubig. Dann ist es dann immer so komisch, weil man soll ja zusammen etwas machen. Wenn ich jetzt beten würde und meine Frau zum Beispiel jetzt nicht betet oder sie sitzt da und spielt mit dem Handy, ich bete und dann... Einfach, das ist dann im Zusammensein ein anderes Gefühl, wenn man zusammen betet. Dann fühlt sich das immer schöner an. (männlich, 16 Jahre, Materialistische Hedonisten, muslimisch)

Auf meinen Alltag wirkt sich mein Glaube sehr aus. Durch meinen Glauben kann ich ja auch wissen, was ich mache. Also das, was ich mache, ob das richtig ist oder nicht. Das ist dann auch sehr wichtig. Dass man keine schlechten Sachen und so machen soll, ja. (männlich, 14 Jahre, Prekäre, muslimisch)

[INT: GIBT ES NOCH ETWAS, WORAN MAN ERKENNEN KANN, DASS DU MITGLIED DEINER GEMEINDE BIST?] *Ja, ich trage ein Kopftuch normalerweise. Jetzt habe ich zwar grade keines an, weil ich zu Hause bin und meine Religion ist nicht... Also meine Religion akzeptiert es, dass ich mich da ohne Kopftuch zeige sozusagen. Aber sonst trage ich ein Kopftuch.* (weiblich, 16 Jahre, Konservativ-Bürgerliche, muslimisch)

Seinen Glauben zu leben hat für Jugendliche in erster Linie etwas mit der Einhaltung von Regeln, aber auch mit positiven Gemeinschaftserlebnissen zu tun.

Obwohl muslimische Jugendliche ihren Glauben zum Teil stärker im Alltag verankern, können christliche und muslimische Jugendliche gleichermaßen nichts mit dem Begriff „den Glauben leben" anfangen. Die in Glaubensgemeinschaften verbreitete Idee eines im Alltag spürbaren und lebendigen Glaubens können viele Jugendliche nicht auf sich selbst beziehen. Der Beginn des Kapitels zeigte zwar, dass einige christliche und muslimische Jugendliche ihren Glauben in Ansätzen in den Alltag integrieren, allerdings werden bei dieser Art der Umschreibung die entsprechenden Bilder nicht aufgerufen. „Seinen Glauben leben" wird eher als Appell verstanden und ruft vornehmlich ein formales Verständnis von Glaubensritualen auf.

Man denkt dabei vorrangig an Gebete, Gottesdienst- oder Moschee-Besuche sowie die Einhaltung von vorgegebenen Verhaltensregeln der jeweiligen Religion, z. B. Teilnahme am Ramadan, Einhaltung der Zehn Gebote oder Nächstenliebe. Dies gilt gleichermaßen für Jugendliche, die sich einer Glaubensgemeinschaft zugehörig fühlen wie für die anderen. Man assoziiert damit also eher Verpflichtungen oder Einschränkungen des persönlichen Handelns als individuelle Aneignungsprozesse religiöser Praxis.

Am ehesten würden christliche und muslimische Konservativ-Bürgerliche und Materialistische Hedonisten von sich sagen, dass sie „ihren Glauben leben". Im Alltag von Expeditiven und Experimentalistisch-Hedonistischen Jugendlichen spielen religiöse Praktiken und Regeln die geringste Rolle. Auch christliche Materialistische Hedonisten und Prekäre behaupten kaum von sich, dass sie ihren Glauben leben. Sie betrachten Religion eher funktional und nutzen sie, wenn entsprechender Bedarf besteht.

Typische **Zitate** zur Illustration

- [INT: HAST DU SCHON MAL GEHÖRT, DASS MAN SAGT, SEINEN GLAUBEN LEBEN?] *Ja.* [INT: UND TRIFFT DAS AUF DICH ZU?] *Nicht wirklich. Also ich lebe so wie ich gerade Lust habe.* (weiblich, 17 Jahre, Konservativ-Bürgerliche, evangelisch)

- *Ich nehme mir jetzt nicht wirklich viel Zeit, ich würde jetzt nicht sagen, dass ich hochgläubig bin, aber einfach so … Glauben leben … Naja, nicht unbedingt … Ab und zu mal in die Kirche aber sonst nicht irgendwelche besonderen Rituale oder so, das jetzt nicht.* (männlich, 16 Jahre, Adaptiv-Pragmatische, evangelisch)

- *Ich hätte gar nicht die Zeit dazu, jeden Sonntag zur Kirche zu gehen und unter der Woche verschiedene Aktivitäten in der Kirche zu machen. Dazu hätte ich gar nicht die Zeit. Aber ich habe auf jeden Fall gar nichts dagegen, wenn verschiedene Leute das so machen, wie sie es wollen. Wenn andere muslimisch sind und einen anderen Glauben haben, dann habe ich auch nichts dagegen.* (männlich, 16 Jahre, Materialistische Hedonisten, katholisch)

- *Ja zum Beispiel, wenn in der Religion steht, du darfst keinen Alkohol trinken, du darfst das nicht, das nicht, dann halt das nicht tun. Das ist so etwas.* (männlich, 17 Jahre, Materialistische Hedonisten, muslimisch)

- [INT: HAST DU SCHON MAL GEHÖRT, DASS MAN SEINEN GLAUBEN LEBEN KANN? HAST DU DAZU EINE VORSTELLUNG?] *Ich weiß nicht, wenn man kein Fleisch oder so isst, weil es einem die Religion verbietet oder so etwas, das kann ich mir vorstellen. Und es gibt doch auch Buddhismus, dass die da irgendwie so Lebensweisheiten haben und so, dass die das sozusagen leben, was Buddha gesagt hat.* (weiblich, 15 Jahre, Materialistische Hedonisten, keine Religionsgemeinschaft)

- [INT: HAST DU SCHON MAL DEN BEGRIFF GEHÖRT „GLAUBEN LEBEN"?] *Nicht gehört, aber ich könnte mir da etwas drunter vorstellen. Also, unter den Gesetzen von diesem Gott leben. Zum Beispiel dieses Ramadan, was da letztens auch wieder war.* (weiblich, 15 Jahre, Sozialökologische, keine Religionsgemeinschaft)

Die Auseinandersetzung mit dem Thema Glauben im Alltag zeigt deutlich auf, dass vielen Jugendlichen die kirchlichen Begrifflichkeiten fremd oder restriktiv erscheinen. In ihren eigenen Worten berichten sie aber ausführlich darüber, wie sich ihr Zugehörigkeitsgefühl zu einer Glaubensgemeinschaft und die Verankerung religiöser Praxis im Alltag durch konkrete Gemeinschaftserfahrungen verstärkt. Diese sozialen Motive für religiöse Praxis stehen für viele Jugendliche eindeutig im Vordergrund, werden aber nicht unmittelbar mit dem persönlichen Glauben oder der Formulierung „seinen Glauben zu leben" in einen Zusammenhang gestellt, sondern für sich genommen als wertvoll beurteilt und als wesentliche Triebfedern religiöser Alltagsrituale gesehen.

> *Ja, da sind halt alle, die man kennt. Das ist so ein kleiner Kreis. Und da bringt auch immer jemand Kuchen mit. Und den essen wir dann. Und dann predigt einer. Und dann ist da manchmal eine Taufe oder so etwas. Das ist richtig cool.* (weiblich, 15 Jahre, Materialistische Hedonisten, evangelisch)

> *Man kann auch zu Hause beten und so, aber wenn man in der Moschee betet, ist es noch etwas anderes, schöner und auch besser.* (männlich, 16 Jahre, Konservativ-Bürgerliche, muslimisch)

> *Weil im Islam ist es ja so, da hat man seinen Bund, dieses, wie soll ich das erklären, dieses Miteinander. Man ist immer mit anderen Jugendlichen oder mit anderen islamischen Gruppen zusammen. Das finde ich voll gut. Das mag ich voll.* (männlich, 16 Jahre, Materialistische Hedonisten, muslimisch)

Vereinzelt wird auch allein die Möglichkeit, seine Religion ausüben zu dürfen, ohne dafür verfolgt zu werden, als „den Glauben leben" verstanden.

> [INT: INWIEFERN TRIFFT DIE AUSSAGE „SEINEN GLAUBEN LEBEN" AUF DICH ZU?] *Dass ich in meinem Land nicht verfolgt werde, wenn ich sage, dass ich Christ bin. Dafür bin ich sehr dankbar. Und dass ich mich offen mit anderen Christen treffen kann. Dass ich in die Kirche gehen darf. Und dass ich in der Bibel lesen kann. Und dass ich beten kann.* (männlich, 15 Jahre, Sozialökologische, christlich)

8.3 Leben mit religiöser Vielfalt

Die Freundeskreise der Jugendlichen sind oft religiös heterogen.

Für die meisten Befragten ist es Normalität, dass sie in ihrem Freundeskreis Jugendliche verschiedener Religionen, aber auch Konfessionslose haben. Besonders häufig werden verschiedene christliche Konfessionen, der Islam sowie keine Religionszugehörigkeit genannt, aber auch der Buddhismus und das Judentum werden erwähnt. Oftmals kennt man die Religionszugehörigkeiten der Freundinnen und Freunde gar nicht genau, da sie keine große Bedeutung für die Freundschaft haben. In keinem Fall stehen unterschiedliche Religionszugehörigkeiten einer Freundschaft im Weg. Die religiöse Vielfalt im Freundeskreis steht in engem Zusammenhang mit der Vielfalt der Nationen und Kulturen der Freundinnen und Freunde. Das lässt sich, mit Ausnahme der Materialistisch-Hedonistischen und der Prekären Lebenswelt, milieuübergreifend verallgemeinern.

Typische **Zitate** zur Illustration

[INT: Wie sieht es in Deinem Freundeskreis aus? Gibt es da verschiedene Religionen?] *Manche sind halt muslimisch. Und manche sind evangelisch. Aber eigentlich ist das alles gemischt, und es wird auch kein Wert darauf gelegt. Es wird nicht darauf geachtet.* (weiblich, 15 Jahre, Adaptiv-Pragmatische, katholisch)

[INT: Wie ist es in deinem Freundeskreis, sind da irgendwelche Religionen vertreten?] *Also ein paar meiner Freunde sind christlich. Meine Patentante ist Muslimin. Ich kenne auch halt einfach von der Familie, ein paar Bekannte sind Türken. Und ich habe da wirklich nichts gegen. Ich akzeptiere jeden vom Glauben her. Mein Urgroßvater war Jude und durch die Religion wäre ich ja theoretisch auch Jüdin. Ich verstehe das alles und finde das auch nicht schlimm. Ich kenne auch einige Muslime, ich kenne ein paar Christen, ich kenne glaube ich gar keine Juden. Aber ich habe aber niemanden so im Freundeskreis, der komplett streng gläubig ist, der wirklich jeden Sonntag in die Kirche geht.* (weiblich, 17 Jahre, Adaptiv-Pragmatische, keine Religionsgemeinschaft)

> *Also man hat ja generell Freunde aus allen Religionen.* (männlich, 16 Jahre, Materialistische Hedonisten, katholisch)

> [INT: WELCHE RELIGIONEN GIBT ES DENN NOCH SO BEI DIR IM FREUNDESKREIS?] *Ich habe einen Freund, der ist jüdisch. Und mehrere Freunde sind Muslime. Und ansonsten gibt es noch Atheisten, aber das kann man nicht wirklich als Religion definieren. Also es ist ziemlich bunt gemischt.* [INT: UND WIE KOMMT IHR SO MITEINANDER KLAR MIT DEN UNTERSCHIEDLICHEN RELIGIONEN?] *Das spielt bei uns gar keine Rolle. Das bleibt außen vor. Da steht nichts im Weg.* (männlich, 15 Jahre, Sozialökologische, christlich)

> [INT: GIBT ES UNTERSCHIEDLICHE RELIGIONEN BEI DIR IM FREUNDESKREIS?] *Ja. Ich weiß nicht, wie man diese ausländischen Religionen nennt. Da sind diese ausländischen Leute.* [INT: UND WELCHE RELIGIONEN DIE HABEN?] *Das weiß ich jetzt nicht. Katholisch oder keine Ahnung.* (männlich, 14 Jahre, Prekäre, keine Angabe zur Religionszugehörigkeit)

Bei den Materialistischen Hedonisten und den Prekären zeigen sich zum Teil gegenläufige Tendenzen: Ein Teil dieser Jugendlichen berichtet von einer großen religiösen Vielfalt im Freundeskreis. Andere Jugendliche dieser Lebenswelten, vor allem solche muslimischen Glaubens, berichten aber, dass ihre Freunde alle den gleichen Glauben haben (siehe auch das Kapitel zu Nation und nationaler Identität). Dabei spielt auch eine engere Einbindung in das familiäre Umfeld eine Rolle.

Dort, wo die religiöse Vielfalt im lokalen Umfeld geringer ist, z. B. in ländlichen Regionen oder in den ostdeutschen Bundesländern, ist auch die religiöse Vielfalt in den Freundeskreisen geringer. Die Unterschiede beschränken sich dann auf gläubig und nicht-gläubig, verschiedene christliche Konfessionen oder vereinzelte Jugendliche anderer Religionen, v. a. muslimische Jugendliche.

Der Austausch über unterschiedliche Religionen spielt im Alltag eine Nebenrolle.

Religion und Glauben gehören nicht zu den Themen, über die man im Alltag viel mit seinen Freundinnen oder Freunden spricht oder für die man sich besonders interessiert, auch wenn die Freundinnen oder Freunde einer anderen Glaubensgemeinschaft angehören. Vereinzelt stellt man Fragen an Jugendliche anderer Glaubensrichtungen, oder man bekommt hin und wieder von religiösen Feierlichkeiten und Praktiken erzählt. Auch der schulische Religionsunterricht kann ein Anlass sein, sich über Glauben und Religion auszutauschen.

Typische **Zitate** zur Illustration

[INT: Führt ihr manchmal Diskussionen über Religion und Glaube?] *Nein, eigentlich nicht so. Ich habe auch einige Freunde, die unreligiös sind. Die haben einfach ein paar Fragen gestellt und nicht mehr.* (weiblich, 14 Jahre, Adaptiv-Pragmatische, muslimisch)

[INT: Wie sieht es in deinem Freundeskreis aus?] *Meine Freunde sehen es eigentlich genauso wie ich. Sie befolgen die Religion auch nicht. Es gibt natürlich diese Leute, die den Muslimen angehören. Die müssen dann auch mal fasten oder so. Das kann ich verstehen. Aber ich selber befolge solche Regeln nicht. Und sehr viele meiner Freunde tun das auch nicht.* (männlich, 16 Jahre, Adaptiv-Pragmatische, orthodox)

[INT: Aber für deine Freunde spielt das eigentlich auch weniger eine Rolle oder gibt es jemanden, für den das wichtig ist, der gläubig ist?] *Ja, ich habe halt ein paar Freunde, die sind streng gläubig. Das sind meistens die Muslime. Die müssen das halt folgen. Aber der Rest ist eher so wie ich. Das ist jetzt nicht so wichtig für die.* [INT: Wie drückt sich das bei denen aus, dass ihnen das wichtig ist? Erzählen die euch auch darüber was?] *Nee, also die behalten das lieber für sich. Ich frage auch nicht so oft nach.* [INT: Also darüber sprecht ihr eigentlich nicht?] *Nee.* (männlich, 16 Jahre, Adaptiv-Pragmatische, katholisch)

Am ehesten sind Glaube und Religion bei den postmateriell geprägten und den postmodernen Lebenswelten (Sozialökologische, Expeditive,

Experimentalistische Hedonisten) ein Gesprächsthema im Freundeskreis. Das sind die Lebenswelten, die sich besonders kritisch mit Glaube und Religion auseinandersetzen und zugleich ein besonderes Interesse an der Vielfalt der Kulturen und Religionen haben. Solange die persönlich vertretenen Werte, wie z. B. Toleranz, nicht in Konflikt mit einer Religion bzw. dem jeweiligen Glauben treten, zeigt man sich offen und interessiert, andernfalls kann aber auch die Freundschaft in Frage gestellt werden.

> *Eine Freundin von mir ist ziemlich gläubig. Sie hat aber trotzdem nichts gegen Homosexuelle oder Adoptionen oder Abtreibungen. Sie ist also sehr tolerant. Anders finde ich es sehr schwierig. Wir haben zum Beispiel ein Mädchen in der Klasse, die sehr gläubig ist. Sie ist auch so ein Mensch, die sagt: „Ich habe zwar nichts gegen Homosexuelle, aber eigentlich ist es doch nicht das Richtige." Und mit solchen Leuten kann ich nicht wirklich reden. Sie argumentiert dann immer mit den Worten: „Das ist mein Glaube, und dagegen kannst Du nichts sagen." Dabei will ich gar nichts gegen den Glauben sagen. Ich will nur etwas dagegen sagen, dass sie offenbar etwas gegen Homosexuelle hat.* (weiblich, 15 Jahre, Experimentalistische Hedonisten, keine Religionsgemeinschaft)

Für Jugendliche, die keiner Glaubensgemeinschaft angehören, ist es besonders interessant, dass bei gläubigen Jugendlichen der Alltag durch den Glauben geprägt ist, oder dass diese von rational unerklärlichen Phänomenen berichten, z. B. vom Kontakt mit Verstorbenen oder von Vorzeichen für Unglück an einem bestimmten Tag.

> [INT: WIE ZEIGEN DAS DEINE FREUNDE DENN IM ALLTAG, DASS SIE GLÄUBIGE MENSCHEN SIND?] *Mein bester Freund hat einmal gesagt: Mein Koran ist runter gefallen, und dann hatte ich an dem Tag die ganze Zeit Pech gehabt. So etwas zum Beispiel.* [INT: WELCHE ROLLE SPIELT DAS IN SEINEM ALLTAG?] *Ich denke mal, er ist nicht so extrem gläubig, aber er glaubt schon. Er betet halt auch manchmal zu seinem Gott, auch wenn er es jetzt nicht so sagt, ich denke mal schon.* (weiblich, 16 Jahre, Experimentalistische Hedonisten, keine Religionsgemeinschaft)

Außerhalb des eigenen Freundeskreises kommt man am ehesten über die Schule mit dem Thema Religion in Kontakt.

Auch wenn die Jugendlichen in ihrem eigenen Freundeskreis keine Andersgläubigen haben, kennen sie Jugendliche unterschiedlicher Glaubensgemeinschaften aus der Schule oder haben sich zumindest im Religions- und Ethikunterricht mit den verschiedenen Religionen beschäftigt.

Religion ist nur in der Schule vorhanden. Es gibt das Fach „Religion". Und nur da erfährt man vom Glauben der Anderen. Gäbe es dieses Fach nicht, würde ich auch nicht wissen, welche Religion die Anderen haben. Das ist bei uns kein Thema. Niemand bei uns hat Vorurteile. Und niemand sieht sich als Angehöriger einer Religion. Man erfährt das nur über die Schule selber. (männlich, 16 Jahre, Adaptiv-Pragmatische, orthodox)

Mich interessiert das eigentlich gar nicht wirklich, und deswegen muss ich das auch nicht wissen. Also man behandelt es ja dann von der 5. bis zur 9. Klasse in der Schule, und da weiß man ja eigentlich schon darüber was, und deswegen muss ich mich jetzt auch nicht weiterhin damit befassen. (männlich, 15 Jahre, Prekäre, keine Religionsgemeinschaft)

Genauso wie beim eigenen Freundeskreis wird die Möglicheit, Menschen aus anderen Glaubensgemeinschaften in der Schule zu begegnen, durch Stadt-Land- und West-Ost-Unterschiede stark beeinflusst: Auf dem Land und in Ostdeutschland begegnen die Jugendlichen deutlich seltener anderen Religionen. Entsprechend vermischen sich hier oftmals religiöse und kulturelle Andersartigkeit in der Wahrnehmung der Jugendlichen - beispielsweise sind andere Religionen automatisch mit anderen Kulturen verknüpft, d.h. man „hat" eine andere Religion, weil man aus dem Ausland kommt.

Also ein asiatischer Freund von mir, der hat das halt so ein bisschen durch seine Eltern. Der ist nicht gläubig oder so. Der hat halt so Bilder, wie zum Beispiel so die ganze Familie auf einem fliegenden Teppich oder so im Wohnzimmer hängen. (männlich, 17 Jahre, Adaptiv-Pragmatische, keine Religionsgemeinschaft)

Freundschaften zwischen Jugendlichen mit und ohne Religionszugehörigkeit beruhen auf gegenseitiger Toleranz.

Jugendliche, die nicht Mitglied in einer Glaubensgemeinschaft sind, haben Freundinnen und Freunde aus verschiedenen Glaubensgemeinschaften oder kennen zumindest entsprechende Jugendliche aus der Schule. Im gemeinsamen Alltag spielen Glaube und Religion meist keine große Rolle. Man erwartet und praktiziert gegenseitige Toleranz sowohl im Hinblick auf die Religionsausübung als auch bei der persönlichen Lebensführung. Man stört sich beispielsweise nicht daran, wenn andere aufgrund ihres Glaubens regelmäßig zur Kirche gehen, beten oder kein Schweinefleisch essen. Umgekehrt erwartet man von gläubigen Jugendlichen bei Themen wie Homosexualität oder Abtreibung, dass sie sich tolerant zeigen und nicht Regeln aus ihrer Religion auf die Allgemeinheit übertragen.

Typische **Zitate** zur Illustration

Ein Freund von mir, der ist halt schwarz, aber das ist halt so ein cooler Schwarzer, der ist halt so lässig drauf, und der ist halt christlich und geht auch immer in die Kirche. Sollte man ja auch, glaube ich, wenn man Christ ist. Aber sonst befasse ich mich eigentlich gar nicht damit. (weiblich, 15 Jahre, Prekäre, keine Religionsgemeinschaft)

Meine ganzen Freunde glauben auch an nichts. Ich habe eine Freundin, die glaubt an Gott, das ist okay für mich. Ich kann damit umgehen, sie geht jeden Sonntag auch zum Gottesdienst, was auch okay ist und das war's. Also ich habe damit auch nicht viel zu tun. (weiblich, 17 Jahre, Materialistische Hedonisten, keine Religionsgemeinschaft)

Ich habe zwei Freunde, die sind christlich, und ich habe auch einen Kumpel, der jetzt so richtig auf den Buddha fixiert ist. Der sagt, wenn man jeden Tag vom Buddha den Bauch reibt, dass das Glück bringt. Und jeden Morgen, auch auf der Klassenfahrt, da hatte der so einen Mini-Buddha mit, macht der so: Bring mir Glück! Ich finde es auch gut, dass jeder so seines hat, wenn er gläubig ist, mein Gott! Wenn er halt an Gott glaubt, an den Buddha, an ... Ist mir doch egal. Es ist mir egal, welchen Glauben er hat. (weiblich, 14 Jahre, Experimentalistische Hedonisten, keine Religionsgemeinschaft)

Ich kenne viele Freunde, die Moslems sind. Ja, aber da gibt es deswegen auch keine Streitigkeiten oder so. [INT: Aber gibt es Unterschiede?] *Naja ... Bei den Moslems auf jeden Fall, dass die kein Schweinefleisch essen so. Das muss man natürlich so auch akzeptieren und natürlich denen nichts voressen oder bzw. hier so Schwein anbieten, das ist dann absolutes No-Go, sage ich mal. Aber ansonsten kein großer Streit.* (männlich, 16 Jahre, Adaptiv-Pragmatische, keine Religionsgemeinschaft)

Interviewerin: weiblich, 16 Jahre, Adaptiv-Pragmatische, muslimisch

Auszüge aus Gesprächen zwischen Jugendlichen zum Thema **Glaube und Religion**

Wie findest du es, dass manche Religionen unterdrückt werden? Also ich meine z. B., die Aleviten werden ja meist nicht im Islam angenommen, oder Atheisten überhaupt werden ja als Ungläubige und was weiss ich betitelt. Wie findest du das?

Das finde ich natürlich nicht gut. Das ist auch nicht schön, was die damals mit den Juden gemacht haben, ist auch nicht korrekt. Darum sollte jeder seine eigene Religion ausleben können und daran glauben können. Du bist heute bei den Aleviten und ich bin bei den Sunniten, und wir sind aber Freunde. Und das ist auch gut so. Und mir ist es egal, an was du glaubst und wie du bist, wie du dich anziehst oder was du machst, ob du betest oder ob du nicht betest, ob du fastest. Zum Beispiel ich faste jetzt bei Ramadan, aber du fastest nicht. Und du fastest aber dafür einen anderen Monat, und das ist auch gut so.

Fandest du das Fasten schwer?

Ich finde das natürlich schwer, gerade in diesen Sommertagen finde ich es ganz schwer. Essen ist ja nicht so schwer, aber trinken. Zum Glück gibt es jetzt noch zwei Tage, aber ich glaube auch daran, wenn ich diesen fast einen Monat Fasten durchgehalten habe, dass ich ein bisschen näher an Gott heran komme, und ich fühle mich dann auch besser. Ja, es hilft mir einfach, aber meine Mutter hat es mir so beigebracht, deine hat es dir so beigebracht, darum ist es ganz ok.

FREUST DU DICH AUF DAS ZUCKERFEST?

- *Ja, ich freu mich, weil erstens wir diesen einen Monat bestanden haben, und zweitens, dass wir dann Geld kriegen. Und ja, wir werden dann alle beisammen sitzen und ... ja, es wird Spaß machen.*

8.4 Umgang mit religiösen Konflikten

Religiöse Konflikte werden vor allem mit den aktuellen Auseinandersetzungen rund um den Islam assoziiert.

Die befragten Jugendlichen denken bei religiösen Konflikten an erster Stelle an die gewalttätigen Auseinandersetzungen in Syrien bzw. an den Islamischen Staat. Erwähnt werden aber auch islamistischer Terror in Europa, Al-Qaida, der Konflikt zwischen Israel und den Palästinensern oder die Taliban. Viele äußern ihr Unverständnis in Bezug auf diese Konflikte, und es fällt ihnen schwer, die Gründe für die Auseinandersetzungen nachzuvollziehen. Entsprechend vermischen sich in ihrer Wahrnehmung religiöse und kulturelle Konflikte, so dass beispielsweise auch der Konflikt zwischen Kurden und Türken in diesem Kontext erwähnt wird.

Typische **Zitate** zur Illustration

- [INT: KENNST DU RELIGIÖSE KONFLIKTE IN DER WELT?] *Ja, den IS zum Beispiel. Dem geht es ja auch um die Religion* (männlich, 16 Jahre, Adaptiv-Pragmatische, orthodox)

- [INT: ES GIBT JA VIELE RELIGIÖS BEGRÜNDETE KONFLIKTE UND KRIEGE, BEKOMMST DU DAVON IRGENDETWAS MIT?] *Das Einzige, was mir dazu einfällt ist das mit der IS und die Muslime mit ihrer Scharia. Dass die sagen, das ist alles gewollt von Allah und so etwas. Aber davon halte ich gar nichts. Das finde ich total krank. Aber etwas anderes fällt mir jetzt dazu auch nicht ein.* (weiblich, 16 Jahre, Experimentalistische Hedonisten, evangelisch)

- [INT: ES GIBT JA VIELE RELIGIÖS BEGRÜNDETE KRIEGE UND KONFLIKTE AUF DER WELT. WAS BEKOMMST DU SO DAVON MIT?] *Ja, dass die*

Moslems in anderen Ländern direkt als Terroristen bezeichnet werden. [INT: Wie denkst du denn darüber?] *Nicht jeder Mensch mit schwarzen Haaren und langem Bart ist Terrorist.* (männlich, 17 Jahre, Materialistische Hedonisten, muslimisch)

[INT: Zurzeit ist ja auch ziemlich viel los mit religiösen Konflikten. Fällt dir da auch etwas dazu ein?] *Ja, also gerade Charlie Hebdo, das war auch ein ziemlich zentraler Punkt. Da habe ich ein Gedicht drüber geschrieben. Es heißt „Bleistiftsoldaten". Gerade, weil ich das Thema eigentlich ganz zentral fand.* (weiblich, 16 Jahre, Sozialökologische, katholisch)

Ja, ich bekomme mit, dass die Israelis die Palästinenser, also an denen Völkermord begehen. [INT: Und was noch?] *Dass die IS auch Menschen umbringt, aber ich habe da nicht so viel Interesse dran. Wie soll ich sagen, es tut jeder jedem Unrecht. Ist so. Es wird jeder Volksgruppe, wenn ich das so sagen darf, Unrecht getan. Deswegen, es wird immer so weiter gehen. Die Menschheit wird es nie schaffen, die Religion als nur eine Religion anzusehen, als eine friedliche Gemeinschaft. Wird es nie schaffen. Deswegen passiert auch so etwas.* (weiblich, 16 Jahre, Konservativ-Bürgerliche, muslimisch)

Und es macht mich traurig, dass Menschen ihren Glauben derart umlegen. Der Islam ist ja praktisch die Religion des Friedens. Und diese Leute sind keine Muslime. Das sind Islamisten. Und was ich auch schade finde, ist, dass das die Menschen verwechseln. Sie verfluchen den Islam, obwohl die Islamisten mit dem Islam nichts zu tun haben. (männlich, 15 Jahre, Sozialökologische, christlich)

[INT: Es gibt ja viel religiös begründete Kriege und Konflikte auf der Welt. Was bekommst du davon so mit?] *Das verstehe ich nicht. Ich finde, sowas ist einfach dämlich. Ich meine, man kann sich ganz normal unterhalten miteinander. Man kann über seine Probleme reden. Für was gibt es Psychologen? Das sind dann die Dinger, wo ich dann denke: „Euch geht es auch nicht mehr ganz gut."* (weiblich, 17 Jahre, Konservativ-Bürgerliche, evangelisch)

Problembewusst zeigen sich vor allem die Lebenswelten in mittlerer und höherer Bildungslage, z. B. Konservativ-Bürgerliche, Adaptiv-

Pragmatische und Sozialökologische. Materialistische Hedonisten und Prekäre sind weniger gut informiert. Bei den Experimentalistischen Hedonisten vermischen sich am stärksten religiöse und kulturelle Themen. Expeditive sind wohl informiert, zeigen aber wenig Interesse, sich mit dem Thema zu beschäftigen.

Auch wenn ihnen manchmal die genauen Begriffe dafür fehlen, versuchen die Jugendlichen meist zwischen dem Islam als Religion, den verschiedenen Interpretationsmöglichkeiten des Korans und einer religiös begründeten Gewaltausübung zu unterscheiden. Die Jugendlichen, die teilweise eine sehr differenzierte Sichtweise auf die Konflikte haben, nehmen wahr, dass diese bis in ihren Alltag hinein wirken, z. B. in Form von Angriffen auf muslimische Jugendliche in der Schule.

[INT: AN WELCHE KONFLIKTE DENKST DU DA SO?] *IS größtenteils. Davon hört man auch am meisten. Und das ist halt sinnlos. Das ist keine Religion für mich. Also bei uns auf der Schule gab es einen Fall, da wurde auch ein Mädchen mit Kopftuch zusammengeschlagen, weil die Jungs da was mitbekommen haben von wegen, die gehört dem Islam an, die sind total böse und köpfen Menschen. Aber ich denke halt, wie gesagt, dass das nichts mit der Religion an sich zu tun hat, sondern wirklich nur so ein paar fanatische Spinner sind, die das nur nutzen, um zu sagen, wir führen Krieg oder köpfen Menschen. Das ist für mich etwas komplett anderes als Religion.* (männlich, 14 Jahre, Adaptiv-Pragmatische, keine Religionsgemeinschaft)

Religiöse Konflikte, die sich auf andere Religionen und Regionen beziehen und die eine geringere mediale Präsenz haben – z. B. zwischen orthodoxen Juden und Muslimen in Israel, zwischen Buddhisten und Muslimen in Myanmar – sind den meisten Befragten kaum bekannt.

Religiös begründete Gewalt wird von Jugendlichen aller Religionen aufs Schärfste abgelehnt.

In der Grundhaltung zu religiösen Konflikten gibt es keine Unterschiede zwischen Jugendlichen, die einer Religionsgemeinschaft angehören und denen, die keiner angehören.

Die meisten können generell nicht nachvollziehen, wie eine Religion als Argumentationsgrundlage für einen Krieg herangezogen werden kann. Für sie ist eine Religion zunächst ein Regelwerk, das vor allem darauf ausgerichtet ist, das friedliche Zusammenleben miteinander zu fördern. Daher sei es auch egal, ob man an Gott, Allah, Buddha oder an niemanden glaube. Religion als Erklärung für Krieg und Konflikt ist aus Sicht von manchen Jugendlichen ohnehin nur ein vorgeschobener Grund. Sie vermuten, dass ohne Religion andere Gründe für gewalttätige Konflikte angeführt würden, z. B. Nationalität oder Hautfarbe. Das sehen auch die Jugendlichen so, die nicht gläubig sind. Sie betrachten islamistische Terroristen eher als Personen mit psychischen Problemen denn als religiös motivierte Aktivisten.

Typische **Zitate** zur Illustration

[INT: Es gibt in manchen Ländern Kriege und Konflikte wegen Religion, was sagst du denn dazu?] *Das finde ich total den Unsinn. Jeder hat ja seinen Glauben. Früher wurden die Heiden immer so weggescheucht, weil die ja keinen Glauben hatten. Das finde ich eigentlich dumm. Wenn die keinen Glauben haben, dann lass sie doch. Ich finde es eigentlich nur dumm, wenn man sich bekriegt, weil der eine nicht an den anderen Gott glaubt. Im Islam glauben die ja an Allah und so etwas halt alles, und der andere glaubt an Gott oder Christi Himmel oder so etwas alles. Da denke ich mir so, mein Gott, du glaubst an Christus und du an Allah, hast du ein Problem damit? Wenn ja, dann geh in die Ecke und heul! Ich finde es einfach nur dumm, wenn man sich bekriegt, weil der eine nicht an das andere glaubt. Das wäre das Gleiche, wenn zwei kleine Mädchen sich bekriegen, weil die eine an Lillifee glaubt und die andere an Medusa zum Beispiel.* (weiblich, 14 Jahre, Experimentalistische Hedonisten, keine Religionszugehörigkeit)

Ich finde, das ist einfach Schwachsinn. Die sollen die Einen ihren Glauben leben lassen, und die Anderen sollen an das glauben. was sie wollen. Und das kann ja jedem egal sein, was der andere glaubt. [INT: Du findest es Quatsch, wenn aufgrund dessen Krieg geführt wird?] *Ja. Es kann ja nicht jedem immer dasselbe gefallen.* (weiblich, 15 Jahre, Materialistische Hedonisten, evangelisch)

[INT: Kennst Du religiöse Konflikte in der Welt?] *Ich finde das einfach nur dumm. Ich kann es nicht nachvollziehen, wie man sagen kann, man tötet Ungläubige für einen Gott, der angeblich alle Menschen liebt. Das macht einfach keinen Sinn.* (weiblich, 17 Jahre, Adaptiv-Pragmatische, evangelisch)

[INT: Was denkst du über religiöse Konflikte, was bekommst du davon mit?] *Ich finde, in der Religion geht es auch darum, dass man andere akzeptiert wie sie sind und ihre Meinung akzeptiert. Ich kann mir nicht vorstellen, dass irgendein Gott in irgendeinem Buch sagt, dass man andere Menschen umbringen soll, nur weil das der Glaube sagt. Das glaube ich nicht, weil das würde kein Glaube sagen. Ich finde das sinnlos einfach. Sinnlos verschwendete Energie, die eigentlich in andere Sachen gesteckt werden könnte.* (weiblich, 16 Jahre, Experimentalistische Hedonisten, keine Religionsgemeinschaft)

Besonders bestürzt von der religiösen Begründung der Gewalt zeigen sich die Konservativ-Bürgerlichen und Sozialökologischen Jugendlichen, denen vor allem Frieden, Nächstenliebe und gemeinschaftliches Miteinander wichtig sind. Den Materialistischen Hedonisten, Prekären, aber auch Adaptiv-Pragmatischen fällt es hingegen nicht immer so leicht, eine klare Meinung zu äußern, weil sie sich nicht genügend informiert fühlen. Zudem vermeiden sie es oft, sich eindeutig zu positionieren – gerade weil ihnen nicht klar ist, welche Bedeutung Religion für andere haben kann.

Vor allem Jugendliche ohne Religionszugehörigkeit befürchten im Zuge der aktuellen gewalttätigen Konflikte generelle Vorverurteilungen und Stigmatisierung von bestimmten Religionen und deren Angehörigen.

[INT: Aktuell gibt es ja viele religiös begründete Kriege, was bekommst du davon mit?] *Ich bekomme halt zum Beispiel auch*

> *hier in Deutschland mit, dass halt viel über Terroristen geredet wird, und dann wird halt so bei so Menschen, die sich halt damit nicht auskennen, gleich gesagt, dass eben alle Muslime Terroristen sind. Dabei muss man die halt schon unterscheiden, weil das ja ganz was anderes ist. Sowas kriege ich halt schon mit, und das finde ich auch total wichtig, eigentlich, weil das ist ja völlig was anderes eigentlich und das kann man ja nicht sagen.* (weiblich, 17 Jahre, Materialistische Hedonisten, keine Religionsgemeinschaft)

Muslimische Jugendliche distanzieren sich eindeutig von der Koranauslegung und der Praxis radikaler und gewalttätiger Gruppierungen.

Auch muslimische Jugendliche äußern sich verständnislos gegenüber radikalen Gruppierungen, die im Namen der Religion agieren. Noch entschiedener als christliche Jugendliche oder Jugendliche ohne Religionszugehörigkeit betonen sie, dass die aktuellen Konflikte nichts mit dem Islam - und damit „ihrer" Religion - zu tun haben. Da die Anhänger des IS für sie unter keinen Umständen als Muslime gelten können, zweifeln sie auch nicht an ihrer Religion selbst, sondern betrachten die Radikalisierungen als abwegige Auslegung des Korans. Rückhalt erfahren sie teilweise durch die eigene muslimische Gemeinde, z. B. indem der Imam ihnen erklärt, dass radikale Islamisten den Islam nicht verstanden hätten.

Sie fühlen sich zwar nicht in die Defensive gedrängt mit Blick auf ihre Religionszugehörigkeit, spüren aber dennoch, dass ihr Glaube in der Gesellschaft falsch wahrgenommen wird, insbesondere vor dem Hintergrund aktueller terroristischer Anschläge. Sie nehmen eine Stigmatisierung gläubiger Muslime durch die christliche Mehrheitsgesellschaft wahr - auch durch die mediale Berichterstattung - und wünschen sich, dass der Islam von Andersgläubigen nicht per se negativ beurteilt wird. So wie sie andere ihren Glauben leben lassen, möchten auch sie in ihrer Religionszugehörigkeit ernstgenommen und respektiert werden.

Typische **Zitate** zur Illustration

[INT: FINDEST DU TERRORISTEN SIND SCHLECHTE MOSLEMS, WENN DIE DAS SO MACHEN?] *Also, das sind für mich gar keine Moslems, wenn die den Koran nicht verstehen. Weil im Koran steht was ganz anderes, also dass man sowas nicht machen darf.* [INT: UND REDET IHR DA AUCH MANCHMAL DRÜBER IM FREUNDESKREIS SO?] *Ja, ab und zu schon.* (männlich, 14 Jahre, Materialistische Hedonisten, muslimisch)

[INT: WAS HÄLTST DU VON KRIEGEN, DIE IM NAMEN VON RELIGION GEFÜHRT WERDEN?] *Also ich finde das einfach schwachsinnig, was die da machen. Was die IS einfach macht, finde ich nicht, dass das zum Islam gehört.* [INT: OKAY. UND DA SPRICHST DU DANN AUCH DRÜBER? AUCH MIT DEM IMAN?] *Ich sage da auch meine Meinung. Und der Iman sagt auch selber, dass das einfach mit der Religion nichts zu tun hat und dass das einfach so eine Gruppe ist, die einfach den Islam falsch verstanden hat. Es gibt immer solche Sonderfälle.* (weiblich, 16 Jahre, Materialistische Hedonisten, muslimisch)

Für mich sind das keine Muslime und dass sie unter dem Namen vom Islam Terror machen, das ist keine Bedrohung für mich jetzt zu sagen, ich will kein Moslem mehr sein oder so. Weil für mich sind das keine Muslime. (...) Die Menschen sollten aufhören, über die Religion zu urteilen. Wir sind alle Mensch und Mensch sollten den Mensch beschützen. Aber wir tun genau das Gegenteil. Löwen beschützen auch Löwen gegen Tiger, aber wir sind Feinde gegeneinander. Warum? Ich frage wieder warum, es kommt automatisch immer diese Frage, aber das ist halt so. Ich glaube, die Kriege haben die Menschen auch irgendwie angenommen, zum Lebensbestandteil gemacht, automatisch, weil sie jeden Tag in den Nachrichten etwas hören. (männlich, 15 Jahre, Konservativ-Bürgerliche, muslimisch)

Religiöse Konflikte haben kaum Auswirkungen auf den individuellen Glauben der Jugendlichen.

Sowohl christliche wie auch muslimische Jugendliche beschäftigen sich intensiv mit den gegenwärtigen auch religiös begründeten Konflikten, sehen aber aus unterschiedlichen Gründen keinen direkten

Zusammenhang zu ihrer eigenen Religion oder ihrem Glauben. Gerade für muslimische Jugendliche ist die Abgrenzung zwischen religiösen Konflikten und ihrem persönlichen Glauben von wesentlich größerer Bedeutung als für christliche Jugendliche. Aber auch sie sehen ihren eigenen Glauben weitgehend unbeeinflusst von den aktuellen Auseinandersetzungen. Sie haben für sich eine Form des Glaubens gefunden, die sich deutlich von den islamistischen Auslegungen des Korans unterscheidet und umgeben sich mit Gleichgesinnten, um sich gegenseitig in dieser Haltung zu bestärken.

Typische **Zitate** zur Illustration

- *Ich bin ja auch sehr stark im Glauben. Und ich weiß ja, was richtig und was falsch ist. Und ich lasse mich von solchen Leuten einfach nicht ..., was die so machen. Dann denke ich, okay, ich weiß das schon, dass das falsch ist.* (männlich, 16 Jahre, Materialistische Hedonisten, muslimisch)

- [INT: Und hat das einen Einfluss auf deinen Glauben? Wenn du hörst, es gibt einfach Kriege, die sind durch Religion begründet?] *Naja, Einfluss ... Wie soll ich sagen, also ... Nee, eigentlich nicht.* (weiblich, 17 Jahre, Sozialökologische, evangelisch)

- [INT: Wenn du zum Beispiel an Kriege denkst, die im Namen Allahs oder Gottes geführt werden, was hältst du davon?] *Na ja, ich bekomme wenig in den Nachrichten mit, weil ich ja nicht so oft türkische Nachrichten gucke. Aber passiert schon vieles jetzt in der Türkei.* [INT: Und was denkst du darüber?] *Nichts Gutes.* [INT: Aber wirkt sich das irgendwie auf deinen Glauben aus? Hast du das Gefühl, das verändert den Glauben irgendwie?] *Nee.* (weiblich, 14 Jahre, Materialistische Hedonisten, muslimisch)

- [INT: Und wenn Kriege im Namen von Religionen geführt werden, wirkt sich das auf deinen Glauben und deine Religion aus?] *Jein, also nein, eigentlich nicht. In dem Sinne, die IS sagen, sie sind Moslems. Aber würde ein Moslem den Koran gelesen haben, also würde dieser Moslem mal den Koran gelesen haben, würde er merken, dass er kein Moslem ist. In jeder Religion, soweit ich weiß, ist es verboten, Menschen zu töten, ihnen die Menschenrechte wegzunehmen. Und im*

Islam ist es genauso wie in allen anderen Religionen. Und ein Gläubiger, in welcher Richtung auch immer, würde Menschen nicht töten. Deswegen sind das einfach nur Psychopathen, die das machen, in jeder Hinsicht, egal von welcher Religion oder welcher Volksgruppe die sind. Die kann man nicht Gläubige nennen, sondern Psychopathen. (weiblich, 16 Jahre, Konservativ-Bürgerliche, muslimisch)

Jenseits religiöser Konflikte betonen Jugendliche die sinnstiftende und orientierende Funktion von Religionen.

Während Glaube und Religion im Alltag der Jugendlichen eine eher geringe Rolle spielen und sie oftmals nicht genau beschreiben können, welchen Einfluss der Glaube auf sie selbst hat, wird ihnen durch die Frage anch der Rolle der Religionen in den aktuellen Konflikten deutlich, dass diese auch viele positive und wichtige Aspekte haben. Das gilt auch für Jugendliche, die sich keiner Glaubensgemeinschaft zugehörig fühlen. Die Jugendlichen erkennen und beschreiben - eher rational als mit großem emotionalem Involvement - viele Funktionen, die Religionen in Gesellschaften erfüllen, auch wenn sie selbst diese nicht in Anspruch nehmen. Hierzu gehören insbesondere Antworten auf existenzielle Fragen, beispielsweise auf die Frage, was nach dem Tod kommt. Religionen können darüber hinaus auch Orientierungsgeber im Alltag sein und damit Sicherheit und Vertrauen im Leben geben.

Nein, man braucht Religionen. Man braucht Vertrauen. Die meisten Menschen brauchen Vertrauen darauf, dass nach dem Leben noch etwas kommt. Sonst gäbe es zu viel Angst vorm Sterben. Der Gedanke wäre zu arg, dass man dann nicht mehr da ist. Dass man dann einfach weg ist. Ich glaube, das können die meisten Menschen nicht verstehen. (...) Ich finde, religiöse Leute haben im Prinzip ein sorgenfreieres Leben. Sie müssen sich keine Sorgen machen, was mit ihnen nach dem Tod passiert. Sie sind dann bei ihrem Gott, und dann ist alles gut. Wenn man selber an nichts glaubt, dann geht man einfach. Nein, das hört sich nicht so schön an. (weiblich, 16 Jahre, Experimentalistische Hedonisten, katholisch)

Wenn der Grund nicht die Religion wäre, gäbe es einen anderen Grund für den Krieg. Ich glaube außerdem, dass Religion wichtig für die Menschen ist. Es ist wichtig für gläubige Menschen, dass sie diesen Glauben haben. Sie haben etwas, das ihnen sagt, wo es langgeht, und wo der Sinn des Lebens ist. Ich selber suche mir das irgendwo anders, weil ich nicht gläubig bin. Aber Glaube bietet schon einen großen Halt. Es gibt eben viele positive Seiten am Glauben. Und die Konflikte sind eben die negative Seite. (weiblich, 15 Jahre, Expeditive, keine Religionsgemeinschaft)

Aus Sicht der Jugendlichen können die Religionen und der persönliche Glauben einen Beitrag für ein gutes Zusammenleben leisten. Sie gehen davon aus, dass alle Religionen im Grundsatz auf ein friedliches Miteinander angelegt sind. Deswegen machen sie sich für Toleranz gegenüber den vielfältigen individuellen Glaubensrichtungen stark.

Die Wahrnehmung von Religionen wird somit nicht allein von den aktuellen Konflikten, die im Namen der Religion geführt werden, bestimmt. Die Jugendlichen haben einen differenzierten Blick auf Religion und ihre Funktion für die Gesellschaft. Vereinzelt wird die Meinung vertreten, dass es in einer Welt ohne Religionen weniger Kriege und soziale Konflikte gäbe, gleichzeitig wird eine „Abschaffung der Religionen" weder als sinnvolle noch machbare Lösung gesehen. Für muslimische Jugendliche ist eine generelle Abschaffung von Religionen überhaupt nicht vorstellbar.

Typische **Zitate** zur Illustration

[INT: WAS DENKST DU ÜBER SOLCHE RELIGIÖSEN KONFLIKTE?] *Also ich habe da schon eher eine radikale Meinung zu. Und zwar muss ich ganz ehrlich zugeben, wenn es Religion nicht geben würde, dann würde es auch ganz viele Kriege nicht geben. Das ist ja so. Und deswegen halte ich das für relativ unnötig. Und trotzdem muss ich auf der anderen Seite aber auch sagen, werden Religionen missbraucht. Weil eine Religion ist ja eigentlich nicht da, um Kriege zu führen oder dem anderen konsequent eine Meinung aufdrücken zu wollen. Sondern um sich...ich weiß nicht genau warum, aber vielleicht, um zu hoffen, dass nach dem Tod noch etwas kommt, was cool ist und nicht so hoffnungslos durch das Leben zu gehen. Das ist ja auch für viele Leute ein großer Punkt, gläubig zu sein. Ich finde einfach, man sollte leben und leben lassen.* (weiblich, 16 Jahre, Sozialökologische, keine Religionsgemeinschaft)

Nee, also ich weiß nicht. Ohne meine Religion fühle ich mich nicht ganz. Und deswegen ist es mir schon wichtig, meine Religion zu haben, etwas, woran ich mich binden kann, etwas, wohin ich mich zurückziehen kann. Etwas, wo ich „ich" sein kann, ist mir wichtig. (weiblich, 16 Jahre, Konservativ-Bürgerliche, muslimisch)

Nein. Das würde gar nicht gehen, wenn es keine Religion geben würde. Das wäre komisch. [INT: WAS WÜRDE NICHT GEHEN?] *Dann würde jeder machen, was er will. Dann würde man gar nicht so darauf achten, was erlaubt ist zum Beispiel. Dann sieht man auch nicht, wer ein guter Mensch ist und wer kein guter Mensch ist, wer Scheiße baut und wer keine Scheiße baut.* (männlich, 17 Jahre, Materialistische Hedonisten, muslimisch)

[INT: WÄRE ES DANN BESSER, WENN ES GAR KEINE RELIGION GEBEN WÜRDE?] *Das kann ich ja nicht entscheiden. Aber das sehen die Leute wahrscheinlich überhaupt nicht so, aber es würde natürlich die Probleme schon lösen. Aber ich denke nicht, dass man das umsetzen könnte oder so.* [INT: WAS DENKST DU, WAS SICH DANN HAUPTSÄCHLICH ÄNDERN WÜRDE, WENN MAN DAS KÖNNTE, DASS MAN DIE RELIGION ABSCHAFFT?] *Naja, es werden ja viele Probleme dann aus dem Weg geschafft. Mit diesen Kriegen zum Beispiel. Das wäre zum Beispiel schon mal ein Problem weniger. Dann gibt es eben diese Verschleierung zum Beispiel, die manche überhaupt nicht abhaben können. Mir ist das eigentlich auch egal. Sollen sie halt machen. Und auch dieses mit den Frauen in diesen Ländern, dass die total benachteiligt werden und so, das wäre natürlich auch nicht mehr so.* (männlich, 17 Jahre, Adaptiv-Pragmatische, keine Religionsgemeinschaft)

9 Geschichtsbilder

Dieses Kapitel wurde bei Erstveröffentlichung ohne die korrekte Creative Commons Lizenz veröffentlicht. Die korrekte Lizenz finden Sie am Ende des Kapitels. Ein Erratum zu diesem Kapitel ist verfügbar unter DOI 10.1007/978-3-658-12533-2_14

M. Calmbach et al., *Wie ticken Jugendliche 2016?*,
DOI 10.1007/978-3-658-12533-2_9

Geschichte – das ist in Deutschland gerade aufgrund seiner jüngeren Vergangenheit nie ein einfaches Thema. Dennoch haben Politik und Gesellschaft in den vergangenen 70 Jahren Wege gefunden mit der schrecklichen Vergangenheit umzugehen und aus ihr zu lernen.

Mit der Befreiung des Vernichtungslagers Auschwitz am 27. Januar 1945 und dem Ende des Zweiten Weltkriegs am 8. Mai 1945 jährten sich 2015 allein zwei elementare Daten deutscher Geschichte. Aber auch das Jahr 2014 bot mit dem 100. Jahrestag des Beginns des Ersten Weltkrieges Anlass, sich mit den dunklen Kapiteln der Vergangenheit zu beschäftigen.

Verstärkt wird die Vermittlung von Geschichte sowie neue Formen und Formate des Erinnerns für junge Menschen diskutiert. Dass schon bald keine Zeitzeugen mehr leben werden, die jungen Menschen von den Schrecken des Nationalsozialismus aus eigener Erfahrung berichten können, spielt dabei eine wichtige Rolle. Die deutsch-deutsche Geschichte bietet aufgrund ihrer geringen zeitlichen Distanz zur Gegenwart viele lebensnahe Anknüpfungspunkte: 25 Jahre nach der Wiedervereinigung und dem Fall der Berliner Mauer könnte man vermuten, dass die Deutsche Demokratische Republik (DDR) und die deutsche Teilung ein spannendes Thema für Jugendliche ist.

Zwar ist Geschichte Bestandteil der Lehrpläne an Schulen. Aber welche Rolle spielt sie für junge Menschen – auch abseits des Klassenraums? Was lösen die Besuche historischer Stätten und Gedenkorte bei ihnen aus? Wie rezipieren sie Geschichte? Und welche Rolle spielt für sie persönlich noch die Wiedervereinigung?

Wir haben in der vorliegenden Studie kein Geschichtswissen abgefragt und auch keine speziellen Themen vorgegeben, sondern die Jugendlichen sich frei zu ihren persönlichen Assoziationen zu Geschichte äußern lassen. Dieses Kapitel zeigt, was Geschichte für junge Leute bedeutet, inwiefern sie sich für historische Themen interessieren, wo ihnen im Alltag Geschichte begegnet – und was man nach ihrer Auffassung aus Geschichte lernen kann bzw. sollte.

Dieses Kapitel schließt – vor dem Hintergrund von „25 Jahre Deutsche Einheit" – mit einem Exkurs zur Wahrnehmung von Unterschieden zwischen jungen Menschen aus den neuen und aus den alten Bundesländern.

9.1 Assoziationen zum Begriff Geschichte

Das Wissen um die jüngste deutsche Vergangenheit wirkt sich stark auf die spontane Wahrnehmung von Geschichte aus.

Fragt man Jugendliche, was sie unter dem Begriff Geschichte verstehen, nennen sie erwartungsgemäß zunächst das Schulfach.

Spontane Assoziationen zum Begriff „Geschichte"

Je häufiger ein Begriff spontan genannt wurde, desto größer/fetter erscheint er in der Darstellung

Da die deutsche Geschichte des letzten Jahrhunderts ein zentraler Bestandteil der Lehrpläne ist, scheint es plausibel, dass Geschichte häufig mit dem Zweiten Weltkrieg bzw. dem Nationalsozialismus, Hitler und der deutschen Schuld am Zweiten Weltkrieg verbunden wird. Auch der Erste Weltkrieg und überhaupt Kriege (z. B. Dreißigjähriger Krieg, Bürgerkrieg im ehemaligen Jugoslawien) sind recht häufige Assoziationen. Geschichte ist also aus Sicht der befragten Jugendlichen häufig negativ konnotiert.

Typische **Zitate** zur Illustration

- *Ja, das erste, was ich denken würde, was denke ich mal jedem einfällt, ist so Zweiter Weltkrieg, so diese Zeit so.* (männlich, 16 Jahre, Adaptiv-Pragmatische)
- *Mir fällt als Erstes der Geschichtsunterricht ein, also Mittelalter, Nationalsozialismus und so etwas. Ich assoziiere das mit dem Fach Geschichte.* (weiblich, 17 Jahre, Adaptiv-Pragmatische)
- *Das Schulfach. Vielleicht auch Kriege, Erster, Zweiter Weltkrieg. Barock. So etwas.* (weiblich, 16 Jahre, Experimentalistische Hedonisten)
- *Geschichte, da denke ich erst mal an Schulunterricht und ja, alles, was mit verschiedenen Ländern zu tun hat, deren Vergangenheit und so weiter.* (weiblich, 17 Jahre, Experimentalistische Hedonisten)
- *An Unterricht und alles, was so damals, in früherer Zeit so war. Was dann auch bedeutend war und was dann auch heute so unterrichtet wird. So Kriege oder Berliner Mauer oder so etwas.* (weiblich, 15 Jahre, Sozialökologische)
- *Eigentlich an Krieg, eigentlich nur an Krieg. Wir haben fast nur über Krieg in Geschichte geredet.* (weiblich, 15 Jahre, Materialistische Hedonisten)
- *Geschichte ist interessant, und sollte man auf jeden Fall im Kopf behalten. Vor allem unsere deutsche Geschichte. Also wenn man jetzt in Deutschland lebt, sollte man auf jeden Fall die Geschichte von Deutschland kennen. [INT: Meinst du da jetzt was ganz Konkretes und wenn ja was?] Ja, also vor allem halt die Zeiten des Ersten Weltkriegs und des Zweiten Weltkriegs, weil wir ja diejenigen waren, die den Krieg angefangen haben in beiden Fällen und sozusagen auch die Welt somit verändert haben, wie wir es jetzt heute noch spüren. Und das sollte man auf jeden Fall kennen und wissen und was man früher auch halt sozusagen zur Kolonialzeit oder halt zum Mittelalter, weil davon ja auch unsere ganzen Religionen auch ziemlich... Weil man da halt auch noch mal mehr darüber lernt, wie sich unsere Religion auch verändert hat.* (männlich, 17 Jahre, Experimentalistische Hedonisten)

Neben der deutschen Vergangenheit und der Rolle Deutschlands in beiden Weltkriegen werden vor allem Themen und Epochen wie „Die

Römer", Ägypten, das Mittelalter, Barock oder die Entdeckung Amerikas durch Kolumbus genannt. Letzteres Ereignis wird als eines der spannenderen Themen hervorgehoben. Internationale Geschichte wird somit als Themenfeld erwähnt, wenn auch seltener. Hier dominieren meist Einzelnennungen.

Auffällig ist, dass positiv besetzte historische Ereignisse, wie beispielsweise die Wiedervereinigung, spontan eher selten genannt werden. Auch die DDR wird zunächst seltener erwähnt. Einige Befragte sprechen allerdings später, im vertieften Interview, von sich aus über die DDR und den Mauerfall.

Jugendliche assoziieren mit Geschichte spontan auch Bauwerke wie Museen, Denkmäler, Kirchen, Friedhöfe oder Gedenkstätten. Abgesehen von den etwas detaillierteren Beschreibungen der genannten Themen in den bildungsnahen Lebenswelten (vor allem Expeditive, Experimentalistische Hedonisten, Sozialökologische, Adaptiv-Pragmatische) zeigen sich bei den Spontanassoziationen zunächst kaum lebensweltliche Unterschiede. Es fällt lediglich auf, dass in den bildungsferneren Milieus „Geschichte" auch mit „einer Geschichte" oder „Geschichten" assoziiert wird.

> *Geschichte zum Beispiel ist ... Ich weiß noch nichts und dann erzählt mir jemand von früher, das ist dann so eine Geschichte für diese Zeit, von früher ist dann eine Geschichte für diese Zeit. Wenn es dann die nächste Zeit ist, dann erzählt jemand, der schon alt ist, von dieser Zeit, wo er gelebt hat.* (männlich, 14 Jahre, Prekäre)

> [INT: An was denkst du, wenn du den Begriff „Geschichte" hörst?] *An Geschichten denke ich dann.* [INT: Was für Geschichten?] *Also ich kenne keine Geschichten. In der Grundschule habe ich vielleicht Geschichten gehört, Kassetten oder CDs. Aber wenn ich das Wort „Geschichte" höre, dann denke ich an Geschichten.* (weiblich, 15 Jahre, Materialistische Hedonisten)

9.2 Interesse an historischen Themen

Der Nationalsozialismus ist für Jugendliche aller Lebenswelten ein spannendes Thema. Abgesehen davon hält sich das historische Interesse bei vielen in Grenzen.

Die (historischen) Themeninteressen der befragten Jugendlichen beziehen sich häufig auf die deutsche Geschichte im 20. Jahrhundert. Insbesondere der Nationalsozialismus ist für Jugendliche aller Lebenswelten ein präsentes und spannendes Thema, mit dem sich vor allem die Gymnasiasten intensiv auseinandersetzen - manche sogar in ihrer Freizeit.

Typische **Zitate** zur Illustration

- *Adolf Hitler zum Beispiel. Also das ist natürlich ein interessantes Thema. Es gibt viele Themen in der Geschichte, die interessant sind.* [INT: WAS WAR SO BEI HITLER, WAS HAT DICH DA FASZINIERT?] *Ja, dass so ein Mensch überhaupt irgendwie ein ganzes Land kontrollieren kann und überhaupt an die Führung kommt. Also dass er alle so gut getäuscht hat.* (männlich, 17 Jahre, Adaptiv-Pragmatische)

- *Zweiter Weltkrieg. Das hat mich interessiert. Ich finde es ziemlich erstaunlich, eigentlich auch schockierend, was Menschen mit anderen Menschen machen, wozu die fähig sind. Ich habe auch viele Filme darüber gesehen. Ich finde das echt krass, deswegen hat mich das sehr interessiert.* (weiblich, 16 Jahre, Experimentalistische Hedonisten)

- *Also wie das alles so abgelaufen ist, mit Hitler und so. Und dass das eigentlich total krank war, was der für eine Sicht auf jüdische Menschen hatte und die halt abgrundtief gehasst hat. Und dass da ja alle Menschen da mitgespielt haben bei diesem Spiel. Und natürlich dann Vergasung und Konzentrationslager und sowas. Das war schon eine schlimme Zeit. Natürlich schlimm, aber auch interessant, wie das alles abgelaufen ist und wie er das geschafft hat.* (weiblich, 15 Jahre, Experimentalistische Hedonisten)

Ereignisse, die in der Vergangenheit weiter zurück liegen, werden seltener genannt. Auch der Mauerfall wird nicht so oft als spannendes Thema bezeichnet. Überhaupt wird die deutsche Geschichte in den Jahren zwischen Kriegsende und Wiedervereinigung nur von einigen Jugendlichen thematisiert.

Materialistische Hedonisten und Prekäre können kaum Bezug auf historische Ereignisse nehmen.

Mehr noch als in anderen Lebenswelten ist bei Materialistischen Hedonisten und Prekären erkennbar, dass ihnen der eigene Alltag und die Gegenwartskultur deutlich näher stehen als historische Ereignisse. Wenn sie schildern, welche geschichtlichen Themen sie spannend finden, wird klar, dass sie sich dabei oft auf populäre Produkte der Unterhaltungskultur (z. B. Filme, Serien, Games) beziehen. Generell scheint in diesen Lebenswelten kaum historisches Wissen vorhanden zu sein. Geschichte ist für diese Jugendlichen am ehesten dann interessant, wenn sie nicht "abtörnt", sondern Unterhaltungscharakter hat, oder auch wenn ein direkter Bezug zu konkreten Einzelschicksalen hergestellt werden kann.

Typische **Zitate** zur Illustration

[INT: GIBT ES GESCHICHTSTHEMEN, FÜR DIE DU DICH INTERESSIERST?]

Zum Beispiel ganz berühmte Menschen, die so was ganz Berühmtes gemacht haben. Zum Beispiel Michael Jackson, der ist ja in der Musikszene so, da sind ja alle Menschen so richtig ausgerastet, als sie den gehört haben. (männlich, 15 Jahre, Prekäre)

[INT: GIBT ES GESCHICHTSTHEMEN, DIE DICH BESONDERS INTERESSIEREN, DIE DU SPANNEND FINDEST?]

Ich weiß nicht. Dinosaurier oder so. So früher als kleines Kind fand ich so Dinosaurier so überkrass eigentlich. Die haben ja auch so einen neuen Film rausgehauen, „Jurassic World". Ja, so was. (männlich, 15 Jahre, Prekäre)

Sonderlich spannend finde ich die Geschichtsmuseen jetzt nicht. Aber selbst war ich mal in Sinsheim in so einem Automuseum. Das war dann schon interessant. (männlich, 16 Jahre, Materialistische Hedonisten)

[INT: INTERESSIERST DU DICH DAFÜR, KANNST DU DICH DAFÜR BEGEISTERN?]

Ja, auf jeden Fall den Zweiten Weltkrieg. Ich gucke gerne die Filme „Anne Frank", gerade wie die Juden das überlebt haben. Ich habe auch Tränen geweint. Wir mussten uns „Der Pianist" und „Schindlers Liste" angucken. Ich selber habe es nicht verstanden. Ich bin Förderschülerin. Wir haben das alle nicht verstanden, und ich musste halt immer raus gehen. Das war mir halt alles zu viel, und ich denke, wie kann man so was in der Schule bringen? Dann hat Mama mir halt gesagt, pass auf, wir gucken jetzt mal Anne Frank, und dann haben wir uns noch den Jungen im gestreiften Pyjama angeguckt, und das habe ich dann auch verstanden. Also den Film zumindest, aber keiner versteht, warum die das gemacht haben. Und zumal auch Hitler nicht deutsch war. [INT: ALSO DAS FINDEST DU SPANNEND?] *Ja.* (weiblich, 17 Jahre, Prekäre)

Viele Jugendliche erleben ihr vergleichsweise geringes Geschichtswissen nicht als Defizit.

Mit Ausnahme der im Unterricht prominent behandelten Themen Nationalsozialismus, Zweiter Weltkrieg und die Folgen hält sich das Interesse an historischen Ereignissen in überschaubaren Grenzen. Geschichte gilt vielen (v. a. unter den Adaptiv-Pragmatischen) als langweilig und verstaubt: „Man kann eh nichts mehr daran ändern", „man lebt heute und muss loslassen".

Über das eigene Geschichtswissen sagen die allermeisten Befragten, dass man „die Basics" kenne, „etwas Allgemeinwissen habe", „weiß, was so grob passiert ist" oder „zum Teil Bescheid weiß". Und man gibt sich mit diesem Halbwissen in der Regel auch zufrieden, hält es teils sogar explizit für unnötig, an dieser Stelle die Kenntnisse auszubauen.

Typische **Zitate** zur Illustration

Weil das ist ja jetzt alles schon passiert und man kann daran jetzt eh nichts mehr ändern. Und Geschichte ist ja wie so eine Zeitschleife einfach. (weiblich, 17 Jahre, Konservativ-Bürgerliche)

- *So vergangene Sachen interessieren mich eigentlich nicht.* (männlich, 15 Jahre, Adaptiv-Pragmatische)

- *Das war halt früher, und wir leben ja jetzt. Und man muss sich ja nicht immer Gedanken über früher machen. Es gibt ja jetzt und in der Zukunft auch Probleme.* (weiblich, 14 Jahre, Adaptiv-Pragmatische)

- *Ich finde, man sollte darüber Bescheid wissen, auch ungefähr eine Ahnung haben, aber ich finde, das ist irgendwie auch Vergangenheit, und man muss da jetzt nicht jede Jahreszahl aufzählen können, wann was passiert ist. Das halte ich für unnötig.* (weiblich, 17 Jahre, Adaptiv-Pragmatische)

- [INT: WAS WÜRDEST DU DENN SAGEN, WIE GUT KENNST DU DICH IN SACHEN DEUTSCHER GESCHICHTE AUS?] *Deutsche Geschichte, so mittelmäßig. Ich weiß halt das mit Hitler und so, aber ich finde irgendwie die amerikanische Geschichte viel spannender.* [INT: UND HAST DU SO DAS GEFÜHL, DU SOLLTEST DICH DA BESSER AUSKENNEN?] *Nein, eigentlich nicht. Also klar, es gibt eine aus meiner Klasse, die liest halt viel über Geschichte, weiß halt mehr, aber so das Verlangen, dass ich jetzt genauso viel wissen will oder so, ist nicht.* (männlich, 14 Jahre, Materialistische Hedonisten)

- [INT: WIE GUT KENNST DU DICH DENN IN DEUTSCHER GESCHICHTE AUS?] *Nicht so gut. Ich bin eigentlich gar nicht gut in Geschichte. Es geht.* (weiblich, 16 Jahre, Experimentalistische Hedonisten)

Am ehesten sagen die Sozialökologischen und die Expeditiven von sich, dass sie sich gut mit Geschichte auskennen. Hier wird Geschichte auch als spannend, intellektuell ansprechend und mit großer Bedeutung für die Gegenwart beschrieben.

- *Ich kenne mich schon gut mit Geschichte aus. Das interessiert mich wirklich.* (weiblich, 17 Jahre, Expeditive)

- *Also, ich finde Geschichte wahnsinnig interessant. Ist auch eins meiner Lieblingsfächer.* (weiblich, 14 Jahre, Sozialökologische)

Also Geschichtsunterricht an sich finde ich schon ziemlich spannend, vor allem warum und wieso jetzt, weshalb auch. (männlich, 17 Jahre, Expeditive)

Ich lese mich ganz gerne mal in die Französische Revolution rein. Und auch mal in den Ersten Weltkrieg. Das sind so Sachen, die mich interessieren. Das ist einfach die Geschichte, wie sich das entwickelt hat. Und was das für heute bedeutet. (männlich, 15 Jahre, Sozialökologische)

Ich finde, man lernt auch viel dadurch. Man versteht Sachen heute besser, wenn man die Geschichte dazu kennt. (weiblich, 17 Jahre, Expeditive)

Jugendliche aus dem postmodernen Segment interessieren sich besonders für Revolutionen, Systemstürze und die oft charismatischen historischen Leitfiguren dahinter.

Während Nationalsozialismus und der Zweite Weltkrieg historische Ereignisse sind, die Jugendliche aus allen Lebenswelten und sowohl Mädchen als auch Jungen interessieren, gibt es auch Themen, die lebenswelttypisch sind. Auffällig ist beispielsweise, dass sich die Experimentalistischen Hedonisten und die Expeditiven auch für historische Themen abseits der deutschen Geschichte interessieren. Besonders spannend finden diese Jugendlichen die Konflikte zwischen ideologisch entgegengesetzten Systemen. Und besonders imponieren ihnen Revolutionen und Zeiten des Umbruchs sowie charismatische Persönlichkeiten der Zeitgeschichte, die Veränderungen initiiert und befördert haben. Die Mädchen aus diesen Lebenswelten sind dabei oft beeindruckt von starken Frauen, die Geschichte geschrieben haben.

Typische **Zitate** zur Illustration

Ich finde die Kubakrise sehr spannend. Ich finde, man weiß da relativ wenig drüber. Ich wusste vorher nur, dass es Fidel Castro und Che Guevara gibt, und das war es. Es war ja wieder so ein Macht-Battle: Wer hat die größten Muckis oder den größten Daumen, um auf den Knopf zu drücken. Oder der Krieg zwischen Nord- und Südkorea. Das belastet uns ja auch heute noch. Der kann jederzeit einfach auf den Knopf drücken und eine Atombombe losschicken. Und dieser bescheuerte

Mensch ist immer noch da. Der hat fast jeden Guten in seinem Land gekillt. Warum kann dem keiner einen Headshot geben? Die Nordkoreaner werden aber langsam aktiv. Sie wollen wissen, was da draußen los ist. Auch die geflüchteten Nordkoreaner tun etwas dafür, dass das System gestürzt wird. (...) Das ist ähnlich wie damals in Ostberlin, als sie mit den Aufständen angefangen haben. Ich hoffe, dass ich es noch miterlebe, dass das System gestürzt wird. Dass die Leute endlich merken, wie bescheuert diese Regierung ist. (weiblich, 16 Jahre, Experimentalistische Hedonisten).

Kalter Krieg, Kommunismus, das fand ich sehr spannend. Ich finde, man lernt auch viel dadurch. Man versteht auch Sachen heute besser, wenn man die Geschichte dazu kennt. Man kann nicht irgendwie über ein Gebiet, zum Beispiel Irak oder so, jetzt reden, wenn man nicht weiß, was vorher war. Golfkrieg usw., das ist schon ein Standard. (weiblich, 17 Jahre, Expeditive)

Es gab in der Französischen Revolution diesen einen Aufmarsch von den Frauen, von den Bäuerinnen, die dann von Paris bis nach Versailles gelaufen sind. Das ist ja zu Fuß schon ziemlich lange. Ich weiß gar nicht mehr genau, weil sie eben verhungert sind und etwas gefordert haben. Und da war Ludwig der XIV. oder so. Der hat da – das ist auch in dem Film eine Szene, die hat mich so ganz beeindruckt – so gesagt zu den ganzen Frauen: Wenn Ihr kein Brot habt, dann esst doch Kuchen! Das fand ich beeindruckend, wie die Frauen von Paris bis nach Versailles gelaufen sind. (weiblich, 16 Jahre, Expeditive)

Geschichte interessiert mich generell. Besonders interessant finde ich Napoleon. Über den habe ich einmal einen Vortrag gehalten. Mein Vater hat mir auch früher, als ich klein war, immer ganz viel erzählt. Zum Beispiel über die drei Punischen Kriege mit Hannibal und über Alexander den Großen und so etwas. Im Moment lese ich ein Buch über die Ärzte von bekannten historischen Personen, und wie sie auf diese eingewirkt haben. (weiblich, 15 Jahre, Expeditive)

In der Gegenwart wird für die meisten Jugendlichen noch nicht „Geschichte gemacht".

Über die historische Dimension aktuellerer politischer Entwicklungen (z. B. 9/11, Internationale Finanzkrise, Agenda 2010, Einführung des Euro, Arabischer Frühling, IS-Terrorregime, Snowden-Affäre, Fluchtmigration) machen sich Jugendliche kaum Gedanken. Auch im Geschichtsunterricht werden diese Themen laut der Jugendlichen nicht behandelt, sie werden (zumindest an Gymnasien) eher in den Fächern Gemeinschaftskunde/Sozialkunde angesprochen. Lediglich vereinzelt wird berichtet, dass im Geschichtsunterricht auch aktuelle Themen angesprochen werden.

Typische **Zitate** zur Illustration

[INT: MAGST DU GESCHICHTE IN DER SCHULE?] *Ja, wir machen immer so Diskussionsrunden und das mag ich.* [INT: WAS SIND DA SO DIE THEMEN?] *Zuletzt hatten wir über die Flüchtlinge geredet.* (männlich, 15 Jahre, Konservativ-Bürgerliche)

Ziemlich aufgepasst habe ich bei 9/11, dem 11. September. Da ist ein Flugzeug in das World Trade Center gestürzt, und es waren die Terroristen damals. Das hat mich interessiert. (männlich, 15 Jahre, Adaptiv-Pragmatische)

[INT: FÄLLT DIR EIN BESTIMMTER TAG EIN, DER VOLL GESCHICHTLICH IST?] *2001.* [INT: WESWEGEN?] *Wegen des World Trade Centers. Das ist sehr, sehr, sehr geschichtlich. Das hat ja so einen Wandel gemacht in der Welt.* [INT: WAS HAT SICH DA VERÄNDERT?] *Die USA ist konsequenter geworden nach dieser Attacke. Die Länder haben sich verändert. Wenn die USA etwas macht, hat das alles eine Wirkung auf die ganze Erde.* (männlich, 15 Jahre, Konservativ-Bürgerliche)

9.3 Aus der Geschichte lernen

Es herrscht große Einigkeit, dass man aus Geschichte lernen kann und - insbesondere aus dem Nationalsozialismus - auch lernen muss.

Die meisten Befragten geben zu Protokoll, dass man aus der Geschichte lernen kann und sollte. Detaillierter erklären können das aber nur wenige - noch am ehesten die älteren Gymnasiasten, und hier vor allem Sozialökologische und Jugendliche der postmodernen Lebenswelten (Expeditive, Experimentalistische Hedonisten). Diese Jugendlichen sind davon überzeugt, dass man gerade in Deutschland dazu verpflichtet sei, aus der eigenen Geschichte zu lernen und sie in den Köpfen der Menschen lebendig zu halten. Bei vielen anderen muss in Hinblick auf „historische Verantwortung" eher von einer sozial erwünschten Antwort ausgegangen werden: Man hat immer wieder gehört und gelernt, dass für die deutsche Gesellschaft Erinnerungskultur und „historische Schuld" wichtige Themen sind. Diese Einsicht wird reproduziert, aber eher selten ein Bezug zu sich selbst und dem eigenen Leben hergestellt.

In allen Lebenswelten sind Jugendliche aber der Meinung, dass Geschichte lehrt, wie negative Ereignisse künftig am besten zu vermeiden seien. Dabei beziehen sie sich in erster Linie auf den Nationalsozialismus im Allgemeinen und insbesondere Hitlers Aufstieg. Es wird zudem die Hoffnung geäußert, dass die Menschen generell mit Blick auf die Geschichte den Unsinn von Kriegen, Gewalt und totalitären Regimen erkennen könnten.

Typische **Zitate** zur Illustration

Auf jeden Fall. Ich habe es schon gesagt, als Deutscher hat man vielleicht doch noch so ein bisschen mehr Verantwortung, dass sich Geschichte eben nicht wiederholt. Dass man nicht übersieht, was es heute noch für Probleme gerade zum Beispiel mit Neonazis gibt. Das ist in anderen Ländern sicher nicht anders, dass es da auch viele Neonazis gibt, aber die haben halt nicht diese Vergangenheit. (weiblich, 17 Jahre, Expeditive)

Weil ich glaube, dass man das, was passiert ist, nicht vergessen sollte. Das war und ist ein schlimmes Thema. Und es wäre nicht richtig, das zu vergessen oder zu verdrängen. Unsere Generation hat ja damit gar nichts zu tun. Aber trotzdem wird man immer noch überall damit konfrontiert. Und oft heißt es immer noch: Wir sind an allem schuld. - Wir? Obwohl wir da noch nicht mal gelebt haben? Deswegen finde ich solche Sachen, die einen daran erinnern, was passiert ist, eigentlich gut. Das sollte einem eine Lehre sein. (männlich, 16 Jahre, Sozialökologische)

Ja, ich denke schon, dass man auf jeden Fall was daraus mitnehmen kann. Allein jetzt mit Hitler als Beispiel - was der gemacht hat und wie er es geschafft hat, nach oben zu kommen. Das ist ja echt krass. Und ich denke, heutzutage würde keiner mehr so leichtsinnig jemandem vertrauen, der so hoch an die Spitze möchte. Also zumindest hoffe ich das jetzt mal. (weiblich, 16 Jahre, Sozialökologische)

Und was zum Beispiel bei den Weltkriegen für Fehler gemacht wurden. Und was man beispielsweise auch daraus lernen kann für jetzt oder die Zukunft. (männlich, 15 Jahre, Sozialökologische)

Also, aus Kriegen kann man schon lernen, dass man nicht weiter Kriege machen soll. Was ein Beispiel wäre, Naziregime und so, ganz klassisches Beispiel, dass so etwas nicht noch mal passieren sollte. Was noch? Die Mauer. Falls so etwas geplant wird, würde jeder das bemerken. Naja, das ist der Vorteil an Geschichte, dass man Dinge besser vorhersehen kann, welche schon einmal passiert sind. Man kann sie verhindern durch das Wissen, wie es das letzte Mal entstand. (männlich, 17 Jahre, Konservativ-Bürgerliche)

Ich denke auch, dass die Deutschen aus dem Dritten Reich gelernt haben. Und auch aus der Weimarer Republik. [INT: WAS HABEN SIE DARAUS GELERNT?] *Das Demokratiesystem, das wir heute haben. Und dass es so aufgebaut ist, dass es für einen Einzelnen schwer ist, so viel Macht zu gewinnen.* (weiblich, 17 Jahre, Adaptiv-Pragmatische)

Ja, man kann Weisheiten lernen. Also zum Beispiel früher hat man sich bekriegt, damit man zeigt, dass man stärker ist. Und heute kann man diese Stärke nicht nur anhand Prügeleien feststellen, sondern auch an Verstand. Der Klügere gibt nach zum Beispiel. Das ist ein wichtiges

Sprichwort. Und ich finde, das passt auch eigentlich ganz gut da rein. (weiblich, 17 Jahre, Materialistische Hedonisten)

Zum Beispiel Zweiter Weltkrieg, wer weiß, wie viele Menschen da gestorben sind, und wenn man sich jetzt mal USA und Russland anguckt, ich weiß ja nicht, ob es da vielleicht irgendwann mal zu einem Dritten Weltkrieg kommt. Aus so etwas könnte man zum Beispiel mal lernen. Krieg insgesamt, dass das komplett sinnlos ist. Ich meine, in dem Moment denkt man, das ist eine gute Idee, und hinterher ist dann alles wieder scheiße. Aber trotzdem macht man es beim nächsten Mal genauso. Da könnte man viel mehr daraus lernen, aus den Fehlern von der Vergangenheit. (männlich, 14 Jahre, Adaptiv-Pragmatische)

Das ist wichtig, damit die Menschen daraus lernen. Damit die lernen, was falsch und was richtig ist und wie etwas gemacht wird. Und dadurch hat Deutschland auch extrem gemerkt, wie Diktatur funktioniert und wie Deutschland beeinflusst worden ist. (weiblich, 16 Jahre, Adaptiv-Pragmatische)

9.4 Wahrnehmung des Schulfachs Geschichte

Das Schulfach Geschichte wird dann interessant, wenn ein Alltagsbezug hergestellt und der Unterricht lebendig gestaltet wird.

Am Geschichtsunterricht in der Schule kritisieren die Jugendlichen, dass zu viel auswendig gelernt werden muss und kein persönlicher Bezug hergestellt werden kann. Auch wenn Geschichte abstrakt Bedeutung zugeschrieben wird, kann die Art und Weise der Vermittlung in der Schule bei vielen keine Begeisterung wecken.

Typische **Zitate** zur Illustration

> *Zu viele Zahlen, die man sich merken muss. Wenn es jetzt als Fach gedacht ist, dann ist es zu viel auswendig lernen und so. Geschichte an sich finde ich schon einigermaßen interessant, informiere ich mich auch, aber Begeisterung für Zahlen fehlt.* (männlich, 17 Jahre, Konservativ-Bürgerliche)

> [INT: GIBT ES VIELLEICHT IRGENDWELCHE THEMEN, DIE DICH BEGEISTERN ODER FASZINIEREN IM FACH GESCHICHTE?] *Also im Fach Geschichte eigentlich gar nicht, weil ich mag so Geschichte nicht.* [INT: FÄLLT DIR VIELLEICHT IRGENDEIN GRUND EIN, WARUM DU DAS NICHT MAGST?] *Weil es mich nicht interessiert, weil es nicht in meinem Land passiert und ich muss nur das wissen, was bei mir passiert.* (weiblich, 17 Jahre, Materialistische Hedonisten)

> *Also, richtig interessieren tue ich mich dafür jetzt nicht. Ich habe mir so gesagt: Ja, es ist passiert. Ich hatte im Geschichtsunterricht mal keine Lust auf die Lehrerin, die sagte: Lisa, jetzt dreh dich um! Und ich so: Mann, Geschichte interessiert mich nicht, der ist tot, der kann nichts mehr machen! Aber Geschichte ist ja Allgemeinbildung und da finde ich es eigentlich auch gut, dass es Geschichte gibt, so wie Hitler und so. Geschichte ist schon ganz wichtig, aber meistens interessiert die mich jetzt nicht gerade so.* (weiblich, 14 Jahre, Experimentalistische Hedonisten)

Berichte von Jugendlichen, die Begeisterung am Schulfach Geschichte erkennen lassen, bleiben eher selten. Auffällig deutlich positiv haben sich vor allem Sozialökologische und Expeditive zum Fach Geschichte geäußert. Über alle Lebenswelten hinweg zeigt sich aber, dass Geschichte dann interessant wird, wenn ein aktueller Bezug hergestellt oder der Geschichtsunterricht didaktisch lebendig gestaltet wird. Den Jugendlichen ist es zudem wichtig, Geschichte empathisch wahrnehmen zu können und Möglichkeiten zum Perspektivwechsel zu bekommen: Sie wollen sich in die Zeit und die Lage der von den historischen Ereignissen betroffenen Menschen versetzen können. Auch die Befunde zu Gedenkstättenbesuchen (siehe unten) deuten darauf hin.

Typische **Zitate** zur Illustration

- *Geschichte ist eines meiner Lieblingsfächer.* (weiblich, 16 Jahre, Expeditive)

- *Man sollte nicht nur den Lehrer vorne haben und erzählen, sondern auch viel mehr selbst mitarbeiten. Und halt auch irgendwie Referate einbauen. Klar, Referate sind Arbeit, aber wenn man dann Referate hält, aber dann so ein Schauspiel hat, wo man sich dann auch in die Leute hineinversetzen muss, dass würde es auch spannender machen, als wenn man immer wieder den gleichen Stoff durchkaut.* (weiblich, 17 Jahre, Adaptiv-Pragmatische)

- *Gerade zum Beispiel durch meinen Vater: Kalter Krieg, Kommunismus, das fand ich sehr spannend. (...) Aber ich verstehe es auch, wenn Leute es ein bisschen langweilig finden. Ich persönlich finde es überhaupt nicht langweilig, auch Geschichtsunterricht nicht langweilig, aber ich kann es bei anderen nachvollziehen.* (weiblich, 17 Jahre, Expeditive)

- *Also mit dem Lehrer, den wir davor hatten, war das scheiße. Ja, also kommt drauf an, was wir für ein Thema haben, wenn wir jetzt so irgendwie so einen Krieg haben, was voll langweilig ist, ist Geschichte scheiße.* [INT: WAS SIND DENN SO DIE THEMEN, WO DU SAGST, DIE INTERESSIEREN MICH?] *Also das mit den Präsidenten in Amerika finde ich ganz interessant, also mit den wichtigen, also zum Beispiel das mit Kennedy, dass der umgebracht wurde, und Verschwörungstheorien finde ich auch interessant.* (männlich, 14 Jahre, Experimentalistische Hedonisten)

- *Ich finde es schon interessant, was die Menschen früher gemacht haben. Früher gab es ja auch Cowboys. Früher gab es ganz andere Dinge als heute. So etwas finde ich halt interessant auch. Vor 100 Jahren konnte man sich gar nicht vorstellen, dass der Fernseher Alltag wird oder das Auto. Solche Dinge halt.* (weiblich, 14 Jahre, Experimentalistische Hedonisten)

- *Ich fand halt so Sachen wie als Amerika entdeckt wurde und so, über Kolumbus und so was, das fand ich eigentlich ziemlich interessant. Darüber haben wir dann auch einen Film geguckt. Aber ansonsten ist eigentlich der Geschichtsunterricht bei meinem Lehrer nicht so unbedingt dolle. Weil der halt über langweilige Sachen lange redet. Auch wenn du eigentlich schon alles darüber weißt, wiederholt er es und wiederholt es, bis es dir zum Hals raushängt.* (weiblich, 14 Jahre, Sozialökologische)

Barock, so dieses Zeitalter, das kommt mir als Erstes in den Kopf. Wahrscheinlich, weil mich das auch am meisten fasziniert. Ich glaube, abgesehen von den Hygieneverhältnissen oder wenn man so als Bauer lebt, das wäre die Zeit, die ich am liebsten erleben würde, wo ich gern noch mal leben würde. Weil ich das eigentlich ganz interessant finde alles. Diese Lebensart. Für die Bauern ist es natürlich beschissen, weil die ausgenutzt wurden teilweise bis zum Gehtnichtmehr, aber wenn man in der Stadt wohnt als Kaufmann, diese Feste und alles. Natürlich auch der Baustil, das gefällt mir. Keine Ahnung. Es ist schwer zu erklären. Oder auf dem Land, es ist so idyllisch, sage ich mal. [INT: WOHER WEISST DU SOLCHE SACHEN?] *Ich habe einen Geschichtsfanatiker als Freund zum einen. Und halt auch guten Unterricht, größtenteils Bücher, Internet, alles so irgendwie.* (männlich, 14 Jahre, Adaptiv-Pragmatische)

9.5 Begegnungen mit Geschichte außerhalb der Schule

Privat wird eher weniger über Geschichte gesprochen.

Geschichtsbezogene Diskurse finden fast nur in der Schule statt. Im Freundeskreis taugt Geschichte kaum als Gesprächsthema. Es sei denn, es ist ein aktueller Bezug gegeben. Solche Berichte bleiben aber eher Einzelfälle.

Typische **Zitate** zur Illustration

[INT: SPRICHST DU MIT DEINEN FREUNDEN UND FAMILIE ÜBER GESCHICHTE?] *Eher wenig ...* [INT: WENN, WIE SIEHT DAS AUS? WAS SPRECHT IHR DA?] *Denken wir halt. Das ist dann meistens noch an andere Themen mit ran geknüpft. (...) Aber ansonsten eigentlich findet es kaum Erwähnung.* (männlich, 16 Jahre, Adaptiv-Pragmatische)

[INT: SPRICHST DU AUCH MIT DEINEN FREUNDEN DARÜBER?] *Nein, das eher weniger.* (weiblich, 17 Jahre, Adaptiv-Pragmatisch)

Wir reden halt darüber, was damals passiert ist und wie krass das teilweise war. Wenn wir zum Beispiel auf Krieg oder so zurückkommen, wie krass es damals war oder was es für Sitten damals gab. Ja, darüber reden wir eigentlich ziemlich oft. (weiblich, 14 Jahre, Konservativ-Bürgerliche)

Ach so, ja mit Freunden halt. Weil manche Leute sind halt so geschmacklos und machen Judenwitze oder sowas oder Ausländerwitze ... Eigentlich wird hauptsächlich nur über Witze geredet oder halt dann ... Also bei uns sind Asylbewerber auch ein sehr großes Thema, auch überall. Weil es halt neu ist, was anderes, aber das sollte man alles nicht so negativ einstufen. (weiblich, 15 Jahre, Experimentalistische Hedonisten)

Bei Jugendlichen mit Migrationshintergrund scheint etwas häufiger im Familienkreis über Geschichte mit Bezug auf das Herkunftsland gesprochen zu werden.

Typische **Zitate** zur Illustration

Ich rede auch mit meiner Tante über die amerikanische Geschichte. (männlich, 15 Jahre, Adaptiv-Pragmatische)

Zweiter Weltkrieg. Ich habe davon im Geschichtsunterricht gehört. Aber auch von anderen Personen, zum Beispiel der Verwandtschaft. Die haben auch so Geschichten erzählt. [INT: AUCH VON RUSSISCHER SEITE AUS?] *Ja. Auch von russischer Seite aus. Mein Uropa war deutsch, wurde aber in Russland gefangen genommen. Und ich bin ja noch in Russland geboren worden. Wir sind erst danach hierher gezogen. Ich bin also deswegen auch teilweise deutsch. Das sehe ich auch selber ein. Aber über den Zweiten Weltkrieg habe ich nur mit meiner Verwandschaft gesprochen. Oder im Geschichtsunterricht.* (männlich, 16 Jahre, Adaptiv-Pragmatische)

Mit Freunden so nicht, aber Familie, die erzählen dann manchmal bei uns, mein Vater guckt ja Arabisch, dann erzählen die vom Früheren und vom Jetzigen. Dann kann man wissen, was früher passiert ist und was jetzt passiert. (männlich, 15 Jahre, Prekäre)

Wir sprechen zum Beispiel über den Krieg, also über Syrien. Über diese Geschichten sprechen wir. (männlich, 15 Jahre, Materialistische Hedonisten)

Jugendliche werden mit deutscher Vergangenheit häufig im Ausland konfrontiert.

Berührungspunkte mit der deutschen Vergangenheit haben manche Jugendliche bei Begegnungen mit Ausländern bzw. im Ausland. Teilweise werden Situationen geschildert, in denen man mit Vorurteilen aufgrund der deutschen NS-Vergangenheit konfrontiert war.

Typische **Zitate** zur Illustration

Ein Teil meiner Klasse hatte einen Austausch in England. Ich selber war nicht dabei. Aber sie haben mir erzählt, dass sie in einem McDonalds total als Nazis beschimpft wurden. Und dass sie schuld am Zweiten Weltkrieg sind. Und wie sie sich überhaupt trauen, nach England zu kommen. Das war echt schlimm. Ich glaube schon, dass man teilweise immer mit der Geschichte in Verbindung gebracht wird. Obwohl wir ja eigentlich gar nichts dafür können. Wir haben zu dieser Zeit ja gar nicht gelebt. Trotzdem ist das noch aktuell. (weiblich, 15 Jahre, Expeditive)

Als ich jetzt in Spanien war, da kam jemand auf mich zu und hat mich gefragt, ob ich denn eigentlich Nazi bin und ob denn der Hitlergruß in Deutschland etwas Komisches ist. Das war total krass für mich in dem Moment, wie wenig die darüber eigentlich wissen. Hier in Deutschland ist es ja so, dass wir darüber die ganze Zeit in unserer Schullaufbahn immer wieder und immer wieder informiert werden, dass das so richtig eingeprägt wird, was denn da eigentlich abging und wie schlimm das war. Spanien ist ja nicht mal weit weg von Deutschland, es gehört auch zu Europa, und dass die so gar keine Vorstellung davon haben, das fand ich schon sehr krass. (weiblich, 17 Jahre, Expeditive)

Eine Freundin von mir, die wohnt in Texas, und die hat ernsthaft gesagt, dass sie dort für Nazis gehalten werden, weil die hat blaue Augen und blonde Haare und ihre Mutter auch. Und die haben sie auch neulich gefragt, ob Deutschland noch in zwei geteilt ist, also richtig hinterm Mond dort. (weiblich, 17 Jahre, Sozialökologische)

Berichte von Großeltern und anderen Zeitzeugen sind selten, aber interessant weil authentisch.

Die befragten 14- bis 17-Jährigen berichten kaum von Zusammenkünften mit Zeitzeugen und wenig von Erlebnisberichten der eigenen Groß- bzw. Urgroßeltern. Das mag mit Blick auf das Thema Nationalsozialismus daran liegen, dass es heute kaum noch Zeitzeugen gibt - erscheint aber bemerkenswert in Bezug auf die DDR und die Geschichte der Wiedervereinigung. Dies wiederum mag auch darin begründet liegen, dass viele Jugendliche Gespräche über die DDR nicht als „historischen Diskurs" wahrnehmen, sondern eher noch als (gegenwarts-)politisches (Familien-)Gespräch. Zeitzeugenberichte haben jedenfalls, so sehen es die Jugendlichen, eine hohe Glaubwürdigkeit.

Typische **Zitate** zur Illustration

In Berlin war ich an dieser Gedenkstätte von den Juden, die da verbrannt und getötet wurden. Da gibt es doch diese Steine. Dort war ich. Das ist schon eine große Anzahl. Das sind dann auch Fakten, wo man sagt, dass sie richtig sind, zum Beispiel wie viele gestorben sind. Wir haben auch ein Museum besucht in Stuttgart. Dort wurden Interviews mit Personen geführt, die auch teilweise Juden waren und teilweise auch deutsch. Und denen glaube ich auch, denn die haben das ja miterlebt. [INT: UM ETWAS ÜBER DIE GESCHICHTE ZU ERFAHREN IST ES GUT, WENN MAN INS MUSEUM GEHT, UND PERSÖNLICHE GESCHICHTEN MITBEKOMMT?] *Ja, genau. Also keine Fakten, die nur aus Büchern stammen. Ich brauche Fakten von Personen, die das erlebt haben. Diesen glaube ich eher. Die Lehrer erzählen zwar davon, sie können es ja aber auch nicht wissen. Sie waren nicht dabei.* [INT: ALSO SIND PERSÖNLICHE GESCHICHTEN DEINER FAMILIE WICHTIG, UM EIN BILD ZU BEKOMMEN?] *Ja, genau. Den anderen Fakten glaube ich weniger. Nur die Personen, die dabei waren, können auch etwas darüber erzählen.* (männlich, 16 Jahre, Adaptiv-Pragmatische)

Wir haben uns nach dem Zeitzeugen auch noch mal getroffen und haben darüber geredet und haben gesagt, was das eigentlich für eine Ehre für einen ist, noch einmal einen Zeitzeugen zu erleben, weil die nächste Generation wird keinen Zeitzeugen mehr haben. (männlich, 15 Jahre, Materialistische Hedonisten)

Ich habe halt Großeltern noch und die beiden, die sind halt nicht in dieser Technikwelt, die sind halt eher noch von damals. Mein Opa war in der Marine und seine zwei Brüder in der Armee. Die erzählen oft davon. Das ist so das Einzige und auch das Meiste, was ich mit Geschichte erlebe oder zu tun habe. (weiblich, 16 Jahre, Materialistische Hedonisten)

Historische Stätten werden vor allem im Rahmen von Schul- und Familienausflügen besucht.

Geschichte ist für viele Jugendliche oft mit Bauwerken wie Museen, Denkmälern, Kirchen, Friedhöfen oder Gedenkstätten verbunden. Der Besuch solcher historischer Stätten wird meist von der Schule initiiert. Lediglich bildungsnahe Jugendliche haben durch ihren familiären Hintergrund nicht selten auch einen außerschulischen Zugang, wenn beispielsweise im Rahmen von Urlaubsreisen oder Ausflügen die entsprechenden Orte aufgesucht werden. Prekäre und Materialistische Hedonisten, die oft aus bildungsbenachteiligten Elternhäusern stammen, bleiben diese Erfahrungen im Privaten oft verwehrt.

Einige Jugendliche nehmen auch die sogenannten „Stolpersteine“[5] als Zeugnisse der Geschichte wahr. Gerade für Jugendliche aus bildungsferneren Milieus stellen sie einen nachvollziehbaren Bezug zu „Menschen“ her, aber teilweise erst auf den zweiten Blick zur Geschichte.

5 „Stolpersteine“ ist ein Projekt des Künstlers Gunter Demnig. Mit im öffentlichen Raum verlegten Gedenksteinen will Demnig an das Schicksal der Menschen erinnern, die im Nationalsozialismus verfolgt, ermordet, deportiert, vertrieben oder in den Suizid getrieben wurden. (vgl. http://www.bpb.de/politik/extremismus/rechtsextremismus/179980/die-erinnerung-in-den-alltag-holen-das-projekt-stolpersteine)

Typische **Zitate** zur Illustration

[INT: ODER GIBT ES IRGENDWELCHE ORTE, AN DENEN DIR GESCHICHTE BEGEGNET?] *Ich finde, gerade wenn man in Berlin ist. Von der deutschen Geschichte kommt da ganz viel auf einen zu, weil da über die DDR immer ganz viel, aber auch viel über den Zweiten Weltkrieg ist. Früher, als ich noch kleiner war, sind wir auch häufig nach Italien gefahren und haben uns immer ganz viele Ruinen von den Römern angeschaut. Da ist ja echt wahnsinnig viel Geschichte in Italien. Das sind so die Hauptorte.* (weiblich, 17 Jahre, Expeditive)

[INT: GIBT ES SONST IRGENDWELCHE ORTE ODER SITUATIONEN, WO DU SAGST, DASS DIR DA IRGENDWIE GESCHICHTE BEGEGNET ODER GESCHICHTLICHE THEMEN?] *Nicht wirklich, also vielleicht unsere Kirche, weil die von (unverständl.) erbaut wurde und weil die eine Burg, die hier oben irgendwo war, die dann die Steine von da genommen haben und daraus das Marienmünster gebaut haben. Und dass die Frauen und reichen Leute ihr Gold hergeben mussten, damit sie die Kirche verzieren konnten.* (weiblich, 15 Jahre, Experimentalistische Hedonisten)

Also vom Mauerfall hat man schon ein bisschen was gesehen. Dann gibt es noch ein bisschen Mauer in Berlin. Das ist auch noch Geschichte. Ansonsten im Museum. (männlich, 14 Jahre, Konservativ-Bürgerliche)

In dem Museum in Mauer. Aber das ist schon ziemlich lange her. [INT: WIE WAR ES IM MUSEUM IN MAUER? HAST DU DA DIE GESCHICHTE GESPÜRT?] *Ja, eigentlich. Ich fand es halt ziemlich interessant, dass wir da auch so Schädel und so gezeigt bekommen haben.* (weiblich, 14 Jahre, Sozialökologische)

Ja, da gibt es ja auch diese Steine, diese goldenen, wo Menschen mal gestorben sind, im Krieg oder keine Ahnung. Das ist zum Beispiel auch Geschichte, oder? [INT: JA, KLAR. FINDEST DU ES WICHTIG, DASS ES SO ETWAS GIBT?] *Ja, weil dann vergisst man die Menschen nicht. Man vergisst ja die Menschen auch so nicht, die gestorben sind. Zum Beispiel, wir haben, als wir das Thema Anne Frank hatten, zum Beispiel Anne Franks Freundin, wissen Sie wie die heißt? Nein, nicht? Sie hatte eine Freundin. Die war auch mit Anne Frank im Konzentrationslager. Dieses Mädchen ist da hingekommen. Sie war aus Syrien und konnte kein*

Deutsch. (...) Da haben wir für ihre Familie auch so einen Stein gemacht. Ja, das war cool. (weiblich, 15 Jahre, Materialistische Hedonisten)

Ich denke Geschichte begegnet einem überall, ohne dass man es wirklich wahrnimmt. Vor allem in größeren Städten wie Frankfurt, wenn man da über solche Pflastersteine läuft, merkt man gar nicht, dass es eigentlich Geschichte ist. (weiblich, 16 Jahre, Materialistische Hedonisten)

Zum Beispiel Leipzig, da waren wir mit der Schule, das mit der Leipziger Völkerschlacht. Wir haben uns das angeguckt, diese Gedenktafel. Oder halt an viele Orten sind Steinbrocken, wo etwas drauf steht, wie zum Beispiel mit dem Ersten oder Zweiten Weltkrieg, so eine Gedenktafel, wo meistens die Namen der Toten drauf stehen. (weiblich, 14 Jahre, Konservativ-Bürgerliche)

[INT: GIBT ES AUSSERHALB DER SCHULE SITUATIONEN ODER ORTE, AN DENEN DU SO DAS GEFÜHL HAST, DA MERKT MAN, DASS DAS GESCHICHTLICHE ORTE SIND? ODER HIER BEGEGNET MIR GESCHICHTE?] *In der Kirche, weil das war ja mal ein Kloster früher. Und wenn ich bei meiner Uroma damals oben auf dem Berg war und mein Uropa noch gelebt hat, der hat uns dauernd was über den Krieg erzählt. Das war Gesprächsthema Nummer Eins. Und wir Kinder saßen da mit großen Augen und haben dem zugehört, weil wir das total interessant fanden.* (weiblich, 17 Jahre, Konservativ-Bürgerliche)

Es fällt insgesamt auf, dass Jugendliche, die Interesse für historische Themen haben, häufiger spontan von Gedenkstättenbesuchen bzw. Besuchen von Originalschauplätzen berichten. Der Besuch von NS-Gedenkstätten beeindruckt vor allem bildungsnahe Jugendliche. Bei den Älteren wird durch diesen Besuch häufig die (in der Schule) vorangegangene inhaltliche Auseinandersetzung mit dem historischen Geschehen um eine emotionale Dimension erweitert, da die Opfer nicht mehr anonyme Zahlen, sondern wieder konkrete Menschen sind, und Leiden und Verbrechen „fassbarer" werden.

Typische **Zitate** zur Illustration

Geschichte wird dadurch lebendiger. In der Schule lernt man alles nur aus Lehrbuchseiten. Man liest sich das durch. Aber es könnte genauso gut eine erzählte Geschichte sein, wie „Es war einmal …". Aber wenn man sich solche Gedenkstätten ansieht, oder wenn eine Museumsleiterin noch etwas dazu sagt, und man tatsächlich Dokumente aus der Zeit sieht oder Fotos, dann ist das alles viel lebendiger. Wir waren zum Beispiel mit einem Geschichtsprojekt am Roten Ochsen. Wir haben dort über eine Familie geredet, wo der Vater, der Großvater und der Onkel ermordet wurden, weil sie Juden waren. Und der Sohn hat sich später darum gekümmert und eine große Biografie geschrieben. Das war viel krasser als im Geschichtsunterricht. Man hatte plötzlich diese Menschen vor Augen, die wirklich gelebt haben. Man sah Fotos von denen und von deren Familie. Man sah auch Briefe, die sie geschrieben hatten. Man hatte dadurch das Gefühl, dieser Mensch saß tatsächlich mal auf diesem Stuhl und hat dort diesen Brief geschrieben. Das war echt ganz schön krass. (weiblich, 15 Jahre, Expeditive)

Also man kann sich das gar nicht vorstellen wirklich. Man sieht halt diese Lager und so und es ist echt schrecklich gewesen, was da passiert ist. Aber man kann sich das trotzdem nicht vorstellen, wie das war, finde ich. [INT: KANNST DU ES IRGENDWIE NOCH SO BESCHREIBEN, WIE ES SO WAR?] *Also wir haben da zum Beispiel so Kopfhörer bekommen und da wurde halt drüber erzählt. Und man stand in diesem Raum, wo so ein schräger Boden war, damit das Blut irgendwie besser abfließt, wenn die irgendwie da abgeschossen werden. Und das war halt schon echt krass so, wenn man sich das vorgestellt hat. Oder ein kleiner Raum zum Beispiel, wo so ein kleiner Schlitz drin war und die haben halt gesagt: „Wir messen dich jetzt." Und dann wurde halt von hinten ins Genick geschossen irgendwie. Und das ist halt dann krass, wenn man sowas irgendwie sieht, auf was für krasse Ideen der Mensch kommt. Aber man kann es sich trotzdem nicht … Also ich kann mich da jetzt nicht so reinversetzen. Es gibt da bestimmt Menschen, die können das mehr.* [INT: UND WÜRDEST DU SAGEN, ES HAT SICH DER BESUCH GELOHNT?] *Ja, auf jeden Fall. Ich finde, das muss man gesehen haben.* (männlich, 16 Jahre, Adaptiv-Pragmatische)

Wir haben alles in der Schule durchgenommen und sind, nachdem wir es durchgenommen haben, da hin. Und dort hat man erst so richtig gemerkt, wie schlimm das ist. Man hat schon gesagt, oh, krass, wenn man die Bilder gesehen hat und auch so die Geschichten. Da hat man auch schon Gänsehaut bekommen. Aber wenn man dort war, das vergisst man nicht. Wir haben auch immer erzählt bekommen, dass die Menschen aus Weimar alle zwangsweise dorthin gebracht wurden von den Amis, damit die das mal ansehen. Die mussten dahin. Und das finde ich schon wichtig. Ich finde, das sollte noch weiter gemacht werden, diese Entnazifizierung. (weiblich, 16 Jahre, Konservativ-Bürgerliche)

Für die Jüngeren handelt es sich oft eher um einen, wenn auch ganz spannenden, Schulausflug. Insbesondere aber der Besuch von ehemaligen Konzentrationslagern oder historischen Wohnhäusern mit Originaleinrichtung hinterlässt bei den Jugendlichen bleibende Eindrücke. Das Holocaustmahnmal in Berlin wird dabei zwar recht häufig erwähnt, die Jugendlichen schildern diesbezüglich jedoch keine intensiven emotionalen Erlebnisse. Auf Nachfragen wird deutlich, dass der Bezug zum Holocaust aufgrund der von der Installation erzeugten Eigendynamik (sich zurecht finden müssen im Labyrinth) tatsächlich schwer fällt.

Typische **Zitate** zur Illustration

[INT: WARST DU SCHON MAL AN EINER GEDENKSTÄTTE, WEISST DU, WAS DAS IST?] *Ja, aber ich weiß nicht, ob das dazu zählt. In Serbien, da komme ich her, da sind halt noch von damals vom Krieg kaputte Häuser. Wenn man da mitten in der Altstadt herumfährt, dann sieht man diese ganzen Häuser, die noch kaputt sind von damals. Mitten im Haus ist da ein riesiges Loch oder so ein Krater oder so.* [INT: MEINST DU, WIR BRAUCHEN GEDENKSTÄTTEN, SIND DIE WICHTIG?] *Doch, schon. Als Beweis, Quelle für damals.* (weiblich, 16 Jahre, Adaptiv-Pragmatisch)

[INT: WARST DU SCHON MAL AN EINER GEDENKSTÄTTE?] *Ja, in Amerika waren wir dort, wo das World Trade Center stand. Wir waren in Amerika zu Besuch und dann sind wir da hingeflogen mit der ganzen Familie.* [INT: GEZIELT JETZT ZU DEM ...?] *Ja. Am 11. September.* [INT: WIE WAR ES DORT FÜR DICH?] *Es war ziemlich bedrückend. Alle Menschen haben geweint und gebetet und. Also es war schon interessant, aber brauchen tue ich es nicht nochmal.* [INT: WIESO NICHT?] *Weil da so eine bedrückende Stimmung herrschte.* (männlich, 15 Jahre, Adaptiv-Pragmatische)

[INT: DU WARST AUCH IN BERLIN MIT, DA WART IHR AM HOLOCAUST-DENKMAL, WIE FANDEST DU DAS DORT?] *Ich fand es allgemein cool, wie das aussah. Aber ich habe das eigentlich relativ wenig auf den Holocaust auch bezogen. Es war einfach eine coole Darstellung, was das halt war.* [INT: ALS IHR DURCHGELAUFEN SEID, HAT MAN DA VIELLEICHT DARAN GEDACHT, WIE DAS WAR ODER HATTE SO EIN BEKLEMMENDES GEFÜHL?] *Eigentlich überhaupt nicht, wir sind da einfach nur durchgerannt und fanden es witzig, weil das war eben dieses Labyrinth und so. Und man hat sich erschreckt, weil der andere wieder vor einem war. Im Nachhinein habe ich das eigentlich gar nicht auf den Holocaust bezogen.* (männlich, 15 Jahre, Adaptiv-Pragmatische)

Jugendliche aus den bildungsferneren Lebenswelten, vor allem Materialistische Hedonisten und Prekäre, können mit Gedenkstättenbesuchen oft nur wenig anfangen. Ihnen scheint der historische Gehalt und dessen emotionale Bedeutung sich nur schwer zu erschließen - entweder auf Grund einer vom Schulunterricht erzeugten generalisierten Abneigung, oder auch wegen der intellektuellen, musealen Präsentationsform. Denkbar ist auch, dass diese Jugendlichen mehr als andere zur Verdrängung unangenehmer Tatsachen und Gefühle neigen. Allerdings ist auffallend, dass auch eine hohe Unsicherheit besteht: Nicht nur können viele nicht einschätzen, was als „Gedenkstätte" gilt. Diejenigen, die „mehr erfahren" wollen, scheinen in ihrem Nahumfeld nur wenige Personen zu haben, die sie darauf ansprechen können.

Typische **Zitate** zur Illustration

[INT: WARST DU SCHON MAL IN EINER GEDENKSTÄTTE?] *Nein. Was ist das?* [INT: EIN ORT, AN DEM MAN DEN OPFERN DES KRIEGES GEDENKT, ZUM BEISPIEL.] *Nein, da war ich noch nicht.* [INT: ODER EIN ORT, AN DEM MAN DEN JUDEN GEDENKT, DIE WÄHREND DER NAZI-ZEIT ERMORDET WURDEN.] *Irgendwo hier in Minden ist so ein kleiner Turm, an dem noch die Blutflecken der Juden sind. Sind das die, die umgebracht worden sind, die Juden? Oder die Nazis?* [INT: DIE JUDEN WURDEN UMGEBRACHT.] *Ja. Das meine ich. Da sind noch Blutflecken. Da waren wir auch schon mal. Aber das war nicht so mein Fall.* [INT: WIESO NICHT?] *Ich finde das eklig, Blut von anderen Menschen.* [INT: WIE KANN DAS SEIN, DASS NACH ALL DER ZEIT NOCH DAS BLUT ZU SEHEN IST?] *Das haben die Lehrer behauptet.* (weiblich, 15 Jahre, Materialistische Hedonisten)

[INT: WARST DU SCHON MAL IN EINER GEDENKSTÄTTE?] *Nein, ich glaube nicht.* [INT: WEISST DU DENN, WAS EINE GEDENKSTÄTTE IST?] *Ja.* [INT: WAS GEHÖRT DA SO DAZU?] *Was halt eben vor Ort, vor Jahren passiert ist. So was in der Richtung.* (weiblich, 14 Jahre, Materialistische Hedonisten)

Gedenkstätten? Das kommt noch dran. Also wir fahren ins KZ nach ... Also wo war das? Die einen kommen nach Auschwitz, die Glückspilze mehr oder weniger. Und die anderen kommen in ein paar KZs, die rund herum liegen. Also ja, das kommt noch dran. (männlich, 15 Jahre, Materialistische Hedonisten)

[INT: WAS VERSTEHST DU DENN UNTER EINER GEDENKSTÄTTE?] *Wenn an der Stelle irgendwas passiert ist, wo man sich dran erinnern sollte.* [INT: WARST DU SCHON MAL AN SO EINER STELLE?] *Bestimmt.* [INT: UND WO GENAU ...?] *Ich weiß nicht, kann sein.* (weiblich, 14 Jahre, Prekäre)

Bei der Frage nach Gedenktagen wird vor allem der *Tag der Deutschen Einheit* genannt.

Es fällt auf, dass Jugendliche vor allem den Tag der Deutschen Einheit oder den Tag des Mauerfalls erwähnen, wenn sie gefragt werden, ob ihnen spontan Gedenktage einfallen. Ebenfalls recht häufig, und besonders von den Jüngeren, werden die christlichen Feste, also Ostern und Weihnachten, genannt. Jugendliche mit Migrationshintergrund nennen zudem Gedenk- oder Feiertage, die in der Kultur ihres Herkunftslandes verwurzelt sind. Und auch der 11. September wird von einigen Jugendlichen als historischer Gedenktag erwähnt.

Typische **Zitate** zur Illustration

[INT: FALLEN DIR BESTIMMTE TAGE EIN, DIE AN GESCHICHTLICHE EREIGNISSE ERINNERN?] *Als die Mauer gefallen ist, ich weiß gar nicht, ob das ein Feiertag ist. Nationalfeiertag ist das, oder? Ja.* (weiblich, 16 Jahre, Expeditive)

Geschichtlichen Ereignissen ... Ach Gott ... 1989, Mauerfall ... Tag der Deutschen Einheit. (männlich, 16 Jahre, Adaptiv-Pragmatische)

[INT: UND FALLEN DIR BESTIMMTE GEDENKTAGE EIN, DIE SO AN GESCHICHTLICHE EREIGNISSE ERINNERN SOLLEN?] *Ja, zum Beispiel das mit Christus, Ostern und Weihnachten. Christi Himmelfahrt.* [INT: ALSO DIE RELIGIÖSEN?] *Ja.* [INT: NOCH ANDERE?] (männlich, 14 Jahre, Materialistische Hedonisten)

Gedenktage? Naja, das gibt es leider hier in Deutschland nicht, den Tag ... Das ist der Tag des Sieges, als Hitler gefallen ist. Von unserer Seite sind viele Menschen gestorben und da haben wir halt so eine überkrasse Parade so, die über 10 Kilometer lang ist, so Parade mit Flugzeugen, alles Mögliche so ... (männlich, 15 Jahre, Prekäre)

Der 9. Oktober, das war Lichtfest. Das ist bei uns in der Stadt ein Gedenktag. Der 9.11. ist dann der Mauerfall. Und der 3.10. ist der Tag der Deutschen Einheit. Und der 1. Mai ist Tag der Arbeit. (männlich, 14 Jahre, Konservativ-Bürgerliche)

Ja. Zum Beispiel am 11. September damals, 2001, das mit dem World Trade Center, das hat ja glaube ich jeden berührt, das war ja auch total krass. Und auch der 3. Oktober, das war doch Tag der deutschen Einheit. (weiblich, 14 Jahre, Konservativ-Bürgerliche)

Also der 11. September ist in Amerika zum Beispiel ein Gedenktag, wegen dem, was da damals passiert ist. Dann war ... Mauerfall, kann das sein? Aber da weiß ich den Tag gar nicht. (männlich, 15 Jahre, Adaptiv-Pragmatische)

9.6 Exkurs: Wahrnehmung von Unterschieden zwischen Ost- und Westdeutschen

Abseits von regional gefärbten Dialekten nehmen die Jugendlichen kaum Unterschiede zwischen der jungen Generation in Ost- und Westdeutschland wahr. Das gilt für in Ost- wie in West-Deutschland lebende Jugendliche gleichermaßen. Das Thema spielt im Alltag der Jugendlichen auch keine Rolle - schon gar nicht für Jugendliche mit Migrationshintergrund.

Typische **Zitate** zur Illustration

- *Mir ist es ziemlich egal, aber man hört schon an der Sprache zum Beispiel, ob jemand im Osten aufgewachsen ist oder im Westen. (...) Ich habe damit nicht so viel am Hut, weil ich eben später aufgewachsen bin, als diese Trennung gar nicht mehr da war.* (weiblich, 17 Jahre, Berlin, Experimentalistische Hedonisten)

- *Aber wir jetzt, meine Generation, da gibt es keine Unterschiede mehr.* [INT: SPIELT ES FÜR DICH EINE ROLLE, OB EIN MENSCH AUS OST- ODER WESTDEUTSCHLAND KOMMT?] *Nein, für mich nicht.* (weiblich, 16 Jahre, Experimentalistische Hedonisten, Ost)

- *Ich weiß nicht. Wenn ich ehrlich bin, also ich könnte keinen Unterschied merken. Vielleicht im Dialekt, oder? Der Akzent in manchen Städten.* (männlich, 15 Jahre, Adaptiv-Pragmatische, West)

- [INT: ABER DENKST DU, ES GIBT HEUTE NOCH EINEN UNTERSCHIED?] *Jetzt nicht mehr, denke ich so.* [INT: SPIELT DAS FÜR DICH PERSÖNLICH NOCH EINE ROLLE, OB JEMAND AUS OST- ODER WESTDEUTSCHLAND KOMMT?] *Nein. Ist mir egal.* (männlich, 15 Jahre, Prekäre, Ost)

- *Also für mich persönlich gibt es da keinen wirklichen Unterschied. Deutschland ist halt Deutschland.* (männlich, 15 Jahre, Sozialökologische, West)

- *Naja, das kann man so schwierig sagen, weil ich habe halt kaum Kontakt zu westlichen Menschen. Man hört zwar viele, die das so sagen, aber an sich könnte ich mir jetzt nicht vorstellen, dass jemand, der aus dem Westen kommt, grundverschieden sein soll, als jemand, der aus dem Osten kommt.* (männlich, 16 Jahre, Adaptiv-Pragmatische, Ost)

Nein. Weil das ja jetzt schon über 25 Jahre zusammen gehört. [INT: MEINST DU ES SPIELT EINE ROLLE, OB MENSCHEN AUS OST- ODER WESTDEUTSCHLAND KOMMEN?] *Also damals hat es schon eine Rolle gespielt, aber jetzt nicht mehr.* (männlich, 15 Jahre, Adaptiv-Pragmatische, West)

Bei der Generation ihrer Eltern und Großeltern nehmen die Jugendlichen jedoch wahr, dass die Diskussion um Unterschiede zwischen den alten und neuen Bundesländern die Menschen lange beschäftigt hat, teilweise auch noch immer beschäftigt und sich stereotype Zuschreibungen erhalten haben. Aber auch hier wird deutlich, dass das Thema für die junge Generation kaum noch Konfliktpotential birgt - weder in Ost- noch in Westdeutschland. Von Negativ-Klischees wie „Ossis" und „Wessis" hat man zwar gehört, sie werden aber von der jungen Generation kaum noch reproduziert.

Typische **Zitate** zur Illustration

Nicht bei uns in der Generation, da ist das schon besser, aber bei meinen Eltern oder Oma und Opa, da merkt man den Unterschied zwischen Osten und Westen. (...) Aber die Leute, die da aufgewachsen sind, da gibt es einfach diese Unterschiede. Ich finde, die merkt man viel mehr. (...) Und unsere Ostlehrer waren immer pünktlich. Immer. Ich denke, die sind ein bisschen strenger als die Westlehrer, was Hausaufgaben und die Schule angeht. Und das ist so dieser typische Eindruck von Ossis. Ein bisschen strenger, pünktlicher, auch in der Schule. Unsere Ostlehrer haben uns auch immer versucht zu erklären, dass es bei 110 % eine 1 gibt, weil es überdurchschnittlich ist. (...) Ich finde, bei der Generation über uns, da merkt man das. Meine Eltern sind Mitte 50, die sind mit der Trennung aufgewachsen und da merkt man das von der Sprache ein bisschen. (...) Bei uns nicht mehr. (weiblich, 17 Jahre, Berlin, Adaptiv-Pragmatische)

Selber Erfahrung hab ich da nicht gemacht, aber man hört von der Familie, von Oma und Opa, wo Geschwister im Westen sind, dass es schon anders sei. Dass die anderen Humor haben und selbstverliebter sind und mehr Geld verdienen. Ich weiß es nicht, man hört immer nur so ein bisschen. Dass die schon anders sind. Dass sie nicht so ganz hilfsbereit sind und dass die sagen: Die dummen Leute im Osten. (männlich, 14 Jahre, Adaptiv-Pragmatische, Ost)

Ja. Vor allen Dingen die Generation von meinen Eltern, die sagen ja immer noch Wessis und Ossis. Ich denke mal, weil die einfach anders aufgewachsen sind, in anderen Umständen, und dadurch sind es einfach andere Menschen, von der Art her auch so. (weiblich, 16 Jahre, Experimentalistische Hedonisten, Ost)

Ja, natürlich gibt es Unterschiede halt von der Religion oder so, wie sie ticken, aber letztendlich, man hört ja immer gewisse Vorurteile gegenüber dem Osten so ‚Ja, da ist halt viel Gewalt verbreitet' und so weiter und so fort, ‚Als Fremder ist es gefährlich, da zu leben'. Aber ich denke mal, wenn man mal auf das Menschliche zurückgeht, denke ich mal, ist eigentlich jeder da, ist man gleich, finde ich. (männlich, 17 Jahre, Experimentalistische Hedonisten, West)

Also viele haben das ja gar nicht mitbekommen. Nur die Älteren. Die wissen noch, wie es davor war, aber das hat sich ja langsam ein bisschen gemischt. (männlich, 16 Jahre, Materialistische Hedonisten; West)

[INT: ALSO GIBT ES SCHON MANCHMAL SO EIN PAAR VORBEHALTE?] *Ja, aber es sind meistens alte Leute, die immer sagen: Ich bin immer noch ein Wessi, ihr kriegt mich nicht dazu!* (weiblich, 14 Jahre, Experimentalistische Hedonisten, Ost)

Bei meiner Oma und meinem Opa ist das vielleicht ganz selten mal ein Gesprächsthema. [INT: BEI DEINEN ELTERN SCHON NICHT MEHR?] *Nein, Quatsch. Ja gut, hier ist der Verdienst nicht so hoch. Dafür verdient man in Stuttgart mehr. Aber mehr kriege ich da nicht mit.* (männlich, 15 Jahre, Materialistische Hedonisten, Ost)

Werden Unterschiede zwischen Ost- und Westdeutschland wahrgenommen, beziehen sich diese eher auf strukturelle Aspekte, werden als Vermutung formuliert und meist auch wieder relativiert. Aus eigener Erfahrung kann kaum berichtet werden. Insgesamt ist das Thema für die befragten Jugendlichen kein „Aufreger-Thema“. Dennoch ist bei einigen wenigen Ost-Jugendlichen das latente Gefühl einer Benachteiligung des Ostens gegenüber dem Westen erkennbar.

Von in West-Deutschland lebenden Jugendlichen wird gelegentlich erwähnt, dass man von Ausländerfeindlichkeit und einem höheren Gewaltpotenzial in den ostdeutschen Bundesländern gehört hat. Degradierende Zuschreibungen gegenüber Ostdeutschen sind aber die absolute Ausnahme.

Typische **Zitate** zur Illustration

Man hört schon noch immer so ein bisschen: Die im Osten. Oder: Die im Westen. Und das meint auch wirklich so die Linie, wo die DDR früher war. Aber ich habe auch nur eine Freundin, deren Eltern aus der DDR kamen, sonst spielt das Thema hier für mich keine Rolle. [INT: HAST DU DICH IM OSTEN AN UNIS BEWORBEN ODER KÖNNTEST DU DIR DAS VORSTELLEN?] *Ich habe mir schon gedacht, dass die Frage kommt. Ich habe mich nicht im Osten an Unis beworben, auch wenn teilweise der NC schlechter war. Und zwar aus dem Grund, dass es schon zu weit weg ist von hier, gerade mit meinem Freund. Wenn ich irgendwie in Greifswald studieren würde, wäre das schon ein ziemlicher Unterschied. Auf der anderen Seite würde ich schon gern, ehrlich gesagt, im Westen bleiben, einfach weil ich auch denke, dass die Lebensstandards doch noch ein bisschen anders sind und dass zum Beispiel so Flüchtlingsprobleme da schon ein bisschen heftiger sind. Dass da die Ausländerfeindlichkeit höher ist als hier, und das gefällt mir nicht.* (weiblich, 17 Jahre, Expeditive, West)

Ja, vielleicht dass die im Osten mehr Nazis haben, aber sonst fällt mir da nichts ein. [INT: WORAN KANN DAS LIEGEN, DASS DER OSTEN MEHR NAZIS HAT?] *Ich weiß nicht, weil da immer mehr Deutsche waren als Ausländer und die einfach noch ein bisschen da hängen geblieben sind in der Zeit.* [INT: SPIELT ES FÜR DICH EINE ROLLE, OB JEMAND AUS OST- ODER WESTDEUTSCHLAND KOMMT?] *Nein, wenn er nett ist, ist mir das eigentlich egal.* (weiblich, 17 Jahre, Materialistische Hedonisten, West)

Ich denke schon, weil der Westen ist ja auch ein bisschen reicher als der Osten, sagen sie ja auch immer schon im Fernsehen. Das ist dann auch wieder, wie am Anfang schon gesagt, was mich dann ein bisschen nervt, wegen dass sie den Osten immer ein bisschen in den Dreck ziehen. (männlich, 14 Jahre, Konservativ-Bürgerliche, Ost)

Und die Familie, ich bin mir sicher, die kommen aus dem Osten. Die sind wirklich hart drauf. Der Vater ist wirklich so abgefuckt, der hat fast keine Zähne mehr. Er hat eine Brille. Die Brillengläser sind so fett, ohne Scheiße, das ist Panzerglas. Die Mutter hat es auch zu nichts gebracht. Die arbeitet, ich weiß nicht, die hat so komische Jobs einfach nur. Und die Kinder sind in der Hauptschule und haben auch einen richtigen Schaden. (männlich, 15 Jahre, Materialistische Hedonisten, West)

10 Nation und Nationalität

Ein Erratum zu diesem Kapitel ist verfügbar unter DOI 10.1007/978-3-658-12533-2_14

M. Calmbach et al., *Wie ticken Jugendliche 2016?*,
DOI 10.1007/978-3-658-12533-2_10

Die Identitätsentwicklung gilt als zentrale Aufgabe in der Adoleszenz - Selbstfindung ist das Thema des Jugendalters. Neben individuellen biografischen Merkmalen, die sich zu einer einzigartigen Persönlichkeitsstruktur verdichten, spielen dabei auch soziale Leitbilder und Gruppenzugehörigkeiten eine Rolle. In diese Kategorie fällt v. a. auch die Nationalität. Umgekehrt sind Zugehörigkeitsgefühle und eine emotionale Identifikation auch wesentliche Bausteine nationaler Identität.

Die in der vorliegenden Untersuchung dazu gestellte Forschungsfrage war, welchen Zusammenhang es heute, in einer globalisierten und international vernetzen Welt, zwischen nationaler und persönlicher Identität gibt. Ist die Nationalität bei den heutigen Jugendlichen ein relevanter Aspekt des Selbstbilds und der persönlichen Identität? Speziell für die Einwanderungsgesellschaft Deutschland schließt sich die Frage an, wie eine solche nationale Identität heute aussehen könnte. Fühlen sich die 14- bis 17-Jährigen in der Lage, eine deutsche nationale Identität zuzulassen, oder ist für sie vor dem Hintergrund der deutschen Vergangenheit eine ungebrochene Identifikation nach wie vor schwierig? Wird die neue Vielfalt des Landes, in dem Migration zum Normalfall geworden ist, von den Jugendlichen akzeptiert - und hat sich in der jungen Generation evtl. bereits ein entsprechendes neues Leitbild entwickelt?

Neuere Erhebungen zeigen, dass die überwiegende Mehrheit der Deutschen sich wieder positiv zur eigenen Nation bekennt. Und es zeigt sich auch, dass eine Mehrheit unter den Deutschen mit Migrationshintergrund in Umfragen angibt, sich „deutsch" zu fühlen.[6] In solchen Erhebungen wird häufig gefragt, wie sehr man sich als Deutscher bzw. Deutsche fühle. Aber was heißt das überhaupt - „Deutsch-Sein"? Das haben wir in den mit den Jugendlichen geführten offenen Interviews exploriert. Wir wollten wissen, woran sich Deutsch-Sein im Jahr 2015 festmacht und was sich aus Sicht der Jugendlichen hinter den Begriffen Nation und Nationalität verbirgt. Worin manifestieren sie sich, und wo werden sie erlebbar? Was ist eigentlich heute „typisch deutsch" und worauf könnte ein positives Nationalbewusstsein - sollte es denn vorhanden sein - beruhen?

6 Vgl. Naika Faroutan et. al. (2014) Deutschland postmigrantisch I. Gesellschaft, Religion, Identität. Erste Ergebnisse. Online über: https://www.projekte.hu-berlin.de/de/junited/deutschland-postmigrantisch-1/

Speziell mit Blick auf Jugendliche mit einem Migrationshintergrund war die Frage, ob es ihnen gelingt, ethnische und nationale Identität miteinander zu verknüpfen – und ob sie dieses Ziel überhaupt haben. Lars Leszczensky und Aitana Gräbs Santiago über dieses Verständnis „doppelter Identität" von Migranten: „Ethnische Identität besteht dabei aus einem Wissen um die eigene ethnische Herkunft, mit dieser Herkunft verbundenen Bewertungen und einer emotionalen Bindung an die Herkunftsgruppe. Nationale Identität ist aus Sicht von Migranten das Gegenstück zur ethnischen Identität und hat als Bezugspunkt das sogenannte Aufnahmeland. Diese Identitätsformen schließen sich nicht aus, sondern ergänzen sich in einem Idealfall, den wir als Integration beschreiben, gegenseitig. Man spricht, wenn eine Identifikation sowohl mit dem Herkunfts- als auch mit dem Aufnahmeland besteht, von dualen Identitäten."[7]

Vergleichbar damit ist das Konzept der hybriden Identität[8] von Menschen, die sich zwei oder mehreren kulturellen Räumen gleichermaßen zugehörig fühlen.

Verschiedene Assoziationen zu den Begriffen Nation und Nationalität.

Die nachstehende Grafik listet die häufigsten spontanen Assoziationen der befragten Jugendlichen zum Begriffspaar „Nation/Nationalität" auf. Dabei zeigt sich ein breites und durchaus heterogenes Bedeutungsfeld mit Nennungen unterschiedlichster emotionaler Aufladung.

Die nationale Identität ist den meisten (v. a. autochthonen) Jugendlichen nicht besonders wichtig.

Bittet man die 14- bis 17-Jährigen, spontan zu den Begriffen „Nation" und „Nationalität" zu assoziieren, zeigt sich, dass diese zunächst nicht notwendigerweise negativ besetzt sind. Häufig nehmen die Jugendlichen gar

---

7 Lars Leszczensky & Aitana Gräbs Santiago (2014) Die Messung ethnischer und nationaler Identität von Kindern und Jugendlichen. Arbeitspapiere – Working Papers, Nr. 155, 2014, Mannheimer Zentrum für Europäische Sozialforschung. Online über: http://www.mzes.uni-mannheim.de/publications/wp/wp-155.pdf.

8 Vgl. Das Forschungsprojekt „Hybride Identitäten in Deutschland" an der FU Berlin – www.heymat.hu-berlin.de

Assoziationen zu den Begriffen „Nation / Nationalität"

Je häufiger ein Begriff spontan genannt wurde, desto größer/fetter erscheint er in der Darstellung

keine Wertung vor und verweisen beispielweise beim Begriff „Nationalität" auf seine lexikalische Bedeutung im Sinne von „Herkunft". Allerdings zeigt sich: je höher das formale Bildungsniveau und je postmoderner die Grundorientierung ist, desto wahrscheinlicher wird eine kritische Deutung der Begriffe. Direkte Bezüge zum Nationalsozialismus, zu Rassismus oder Rechtsextremismus stellen entsprechend vor allem bildungsnahe Jugendliche aus dem postmodernen Segment her. Sie grenzen sich teilweise auch ganz bewusst von jeder Form des Nationalstolzes ab und betonen, dass Nationalität schließlich nicht auf persönlichen Leistungen beruht, sondern qua Geburt erworben wird.

Auffällig ist, dass sich vor allem bei Adaptiv-Pragmatischen kein konsistentes Begriffsbild mit einer eindeutigen bewertenden Tendenz zeigt. Sie verweisen sowohl auf positive Assoziationen rund um Traditionen, wie Weihnachten oder landestypische Spezialitäten, als auch auf gedankliche Verbindungen, die sich auf ein gesteigertes Nationalbewusstsein und damit einhergehende Gefahren beziehen.

Die Jüngeren können mit „Nation" oder „Nationalität" teils (noch) wenig oder gar nichts anfangen. Weder die begriffliche Bedeutung, noch der

Diskurs um eine historische „Vorbelastung" der Begriffe sind ihnen geläufig.

Typische **Zitate** zur Illustration

Ich finde, man kann auf seine Herkunft stolz sein, wenn man möchte. Man kann auch sagen, ich komme daher und vertrete dieses Land. Mir sind Traditionen jetzt nicht wichtig, aber bestimmte Traditionen, die im Land verankert sind, die werde ich auch pflegen – selbst wenn ich mal wegziehen sollte aus Deutschland. Ich werde Weihachten so feiern, wie es in Deutschland ist. Aber ich finde es trotzdem spannend, mir diese anderen Traditionen anzugucken. Aber ich finde, man darf es auch nicht übertreiben und sagen, mein Land ist besser als deins. Ja, man kommt da her aus dem Land, man ist da geboren, man hat diese Traditionen, und das ist auch schön und gut, aber es ist kein Land der Welt besser als ein anderes. (weiblich, 17 Jahre, kein Migrationshintergrund, Adaptiv-Pragmatische)

[INT: AN WAS DENKST DU, WENN DU DAS WORT „NATION" ODER „NATIONALITÄT" HÖRST?] *Deutschland.* [INT: WARUM DEUTSCHLAND?] *Ich weiß es nicht. Ich glaube, durch die Nachrichten. Ich habe irgendwas von Nationalität und Deutschland gehört. Ich glaube, das ist noch hängengeblieben.* (weiblich, 14 Jahre, kein Migrationshintergrund, Adaptiv-Pragmatische)

Das heißt einfach, aus welchem Land man kommt. Aber mehr fällt mir nicht dazu ein, nein. (weiblich, 14 Jahre, Migrationshintergrund, Expeditive)

[INT: UND AN WAS DENKST DU, WENN DU DAS WORT ‚NATION' ODER ‚NATIONALITÄT' HÖRST?] *Keine Ahnung, an gar nichts.* (weiblich, 14 Jahre, Migrationshintergrund, Prekäre)

Nation? Rassismus. Das wäre das Erste, woran ich denke. (männlich, 17 Jahre, Migrationshintergrund, Konservativ-Bürgerliche)

Da denke ich natürlich direkt an Hitler, muss ich ganz ehrlich zugeben. Das verbindet man halt damit. Gerade, weil Nationalität...nein, eigentlich hat es nicht wirklich was mit Hitler zu tun. Also doch, ja. Aber man muss dann nicht gleich Hitler damit verbinden. [INT: ABER DAS IST SO

DEINE ERSTE ASSOZIATION?] *Ja.* (weiblich, 16 Jahre, kein Migrationshintergrund, Sozialökologische)

Naja, wo Menschen herkommen. Das ist Nationalität, das bedeutet es für mich. [INT: SPIELT ES FÜR DICH EINE ROLLE, WO JEMAND HERKOMMT?] *Nein, es spielt keine Rolle für mich.* (weiblich, 15 Jahre, Migrationshintergrund, Materialistische Hedonisten)

Jenseits der Verbindung der Begriffe „Nation/Nationalität" mit dem Nationalsozialismus ist in den spontanen Assoziationen der Jugendlichen in Umrissen das neue, kontrovers in der Migrationsforschung diskutierte Konzept und die Narrative der „postmigrantischen Gesellschaft" erkennbar. Die Äußerungen zu „Herkunft", „Verschiedenheit" und „Vielfalt" nehmen jedenfalls auf die durch Migration veränderte Situation im Land ausdrücklich Bezug.

Eigene Erfahrungen mit rechtsextremen Denkmustern werden selten berichtet.

Persönliche Erfahrungen mit Rechtsextremismus oder Neonazismus, nationalsozialistischem oder rassistischem Gedankengut im Freundes- oder Bekanntenkreis kommen in den Interviews kaum zur Sprache. Lediglich einige Befragte aus den ostdeutschen Bundesländern berichten von Auseinandersetzungen mit entsprechenden Bekenntnissen innerhalb ihres Freundeskreises.

Man sagt ja „Die deutsche Nation". Ich weiß nicht so, aber ganz schön viele Freunde von mir sind so total auf Nazitrip, wo ich immer sage: Ey Alter, Mann, du bist kein Nazi, hör auf mit dem Scheiß! Und der so: Doch, ich bin Nazi! Ich sage immer, Nazi sein ist nicht cool sein. Ich finde es scheiße. Ich sage: Wenn du Nazi bist, brauchst du nicht mit mir reden, dann kannst du da hinten mit der Wand reden. Hitler hat eine gute Sache gemacht, und zwar die Autobahn. Das ist das Erste, was mir einfällt, Autobahn. (weiblich, 14 Jahre, kein Migrationshintergrund, Experimentalistische Hedonisten, Ostdeutschland)

[INT: Fallen Dir irgendwelche Symbole ein zum Stichwort „deutsch" oder „deutsch sein"?] *Das sind die Symbole, die die Nazis gerne benutzen, also Hakenkreuz oder irgendwelche deutschen Abzeichen. Was ja eigentlich mehr oder weniger verboten ist. Und den Leuten sieht man dann wirklich an, welchen Hass die auf Ausländer haben. Und es gibt hier auch genug davon in der Stadt, wo man es schon aus der Musik heraushört. Also es gibt viele, die so sind, also solche Verrückten und Bekloppten.* (männlich, 15 Jahre, kein Migrationshintergrund, Materialistische Hedonisten, Ostdeutschland)

Die ethnische Identität fördert bei Jugendlichen mit Migrationshintergrund Vergemeinschaftung.

Die Untersuchungsbefunde zeigen, dass Jugendliche mit Migrationshintergrund - insbesondere aus dem traditionellen und dem modernen Segment - tendenziell eine positivere Haltung gegenüber den Begriffen Nation und Nationalität haben. Sie stellen in der Regel keine historischen Bezüge zum Nationalsozialismus oder anderen Ausformungen übersteigerten Nationalbewusstseins her, sondern denken vornehmlich an ihre eigene ethnische Herkunft, die ein wichtiger Identitätsanker und für viele - was unumwunden zugegeben wird - auch ein Quell des Stolzes ist.

Diese ethnische Identität wird in verschiedenen Situationen im Alltag positiv erlebt und ist häufig an einen sozialen Kontext gebunden - Familienfeste, gemeinsame Essen, unterwegs sein mit Freunden und ähnliches. Aber auch innerhalb dieser Gruppe werden beim Stichwort „Nation/ Nationalität" gelegentlich negative Konnotationen aufgerufen. Man beschreibt Diskriminierungs- und Exklusionserfahrungen, die, so die Einschätzung, auf Stereotypisierungen ethnischer oder religiöser Gruppen beruhen - auch wenn sie nicht allzu weit verbreitet seien und von der Mehrheit der Bevölkerung abgelehnt würden.

Typische **Zitate** zur Illustration

- *Für mich ist Nationalität eine Sache, wo man sagen kann, ich bin der und der. Ich selber bezeichne mich natürlich als russisch. Aber beim Thema „Nationalität" kommen auch sofort Vorurteile in den Kopf. Es gibt Personen, die haben Vorurteile gegen bestimmte Nationalitäten. Und so etwas verbinde ich mit dem Begriff „Nationalität". Ich selber habe keine Vorurteile. Für mich ist jeder Mensch ein Mensch, egal welche Nationalität er hat.* (männlich, 16 Jahre, Migrationshintergrund, Adaptiv-Pragmatische)

- [INT: GIBT ES SITUATIONEN, IN DENEN DU DENKST: „DAS SIND WIR DEUTSCHE"?] *Nein.* [INT: UND GIBT ES SITUATIONEN, WO DU DENKST: „DAS SIND WIR ITALIENER"?] *Ja, wenn wir alle zusammensitzen, und es ist total laut. Und wir essen. Eben einfach die Familienfeste.* (weiblich, 14 Jahre, Migrationshintergrund, Adaptiv-Pragmatische)

- [INT: GIBT ES AUCH ETWAS TYPISCH JORDANISCHES?] *Bei mir sind das in der Familie, der Haushalt und die Stimmung, das Essen.* (männlich, 16 Jahre, Migrationshintergrund, Prekäre)

- [INT: UND WENN DU DAS WORT NATION ODER NATIONALITÄT HÖRST, WORAN DENKST DU DA?] *Stolz. Also manche Leute sind stolz auf ihre Nationalität und andere nicht. Also ich bin sehr stolz. Ich bin ja eigentlich halb Deutscher, weil ich hier geboren bin. Aber ich bin auch stolz, halb Italiener zu sein.* (männlich, 16 Jahre, Migrationshintergrund, Materialistische Hedonisten)

- [INT: GIBT ES IRGENDWIE, WAS DANN SO TYPISCH TÜRKISCH ODER SO IST? ODER TYPISCH ARABISCH, TYPISCH ITALIENISCH, TYPISCH SPANISCH?] *Ja, eigentlich bei allen so gemeinsam, dass wir wirklich alle sehr an unsere Familie gebunden sind. Und auch mit unserer Familie sehr viel Zeit verbringen. Und dass wir auch sehr viel Besuch haben und sehr oft bei jemandem zu Hause sind. (…) Weil Familie immer groß ist und da reicht einem die Familie meistens.* (weiblich, 16 Jahre, Migrationshintergrund, Konservativ-Bürgerliche)

- *Ich habe zwei Nationalitäten. Ich bin stolz auf meine Länder. Klar gibt es hier und da politisch irgendwelche Fehler. Aber an sich bin ich auf meine Länder total stolz.* (weiblich, 16 Jahre, Migrationshintergrund, Materialistische Hedonisten)

Ich bin ja in Berlin aufgewachsen. Also man hat ja immer so einen Migrationshintergrund, würde ich sagen. Man ist ja Deutscher sozusagen. Man ist ja hier geboren, aber hat halt sozusagen so einen türkischen Hintergrund, auch durch die Familie. Und da würde ich dann sagen, dass ich mich eher als Türke fühle, aber auch so ein bisschen deutsch. Das ist halt so ein bisschen kompliziert. (männlich, 16 Jahre, Migrationshintergrund, Materialistische Hedonisten)

Bewusste Abgrenzung von der Nation als identitätsstiftendem Merkmal in bildungsnahen Lebenswelten.

Vor allem die Sozialökologischen, Expeditiven und Experimentalistischen Hedonisten betonen, dass die Begriffe Nation und Nationalität historisch vorbelastet sind. Aus ihrer Perspektive sollten diese Begriffe positiv umgedeutet werden und Diversität und Vielfalt in Gleichheit beschreiben - wie sie fast mantra-artig antworten.

Kennzeichnend für die postmodernen Lebenswelten, allen voran die Expeditiven, ist zudem, dass man sich - und anderen Deutschen - keine bruchlose Identifikation mit dem Herkunftsland zugesteht. Ein Rückbezug (im Sinne von Rückzug) auf die nationale Identität scheint der internationalistischen bzw. globalen Grundorientierung dieser Lebenswelten von vornherein zu widersprechen.

Vor allem bei den Expeditiven und teils auch bei den Sozialökologischen ist das Bestreben erkennbar, sich von einer Vorstellung von nationaler Identität als auf äußere Merkmale bezogene Kategorie zu lösen. Sie scheinen fast erleichtert, wenn sie darauf verweisen, das Deutschsein heute nicht mehr mit bloßem Auge erkennbar sei. Auch die Fragen, die sich die jugendlichen Interviewer aus diesen Lebenswelten zum Thema „Deutschland" überlegt haben, verdeutlichen die kritische Haltung gegenüber Nationalität als Identitätsbaustein und übersteigertem Patriotismus.

Typische **Zitate** zur Illustration

- *Aber generell finde ich eigentlich dieses Nationalgefühl, generell von allen Leuten, ein bisschen lächerlich. Weil niemand kann was dafür, wo er geboren ist. Und ich finde, man kann auch nicht stolz darauf sein. Das ist halt so, wie es ist. Warum kann man denn stolz darauf sein, wo man geboren ist? Das hat man nicht selbst erreicht. Deswegen finde ich es generell eigentlich unnötig.* (weiblich, 16 Jahre, kein Migrationshintergrund, Sozialökologische)

- *Als ich in den USA war, war Nationalität, Nationalbewusstsein, vielleicht auch Patriotismus viel ausgeprägter als in Deutschland. In Deutschland merkt man das ja eigentlich echt nur bei irgendwelchen Weltmeisterschaften. Dass da dann irgendwelche Fahnen rausgeholt werden, aber in den USA ist es so, dass da an jeder zweiten Haustür eine hängt. Ich finde es aber auch gut, dass es in Deutschland nicht so ist. Wir haben so eine Vergangenheit. Ich meine, es ist Vergangenheit, aber es ist trotzdem irgendwie noch komisch. Ich bin da so ein bisschen skeptisch bei Patriotismus.* (weiblich, 17 Jahre, Migrationshintergrund, Expeditive)

- *Bei „Nation" oder „Nationalität" denke ich einfach an die Vielfalt von den ganzen Nationalitäten, kultureller Austausch. Ich weiß nicht, irgendwie fallen mir Gewürze ein von anderen orientalischen Gegenden und einfach auch die Urlaubsziele, wo wir schon öfter waren. Einfach generell die ganze Vielfalt von der Menschheit. Ja, da fällt mir halt Zweiter Weltkrieg ein, weil das war ja immer so, ein Volk, eine Nation und so. Das von heute ist natürlich positiv, aber so die Geschichte lastet uns ja teilweise immer noch so an.* (weiblich, 16 Jahre, kein Migrationshintergrund, Sozialökologische)

- [INT: GIBT ES IRGENDWAS, WAS DU ‚TYPISCH DEUTSCH' FINDEST? WAS UNS SO ALS DEUTSCHE VERBINDET ODER WO MAN ES SIEHT, AN WELCHEN GELEGENHEITEN?] *Nee, nicht wirklich. Es gibt eigentlich ja auch Leute aus komplett anderen Ländern. Bei mir in der Arbeit, der kommt zum Beispiel aus dem Irak, und der sieht halt einfach pur aus wie ein Deutscher. Kommt glaube ich nicht drauf an, wie man aussieht. Es gibt ja auch so Asylbewerber, die so komplett aussehen wie Deutsche.* (weiblich, 15 Jahre, kein Migrationshintergrund, Experimentalistische Hedonisten)

Auszug aus einem Fragebogen, den eine Jugendliche zum Thema „Deutschland" entwickelt hat.

Deutschland:

Könntest du dir vorstellen später Deutschland zu verlassen und auszuwandern?

Wenn ja, welche Länder sind für dich attraktiver als Deutschland und weshalb?

Was zeichnet Deutschland/ Deutsche besonders aus? Was magst du? Was magst du nicht?

Wie ist das für dich, wenn die deutsche Nationalmannschaft Fußball spielt? Wie fühlst du dich dann?

Wenn du im Ausland bist, sagst du dann gerne, dass du aus Deutschland kommst? Wenn nicht: Woran liegt das?

weiblich, 17 Jahre, Expeditive

- *Aber ich glaube, Deutschland ist zum Glück auch so ein bisschen kulturell durchgemischt, dass man nicht so den Stereotyp hat, wo man denkt: Der ist deutsch und alle anderen können nicht deutsch sein.* (weiblich, 17 Jahre, Migrationshintergrund, Expeditive)

- *Hautfarbe sagt nichts über Menschen aus.* (weiblich, 17 Jahre, Migrationshintergrund, Experimentalistische Hedonisten, Berlin)

- [INT: Gibt es für Dich etwas typisch Deutsches?] *Nein, ich glaube nicht. Also, da kann man natürlich die Vorurteile sagen, aber für mich selber ist eigentlich nichts so typisch Deutsch.* (weiblich, 16 Jahre, kein Migrationshintergrund, Expeditive)

Die „Fußball-Nation Deutschland" ist nicht für alle Lebenswelten Identifikationsobjekt.

Natürlich denken viele Jugendliche beim Stichwort „Nation" auch an Fußball, die Nationalmannschaft und die Fußballweltmeisterschaft.

- [INT: Und was denkst Du zum Beispiel, wenn Du das Wort Nation oder Nationalität hörst?] *Da denke ich irgendwie an*

Fußball. (weiblich, 15 Jahre, kein Migrationshintergrund, Materialistische Hedonisten)

› *Ähm … Ich weiß nicht, was Nation bedeutet. Aber … Ich habe gerade an das Wort «Nationalmannschaft» gedacht.* (männlich, 15 Jahre, Migrationshintergrund, Materialistische Hedonisten)

› [INT: GIBT ES SO SITUATIONEN ODER MOMENTE, WO MAN SO SPÜRT, DAS SIND WIR DEUTSCHEN ODER SO ETWAS?] *Ich weiß nicht, beim Sport, da ist man auf seine Nation ja stolz. Deutschland ist Weltmeister, wir sind Weltmeister. Das ist halt so. Das ist halt einfach so. Da merkt man auch, da gehört man zu Deutschland dazu.* (weiblich, 17 Jahre, kein Migrationshintergrund, Adaptiv-Pragmatische)

› [INT: GIBT ES IRGENDWIE SITUATIONEN ODER THEMEN, WO MAN DAS SO SPÜREN KANN, DASS MAN IRGENDWIE SAGT: ‚JA, WIR DEUTSCHE'?] *Auf jeden Fall auch bei der Fußball-WM, da. Und halt auch so auf so Volksfesten, zum Beispiel die Wies'n oder so, ist halt klar, ist halt bayrisch. Aber sonst nicht, nee.* (weiblich, 17 Jahre, kein Migrationshintergrund, Materialistische Hedonisten)

Spontane Äußerungen zu diesem Komplex sind zwar weniger häufig, als man angesichts der noch nicht lange zurückliegenden WM vermutet hätte, bei entsprechenden Nachfragen wird aber deutlich, dass Fußball das Moment des Erlebbarwerdens nationaler Identität für den jugendlichen Mainstream ist - vor allem für Jugendliche ohne Migrationshintergrund. Vereinzelt klingt im Zusammenhang mit diesem Thema auch Kritik daran an, dass ein Nationalbewusstsein und erst recht Nationalstolz in Deutschland nicht unbefangen geäußert werden können.

› [INT: GIBT ES IN DER DEUTSCHEN NATION SITUATIONEN, IN DENEN EIN WIR-GEFÜHL ENTSTEHT?] *In der deutschen Nation nicht. Weil alle, die nicht rechts sind, gerade versuchen, das zu vermeiden. Man muss ja hier wirklich aufpassen, was ärgerlich ist und was auch nervt. Weil gerade beim Fußball zum Beispiel, da wird man als Deutscher auch schnell als Nazi abgestempelt. Und das ist natürlich ärgerlich, dass man da nicht so dafür sein kann. Also jetzt nicht für Deutschland, sondern für das*

> *Fußballspiel zum Beispiel.* (weiblich, 16 Jahre, kein Migrationshintergrund, Konservativ-Bürgerliche)

Sensibler zeigen sich auch beim Thema Fußball die postmodernen Lebenswelten sowie die Sozialökologischen. Dabei lassen sie durchaus auch ein Unwohlsein erkennen, wenn sie sich als Deutsche nicht vorbehaltlos zur eigenen Mannschaft und damit zur eigenen Nation bekennen. Vereinzelt wird von den befragten Jugendlichen auch die ethnische Vielfalt der deutschen Nationalmannschaft als Hinweis für ein neues, diverses Deutschland und ein ethnisch facettenreiches „Deutsch-Sein" herangezogen.

> [INT: WAS DENKST DU, SIEHT MAN DAS LEUTEN AN, OB DIE DEUTSCH SIND ODER NICHT?] *Na ja, ich meine, es gibt ja auch Fußballer, die sind zum Beispiel jetzt dunkelhäutig, denkst Du ja eigentlich auch, dass die aus Ghana oder aus Brasilien oder so kommen und dabei haben sie einen deutschen Namen wie Antonio Rüdiger. Der ist ja auch deutscher Nationalspieler oder Jérôme Boateng. Ich meine, Jérôme ist jetzt nicht so der typisch deutsche Name, aber der ist ja auch ein Deutscher.* (männlich, 14 Jahre, kein Migrationshintergrund, Konservativ-Bürgerliche)

Staatsbürgerschaft und Nationalsymbole haben wenig Bedeutung.

Ihre Staatsbürgerschaft ist für die befragten Jugendlichen kein lebendiges Merkmal ihrer Identität. Der Pass wird als Ausweis der Aufenthaltsberechtigung gesehen, teilweise auch der Herkunft - selten aber als Symbol der nationalen Identität. Auch zu Nationalsymbolen (wie beispielweise Flagge, Hymne, Bundesadler) haben die Jugendlichen in der Regel keinen emotionalen Bezug.

So wird bei den spontanen Assoziationen zum Begriff „Nation" die Nationalhymne lediglich ein einziges Mal genannt. Auf Nachfragen wird deutlich, dass diese Symbole kein Gegenstand von Identifikation oder gar Verehrung darstellen und zumindest für autochthone Jugendliche weitgehend irrelevant sind. Eine Ausnahme bilden Jugendliche mit

Migrationshintergrund der unterschichtigen Lebenswelten. Hier finden sich teilweise auch entsprechende Symbole in den Jugendzimmern.

Typische **Zitate** zur Illustration

- *So ein Pass ist einfach. Da ist es jetzt einfach so: Wenn man einen Pass hat, ist man halt auf dem Papier Deutscher, aber vielleicht ist man ja Nationalität Türke. Ich würde sagen, das spielt nicht so eine große Rolle.* (männlich, 16 Jahre, Migrationshintergrund, Materialistische Hedonisten)

- *Wenn mir jemand sagt, dass er Spanier ist und trotzdem einen deutschen Pass hat, gehe ich davon aus, dass seine Familie aus Spanien kommt, also seine Eltern oder Großeltern. Und dass er vielleicht sogar die Sprache spricht.* [INT: WELCHE ROLLE SPIELT DABEI DER PASS?] *Am Pass kann man identifizieren, aus welchem Land ein Mensch kommt.* (männlich, 15 Jahre, kein Migrationshintergrund, Adaptiv-Pragmatische)

- [INT: DU HAST JA HIER AUCH EINE FLAGGE DES KOSOVO DORT HÄNGEN. IST DIR DAS WICHTIG, SO ALS IDENTIFIKATION MIT DEM LAND?] *Ja, das schon ja, ich bin stolz auf mein Land. Weil ich halt aus dem Land komme.* (männlich, 14 Jahre, Migrationshintergrund, Prekäre)

- [INT: WAS DENKST DU DENN, WAS MACHT DENN JEMANDEN ZU EINEM DEUTSCHEN?] *Wenn er in Deutschland geboren ist.* (männlich, 14 Jahre, kein Migrationshintergrund, Konservativ-Bürgerliche)

Stereotype Vorstellungen über andere Nationen/Kulturen sind weit verbreitet.

Wir wollten von den Jugendlichen wissen, wie präsent nationale bzw. ethnische Identität in ihrem Alltag ist und haben in diesem Zusammenhang nach „typisch Deutschem" bzw. nach etwas Typischem für andere Nationalitäten gefragt. Dabei wurden bewusst verschiedene Nationalitäten als Beispiele genannt. Die Frage im Interview lautete: Woran erkennt man im Alltag, dass jemand deutsch, türkisch, russisch, italienisch usw. ist?

Insgesamt reichen die Beschreibungen der Befragten von eher harmlosen Klischees bis hin zu harten Vorurteilen und diskriminierenden Verallgemeinerungen. Viele Jugendliche reflektieren durchaus, dass es sich dabei um rassistische Vorurteile handelt, und äußern auch ihr Unbehagen, von diesen beeinflusst zu sein. Sie scheinen nach alternativen Definitionen und Deutungsmustern zu suchen. Insbesondere bei den jüngeren und formal niedrig gebildeten Jugendlichen finden sich häufig naiv anmutende Stereotypisierungen ethnischer Gruppen, die aber nicht den stark abwertenden Charakter manifester Vorurteile haben. Am häufigsten finden sich diskriminierende Charakterisierungen bei Adaptiv-Pragmatischen.

Typische **Zitate** zur Illustration

Die Deutschen sind meistens blond, blaue Augen. Die meisten Dunkelhaarigen sind eher Ausländer, aber sonst eigentlich nicht so. (männlich, 15 Jahre, Migrationshintergrund, Materialistische Hedonisten)

Bei den Italienern, die haben ja immer viel Temperament. Die Amis sind halt teilweise ein bisschen einfältig. Die Franzosen sind vielleicht ein bisschen zurückgeblieben, sagt man manchmal. Spanier sind auch so lebensfreudig. Engländer sind immer so die Gastfreundlichen. Ja, weiß nicht. (weiblich, 17 Jahre, kein Migrationshintergrund, Sozialökologische)

[INT: Gibt es etwas typisch Deutsches?] *Natürlich gibt es etwas typisch Deutsches. Es gibt auch typisch Russisches. Typisch deutsch sind zum Beispiel Spätzle, Schnitzel, Kartoffelsalat.* [INT: Und typische Verhaltensweisen?] *Es gibt dieses Schwäbisch, dass man halt sehr ehrgeizig ist. Aber für mich sind das teilweise auch Vorurteile. Man hat das zwar mal irgendwann so gehört, aber ich könnte am Verhalten nicht erkennen, welche Nationalität jemand hat.* [INT: Also so richtig stimmt das nicht?] *Nein. Man kann zwar sagen, die Russen trinken viel. Das ist auch so, das stimmt ja auch. Aber man kann nicht sagen, wenn einer auf einer Party zu viel trinkt: typisch Russisch. Das kann man nicht in Verbindung bringen.* (männlich, 16 Jahre, Migrationshintergrund, Adaptiv-Pragmatische)

Wenn man irgendwie sehr gebildet redet, dann merkt man typisch Deutsch. Aber das ist ja nicht negativ. (männlich, 16 Jahre, Migrationshintergrund, Materialistische Hedonisten)

[INT: GIBT ES DENN ETWAS TYPISCH DEUTSCHES?] *Ja, klar. So etwas wie Pünktlichkeit wird uns ja immer nachgesagt. Obwohl das jetzt auf mich nicht wirklich zutrifft. Oder fleißig sein. Aber das sind ja auch nur Klischees. Also ich persönlich sehe da jetzt nicht irgendwas drin, was da stimmt.* [INT: WENN DU HÖRST, JEMAND IST ZUM BEISPIEL TÜRKISCH, MACHT DAS DANN IRGENDWIE EINEN UNTERSCHIED?] *Ja, jeder hat Vorurteile. Das ist so und das kriegt man leider auch nicht raus aus dem Kopf. Wenn ich an Amerikaner denke, dann denke ich direkt an Fettleibigkeit und Burger King. Das ist natürlich frech, aber jeder Mensch hat Vorurteile. Das ist nun mal so. Und wenn ich an Türken denke, dann denke ich oft an Player. So welche, die gerne Mädels anmachen, weil das einem selbst natürlich oft passiert ist. Das soll jetzt aber nicht abwertend sein. Aber es ist halt das, was man damit verbindet.* (weiblich, 16 Jahre, kein Migrationshintergrund, Sozialökologische)

Aber man sieht es auch meistens an dem Aussehen, also wie die Haare sind. So wenn es halt eher ein Schwarzkopf ist, dann weißt du halt, Araber oder Türke oder irgendwie sowas in der Art. Man kann das schon leicht so vom Aussehen kann man das schon erkennen. (männlich, 16 Jahre, kein Migrationshintergrund, Adaptiv-Pragmatische)

Unabhängig von den Klischeevorstellungen über andere Kulturen sind die meisten Jugendlichen davon überzeugt, dass alle Menschen gleiche Rechte haben. Entsprechend dieser sozial erwünschten Norm werden in der Regel Unterschiede zwischen Menschen mit und ohne Migrationshintergrund bestritten. Eines der wenigen Merkmale, die mit der Herkunft in Verbindung gebracht werden, ist die Religion und gelegentlich auch die Sprache.

Typische **Zitate** zur Illustration

Das ist eigentlich ganz ... Also ich finde das gar nicht wichtig, wo er überhaupt herkommt oder wer er ist. Weil das ist einfach ... Jeder Mensch ist gleich, sozusagen. Keiner ist einfach besser oder keiner ist einfach niedriger. (männlich, 16 Jahre, Migrationshintergrund, Materialistische Hedonisten)

Für mich geht es eigentlich nur auf die Persönlichkeit so. Der Rest ist mir dann egal, ob der aus Afrika oder aus der Türkei kommt oder aus Spanien, England, das ist mir dann egal. (männlich, 16 Jahre, kein Migrationshintergrund, Adaptiv-Pragmatische)

Ich finde, es sind halt Menschen wie jeder andere. Ich würde da jetzt nicht direkt einen Unterschied machen. Das sind halt alles Menschen, das sind halt alles korrekte Leute. Ist halt so. Wenn die nett zu mir sind, bin ich nett zu denen. (männlich, 16 Jahre, kein Migrationshintergrund, Adaptiv-Pragmatische)

Ich persönlich mache da keinen Unterschied. Wie gesagt, ich habe nicht so wahnsinnig viel mit solchen Leuten zu tun. Vielleicht auch weil ich auf einem humanistische Gymnasium bin, und sich das keiner antun will. (weiblich, 17 Jahre, kein Migrationshintergrund, Adaptiv-Pragmatische)

Die Welt gehört ja eigentlich zusammen. Und wenn man dann sagt, der eine gehört hier gar nicht her, also der kommt von einem anderen Land und darf hier gar nicht rein, das stimmt halt gar nicht. Weil die Menschen dürfen und sollen sich auf der Welt so bewegen, wie sie selber wollen. (männlich, 16 Jahre, Migrationshintergrund, Materialistische Hedonisten)

Es gibt ja schon Verhaltensunterschiede in den unterschiedlichen Ländern. Allein schon, wie man an eine Religion herangeht. Deutschland ist ein Land, in dem es relativ egal ist, ob man eine Religion hat oder nicht. Aber es gibt ja auch andere Länder, in denen Religion selbstverständlich ist. (weiblich, 15 Jahre, kein Migrationshintergrund, Expeditive)

Das positive Bild einer pluralen Zivilgesellschaft ist bei vielen Jugendlichen noch nicht gefestigt und selbstverständlich präsent. Ausnahme sind hier die weltgewandten Sozialökologischen und die postmodernen Gruppen, die nicht zuletzt auch mit der Aufnahme und Integration von Flüchtlingen die Hoffnung auf ein „bunteres Deutschland" verknüpfen (siehe auch Kapitel zu Flucht und Asyl).

Erwähnt werden muss auch, dass bei manchen eine kritische Reflektion von landläufigen Stereotypen ausbleibt. Es gibt dabei Stimmen, die recht radikal eine konsequente Anpassung der Fremden an die deutsche Kultur - Assimilation - einfordern. Sie bleiben jedoch in der Minderheit, am ehesten tauchen sie noch im prekären und bürgerlichen Segment (Adaptiv-Pragmatische, Konservativ-Bürgerliche) auf (siehe auch Kapitel zu Geflüchteten). Auch Negativklischees gegenüber bestimmten ethnischen und religiösen Gruppen finden sich vor allem im bürgerlichen Segment.

Türkischen ... Ich nenne es jetzt mal Kanaken. Die gelen sich halt die Haare hinter, ziehen Lederjacken an und sind halt ein bisschen aggressiver unterwegs, sagen wir es mal so. Und da sieht man eigentlich, dass sie zum Beispiel türkisch, serbisch oder sowas sind. (weiblich, 15 Jahre, kein Migrationshintergrund, Adaptiv-Pragmatische)

Ja, wie schon gesagt, also Respekt haben und dass sie einfach dann auch nicht so große Klappe haben, weil sie sind ja eigentlich nur zu Gast. Und ich meine ich gehe jetzt zum Beispiel auch nicht nach Spanien und habe dann eine große Klappe, da benehme ich mich auch ganz normal, dann sollen die sich hier eigentlich auch normal benehmen können. (männlich, 14 Jahre, kein Migrationshintergrund, Konservativ-Bürgerliche)

Es gibt allerdings auch Jugendliche, die an dieser Stelle auf strukturelle Benachteiligung und Diskriminierung von Menschen nicht-weißer Hautfarbe, nicht-deutsch klingender Namen oder ohne perfekte Sprachkenntnisse, beispielsweise auf dem Arbeitsmarkt, verweisen. Ein Bewusstsein für realen Alltagsrassismus und Diskriminierungstatbestände ist demnach durchaus vorhanden - allerdings eher bei den formal höher gebildeten Jugendlichen.

Typische **Zitate** zur Illustration

Deswegen, bestimmt bei so Sachen, wo es dann um die Deutschkenntnisse geht oder im Beruf, wenn man dann gebrochen Deutsch spricht, dann ist es bestimmt nicht so von Vorteil. Aber mir würde es glaube ich genauso gehen, also ... [INT: UND EINFACH WIRKLICH AUCH GANZ ALLGEMEIN, MEINST DU, DAS SPIELT EINE ROLLE BEI EINER BEWERBUNG, OB DA

Drauf steht irgendwie „Ahmet" oder „Hans"?] *Nee, ich glaube ... Eigentlich sollte es ... Es sollte keine Rolle spielen, aber in manchen Firmen spielt es bestimmt noch eine Rolle. Also ... Denke ich mir mal.* (weiblich, 17 Jahre, kein Migrationshintergrund, Sozialökologische)

Also vom Prinzip her sollte es eigentlich nicht unbedingt eine Rolle dabei spielen, nur denke ich mal, dass bei bestimmten Dingen eher ein Deutscher angenommen wird als ein Ausländer. (männlich, 16 Jahre, kein Migrationshintergrund, Adaptiv-Pragmatische)

Wenn man jetzt als ein Türke sich zum Beispiel für eine Anstellung bewirbt und da kommt ein Deutscher, da wird es wahrscheinlich einen Unterschied geben. (männlich, 17 Jahre, Konservativ-Bürgerliche)

Vor allem die Jugendlichen mit einem türkischen oder arabischen Migrationshintergrund werden stigmatisiert.

Türkeistämmige Deutsche und in Deutschland lebende türkische Staatsbürger gelten aus Sicht der heute 14- bis 17-Jährigen häufig als „die Ausländer" schlechthin. „Die Türken und Araber" sind die Gruppen, von denen man sich am häufigsten abgrenzt und die sich entsprechend auch selbst häufig von den einheimischen Jugendlichen abgrenzen. Gerade gegenüber „den Türken" bestehen zahlreiche Klischees und Vorurteile. So sind beispielsweise das Kopftuch bei Mädchen und das aggressive Auftreten bei Jungen für viele Jugendliche typische Merkmale des „Türkisch-Seins". Dabei geht es nicht um generalisierte Feindschaften zwischen Großgruppen, sondern um Rangeleien und Auseinandersetzungen auf dem Schulhof und auf der Straße. Derlei Situationen schildern Jugendliche mit und ohne Migrationshintergrund. Lebensweltlich zeigen sich dabei Schwerpunkte bei den Materialistischen Hedonisten, Prekären und teils auch bei den Adaptiv-Pragmatischen.

Typische **Zitate** zur Illustration

Also es gibt ja auch diese Orte zum Beispiel so vor McDonalds und sowas. Und da sagen eigentlich alle: „Okay, die Türken." Also ich würde jetzt auch nicht sagen, dass das alles Türken sind, aber das ist halt oft so, dass die ziemlich aggressiv sind. Und dass die Deutsche in

Deutschland als Deutsche beleidigen. [INT: WAS IST NOCH SO TYPISCH FÜR DIE, WENN DU SCHON KLISCHEEMÄSSIG VON DER GRUPPE SPRICHST?] *Aggressiv. Oberflächlich vor allem.* (männlich, 16 Jahre, kein Migrationshintergrund, Adaptiv-Pragmatische)

Kopftücher tragen. Da würde ich sagen: typisch türkisch. (weiblich, 15 Jahre, kein Migrationshintergrund, Materialistische Hedonisten)

Ja. Also man sieht ja, wenn eine Frau zum Beispiel Türkin ist, trägt sie ein Kopftuch, manchmal. Nicht immer, aber meistens. Deutsche Frauen tragen auch keine Kopftücher, und ich finde, dass die, wenn die in unser Land kommen, dass die sich an unsere Vorschriften halten sollten, oder sich an uns anpassen sollten. Und ich verstehe nicht, warum türkische Frauen in Deutschland Kopftücher tragen. Darüber rege ich mich aber sehr lange schon auf. Ich habe Angst vor Menschen mit Kopftuch. Man sieht halt auch oft in den Nachrichten oder auf Facebook-Videos, wie Türken andere zusammenschlagen und ich habe auch ehrlich gesagt ein bisschen Angst vor den Menschen. (weiblich, 17 Jahre, kein Migrationshintergrund, Materialistische Hedonisten)

Ich finde Türken, allgemein so Muslime sind aggressiver als die Deutschen. Die wollen immer alle sofort schlagen, wenn jemand irgendwas Falsches sagt oder so was, was ja eigentlich gar nicht so gemeint ist. Und deswegen mache ich auch Kampfsport, damit ich mich auch wehren kann. Eigentlich konnte ich mich bisher immer wehren. [INT: HATTEST DU SELBER AUCH SCHON SO KONFLIKTE?] *Ja, sehr oft. An der Schule und auch außerhalb. Zum Beispiel: Ich bin jetzt mal an jemandem vorbei gelaufen, ganz normal, habe mich mit einem Kumpel unterhalten, der läuft direkt auf mich zu und rempelt mich an und sagt: Was soll denn das? Da habe ich dann gefragt: Was soll denn das von dir? Und dann sind wir halt in einen Konflikt geraten, und dann gab es halt so eine kleine Schlägerei. Und das tat mir in dem Moment auch gar nicht leid. Die zeigen ja einen dann auch nicht an, weil sie wissen, dass sie was falsch gemacht haben.* (männlich, 15 Jahre, kein Migrationshintergrund, Prekäre)

Es sind nicht größtenteils nur Vorurteile, dass Türken manchmal so ein bisschen ... Ich sehe das öfters in der Eisenbahnstraße, da fahre ich auch manchmal durch, da hat man schon ein mulmiges Gefühl. Da soll es auch ab und zu mal ein paar Schlägereien geben. (männlich, 14 Jahre, kein Migrationshintergrund, Adaptiv-Pragmatische)

Zum Beispiel verhalten sich Araber manchmal so richtig schlecht. Man merkt auch, wenn die schreien. Und die reden oder schreien auch manchmal auf Arabisch irgendwas. So wie die, die hier immer Stress machen. Das sind alles Araber. (männlich, 15 Jahre, kein Migrationshintergrund, Adaptiv-Pragmatische)

Vereinzelt werden von den Jugendlichen Stigmatisierungen von Muslimen geäußert. Ein dezidiert islamfeindliches Weltbild ist allerdings für keine Lebenswelt oder soziodemografische Gruppe per se typisch. In unserer Studie zeigen sich nur vereinzelt anti-islamische Ressentiments bei einem Teil der Adaptiv-Pragmatischen, Prekären und Materialistischen Hedonisten. In allen Lebenswelten ist die Abwehr solcher Stereotype aber deutlich größer.

Die Vorurteile gegenüber türkisch- und arabischstämmigen Jugendlichen sind einer der Gründe, weshalb diese Gruppen sich oft unter ihresgleichen befreunden. Zentrale Vergemeinschaftungsmerkmale Türkisch- und Arabischstämmiger sind zudem die gemeinsame Religion und Kultur, wobei Distinktionsbestrebungen auch sprachlich zum Ausdruck kommen („wir" vs. „die"). Das heißt jedoch nicht, dass diese Jugendlichen keine andersstämmigen oder -gläubigen Freunde haben. Freunde mit der gleichen Religion sind ihnen allerdings näher. Oft werden auch Familienmitglieder, wie Cousins und Cousinen, als enge Freunde beschrieben.

Typische **Zitate** zur Illustration

Wenn sie uns sehen, wir sind ja alles Ausländer, alles Türken in meinem Freundeskreis. (männlich, 17 Jahre, Migrationshintergrund, Materialistische Hedonisten)

[INT: WIE IST ES JETZT ZUM BEISPIEL IN DEINEM FREUNDESKREIS, SIND DA NUR MOSLEMS, ODER SIND DA AUCH ANDERE RELIGIONEN VERTRETEN?] *Ja, christlich oder so. Aber die meisten sind Moslems.* (weiblich, 14 Jahre, Migrationshintergrund, Prekäre)

[INT: SIND DIE MEISTEN DEINER FREUNDE MOSLEMS?] *Ja. Nein, ich glaube, zwei bis drei nicht, aber sonst, der Rest ja. Ich habe da eigentlich auch deutsche Freunde, mit denen ich auch befreundet bin. Aber nicht so intensiv wie mit den anderen.* [INT: UND WAS GLAUBST DU, WORAN LIEGT DAS?] *Ich glaube, sich zu verständigen, einfach so.* (männlich, 16 Jahre, Migrationshintergrund, Materialistische Hedonisten)

Ja, ich habe da eigentlich gar nichts gegen die Deutschen und meine Freunde auch nicht so. Eigentlich ist es uns einfach egal. [INT: ABER WIE KOMMT ES, DASS DU SO WENIG DEUTSCHE FREUNDE HAST?] *Ich weiß nicht. Vielleicht liegt es auch daran, dass es einfach so ist. Dass ich mich eher mit meiner Kultur und auch mit den orientalischen Kulturen besser verstehe, anstatt mit den Deutschen. Ich weiß es nicht.* (männlich, 16 Jahre, Migrationshintergrund, Materialistische Hedonisten)

Bei manchen aus meiner Klasse ist das so, wenn du kein Türke bist, dann freunden sie sich gar nicht mir dir an. Das finde ich ein bisschen seltsam. Ich weiß gar nicht. Ich finde es auch komisch, dass die das gar nicht dann versuchen. Die haben, glaube ich, so ein schlechtes Bild von anderen Nationalitäten. (männlich, 16 Jahre, Migrationshintergrund, Adaptiv-Pragmatische)

Bei Freundschaften spielt die Herkunft kaum eine Rolle, am wenigsten bei den soziokulturell modernen und bildungsnahen Milieus.

Sehr viele Jugendliche haben Freunde mit einem Migrationshintergrund. Auffällig ist dabei, dass insbesondere in den soziokulturell modernen Milieus eine „postintegrative" Perspektive vorherrscht: Integration oder kulturelle Unterschiede sind für sie kein Thema, v.a. wenn die Freunde in Deutschland geboren und aufgewachsen sind.

Typische **Zitate** zur Illustration

Meine Freunde sind eigentlich alle deutsch. Also, ich hab eine Freundin, deren Vater kommt aus Afrika. Aber sie ist in Deutschland geboren. Sie ist schwarz, aber das nimmt man auch irgendwie gar nicht so wahr. Es ist halt eine Freundin, das ist halt nichts anderes. Eine Freundin von mir, ihr Vater kommt aus Spanien, aber sie ist in den USA geboren, aber lebt hier, also hat sie jetzt drei Pässe. (weiblich, 17 Jahre, Migrationshintergrund, Expeditive)

Ja, also eine Freundin von mir, die ist Kongolesin, aber die ist schon mit zwei oder so hierher gezogen. Eine andere Freundin ist Russin, die ist auch mit zwei glaube ich hierher gezogen. (weiblich, 17 Jahre, kein Migrationshintergrund, Sozialökologische)

In meinem Freundeskreis, die sind alle schon ganz, ganz früh, so mit zwei Jahren nach Deutschland gezogen. Meine beste Freundin ist zum Beispiel aus Thailand, aber die lebt hier auch schon seit sie zwei oder drei ist. Deswegen macht das eigentlich nicht so den Unterschied. (weiblich, 17 Jahre, Migrationshintergrund, Experimentalistische Hedonisten)

In unserer Schule oder in meiner Klasse sind auch viele Leute, die einen französischen, serbischen oder griechischen Hintergrund haben. Ein Kumpel von mir ist auch halb Türke und halb Nigerianer. Also es gibt da einen kulturellen Mix. (männlich, 16 Jahre, Expeditive)

Mein bester Freund ist Halbtürke. Sein Vater wohnt halt auch in der Türkei, aber er ist hier geboren, hier aufgewachsen. (weiblich, 16 Jahre, kein Migrationshintergrund, Experimentalistische Hedonisten)

Bei meinen Freunden ist mir das vollkommen egal, wo die herkommen. Ich habe so viele Freunde, und die sind alle irgendwie Halb-Indonesier, Halb-Russen, Halb-Türken. Das ist mir vollkommen egal. [INT: Merkst Du da trotzdem kulturelle Unterschiede oder dass da trotzdem irgendwas anders ist?] Bei den meisten merkt man das eher weniger, gerade wenn wir unterwegs sind, weil die in Deutschland aufgewachsen sind. (weiblich, 17 Jahre, Migrationshintergrund, Adaptiv-Pragmatische)

Ich habe alles Mögliche an Kollegen, Dunkelhäutige, ganz Helle, Albinos. Ich habe zwei Albinos, aber die sind halt auch mit Migrationshintergrund und aus Afrika, da habe ich Nordafrikaner, so etwas wie Marokko, Iran, Syrien. Viele Bekanntschaften, aber enge Freunde sind halt aus Mittelafrika, Nordafrika und Mitteleuropa, die ganzen Nachbarländer um Deutschland. Franzosen habe ich. Meine Freundin ist selber Portugiesin, ihr Vater ist Deutscher, aber irgendwie auch halber Schweizer oder Österreicher. (männlich, 16 Jahre, kein Migrationshintergrund, Materialistische Hedonisten)

Ja, na zum Beispiel wir haben in der Klasse zwei Portugiesen ... Portugiesinnen, zwei Mädchen ... Und mit denen, also mit der einen, mit der treffe ich mich auch immer so, weil das ist ein cooler Typ so ... Mit der gehe ich auch manchmal so einkaufen (männlich, 15 Jahre, kein Migrationshintergrund, Prekäre)

Aber sonst, wir sprechen ja alle Deutsch als Muttersprache. Ich glaube, wenn das anders wäre, wenn wir nicht alle Deutsch als Muttersprache hätten, würde es auch noch mal anders sein, aber so spielt es für mich keine Rolle. (weiblich, 17 Jahre, Migrationshintergrund, Expeditive)

Auch wenn kaum einer der Befragten ein geschlossenes chauvinistisches Weltbild hat, sind v. a. auf Seiten der Jugendlichen ohne Migrationshintergrund stereotype Vorstellungen über Migranten in Deutschland, speziell die türkeistämmigen, weit verbreitet. Aber auch bei den Jugendlichen mit Migrationshintergrund gibt es – als Reaktion auf wahrgenommene Exklusion – Rückzugs- und Abgrenzungstendenzen.

Ob diese sich in der sensiblen Phase der bei 14- bis 17-Jährigen beginnenden verstärkten Auseinandersetzung mit gesellschaftspolitischen Themen auflösen oder zu Negativklischees und manifesten Vorurteilen verfestigen, wird das künftige gesellschaftliche Klima mit prägen – eine bleibende Herausforderung insbesondere auch für die pädagogischen Instanzen (Elternhaus, Schule, Vereine, Kirchen/Moscheegemeinden etc.).

11 Flucht und Asyl

Dieses Kapitel wurde bei Erstveröffentlichung ohne die korrekte Creative Commons Lizenz veröffentlicht. Die korrekte Lizenz finden Sie am Ende des Kapitels. Ein Erratum zu diesem Kapitel ist verfügbar unter DOI 10.1007/978-3-658-12533-2_14

M. Calmbach et al., *Wie ticken Jugendliche 2016?*,
DOI 10.1007/978-3-658-12533-2_11

Zum Zeitpunkt der Datenerhebung (Sommer 2015) waren Flüchtlinge bereits über Wochen das zentrale Thema in den Nachrichten. Wir haben die Jugendlichen gefragt, was sie von diesem Thema mitbekommen, wie sie zur Thematik stehen, ob sie Kontakt zu Geflüchteten haben und in welcher Rolle sie Deutschland bei der Bewältigung der Herausforderungen der Fluchtmigration sehen.

Das Thema Flucht und Asyl beschäftigt die Jugendlichen und polarisiert.

Über alle demografischen Gruppen und Lebenswelten hinweg (also nicht nur in den bildungsnäheren Segmenten) sind die Jugendlichen an dem Thema Flüchtlinge interessiert. Dabei lassen sich zwei Lager unterscheiden: Jene Jugendliche, die die weitere Aufnahme von Geflüchteten im Allgemeinen befürworten (die deutliche Mehrheit) und jene, die (mehr oder weniger rigoros) fordern, dass die Zuwanderung begrenzt wird bzw. Leistungen für Asylsuchende eingestellt werden.

Nicht unerwartet dominiert das Flüchtlingsthema auch die Wahrnehmung der aktuellen politischen Situation in Deutschland. Bei den Antworten auf die Frage, was derzeit in unserem Land gut oder weniger gut läuft, zeigen sich klar die unterschiedlichen Einstellungen zu den Neuzuwanderern.

In allen Lebenswelten ist man mehrheitlich für die Aufnahme von Geflüchteten und Asylsuchenden - solange Deutschland die Kapazitäten dafür hat.

Insbesondere die Jugendlichen der bildungsnahen postmodernen Lebenswelten zeigen sich empathisch und mitfühlend gegenüber den Menschen, die aufgrund der Zustände in ihren Herkunftsländern ihre Heimat verlassen haben. Migration wird als unverschuldete und folgerichtige Konsequenz aus politischen Krisen und Kriegen in den entsprechenden Regionen verstanden. Die Entscheidung zur Flucht und der Mut für einen Neuanfang in einem fremden Land werden teilweise auch

Assoziationen zu den Begriffen „Nation / Nationalität"

Je häufiger ein Begriff spontan genannt wurde, desto größer/fetter erscheint er in der Darstellung

bewundert. Das Recht auf Asyl in Deutschland wird von diesen Jugendlichen nicht in Frage gestellt, vielmehr kritisieren sie jene, die sich trotz der vergleichsweise komfortablen Zustände in Deutschland und Europa nicht solidarisch zeigen. Sie appellieren an die humanitäre Verantwortung eines politisch stabilen und wohlhabenden Landes wie Deutschland, aber auch der europäischen Nachbarn. Besonders empathisch zeigen sich die Sozialökologischen, Expeditiven und Experimentalistischen Hedonisten.

Typische **Zitate** zur Illustration

> *Ich finde es total gerechtfertigt, dass die hierher kommen, weil jeder Mensch hat das Recht, irgendwo aufgenommen zu werden, wenn sein Leben bedroht wird. Das ist vollkommen in Ordnung und die anderen Länder sollten die auch aufnehmen, auch wenn es nur vorübergehend ist.* (weiblich, 16 Jahre, Expeditive)

> [INT: Und warum bist du dafür, dass noch mehr Flüchtlinge aufgenommen werden?] *Weil das besser ist für die.* (männlich, 14 Jahre, Prekäre)

- *Aber ich finde es eigentlich gut zum Teil, nicht, dass da Krieg ist, sondern einfach, dass diese Menschen fliehen können aus diesem Krieg.* (weiblich, 14 Jahre, Experimentalistische Hedonisten)

- *Ich finde es besser, wenn im Heimatland Krieg ist, dass sie dann nach Europa kommen, dass sie wenigstens versuchen, sich zu retten und dann nochmal einen Neustart beginnen, um was aus ihrem Leben zu machen.* (männlich, 17 Jahre, Materialistische Hedonisten)

- *Und ich finde auch, dass die Flüchtlinge ja überhaupt nichts dafür können, dass die aus ihrem Land vertrieben werden. Und für die ist es ja egal, ob die in Deutschland oder einem anderen Land ankommen. Die wollen ja überhaupt nur Schutz.* (männlich, 16 Jahre, Prekäre)

- *Ja, also ich finde schon, dass mehr Flüchtlinge aufgenommen werden sollten. Weil einfach auch die ganzen Leute, die in überfüllten Booten herkommen und dann von der Regierung ...oder ich bin mir gerade nicht sicher, wer das macht. Aber auf die Boote wird ja auch geschossen, dass die untergehen. Das ist der Hammer eigentlich. Das geht überhaupt nicht.* (weiblich, 16 Jahre, Sozialökologische)

- *Die Menschen haben ja auch krass viel durchgemacht. Und sein Heimatland verlassen zu müssen, und seine ganze Familie zu verlieren, da kann ich nicht verstehen, dass man solchen Menschen nicht hilft.* (weiblich, 17 Jahre, Adaptiv-Pragmatische)

- *Ich persönlich sage, dass das vollkommen übertrieben ist, weil irgendwo müssen die Leute ja wieder hin, und man kann sie ja nicht in ihr Land schicken, wo der Krieg ist.* (weiblich, 17 Jahre, Adaptiv-Pragmatische)

- *Ich finde, jedes Land, das helfen kann, sollte die aufnehmen, die Hilfe brauchen.* (männlich, 15 Jahre, Konservativ-Bürgerliche)

- *Kein Mensch ist illegal, würde ich sagen. Weil jeder Mensch hat einen Wert und keiner sollte einfach so wie Dreck behandelt werden.* (männlich, 16 Jahre, Materialistische Hedonisten)

Fast ebenso häufig wie die hohe Zahl von Flüchtlingen, die nach Europa kommen, wird spontan die Feindlichkeit gegenüber Flüchtlingen von Jugendlichen als Problem genannt. Vor allem in den postmodernen

Lebenswelten fordert man mehr Toleranz und Engagement von der deutschen Zivilgesellschaft für Menschen auf der Flucht (bessere Unterbringung, stärkere Integrationsbemühungen, deutlicheres Vorgehen gegen rechte Gewalt an Flüchtlingen). Diese Forderungen richten sich sowohl an die Politik als auch an die Bevölkerung, wobei aus den Formulierungen dennoch eine gewisse persönliche Distanz („man", „denen", „die", „diese armen Leute") spricht, die sich mit dem Befund deckt, dass die meisten Jugendlichen wenig bis gar keinen persönlichen Kontakt zu Flüchtlingen haben.

Typische **Zitate** zur Illustration

- *Die Deutschen könnten mehr auf die zugehen, mehr mit den Flüchtlingen reden. Gut, die verstehen die Sprache nicht, aber man kann sich immer irgendwie verständigen oder denen was anbieten.* (weiblich, 16 Jahre, Experimentalistische Hedonisten)

- *Wenn ich die Leute höre: „Die können kein Deutsch." Ja, das muss man lernen. Wenn ich von jetzt auf gleich in ein anderes Land gehe, kann ich die neue Sprache auch nicht. Man muss es den Flüchtlingen eben beibringen.* (weiblich, 16 Jahre, Experimentalistische Hedonisten)

- *Klar, es ist natürlich schwierig, man kann nicht alle aus Afrika und so aufnehmen. Aber ich denke, dass Deutschland auf jeden Fall mehr machen könnte. Und gerade, dass ganz viele Leute so negativ denen gegenüber eingestellt sind, dass sie sagen, das sind Sozialschmarotzer oder so. Das finde ich schlimm, wenn Deutsche das machen. Und dass sich auch die Politik da nicht genug für einsetzt.* (weiblich, 17 Jahre, Expeditive)

- *Was ich richtig schlecht finde, es tut mir leid, ist, dass es so viele dumme Einstellungen gegenüber den Flüchtlingen gibt. Das ist saublöd. Jetzt mal ehrlich: Wie dumm kann man eigentlich sein? Diese armen Leute können überhaupt nichts dafür. Die haben keinen Krieg angefangen. Die führen keinen Krieg. Die flüchten einfach nur, weil sie da nicht mehr leben können, weil sie sonst da sterben würden.* (weiblich, 16 Jahre, Experimentalistische Hedonisten)

- *In Hessen haben die ein Asyllager aufgebaut, und dann wurden sogar die Helfer von dem Aufbau angegriffen, von der NPD. Da muss ich schon sagen, dass ist ein Statement wo man halt immer die anderen Länder für ihre rechten Parteien anguckt. Da muss man in Deutschland auch sagen, dass die NPD noch ein Thema ist.* (weiblich, 17 Jahre, Adaptiv-Pragmatische)

Es geht uns als Land bzw. uns in Europa so gut. Da sollte es selbstverständlich sein, dass wir anderen Menschen, denen es nicht so gut geht, helfen. Ich glaube, es wird einfach zu wenig Menschen geholfen. Allein die Tatsache, dass es Menschen gibt, denen nicht geholfen wird, denen aber geholfen werden könnte. Das müsste geändert werden. (weiblich, 15 Jahre, Expeditive)

Die [ANM.: SOZIALLEISTUNGSBEZIEHER IN DEUTSCHLAND] *kriegen umsonst Geld. Und dann beschweren die sich, wenn es ein Euro weniger wird, weil die Flüchtlinge Hilfe brauchen. Das ist lächerlich. Wir sind eines der wirtschaftlich besten Länder der Welt, aber nein, zu uns dürfen die Flüchtlinge nicht. Warum?* (weiblich, 16 Jahre, Expeditive)

Im Zuge der im Sommer 2015 rapide angestiegenen Zahlen von Asylbewerbern sind die meisten Jugendlichen (unabhängig von ihrem lebensweltlichen Hintergrund) aber auch der Ansicht, dass Deutschland künftig nicht alle Menschen aufnehmen kann. Diese Situation wird von den Jugendlichen jedoch lebensweltspezifisch unterschiedlich bewertet.

- In den Lebenswelten der gesellschaftlichen Mitte (Konservativ-Bürgerliche und Adaptiv-Pragmatische) blickt man recht nüchtern auf die Situation: „Wenn das Land voll ist, ist es halt voll." Hier hegt man teilweise auch die Hoffnung, dass die Menschen ohnehin möglichst bald nach Beendigung des Konflikts oder nach Ende der jeweiligen Krisensituation wieder in ihr Herkunftsland zurückkehren können – das sei für die Flüchtlinge ebenso wie für Deutschland der Idealfall.

Typische **Zitate** zur Illustration

Ja irgendwann ist halt wirklich kein Platz mehr da. Aber bis dahin kann man die schon nehmen. (männlich, 16 Jahre, Adaptiv-Pragmatische)

Nee, also irgendwann ist halt ein Land voll. Da kann man dann auch nichts mehr machen. Ich verstehe jetzt schon, dass sie nicht mehr so viele Immigranten reinlassen wollen. Also jetzt nicht wegen deren

Hautfarbe oder der Religion, sondern weil es einfach keinen Platz mehr gibt. Da soll halt das Land helfen, das diese Probleme hat. (männlich, 16 Jahre, Adaptiv-Pragmatische)

Also ich finde schon, dass man so viele aufnehmen sollte, wie es nur geht und gerade diese Kriegsflüchtlinge finde ich halt total wichtig. Aber ich finde, man muss trotzdem an einem gewissen Punkt sagen, man kann ja nicht alle reinnehmen. Aber ich finde es natürlich wichtig, dass man so viele, wie es geht, einfach nimmt. (weiblich, 17 Jahre, Adaptiv-Pragmatische)

Wir können ja nicht jeden aufnehmen, der jetzt ankommt. Das ist ja für uns auch eine Belastung, diese Asylanten aufzunehmen. Aber das nehmen wir in Kauf dafür, dass die in Sicherheit sind. Und wenn das Problem sich wieder aufgelöst hat, können sie wieder in ihr Land zurück. (männlich, 17 Jahre, Konservativ-Bürgerliche)

In den bildungsnahen Lebenswelten sieht man sich in einem moralischen Dilemma: Man wünscht sich mit Blick auf das Leid der Geflüchteten zu einem anderen Ergebnis als einer Aufnahmebegrenzung zu kommen. Andererseits finden sich in diesen Lebenswelten jedoch auch Stimmen, die eine Begrenzung der Flüchtlingsaufnahme deswegen für richtig halten, weil sonst keine angemessene humanitäre Versorgung und erfolgreiche Integration der bereits aufgenommenen Flüchtlinge möglich sei.

Ich finde, das ist schwierig, weil wir ein gutes Land sind, das gute Chancen für sie bieten kann, aber wir können auch nicht zu viel bieten, weil sonst können wir den Flüchtlingen, die da sind, quasi nichts mehr bieten. Deswegen finde ich es schon wichtig, dass gut verteilt wird. (weiblich, 17 Jahre, Sozialökologische)

Aber wenn die dann wieder zu viele aufnehmen, dann finde ich es auch irgendwie kritisch, weil das ist ja dann auch kein Verhältnis für einen Menschen, dann da zu leben wie so ein Tier oder so. Haben die doch erst letzte Woche glaube ich erst gesagt, dass noch nie so viele Flüchtlinge aufgenommen worden sind wie dieses Jahr... also dass die keinen Raum mehr dafür haben. (weiblich, 17 Jahre, Sozialökologische)

Wenn noch mehr Flüchtlinge kommen und wir versuchen würden, die in unsere Gesellschaft mit einzugliedern richtig, das würde eine ziemliche Herausforderung sein. Ich glaube, man würde es auch nicht schaffen können richtig, weil wenn man denen nicht erlaubt zu arbeiten (...). Da müsste man auf jeden Fall noch mal etwas verändern, was aber auch echt schwierig sein wird. Ich weiß nicht, ob man das schaffen kann. (weiblich, 16 Jahre, Expeditive)

Eine Minderheit äußert, teilweise hasserfüllt, fremdenfeindliche Ressentiments.

Die Jugend in Deutschland ist nicht frei von rechtspopulistischen bzw. ablehnenden, ausgrenzenden oder gar feindlichen Haltungen gegenüber Ausländern bzw. Flüchtlingen. Der Mehrheit von Jugendlichen, die mehr oder weniger empathisch auf das Thema Flucht und Asyl blicken, stehen Jugendliche gegenüber, die sich - manche eher zögerlich, einige besonders drastisch - gegen eine Aufnahme von Flüchtlingen aussprechen. Kennzeichnend sind dabei Ängste vor Überfremdung und einer gravierenden Veränderung vertrauter Strukturen und Lebensbedingungen in Deutschland. Dabei werden teilweise gängige Klischees und Vorurteile („zunehmende Kriminalität", „Verfall der deutschen Sprache", „weniger Ordnung und Sauberkeit") aufgegriffen. Es ergeben sich weder bei der empathischen noch bei der ablehnenden Haltung nennenswerte Unterschiede zwischen ost- und westdeutschen Jugendlichen, wichtiger ist die Milieuzugehörigkeit. Ein lebensweltlicher Schwerpunkt bei der ablehnenden Haltung zeichnet sich bei der jungen gesellschaftlichen Mitte (den Adaptiv-Pragmatischen) und den bildungsfernen Lebenswelten ab (Materialistische Hedonisten, Prekäre).

Typische **Zitate** zur Illustration

Ja, also, ich bin eigentlich nicht rassistisch, aber ich finde, dass Schwarze und Türken nichts in unserem Land zu suchen haben. Die haben ein eigenes Land, und wenn die da verschuldet sind oder damit nicht klarkommen, dann ist das deren Problem. Dann müssen die nicht nach Deutschland kommen und uns das Leben schwer machen. (weiblich, 17 Jahre, Materialistische Hedonisten)

Es reicht erst mal, muss ich sagen. Das ist ein bisschen kacke, weil Deutschland ist nicht mehr so richtig Deutschland, sondern eher so ein Mischmasch. (weiblich, 14 Jahre, Prekäre)

Wie gesagt, irgendwann - an sich wäre das jetzt auch nicht so schlimm - sieht man nur noch Ausländer in der Innenstadt. Das kommt jetzt vielleicht ein bisschen rassistisch rüber, aber irgendwann nervt mich das dann auch. Ich war letztes Wochenende in H. bei Freunden, und da bin ich die Straße runter gelaufen, und da habe ich nur Dunkelhäutige gesehen die ganze Zeit. Ich dachte, ich bin in Afrika! Es sollte schon deutsch bleiben, vor allen Dingen, wenn man sich dann mit den Leuten unterhält, ich kann das schlecht einschätzen, aber ich finde es nicht so gut, wenn man irgendwann nur noch Ausländer sieht. (männlich, 14 Jahre, Adaptiv-Pragmatische)

Was eigentlich gar nicht gut läuft, sind die ganzen Asylanten, die kommen. Das gefällt mir eigentlich gar nicht. Ich meine, wenn sie wirklich aus ihrem Land flüchten wollen, dann sollen sie hierher ziehen und nicht bei Gott und der Welt Asyl suchen. Und man hat ja auch schon gehört, dass sie Terroristen einschleusen. Und wir haben hier in A. jetzt auch schon solche Container. Und ich habe da eigentlich überhaupt keine Lust drauf. Denn da muss ich ja Angst haben, dass hier jede Nacht jemand einbrechen könnte. Oder wenn ich mal alleine zu Hause bin, muss ich ja mit einem Messer unter dem Kopfkissen schlafen. Ich weiß nicht. Das löst in einem voll die Angst aus. (weiblich, 16 Jahre, Materialistische Hedonisten)

Weniger gut sind die Flüchtlinge gerade, weil laut den Nachrichten ja irgendwie jeder Flüchtling alles umsonst bekommt, das finde ich jetzt nicht so gut. (...) Und dass sie irgendwie alles zumüllen, habe ich gehört und dadurch auch die deutsche Sprache aussterben soll, habe ich gehört, ja. (weiblich, 16 Jahre, Adaptiv-Pragmatische)

Hier sind ganz viele Ausländer dazugekommen. Das ist hier alles voll. Und das mag ich nicht so. Weil die einen immer anreden, wenn man nur die Straße entlangläuft. Und das nervt halt schon. (weiblich, 15 Jahre, Materialistische Hedonisten)

Das mit den ganzen Flüchtlingen und so, dass das bei vielen Orten spezialisiert ist und nicht komplett verteilt wird. Es kommen Anfang Oktober hier ins Gewerbegebiet 60 junge Männer rein, und da haben viele etwas dagegen. Ich finde das jetzt auch nicht wirklich prickelnd, weil man halt immer Angst hat, dass die dann irgendwie was klauen und so. (männlich, 14 Jahre, Adaptiv-Pragmatische)

Wie lässt sich diese abwehrende Haltung gegenüber Flüchtlingen erklären? Für die fehlende Solidarität und das mangelnde Verständnis für Schutzsuchende spielen Verteilungskämpfe eine Rolle. Man hat den Eindruck, dass der eigene Zugang zu Wohlstand durch Asylsuchende gefährdet wird, dass der eigene Lebensstandard sinken und Annehmlichkeiten des täglichen Lebens verloren gehen könnten. Man fürchtet, dass der Traum, sich durch harte Arbeit einen bescheidenen Wohlstand aufzubauen, aufgrund von „Leistungserschleichern" platzen könnte. Besonders in der Prekären Lebenswelt werden Flüchtlinge als unmittelbare „Konkurrenten" am Arbeits- und Wohnmarkt angesehen. Auffällig ist, dass sich vor allem in dieser Gruppe Vorurteile gegenüber Geflüchteten mit generell ausländerfeindlichen Ressentiments unreflektiert vermischen.

Typische **Zitate** zur Illustration

Na ja, die können auch mal in ein anderes Land gehen, weil wir brauchen ja auch unsere Plätze. Die Leute, die hier wohnen, dass die ihre Wohnhäuser wenigstens behalten können. Nicht dass die an Flüchtlinge weitergegeben werden und wir aussortiert werden. Das könnte passieren. (männlich, 14 Jahre, Prekäre)

Nachteile? Weniger Arbeit, weil es sind viele Deutsche, die sagen, hier pass auf, wir wollen auch Arbeit haben und dann kriegen die Flüchtlinge die Arbeit, dann kriegen die vielleicht mehr Geld. (weiblich, 17 Jahre, Prekäre)

Also was nicht so gut läuft, ist das mit den Flüchtlingen. Ich weiß nicht, irgendwie werden das immer mehr, immer mehr, immer mehr. Und wir haben ja auch bald irgendwie irgendwann keinen Platz mehr für die ganzen Flüchtlinge. Ich meine, die jetzt Hartz IV bekommen, die kriegen ja auch schon. Manchmal reicht das ja auch schon gar nicht mehr mit dem Geld und alles. Und dann kommen jetzt noch Flüchtlinge, dann geben sie für die mehr Geld aus. Dann geben sie für Griechenland wieder mehr Geld aus. Das Geld kriegen wir alles nicht wieder. (weiblich, 17 Jahre, Konservativ-Bürgerliche)

Was ich jetzt zum Beispiel zur Zeit nicht so gut finde sind die Flüchtlinge. Das finde ich jetzt nicht so prickelnd. Weil wir haben ja jetzt auch ein Flüchtlingslager in der Schule und dann nehmen die unsere Turnhalle weg. Ich will ja auch Sport machen in der Schule. (männlich, 15 Jahre, Adaptiv-Pragmatische)

Aber die sollen sich keine Wohnungen suchen, weil tausende Deutsche keine Wohnungen haben oder finden. Also es würde mehr Wohnungen geben für Deutsche, wenn keine Türken hier wohnen würden, weil die Türken nehmen sich ja auch immer die größten Wohnungen. Und das verstehe ich nicht. Also warum? (weiblich, 17 Jahre, Materialistische Hedonisten)

Ich finde das nicht gut. Die haben jetzt auch den Edeka zugemacht, weil die Flüchtlinge in dem Edeka wohnen müssen. Ich finde das überhaupt nicht gut. Nur weil die jetzt kommen, wird alles zugemacht. Andere müssen darauf verzichten, weil die da wohnen müssen. (weiblich, 15 Jahre, Materialistische Hedonisten)

So genannte Wirtschaftsflüchtlinge werden v. a. in den bürgerlichen und bildungsfernen Lebenswelten als „Bedrohung" für Deutschland gesehen.

Für Jugendliche aus der gesellschaftlichen Mitte ist bei der Debatte um Flüchtlinge die Unterscheidung zwischen „Wirtschafts"- und Kriegsflüchtlingen wichtig[9]. Erstere haben für sie in Deutschland keinen Platz, und von Kriegsflüchtlingen erwarten sie einen großen Integrationswillen, der ihre Aufnahme in Deutschland rechtfertigen soll. Dass die Geflüchteten die deutsche Sprache erlernen, erachten die Jugendlichen als

---

9 Der Begriff „Wirtschaftsflüchtling" impliziert eine spezielle Form des „Asylmissbrauchs" durch vermeintlich nur vorgeschützte politische Fluchtgründe bei vorrangig wirtschaftlichen und sozialen Migrationsmotiven, so dass eine Suche nach besseren wirtschaftlichen und sozialen Existenzbedingungen als „freiwilliges" Wanderungsmotiv unterstellt wird (vgl. http://www.bpb.de/apuz/207999/zur-karriere-abschaetziger-begriffe-in-der-deutschen-asylpolitik?p=all). Da sich diese denunziatorische Konnotation auch in einigen Zitaten der Jugendlichen spiegelt, wird der Begriff hier dennoch verwendet.

grundlegende Voraussetzung für ihre Integration auf dem Arbeitsmarkt. Dies knüpft an den Befund der Vorgängerstudie „Wie ticken Jugendliche 2012?" an: Jugendliche aus der gesellschaftlichen Mitte fürchten am stärksten um die Leistungsfähigkeit und den Wohlstand in Deutschland, weil man in Teilen von geringeren Anpassungs- und Leistungsanstrengungen der Zugewanderten ausgeht.

Also für mich sind Flüchtlinge in dem Sinne akzeptabel, wenn es Kriegsflüchtlinge sind oder auch wegen religiöser Hinsicht. Aber auf gar keinen Fall wegen der finanziellen Lage. Das sind für mich keine Flüchtlinge. Die suchen einfach nur nach einem besseren Leben. (weiblich, 16 Jahre, Konservativ-Bürgerliche)

Es ist eine gute Tat von Deutschland. Es ist schön, dass Menschen aufgenommen werden und denen geholfen wird. Aber es gibt ja auch welche zwischen diesen Flüchtlingen, die eigentlich gar keine Hilfe brauchen und nur hier hinkommen, um Geld zu verdienen. (männlich, 15 Jahre, Konservativ-Bürgerliche)

Irgendwo ist es ja auch eine Belastung. Die sind ja nicht in der Lage, zu arbeiten oder so. Die können auch meistens die Sprache nicht. Das ist ja an sich nichts Schlimmes, sie sind ja auch nur geflohen, die können ja nichts dafür. (männlich, 14 Jahre, Adaptiv-Pragmatische)

Die Ausgrenzung von Menschen, die aufgrund der wirtschaftlichen Lage in ihrem Herkunftsland flüchten, wird von den Jugendlichen damit begründet, dass sie dem Staat lediglich „auf der Tasche liegen" und ihm „nichts bringen" - eine Meinung, die sich verstärkt in den unterschichtigen Lebenswelten findet, dort auch unter Jugendlichen mit Migrationshintergrund.

Mehr Flüchtlinge? Ich glaube eher, bis zu einer begrenzten Zahl. Weil desto mehr Flüchtlinge, dann denken die: Okay, Deutschland ist so ein Gebiet, wo alle Flüchtlinge hingehen können. Dann wird es auch immer voller und dann wird es, wie soll ich sagen, dann wird es einfach zu viel. (männlich, 16 Jahre, Migrationshintergrund, Materialistische Hedonisten)

[INT: Also was ist so deine Meinung dazu, wenn jemand sagt, die Flüchtlinge kommen nur hierhin um herumzuschnorren?] *Na, eigentlich hat der auch recht. Wenn man so guckt, was die Flüchtlinge so machen. Da sollte man ja dafür auch etwas tun und nicht einfach sagen: Ich nehme mal das Geld von den anderen. Weil man sollte auch etwas dazu tun.* (männlich, 16 Jahre, Materialistische Hedonisten)

Auf jeden Fall nicht die ganze Masse, die jetzt gerade auf dem Weg hierher ist, aber schon die, die irgendwie ein Recht darauf haben. Aber die, die nur hierher wollen und das Geld haben wollen und denken, sie können auf der faulen Haut liegen, die können gerne wieder zurück. (weiblich, 17 Jahre, Migrationshintergrund, Materialistische Hedonisten)

Zudem besteht in den Lebenswelten, die noch am ehesten eine Abwehrhaltung gegenüber Flüchtlingen und Ausländern zeigen, oft wenig Neugier und die Bereitschaft, sich auf Fremdes einzulassen. Man ist daher besonders anfällig für Ressentiments. Aus der politischen Sozialisationsforschung ist zudem bekannt, dass Jugendliche erst ab etwa dem 14. Lebensjahr beginnen, sich eigenständig politisch zu interessieren und zu informieren. Viele der in der vorliegenden Studie Befragten haben also womöglich noch keine wirklich informierte politische Meinung ausgebildet. Gerade die Jüngeren - insbesondere aus bildungsbenachteiligten Elternhäusern - sind anfällig für Ressentiments gegenüber Ausländern, weil sie politisch noch recht orientierungslos sind. Es fällt ihnen (noch) schwer, die Thematik abseits von Klischees einzuordnen.

Im Umgang mit Flüchtlingen wird Deutschland im europäischen Vergleich positiv bewertet.

In der Wahrnehmung vieler Jugendlicher ist Deutschland Vorreiter bei der Aufnahme von Geflüchteten. Man kritisiert in diesem Zusammenhang, dass die anderen europäischen Länder, insbesondere die reicheren und größeren, sich noch nicht stark genug für eine Aufnahme der Flüchtlinge einsetzen. Man fordert eine fairere Verteilung der Geflüchteten, besonders auf die EU-Mitgliedsstaaten.

Typische **Zitate** zur Illustration

Ich denke, Deutschland macht zurzeit sehr viel dafür. Es gibt andere Länder, die gar nicht aufnehmen. Diese Länder sollten jetzt handeln. Ich finde, Deutschland handelt richtig. (männlich, 16 Jahre, Adaptiv-Pragmatische)

Aber ich fände es zum Beispiel besser, wenn das auch auf verschiedene Länder aufgeteilt wird. Weil der Großteil geht ja nach Italien und nach Deutschland. Ein Teil auch nach Frankreich, aber das war's eigentlich so gut wie. Und das sind ja mehrere Länder der Europäischen Union. Und ich finde, das sollte besser aufgeteilt werden. (männlich, 16 Jahre, Materialistische Hedonisten)

Aber ich finde es halt schade immer noch wegen den anderen Ländern, dass irgendwelche Länder einfach leer sind und andere voll, voller Menschen. Das sollte ein bisschen ausgeglichener sein. (männlich, 16 Jahre, Adaptiv-Pragmatische)

Ich finde es eigentlich gut, dass wir die Flüchtlinge aufnehmen. Aber ich finde es von den anderen Ländern scheiße, dass die das nicht machen. (männlich, 17 Jahre, Experimentalistische Hedonisten)

Obwohl ich Großbritannien auch nicht wirklich gut finde, da ist ja auch noch dieses royale Haus, die Queen, und die sind im Endeffekt auch wieder alle rassistisch. Das war ja mit den Asylanten, wo die ganz klar gesagt haben: Wir nehmen keine Asylanten auf, wir wollen die hier nicht haben. (männlich, 17 Jahre, Konservativ-Bürgerliche)

Dass sich vielleicht andere Länder hier in der EU dafür einsetzen, dass die auch noch welche aufnehmen. Außer Griechenland sind die ja auch nicht wirklich arm. Das könnte man ändern. Man merkt ja, es wird hier langsam wirklich ganz schön voll. Wenn jetzt schon Turnhallen und alles benutzt werden müssen. Das muss ja nicht sein. (weiblich, 16 Jahre, Experimentalistische Hedonisten)

Ich finde, langsam haben sie genug aufgenommen. Ich finde, die anderen Länder sollten jetzt langsam wirklich aktiv werden. Das machen die hier nicht mehr lange mit, die Bewohner, die dagegen sind. (weiblich, 16 Jahre, Experimentalistische Hedonisten)

Das sollten die in den ganzen europäischen Ländern eigentlich verteilen. Nicht dass alle nach Deutschland kommen, weil die deutschen Bürger, die hier wohnen, die haben ja auch ihre Lasten, die müssen ja dann noch mehr Steuergelder bezahlen. (männlich, 15 Jahre, Prekäre)

Jugendliche nehmen beim Thema Integration Staat und Zugewanderte gleichermaßen in die Pflicht.

Die meisten Befragten formulieren klare Aufgaben hinsichtlich der Bewältigung der anstehenden Integrationsleistungen. Den deutschen Sozialstaat nimmt man in die Verantwortung, den Spracherwerb zu organisieren, Nahrung und Unterkunft sicherzustellen und den Übergang in die Arbeits- bzw. Ausbildungswelt zu ermöglichen. Von den Zugewanderten erwartet man zuvorderst, dass sie bereit sind, schnell und ehrgeizig die deutsche Sprache zu lernen. Einige Jugendliche stellen aber auch klare kulturelle Assimilationsforderungen. Auffällig ist, dass Jugendliche oft eine deutlich von Mitleid geprägte paternalistische Haltung gegenüber Zuwandernden haben.

Typische **Zitate** zur Illustration

Der Staat könnte sie mehr unterstützen mit Hilfsorganisationen, dass sie Deutsch lernen und ins Arbeitsleben rein finden, dass die Firmen Praktika anbieten, extra für Flüchtlinge. (männlich, 15 Jahre, Adaptiv-Pragmatische)

Zum einen, dass sie in Heimen unterkommen können. Und sie könnten ja anfangen, außerhalb der Schule auch nochmal so einen Deutschkurs machen oder so was, dass sie halt besser rein kommen, sage ich jetzt mal so, dass sie auch alles verstehen können. Und ja, halt Anpassung. Also anpassen zu den Deutschen, sage ich jetzt mal. Dass sie halt nicht so auffallen. (männlich, 15 Jahre, Prekäre)

[INT: WAS KÖNNEN DIE LEUTE SELBST MACHEN, UM SICH HIER BESSER EINZULEBEN?] *Interessiert daran sein halt. Für sich selber das Ziel haben, ein eigenes Leben aufzubauen, eine eigene Wohnung oder so. Wenn sie es schaffen, einen eigenen Beruf und dass es halt Zeit für Zeit immer größer wird. Dass die hilfsbereit sind, dass die bei den Leuten hier mit anfassen, denen helfen, sie hier unterstützen. Im Heimatverein oder so, dass sie da mithelfen oder was mit aufbauen und so.* (männlich, 14 Jahre, Adaptiv-Pragmatische)

Dass sie sich eigentlich einfach hier anpassen, weil man sieht jetzt hier dann auch, zum Beispiel in Großstädten, wie zum Beispiel Berlin, sieht man dann auch immer solche Verschleierten, dass sie sich dann einfach anpassen. Weil ich fahre ja auch nicht, wenn ich zum Beispiel nach Indien fahre, würde ich mich ja versuchen, auch anzupassen. Ich würde zwar nicht so lange Schleier-Kleider tragen, aber vielleicht lange Sachen tragen, und das könnten die bei uns auch machen, also anpassen. (männlich, 14 Jahre, Konservativ-Bürgerliche)

Vielleicht vom Staat noch irgendwie mehr Deutschkurse und eben noch irgendwie mehr internationale Treffpunkte, wo sich eben Deutsche und Migranten dann treffen und unterhalten können. Wo eben vielleicht auch ein Dolmetscher da ist, falls man sich noch nicht so verständigen kann. (männlich, 16 Jahre, Adaptiv-Pragmatische)

Deutschland tut ja eigentlich schon hier einen unterstützen. Es gibt, soweit ich weiß, Kurse, in die die Frauen gehen können, Deutsch lernen können. Meine Mutter war nicht in so einem Kurs, aber kann schon sehr gut Deutsch sprechen. Aber sonst, ich weiß nicht. Vielleicht sollte man die Menschen dazu zwingen, in diesen Kurs zu gehen, bis sie Deutsch können. Einfach aus dem Grund, ich finde es wichtig, dass die Menschen, die hierher kommen, auch Deutsch lernen. Ich kenne viele Personen, die aus einem anderen Land hierher gezogen sind im Nachhinein und die Sprache nicht können. Und ich finde es traurig, wenn eine Mutter nicht mit der Lehrerin von ihrem Sohn sprechen kann. Da sollte Deutschland die Eltern zu zwingen. (weiblich, 16 Jahre, Konservativ-Bürgerliche)

Einige Jugendliche aus bildungsnahen Elternhäusern erwähnen demografische und wirtschaftliche Vorteile durch Zuwanderung.

Insbesondere in den bürgerlichen Lebenswelten (bei den Adaptiv-Pragmatischen und Konservativ-Bürgerlichen) begründet man die Offenheit gegenüber Geflüchteten neben einer humanitären Verantwortung Deutschlands auch recht sachlich damit, dass Deutschland bedingt durch die Alterung und Schrumpfung der deutschen Bevölkerung von Asylsuchenden profitieren könnte. Hier steht man daher insbesondere der Zuwanderung von akademisch oder beruflich qualifizierten Menschen offen gegenüber. Diese Meinung wird auch bereits von einigen der jüngeren Befragten geäußert. Auffällig ist dabei, dass diese Jugendlichen alle aus bildungsnahen Elternhäusern kommen.

Typische **Zitate** zur Illustration

- *Man muss auch sehen, dass die Bevölkerungsrate von den Deutschen an sich zurückgeht. Nur durch Einwanderer bleibt die gleich.* (weiblich, 17 Jahre, Adaptiv-Pragmatische)

- *Ich denke schon, dass sie eigentlich mehr aufnehmen könnten, weil es ist ja schon so, dass viele Deutsche gar keine Kinder haben möchten. Und dann, ich weiß nicht, denke ich eigentlich schon, dass wir noch mehr vertragen können.* (weiblich, 15 Jahre, Adaptiv-Pragmatische)

- *Dass Leute einwandern, finde ich okay, insofern sie irgendetwas vorzuweisen haben. Ich finde nicht, dass wir jeden aufnehmen sollten. Das hat auch nichts mit dem Land, aus dem die Person kommt, zu tun, sondern man sollte immer versuchen, gebildete Leute ins Land zu bekommen. Wir haben ja das Problem, dass wir ganz viele einfache Arbeiter aus der Türkei hergeholt haben, die dann auch zum Großteil geblieben sind.* (männlich, 17 Jahre, Konservativ-Bürgerliche)

- *Und außerdem ist Deutschland ja generell unterbevölkert. Das kann man ja auch mal dazu sagen. Ich sag mal, wenn allein nur die Deutschen hier leben würden, dann würde es ja irgendwann nur noch alte Menschen hier geben. Also ich verstehe gar nicht, wo da das Problem ist.* (weiblich, 16 Jahre, Sozialökologische)

Kulturelle Bereicherung sehen vor allem die Lebenswelten mit nonkonformistischer Grundhaltung.

Für die weltoffenen Lebenswelten der Experimentalistischen Hedonisten, Expeditiven und Sozialökologischen ist typisch, dass sie mit der Aufnahme und Integration von Flüchtlingen die Hoffnung auf ein „bunteres Deutschland" verknüpfen. Mit dem „typisch Deutschen" fangen diese Jugendlichen, die sich nach und nach von den bürgerlichen Konventionen demonstrativ abzugrenzen beginnen, ohnehin wenig an. Bereits in jungen Jahren ist „Multi-Kulti" als soziale Norm positiv verankert und wird bisweilen auch idealistisch überhöht und romantisiert.

Typische **Zitate** zur Illustration

- *Warum sollte man ihnen kein Asyl gewähren hier in Deutschland, oder warum sollten die nicht hier leben? Ich finde, wenn man irgendwie eine bunte Kultur ist, ist das doch eigentlich viel spannender und viel interessanter zu leben.* (männlich, 17 Jahre, Experimentalistische Hedonisten)

- *Ich habe damals auch viele Ausländerfreunde gehabt, und man hat denen das auch nicht angesehen auf den ersten Blick so: Du kommst da und da her. Ich finde es auch schön, etwas Neues von denen zu lernen, neue Gerichte, neue Wörter. Das ist dann auch schon interessant.* (weiblich, 15 Jahre, Sozialökologische)

- *Aber ich glaube, Deutschland ist zum Glück auch so ein bisschen kulturell durchgemischt, dass man nicht so den Stereotyp hat, wo man denkt: Der ist deutsch und alle anderen können nicht deutsch sein.* (weiblich, 17 Jahre, Expeditive)

- *Ich finde Ausländer eigentlich viel cooler. So viele Schwarze sind halt komplett anders. Ich finde, die sind von der Art her einfach cooler.* (weiblich, 15 Jahre, Experimentalistische Hedonisten)

Typisch für diese Gruppen ist auch die Forderung nach einer gerechten und toleranten Gesellschaft ohne Benachteiligung aufgrund von Geschlecht, Religion oder Ethnie. Von den durch das politisch rechte Lager geschürten Klischees distanziert man sich deutlich und fordert, dass mehr für den Abbau landläufiger Vorurteile gegen Ausländer getan wird. In diesen Lebenswelten mahnen die Jugendlichen auch entsprechend zu aktivem Widerstand gegen Ausländerfeindlichkeit.

Typische **Zitate** zur Illustration

[INT: Würdest du dich denn auch selbst engagieren wollen?] *Ja, ich war auch schon auf Demos und sowas.* (weiblich, 16 Jahre, Sozialökologische)

Ja, dass halt vor allem diese Unterkünfte eben angegriffen werden, vor allem durch rechtsradikale Leute oder rechtsradikale Parteien (...). Dann sollte man aus sowas dann Konsequenzen ziehen und diese Partei dann auch verbieten. Das hat ja eigentlich nichts mehr mit freier Denkweise zu tun. Das ist ja nur Gewaltanwendung eigentlich. (männlich, 17 Jahre, Experimentalistische Hedonisten)

Die Flüchtlinge stehen in einem falschen Bild da. Bei vielen, vor allem älteren Leuten, stehen die Flüchtlinge wie kriminelle Gammler da, die einfach nur hier schmarotzen wollen, was ja überhaupt nicht stimmt. Und ich finde, die Politik sollte halt gesellschaftlich mal das Bild verändern. Dann würde es vielleicht auch nicht immer solche Brandanschläge geben. Wobei – Nazis lassen sich ja wohl auch nicht vermeiden. (weiblich, 16 Jahre, Sozialökologische)

Die Vorurteile gegen Ausländer müssten abgebaut werden. Also das sollte alles nicht so verallgemeinert werden: Nur weil mal eine Schlagzeile in der Zeitung steht, dass ein Türke einen Jugendlichen zusammengeschlagen hat, heißt das ja nicht, dass alle Türken so drauf sind. Es gibt aber viele Leute, die so denken. Und das sollte sich ändern. Oder das muss sich ändern. Es ist nicht so, dass in Deutschland nur Deutsche leben und im Ausland nur Ausländer. Es ist halt so, wie es ist. Und da sollten wir offener werden. (männlich, 16 Jahre, Experimentalistische Hedonisten)

Auch in den Gesprächen, die die jugendlichen Interviewer aus der Sozialökologischen und Expeditiven Lebenswelt mit ihren besten Freunden geführt haben, taucht die Frage nach eigenem und staatlichem Engagement für Geflüchtete auf.

Auszüge aus Fragebögen, die Jugendliche zum Thema „Flüchtlinge" entwickelt haben.

Flüchtlinge:

Was fühlst du, wenn in den Medien etwas über Flüchtlinge berichtet wird?

Findest du es wichtig, dass Deutschland Flüchtlinge z.B. aus dem Irak und Syrien aufnimmt?

Sollten in Deutschland/ Europa mehr/weniger Flüchtlinge aufgenommen werden?

Wer sollte bleiben dürfen? Wie kann man das festlegen? Und wer entscheidet das?

Wie würdest du gegen das Flüchtlingsproblem vorgehen?

Was kannst Du selber tun? Was erwartest Du von anderen? (Von wem? Vom Staat?)

weiblich, 17 Jahre, Expeditive

Flüchtlinge

Wie stehst du zu Flüchtlingen?
➔Ggf. Konkreter (Flüchtlingsströme, dass wir Flüchtlinge aufnehmen etc.)
Engagierst du dich selbst in der Flüchtlingshilfe?
Würdest du gerne?
Wieso?
Was denkst du darüber, dass Flüchtlinge in Turnhallen untergebracht werden?
Was hältst du davon, dass Sportunterricht ausfällt, weil Turnhallen zu Flüchtlingslagern umfunktioniert werden?
Wie würdest du dich fühlen, wenn DEIN Sportunterricht deswegen ausfällt?
Wie könnte man deiner Meinung nach Flüchtlinge bzw. Flüchtlingskinder besser integrieren?

weiblich, 17 Jahre, Expeditive

Aktives persönliches Engagement kann man sich nur vereinzelt vorstellen, z. B. im Rahmen von sozialen und schulischen Initiativen. Wichtiger erscheint die Bekämpfung der Fluchtursachen in den Herkunftsländern, die insbesondere von bildungsnahen Jugendlichen thematisiert wird.

Ich habe Verständnis dafür, dass Leute hierherkommen und flüchten. Und ich bin auch keiner, der sagt, dass die jetzt direkt wieder gehen sollen. Keine Ahnung. Im Endeffekt hat das unsere Regierung auch provoziert. Also wenn man die ganze Zeit Waffen dahin liefert, und dann bricht dort ein Krieg aus, sodass es dort keiner mehr aushält und alle weg wollen ... Und dann kommen sie halt dahin, wo es schöner ist. (männlich, 16 Jahre, Expeditive)

Das heißt, man müsste vielleicht echt in den Ländern selbst für Stabilität sorgen, auch wenn ich jetzt nicht so viel zu dem Thema sagen kann, wie man das jetzt ändern könnte. In den nächsten 10 Jahren muss man auf jeden Fall die ganzen Kriege in Syrien, Irak oder in Afrika bekämpfen, die ganzen Bürgerkriege. Dadurch ergibt sich ja auch erst das ganze Flüchtlingsproblem. Ich denke, da muss man auf jeden Fall etwas dagegen tun. (weiblich, 17 Jahre, Expeditive)

Interviewer: weiblich, 17 Jahre, Expeditive

Es kommen ja gerade relativ viele Flüchtlinge nach Deutschland, und es wird auch viel in den Medien darüber berichtet. Was fühlst du, wenn du darüber was hörst?

Also ich finde es traurig und ich finde, man sollte auch auf jeden Fall was dagegen tun. Nur, ich denke mir manchmal, dass es vielleicht mehr bringen würde, in den Ländern selbst was zu tun, als alle Flüchtlinge aufzunehmen und irgendwo in Flüchtlingslager einzuweisen. Dadurch wird das Problem dort auch nicht gelöst. Und man sollte vielleicht eher an der Basis was ändern, an den Zuständen, die in diesen Flüchtlingslagern herrschen.

Also würdest du, um gegen das Flüchtlingsproblem vorzugehen, eher direkt in den Ländern Entwicklungshilfe oder so was leisten?

Ja, auch. Also klar, man muss sich natürlich in den Ländern, die Flüchtlinge aufnehmen, darauf einstellen. Aber irgendwas sollte man hier natürlich auch ändern, weil du kannst ja auch nicht sagen ok, gut, dann bleibt ihr jetzt auf den ganzen Schiffen, weil das geht ja auch nicht. Aber ich finde es auch wichtig und notwendig, dass man in den Ländern irgendwie Entwicklungshilfe leistet.

UND DENKST DU, DU KANNST SELBER WAS DAGEGEN TUN, ODER ERWARTEST DU MEHR WAS VON ANDEREN?

Also ich denke, für Hilfe in den Flüchtlingsländern könnte ich selbst relativ wenig bis gar nichts machen. Ich denke, das ist dann eher auf politischer Basis, dass dort was geregelt werden könnte. Also den Flüchtlingen hier, den könnte man natürlich helfen, wenn man sozialen Projekten beitritt und mithilft, dass die sich hier besser integrieren können. Also da könnte man natürlich schon was machen.

Interviewer: weiblich, 17 Jahre, Sozialökologische

WAS HÄLTST DU DAVON, DASS VIELLEICHT TEILWEISE AUCH SPORTUNTERRICHT AUSFÄLLT, WEIL EBEN TURNHALLEN ZU FLÜCHTLINGSLAGERN UMFUNKTIONIERT WERDEN?

Naja, das ist dann eben so. Ich meine es gibt ja keine Alternative. Ich denke mal, dass jede Klasse lieber mal auf zwei Stunden Sport verzichten würde, anstatt mit dem Gewissen zu leben, dass 40 oder 50 Flüchtlinge draußen schlafen mussten.

UND WIE SIEHST DU DAS, WENN DIE TURNHALLEN DANN TOTAL ÜBERFÜLLT SIND?

Naja, das ist irgendwie so ein Kessel von Krankheiten. Da wird gestohlen, da wird vergewaltigt, da wird verprügelt, da werden Krankheiten weitergegeben, das ist alles nicht so wirklich durchdacht. Vielleicht muss man da mal irgendwie mal wieder Richtlinien schaffen, dass man das mehr kontrolliert. Dass man ärztlich dort irgendwie was stationär hergibt oder so.

KANNST DU NACHVOLLZIEHEN, DASS ES DA TEILWEISE DISKUSSIONEN DARÜBER GIBT, DASS JUGENDLICHE KEINEN SPORTUNTERRICHT HABEN KÖNNEN?

Ja, na klar. Weil wir helfen! Und dann kommt wieder der Spruch von den Eltern „Wir helfen denen, aber vergessen uns dabei". Aber bei so einem Punkt kann man auch einfach mal kurz ein Auge zudrücken. Das schränkt einen ja auch nicht ein, wenn man jetzt nicht die Turnhalle betreten kann.

JA ALSO MAN KÖNNTE ALTERNATIVEN FINDEN. SIEHST DU DAS SO?

Ja, genau. Dann geht man eben raus. Und macht auf dem Sportplatz oder auf dem Hof dann eine Sporteinheit. Das ist ja nicht so schlimm. Draußen kann man ja Sport machen, man kann eben nur nicht draußen schlafen.

12 Zusammenfassung

Dieses Kapitel wurde bei Erstveröffentlichung ohne die korrekte Creative Commons Lizenz veröffentlicht. Die korrekte Lizenz finden Sie am Ende des Kapitels.
Ein Erratum zu diesem Kapitel ist verfügbar unter DOI 10.1007/978-3-658-12533-2_14

M. Calmbach et al., *Wie ticken Jugendliche 2016?*,
DOI 10.1007/978-3-658-12533-2_12

Wie ticken Jugendliche? Eine sehr kurze Antwort darauf ist: unterschiedlich. In welcherlei Hinsicht die Jugend unterschiedlich tickt, wird abschließend noch einmal kompakt zusammengefasst. Dabei wird auch auf die Gemeinsamkeiten in der jungen Generation eingegangen.

Das Werte-Ensemble der jungen Generation: Vielschichtige Synthesen teilweise widersprüchlicher Werte.

Wie in den Vorgängerstudien kommt auch die SINUS-Jugendstudie 2016 mit Blick auf die normative Grundorientierung der Jugendlichen zu dem Schluss, dass viele auf den ersten Blick schwer vereinbare Werte bei den Jugendlichen auf Akzeptanz stoßen - ohne dass man dies jedoch als unauflösliche Widersprüche des Lebens begreifen würde.

Zum einen verständigt sich die breite Mehrheit der Jugend auf einen gesellschaftlich verbindlichen Wertekanon. Hierzu zählen vor allem Werte, in denen der Wunsch nach Halt und Orientierung zum Ausdruck kommt, wie Gemeinschaft, Familie, emotionale und materielle Sicherheit, wirtschaftliche Stabilität bzw. Wohlstand, Planbarkeit sowie die klassischen Pflicht- und Akzeptanzwerte (z. B. Fleiß, Leistung, Pflichterfüllung, Bescheidenheit, Anpassungsbereitschaft). Nicht diesen Werten oppositionell gegenüberstehend, sondern in Synthese dazu werden zum anderen jugendtypische Selbstentfaltungswerte (wie z. B. Ich-Orientierung, Selbstverwirklichung, Kreativität, Einzigartigkeit, Veränderung), hedonistische Werte (Spaß, Spannung, Neuheit, Risiko, Ekstase) und postmoderne Werte (z. B. Performing, Flexibilität, Mobilität) betont. Das Wertespektrum junger Menschen umfasst heute sowohl postmaterielle Werte (z. B. Gemeinwohl, Gesundheit, Bildung, Vielfalt, Solidarität, Nachhaltigkeit, Gerechtigkeit) als auch materielle Werte (Geld, Besitz, Lebensstandard, Luxus, Status).

Entscheidend dabei ist aber: Nicht allen ist alles gleich wichtig im Leben, und nicht jeder Wert wird von allen gleichermaßen hervorgehoben und gelebt. Beispielsweise ist eine stabile Partnerschaft den meisten ein wichtiges Anliegen. Nach welchen Rollenvorstellungen man aber eine Beziehung leben möchte, welche Erwartungen und Hoffnungen man damit verbindet, kann entlang der verschiedenen Mindsets der jugendlichen Lebenswelten stark variieren (siehe z. B. die Befunde dieser Studie zum Thema Liebe und Beziehung).

Es gibt mit Blick auf Jugendliche also Ankerwerte und Werte, die eher in der Peripherie des Erstrebenswerten stehen, wohl aber von Bedeutung sind. Der SINUS-Ansatz für die Differenzierung verschiedener Lebenswelten in der Alterskohorte der 14- bis 17-Jährigen trägt dieser Komplexität Rechnung und verdichtet sie modellhaft. Die Studie beschreibt anhand dieser Lebenswelten-Typologie, bei welchen Themen Unterschiede zwischen Jugendlichen auf deren Werthaltung zurückgeführt werden können.

Liebe und Partnerschaft bei Jugendlichen heute: Emotionale Sicherheit statt Selbstverwirklichung.

In Sachen Liebe und Partnerschaft herrscht über alle Lebenswelten hinweg Konsens, dass Vertrauen, Ehrlichkeit und Verlässlichkeit zentrale Beziehungsvoraussetzungen sind. Ebenso wünscht man sich, dass partnerschaftliche Beziehungen stabil sind. Man möchte sie auch nicht zu lange aufschieben: Bis spätestens Mitte 30 möchten die allermeisten der von uns Befragten in einer dauerhaften glücklichen Beziehung leben. Die Zeit davor wird in Sachen Beziehungen aber keineswegs als „Sturm und Drang"-Phase bzw. als „Zeit des sich Auslebens" thematisiert. Nur wenige sehen sich selbst als „Beziehungsdraufgänger".

Die Expeditiven und Experimentalistischen Hedonisten unterscheiden sich in ihren Beziehungsvorstellungen am stärksten vom jugendlichen Mainstream. Sie haben es noch am wenigsten „eilig" mit einer festen Beziehung und Familiengründung. Die klassische „Zweierbeziehung auf Lebenszeit" wird zwar (wie in den anderen Lebenswelten) als Idealfall betrachtet, aber gleichzeitig auch von vielen angezweifelt. Das liegt v. a. daran, dass individuelle Selbstverwirklichung und Partnerschaft teilweise als schwer vereinbar gelten. In den postmodernen Lebenswelten ist das gegenseitige Zugestehen von persönlichen Freiräumen für eine gelingende Beziehung zentral. Nicht nur in dieser Hinsicht, sondern auch ganz allgemein wünscht man sich - das gilt auch für die Sozialökologischen - vom Partner bzw. der Partnerin eine große Schnittmenge der persönlichen Interessen.

In den anderen Lebenswelten ist man hingegen eher bereit, sich selbst zurückzunehmen und sich dem Partner anzupassen, v. a. in der Konservativ-bürgerlichen Lebenswelt. Harmonie, Halt und Berechenbarkeit spielen hier eine größere Rolle als bei den postmodernen Gruppen. Man würde auch lieber früher als später eine Familie gründen. In der gesellschaftlichen Mitte geht man wiederum davon aus, die Familiengründung so lange zu vertagen (bzw. vertagen zu müssen), bis die beruflichen Verhältnisse gesichert sind und man für sich und die Familie einen guten Lebensstandard garantieren kann. Vor allem in den bildungsfernen Lebenswelten, insbesondere bei den Prekären, ist der Wunsch nach einer Familie mit der Hoffnung auf Sicherheit bzw. verlässliche Verhältnisse verbunden. Für viele ist das jedoch eher Wunschdenken. Sie blicken pessimistisch in die Zukunft, weil sie wissen, dass Bildung für die ersehnte finanzielle Unabhängigkeit und somit auch für ein abgesichertes Familienleben eine entscheidende Voraussetzung ist - und auf diesem Feld sind nicht wenige abgehängt oder laufen Gefahr, weiter abgehängt zu werden.

Zukunftsvorstellungen bei Jugendlichen heute: Große lebensweltliche Unterschiede - von prekärer Existenzangst bis hedonistischer Sorglosigkeit.

Die Zukunftsvorstellungen fallen in den anderen, „bildungsaffineren" Lebenswelten deutlich optimistischer aus - wenngleich sich auch jeweils gruppenspezifische „kleinere Sorgen" zeigen. Die Ängste der Konservativ-Bürgerlichen sind, anders als bei der Prekären Lebenswelt, weniger existentieller Natur, sondern beschäftigen sich damit, ob man den angestrebten geradlinigen Lebensweg auch wie geplant umsetzen kann. Am Ende vertraut man aber darauf, dass man seinen Weg gehen wird, solange man weiterhin pflichtbewusst und fleißig ist und realistisch vorausdenkt. Auch in der anderen bürgerlichen Lebenswelt, bei den Adaptiv-Pragmatischen, verfolgt man einen klaren Lebensplan. Im Gegensatz zu den Konservativ-Bürgerlichen werden die eigenen Ziele aber selbstbewusster gesteckt. Sozialer Aufstieg und damit einhergehende Statusgewinne sind fest eingeplant - und aufgrund der lebenswelttypischen Leistungsbereitschaft und Bildungsbestrebungen nicht unrealistisch.

Die Sozialökologischen haben durchaus konkrete Ideen und Vorstellungen für Ihre Zukunft, halten sich aber verschiedene Optionen offen. Sie blicken insgesamt gelassen und optimistisch in die Zukunft.

Am größten ist der Zukunftsoptimismus bei den Expeditiven. Für sie ist ein insgesamt recht entspannter Blick auf das künftige Leben charakteristisch. Man weiß um die eigenen Stärken. Die Sorgen der Expeditiven sind aus Sicht der benachteiligten Gruppen „Luxusprobleme" - so beschäftigt die Expeditiven z. B. nicht, ob sie einen gut bezahlten Job finden, sondern ob Beruf auch Berufung ist und man lange mit der Wahl glücklich bleibt, ohne in Routinen zu erstarren. Auch den Experimentalistischen Hedonisten graust es vor Alltagslangeweile. Deswegen vertagen sie das Nachdenken über die Zukunft gerne und versuchen, das Hier und Jetzt zu genießen und sich nicht mit Gedanken über den erwarteten Leistungsdruck in der Arbeitswelt den Tag zu vermiesen. Sicherheit und Berechenbarkeit des Lebenswegs spielen bei ihren Zukunftsprojektionen im Vergleich die geringste Rolle, das Bewahren jugendlicher Nonkonformität hingegen die größte.

Mobilität bei Jugendlichen heute: Trotz pragmatischer Verkehrsmittelwahl kaum Bedeutungsverlust des Autofahrens.

Auch mit Blick auf Mobilität ist das postmoderne Segment im Lebensweltenvergleich mutiger und eigenständiger unterwegs als die anderen Gruppen. Vielen ist es wichtig, die eigene „Komfortzone" möglichst früh zu verlassen und sich auf neuen (Lebens-)Wegen zurechtzufinden. Beispielsweise sind sie nicht nur am interessiertesten, auf Reisen fremde Kulturen zu entdecken, sondern sie sympathisieren auch am stärksten damit, beruflich viel unterwegs zu sein. Ein Berufsleben, bei dem man aber fast ausschließlich on the road ist, missfällt auch diesen Jugendlichen. Die Vereinbarkeit von Familie und Beruf ist letztlich allen Gruppen wichtig - am deutlichsten betonen dies die jungen Frauen aus den bürgerlichen Lebenswelten (Konservativ-Bürgerliche, Adaptiv-Pragmatische).

Um im Alltag von A nach B zu kommen, gehen die Jugendlichen sehr pragmatisch vor. Es gibt für sie nicht das eine „ideale" Verkehrsmittel, sondern man entscheidet zweck-, kosten- und situationsabhängig, was gerade am besten passt. In der Regel greift man auf das eigene Fahrrad, auf elterliche Chauffeurdienste oder auf Bus und Bahn zurück. Mit dem öffentlichen Personenverkehr zeigen sich die Jugendlichen im Großen und Ganzen zufrieden. Besonders positiv werden öffentliche Verkehrsmittel als Orte der Zusammenkunft mit Bekannten oder auch Fremden erwähnt und als Orte, an denen man mal Zeit für sich hat. Auch mit der Pünktlichkeit der Verkehrsmittel ist man nicht generell unzufrieden. Die Teenager sehen aber auch Verbesserungsmöglichkeiten für den öffentlichen Personenverkehr: freundlicheres Personal, bessere hygienische Bedingungen, mehr Platz, schöneres bzw. zeitgemäßes Design und WLAN. Die Jugendlichen auf dem Land wünschen sich zudem eine bessere Anbindung an die Stadt. Der Fernverkehr hat ein überwiegend gutes Image.

Fast alle Jugendlichen möchten zeitnah den Führerschein machen, da es für sie zum Erwachsenwerden einfach dazu gehört. Ein eigenes Auto ist hingegen eher ein Fern- denn ein Nahziel. Mit Automobilität verbindet man in allen Lebenswelten v. a. zeitliche Unabhängigkeit und Bequemlichkeit. Als Statussymbol gilt das Auto hingegen nur in wenigen Lebenswelten, am deutlichsten bei den Materialistischen Hedonisten und Prekären. Hier sprechen viele begeistert von Autos und den Möglichkeiten, die der Führerschein eröffnet. In den postmodern geprägten Lebenswelten finden sich hingegen Hinweise darauf, dass ein Erwachsenenleben auch ohne eigenen PKW vorstellbar wäre. Hierbei helfen z. B. Car-Sharing-Dienste, die unter Jugendlichen zwar insgesamt betrachtet noch eher ein Randthema sind, aber positiv bewertet werden, v. a. von den bildungsaffinen Lebenswelten.

Mit wenig Begeisterung stehen Jugendliche aller Lebenswelten hingegen einer Zukunft mit selbstfahrenden Autos gegenüber. Den wenigen positiven Aspekten dieser neuen Technologie (Fahrkomfort, Zeitsouveränität bzw. Produktivität, möglicherweise mehr Sicherheit) stellt man mit Nachdruck ein Bündel an Vorbehalten gegenüber: Entmündigung des Menschen, Anfälligkeit für Hacker-Angriffe und Spaßverlust.

Der Digitalisierung des Autofahrens stehen die Jugendlichen somit sehr skeptisch gegenüber. Doch wie sieht es in anderen Bereichen des Alltags mit der Einstellung gegenüber der immer weiter fortschreitenden Digitalisierung aus?

Digitale Medien bei Jugendlichen heute: Zwischen Selbstverständlichkeit und Selbstregulation.

Ein Leben ohne Internet und Smartphone können sich Jugendliche heute kaum noch vorstellen: „Online-Sein" gehört selbstverständlich zum Leben dazu. Entsprechend sind die Jugendlichen über alle Lebenswelten hinweg mit internetfähigen Geräten bestens ausgestattet. Man kann sogar von einem „Sättigungseffekt" sprechen, denn viele sagen, dass sie mit Blick auf ihr Medieninventar „wunschlos glücklich" sind. Jugendliche *gehen* zudem nicht mehr ins Internet, sondern *leben darin*. Digitale Teilhabe ist dabei immer mehr Voraussetzung für soziale Teilhabe in der Peergroup. Nutzt man Messenger-Dienste oder Social-Media-Angebote nicht, droht die soziale Ausgrenzung. Neben WhatsApp und Facebook haben vor allem Foto- und Videoplattformen wie Instagram, Snapchat und YouTube an Bedeutung hinzugewonnen. Viele reflektieren selbstkritisch, dass man „sogar ein bisschen vom Internet abhängig ist" - denn ohne Internet ist der Kontakt zu den Freunden abgeschnitten und die Angst, etwas zu verpassen, entsprechend groß.

Dennoch zeigen Jugendliche einen zunehmend selbstkritischen Umgang mit digitalen Medien. Dass soziale Events („offline") darunter leiden, dass alle nur noch am Smartphone hängen und nichts mehr von der Umwelt mitbekommen, beklagen nicht wenige. Genau zu wissen, wann man das Smartphone zur Seite legen sollte, gilt als kompetenter bzw. souveräner Ausdruck im Medienumgang - auch wenn die Umsetzung im Alltag fast allen schwerfällt. Diese Selbstregulationskompetenz im Umgang mit Medien ist insbesondere in den bürgerlichen und modernen Lebenswelten positiv besetzt. In diesem Zusammenhang haben sich auch neue „Benimmregeln" für die Kommunikation herausgebildet, deren Einhaltung als kompetenter Medienumgang unter Jugendlichen gilt. So sind beispielsweise schriftliche Nachrichten - zumindest als Vorankündigung - direkten Anrufen vorzuziehen, um nicht zu stören.

Viele Jugendliche sind der Ansicht, dass ihre private Internetnutzung in der Zukunft eher abnehmen wird, sobald sie ins Berufs- bzw. Familienleben einsteigen, was vor allem unterstreicht, dass das Internet aktuell überwiegend Freizeitwelt ist. Messenger-Dienste möchte man aber auch weiterhin intensiv nutzen, um mit Freunden und Familie in Kontakt zu bleiben. In allen Lebenswelten ist man sich zudem sicher, dass immer mehr Bereiche des Alltags von der Digitalisierung erfasst werden, wenngleich konkrete Visionen zur digitalen Zukunft den meisten schwerfallen. Viele haben das Gefühl, dass es kaum noch Steigerungspotenzial gibt und dass dies auch gar nicht wünschenswert ist. Es gibt deutliche Stimmen, die sich für eine Entschleunigung der technologischen Dynamik aussprechen. Nicht wenige beklagen sogar, dass Kinder heute immer weniger kindgerechte analoge Erfahrungen machen, und viele wünschen sich dies später für die eigenen Kinder anders.

Die Skepsis gegenüber fortschreitender Digitalisierung begründet sich teilweise aus einem eher diffusen Unbehagen gegenüber einer technologischen Entwicklung, deren Geschwindigkeit man kaum mehr überblickt. Die Möglichkeit, die digitale Zukunft auch aktiv mit gestalten zu können, sehen Jugendliche eher nicht. Gleichzeitig wollen sie die Möglichkeiten und Erleichterungen, die ihnen digitale Tools bieten, nicht mehr missen und sind sehr versiert in ihrer Anwendung. Dazu gehören neben technischem Know-how auch das Wissen darum, dass man im Internet mit seinen Daten bezahlt und selbst darauf achten muss, was man von sich preisgibt. Den Jugendlichen ist bewusst, dass sie durch ihre Internetnutzung Spuren hinterlassen. Hier sehen sie einerseits den Staat in der Verantwortung, mehr für den Schutz der Daten und der Privatsphäre der Bürger zu tun. Sie nehmen aber auch sich selbst in die Pflicht, kompetent mit den Standardanwendungen umzugehen und sich im Internet „vor dem Gröbsten" selbst schützen zu können. Die entsprechenden Kompetenzen hierfür lernen die Jugendlichen aus ihrer Sicht fast ausschließlich eigenständig „by doing". Potenziell würden sie sich aber auch wünschen, in der Schule nicht nur auf die Gefahren hingewiesen zu werden, sondern mehr konstruktive Hilfestellungen zu bekommen, v. a. in Bezug auf den

Schutz der eigenen Privatsphäre. Das große Bewusstsein für Negativfolgen der Digitalisierung - etwa die Überwachung und Nutzung privater Daten, die sich der eigenen Kontrolle entzieht - ist gepaart mit einer reflektierten aber selbstverständlichen Nutzung. Allen Jugendlichen ist bewusst, dass digitale Medienkompetenz heute wie künftig zentrale Voraussetzung für gesellschaftliche Teilhabe ist. Man muss aus ihrer Sicht mit den verschiedenen Geräten und dem Internet umgehen können, um im Leben zu bestehen. Dass ihnen ein solch selbstbestimmter und reflektierter Umgang gelingt, betonen tendenziell die Jugendlichen in bildungsnahen und postmodernen Lebenswelten stärker.

Die meisten Eltern greifen nach Auskunft der Jugendlichen kaum in das Internetverhalten ihrer Kinder ein - nicht zuletzt, weil es mittlerweile auch für sie Normalität geworden ist, immer online zu sein. Da finanzielle Einschränkungen der Internetnutzung über die Jahre weggefallen sind, gibt es lediglich Regeln, dass die Jugendlichen nicht zu lange aufbleiben und keine illegalen oder gefährlichen Inhalte herunterladen, oder dass sie darauf achten sollen, was sie im Internet wem preisgeben. Insgesamt hat sich das Verhältnis zu den Eltern in punkto Mediennutzung deutlich entspannt und ist bei der Mehrheit von gegenseitigem Vertrauen gekennzeichnet. In bildungsfernen Lebenswelten gibt es am ehesten Auseinandersetzungen über Dauer und Art der Mediennutzung.

Digitales Lernen bei Jugendlichen heute: Die Schulen hinken aus Sicht der Jugendlichen der technologischen Entwicklung hinterher.

In der Freizeit haben digitale Medien in allen Lebenswelten einen festen Platz, anders sieht dies jedoch in der Schule aus. Digitale Medien werden zumeist anlassbezogen für bestimmte Aktivitäten eingesetzt, häufig sind sie dabei an ein bestimmtes Spezialfach (z. B. Wahlpflichtkurs Informatik) oder ein Projekt gekoppelt und somit nicht selbstverständlich in den Unterricht integriert.

Insgesamt sehen Jugendliche die Schule aber als relevanten Akteur in der Vermittlung von Medienkompetenz. Insbesondere möchten sie lernen, wie sie sich sicher und trotzdem frei im Netz bewegen können, und worauf genau sie dabei achten müssen. Jugendliche möchten digitale Medien nicht nur nutzen, sondern auch verstehen. Dies zu vermitteln sehen sie als Auftrag der Schule. Die bildungsfernen Jugendlichen begrüßen am deutlichsten eine stärkere Einbindung digitaler Medien in den Unterrichtsalltag, nicht zuletzt weil man sich davon mehr Spaß verspricht. Auch die hedonistischen Lebenswelten betonen, dass digitale Medien den Unterrichtsalltag unterhaltsamer machen.

Am zurückhaltendsten zeigen sich diesbezüglich die bildungsnahen Lebenswelten. Hier wird bezweifelt, dass eine Digitalisierung des Schulalltags tatsächlich mehr Lernerfolg mit sich bringt. Sie warnen auch davor, dass bestimmte „analoge" Fähigkeiten (wie z. B. das Recherchieren in Büchern) dadurch verloren gehen könnten. Zudem sind sie den versierten Umgang mit digitalen Medien von Haus aus gewöhnt; die Geräte allein haben daher für sie keinen Neuigkeitswert. Generell zeigt sich, dass Jugendliche, die von Haus aus medial besser ausgestattet sind und von den Eltern ein breiteres Kompetenzspektrum vermittelt bekommen, ihre digitalen Ressourcen auch gewinnbringender einsetzen können als andere Jugendliche. Sie sind im Unterricht im Vorteil, weil die Ausstattung mit digitalen Medien und entsprechende Kompetenzen von den Lehrern häufig vorausgesetzt werden.

Bei aller Relevanz, die man Schule bei der Vermittlung von Medienkompetenz zuschreibt, wird teilweise die technische Ausstattung an den Schulen als veraltet kritisiert - bzw. im Vergleich mit dem privaten Medieninventar sogar belächelt. Auch bezweifelt man, dass die Lehrer im Umgang mit digitalen Medien kompetent genug sind, um die Potenziale digitalen Lernens voll auszuschöpfen.

Das Thema Flucht und Asyl bei Jugendlichen heute: Überwiegend Unterstützung der Willkommenskultur.

Das Thema Flucht und Asyl interessiert und beschäftigt die Jugendlichen. Über alle Lebenswelten hinweg befürwortet man die Aufnahme von Menschen auf der Flucht, wenn auch in der Regel mit Hinweis auf

Kapazitätsgrenzen. Den meisten Jugendlichen ist bewusst, dass diese Menschen vor Krieg fliehen, und sie zeigen daher Empathie und Verständnis für deren Situation. Es gibt aber auch eine kleine Minderheit, die recht rigoros und offen Ressentiments gegenüber den Neuzuwanderern äußert. Vor allem bei Jugendlichen aus der gesellschaftlichen Mitte (Adaptiv-Pragmatische) sowie in bildungsfernen Lebenswelten (Materialistische Hedonisten, Prekäre) kann die Angst vor Überfremdung und vor Veränderungen der Lebensbedingungen in Deutschland, die sich gemeinhin aus den gängigen Klischees und Vorurteilen speist, in Fremdenfeindlichkeit umschlagen. Dem stehen insbesondere die postmodernen Lebenswelten entgegen, die am deutlichsten mehr Toleranz und Engagement für Geflüchtete fordern. Typisch für diese Gruppen ist auch, dass sie die Zuwanderung nicht als Gefahr, sondern als kulturelle Bereicherung für das Land wahrnehmen. Allerdings zeigt sich über alle Lebenswelten hinweg, dass die Jugendlichen wenig bis gar keinen persönlichen Kontakt zu Flüchtlingen haben.

Eine gelingende Integration setzt aus Sicht der Jugendlichen einerseits voraus, dass die Zugewanderten schnell die deutsche Sprache lernen. Andererseits habe der Staat die entsprechenden Rahmenbedingungen hierfür zu schaffen und für Unterkunft, Nahrung und Arbeits- bzw. Ausbildungsmöglichkeiten zu sorgen. Alles in allem stellt die junge Generation dem deutschen Staat jedoch ein positives Zeugnis im Umgang mit den Flüchtlingen aus, während von anderen Ländern, vor allem den EU-Mitgliedsstaaten, mehr Engagement gefordert wird.

Umwelt-, Klimaschutz und kritischer Konsum bei Jugendlichen heute: Fehlender Glaube an die Wirksamkeit des eigenen Handelns.

Für Jugendliche in Deutschland ist Umweltschutz eine der zentralen Herausforderungen für die Zukunft. Das Thema ist vielen Jugendlichen aus der Schule und den Medien geläufig, aber über die genauen Zusammenhänge informiert sind vor allem die bildungsnahen Lebenswelten. Die meisten Befragten sind der Ansicht, dass man allein sehr wenig bewirken kann, nicht zuletzt deshalb fällt es ihnen schwer, Umweltschutz im Alltag konsequent zu leben. Am ehesten bedauert wird diese Inkonsequenz von Sozialökologischen und Experimentalistischen Hedonisten. Um sich aktiv für den Umweltschutz zu engagieren, fehlt vielen Jugendlichen laut eigenen Angaben auch die Zeit. Außerdem sind viele unsicher, ob man die Zerstörung der Erde überhaupt noch aufhalten kann.

Während Umweltschutz einhellig als wichtig bezeichnet wird, sind die Meinungen zum Klimawandel gespalten. Die widersprüchlichen Informationen dazu sind aus Sicht der Jugendlichen schwer zu durchschauen, was dazu führt, dass sie sich oft kein abschließendes Urteil gebildet haben. Teilweise wird sogar in Frage gestellt, ob der Klimawandel überhaupt stattfindet. Vor allem bildungsfernen Jugendlichen ist nicht viel zu dem Thema bekannt, weshalb sie die Informationen nicht klar einordnen können. Da der Klimawandel im Alltag schwer fassbar ist und seine negativen Folgen aus Sicht der Jugendlichen momentan offenbar nur am anderen Ende der Welt stattfinden, wird kein direkter Handlungsdruck wahrgenommen. Noch weniger als beim Umweltschutz verfolgen die Jugendlichen konkrete Maßnahmen gegen den Klimawandel und sind auch kaum bereit, sich für dieses Thema zu engagieren. Sie hoffen darauf, dass vor allem neue technologische Entwicklungen den Klimawandel bewältigen.

Die Jugendlichen wurden auch zu „kritischem Konsum" befragt. Der Begriff ist den wenigsten bekannt, lediglich in den postmodernen Lebenswelten kann man sich teilweise etwas darunter vorstellen. Erläutert man den Jugendlichen das Konzept, können sie aber aktuelle Debatten, wie z. B. um die Produktionsbedingungen von Mode oder die Massentierhaltung, damit verbinden. Aber auch bei diesem Thema fehlt ihnen das Wissen, wie sie an vertrauenswürdige Informationen kommen können. Weil man den gängigen Öko-Siegeln und Fair-Trade-Zertifikaten nicht durchweg vertraut und weil aus Sicht der Jugendlichen der Einzelne ohnehin kaum Veränderung bewirken kann, sehen die Jugendlichen nur wenig Handlungspotential für sich. Am ehesten sind sie bereit, ihr Verhalten beim Lebensmitteleinkauf zu verändern, weniger beim Kauf von Kleidung und Mode. Dies liegt zum einen an ihren geringen finanziellen Ressourcen, zum anderen an ästhetischen Präferenzen und der eingeschränkten Verfügbarkeit fair produzierter Mode.

Während Materialistische Hedonisten und Adaptiv-Pragmatische aufgrund ihrer finanziellen Lage keine Alternative zu ihrem üblichen Kaufverhalten sehen, sind Jugendliche im postmodernen und sozial-ökologischen Segment noch eher bereit, beim Kleiderkauf auf die Produktionsbedingungen zu achten. Konsumverzicht aus ethischen Gründen ist für die meisten Jugendlichen weder als Möglichkeit präsent, noch im Alltag konkret vorstellbar.

Geschichtsbilder bei Jugendlichen heute: Interesse und Wissen sind begrenzt – die deutsche Vergangenheit ist negativ konnotiert.

„Geschichte" wird lebensweltübergreifend meist mit negativ besetzten historischen Ereignissen (der deutschen Vergangenheit) verbunden, vor allem mit dem Zweiten Weltkrieg. Dieses Thema finden sehr viele Jugendliche interessant, aber nur in den bildungsnahen Lebenswelten setzt man sich detaillierter damit auseinander. Junge Menschen aus bildungsfernen Lebenswelten sind wenig über geschichtliche Themen informiert und sehen historisches Wissen meist nicht als besonders wichtig an. Lediglich Sozialökologische und Expeditive schreiben der Geschichte einen Stellenwert zu, um aktuelle Ereignisse besser verstehen zu können. Alle Jugendlichen sind sich aber einig, dass man aus den negativen Ereignissen der Vergangenheit lernen sollte, damit sie sich nicht wiederholen.

Ein großer Teil der Jugendlichen wünscht sich einen lebendigeren Geschichtsunterricht, der sich vor allem auch auf aktuelle Ereignisse beziehen sollte. Das Interesse an historischen Themen kann geweckt werden, wenn man die Handlungen und Gefühle der beteiligten Menschen in der jeweiligen Zeit nachvollziehen kann. Deshalb haben Berichte von Zeitzeugen eine hohe Authentizität und machen Geschichte spannend und erlebbar. Die meisten Jugendlichen besuchen historische Stätten im Rahmen von Schulausflügen, nur Jugendliche bildungsnaher Lebenswelten berichten von entsprechenden Ausflügen im familiären Umfeld. Bildungsferne Jugendliche können Gedenkstätten und ihren Stellenwert meist nicht richtig einordnen.

Für die Jugendlichen gibt es außer den verschiedenen Dialekten keine substantiellen Unterschiede zwischen jungen Menschen in Ost- und Westdeutschland. Sie sind sich aber bewusst, dass Eltern und Großeltern teilweise noch an Unterschieden zwischen Ost- und Westdeutschen festhalten. Sie selbst übernehmen diese Vorstellungen aber nicht. Lediglich einige ostdeutsche Jugendliche bemängeln, dass der Osten gegenüber dem Westen immer noch benachteiligt ist bzw. ein schlechteres Image hat.

Nation und Nationalität bei Jugendlichen heute: Zunehmende Akzeptanz der Vielfalt - trotz nach wie vor bestehender Vorurteile.

Die meisten Jugendlichen bewerten die Begriffe „Nation" bzw. „Nationalität" gefühlsmäßig neutral. Für sie gibt die Nationalität lediglich an, „woher jemand kommt". Vor allem die jüngsten Befragten machen sich darüber noch kaum Gedanken. Staatsbürgerschaft ist nur für die allerwenigsten ein lebendiges Merkmal von Identität. Entsprechend hat man auch zu Nationalsymbolen (wie beispielweise Flagge, Hymne, Bundesadler) keinen starken emotionalen Bezug. Das gilt für die jungen autochthonen Deutschen mehr noch als für die Jugendlichen mit Migrationshintergrund und für die postmodernen Lebenswelten stärker als für die anderen.

Eine aufgrund der deutschen Geschichte kritische Deutung der Begriffe Nation und Nationalität ist insbesondere für Expeditive und Experimentalistische Hedonisten typisch. Patriotismus und besonders Nationalstolz sind vielen aus diesen Gruppen schlichtweg suspekt. Befragte aus diesen Lebenswelten sowie aus dem Segment der Sozialökologischen sprechen sich am deutlichsten für eine pluralistische Gesellschaft aus, in der Nationalität keine Rolle spielen sollte. Das positive Bild einer ethnisch und kulturell vielfältigen Gesellschaft ist aber bei vielen Jugendlichen - insbesondere in den benachteiligten Lebenswelten - nicht fest als soziale Norm verankert.

Auf die Frage, was für eine bestimmte Nationalität charakteristisch ist, antworten Jugendliche meist mit tradierten Stereotypen - die aber nicht immer als Klischees oder Vorurteile erkannt werden.

Unabhängig von solchen Klischeevorstellungen betonen die allermeisten Jugendlichen (quer durch die Lebenswelten) gleichzeitig aber auch, dass alle Menschen gleiche Rechte haben und letztlich der Charakter und das Verhalten einen Menschen ausmachen. Daneben gibt es aber auch einige manifeste Vorbehalte gegenüber anderen Nationen. Die in den Interviews am häufigsten stigmatisierten Gruppen sind Menschen mit einem türkischen oder arabischen Migrationshintergrund. Vor allem diesen gegenüber halten sich bei einigen Jugendlichen hartnäckig landläufige Negativklischees (am ehesten in Teilen der Adaptiv-Pragmatischen Lebenswelt und im bildungsbenachteiligten Segment). Stark islamfeindliche Einstellungen sind für keine Lebenswelt per se typisch, sie finden sich noch am ehesten bei einigen Adaptiv-Pragmatischen.

Glaube und Religion bei Jugendlichen heute: spirituelle Bedürfnisse, religiöse Toleranz und De-Institutionalisierung.

Bei der Frage, ob Religion bzw. der Glaube an Gott den Jugendlichen wichtig ist, zeigen sich Unterschiede zwischen christlichen und muslimischen Befragten. Für muslimische Jugendliche, v. a. aus den formal niedriger gebildeten Lebenswelten, ist eine positive Identifikation mit ihrer Religion typischer als für christliche. Für sie ist Religion Teil ihrer Persönlichkeit. Sie bietet häufiger das Regelwerk für das Alltagshandeln und fungiert als moralische Leitplanke. Muslimische Jugendliche berichten daher auch häufiger von religiösen Routinen im Alltag. Sie leben ihren Glauben nicht nur offener aus, sondern sind dabei auch stärker in einen institutionellen Rahmen eingebunden. Christliche Jugendliche sehen ihren Glauben hingegen oft nicht im Zusammenhang mit der Institution Kirche. Spiritualität und Glaube bedarf für viele keiner Mitgliedschaft in einer Religionsgemeinschaft. Ihre Lebenssituation ist kaum von religiösen Aktivitäten außerhalb der „klassischen" Feiertage sowie Firmung bzw. Konfirmation und gelegentlichem Beten geprägt. Besonders Adaptiv-Pragmatische, Expeditive und Experimentalistische Hedonisten verbinden ihren Glauben nicht zwingend mit einer Religionszugehörigkeit und religiösen Aktivitäten. Noch am ehesten sind Jugendliche aus der traditionellen Lebenswelt familiär und auch institutionell mit ihrem Glauben verbunden.

Auch wenn sich die Jugendlichen (v. a. die christlichen) bei der Identifikation mit einer Konfession zurückhalten, sind Glaube und Sinn Themen, mit denen sich junge Menschen in Deutschland durchaus beschäftigen. Für Jugendliche ohne Mitgliedschaft in einer Glaubensgemeinschaft sind Religionen und Glaube ebenso spannende Themen. Sinnsuche im Allgemeinen und Glaube im Besonderen werden dabei jedoch meist als etwas sehr Privates beschrieben. Der eigene Glaube und v. a. die eigene Religion sind nicht Themen, über die man im Alltag viel mit seinen Freunden und schon gar nicht „in großer Runde", spricht. Man bekommt davon vor allem in der Schule etwas mit. Am ehesten sind Glaube und Religion bei den postmateriell geprägten und den postmodernen Lebenswelten (Sozialökologische, Expeditive, Experimentalistische Hedonisten) ein Gesprächsthema im Freundeskreis. Viele christliche Jugendliche sind beim Thema Glauben weniger selbstbewusst und selbstsicher als die meisten muslimischen Jugendlichen. Meist beschreibt man den eigenen Glauben vage als Glaube an eine „ferne Macht" oder „ein höheres Wesen". Als tief religiös im engeren Sinne kann nur eine Minderheit der christlichen Jugendlichen bezeichnet werden (vor allem findet man sie unter Konservativ-Bürgerlichen und Sozialökologischen). Auch wenn Jugendliche sich nur schwach mit einer Glaubensrichtung identifizieren, beschäftigen sie sich meist nicht näher mit dem Austritt aus ihrer Religionsgemeinschaft.

Vor dem Hintergrund aktueller Geschehnisse werden religiöse Konflikte hauptsächlich mit dem Islam assoziiert. Wie alle anderen Jugendlichen lehnen auch junge Muslime und Muslimas die religiöse Begründung von Gewalt ab und widersprechen der Koranauslegung radikaler und gewalttätiger Gruppen aufs Schärfste. Für viele junge Menschen ist die Religion kein Merkmal, nach dem man Menschen be- bzw. verurteilt. Deshalb sind die Freundeskreise auch meist religiös heterogen. Noch am ehesten berichten muslimische Jugendliche, dass ihre engsten Freunde auch Muslime sind. Gegenseitige Toleranz ist aber für die christlichen wie muslimischen Jugendlichen aller Lebenswelten eine wichtige Maxime, sowohl im Hinblick auf die Religionsausübung als auch bei der persönlichen Lebensführung.

Jugend und Wertewandel: Veränderungen seit 2012.

Was hat sich bei den Jugendlichen seit dem Zeitpunkt der Vorgängerstudie 2012 verändert? Diese Studie schließt mit drei Beobachtungen dazu.

1. **Neo-Konventionalismus:** Es gibt immer weniger typisch jugendliche Abgrenzungsbemühungen gegenüber der Erwachsenenwelt. Es geht heute den wenigsten Jugendlichen darum, der Mainstream-Kultur der Erwachsenen eine eigene „Subkultur" entgegen zu setzen. Der Wertekanon der Jugend ist nahezu derselbe wie bei den Erwachsenen und reflektiert die Vielfalt der Orientierungen und Lebensstile einer pluralisierten Gesellschaft. Die ehedem stärkere Betonung hedonistischer und Selbstentfaltungs-Werte in den jugendlichen Lebenswelten ist mehr und mehr Vergangenheit. Folgerichtig hat auch die Bedeutung der noch in den 1990er und vor allem 1980er Jahren identitätsstiftenden Jugendkulturen bzw. Jugendszenen weiter abgenommen. Im Vergleich zur Studie 2012 ist dabei wirklich neu, dass der Begriff „Mainstream" heute kein Schimpfwort mehr ist. Im Gegenteil – er ist ein Schlüsselbegriff im Selbstverständnis und bei der Selbstbeschreibung. Diese positive Bezugnahme auf den Begriff kann als neue Sehnsucht nach Normalität interpretiert werden. Jugendliche wollen heute mehr noch als vor wenigen Jahren so sein „wie alle". Dem entspricht auch eine generelle Anpassungsbereitschaft der Jugendlichen und ihre selbstverständliche Akzeptanz von Leistungsnormen und Sekundärtugenden. Dazu passt, dass insbesondere soziale Werte (Nächstenliebe, Hilfsbereitschaft, Anpassungsbereitschaft, stabile Beziehungen) den heutigen Jugendlichen wichtig sind. Das deutet auf eine gewachsene Sehnsucht nach Aufgehoben- und Akzeptiertsein in einer Gemeinschaft, nach Geborgenheit und auch nach Halt und Orientierung in den zunehmend unübersichtlichen Verhältnissen einer globalisierten Welt hin. Dieser Neo-Konventionalismus kennzeichnet die Mehrheit der Jugendlichen, mit oder ohne Migrationshintergrund. Nur die postmodern geprägten

Lebenswelten folgen hier nicht dem jugendlichen Mainstream. Experimentalistische Hedonisten und mehr noch die Expeditiven sind weiterhin sehr stark vom Individualismus-Trend beeinflusst, legen Wert auf exzessive Selbstinszenierung und Herausstechen aus der („grauen") Masse.

2 **Religiöse Toleranz:** Die Akzeptanz von Diversität in der Gesellschaft ist in der Jugend weiter angestiegen, ebenso hat sich die Norm der religiösen Toleranz gefestigt, insbesondere bei den Jugendlichen mit Migrationshintergrund. Die große Mehrheit der von uns befragten migrantischen Jugendlichen will Teil der Mainstream-Gesellschaft in Deutschland sein, dazu gehören und akzeptiert sein. Speziell bei den jungen Muslimen zeigt sich eine demonstrative Distanzierung vom radikalen Islamismus, mit der man seine Normalität rechtfertigen will. In Zeiten zunehmender terroristischer Bedrohung rückt auch die Jugend offensichtlich näher zusammen, inklusive ihres migrantischen Teils. Die Identifikation mit „abendländischen" Werten wie Toleranz und Aufklärung steigt, weil sie das „gute Leben", Freiheit und Wohlstand garantieren. Erwähnt werden muss an dieser Stelle, dass natürlich nur Jugendliche interviewt wurden, die auch an vorliegender Studie teilnehmen wollten.

3 **Digitale Sättigung:** Die heute 14- bis 17-Jährigen sind in einer digitalen Welt groß geworden: Durchgehend online zu sein ist der Normalzustand, entsprechend selbstverständlich und unaufgeregt ist ihr Umgang mit digitalen Medien. Die bislang als jugendtypisch eingeordnete, bedingungslose Faszination ist der nüchternen Feststellung gewichen, dass heute „nun mal fast alles digital läuft". Aus Perspektive der Jugendlichen ist der Höhepunkt der digitalen Durchdringung des eigenen Alltags bereits erreicht - mehr geht nicht. Vielmehr werden Wünsche nach Entschleunigung der technologischen Dynamik geäußert. Die digitale Zukunft wird nicht mehr als verlockendes Versprechen, sondern als anspruchsvolle Aufgabe verstanden, die nicht nur Chancen, sondern auch Herausforderungen mit sich bringt (z. B. Umgang mit der Privatsphäre bei gleichzeitigem Teilhabewunsch an sozialen Netzwerken). Jugendliche, insbesondere aus bildungsnahen Lebenswelten, sind überzeugt, dass der „richtige" Umgang mit

digitalen Medien Kompetenzen erfordert und dass man diese lernen muss – dazu gehört nicht nur die Nutzung von Geräten, sondern auch die Souveränität, sie ausschalten zu können.

13 Projektpartner/innen

Dieses Kapitel wurde bei Erstveröffentlichung ohne die korrekte Creative Commons Lizenz veröffentlicht. Die korrekte Lizenz finden Sie am Ende des Kapitels. Ein Erratum zu diesem Kapitel ist verfügbar unter DOI 10.1007/978-3-658-12533-2_14

M. Calmbach et al., *Wie ticken Jugendliche 2016?*,
DOI 10.1007/978-3-658-12533-2_13

afj

Arbeitsstelle für Jugendseelsorge
der Deutschen Bischofskonferenz

Die Arbeitsstelle für Jugendseelsorge der Deutschen Bischofskonferenz (afj) ist als Fachstelle für Jugendfragen in die Arbeit der Jugendkommission und des Sekretariats der Deutschen Bischofskonferenz eingebunden.

Sie gliedert sich in vier Fachreferate:

- Jugendpastorale Bildung
- Glaubensbildung
- Ministrantenpastoral und liturgische/kulturelle Bildung
- Politische Bildung.

Als afj sind wir gemeinsam mit dem Bund der Deutschen Katholischen Jugend (BDKJ) Träger des Jugendhauses Düsseldorf e. V., der Bundeszentrale für katholische Jugendarbeit.

Wir fördern, koordinieren und entwickeln die Jugendpastoral im nationalen und internationalen Bereich durch:

- die Beobachtung und Begleitung aktueller Prozesse in der Jugendpastoral
- die Förderung des Austausches zwischen den verschiedenen Trägern kirchlicher Jugendarbeit und die Vermittlung von Anregungen für die Praxis

- die Durchführung der Jahreskonferenz Jugendseelsorge zur Anregung des überdiözesanen Austauschs und der kollegialen Beratung von Akteuren der Jugendpastoral
- die Zusammenarbeit mit und die Zuarbeit für die Jugendkommission der Deutschen Bischofskonferenz
- die Durchführung von Fachtagungen und Fortbildungen, Publikationen in Zeitschriften und Büchern sowie die Konzipierung von Vorträgen und Forschungsprojekten
- die Koordination der nationalen Plattform des „Katholischen Netzwerkes Jugend in Europa" - Rete Juventutis, dessen Gründungsmitglied wir sind
- die Unterstützung und Förderung der Begegnung katholischer Jugend auf internationaler Ebene
- die nationale Koordination der Weltjugendtage.

Unsere Arbeit bringen wir auf die Kurzformel:

Vernetzen - Unterstützen - Vordenken

Vernetzen - Wir pflegen den institutionellen und persönlichen Austausch mit allen wichtigen Akteuren und Verantwortlichen der Jugendpastoral in Deutschland sowie auf europäischer Ebene. Wir bringen Anliegen zusammen und vermitteln qualifizierte Kontakte.

Unterstützen - Den haupt- und ehrenamtlichen Akteuren der Jugendpastoral stellen wir aktuelle Ergebnisse aus Forschung und Praxis zur Verfügung. Mit Materialien und Arbeitshilfen bieten wir unterschiedlichen Zielgruppen konkrete Unterstützung für ihre Arbeit.

Vordenken - Mit unserem Überblick über Praxis und Wissenschaft entwickeln wir aktuelle Konzepte, bringen neueste Ergebnisse in die Diskussion ein und verschaffen wichtigen Anliegen Gehör. So geben wir Impulse für die Reflexion und Entwicklung der Jugendpastoral in Deutschland.

www.afj.de

BDKJ Bund der Deutschen Katholischen Jugend

Der Bund der Deutschen Katholischen Jugend (BDKJ) ist der Dachverband von 17 katholischen Jugendverbänden und -organisationen. Seine wichtigste Aufgabe besteht in der Interessenvertretung seiner Mitglieder in Politik, Kirche und Gesellschaft.

Der BDKJ vertritt rund 660.000 Kinder, Jugendliche und junge Erwachsene im Alter zwischen 7 und 28 Jahren. Der BDKJ ist organisiert in Kommunen, Kreisen, Bundesländern und im Bundesgebiet sowie in kirchlichen Territorien wie Dekanaten, Regionen und in 26 deutschen Bistümern. Er hat seine Wurzeln in der Jugendbewegung, die ab dem Ende des 19. Jahrhunderts zur Gründung zahlreicher, auch katholischer Jugendverbände führte. Nach dem Verbot der konfessionellen Jugendverbandsarbeit in der nationalsozialistischen Diktatur gab sich die katholische Jugend mit der Gründung des BDKJ 1947 eine neue Ordnung.

Der BDKJ will Mädchen und Jungen zu kritischem Urteil und eigenständigem Handeln aus christlicher Verantwortung befähigen und anregen. Er wirkt bei der Entwicklung von Kirche, Gesellschaft, Staat und internationalen Beziehungen mit, um unsere Gesellschaft und Kirche zukunftsfähig und die Weltgemeinschaft gerechter und solidarischer zu gestalten. Dieses Engagement wird getragen von Kindern, Jugendlichen und jungen Erwachsenen, die sich auf den verschiedenen Ebenen des BDKJ freiwillig und ehrenamtlich engagieren. Demokratische Organisation, Ermutigung zu Selbstorganisation und Partizipation und ein konsequenter Lebensweltbezug sind wichtige Säulen der katholischen Jugendverbandsarbeit.

Fairer Handel, Klimagerechtigkeit und kritischer Konsum, jugendgerechte Politik, Mädchen- und Frauenpolitik, Jugendsozialarbeit, Freiwilligendienste und aktuelle Herausforderungen wie etwa der Einsatz für Geflüchtete sind die Themenfelder, die die Arbeit des BDKJ maßgeblich prägen und mit denen er sich für Frieden, Gerechtigkeit und Bewahrung der Schöpfung einsetzt. Das Engagement des BDKJ ist nicht denkbar ohne seine eindeutige Verortung als katholische Organisation, es wird vom christlichen Glauben getragen und motiviert. Der BDKJ ist eine gesellschaftliche Kraft in der Kirche wie auch eine kirchliche Kraft in der Gesellschaft. Er versteht sich als „katholisch - politisch - aktiv" und bietet als Dachverband Unterstützung für die in ihm organisierten Kinder, Jugendlichen und jungen Erwachsenen, die sich auf vielfältige Weise und in unterschiedlichsten Zusammenhängen engagieren, Gemeinschaft erleben und ihren Glauben feiern.

www.bdkj.de

Bundeszentrale für politische Bildung

Demokratie stärken - Zivilgesellschaft fördern

Im Zentrum der Arbeit der Bundeszentrale für politische Bildung/bpb steht die Förderung des Bewusstseins für Demokratie und politische Partizipation. Aktuelle und historische Themen greift sie mit Veranstaltungen, Printprodukten, audiovisuellen Produkten und durch Online-Angebote auf. Veranstaltungsformate der bpb sind Tagungen, Kongresse, Festivals, Messen, Ausstellungen, Studienreisen, Wettbewerbe, Kinoseminare und Kulturveranstaltungen sowie Events und Journalistenweiterbildungen. Das breit gefächerte Bildungsangebot der bpb soll Bürgerinnen und Bürger motivieren und befähigen, sich kritisch mit politischen und gesellschaftlichen Fragen auseinander zu setzen und aktiv am politischen Leben teilzunehmen.

Seit 1952 engagiert sich die bpb für die Stärkung der Demokratie und der Zivilgesellschaft - zunächst in der alten Bundesrepublik und seit 1989 in ganz Deutschland. Die unterschiedlichen Bildungsangebote vermitteln Einblicke in die historischen und gesellschaftlichen Zusammenhänge politischer, kultureller, sozialer sowie wirtschaftlicher Prozesse. Ihre Aufgabe erfüllt die bpb in eigener gesellschaftspolitischer, pädagogischer und publizistischer Verantwortung. Sie ist überparteilich und wissenschaftlich ausgewogen. Als eine Institution der staatlich verfassten politischen Bildung unterstützt sie bundesweit Einrichtungen, Nicht-Regierungsorganisationen, Stiftungen und Vereine, die politische Bildung anbieten.

Die bpb hält besondere Angebote für Lehrerinnen, Lehrer und Personen in der Bildungs- und Jugendarbeit bereit. Jugendliche und junge Erwachsene spricht sie mit altersgemäßen Themen und Medien direkt an. Sie erarbeitet spezielle Medienpakete und Fortbildungen für junge Erwachsene in Sportvereinen, bei Bundeswehr oder Polizei. Die bpb macht sich moderne Kommunikationsmethoden zu eigen und verfolgt einen crossmedialen Ansatz. Sie stellt sich den Anforderungen nach schneller und fundierter Information: Mit ihren Bildungsangeboten und speziellen Online-Produkten greift sie aktuelle gesellschaftliche sowie politische Ereignisse und Debatten auf.

deutsche kinder- und jugendstiftung

Die Deutsche Kinder- und Jugendstiftung (DKJS) setzt sich dafür ein, allen jungen Menschen gesellschaftliche Teilhabe und Bildungserfolg zu ermöglichen. Besonders Kinder und Jugendliche, die in Risikolagen aufwachsen, stehen dabei im Fokus. Die DKJS vernetzt Akteure aus Staat, Wirtschaft, Wissenschaft, Praxis und Zivilgesellschaft und entwickelt mit ihnen praktische Antworten auf aktuelle Herausforderungen im Bildungssystem. In ihrer Arbeit lenkt sie den Blick auf die Stärken, nicht auf die Defizite von Kindern und Jugendlichen.

In diesen Handlungsfeldern ist die DKJS mit ihrer Expertise aktiv:

- Frühe Bildung
- Schulerfolg & Ganztagsschule
- Bildungslandschaften
- Jugend & Zukunft

Die Themen Leben und Lernen im digitalen Alltag und junge Geflüchtete spielen aktuell eine besonders wichtige Rolle.

Als operative Stiftung konnte die DKJS seit 1994 mehr als 500 Programme und Projekte für Kinder und Jugendliche sowie ihre erwachsenen Begleiter realisieren. Dabei setzt sie als unabhängige, überkonfessionelle und parteipolitisch neutrale Initiative auf wirkungsvolle Kooperationen mit Partnern der öffentlichen Hand und Zivilgesellschaft.

Im Rahmen der SINUS-Studie interessiert die DKJS, welches Bild Jugendliche von der Digitalisierung und deren Auswirkungen auf ihren Alltag und ihre Zukunft haben; wie bewusst und kompetent sie mit digitalen Medien umgehen; welche Unterschiede je nach Lebenswelt es gibt und was sie sich von den Erwachsenen, insbesondere in der Schule, als Unterstützung wünschen.

Noch wenig untersucht ist die Frage, wie digitale Medien direkt das Lernen und Denken von Kindern und Jugendlichen prägen. Dominiert die reine Nutzung von Software in einer eher passiven Rolle? Mehr Lernpotential und Lebensweltorientierung entsteht, wenn Kinder selbst aktiv werden und erleben, wie sie Technik auch lenken und kontrollieren können. Hier macht die DKJS bereits sehr gute Erfahrungen im Camp-Format KIDScraft und wünscht sich, praxisrelevante Forschung, um in ihrer Programmarbeit darauf aufbauen zu können.

Mehr Informationen: www.dkjs.de

VDV Akademie

Die VDV-Akademie - Bildung in Bewegung

Seit 2001 ist die VDV-Akademie in der beruflichen Weiterbildung unterwegs. Mit Lehrgängen, Tagungen und Kongressen erreicht sie die Menschen in den Verkehrsunternehmen, die mit ihren Dienstleistungen für Mobilität in Deutschland sorgen. Als Bildungstochter des Verbandes Deutscher Verkehrsunternehmen (VDV) hat sie sich mit jährlich über 2.000 Teilnehmern zu einem der wichtigsten Qualifizierungs- und Tagungsanbieter für die Bus- und Bahnbranchen entwickelt.

Die VDV-Akademie bereitet ihre Bildungsteilnehmer auf Abschlüsse und Prüfungen für staatlich anerkannte und branchenbezogene Berufsbilder vor.

Wie und wo werden wir in Zukunft lernen? - Im Kontext von Digitalisierung, Vernetzung und Nachhaltigkeit treibt diese Frage auch die Akademie als Bildungsanbieter um. Strategisch geht es um die Weiterentwicklung des „Blended-Learning-Modells", also einer guten Mischung aus Präsenzlernen und Online-Lernen. Operativ sieht sich die VDV-Akademie vor die Herausforderung gestellt, mit ihrem digitalen Ansatz den Teilnehmenden an Qualifizierungsmaßnahmen die Möglichkeit zu bieten, zeitlich und örtlich unabhängig, anhand von digitalen Lehrunterlagen,, speziell aufbereiteten Trainingseinheiten, Videoclips, Webinaren und präsenzvorbereitenden Aufgabenstellungen zu lernen. Ziel ist es, die „Lerntemperaturen" in den Qualifizierungsmaßnahmen und damit die Lernerfolge der Teilnehmer zu erhöhen.

Die VDV-Akademie tritt auch als Herausgeberin von Lehrbüchern für verkehrsspezifische Berufsbilder auf, erstellt Gutachten und publiziert fachbezogene, praxisnahe Leitfäden und Werkzeugkoffer für die Branchenunternehmen.

In Workshops und „Denkfabriken" beschäftigt sie sich mit den Erwartungshaltungen von Jugendlichen an die zukünftige Mobilität und diskutiert, wie junge Menschen als Fahrgäste und Mitarbeitende für Verkehrsunternehmen gewonnen werden können.

Michael Weber-Wernz

Geschäftsführer

sinus MARKT- UND SOZIAL-FORSCHUNG
Partner von INTEGRAL Wien

SINUS ist ein unabhängiges, inhabergeführtes Institut für psychologische und sozialwissenschaftliche Forschung und Beratung

Verstehen, was Menschen bewegt: Mit ethnologischer Neugier, Empathie, Respekt, wissenschaftlicher Verlässlichkeit und nicht zuletzt über 30 Jahren Erfahrung erforscht SINUS in vielen Ländern die Alltagswirklichkeit der Menschen, den gesellschaftlichen Wandel und seine Bedeutung für Unternehmen, Institutionen und Regierungen.

- SINUS analysiert Motive und Verfassungen der Menschen
- SINUS beschreibt Zielgruppen
- SINUS identifiziert soziokulturelle Trends & Treiber
- SINUS führt mit Szenarien in die Zukunft
- SINUS setzt Forschungsergebnisse in strategische Beratung um

SINUS unterhält eine Vielzahl nationaler und internationaler Forschungs- und Beratungskooperationen und hat weltweit ein Netzwerk von Experten aus den unterschiedlichsten Disziplinen aufgebaut: universitäre und privatwirtschaftliche Forschungsinstitute, führende Agenturen und Berater, spezialisierte Forschungsinstitute, und namhafte Designexperten kooperieren seit Jahren mit SINUS.

Das bekannteste Produkt von SINUS sind die Sinus-Milieus. Die Sinus-Milieus gruppieren Menschen, die sich in ihrer Lebensauffassung und Lebensweise ähneln. Grundlegende Wertorientierungen gehen dabei ebenso in die Analyse ein wie Alltagseinstellungen zu Arbeit, Familie, Freizeit, Geld und Konsum. Sie rücken also den Menschen und das gesamte Bezugssystem seiner Lebenswelt ganzheitlich ins Blickfeld. Damit bieten sie mehr Informationen und bessere Entscheidungshilfen als herkömmliche Zielgruppenansätze. Die Einsatzgebiete der Sinus-Milieus sind dabei breit gefächert. Neben Anwendungen in Politik, Kirche, Publizistik oder Pädagogik gibt es in der klassischen Marketingforschung kaum eine Marktkategorie, für welche die Sinus-Milieus noch nicht eingesetzt wurden.

www.sinus-institut.de

Qualifizierung, Beratung, Innovation

Die SINUS:akademie ist das Weiterbildungs- und Beratungsangebot des SINUS-Instituts. Ihr Anliegen ist es, die Erkenntnisse der SINUS Markt und Sozialforschung für Unternehmen und Organisationen nutzbar zu machen.

Mit einem umfassenden Angebot an Vortragsformaten wie Keynotes, Impuls- und Fachvorträgen sowie Vertiefungsformaten wie Workshops, Weiterbildungen und Beratungsleistungen wird das Forschungs- und Beratungs-Know-how des SINUS-Instituts und seiner Consultancy Partner praxisnah und kundenorientiert ausgebaut.

Die Referentinnen und Referenten aus dem Team der SINUS:akademie bringen neben dem exklusiven SINUS-Wissen eine große Breite an fachlichen Hintergründen aus ihrer Berufspraxis ein, von der pädagogischen und politischen Arbeit über Betriebswirtschaft und Marketing bis hin zu Coaching und Supervision. Mit rund 500 Veranstaltungen für mehr als 400 Kundinnen und Kunden seit der Studie „Wie ticken Jugendliche 2012?" schöpft die SINUS:akademie aus einem breiten Erfahrungsschatz und fundiertem Detailwissen zu den Themen Jugend und Zielgruppen der Zukunft.

Die SINUS:akademie bietet inhaltlich und methodisch maßgeschneiderte Lösungen für Unternehmen, Verbände, soziale und kommunale Einrichtungen, politische Organisationen und alle, die ihre Arbeit auf der Basis aktueller Markt- und Sozialforschung erfolgreich weiterentwickeln wollen.

Alle Informationen zum Veranstaltungsangebot der SINUS:akademie zur SINUS-Jugendstudie finden Sie unter www.wie-ticken-jugendliche.de

Erratum

Erratum zu:
Wie ticken Jugendliche 2016?
Marc Calmbach · Silke Borgstedt · Inga Borchard
Peter Martin Thomas · Berthold Bodo Flaig

© SINUS Markt- und Sozialforschung GmbH 2016
M. Calmbach et al., *Wie ticken Jugendliche 2016?*,
DOI 10.1007/978-3-658-12533-2

Erratum zu:
Leider wurde das Werk bei Erstveröffentlichung ohne die korrekte Lizenz für Open Access veröffentlicht. Für das gesamte Werk und jedes Kapitel gilt aber folgende Lizenz:

Die aktualisierte Originalversion des Buches kann hier abgerufen werden
DOI 10.1007/978-3-658-12533-2

© SINUS Markt- und Sozialforschung GmbH 2016
M. Calmbach et al., *Wie ticken Jugendliche 2016?*,
DOI 10.1007/978-3-658-12533-2_14

MIX
Papier aus verantwortungsvollen Quellen
Paper from responsible sources
FSC® C105338

Printed by Books on Demand, Germany